Der Industrieanlagenvertrag

Europäische Hochschulschriften
Publications Universitaires Européennes
European University Studies

Reihe II
Rechtswissenschaft

Série II Series II
Droit
Law

Bd./Vol. 4499

PETER LANG
Frankfurt am Main · Berlin · Bern · Bruxelles · New York · Oxford · Wien

Volker Steves

Der Industrieanlagenvertrag

Ausgewählte Probleme des Kollisionsrechts

PETER LANG
Europäischer Verlag der Wissenschaften

Bibliografische Information der Deutschen Nationalbibliothek
Die Deutsche Nationalbibliothek verzeichnet diese Publikation in der Deutschen Nationalbibliografie; detaillierte bibliografische Daten sind im Internet über <http://www.d-nb.de> abrufbar.

Zugl.: Osnabrück, Univ., Diss., 2005

D 700
ISSN 0531-7312
ISBN-10: 3-631-55194-0
ISBN-13: 978-3-631-55194-3

www.peterlang.de

Vorwort

Die vorliegende Arbeit wurde im Wintersemester 2005/2006 vom Fachbereich Rechtswissenschaften der Universität Osnabrück als Dissertation angenommen.

Bedanken möchte ich mich herzlich bei Herrn Prof. Dr. Dr. h.c. Christian v. Bar, welcher die Erstellung der Arbeit betreut hat und das Erstgutachten angefertigt hat. Stets konnte ich mich an ihn wenden und ihn um Rat fragen. Dank sagen möchte ich ferner Herrn Prof. Dr. Hans-Jürgen Ahrens für die zügige Anfertigung des Zweitgutachtens.

Mein besonderer Dank gilt meiner verstorbenen Mutter Maria-Anna Steves sowie meinem Vater Hans Steves. Der Mut und die Selbstlosigkeit meiner Mutter haben mich tief beeindruckt. Ohne die Unterstützung und den Zuspruch meiner Eltern hätte die Arbeit nicht erstellt werden können. Ihnen widme ich diese Arbeit.

Kempen, im Oktober 2006 Volker Steves

Inhaltsverzeichnis

Abkürzungsverzeichnis

a.a.O.	am angegebenen Ort
ABl EG	Amtsblatt der Europäischen Gemeinschaften
AcP	Archiv für civilistische Praxis
ADSp	Allgemeine Deutsche Spediteurbedingungen
AEntG	Arbeitnehmer-Entsendegesetz
a.F.	alte Fassung
AIA	The AIA Standard Form Of Agreement Between Owner And Design/Builder, Document A 191/1996 (hrsg. von American Institute of Architects, 1996)
All ER	The All England Law Reports, London (1.1936 ff.)
a.M.	am Main
Anh.	Anhang
Anm.	Anmerkung
ARGE/Arge	Arbeitsgemeinschaft im Baugewerbe
Art.	Artikel
ASEAN	Association of South East Asian Nations
AT	Allgemeiner Teil
AtomG	Atomgesetz
AWG	Außenwirtschaftsgesetz
AWV	Außenwirtschaftsverordnung

BauR	Zeitschrift für das gesamte öffentliche und private Baurecht
BayObLG	Bayerisches Oberlandesgericht
BB	Der Betriebsberater
Bd.	Band
Bek	Bekanntmachung
Bekl.	Beklagte(r)
BerGesVR	Berichte der Deutschen Gesellschaft für Völkerrecht
BGB	Bürgerliches Gesetzbuch
BGBl	Bundesgesetzblatt
BGE	Entscheidungen des schweizerischen Bundesgerichts (1.1876 ff.)
BGH	Bundesgerichtshof
BGHZ	Amtliche Sammlung der Rechtsprechung des Bundesgerichtshofs in Zivilsachen
B.L.R	Building Law Reports, London (1.1976 ff.)
BT	Besonderer Teil
BT-Drucks	Bundestagsdrucksache
bzw.	beziehungsweise
chap.	chapter
DB	Der Betrieb
d.h.	das heißt
dens.	denselben

ders.	derselbe
dies.	dieselbe(n)
ECE	Economic Commission for Europe
ECEA	Export-Consortium Europäischer Ausrüster von Industrieanlagen
ed.	edition
EG	Einführungsgesetz zum Bürgerlichen Gesetzbuch vom 18.8.1896 (RGBl. S. 604); Europäische Gemeinschaft(en)
EG-Vertrag	Vertrag zur Gründung der Europäischen Gemeinschaft vom 25.3.1957 (BGBl. II S. 766)
EGBGB	Einführungsgesetz zum Bürgerlichen Gesetzbuch vom 18.8.1896 (RGBl. S. 604)
EGV	Vertrag zur Gründung der Europäischen Gemeinschaft vom 25.3.1957 (BGBl. II S. 766)
EIC	Turnkey Contract - Conditions Of Contract For Design And Construct Projects – (hrsg. von The European International Contractors, 1994)
Einf	Einführung
endg.	endgültig
ENNA	The ENNA Model Form International Contract For Process Plant Construction (hrsg. von Engineering Advancement Association of Japan, 1992)
EPC	Conditions of Contract for EPC/Turnkey Projects for Process and Power Plants and other Fixed Price Construction Projects (hrsg. von FIDIC, 1999)
EU	Europäische Union

evt.	eventuell
EuGH	Europäischer Gerichtshof
EuZW	Europäische Zeitschrift für Wirtschaftsrecht
EVÜ	Übereinkommen der Mitglieder der Europäischen Union über das auf vertragliche Schuldverhältnisse anzuwendende Recht (BGBl. 1986 S. 809)
EwiR	Entscheidungen zum Wirtschaftsrecht
f., ff.	fortfolgende
F. 2nd	Federal Reporter, Second Series, St. Paul (1.1925 ff.)
FAZ	Frankfurter Allgemeine Zeitung
FG	Festgabe
FIDIC	Fédération Internationale des Ingenieurs-Conseils
FIDIC-Contractor	Conditions of Contract for Plant and Design-Build - for Electrical and Mechanical Plant, and for Building and Engineering Works, designed by the Contractor (hrsg. von FIDIC, 1999)
FIDIC-Employer	Conditions of Contract for Construction for Building and Engineering, designed by the Employer (hrsg. von FIDIC 1999)
FIDIC-SC	Conditions of Subcontract for Works of Civil Engineering Construction (hrsg. von FIDIC 1994)
FIEC	Fédération Internationale Européenne de la Construction
Fn.	Fußnote
FS	Festschrift
GATS	General Agreement on Trade in Services

GATT	General Agreement on Tariffs and Trade
GenTG	Gentechnikgesetz
GewO	Gewerbeordnung
GG	Grundgesetz
GmbH	Gesellschaft mit beschränkter Haftung
GmbHG	Gesetz betreffend die Gesellschaften mit beschränkter Haftung
GRUR	Gewerblicher Rechtsschutz und Urheberrecht
GVG	Gerichtsverfassungsgesetz
GWB	Gesetz gegen Wettbewerbsbeschränkungen
HGB	Handelsgesetzbuch
HK	Handelskammer
HOAI	Honorarordnung für Architekten und Ingenieure
HS	Halbsatz
ICC	International Chamber of Commerce
ICE	Design And Construct Conditions Of Contract (hrsg. von Institute of Civil Engineering, 2nd ed. 2001)
ICLR	International Construction Law Review, London (1.1983 ff.)
IPR	Internationales Privatrecht
IPRax	Praxis des Internationalen Privat- und Verfahrensrecht
IPRspr.	Deutsche Rechtsprechung auf dem Gebiete des Internationalen Privatrechts

IT	Information Technology
JuS	Juristische Schulung
JZ	Juristen-Zeitung
KG	Kammergericht
LG	Landgericht
Ltd.	limited
MaBV	Makler- und Bauträgerverordnung
MDR	Monatsschrift für Deutsches Recht
Mio.	Millionen
MPI	Max-Planck-Institut
Mrd.	Milliarde
n.F.	neue Fassung
NJW	Neue Juristische Wochenschrift
NJW-RR	NJW-Rechtsprechungsreport-Report Zivilsachen
No.	Numéro
Nr.	Nummer
NZA	Neue Zeitschrift für Arbeitsrecht
NZG	Neue Zeitschrift für Gesellschaftsrecht
OECD	Organization for Economic Cooperation and Development
OGH	Oberster Gerichtshof der Republik Österreich
OLG	Oberlandesgericht

OLG-NL	Oberlandesgerichte der neuen Bundesländer
Orange Book	Conditions of Contract for Design-Build and Turnkey (hrsg. von FIDIC, 1995)
p.	page
para.	paragraph
PatG	Patentgesetz
RabelsZ	Zeitschrift für ausländisches und internationales Privatrecht, bis 1961: ZAIP
RAG	Reichsarbeitsgericht
Rdnr.	Randnummer
RG	Reichsgericht
RGZ	Amtliche Sammlung der Rechtsprechung des Reichsgerichts in Zivilsachen
Red Book	Conditions of Contract for Works of Civil Engineering Construction (hrsg. von FIDIC, 4. Auflage von 1987, novelliert 1992)
RIW	Recht der Internationalen Wirtschaft
Rosener-Konsortium	Vertragsentwurf für ein Außenkonsortium mit Federführer (Agreement for external Consortium with Consortium Leader), verfasst von Wolfgang Rosener, in: Münchener Vertragshandbuch, Bd. 4, VI.3 (München 2002)
S.	Seite
S.E. 2nd	South Eastern Reporter, Second series, St. Paul (1.1939 ff.)
Short Form	Short Form of Contract (hrsg. von FIDIC, 1999)

SIA	Singapore Institute of Architects
TranspR	Transportrecht
Ufita	Archiv für Urheber-, Film-, Funk-und Theaterrecht
UN	United Nations
UN-Turnkey Contract	United Nations – „Single Purpose" Turnkey Contract (hrsg. von den Vereinten Nationen, 1983)
UNCITRAL	United Nations Commission on International Trade Law
UNIDO	Unido Model Form of Turnkey Lump Sum Contract for the Construction of a Fertilizer Plant (hrsg. von United Nations Industrial Development Organization, 1983)
Urt.	Urteil
USA	Vereinigte Staaten von Amerika
u.U.	unter Umständen
UWG	Gesetz gegen den unlauteren Wettbewerb
v.	versus
vgl.	vergleiche
VDMA	Verband deutscher Maschinen- und Anlagenbauer
VerlG	Gesetz über das Verlagsrecht
VO	Verordnung
VOB/B	Verdingungsordnung für Bauleistungen, Teil B
VOL	Verdingungsordnung für Leistungen, ausgenommen Bauleistungen

VO-Vorschlag (ROM II)	Vorschlag für eine Verordnung des Europäischen Parlaments und des Rates über das auf außervertragliche Schuldverhältnisse anzuwendende Recht (KOM (2003) 427 endg.)
WEG	Wohnungseigentumsgesetz
W.L.R.	The Weekly Law Reports, London (1.1953 ff.)
WM	Zeitschrift für Wirtschafts- und Bankrecht, Wertpapiermitteilungen
WTO	World Trade Organisation
Yellow Book	Conditions of Contract for Electrical and Mechanical Works (hrsg. von FIDIC, 3. Auflage 1987)
z.B.	zum Beispiel
ZEuP	Zeit für Europäisches Privatrecht
ZfbF	Zeitschrift für betriebliche Forschung
ZfBR	Zeitschrift für deutsches und internationales Baurecht
ZfRV	Zeitschrift für Rechtsvergleichung
ZGR	Zeitschrift für Unternehmens- und Gesellschaftsrecht
ZHR	Zeitschrift für das gesamte Handels- und Wirtschaftsrecht; bis 1993: Zentralblatt für Handelsrecht
ZIP	Zeitschrift für Wirtschaftsrecht; bis 1982: Zeitschrift für Wirtschaftsrecht und Insolvenzpraxis
ZPO	Zivilprozessordnung
ZVglRWiss	Zeitschrift für Vergleichende Rechtswissenschaft

1. Kapitel: Einleitung

A. Charakteristik der Industrieanlage

Diese Arbeit beschäftigt sich mit den (ausgewählten) kollisionsrechtlichen Problemen des Industrieanlagenvertrages[1].

Zu Beginn der Erörterung juristischer Probleme eines bestimmten Vertragstypus liegt es nahe, zunächst einmal den Vertragsgegenstand bzw. das Erfahrungsobjekt darzustellen. Eine solche Darstellung drängt sich im Falle der Industrieanlage umso mehr auf, als es sich bei ihr um einen Gegenstand handelt, über den in der Regel nur grobe Vorstellungen existieren. Es sei jedoch bereits an dieser Stelle angemerkt, dass im Rahmen dieser Arbeit die Industrieanlage nicht als ein scharf umrissenes Erfahrungsobjekt, sondern lediglich als eine Vorlage für bestimmte juristische Vertragsbeziehungen und Problemkreise dienen soll, die ein komplexes Vertragsverhältnis dieser Art und dieses Typus mit sich bringt. Folglich erfordert diese Arbeit keine genaue Abgrenzung zur *Nicht*-Industrieanlage: Es soll nur das Phänomen „Industrieanlage" untersucht und nicht auf den Begriff abgestellt werden, was ohnehin nicht möglich wäre[2], da dieser aus der Vertragspraxis stammt, dort niemals näher erörtert wird – vielmehr wird der geschuldete Gegenstand konkret benannt (z.B. Chemieanlage) und der Leistungsumfang umschrieben – und für den sich somit weder feste Konturen entwickelt haben, noch solche abzeichnen. Es ist folglich noch keine feste Zuordnung dieses Begriffes zu einem bestimmten Gegenstand erfolgt. Damit entzieht sich die Industrieanlage einer Definition, welche voraussetzt, dass das Objekt zur Abgrenzung von anderen Objekten mit seinen sämtlichen Merkmalen umschrieben werden kann.
Es sind in der Literatur[3] dennoch vielfach Konturierungsversuche unternommen worden, denen aus den genannten Gründen eine Absage erteilt werden muss, sofern sie den Anspruch auf den Charakter einer verbindlichen Definition erheben.
Letztlich stimmen alle Umschreibungen in drei wesentlichen Merkmalen überein, denen damit die Bedeutung von Typusmerkmalen zukommt[4]. Angesichts der dargelegten Zielsetzung dieser Arbeit reicht eine solche Typenbeschreibung aus.

---

[1] Zu dem genauen Gang der Untersuchung vgl. die Ausführungen im 5. Kapitel.
[2] Vgl. *Krumm* S.17; *Brand/Maskow* 1.1..
[3] Vgl. u.a. *Flocke* S. 24; *Walde* S.13; *Klemm* S. 24; *Brand/Maskow* 1.1..
[4] Zu den Erscheinungsformen der „Typen und Typenreihe" in der Rechtswissenschaft, vor allem in Abgrenzung zur „Definition", vgl. *Larenz*, Methodenlehre, S. 461 f..

Eine Industrieanlage zeichnet typischerweise aus, dass es sich bei ihr – anders als bei einem „bloßen" Gebäude - um eine *organisatorische* Einheit handelt, in der durch die Kombination von Produktionsfaktoren (Maschinen und sonstige Ausrüstung) auf der Grundlage einer bestimmten Vorgehensweise (technisches Verfahren) ein bestimmtes Produktionsziel erreicht wird.
Diese Umschreibung lässt offen, ob es sich bei dem Produktionsziel auch um eine reine Dienstleistung wie etwa bei einem Flughafen oder einem Krankenhaus handeln kann. Ferner geht aus ihr auch nicht hervor, ob die Produktionseinheit ortsgebunden sein muss oder aber über eine gewisse Mobilität wie zum Beispiel ein Tagebaubagger[5] verfügen kann.

Für das dieser Arbeit zugrunde liegende juristische Phänomen "Industrieanlage" wird diese Umschreibung präzisiert und um die folgenden Typusmerkmale erweitert:

- Das Produktionsziel besteht in keiner bloßen Dienstleistung,
- die Produktionseinheit ist ortsgebunden.

In dieser Arbeit werden vornehmlich kollisionsrechtliche Probleme des Vertragsrechts erörtert, welche bei der Projektierung und der Erstellung einer Chemieanlage in einem Entwicklungsland auftreten.

B. Der Lebenszyklus einer Industrieanlage

Die Projektierung und die Realisierung einer industriellen Großanlage erstrecken sich regelmäßig über einen sehr langen Zeitraum, und sie stellen für jeden Anlagenbauer eine enorme Herausforderung dar.

Zur Verdeutlichung des zeitlichen, technischen, finanziellen und logistischen Aufwandes, den die Projektierung und die Realisierung eines entsprechenden Großvorhabens erfordern, soll der Lebenszyklus einer Großanlage dienen. Es gibt in der betriebs- und volkswirtschaftlichen Literatur verschiedene Konzepte zum Lebenszyklus[6] einer industriellen Großanlage; am besten eignet sich für eine juristische Darstellung das Konzept von *Wildemann*[7].

---

[5] Vgl. *Brand/Maskow* a.a.O., die dieses Beispiel nennen.
[6] Vgl. dazu die Übersicht bei *Hilpert* S. 31 Fn.1; siehe auch die „lizenzrelevante" Einteilung von *Eggers* RIW 2000, S. 665 (668).
[7] *Wildemann* S. 39 – 49.

Er teilt den Lebenszyklus einer Anlage in acht Phasen ein.

Während der ersten Phase, die er *„Initiierungsphase"*[8] nennt, wird der Zweck und Aufgabenbereich der Anlage analysiert und definiert. Zu diesem Zeitpunkt steht regelmäßig nur ein grobes Anforderungsprofil fest. Auf der Grundlage dieses groben Profils werden technische und ökonomische Faktoren bestimmter Industriezweige und Standorte erörtert[9].
Am Ende dieser Phase liegt bei den Verantwortlichen eine Vorstellung über den Industriezweig, den Standort und die Grundstruktur der Anlage vor. Häufig hat man sich zu diesem Zeitpunkt zunächst nur auf mehrere grob skizzierte Varianten verständigt.

Kommerzielle Investoren und Betreiber informieren sich in der Regel ständig über Investitions- und Expansionsmöglichkeiten, und sie unterhalten nicht selten ganze Abteilungen, welche sich ausschließlich der entsprechenden Informationsbeschaffung widmen, so dass sich die Zeitdauer der Initiierungsphase in Bezug auf ein einzelnes, letztendlich realisiertes Projekt nur schlecht bemessen lässt. Es fällt schwer, im Nachhinein einen bestimmten Prozentsatz der noch unspezifischen Arbeit solcher Abteilungen einem einzelnen Projekt zuzuordnen.
Das Gleiche gilt grundsätzlich auch für Projekte, die von staatlicher Seite initiiert werden. Allerdings haben insbesondere bei Projekten in Entwicklungsländern die in dieser Phase stattfindenden Zweckmäßigkeitserwägungen eine andere Gewichtung, da sich bei solchen Projekten der Zweck einer Anlage nicht in der Gewinnerzielung alleine erschöpft, sondern das „allgemeine Industrialisierungserfordernis"[10] das primäre Kriterium darstellt. In solchen Fällen rückt der volkswirtschaftliche Gesichtspunkt in den Vordergrund; es wird danach entschieden, welche Art von Industrie das Entwicklungsland am dringendsten benötigt. Jedoch sollte nicht verkannt werden, dass wegen der häufig prekären finanziellen Situation des Staatshaushaltes der betriebswirtschaftliche und damit der Gesichtspunkt der Gewinnerzielung auch nicht völlig außer Betracht bleibt.

An die Initiierungsphase schließt sich die sogenannte *„Konzeptionsphase"* an, in welcher das Anforderungsprofil konkretisiert wird. Dies geschieht regelmäßig mit Hilfe von Durchführbarkeitsstudien, im Rahmen derer verschiedene grob skizzierte Projektvarianten auf ihre Durchführbarkeit hin untersucht werden. Solche Studien beziehen sich nicht nur auf den technischen Aspekt, sondern auch auf den betriebswirtschaftlichen und juristischen, wie zum Beispiel Absatz- und Transportmöglichkeiten oder Umweltbestimmungen im Baustellenland.

---

[8] In dem Leitfaden von UNCITRAL chap. I para. 6 wird diese Phase „opportunity stage" genannt.
[9] UNCITRAL a.a.O..
[10] *Brand/Maskow* 1.3.1..

Anders als in der Initiierungsphase werden hier bereits konkrete Umstände und Konstellationen erörtert. Da diese Studien in der Regel sehr aufwendig und daher auch sehr kostenintensiv sind, führen die Unternehmen bei Projekten, bei denen in der Initiierungsphase nur sehr vage Ergebnisse erzielt worden sind, zunächst „vorläufige" Studien aus[11], um mit deren Hilfe mehr Erkenntnisse über die grundsätzliche Erfolgsaussicht eines ins Auge gefassten Projektes zu erhalten. Erst wenn diese Studie zu einem positiven Ergebnis führt, schreitet man zur detaillierten und kostenintensiven „abschließenden" Ausführbarkeitsstudie.

Ein Leitfaden der Vereinten Nationen[12] nennt als Gegenstand einer solchen Studie unter anderem die folgenden Aspekte: Umfang der Nachfrage und des voraussichtlichen Verkaufspreises des in der Anlage hergestellten Produktes; Kapazität der Anlage; Verfügbarkeit und Preis von Rohstoffen und Elektrizität; topografische, geologische und klimatische Bedingungen und Infrastruktur des Standorts; Umfang der erforderlichen Ingenieurleistung und des Technologietransfers; Qualität der lokalen Arbeitnehmer; juristische Hürden wie etwa besondere Voraussetzungen für den Landerwerb und Umweltvorschriften; Finanzierungsmöglichkeiten.

Hat man sich aufgrund dieser Studien zu einem bestimmten Anlagenkonzept entschlossen, dann wird dieses während der „*Designphase*" in Form detaillierter Entwürfe konkretisiert, welche im Rahmen der „*Konstruktionsphase*" in bautechnische Anweisungen wie zum Beispiel Konstruktionszeichnungen und Fertigungsunterlagen gefasst werden. Umgesetzt werden diese Pläne und Anweisungen in der „*Herstellungs- und Bauphase*". Es finden hier die erforderlichen Fertigungs-, Transport- und Montageaktivitäten statt, denen der Gesamtaufbau der Anlage folgt. Neben diesen „anlagetypischen"[13] Leistungen finden noch weitere *Haupt*aktivitäten wie z.B. die Lizenzgewährung statt. Bevor die Anlage der betrieblichen Nutzung übergeben wird und sie somit in die „*Betriebsphase*" eintritt, durchläuft sie noch die „*Test- und Einführungsphase*", in welcher das Funktionieren der Systeme und die geplante Produktivität überprüft werden und das Betriebspersonal geschult wird.
Handelt es sich um eine Anlage in einem Entwicklungsland, dann kommt dem Aspekt der Betreuung während der Betriebsphase eine besondere Bedeutung zu. In der Regel reicht die Schulung während der Test- und Einführungsphase nicht aus, die Betreiber der Anlage mit dem notwendigen technischen und kaufmännischen Wissen zu versehen. Es ist regelmäßig mit Problemen beim Betrieb der Anlage und bei der Vermarktung der Erzeugnisse zu rechnen, die sich auch

---

[11] UNCITRAL chap. I para. 7 f., in dem ausdrücklich darauf hingewiesen wird, dass der Umfang des Katalogs letztlich von der genauen Art der Anlage abhängt; *Brand/Maskow* a.a.O..
[12] UNCITRAL chap. I para. 10 f..
[13] *Brand/Maskow* 1.3.2..

nicht selten negativ auf die Fähigkeit des Betreibers auswirken, im Zusammenhang mit der Erstellung der Anlage gewährte Kredite zurückzuzahlen[14]. Es ist daher regelmäßig eine Betreuung der Betreiber durch den Anlagenbauer in technischer und kaufmännischer Hinsicht nötig. Typische Betreuungsleistungen sind unter anderem umfangreiche technische Beratungen im Zusammenhang mit dem allgemeinen Betrieb der Anlage für einen unter Umständen mehrere Jahre umfassenden Zeitraum, die Übernahme des Kundendienstes, Anpassungen an technische Weiterentwicklungen und die Erarbeitung von Vermarktungskonzepten[15].

Sobald die Anlage ihre betriebliche Nutzungsdauer erreicht hat, setzt die „*Stilllegungsphase*" ein, welche in der Regel nicht nur aus der bloßen Nichtweiternutzung des Gebäudes und der Maschinerie besteht, sondern entweder aus einem Umbau in eine andere Einrichtung oder aber aus Abbrucharbeiten und Entsorgungen. Insbesondere bei Anlagen, welche eine umwelttechnische Brisanz aufweisen – wie zum Beispiel ein Atomkraftwerk –, sollte die Bedeutung der Stilllegungsphase nicht unterschätzt werden.

C. Die wirtschaftliche Bedeutung des Industrieanlagenbaus

Der Großanlagenbau ist von enormer Bedeutung für die Industrienation Deutschland. So haben alleine die sich zur Arbeitsgemeinschaft Großanlagenbau „VDMA"[16] zusammengeschlossenen Firmen im Jahre 2004 einen Auftragseingang in Höhe von 17, 4 Mrd. Euro[17] verbuchen können.

Bedenkt man, dass die Projektierung und die Erstellung einer Großanlage niemals nur durch den einzelnen Auftragnehmer bzw. durch ein Konsortium von Anlagenbauern erfolgen, sondern vielmehr noch die umfangreiche Mitwirkung vor- und nachgelagerter Industriezweige erfordern, dann erstaunt auch nicht die hohe Beschäftigungswirkung dieser Branche[18]. Von den Projekten, an denen Mitglieder des VDMA beteiligt sind, hängen etwa 150.000 Arbeitsplätze in Zulieferbetrieben ab. Einem Arbeitsplatz im Anlagenbau stehen regelmäßig fünf Arbeitsplätze in den nachgelagerten Zweigen gegenüber[19].

---

[14] *Brand/Maskow* 1.3.3..

[15] Siehe dazu *Brand/Maskow* 1.3.2. mit weiteren Nachweisen.

[16] Es handelt sich dabei um eine Arbeitsgemeinschaft, zu der sich im Großanlagenbau tätige Unternehmen zusammengeschlossen haben und welche von diesen als ein Forum sowie als gemeinsame Repräsentanz im Ausland genutzt wird. Näheres unter www.grossanlagenbau.vdma.org.

[17] Vgl. VDMA 2004, S. 7.

[18] *Hautkappe* S. 17 spricht in diesem Zusammenhang von einem „Multiplikatoreffekt".

[19] Vgl. VDMA 2004, dort im Vorwort.

Damit nimmt der Großanlagenbau nicht nur betriebswirtschaftlich, sondern auch volkswirtschaftlich einen besonderen Stellenwert ein, den er selbst bei Auslandsgeschäften nicht einbüßt, da auch in diesen Fällen ein Großteil der Leistungen von deutschen Unternehmen erbracht wird[20]. Das gewaltige Auftragsvolumen basiert zuvörderst auf Auslandsgeschäften[21], so dass der Großanlagenbau überwiegend Exportbranche ist und die Rolle Deutschlands innerhalb der Weltwirtschaft als Exportnation wesentlich mitbegründet. Das nationale Geschäft führt mit einem Anteil von 25 % im Jahre 2003 bzw. 18 % im Jahre 2004 zwar kein Schattendasein, jedoch ist die oben angesprochene betriebs- und volkswirtschaftliche Rolle des Großanlagenbaus letztlich auf seine internationale Dimension zurückzuführen. Selbst die im Zuge der Wiedervereinigung vorübergehende deutliche Nachfragesteigerung auf dem deutschen Markt konnte an dieser Rollenverteilung nichts ändern[22].

Im harten internationalen Wettbewerb kann der deutsche Anbieter in der Regel das Argument des größeren „Know-how" für sich in Anspruch nehmen.
Zum einen ist angesichts der Komplexität der Projektierung und der Erstellung einer Großanlage ein hohes Maß an Logistik, Erfahrung und Organisationsgeschick erforderlich, worüber deutsche Unternehmen traditionell verfügen und worauf sie im Rahmen ihrer Nachwuchsschulung auch ein besonderes Augenmerk richten[23]. Dabei kommt der Trend des Auftraggebers, schlüsselfertige Anlagen zu bestellen und somit die gesamte Organisation in die Hand des Auftragnehmers zu legen, den deutschen Unternehmen entgegen.
Zum anderen ist Deutschland ein hochentwickeltes Industrieland und daher in der Lage, technisch hoch entwickelte Produkte und damit Anlagen auf dem technisch neuesten Stand zu bauen. Dieser technische Vorsprung gegenüber vie-

---

[20] Der Anteil der aus Deutschland kommenden grenzüberschreitenden Lieferungen und Leistungen an den Auslandsprojekten betrug im Jahre 2003 62 %, im Jahre 2004 58 %. Diese Quote war in den achtziger und neunziger Jahren um ca. 10 Prozentpunkte höher. Der Rückgang ist u.a. auf die Forderung der Besteller aus Entwicklungsländern, zur Förderung der heimischen Wirtschaft lokale Subunternehmer einzuschalten, zurückzuführen. Es werden aber auch einige Fertigungskapazitäten in Drittländer verlagert, um von den dortigen geringen Produktionskosten zu profitieren. Vgl. hierzu VDMA 2003 S. 10 f. sowie VDMA 2004, S. 11 f..

[21] Der Exportanteil betrug im Jahre 2003 75 % - vgl. VDMA 2003, S. 7 –, und im Jahre 2004 erreichte er sogar mit 82 % das höchste Niveau seit 1978 – vgl. VDMA 2004, S. 10 -.

[22] Vgl. VDMA 1995, S. 6.

[23] *Groß*anlagenbauer im Sinne der Arbeitsgemeinschaft VDMA sind „Unternehmen mit der Fähigkeit, alleine auf Basis umfassender Kenntnis des verfahrenstechnischen Prozessablaufs ein- oder mehrmals jährlich industrielle Produktions- und Energieerzeugungsanlagen im Wert von mindestens 15 Mio. Euro zu planen, zu konstruieren, die Ausrüstung für sie herzustellen oder weltweit einzukaufen, zu liefern, zu montieren, in Betrieb zu setzen und die notwendige Finanzierung bereitzustellen". Vgl. VDMA 2003, dort im Vorwort.

len Mitanbietern bedeutet nicht nur einen Wettbewerbsvorteil, sondern er ist sogar „überlebenswichtig", denn deutsche Unternehmen können angesichts der hohen Produktionskosten in Deutschland niemals durch ein kostengünstiges Angebot eines Produkts, welches auch von vielen Unternehmen aus anderen Nationen mit geringeren Produktionskosten angeboten wird[24], einen Interessenten für sich gewinnen. Sie müssen vielmehr versuchen, den Interessenten mit der außergewöhnlichen Qualität des Produkts zu überzeugen, für welche sie dann auch den entsprechenden Preis fordern können. In technisch weniger anspruchsvollen Bereichen ist Deutschland wegen der hohen Produktionskosten in der Regel nicht konkurrenzfähig.

Die Umwelttechnik kann als Beispiel für eine Branche genannt werden, in welcher deutsche Unternehmen über versierte Kenntnisse verfügen. Aufgrund der strengen gesetzlichen Vorgaben in Deutschland auf dem Gebiet des Umweltschutzes ist hier eine Technologie entwickelt worden, die den deutschen Anbietern die weltweite „Technologieführerschaft"[25] beschert. Sobald sich auch in anderen Ländern die Erkenntnis durchgesetzt hat, dass Umweltschutz unverzichtbar ist und nicht nur einen Kostenfaktor darstellt, den man streichen kann, ohne staatliche Sanktionen fürchten zu müssen, wird in diesem Bereich ein Markt für deutsche Unternehmen entstehen, in dem sie ob der Technologieführerschaft Wettbewerbsvorteile haben werden.

Durch ihr Know-how in den Bereichen Logistik und Technik sind die deutschen Unternehmen in der Lage, sich im internationalen Wettbewerb zu behaupten[26], obwohl sie angesichts der hohen Standortkosten und der im Vergleich zu den Hauptkonkurrenten Japan und USA ungünstigeren Exportfinanz- und Exportkreditversicherungsinstrumentarien[27] mit zum Teil deutlichen Nachteilen in das „Rennen" um die Aufträge starten.

---

[24] Japanische und koreanische Angebote sind zum Teil um 25% günstiger, vgl. VDMA 1995, S. 18.

[25] Vgl. VDMA 1995, S. 7.

[26] Vgl. VDMA 2003, S. 7 f.. sowie S. 23 f..

[27] Vgl. *Flocke* S.18; VDMA 1995, S.18. Vgl. aber auch die Beilage zu dem Lagebericht 2004 des VDMA, wo der Verband es ausdrücklich begrüßt, dass seit dem 1. Januar 2004 die neuen OECD-Umweltleitlinien für die Hermesdeckung gelten. Die sog. „Common Approaches" würden Chancen auf einen fairen Wettbewerb unter Berücksichtigung von Umweltbelangen eröffnen. Die Bundesregierung müsse nun die Common Approaches "mit pragmatischem Fingerspitzengefühl" umsetzen.

Der Verband hatte seit Jahren die ambitionierte Zielsetzung kritisiert, mit der das Kreditversicherungssystem betrieben werde. So wurde etwa im Jahresbericht 2001 über Bestrebungen von Teilen des Regierungsbündnisses berichtet, das Instrumentarium der Hermesdeckung „stärker an ökologischen, sozialen und entwicklungspolitischen Zielen auszurichten" (vgl. VDMA 2001, S. 17). Das Ergebnis seien Umweltleitlinien, aufgrund derer umwelterhebliche

Diese Marktposition[28] wird auch in Zukunft Früchte tragen, da als Auftraggeber neben die klassischen Industrieländer auch immer mehr Entwicklungsländer treten. Es findet eine globale Industrialisierung statt[29], in der sich die weltweite Tendenz, nicht nur Produkte, sondern auch Produktionsmittel auszutauschen[30], bestätigt.
Dabei nehmen die asiatischen Länder eine Vorreiterrolle unter den industriellen „Nachzüglern" ein, was nicht zuletzt durch Aufträge an deutsche Unternehmen in der Höhe von 6.867 Millionen Euro im Jahre 2004 zum Ausdruck kommt[31]. Asien stellte damit zum ersten Mal seit 1998 wieder den größten Anteil am Gesamtauftragsvolumen. Signifikant war vor allem die große Nachfrage aus der Volksrepublik China, auf welche gemeinsam mit der Wirtschaftskrise insbesondere der südostasiatischen Staaten zum Ende des letzten Jahrzehnts zurückzuführen ist, dass sich die Schere zwischen Ost- und Südostasien in Bezug auf die Nachfrage nach Industrieanlagen immer weiter öffnet[32]. Da es sich beim Großanlagenbau um eine Branche handelt, welche nur verzögert auf konjunkturelle Zyklen reagiert, bleibt abzuwarten, wann sich die inzwischen wieder positive Entwicklung der südostasiatischen Volkswirtschaften auch wieder deutlich in den Auftragsvolumina niederschlägt[33]. Einige Branchen verzeichnen aber auch in dieser Region der Welt bereits wieder Zuwächse. Dazu gehört besonders der Chemieanlagenbau[34], an dessen Besonderheiten sich diese Arbeit überwiegend orientiert und für welchen „der ungebremste Trend zu wachsenden Anlagengrößen"[35] sowie - bei Auftraggebern aus Asien - der Wunsch nach schlüsselfertigen Anlagen kennzeichnend sind[36].

Aufgrund der starken Wettbewerbsposition und des ausbaufähigen Marktes sieht der Großanlagenbau einer im Wesentlichen optimistischen Zukunft entgegen[37], die immer wieder neue Herausforderungen an die Branche stellen wird und in

---

Aspekte bei der Entscheidung über einen Antrag Berücksichtigung finden müssen. Der Verband warf in diesem Zusammenhang die Frage auf, ob sich eine solche Deckungspraxis noch mit der grundlegenden Zielsetzung der Hermes-Deckung als Instrument der Exportförderung vereinbaren lasse, solange es international verbindliche Umweltstandards nicht gebe.

[28] Allein die Aufträge der Mitglieder der Arbeitsgemeinschaft Großanlagenbau VDMA machen einen Weltmarktanteil von 20 % aus, vgl. VDMA 2003, dort im Vorwort.

[29] Vgl. *Kirchgässer* ZfbF (1981), S. 936 (936).

[30] Vgl. *Dünnweber* S.1.

[31] Vgl. VDMA 2004, S. 45.

[32] Vgl. VDMA 2004, S. 13.

[33] Vgl. VDMA 2003, S. 13 f..

[34] Vgl. VDMA 2004, S. 32.

[35] Vgl. VDMA 2004, S. 34.

[36] Vgl. VDMA 2003, S. 24 f..

[37] Vgl. VDMA 2004, S. 24, wo von einem „optimistische(n) Grundtenor" in der gesamten Branche gesprochen wird.

der kaufmännische und technische Flexibilität das Maß aller Dinge sein wird. Der Staat ist daher gut beraten, diesen Industriezweig als eines der Standbeine der deutschen Wirtschaft zu fördern, indem er einerseits die Forschung unterstützt und andererseits Hemmnisse beseitigt wie zum Beispiel jene bereits angesprochenen schwerfälligen Exportfinanz- und Exportkreditversicherungsinstrumentarien.

2. Kapitel: Vorstellung der dieser Arbeit zugrunde liegenden Vertragskonstellation

A. Vielzahl der vertraglichen Konstellationen

Ebenso wie sich die Industrieanlage als Gegenstand des Industrieanlagenvertrages einer genauen Definition entzieht und man sich daher mit einer Umschreibung des Phänomens „Industrieanlage" anhand von bestimmten Typusmerkmalen bescheiden muss, ist es nicht möglich, den Industrieanlagen*vertrag* im Hinblick auf die vertraglichen Möglichkeiten zur Erstellung einer Anlage genau einzugrenzen und ihm eine oder mehrere bestimmte Konstellationen mit dem Anspruch einer Definition zuzuordnen[38]. Wie im Laufe dieser Arbeit noch mehrfach dargelegt wird, gibt es in der Praxis eine Vielzahl von Möglichkeiten, die beteiligten Personen in die Projektierung und den Bau einer industriellen Großanlage einzubeziehen.

Als Grundlage dieser Arbeit soll die Konstellation dienen, in der sich eine Person oder gesamtschuldnerisch mehrere Personen gegenüber dem Besteller verpflichten, eine funktionstüchtige Anlage zu erstellen.

Die Entscheidung für lediglich *eine* Variante erklärt sich aus der Notwendigkeit, angesichts der Fülle von vertraglichen Möglichkeiten die Darstellung auf eine Konstellation beschränken zu müssen, wenn man dem Anspruch einer detaillierten Erörterung gerecht werden möchte; die Entscheidung für diese *bestimmte* Variante, die man als „Vertrag zur Erstellung einer schlüsselfertigen Anlage"[39] bezeichnen kann, resultiert aus der praktischen Relevanz, die diese Konstellation im heutigen Industrieanlagengeschäft besitzt. Insbesondere bei grenzüberschreitenden Verträgen mit Auftraggebern aus Entwicklungsländern wird diese Konstellation in der Regel gewählt[40]. Bevorzugt wird der Vertrag zur Erstellung einer schlüsselfertigen Anlage auch von Banken, die entweder als „bloßer" Kreditgeber auftreten oder aber im Rahmen einer Projektgesellschaft direkt an der Erstellung der Anlage beteiligt sind[41]. Sofern ein Festpreis und ein bestimmter Fertigstellungstermin vereinbart werden, ist das mit der Projektierung einer solchen Anlage einhergehende Risiko für sie überschaubarer und kalkulierbarer. Auch bei der nicht selten vorkommenden Finanzierungsform „BOT" wird regelmäßig

---

[38] So aber *Hautkappe* S. 21 f.

[39] So etwa statt vieler *Westphalen* BB 1971, S. 1126 (1126).

[40] *Rosener* in: MünchVhb (Bd.2) VI. 1 Anm. 2.

[41] *Schroth* in: Netzwerke komplexer Langzeitverträge, S. 81 (86).

ein Vertrag zur Erstellung einer schlüsselfertigen Anlage als Grundlage vereinbart[42].

Endlich spricht für die im diesem Sinne vorgenommene Beschränkung des Untersuchungsgegenstandes auch die Tatsache, dass es sich bei den anderen Varianten im Wesentlichen um eine Ansammlung von Bau-, Montage-Ingenieur-, Architekten-, „Consulting- und Management"-Verträgen handelt, welche letztlich nur an die Umstände des Industrieanlagengeschäftes angepasst worden sind, so dass ihnen daher das eigenständige „Anlagenspezifikum" fehlt[43].

B. Der Vertrag zur Erstellung einer schlüsselfertigen Anlage

Kennzeichnend für den Vertrag zur Erstellung einer schlüsselfertigen Anlage (= Turnkey-Vertrag)[44] ist, dass der Besteller zur Umsetzung seines Vorhabens eine vertragliche Beziehung mit lediglich *einem* Unternehmen bzw. mit mehreren Unternehmen in gesamtschuldnerischer Haftung eingeht und dass der Vertragspartner dabei eine *globale* Haftung hinsichtlich der Erstellung der Industrieanlage übernimmt[45].

Eine solche Haftungskonstellation stellt den Abschluss einer Entwicklung im Bau- und Anlagengeschäft dar, und zwar von der Verantwortung des Bestellers für das Gelingen der Erstellung der Anlage hin zur Übertragung der vollständigen Verantwortung auf den Unternehmer[46].

---

[42] Bei den „BOT"-Projekten (Build-, Operate- und Transfer-Projekte) handelt es sich um eine neuere Gestaltungsform des Industrieanlagenvertrages, welche sich typischerweise dadurch auszeichnet, dass eine staatliche Stelle dem privaten Unternehmer eine Konzession einräumt, aufgrund derer dieser ein Projekt bauen und es für einen bestimmten Zeitraum betreiben darf. Die vom Unternehmer erzielten Einnahmen dienen der Finanzierung des Projekts. Nach Ablauf der Konzessionszeit wird das Projekt an die staatliche Stelle übertragen. Der Euro-Tunnel wurde auf diese Weise finanziert. Zu dieser Finanzierungsform vgl. vor allem *Huse* S. 448 f.; *Goedel*, BB 1991 (Beilage 20), S. 19 f.; *Nicklisch* BB 1998, S. 2 f. und *Cadez* NZBau 2003, S. 10 f..

[43] Insofern zuzustimmen *Hautkappe* S. 21f.; vgl. auch *Brand/Maskow* 1.4.1.1.1., die die Projektierung durch die Vergabe von Einzelverträgen nicht als eine eigene Vertragsart ansehen, weil sie „keine ausreichend kennzeichnenden Merkmalen aufweisen".

[44] In Zukunft wird nur noch die Bezeichnung „Turnkey-Vertrag" verwandt; zur Bedeutung dieser Bezeichnung vgl. 2. Kapitel B II 1.

[45] ECE-Large Industrial Works para. 25.

[46] Auf diese Entwicklung hinweisend *Huse* S. 6; *Brand/Maskow*, 1.4.1.2. f..

I. Gesamtverantwortung des Bestellers

Entscheidet sich der Besteller, die Gesamtverantwortung für das Funktionieren einer Anlage zu behalten und somit keinen Turnkey-Vertrag abzuschließen, dann stehen ihm verschiedene Möglichkeiten zur Verfügung, andere Personen vertraglich in die Erstellung der Anlage einzubeziehen.

1. Entwurf des Designs durch den Besteller

Wenn der Besteller über einen ausreichend qualifizierten Planungs- und Koordinierungsstab verfügt[47], dann wird er sich erst zum Ende der Designphase an Dritte wenden und ihre Hilfe in Anspruch nehmen. Bis zu diesem Zeitpunkt wird er in eigener Regie das Konzept der Anlage festlegen und dieses in Form von detaillierten technischen Entwürfen konkretisieren.
Es hängt letztlich von der Ausstattung des Planungs- und Koordinierungsstabes ab, ob der Besteller auch noch die Umsetzung dieser Entwürfe in Konstruktionszeichnungen und Fertigungsunterlagen selbst vornimmt und dadurch auch in der Konstruktionsphase noch ohne die Einschaltung Dritter auskommt[48]. Spätestens in der Herstellungs- und Bauphase wird er sich jedoch fremder Hilfe bedienen müssen, indem er entweder einzelne Unternehmen mit der Erledigung von einzelnen Aufgaben beauftragt oder sich an ein einziges Unternehmen wendet und diesem den *Bau* der Gesamtanlage überlässt[49]. In keinem dieser Fälle überträgt der Besteller die Verantwortung für das Funktionieren und Gelingen der Anlage[50]; indem er dem Unternehmen bereits konkretisierte technische Vorgaben gibt und ihm unter Umständen sogar bautechnische Anweisungen erteilt, behält er weiterhin die Verantwortung für die Koordination des Ganzen und damit auch für die Richtigkeit des von ihm bereits entwickelten Konzeptes.

Entscheidet sich der Besteller für die Beauftragung mehrerer Unternehmen und damit für eine Verteilung der erforderlichen Leistungshandlungen auf mehrere Personen, dann geht er eine Vielzahl von vertraglichen Verbindungen ein; mit jedem einzelnen Unternehmen schließt er einen eigenständigen Vertrag über die von diesem zu erbringende Leistungshandlung ab[51]. Eine solche Vorgehensweise wird in der Regel dann vom Besteller gewählt, wenn er gleichzeitig der Urheber des gewerblichen Verfahrens ist, welches in der Industrieanlage später ver-

---

[47] Auf die Notwendigkeit hinweisend *Rosener* in: MünchVhb (Bd.2) VI.1 Anm. 1; *Brand/Maskow* 1.4.1.1..
[48] Vgl. in diesem Zusammenhang *Huse* S. 2, der darauf hinweist, dass in Frankreich grundsätzlich der Anlagenbauer diese Umsetzung vornimmt.
[49] Allgemein zu den verschiedenen Möglichkeiten, ein Projekt auszuschreiben, und zu den dieszbezüglichen „Fallstricken" vgl. *Koenig/Kühling* NZBau 2003, S. 126 f..
[50] Ausdrücklich darauf hinweisend *Huse* S. 4 und *Hautkappe* S. 31.
[51] Vgl. dazu das Schaubild bei *Hautkappe* S. 29.

wandt wird[52]. Er verfügt dann selbst über das größere technische Wissen[53] als der Unternehmer, so dass sowohl die Projektierung der Anlage als auch die Koordination der einzelnen Leistungsbeiträge von ihm ohne große Schwierigkeiten zu bewältigen sind. Da der einzelne Unternehmer die Verantwortung nur für seinen beschränkten Leistungsanteil trägt, ist sein Engagement auch nur mit einem relativ geringen Risiko behaftet, was sich in der von ihm zu fordernden Gewinnspanne niederschlägt. Schließlich rechtfertigt ein geringes Risiko auch nur eine geringe Gewinnspanne. Daraus folgt, dass es für den Besteller am kostengünstigsten ist, wenn er möglichst viele Unternehmer mit einem jeweils relativ bescheidenen Leistungsanteil beauftragt. Die Praxis geht aber nie so weit, dass der zur Erstellung einer industriellen Großanlage erforderliche Leistungskatalog in eine unendliche Zahl von Teilleistungen unterteilt wird und der Besteller hinsichtlich einer jeden Teilleistung einen Vertrag mit einem entsprechenden Unternehmer schließt. Die Koordination solcher Teilleistungen wäre zu aufwendig; stattdessen werden häufig sachlich zusammenhängende Teilleistungen „gebündelt"[54], und lediglich ein einzelner Unternehmer wird diesbezüglich beauftragt[55].

Für den Einsatz vieler einzelner Unternehmen spricht neben dem Kostenaspekt ferner, dass der Besteller durch diese Variante eine umfangreiche Kontroll- und Einflussmöglichkeit in der Bau- und Herstellungsphase behält[56]. Indem er die Leistungen der einzelnen Unternehmen koordiniert, hat er einen ständigen Überblick über die Qualität der verwendeten Materialien und der erbrachten Teilleistungen. Bei Bedarf kann er jederzeit eingreifen und zeitliche und sachliche Modifikationen vornehmen[57]. Insbesondere wenn die Verträge zeitlich versetzt abgeschlossen werden, ist er in der Lage, flexibel auf sich abzeichnende oder bereits aufgetretene Probleme zu reagieren.

Die umfangreichen Kontroll- und Einflussmöglichkeiten korrespondieren allerdings auch mit dem größten Nachteil dieser Variante. Der Einsatz vieler einzelner Unternehmer erfordert ein hohes Maß an Koordination. Der Besteller muss

---

[52] ECE-Large Industrial Works para. 13; *Hautkappe* S. 26.

[53] *Joussen* S. 120.

[54] *Hautkappe* S. 30 f..

[55] Diese „Bündelung" geht zum Teil so weit, dass der Leistungskatalog in einzelne Teilanlagen aufgeteilt wird oder dass sämtliche gleichartigen Tätigkeiten (Maschinenbauelemente, Elektroelemente oder Bauarbeiten) Gegenstand einer Bündelung sind. Eine solche Vorgehensweise nähert sich dann der Konstellation an, in der lediglich ein Unternehmer mit den Arbeiten beauftragt wird. Siehe dazu ausführlich *Hautkappe* S. 30 f. sowie ECE-Large Industrial Works para. 19 f..

[56] *Hautkappe* S. 31; *Joussen* S. 120; *Brand/Maskow* 1.4.1.1..

[57] *Brand/Maskow* 1.4.1.1.. Das ist insbesondere dann von Vorteil, wenn – wie häufig bei Wahl dieser Vorgehensweise – der Besteller über das größere Know-how verfügt.

dafür Sorge tragen, dass der jeweilige Leistungsumfang des einzelnen Unternehmers genau definiert ist und sich nicht mit dem Leistungsbeitrag eines anderen Unternehmers überschneidet[58]. Außerdem müssen die Leistungsbeiträge dermaßen ineinander greifen, dass ein reibungsloser Ablauf bei der Erstellung in zeitlicher und sachlicher Hinsicht garantiert ist.

Aus dieser Koordinierungsverantwortung folgt, dass der Besteller für sämtliche Nachteile – einschließlich der Schadenersatzforderungen der einzelnen Unternehmer – einzustehen hat, die aus einer mangelhaften Koordination resultieren, wie zum Beispiel Unklarheiten hinsichtlich des genauen Leistungsumfanges des einzelnen Unternehmers[59] oder aber Blockierung von Kapazitäten des Unternehmers aufgrund von Wartezeiten auf der Baustelle[60].

Dieses Risiko und den hohen Koordinationsaufwand kann der Besteller vermeiden, indem er statt vieler einzelner Unternehmen lediglich einige wenige oder sogar nur ein einziges Unternehmen beauftragt. Im Gegenzug nimmt der Umfang seiner Kontroll- und Einflussmöglichkeit ab, und der beauftragte Unternehmer, der nun für den reibungslosen Ablauf und das ordnungsgemäße Ineinandergreifen seiner vielschichtigen und umfangreichen Leistungsbeiträge verantwortlich ist und gegen den der Besteller bei schlechter Koordination – und natürlich auch bei Schlechtleistung im engeren Sinne[61] - nun seinerseits Schadenersatzansprüche geltend machen kann, wird wegen seiner größeren Verantwortung regelmäßig eine höhere Gewinnmarge verlangen können.

Je umfangreicher die von den Unternehmen zu erbringenden Leistungskomplexe sind, desto geringer ist die Koordinationsverantwortung seitens des Bestellers. Doch selbst wenn der Besteller nur einen einzigen Unternehmer beauftragt und er daher keine Verantwortung für das Zusammenspiel und die Verknüpfung der Leistungen untereinander mehr trägt, behält er weiterhin die Koordinationsver-

---

[58] *Huse* S. 4.

[59] *Joussen* S. 121.

[60] Es ist dem Besteller grundsätzlich zu raten, sich eine gewisse Variabilität bei der Termingestaltung zu bewahren, um die Gefahr zu reduzieren, aufgrund mangelhafter Koordination umfangreich in Anspruch genommen zu werden. Durch diese Variabilität ist er in der Lage, flexibler auf nur schwer vorhersehbare Entwicklungen und Umstände zu reagieren. Eine weitere Möglichkeit besteht darin, den Beginn der einzelnen Leistungserbringung von einem Abruf abhängig zu machen. *Brand/Maskow* 1.4.1.1..

[61] Siehe hierzu insbesondere *Hautkappe* S. 28, der auf der Grundlage des vor der am 01.01.2002 in Kraft getretenen Schuldrechtsreform geltenden Rechts Schäden, die aufgrund einer mangelhaften Teilleistung eines einzelnen Unternehmers an der Gesamtanlage entstehen, als Mangelfolgeschaden qualifiziert und ausführt, dass die Haftung für solche Schäden im Anlagengeschäft grundsätzlich ausgeschlossen wird.

antwortung für die Nahtstelle Design/Konstruktion. Er ist weiterhin die Person, die das Gesamtgelingen zu verantworten hat[62].

Die Beauftragung lediglich eines einzelnen Unternehmens mit sämtlichen zur Erstellung der Anlage notwendigen Aufgaben[63] – mit Ausnahme der Projektierung selbst – stellt einen deutlichen Schritt in Richtung des Konzeptes „Turnkey-Vertrag" dar, ohne jedoch mit diesem die globale Verantwortung des Unternehmers für das Gesamtgelingen der Anlage zu teilen.

2. Einschaltung eines beratenden Ingenieurs

Wie bereits mehrfach betont, verlangt die Erstellung einer industriellen Großanlage während sämtlicher Lebensphasen der Anlage vom Besteller ein hohes Maß an Erfahrung und Fertigkeit, welches dieser regelmäßig nur dann aufweist, wenn er selbst Inhaber des in der Anlage zur Anwendung kommenden Verfahrens ist. Angesichts der Komplexität der Erstellung einer Anlage ist jedem Besteller grundsätzlich zu raten, sich zusätzlich noch der Hilfe eines beratenden Ingenieurs[64] zu bedienen[65]. Dies gilt insbesondere für öffentliche Auftraggeber aus Entwicklungsländern, für welche sich angesichts ihrer leider häufig nicht ausreichenden technischen und kaufmännischen Kenntnisse dieses Modell als Alternative zum Abschluss eines Vertrages über die Erstellung einer schlüsselfertigen Anlage anbietet.
Es hängt von den individuellen Umständen ab, ob die beauftragte Ingenieurgesellschaft ausschließlich in der Konzeptions- und Designphase oder auch in den weiteren Phasen der Projektrealisierung dem Besteller zur Seite steht[66]. Der In-

[62] *Hautkappe* S. 32; *Huse* S. 4.

[63] Auf diese Variante wird in dem von den Vereinten Nationen herausgegebenen Leitfaden für die Abfassung von Verträgen über die Erstellung großer Industrieanlagen (ECE-Large Industrial Works) - para. 22 f. - ausdrücklich hingewiesen und dort "Gesamtvertrag" genannt. Die von dem Unternehmer zu erbringenden Leistungen dienen zwar in ihrer Gesamtheit der Erstellung einer funktionierenden Anlage, jedoch ist dieser Zweck nicht als Ziel im Vertrag niedergelegt und der Unternehmer übernimmt keine diesbezügliche Verpflichtung. Er haftet nur für die einzelnen, den jeweiligen Einzelverpflichtungen entsprechenden Leistungsziele. Vgl. zum Gesamtvertrag auch *Dünnweber* S. 7 f..

[64] Der beratende Ingenieur ist in diesem Zusammenhang als Synonym für ein großes Planungs- und Konstruktionsbüro zu verstehen. Ein einzelner Ingenieur wäre niemals in der Lage, die auf ihn zukommenden Aufgaben zu bewältigen.

[65] *Rosener* in: MünchVhb (Bd.2) VI.1 Anm. 1.

[66] In der internationalen Literatur finden sich unterschiedliche Bezeichnungen für die Rolle der eingeschalteten Ingenieurgesellschaft; die Bezeichnung als „consulting engineer" bietet sich an, wenn die Gesellschaft schwerpunktmäßig im technischen Bereich beratend tätig wird; der Zusatz oder die ausschließliche Verwendung des Begriffes „management (-contracting)" dagegen, wenn die eingeschaltete Gesellschaft auch im nichttechnischen Bereich die Koordinierung der Projektierung übernimmt bzw. bei ihr hilft; siehe hierzu insbesondere *Hautkappe* S. 32 ff.; *Huse* S. 2 f.; *Schlüter* S. 17 f..

genieur kann den Besteller zum Beispiel beraten bei der Planung und Projektierung der Anlage[67], bei der Auswahl der einzelnen Unternehmen – also im Ausschreibungsverfahren[68]- und bei der Koordination der von den einzelnen Unternehmen zu erbringenden Teilleistungen[69].
Die vertragliche Regelung zwischen dem Besteller und der Ingenieurgesellschaft kann die Ermächtigung der Gesellschaft vorsehen, im Namen des Bestellers Verträge mit anderen Unternehmen, insbesondere Bauunternehmer und (Teil-) Lieferanten der Maschinen und Technik, abzuschließen. Die Ingenieurgesellschaft tritt dabei aber niemals im eigenen Namen auf; der Abschluss eines Vertrages im eigenen Namen durch einen von dem Besteller Beauftragten ist vielmehr typisch für das Konzept eines Vertrages zur Erstellung einer schlüsselfertigen Anlage[70]. Ebenso wenig übernimmt er trotz seiner umfangreichen Beratungstätigkeit bei der Projektierung und Planung der Anlage die Verantwortung für das Gelingen der Gesamtanlage; diese bleibt weiterhin beim Besteller. Allgemeine Bedingungswerke der FIDIC oder nationaler Verbände sehen vor, dass der beratende Ingenieur selbst bei einem zweifellosen Nachweis eines Fehlers seinerseits nur bis zur Höhe seiner Vergütung haftet[71]. Dies ist angesichts der umfangreichen Planungstätigkeit von elementarer Bedeutung für den Ingenieur, da ein Fehler in der Planung nicht selten zu einem Schaden in beträchtlicher Höhe führen kann.

Die Einschaltung eines beratenden Ingenieurs *durch* den Besteller und die darin zum Ausdruck kommende Arbeitsteilung zwischen dem Ingenieur bzw. Besteller einerseits und den Herstellern und Lieferanten der Maschinen, Technik und der Lizenzen andererseits ist ein Konzept, das aus dem britischen Bauvertragswesen stammt und daher insbesondere in die anglo-amerikanische Vertragspraxis Einzug gefunden hat[72].

---

[67] *Hautkappe* S. 33.

[68] *Rosener* a.a.O.. Umfänglich zu den verschiedenen Varianten, den beratenden Ingenieur in die Projekterstellung einzubeziehen, vgl. den von den Vereinten Nationen herausgegebenen Ratgeber „ECE-Consulting Engineering", dort vor allem die para. 20 f..

[69] Wenn dem Ingenieur die Koordination und Überwachung der Projektrealisierung übertragen wird, dann wird häufig vereinbart, dass die Höhe des Honorars des Ingenieurs von dem Erreichen gewisser Parameter abhängt. Solche Parameter sind in der Regel - alternativ oder kumulativ - der Fertigstellungszeitpunkt und die Gesamtkosten der Anlage. Vgl. dazu *Huse* S. 5.

[70] *Huse* S. 5. Auch bei einem Vertrag zur Erstellung einer schlüsselfertigen Anlage kann der Unternehmer eine Ingenieurgesellschaft sein, welche dann die Erstellung der Anlage selbst im eigenen Namen delegiert. Nach Einschätzung von *Rosener* a.a.O. ist die Beauftragung eines Herstellers allerdings die häufigere Variante.

[71] Siehe dazu auch ECE-Large Industrial Works para. 16 ii.

[72] *Hautkappe* S. 32.

Dem ursprünglich britischen Konzept des beratenden Ingenieurs entspricht auch die Doppelstellung, die der Ingenieur in dem Verhältnis Besteller/Unternehmer zumindest früher häufig einnahm. Einerseits war er dort Repräsentant des Bestellers, und er handelte in dessen Interesse; andererseits stellte er aber auch regelmäßig eine Art „schiedsrichterähnliche"[73], neutrale Instanz dar, welche in der Lage war, die Parteien bindende Entscheidungen zur Beilegung von Streitigkeiten zu treffen.[74]

II. Turnkey-Vertrag

1. Skizze des Vertragskonzepts

Der Vertrag zur Erstellung einer schlüsselfertigen Anlage stellt diejenige Variante des Industrieanlagenvertrages dar, welche in der Praxis am häufigsten gewählt wird.

Der Auftragnehmer übernimmt die *globale Haftung* für das Gesamtgelingen der Anlage. Es werden nicht mehr von mehreren Unternehmen zu erbringende und von dem Besteller zu koordinierende Teilleistungen geschuldet, sondern ein einzelner Unternehmer bzw. mehrere Unternehmer in gesamtschuldnerischer Haftung gehen eine einheitliche und umfassende Leistungsverpflichtung ein[75]. Anders als bei einem umfassenden Entwurf des Designs der Anlage durch den Besteller bzw. durch einen von ihm beauftragten beratenden Ingenieur werden beim Turnkey-Vertrag sowohl die Projektierung als auch die Realisierung von dem Unternehmer vorgenommen[76]. Das bedeutet nicht, dass der Unternehmer von dem Besteller keinerlei Vorgaben erhält. Bevor sich der Besteller an einen Unternehmer wendet und diesen mit der Erstellung der Anlage beauftragt, hat er sich regelmäßig bereits zu einem Konzept entschlossen. Er hat zumindest grundlegende Parameter wie zum Beispiel Art, Größe und Produktivität der Anlage festgelegt und fordert nun im Rahmen der Ausschreibung interessierte Unternehmer auf, ihm ein in technischer Hinsicht konkretisiertes Konzept vorzulegen, welches die von ihm verlangten Parameter berücksichtigt. Der Unternehmer tritt somit nicht erst zum Ende der Designphase auf den Plan, sondern er wird regelmäßig bereits während oder zumindest zum Ende der Konzeptionsphase in den Lebenszyklus der Anlage einbezogen. Der Zeitpunkt der Beauftragung des Unternehmers kann jedoch letztlich nicht allgemeingültig benannt werden; er variiert von Fall zu Fall. Dies wird um so deutlicher, wenn man sich vor Augen

---

[73] *Hautkappe* S. 32.

[74] Ausführlich zu der Doppelstellung des beratenden Ingenieurs vgl. u.a. *Bunni* S. 155 f..

[75] *Martinek* (Bd. III) § 26 I 1; ECE-Large Industrial Works para. 25.

[76] *Huse* S. 129 f.; *Hautkappe* S. 29 f..

führt, dass *Huse*[77] in seiner Kommentierung einen Autor zu zitieren weiß, nach dessen Aussage der Besteller durchschnittlich 35 % des Designs selbst entwirft und damit den Unternehmer mit deutlichen Vorgaben versieht. Hier liegt der Zeitpunkt dann teilweise bereits in der Designphase.

Beim Auftragnehmer handelt es sich überwiegend um einen Anlagen*hersteller* bzw. um ein entsprechendes Konsortium[78]. Es kann jedoch auch eine Ingenieurgesellschaft Vertragspartner des Bestellers werden und die Verantwortung für das Gesamtgelingen der Anlage übernehmen[79]. Die Gesellschaft trägt dabei zwar zur „gegenständlichen" Herstellung der Anlage nichts bei; ihr Beitrag beschränkt sich auf die Projektierung und die Koordination der einzelnen Leistungen. Im Gegensatz zum beratenden Ingenieur schaltet sie allerdings die Subunternehmer im eigenen Namen ein, und sie muss grundsätzlich für deren Fehler einstehen.

Auch bei einem Turnkey-Vertrag treffen den Besteller Mitwirkungspflichten[80]; es ist keineswegs so, dass sich sein Beitrag in der Bezahlung des Preises erschöpft. Es ist letztendlich eine Frage des Einzelfalles, welche Leistungen der Besteller zu erbringen hat. Es handelt sich dabei um Leistungen wie etwa die Beibringung des Baulandes, die Verschaffung der im Bauland erforderlichen Genehmigungen und die Erledigung von Zollformalitäten. Der Besteller erweist sich regelmäßig als sachnäher hinsichtlich der Umstände am Ort der Baustelle. Auf das Ausmaß der Mitwirkungspflichten wird im Rahmen der Arbeit noch näher eingegangen[81], doch wird hier bereits darauf hingewiesen, dass es sich mit dem Charakter des Turnkey-Vertrages grundsätzlich nicht vereinbaren lässt, wenn den Besteller *erhebliche* Mitwirkungspflichten treffen. Ein erhebliches Ausmaß ist unvereinbar mit der globalen Haftung des Unternehmers. Erhebliche Mitwirkungspflichten sind daher eher typisch für andere vertragliche Konstellationen zur Erstellung einer Industrieanlage.

2. Vor- und Nachteile des „Turnkey"- Konzepts

Wie jedes vertragliche Konzept hat auch der Turnkey-Vertrag sowohl Vor- als auch Nachteile. Bevor sich ein Besteller zu dem Abschluss eines Turnkey-Vertrages entschließt, sollte er sich dessen Vor- und Nachteile vor Augen führen und sich fragen, ob dieses Konzept seinen individuellen Bedürfnissen mehr entspricht als das klassische Konzept der Projektierung in eigener Hand bzw. durch

[77] *Huse* S. 130, dort Fußnote 10.
[78] *Rosener* in: MünchVhb (Bd.2) VI.1 Anm. 1.
[79] *Hopfenbeck*, S. 67; *Hautkappe* S. 34.
[80] *Hautkappe* S. 35, 36; *Brand/Maskow* 1.4.1.3..
[81] Vgl. 6. Kapitel C II.

einen beauftragten beratenden Ingenieur[82]. Bei Bestellern aus Entwicklungsländern spielt die Frage eine entscheidende Rolle, mit welcher Art der Vertragsgestaltung dem Ziel der Industrialisierung und der technischen Selbständigkeit am besten gedient wird[83].

Solange der Besteller für die Projektierung der Anlage verantwortlich ist, trägt er auch die Verantwortung für die Nahtstellenprobleme zwischen den Bereichen Projektierung und Realisierung. Ferner ist es seine Aufgabe, die Leistungen der einzelnen Unternehmer technisch und zeitlich aufeinander abzustimmen[84]. Diesem Koordinations*aufwand* entspricht eine große Koordinations*verantwortung*; erleiden die Unternehmer Schäden aufgrund mangelnder Koordination, dann wird der Besteller unter Umständen mit zahlreichen Schadenersatzforderungen konfrontiert[85]. Außerdem ist es aufgrund der Komplexität der Realisierung einer Anlage und der großen Anzahl der beauftragten Unternehmen in der Regel sehr schwierig, bei Schlechtleistung eines einzelnen Unternehmens dieses als Verursacher zu ermitteln und ihm die fehlerhafte Leistung nachzuweisen.
Wenn dagegen wie beim Turnkey-Vertrag nur ein Unternehmen bzw. mehrere Unternehmen in gesamtschuldnerischer Haftung verantwortlich sind sowohl für die Projektierung als auch für die Realisierung, dann fällt die Koordinierungslast weg[86]. Der Besteller kann nicht mehr von etwaigen Unternehmen verantwortlich gemacht werden für eine fehlerhafte Koordination, und auch Probleme aufgrund einer mangelhaften Projektierung fallen nicht mehr in seinen Verantwortungsbereich. Er hat nicht mehr die Schwierigkeit, einem bestimmten Unternehmen dessen Fehlleistung nachweisen zu müssen; stattdessen hat er lediglich einen Vertragspartner, der die Gesamtverantwortung inne hat und der sämtliche Umstände zu vertreten hat[87], es sei denn, er kann nachweisen, dass der Mangel der Anlage auf ein Fehlverhalten des Bestellers oder auf höhere Gewalt zurückzuführen ist[88]. Das Konfliktpotential ist insgesamt geringer.

Diese Vorteile werden nicht nur von dem Besteller geschätzt. Die das Projekt finanzierenden Banken sind an einer reibungslosen und finanziell überschaubaren Erstellung der Anlage interessiert, so dass sie regelmäßig die Vereinbarung eines Pauschalpreises auf der Basis eines Turnkey-Vertrages zur Bedingung für

---

[82] Eine Auflistung sämtlicher zu berücksichtigender Aspekte bei der Abfassung eines Turnkey-Vertrages findet sich bei UN-Turnkey part I para. 13 f. und *Huse* S. 22 f..
[83] UN-Turnkey part I para. 1.
[84] UNCITRAL chap. II para. 18.
[85] Zu möglichen Schadenersatzforderungen des Unternehmers gegenüber dem Besteller aufgrund eines gestörten Bauablaufs im VOB/B-Vertrag, vgl. *Thode* ZfBR 2004, S. 214 f..
[86] *Huse* S. 17.
[87] UN-Turnkey part I para. 11 b.
[88] ECE-Large Industrial Works chap. 25 i.

die Kreditgewährung machen[89]. Da die Projektierung und die Realisierung der Anlage von ein und demselben Unternehmen vorgenommen werden, weist der Turnkey-Vertrag auch grundsätzlich eine geringere Problematik in Bezug auf die Schnittstelle zwischen dem Design und dessen Umsetzung auf[90]. Der Unternehmer kann das Konzept auf seine technischen Fähigkeiten und sonstigen Kapazitäten abstimmen, und er muss seine Arbeitsweise nicht oft umständlich den detaillierten technischen Vorgaben des Bestellers anpassen[91]. Daher wird dem Konzept „Turnkey-Vertrag" häufig attestiert, die vertraglichen Voraussetzungen für eine besonders zügige Erstellung einer Anlage zu bieten[92].

Dem Konzept „Turnkey-Vertrag" ist die Einschaltung eines beratenden Ingenieurs mit umfänglichen Eingriffsmöglichkeiten und Kompetenzen gegenüber dem Unternehmer fremd. Die globale Haftung des Unternehmers korrespondiert mit dem geringeren Maß an Eingriffsmöglichkeiten durch den Besteller auf die tägliche Arbeit des Unternehmers[93]. Da der Besteller weder in die Projektierung noch in die Realisierung direkt einbezogen ist, besteht eine Distanz zwischen dem Besteller und der Tätigkeit des Unternehmers. Der Besteller ist mit der Tätigkeit nicht im Detail vertraut[94]. Er wird zwar regelmäßig dazu ermächtigt sein, Änderungswünsche und Korrekturhinweise zu äußern, jedoch wird er dazu angesichts seiner Distanz zu dem Projekt nur bedingt in der Lage sein. Er ist mit dem genauen Fortgang und Verlauf nicht vertraut genug, um nicht nur völlig offensichtliche Missstände und Fehlentwicklungen zu bemerken. Die Distanz erleichtert es auch dem Unternehmer, durch einen geringeren Projektierungsaufwand und die Verwendung geringwertiger Materialien sich eine ihm nicht zustehende Gewinnvergrößerung zu verschaffen.
Indem der Besteller die Gesamtverantwortung dem Unternehmer überträgt, bürdet er diesem ein hohes Risiko auf, welches sich der Unternehmer durch eine erhöhte Gewinnmarge honorieren lässt[95]. Die Vereinbarung eines Turnkey-

---

[89] Siehe auch *Lotz* BB 1996, S. 544 (544), der von der Notwendigkeit eines Pauschalpreises spricht, um die „Kostenseite in den Griff zu kriegen".

[90] *Huse* S. 17.

[91] *Wallace* 3-030.

[92] In diese Richtung auch UNCITRAL chap. II para. 5; ebenso UN-Turnkey part I para. 11b. Vgl. aber *Huse* S. 6, 7, der auf einige Stimmen in der Praxis verweist, nach denen die Vereinbarung eines Turnkey-Vertrages die Erstellung der Anlage nicht beschleunige. Der für die Erstellung benötigte Zeitraum sei für die Methoden „design-bid-build" und „turnkey-contract" nahezu identisch.

[93] *Huse* S. 21.

[94] UN-Turnkey part I para. 12 b.

[95] Die Übertragung von Verantwortung geht grundsätzlich einher mit einer Erhöhung des Leistungsumfanges des die Verantwortung übernehmenden Unternehmens.

Vertrages ist regelmäßig[96] die für den Besteller teuerste Möglichkeit[97]. Das gilt nicht nur für die direkte Entlohnung der Tätigkeit des Unternehmers, sondern auch für die Kosten des Ausschreibungsverfahrens. Um das von dem Bewerber eingereichte detaillierte Konzept in sämtlicher Hinsicht zu prüfen, bedarf es eines großen zeitlichen und technischen Aufwandes. Da von dem Unternehmer ein detaillierter, sowohl die Projektierung als auch die Realisierung umfassender Vorschlag erwartet wird, stellt der „Turnkey-Vertrag" auch für ihn die Variante mit der größten finanziellen Belastung im Ausschreibungsverfahren dar. Die Situation ist für den Unternehmer dabei um ein Vielfaches heikler als für den Besteller. Schließlich weiß der Unternehmer nie, ob er den Zuschlag erhält oder ob das Angebot eines Konkurrenten bevorzugt wird und er daher den nicht zu unterschätzenden finanziellen Aufwand umsonst tätigt[98].

Ob ein Besteller aus einem Entwicklungsland, bei dem es sich häufig um eine staatliche Institution handelt und der sich daher zuvörderst von volkswirtschaftlichen Kriterien leiten lässt, einen Turnkey-Vertrag wählen sollte oder nicht, hängt entscheidend von dem Grad der Industrialisierung und dem technischen Stand ab, auf dem sich das Land befindet. Der Besteller ist nicht nur an der Erlangung der bloßen Anlage interessiert; der Technologietransfer spielt eine ebenso wichtige Rolle[99].

Wenn das Land nur einen geringen technischen Stand vorweisen kann, dann verfügt es auch über keine ausreichenden Kapazitäten, um in die Erstellung der Anlage integriert zu werden. In einem solchen Fall erweist es sich als ein entscheidender Vorzug des Turnkey-Konzeptes, dass der Besteller in einem vergleichsweise nur geringen Umfang an der Erstellung der Anlage mitwirkt. Gegenüber der Beauftragung eines beratenden Ingenieurs hat das Konzept für den Besteller den Vorteil, keinerlei Verantwortung übernehmen zu müssen; dieser kann er sich dagegen bei der Einschaltung eines beratenden Ingenieurs nicht vollständig entledigen, da in der Praxis der Ingenieur für Projektierungsfehler nur bis zur

---

[96] In der gegenwärtigen wirtschaftlichen Situation verhält es sich allerdings so, dass der Besteller die Bedingungen nahezu diktieren kann und er daher in der Lage ist, einen Preis durchzusetzen, der dem von dem Unternehmer übernommenen Risiko nicht entspricht.

[97] UN-Turnkey part I para. 12 a.

[98] In Anbetracht der ungünstigen Position des Unternehmers im Ausschreibungsverfahren empfiehlt die Weltbank ein zweistufiges Auswahlverfahren. In der ersten Stufe soll der Unternehmer lediglich ein in technischer Hinsicht detailliertes Konzept unterbreiten und der Besteller demgemäß eine ausschließlich an technischen Maßstäben orientierte Wertung bzw. Auswahl vornehmen. Erst in einer zweiten Stufe sollen der Preis und damit der finanzielle Aspekt Berücksichtigung finden. Vgl. dazu *Westring* ICLR (1990), 234, 236.

[99] Zur kollisionsrechtlichen Relevanz des Technologietransfers, vgl. die Ausführungen im 6. Kapitel D V 2.

Höhe seines Entgeltes haftet[100], was bei schwerwiegenden Fehlern nicht selten nur einen Bruchteil des durch den Fehler verursachten Schadens ausmacht.

Kann das Land allerdings auf ein gewisses Maß an technischen Kapazitäten zurückgreifen, so werden einzelne nationale Unternehmen in der Lage sein, auch einen Beitrag zu der Erstellung der Anlage zu leisten[101]. Dies geschieht dann durch die Einschaltung lokaler Subunternehmer oder durch die Aufnahme eines nationalen Unternehmens in den Kreis derer, die in gesamtschuldnerischer Haftung den Auftrag zu Erstellung einer Anlage übernehmen. Auch hier wird ein Turnkey-Vertrag abgeschlossen; unter der Leitung eines erfahrenen ausländischen Unternehmens nehmen lokale Unternehmer an der Erstellung der Anlage selbst teil. Sie werden dabei angeleitet und geschult; es findet ein Technologietransfer auch hinsichtlich der Projektierung und der Herstellung statt.

Schwellenländer verfügen zumindest in manchen Bereichen über solide technische und kaufmännische Kenntnisse. Solche Länder sind nicht darauf angewiesen, mit einem Unternehmen einen Turnkey-Vertrag abzuschließen und damit eine Variante zu wählen, die teuer ist und dem Besteller nur geringe Interventionsmöglichkeiten belässt. Hier empfiehlt es sich unter Umständen für den Besteller, die Projektierung der Anlage und die Koordination der Leistungen selbst zu übernehmen und ein erfahrenes ausländisches Unternehmen nur in den Bereichen zu beauftragen, die ein hochspezialisiertes Wissen erfordern, welches Unternehmen aus Schwellenländern in der Regel nicht vorweisen können[102].

Aus dem Gesagten erklärt sich, dass die Turnkey-Variante bei der Erstellung eines bloßen Bauwerkes nicht so häufig von den Parteien gewählt wird wie bei der Erstellung einer industriellen Großanlage. Schließlich ist diese technisch weitaus aufwendiger, und sie verlangt ein hohes Maß an Spezialwissen und Erfahrung, über welches häufig nur der Anlagenbauer und nicht auch der unabhängig beratende Ingenieur verfügt. Die Beauftragung eines Unternehmens auf der Grundlage eines Turnkey-Vertrages stellt dann die bessere Wahl für den Besteller dar[103].

[100] ECE-Large Industrial Works para. 16 ii.
[101] UN-Turnkey part I para 6.
[102] Zum Ganzen siehe UN-Turnkey part I para 7.
[103] *Wallace* 3-029.

3. Kapitel: Mustervertragsbedingungen

Dem in der Praxis zu beobachtenden Trend zur Erteilung eines Auftrages über die Erstellung einer schlüsselfertigen Anlage entspricht die Vielzahl von Mustervertragsbedingungen, die inzwischen von den verschiedenen Institutionen veröffentlicht worden sind. Das Hauptaugenmerk wird in dieser Arbeit auf die von der *Fédération Internationale des Ingénieurs-Conseils (= FIDIC)* veröffentlichten Werke gerichtet, denen in der Praxis des internationalen Bau- und Anlagengeschäfts die größte Bedeutung zukommt[104]. Im Verlaufe der Arbeit wird an geeigneter Stelle auch auf die Mustervertragsbedingungen anderer Institutionen[105] verwiesen.

---

[104] So auch die Einschätzung von VOB/B-Kommentar/*Nicklisch-Weick* Einl. Rdnr. 74; *Goedel* RIW 1982, S. 81 (81); *Kehlenbach* ZfBR 1999, S. 291 (291). Nach Einschätzung einiger Autoren nehmen die Klauselwerke aufgrund ihrer großen Akzeptanz schon Züge einer „lex mercatoria" an; siehe hierzu *Mallmann* RIW 2000, S. 532 (533) mit Nachweisen. Deutlich ablehnend *Hök* ZfBR 2005, S. 332 (333). Vgl. in diesem Zusammenhang auch *Jansen* – ICLR (2000), 593 f. -, welcher die Chancen auf die Etablierung eines nichtstaatlichen europäischen Bauvertragsrechts untersucht.

[105] Die Auswahl ist auf solche Werke beschränkt, welche leicht zugänglich sind und in der Praxis auch häufig zumindest als Ausgangspunkt verwandt werden.

Unido Model Form of Turnkey Lump Sum Contract for the Construction of a Fertilizer Plant (abgekürzt: UNIDO) including Guidelines and Technical Annexures, prepared by Negotiations Branch, Division of Policy co-ordination, Stand 1. Juni 1983, Dokument: UNIDO/PC.25/Rev.1.. Diese Bedingungen wurden 1983 von der UNIDO (United Nations Industrial Development Organization) herausgegeben[105]. *Dünnweber* – dort im Anhang ab S. 171 ist der Text abgedruckt - merkt zu diesen Bedingungen an, dass diese Regelung nach der Auffassung einiger Unternehmer die Besteller zu sehr begünstige.

United Nations – "Single Purpose" Turnkey Contract (abgekürzt: UN-Turnkey Contract)
Ebenfalls im Jahre 1983 wurde von Vereinten Nationen im Anhang ihrer Publikation "Features and issues in turnkey contracts in developing countries: A technical paper" ST/CTC/28 ein Mustervertragstext veröffentlicht.

The ENAA Model Form International Contract For Process Plant Construction (abgekürzt: ENNA)
Hierbei handelt es sich um ein 1992 veröffentlichtes Vertragswerk über die Errichtung einer Anlage. Als vertragliche Variante wurde das Turnkey-Konzept gewählt. Die „Engineering Advancement Association of Japan" ist eine 1978 gegründete Organisation, welche von staatlichen japanischen Organisationen unterstützt und von zahlreichen Experten aus der Wirtschaft beraten wird. Siehe hierzu die Beiträge von *Jaynes* ICLR (1993), 251 f.; *Hoshi* ICLR (1997), 61 f. sowie *Wiwen-Nilsson* ICLR (1997), 173 f.. Zu den Bestrebungen und den Voraussetzungen der ASEAN-Staaten (Brunei, Indonesien, Malaysia, Philippinen, Singapur und Thailand), gemeinsame Mustervertragsbedingungen für das Baugewerbe zu entwickeln, vgl. *Powell-Smith* ICLR (1992), 384 f..

Es ist vor allem den Bemühungen der FIDIC um die Schaffung internationaler Vertragsbedingungen zu verdanken, dass der Rechtsanwender für eine Vielzahl von Vertragskonstellationen auf Mustertexte zurückgreifen kann, welche einen fairen Ausgleich zwischen den Interessen der Auftragnehmers und denen des Auftraggebers darstellen und welche ob dieser Reputation auch von den meisten an der Erstellung einer Industrieanlage beteiligten Parteien in der Regel ohne großen Argwohn und Skepsis akzeptiert werden.

Bei der FIDIC handelt es sich um eine internationale Vereinigung von nationalen Verbänden beratender Ingenieure, welche im Jahre 1913 von drei nationalen Verbänden gegründet wurde und deren Mitgliederorganisation sich heute auf mehr als 60 Länder in der ganzen Welt erstreckt. Aus jedem einzelnen Land kann nur eine einzige Vereinigung Mitglied der Organisation werden. Die FIDIC vertritt als Dachverband die Interessen ihrer Mitglieder und informiert sie ständig über Änderungen und Entwicklungen in allen relevanten Bereichen. Sie

---

The AIA Standard Form Of Agreement Between Owner And Design/Builder, Document A191/1996 (abgekürzt: AIA)
In den Vereinigten Staaten sehr verbreitet sind die von dem „American Institute of Architects" herausgegebenen Musterwerke. In dieser Arbeit wird auf das Werk AIA A 19/1996 Bezug genommen, bei dem sich - der Turnkey-Konzeption entsprechend – der Besteller lediglich an einen Unternehmer wendet. Im Unterschied zu den Vertragswerken der anderen Institutionen ist die vertragliche Beziehung zwischen dem Besteller und dem Unternehmen in zwei selbständige Einheiten aufgeteilt; der erste Vertrag sieht lediglich eine vorläufige Projektierung vor und regelt auf dieser Grundlage die finanziellen Aspekte; der zweite Vertrag widmet sich der endgültigen Projektierung und deren Umsetzung. Vgl. hierzu die Ausführungen von *Smith* ICLR (1995), 40, 58.

Hinzuweisen ist ferner noch auf den **„Turnkey Contract (Conditions Of Contract For Design And Construct Projects)" – abgekürzt: EIC -** von der Organsiation "The European International Contractors" (vgl. hierzu den Beitrag von *Goudsmith* ICLR (1995), 23 f.), auf die in England sehr verbreiteten **„Design And Construct Conditions Of Contract", 2nd ed. 2001, - abgekürzt: ICE -** des „Institute of Civil Engineers" und auf die **deutsche Verdingungsordnung für Bauleistungen (abgekürzt: VOB/B)**. Zu Parallelen und Unterschieden der VOB/B zu den FIDIC-Werken vgl. *Goedel* RIW 1982, S. 81 f., dessen Beitrag sich allerdings auf ältere Auflagen bezieht.
Speziell für den Subunternehmervertrag wird in dieser Arbeit zahlreich auf die FIDIC:**Conditons of Subcontract for Works of Civil Engineering Construction (abgekürzt: FIDIC-SC)** verwiesen.
Sehr hilfreich sind auch die Anmerkungen von *Rosener* im Münchener Vertragshandbuch (Bd.2; Bd.4), dort jeweils in dem Kapitel „Internationales Industrieanlagengeschäft". Seine Anmerkungen beziehen sich auf jeweils unmittelbar vorangestellten Vertragsbeispiele, von denen einige auf FIDIC-Werken basieren, während andere eigene Entwürfe des Bearbeiters darstellen. In letztere hat der Bearbeiter seine umfassende Erfahrung im Industrieanlagengeschäft einfließen lassen, und es spiegelt sich daher in ihnen die typische Struktur der im internationalen Anlagengeschäft regelmäßig anzutreffenden Verträge wider.

versteht sich aber auch als eine Dienstleistungsorganisation[106] für außenstehende Dritte, und sie bietet daher unter anderem von ihr erstellte Vertragswerke an, die sämtliche Fachbereiche der Ingenieurberatung abdecken und somit auch die Erstellung von Bauwerken und Industrieanlagen erfassen[107].

Bis zum Jahre 1999 standen dem Rechtsanwender im Wesentlich drei Vertragswerke zur Verfügung, deren branchenübliche Bezeichnung sich nach der Farbe ihres Einbandes bestimmt.

Zu nennen ist zunächst einmal die für den klassischen Auslandsbau konzipierten und die noch sehr häufig verwendeten „Conditions of Contract for Works of Civil Engineering Construction", das sog. „Red Book" in der 4. Auflage von 1987, novelliert 1992[108]. Daneben gab es noch die "Conditions of Contract for Electrical and Mechanical Works" (= "Yellow Book")[109] in der 3. Auflage von 1987, welche in Abkehr von dem "bloßen" Bauvertrag die Besonderheiten des Industrieanlagenbaus erfassen. Schließlich wurde 1995 das sog. „Orange Book" (= Conditions of Contract for Design-Build and Turnkey)[110] veröffentlicht, welches auf die Errichtung von schlüsselfertigen Bauprojekten zugeschnitten ist.

Die erste Auflage dieser Mustervertragsbedingungen wurden im Jahre 1957 veröffentlicht. Den Verfassern dienten dabei als Vorlage die ICE-Bedingungen, die sich an das englische Vertragsrecht anlehnen. Die Folge war, dass die FIDIC-Bedingungen von der Begrifflichkeit und den Konzepten des englischen Rechts stark geprägt waren. Es entsprach der Absicht der FIDIC, ein neutrales Regelungswerk für Projekte mit Parteien aus unterschiedlichen Ländern zu schaffen, so dass die Bemühungen im Laufe der vielen Neuauflagen und Modifizierungen zwangsläufig auch dahin ging, die Bezüge zur englischen Rechtsordnung zu verringern, jedoch ist die Nähe der FIDIC-Werke zum englischen Recht auch heute noch unverkennbar[111].

---

[106] Ausführlich zu dem Betätigungsfeld vgl. die Angaben auf der Webpage (www.fidic.org).
[107] Zu beziehen sind die Vertragswerke und Ratgeber – auch auf CD-Rom - unter der folgenden Adresse: FIDIC BOOKSHOP, Box 311, CH-1215 Geneva 15 - Schweiz. Telefon: +41-22-799 49 05. Telefax: +41-22-799 49 01. Internet: www.fidic.org/bookshop.
[108] Abgekürzt: **Red Book.**
[109] Abgekürzt: **Yellow Book.**
[110] Abgekürzt: **Orange Book.**
[111] Vgl. hierzu VOB/B-Kommentar/*Nicklisch-Weick* Einl. 74.

Um auf die inzwischen erreichte Komplexität und Vielgestaltigkeit der internationalen Bau- und Anlagenvorhaben angemessen zu reagieren, entschloss sich die FIDIC[112], ihr Angebot an Mustervertragsbedingungen zu erweitern, und sie veröffentlichte im September 1999 vier weitere Klauselwerke (in erster Auflage)[113]. Als Unterscheidungskriterium diente bei diesen anders als bei den bisherigen Vertragswerken nicht mehr der Gegenstand des Vertrages (Bauwerk/ Industrieanlage), sondern die von den Parteien angestrebte Planungs- und Risikoverteilung[114]. So zielen die „Conditions of Contract for Construction for Building and Engineering designed by the Employer"[115] auf den Fall ab, dass die Projektplanung überwiegend vom Auftraggeber erbracht wird und er den Auftragnehmer im Wesentlichen konkret anweist. Mit der Projektplanung korreliert die Gesamtverantwortung des Auftraggebers für das Gelingen der Anlage.

Beschränken sich die Anweisungen des Auftraggebers dagegen auf grobe Vorgaben – etwa in Form eines Leistungsverzeichnisses – und übernimmt der Auftragnehmer folgerichtig den Großteil der Planungsverantwortung, dann stehen den Parteien die „Conditions of Contract for Plant and Design-Build for Electrical and Mechanical Plant, and for Building and Engineering Works, designed by the Contractor"[116] zur Verfügung.

Weil die Erstellung einer Industrieanlage stets einen hohen Finanzierungsaufwand mit sich bringt, besteht insbesondere bei privatfinanzierten Projekten das vermehrte Bedürfnis nach einem vorhersehbaren Fertigstellungszeitpunkt und Endpreis. Um dies zu gewährleisten, ist neben der Vereinbarung eines Pauschalpreises erforderlich, dass der Auftragnehmer die *alleinige* Planungs-, Beschaffungs- und Bauverantwortlichkeit erhält. Aus diesem Grunde hat die FIDIC die „Conditions of Contract for EPC/Turnkey Projects for Process and Power Plants

---

[112] Zur Motivation und Strategie der Reformarbeiten vgl. *Wade* ICLR (2000), 5, 6 und *Booen* ICLR (1999), 5, 6. Vgl. *Huse/Hole* ICLR (1999), 27 – 38 zu den Unterschieden zu den alten Auflagen.

[113] Die FIDIC ist daran interessiert, dass ihre Werke in Zukunft nicht mehr nach der Farbe des Einbandes bezeichnet werden. Daher bleibt in dieser Arbeit die jeweilige Farbe bei der Festlegung der Abkürzung für die im Jahre 1999 veröffentlichten Werke unberücksichtigt, zumal dadurch die Gefahr einer Verwechslung mit den vorgenannten Werken vermieden wird. Zu den neuen FIDIC-Werken vgl. vor allem *Mallmann*, Bau- und Anlagenverträge nach dem FIDIC-Standard (2002) sowie *Wade* ICLR (2000), 5 f..

[114] *Booen* ICLR (1999), 5, 6 f.; *Kehlenbach* ZfBR 1999, S. 291 (292); *Mallmann* RIW 2000, S. 532 (533).

[115] Abgekürzt: **FIDIC-Employer**. Abgedruckt im VOB/B-Kommentar von *Nicklisch-Weick* Anhang II.

[116] Abgekürzt: **FIDIC-Contractor**. Abgedruckt im VOB/B-Kommentar von *Nicklisch-Weick* Anhang III.

and other Fixed Price Construction Projects"[117] verfasst, in welchen diese Notwendigkeiten Einzug gehalten haben. Die Beteiligung des Auftraggebers an der konkreten Planung und Erstellung ist auf ein Minimum reduziert.
Endlich hat die FIDIC die Gelegenheit genutzt, mit der „Short Form of Contract"[118] ein Klauselwerk zu veröffentlichen, welches auf Bauvorhaben mit einer relativ geringen Komplexität und/oder einem relativ niedrigen Auftragswert zugeschnitten ist und anders als die zuvor genannten Werke keinem bestimmten Verantwortlichkeitskonzept folgt. Es kann unabhängig davon verwandt werden, ob die Planung durch den Auftraggeber oder dem Auftragnehmer erfolgt und welche konkrete Preisberechnungsmethode von den Parteien gewählt worden ist.

Da der Anlagenvertrag in der Variante des Turnkey-Vertrages den Gegenstand dieser Arbeit bildet, stehen im Rahmen der Untersuchung die Regelungen der Bedingungen *Orange Book, FIDIC-Employer und EPC* im Mittelpunkt des Interesses. Ergänzend wird auch auf die anderen beschriebenen FIDIC-Werke verwiesen, da sie häufig parallele Vorschriften enthalten und sich Äußerungen im Schrifttum und Rechtsprechung nicht selten auf diese beziehen. Obendrein bietet es sich an, anhand der abweichenden Regelungen die Besonderheiten des Anlagenvertrages in der Variante des Turnkey-Vertrages zu verdeutlichen. Die Beachtung auch der vor dem Jahre 1999 veröffentlichten Regelungen ist deswegen erforderlich, weil neue Bedingungswerke sich erst einmal in der Praxis bewähren müssen, bevor sie vom Rechtsanwender als ein ausgewogenes Regelungswerk akzeptiert werden[119]. Ist ein Unternehmen der Auffassung, dass seine Interessen in einem bestimmten Klauselwerk ausreichend berücksichtigt werden, dann wird es in der Regel keinen Grund sehen, der Empfehlung der herausgebenden Institution zu folgen und stattdessen die nunmehr empfohlenen Werke zur Anwendung kommen zu lassen.

---

[117] Abgekürzt: **EPC**. Abgedruckt im VOB/B-Kommentar von *Nicklisch-Weick* Anhang IV.
[118] Abgekürzt: **Short Form**.
[119] *Hök* – ZfBR 2004, S. 731 (732) - weist darauf hin, dass die Weltbank die neuen Ausgaben der FIDIC-Werke (1999) bei der Neufassung der Standard Bidding Documents 2004 „ignoriert" hat. Diese beziehen sich stattdessen auf Teil I Red Book (Fassung 1987, ergänzt 1992).

4. Kapitel: Umfang der Leistungspflicht des Unternehmers und die Rechtsnatur des Turnkey-Vertrages

A. Herkunft des Begriffes „Turnkey" und der Umfang der Leistungspflicht des Unternehmers

Es wurde bereits mehrfach betont, dass es sich bei dem Turnkey-Vertrag um eine Vertragsvariante handelt, bei der der Besteller dem Unternehmer auch die Projektierung der Anlage überlässt und der Unternehmer die Gesamtverantwortung für das Gelingen der Anlage übernimmt. Diese Konstellation stellt eine Abkehr von der klassischen Aufteilung der Projektierung und deren Umsetzung zwischen dem Besteller bzw. dem von ihm beauftragten beratenden Ingenieur und dem Unternehmer dar.

Der Begriff „turnkey" kann als die international weitverbreiteste Kurzumschreibung bzw. Schlagwort für dieses vertragliche Konzept betrachtet werden. Der Begriff stammt aus der amerikanischen Ölindustrie, von der aus auch der Einzug des Konzepts in die internationale Vertragspraxis für Bauverträge mit einem hohen Anteil an mechanischen und elektrischen Leistungskomponenten begann[120]. Im britischen Vertragswesen wird stattdessen die Bezeichnung „design-and-build" bevorzugt, welche dort als die präzisere Umschreibung des vertraglichen Konzeptes betrachtet wird[121]. Ursprünglich verwandte man den Begriff „package deal", um mit diesem - so *Lord Denning M.R.* - dieses *neue* Baukonzept zu erfassen[122].

Insbesondere die Bedeutung des Begriffes „turnkey" in den vertraglichen Dokumenten hat den US-amerikanischen Gerichten zu Beginn Schwierigkeiten[123] bereitet.
Es fiel den Gerichten nicht leicht, in dem bloßen Begriff den Hinweis der Parteien auf die Notwendigkeit zu sehen, dass das Projekt vor Übergabe der Anlage so

---

[120] *Wallace* 3-026.

[121] So *Wallace* 3-026; siehe auch *Huse* S. 6 f..

[122] "a new kind of building contract called a package deal": *Lord Denning* in Greaves & Co. (Contractors) Ltd. v. Baynham Meikle & Partners (1975) 3 All ER 99, 102.

[123] Vgl. z.B. Restal Drilling Co. V. Commissioner of Internal Revenue (1942) 127 F.2nd 355, 357. Siehe in diesem Zusammenhang auch *Wallace* 3-027, der auf die ursprünglichen Probleme australischer Gerichte und sogar amerikanischer Wörterlexika bei der Definition des Wortes „turnkey" hinweist.
Dies ist heute nicht mehr der Fall, so dass man etwa im Oxford Business Dictionary (2003) die folgende Definition findet: "Turnkey system: The planning and execution of a major capital project, in which one company has responsibility for its overall management, so that the client only has to "turn the key" in order to start the operation".

fertiggestellt sein muss, dass der Besteller nur noch „den Schlüssel herumdrehen" muss, um den Betrieb zu starten.
Zwar wird von dem Auftragnehmer die Herstellung eines funktionstüchtigen Projektes auch bei einer Projektierung durch den beratenden Ingenieur erwartet, jedoch nur, wenn der Mangel nicht auf einer fehlerhaften Planung des beratenden Ingenieurs beruht[124]. Die an sich naheliegende Schlussfolgerung, dass der Unternehmer bei Übernahme der Projektierung nun für *sämtliche* Mängel der Anlage einzustehen hat, stößt auf das Problem, dass im Rechtskreis des common-law der Ingenieur bzw. Architekt nur die Anwendung seines Fachwissens und einer seiner beruflichen Stellung entsprechenden Sorgfalt[125] schuldet. Vorbehaltlich einer besonderen Regelung muss er nicht für ein bestimmtes Resultat einstehen[126].
Es erscheint daher als ein Wertungswiderspruch, den Unternehmer bei einem Turnkey-Vertrag zur Herstellung einer funktionstüchtigen Anlage und damit zur Schaffung eines Resultates zu verpflichten. Schließlich übernimmt der Unternehmer mit der Projektierung nur die Position, die der beratende Ingenieur in klassischen Bauverträgen einnimmt, und dieser ist zu weniger verpflichtet[127].

Nach anfänglicher Irritation sowie langem Zögern hat sich die Rechtsprechung in der Mitte der siebziger Jahre über diesen „scheinbaren" Widerspruch hinweggesetzt und sich zu einer umfassenden Haftung des die Projektierung übernehmenden Unternehmers durchgerungen.
Zu nennen sind dort insbesondere die Entscheidungen Park Plaza State Bank of St. Louis Park v. CWS Development Co. 227 N.W.2d. 560, 561 (Minn. 1975) und Mobile Housing Environments *v. Bar*ton 432 F. (Supp.) 1343 (1975).
In *Park Plaza State Bank v. CWS Development* heißt es:
"Turnkey contract` is construction trade language for a construction which requires the contractor to bear the full responsibility for and the full cost of development until the project is complete. Typically, the contractor must obtain interim financing, acquire the land, have plans drawn up, manage the construction, and pay subcontractors and materialmen. When the project is completed to the satisfaction of the ultimate owner, the contractor ` turns over the key` and receives full payment for the development costs acrued."

---

[124] Siehe hierzu *Wallace* 4-072.
[125] Surf Reality Corp. V. Standing (1953) 78 S.E. 2nd 901, 907 (1953), zitiert in Gravely v. Providence Partnerships (1977) 549 F. 2nd 958, 959.
[126] Es gilt hier anders als im kontinentalen Recht das Konzept der „obligation de moyen" und nicht das der „obligation de resultat". Vgl. *Huse* S. 130 sowie *Brabant* S. 86. Allgemein zur Haftung des Bauunternehmers im französischen Recht vgl. *Klimt* in: Construction Law, S. 330 f...
[127] Darauf noch einmal hinweisend *Fox and Neill L.JJ.* in George Hawkins v. Chrysler U.K. Ltd. (1986) 38 B.L.R 36, 51, 55.

Es wird hier von einer vollständigen Verantwortung des Unternehmers für die Fertigstellung des Projektes gesprochen.

Dass auch die Funktionstüchtigkeit der Anlage ein Teil der Leistungsverpflichtung des Unternehmers bei einem Turnkey-Vertrag ist, wird noch deutlicher in Mobile Housing Environments *v. Bar*ton, wo das mit dem Sachverhalt befasste Gericht über die Bedeutung des in den Vertragsdokumenten verwandten Begriffes „turnkey construction job"[128] zu entscheiden hatte und es wie folgt formulierte: „The term `turnkey construction job` under the applicable case law imposes on the contractor the responsibility for providing the design of the project and responsibility for any deficiencies or defects in design, except to the extent such responsibility is specifically waived or limited by the contract document."

Zur Rechtfertigung dieser unterschiedlichen Haftungsmaßstäbe wird immer wieder vorgetragen, dass der beratende Ingenieur kein direktes finanzielles Interesse an einer mangelhaften und nicht detaillierten Projektierung habe und bei ihm daher die Gefahr einer entsprechenden Schlechtleistung nicht bestehe. Der mit der Erstellung einer Anlage beauftragte Unternehmer dagegen könne insbesondere bei der Vereinbarung eines Pauschalpreises durch eine nicht alle Umstände genügend berücksichtigende und damit nicht ausgewogene Projektierung Einsparungen erzielen, und er sei daher einer entsprechenden Versuchung ausgesetzt, der man mit einer umfänglichen Haftung am besten begegnen könne[129].

Auch wenn dieses Argument nicht wirklich zu überzeugen vermag, scheint sich inzwischen in den Ländern aus dem Rechtskreis des common-law die Auffassung etabliert zu haben, dass der Unternehmer, indem er auch die Verantwortung für die Projektierung übernimmt, sich regelmäßig unabhängig vom Verschulden zur Erbringung eines in sich abgeschlossenen Projektes – Anlage bzw. Bauwerk – verpflichtet, welches dem im Vertrag niedergelegten Zweck zu erfüllen in der Lage ist[130]. Es wird keine bloße Sorgfalt, sondern ein bestimmter Erfolg geschuldet.
Lord Denning beschrieb es bereits 1975 in Greaves & Co (Contractors) Ltd. v. Baynham Meikle and Partners[131] gewohnt präzise: "The "package deal" meant that the building owners did not employ their own architects or engineers. ... The contractors were to do everything as a "package deal" for the owners. ... It was

[128] Der Vertragstext lautet:" ... furnish all labor, material, equipment, tools, machinery, facilities and *everything else required for the prompt turnkey construction* of a mobile home park containing not more than 320 mobile home spaces, *all of which shall be constructed in accordance with the general plans and specifications*, ...". (Hervorhebungen durch Verfasser).
[129] Siehe hierzu *Wallace* 3-029.
[130] *Wallace* 3-028 mit weiteren Nachweisen.
[131] (1975) 3 All ER 99, 102.

not merely an obligation to use reasonable care. The contractors were obliged to ensure that the finished work was reasonably *fit for the purpose."*

Dabei ist zur Begründung einer umfänglichen Verantwortung des Unternehmers die Übernahme der Projektierung entscheidend, sie macht den Unterschied zu der Rollenverteilung in den klassischen Bauverträgen aus. Erklärt sich der Unternehmer auch zu der Projektierung bereit, dann lässt sich – sofern ein geringerer Haftungsmaßstab für die Projektierung nicht ausdrücklich vereinbart ist – der Wille der Parteien unterstellen, dass der Auftragnehmer auch für die Funktionstüchtigkeit der Anlage haften soll. Die Verwendung der Begriffe „turnkey", „package deal" oder „design-and-build" ist dagegen entbehrlich[132]; sie alleine sind nicht in der Lage, eine umfängliche Haftung des Unternehmers zweifelsfrei zu begründen[133]. Das zuvor beschriebene Verständnis des Begriffes „turnkey" durch die US-amerikanische Rechtsprechung setzt die Projektierung durch den Auftragnehmer zwingend voraus.

Vor diesem Hintergrund überrascht es nicht, dass in den FIDIC-Werken der Übernahme der Projektierung durch den Unternehmer grundsätzlich ein eigenes Kapitel gewidmet ist, in welchem dem Unternehmer die Verantwortung für die Projektierung übertragen wird[134].
Und mit der Formulierung „fit for the purposes for which they are intended"[135], wird jeglicher Zweifel an der Verantwortung des Unternehmers für das Gesamtgelingen der Anlage beseitigt[136].

In den Musterwerken anderer Institutionen findet man dagegen zum Teil noch Vorschriften, die den Unternehmer zur Anwendung einer gewissen Sorgfalt verpflichten. So verlangt etwa der **ENNA-Vertrag** in Art. 9.1. vom Unternehmer: "The Contractor shall execute and complete the Works with due care and diligence in accordance with the Contract", der **ICE-Vertrag** in Art. 8.2.a : " ... the

---

[132] Es wird jedoch empfohlen, einen der Begriffe im Vertrag mindestens einmal zu erwähnen. Sie haben dann eine Art Indizfunktion zugunsten einer umfänglichen Haftung (ähnlich UN-Turnkey Annex III a).

[133] Vgl. hierzu u.a. *Chan* – ICLR (2002), 22, 24 -, der zutreffend darauf hinweist, dass diese Begriffe den Rechtsanwender nicht davor bewahren, die einzelnen Klauseln des Vertrages genau analysieren zu müssen.

[134] Vgl. Art. 5 FIDIC-Contractor, EPC. In einem solchen Kapitel werden regelmäßig noch Abläufe hinsichtlich der Verständigung der Parteien im Rahmen der Projektierung festgelegt.

[135] Vgl. etwa Art. 4.1. Orange Book, EPC. Anhand der Verwendung der auch im englischen Recht gebräuchlichen Formel „Fitness for purpose" wird die bereits vielfach betonte Nähe der FIDIC-Werke zu dem englischen Recht deutlich.

[136] Allgemein zu der Formel vgl. die Ausführungen von *Dennys* in: Construction Law, S. 204 f..

Contractor shall exercise all reasonable skill care und diligence" und der **EIC-Vertrag** in Art. 4.1. : " The design and the Works shall be executed and completed by the Contractor with due care and diligence in accordance with the Contract."

Wenn nicht wie bei dem ENNA-Vertrag in Art. 7.2.[137] noch eine Vorschrift existiert, aus der ausdrücklich hervorgeht, dass der Unternehmer verpflichtet ist, eine funktionstüchtige Anlage herzustellen, dann sind jene Vorschriften wohl regelmäßig trotz der Übernahme der Projektierung durch den Unternehmer dahin gehend zu verstehen, dass dieser – zumindest bezüglich der Ingenieurleistungen – nur die sorgfältige Anwendung seines Fachwissens schuldet und somit keine Einstandspflicht hinsichtlich der Herstellung einer funktionstüchtigen Anlage besteht[138]. Dies gründet sich in der *ausdrücklichen* Festlegung eines geringeren Haftungsmaßstabes.

Solche Konstellationen stellen keinen Turnkey-Vertrag im eigentlichen Sinne dar. Sie erklären sich wohl aus der Scheu vieler Rechtsordnungen vor einer umfänglichen Haftung des Ingenieurs, welche naturgemäß von den Herausgebern der Musterbedingungen geteilt wird, bei denen es sich vielfach um Interessenverbände von Architekten, Ingenieuren und/oder Herstellern handelt. Es bleibt abzuwarten, ob sie sich in der Vertragspraxis noch weiterhin behaupten können. Wenn der Besteller die Projektierung dem Unternehmer überlässt, dann wird er regelmäßig auch eine umfängliche Haftung des Unternehmers verlangen; angesichts der „bestellerfreundlichen" Marktverhältnisse wird er in den meisten Fällen in der Lage sein, diese Forderung durchzusetzen.

Es kann nur davor gewarnt werden, die Verpflichtung zur Herstellung einer funktionstüchtigen Anlage nicht ausdrücklich als Erfolg im Vertrag zu formulieren und somit die Erfolgshaftung nicht ausdrücklich zu statuieren. Der Unternehmer wird dann im Streitfall behaupten, dass der Haftungsmaßstab des Vertragsstatuts - sofern dieser für ihn günstiger ist - gelte. Die Verwendung des Begriffes „turnkey" kann zur Klarstellung hilfreich sein.

Im deutschen Sprachraum trifft man häufig auf den Begriff der "Schlüsselfertigkeit", welcher zumindest in Bezug auf internationale Anlagenverträge als ein Synonym des Begriffes „turnkey" im Sinne einer Gesamtverantwortung für das Gelingen der Anlage verwandt werden sollte. Schließlich handelt es sich bei in-

---

[137] Sie lautet: "The Contractor shall perform all such work and/or supply all such materials not specifically mentioned in the Contract but which can be reasonably inferred from the Contract as being required for the proper performance of the Plant as if such work and/or materials were expressly mentioned in the Contract."

[138] Vgl. hierzu ausführlich *Huse* S. 194.

ternationalen Anlagenverträge um eine Materie, die maßgeblich vom angelsächsischen Rechtsverständnis geprägt ist. Hinzu kommt, dass es dem deutschen Recht nicht schwer fällt, eine umfängliche Haftung des Unternehmers anzunehmen; der Architektenvertrag wird inzwischen[139] als Werkvertrag betrachtet[140], und im deutschen Recht kann der Annahme der Verpflichtung des Unternehmers zur Herstellung einer funktionstüchtigen Anlage und damit zur Leistung eines Erfolges der Vorwurf eines Wertungswiderspruches nicht gemacht werden.

Die synonyme Verwendung gilt es deswegen ausdrücklich festzuhalten, weil der Begriff der „Schlüsselfertigkeit" in der deutschen Literatur und Rechtsprechung nicht einheitlich verstanden wird[141]. Es findet sich weder im BGB noch in der VOB eine Definition des Begriffes; er ist bis heute gesetzlich nicht definiert[142].

Die in diesem Zusammenhang geführte Diskussion ist für die vorliegende Untersuchung nur wenig fruchtbar. Zum einen bezieht sie sich größtenteils auf reine Bauverträge[143], zum anderen liegt ihr Schwerpunkt in der Suche nach einer genauen Umschreibung der Funktionstüchtigkeit.
Angesichts der im internationalen Anlagengeschäft üblichen „offenen" Formulierung der Funktionstüchtigkeit[144] und der damit einhergehenden Verweisung auf die dem Vertrag zu entnehmende Zielsetzung des Projektes sind lediglich

---

[139] Im deutschen Recht wurde – wie heutzutage noch im angelsächsischen Recht – der Architektenvertrag ursprünglich als Dienstvertrag aufgefasst. Das Reichsgericht sah den Schwerpunkt der Leistung des Architekten in der Bauleitung und nicht in der Bauplanung, und die Bauleitung sei dienstvertraglichen Charakters (RGZ 86, 75 (77 f.); 137, 83 (84 f.)). Diese Rechtsprechung wurde vom Bundesgerichtshof in BGHZ 31, 224 (227) aufgegeben, wonach die Tätigkeit des Architekten, der sowohl die Planung als auch die Bauaufsicht innehabe, als werkvertraglich zu verstehen sei. In BGH NJW 1974, S. 898 (899) stellte der Bundesgerichtshof schließlich klar, dass diese Einordnung nicht nur für den Vollarchitekten gelte, sondern grundsätzlich auch dann, wenn der Architekten lediglich einen fertigen Entwurf realisieren müsse. In der Literatur wird der Rechtsprechung zumindest für den Vollarchitekten überwiegend gefolgt (vgl. die Nachweise bei Staudinger-*Peters* Vorbem. zu §§ 631 Rdnr. 121 f.), und der Unternehmer schuldet in einem Turnkey-Vertrag die umfängliche Tätigkeit eines Vollarchitekten.

[140] BGHZ 62, 204 (206 f.).

[141] Siehe hierzu ausführlich *Lotz* BB 1996, S. 544 f..

[142] *Hautkappe* S. 35; *Lotz* BB 1996, S. 544 (545).

[143] Vgl. etwa den Beitrag von *Poetzsch-Heffter* – ZfBR 2005, S. 324 f. -, in welchem dieser die Probleme beschreibt, welche in der Praxis bereits bei der Ermittlung des Leistungsumfanges eines Global- bzw. Detailpauschalvertrages auftreten.

[144] In Art. 4.1. FIDIC-Contractor, EPC wird das Maß der Funktionstüchtigkeit umschrieben mit den Formulierungen "fit for the purpose" und "The works shall include any work which is necessary to satisfy the Employer's Requirement , (Contractor's Proposal and Schedules), or is implied by the Contract, and all works which (although not mentioned in the Contract) are necessary for stabililty or for the completion, or safe and proper operation, of the Works".

die Stimmen verwertbar, die hinsichtlich des Maßes der Funktionstüchtigkeit auf den Vertragszweck[145] abstellen und somit keine pauschale abschließende Definition der Schlüsselfertigkeit, sondern stattdessen ein Kriterium für die Ermittlung des Vertrags*zweckes* zu liefern versuchen[146].
Die *ausdrückliche* Betonung der Projektierung der Anlage durch den Unternehmer als eines der Kernelemente des zumindest im internationalen Anlagengeschäft typischen Turnkey-Konzeptes fehlt häufig bei diesen Stimmen. Ebenso wenig findet man die Betonung des Erfolgscharakters der Verpflichtung, was seine Ursache wohl in dem grundsätzlichen Verständnis des Architekten- wie auch des Bauvertrages als Werkvertrag hat.

Nach einer Entscheidung des Bundesgerichtshofes aus dem Jahre 1984[147] hängt bei einer Verpflichtung zur Erstellung einer *schlüsselfertigen* Wohnanlage die Gewährleistungspflicht nicht vom Inhalt des Leistungsverzeichnisses[148] ab, sondern von dem, „was nach den örtlichen und sachlichen Gegebenheiten jeder Fachmann für notwendig erachte". Ähnlich äußerte sich das OLG Hamm[149], nach dem bei der Pflicht zur Erstellung eines schlüsselfertigen Bauwerkes der Unternehmer bei einem sachlich unrichtigen oder lückenhaften Leistungsverzeichnis die Maßnahmen zu treffen habe, die nach den örtlichen und sachlichen Gesichtspunkten jeder Fachmann als zu treffen notwendig erachtet hätte. *Lotz*[150] schließt sich im Wesentlichen diesen Ausführungen an, indem er formuliert, dass „der Begriff der Schlüsselfertigkeit im Anlagenbau grundsätzlich alle Leistungen erfasse, die zum Erreichen des geschuldeten Erfolges nach den Regeln der Technik und den örtlichen und sachlichen Gegebenheiten unter wirtschaftlichen Gesichtspunkten vernünftigerweise von einem Fachmann für erforderlich gehalten werden".

Indem diese Vorschläge auf örtliche und sachliche Gegebenheiten abstellen, weisen sie eine Flexibilität auf[151], die gerade im internationalen Anlagengeschäft unverzichtbar und von den Parteien auch regelmäßig gewünscht ist. Schließlich erstreckt sich die Herstellung einer industriellen Großanlage grundsätzlich über einen Zeitraum von mehreren Jahren, und sie ist dabei vielen zum Abschluss des

---

145 So deutlich etwa *Werner/Pastor* Rdnr. 1194; *Lotz* BB 1996, S. 544 (549).
146 *Lotz* BB 1996, S. 544 f. sieht den Hauptzweck der Verwendung des Begriffes „Schlüsselfertigkeit" in einem letztlich unbestimmten Hinweis auf das genaue Maß der Funktionstüchtigkeit und damit des versprochenen Erfolges.
147 BGH NJW 1984, S. 1676 (1677).
148 Siehe hier die Parallele zu der Formulierung in den FIDIC-Werken: „...although not mentioned in the Contract...."
149 OLG Hamm BauR 1993, S. 375 (375).
150 *Lotz* BB 1996, S. 544 (549).
151 *Lotz* BB 1996, S. 544 (545).

Vertrages noch nicht vorhersehbaren Umständen und Entwicklungen ausgesetzt, auf die entsprechend flexibel reagiert werden muss.
Dass die Maßnahme von einem *Fachmann* für „erforderlich" gehalten werden muss, führt zu einer gerechten Beurteilung der Erforderlichkeit, da der Fachmann sich hauptsächlich an technischen Maßstäben orientiert, welche ihrer Sache nach neutral sind.

B. Rechtsnatur des Industrieanlagenvertrages in der Variante des Turnkey-Vertrages

Dieser Abschnitt widmet sich der Bestimmung der Rechtsnatur des Industrieanlagenvertrages unter Zugrundelegung des turnkey-Konzeptes.
Deren Kenntnis schafft Klarheit über das Wesen des Vertragstyps und ist daher unerlässlich für eine differenzierte und ausgewogene internationalprivatrechtliche Anknüpfung. Auch für den Umgang mit dem materiellen Recht des grenzüberschreitenden Industrieanlagenvertrages ist die Kenntnis von großem Nutzen. Schließlich hilft sie dem deutschen Juristen, den Vertragstyp strukturell zu erfassen[152] und Unterschiede zwischen den einzelnen Rechtsordnungen[153] zu erkennen, die zu Missverständnissen und mangelnder Kompatibilität führen können und auf die daher bei der Fassung der Vertragstexte ein besonderes Augenmerk zu richten ist.
Die Frage nach der Rechtsnatur ist somit keineswegs „in erster Linie theoretischer Natur"[154], zumal bei komplexen Langzeitverträgen trotz der umfangreichen Vertragswerke auch immer die Gefahr besteht, dass sich ein Regelungsbedarf in Bereichen einstellt, welche keine ausdrückliche Erwähnung im Vertrag erfahren haben, so dass die auf den Vertrag anzuwendende nationale Rechtsordnung befragt werden muss[155]. Zwar wird das deutsche Recht von den Parteien eines grenzüberschreitenden Industrieanlagenvertrages nur selten gewählt[156], jedoch kann das objektive Vertragsstatut deutsches Recht sein, wenn die Rechtswahl unwirksam ist oder sogar bewusst unterblieben ist[157].

---

[152] *Martinek* (Bd. III) § 26 II 3 spricht in diesem Zusammenhang von einer „dogmatisch-konstruktiven Erfassung des Typus 'Turnkey'".
[153] Die Kenntnis der rechtlichen Zuordnung hilft zum Beispiel bei dem Verständnis des Unterschiedes zwischen dem deutschen und dem englischen Recht in Bezug auf die Haftung des Architekten und der daraus resultierenden Notwendigkeit, eine ausdrückliche vertragliche Regelung zu treffen.
[154] So aber *Vetter* RIW 1982, S. 170 (171).
[155] Auch hier anders *Vetter* RIW 1982, S. 170 (171), der den Rückgriff auf gesetzliche Vorschriften angesichts der detaillierten vertraglichen Regelungen für einen Ausnahmefall hält.
[156] *Martinek* (Bd. III) § 26 II 3.
[157] Siehe dazu die Ausführungen über das subjektive Vertragsstatut im 7. Kapitel.

Wie bereits oben[158] erläutert, hat der Besteller einer Anlage verschiedene vertragliche Möglichkeiten, eine Industrieanlage zu realisieren. Es beziehen sich daher nicht sämtliche in der Literatur und Rechtsprechung anzutreffenden Einordnungsvorschläge auf die in dieser Arbeit gewählte Variante „Turnkey-Vertrag".[159]
So ist es auch zu erklären, dass in älteren Kommentarwerken der Turnkey-Vertrag häufig als ein Geschäftsbesorgungsvertrag werkvertraglichen Charakters im Sinne des § 675 BGB qualifiziert wird[160].
Zu diesem Zeitpunkt war die Turnkey-Variante noch nicht so sehr verbreitet, und unter einem Industrieanlagenvertrag wurde überwiegend der Vertrag mit einem beratenden Ingenieur verstanden. Dessen Tätigkeit, welche sich auf die Bauplanung und Bauaufsicht beschränkt, wurde zutreffend als eine Geschäftsbesorgung im Sinne des § 675 BGB eingestuft[161]. Schließlich ist unter der Geschäftsbesorgung im Sinne des § 675 BGB jede selbständige Tätigkeit wirtschaftlicher Art im fremden Interesse zu verstehen[162]. Um im fremden Interesse tätig zu sein, muss der Beauftragte die Tätigkeit *für* einen anderen und nicht etwa *an* einen anderen leisten[163]. Der Turnkey-Vertrag hat einen solchen Charakter nicht; der beauftragte Unternehmer nimmt nicht bloß Aufgaben des Bestellers wahr. Es kennzeichnet den Turnkey-Vertrag, dass der Unternehmer die Gesamtverantwortung für die Anlage trägt, die Anlage folglich erstellt und sie schließlich *an* den Besteller übergibt[164]. Indem der beratende Ingenieur die Herstellung der Anlage selbst nicht vornimmt und nur im Auftrage des Bestellers den Herstellungsprozess plant und überwacht, wird er lediglich in dessen Interesse tätig. Sein Beitrag ist als eine Leistung *für* den Besteller und nicht etwa *an* den Besteller zu werten.

Zur dogmatischen Erfassung der Rechtsnatur des Industrieanlagenvertrages bietet sich die von *Canaris*[165] vorgeschlagene begriffliche Einteilung der gemischt- und fremdtypischen Verträge an, welche auf der von *Larenz*[166] verwandten begrifflichen Differenzierung beruht.

---

[158] Siehe 2. Kapitel B.

[159] Vgl. in diesem Zusammenhang auch *Michaelis de Vasconcellos* – NZBau 2003, S. 121 (122) - , welcher auf die Vielgestaltigkeit des Anlagenvertrages und die daraus resultierenden Qualifikationsprobleme hinweist. Eine aktuelle Übersicht über die in der Literatur und in der Rechtsprechung vorgenommenen Einordnungsversuche findet sich u.a. bei Müko-*Busche* § 631 Rdnr. 232 f..

[160] Soergel-*Mühl* (11. A.) vor § 631 Rdnr. 95; Müko-*Soergel* (2.A.) § 631 Rdnr. 72.

[161] So auch *Martinek* (Bd. III) § 26 II 3; *Dünnweber* S. 26.

[162] BGHZ 45, 223 (228); Palandt-*Sprau* § 675 Rdnr. 2.

[163] Palandt-*Sprau* § 675 Rdnr. 5.

[164] *Dünnweber* S. 26.

[165] *Larenz/Canaris*, SchuldR BT, § 63 I 1 b.

[166] *Larenz*, SchuldR BT, § 62 III.

Canaris unterteilt die gemischt- und fremdtypischen Verträge in Typenkombinationsverträge, Typenverschmelzungsverträge und typenfremde Verträge. Den Charakter eines Vertrages „sui generis" attestiert er dabei jeder dieser Unterart[167]. Schließlich entspricht keine der Unterarten einem gesetzlichen Vertragstyp, jeder gemischt- oder fremdtypische Vertrag hat einen stark ausgeprägten eigenständigen Charakter. Um als gemischt- oder fremdtypischer Vertrag eingestuft zu werden, darf das von der gesetzlichen Vorgabe abweichende Element nicht von völlig untergeordneter Rolle sein[168].

Ein *Typenkombinationsvertrag* liegt dann vor, wenn sich der Vertrag aus unterschiedlichen Elementen zusammensetzt und jedes einzelne Element sich einem anderen gesetzlich geregelten Vertragstyp zuzuordnen lässt[169].
Tritt die Typenkombination auf einer Vertragsseite auf, dann liegt ein Vertrag mit mehrfachtypischer Leistung vor. Sind die Parteien dagegen zu Leistungen verpflichtet, die als solche für sich einem gesetzlichen Vertragstyp zuzuordnen sind, deren Austausch allerdings in keinem gesetzlichen Vertragstyp niedergelegt ist, dann handelt es sich um einen Vertrag mit *anderstypischer Gegenleistung*[170]. Die Kombination verschiedener Vertragstypen findet somit nicht wie beim Vertrag mit mehrfachtypischer Leistung auf der Seite eines Vertragspartners statt, sie entsteht vielmehr im Austauschverhältnis.

Beim *Typenverschmelzungsvertrag* ist eine sinnvolle Aufteilung der Gesamtverpflichtung und eine entsprechende Zuordnung der Teile zu gesetzlichen Vertragstypen nicht möglich. Die Verpflichtung bildet vielmehr ein Ganzes, bei dem sich nicht Teile benennen lassen, welche für sich isoliert einen bestimmten vertragstypischen Charakter aufweisen; die Gesamtverpflichtung als solche weist Züge verschiedener gesetzlicher Vertragstypen auf[171].
Darunter fällt auch der sog. *partiarische* Vertrag, bei dem es sich um einen entgeltlichen Vertrag handelt, der sich dadurch auszeichnet, dass das Entgelt zumindest teilweise in einem Anteil an dem Ertrag oder Gewinn besteht, den die andere Vertragspartei unter Einsatz der ihr erbrachten Leistung erzielt[172].

Unter *typenfremden* Verträgen schließlich sind solche Verträge zu verstehen, die sich nicht als typengemischt im obigen Sinne und damit als eine Kombination oder Verschmelzung gesetzlicher Vertragstypen sachgerecht erfassen lassen[173].

---

[167] *Larenz/Canaris*, SchuldR BT, § 63 IV 1 a.
[168] *Larenz/Canaris*, SchuldR BT, § 63 I 1 c.
[169] *Larenz/Canaris*, SchuldR BT, § 63 I 1 b.
[170] *Larenz/Canaris*, SchuldR BT, § 63 I 1 b.
[171] *Larenz/Canaris*, SchuldR BT, § 63 I 1 b.
[172] *Larenz/Canaris*, SchuldR BT, § 63 III 2.
[173] *Larenz/Canaris*, SchuldR BT, § 63 I 1 b.

Strukturen gesetzlicher Vertragstypen lassen sich nahezu nicht erkennen, eine Anlehnung an gesetzlichen Vorgaben scheidet grundsätzlich aus.
Die Unterarten können auch kombiniert miteinander auftreten, die Übergänge zwischen den Unterteilungen sind regelmäßig fließend[174].

Würde man es bei der bloßen Zuordnung zu einer dieser vorgestellten Unterarten belassen, dann wäre noch nicht viel erreicht. Schließlich sagt man anders als bei einer Zuordnung zu einem gesetzlichen Vertragstyp mit der Qualifizierung als typengemischter Vertrag noch nichts über das subsidiär anwendbare Gesetzesrecht aus.
Früher wurden dazu im Wesentlichen zwei Ansichten vertreten, die jeweils ein Extrem darstellen. Nach der Kombinationstheorie, die auf *Hoeniger*[175] zurückzuführen ist, ist die Gesamtleistung in ihre einzelnen Teilleistungen aufzuteilen, und diese sind dann – nach Zuordnung zu einem Vertragstyp – den jeweiligen Normen zu unterstellen. Die Absorptionstheorie[176] stellt dagegen nur auf die Normen des Vertragstypus ab, der im Vordergrund steht, die Gesamtleistung somit dominiert und damit die anderen Typen absorbiert.
Die Schwächen dieser Extrempositionen sind offensichtlich. Die Absorptionstheorie erfordert eine Gewichtung, die bei ähnlich wichtigen Leistungsteilen sich als äußerst schwierig erweist und die bei gleich wichtigen Leistungsteilen zu keinem Ergebnis führt. Außerdem trägt sie den besonderen „abweichenden" Facetten des vertraglichen Charakters keine Rechnung, indem sie den gesamten Vertrag nur den Normen eines einzigen gesetzlichen Vertragstypus unterstellt. Diesen letzten Vorwurf kann man der Kombinationstheorie zwar nicht machen, jedoch vermag sie keine Antwort zu geben, wenn man den direkten Bereich der einzelnen Teilleistung verlässt – etwa Gewährleistung oder Schadensersatz aufgrund einer Verletzung der dieser Teilleistung entsprechenden Verpflichtung – und stattdessen die Frage aufwirft, nach dem Recht welchen Vertragstypus sich rechtliche Aspekte mit Auswirkungen auf das Vertragsverhältnis in seiner Gesamtheit richten, wie zum Beispiel Nichtigkeitsgründe, Anfechtung, Rücktritt oder Kündigung.
Diesen Theorien wird daher heutzutage auch nicht mehr gefolgt, jedoch ist ihr Wert nicht zu verkennen, da sie letztlich die beiden wichtigsten Lösungsalternativen darlegen[177], deren Anwendung jedoch nicht starr erfolgen darf, sondern sich am Sinn und Zweck des individuellen Vertrages orientieren muss. Der Umgang mit ihnen muss elastisch sein und kann sogar dazu führen, dass man keine

---

[174] *Larenz/Canaris*, SchuldR BT, § 63 I 1 b.
[175] *H. Hoeniger*, Die gemischten Verträge in ihren Grundformen (1910), S. 57 f. sowie S. 125 f..
[176] Begründer dieser Theorie ist *Philip Lotmar*, Der Arbeitsvertrag nach dem Privatrecht des Deutschen Reiches, Bd. I (1902) , S. 176 ff., S. 686 ff..
[177] So auch *Larenz/Canaris*, SchuldR BT, § 63 I 3.

der beiden Methoden anwendet und stattdessen zu einer *gesetzlich nicht vorgesehenen Lösung* kommt[178].

Da die Rechtswissenschaft ständig vor dem Problem steht, einerseits eine differenzierte, die einzelnen Umstände berücksichtigende Lösung bieten zu wollen, sie andererseits aber auch durch grundsätzliche Regelungen Rechtssicherheit schaffen will, kann *im Grundsatz* nur die Kombinationstheorie gelten.
Für sie spricht, dass sie es zu schaffen vermag, den einzelnen Vertragscharakteren gerecht zu werden und ein hohes Maß an Vorhersehbarkeit zu liefern. Die Entwicklung eigenständiger, gesetzlich nicht vorgesehener Lösungen *als Grundsatz* ist dagegen nicht in der Lage, Rechtssicherheit zu schaffen. Ihre Stärke beschränkt sich darauf, dem individuellen Charakter des einzelnen Vertrages und damit auch der Typenmischung Rechnung zu tragen. Abzulehnen ist endlich auch die Absorptionstheorie angesichts ihrer pauschalisierenden Betrachtungsweise.
Der Absorptionsmethode und der Entwicklung gesetzlich nicht vorgesehener Lösungen kann daher nur der Status einer Ausnahme zuerkannt werden[179]. Dagegen sind sie zwingend hinsichtlich solcher Aspekte anzuwenden, die Auswirkung auf den gesamten Vertrag haben. Dort kann nicht weiter nach der Kombinationsmethode vorgegangen werden, sie bietet keine einheitliche Lösung. Aus Gründen der Vorhersehbarkeit und damit der Rechtssicherheit sollte dabei die Lösung zunächst einmal in der Absorptionsmethode gesucht werden.

Der Unternehmer verpflichtet sich im Rahmen eines Turnkey-Vertrages zu einer Vielzahl verschiedener Leistungen. Die Leistungsverpflichtungen stehen nicht isoliert nebeneinander; der Unternehmer hat sie nicht ihrer selbst willen zu erfüllen, sie dienen vielmehr als Mittel zur Herstellung einer funktionstüchtigen Industrieanlage, welche den Zweck der vertraglichen Vereinbarung darstellt.

Die Projektierung und der Bau einer industriellen Großanlage stellen für jeden Unternehmer eine große Herausforderung dar. Es erwartet ihn ein umfangreicher Pflichtenkatalog.
Dieser beginnt mit einer umfänglichen Ingenieurleistung sowohl während der Design- und Konstruktionsphase als auch während der Bau- und Herstellungsphase selbst[180]. Diese Ingenieurleistung umfasst die Planung und den Bau des Gebäudes und die Planung und Umsetzung des technologischen Projektes[181].

---

[178] *Larenz/Canaris*, SchuldR BT, § 63 I 3.
[179] *Larenz/Canaris*, SchuldR BT, § 63 I 3.
[180] Zu den verschiedenen Phasen, die eine Anlage im Rahmen ihres Lebenszyklus durchläuft, vgl. die Ausführungen im 1. Kapitel B.
[181] Vgl. etwa *Graf v. Westphalen* BB 1971, S. 1126 (1128); UNIDO Artt. .3.1.1., 3.1.3.; *Dünnweber* S. 38.

Das Ausmaß der Ingenieurleistung in der Design- und Konstruktionsphase hängt insbesondere von der Qualität der Entwicklungsleistung ab, die der Unternehmer erbringen muss. Es macht einen Unterschied aus, ob der Unternehmer nur eine „Anpassungsentwicklung"[182] leisten muss, indem er verfügbare Maschinen oder Techniken lediglich an die örtlichen Begebenheiten anpasst, oder ob er die Maschinen und Verfahren besonders für den Besteller entwickeln muss.
Während der Herstellungs- und Bauphase muss er die Bauleitung[183] und Koordinierung der Baustelle einschließlich des Transportes[184] übernehmen. Bevor der Betrieb der Anlage aufgenommen wird, muss der Unternehmer den Besteller noch mit den erforderlichen Lizenzen[185] versorgen und das Personal des Auftraggebers schulen[186]. Im Rahmen einer solchen Schulung, welche auch während der Betriebsphase erfolgen kann, wird dem Personal dann das kaufmännische und technische Know-how vermittelt, um die Anlage eigenständig betreiben zu können[187]. Regelmäßig bleibt der Unternehmer zumindest während eines Großteils der Betriebsphase durch eine Kundendienst- und Instandhaltungstätigkeit mit der Anlage verbunden[188].

Der Industrieanlagenvertrag hat eine sehr starke Affinität zum Werkvertrag[189]. Bei Verträgen, welche nicht nur die Anpassung vorhandener Technik oder Maschinen an die lokalen Besonderheiten erfordern, sondern darüber hinaus eine Entwicklung- und Forschungsarbeit verlangen, tritt die werkvertragliche Prägung noch deutlicher hervor.

---

182 Vgl. *Rosener* in: MünchVhb (Bd.2) VI.1 Anm. 4.

183 Siehe hierzu auch die Regelung Art. 15.1 Red Book.

184 Vgl. z.B. Artt. 30.2, 30.3, 30.4 , 31.2 Red Book.

185 Vgl. hierzu etwa *Moecke* RIW 1983, S. 488 f. sowie Art. 28.1 Red Book; s. hierzu auch UNCITRAL chap. VI.

186 Vgl. etwa *Martinek* (Bd. III) § 26 II 1; UNCITRAL chap. VI para. 26 f..

187 Vgl. *Kühnel* RIW 1981, S. 533 f..

188 Vgl. *Kühnel* BB 1985, S. 1227 f.; *Dünnweber* S. 43; UNIDO Art. 10; zu diesem Thema auch *Joussen* § 1 Rdnr.9.

189 Ist der Unternehmer trotz Übernahme der Projektierung nur zur Anwendung seines Fachwissens verpflichtet, dann wird diese Affinität geschwächt, und es gesellt sich ein starkes dienstvertragliches Element dazu. Wie oben ausgeführt – 4. Kapitel A -, sind solche Konstellationen in der Praxis anzutreffen, sie lassen sich jedoch mit dem Wesen des Turnkey-Vertrages nicht vereinbaren, für den eine umfängliche Haftung des Unternehmers typisch ist. Vgl. in diesem Zusammenhang auch *Michaelis de Vasconcellos* – NZBau 2003, S. 121 (122) -, nach welchem es sich beim Anlagenvertrag trotz der Vielgestaltigkeit, in der er in der Praxis auftritt, von der gesetzlichen Grundsystematik her „typischerweise" um einen Werkvertrag handelt.

Die Bauplanung und die Bauleitung[190] sind ebenso wie die Errichtung der Gebäude als Werkvertrag[191] zu qualifizieren.
Hinsichtlich der Anlage selbst ist statt der Einstufung als Werkvertrag die Qualifikation als Werklieferungsvertrag im Sinne des § 651 BGB zu erwägen. Das Gesetz sieht den Schwerpunkt bei Verträgen, welche die Herstellung bzw. Erzeugung beweglicher Sachen und deren anschließende Lieferung zum Gegenstand haben, in der Besitz- und Eigentumsübertragung, und es ordnet daher in diesen Fällen die grundsätzliche Anwendung des Kaufvertragsrechts an.
Die Annahme eines Werklieferungsvertrages scheidet für die Teile der Anlage aus, welche fest mit dem Boden verankert und daher feste Bestandteile des Bodens gem. §§ 93, 94 BGB werden. Der Besteller erlangt hier das Eigentum durch einen gesetzlichen Eigentumserwerb gem. § 946 BGB und nicht durch eine rechtsgeschäftliche Übereignung. Eine solche ist jedoch nötig[192], um den Schwerpunkt der Leistung in der Besitz- und Eigentumsverschaffung zu sehen. Ein gesetzlicher Eigentumserwerb vermag dies nicht zu leisten, so dass die Nähe zum Kaufvertrag fehlt und sich eine Qualifikation als Werklieferungsvertrag und der damit verbundene Verweis auf die Vorschriften des Kaufvertrages verbieten[193]. An dieser Einschätzung kann auch die Tatsache nichts ändern, dass im industriellen Großanlagengeschäft die mit dem Boden fest verbundenen Anlagenteile einen größeren Wert darstellen als der Boden selbst[194]. Das fundamentale Rechtsprinzip der §§ 93, 94, 946 BGB lässt sich mit dem den § 651 BGB prägenden Charakter des Warenumsatzes nicht vereinbaren.

Etwas anderes muss grundsätzlich hinsichtlich derjenigen Anlagenteile gelten, welche nicht fest mit dem Boden verbunden werden und die daher einer rechtsgeschäftlichen Übereignung bedürfen, um in das Eigentum des Bestellers zu gelangen. Hier greift die Wertung des § 651 BGB zugunsten der Annahme eines Werklieferungsvertrages. Das Gesetz unterscheidet zwischen vertretbaren und unvertretbaren beweglichen Sachen. Auf vertretbare Sachen findet das Kaufvertragsrecht uneingeschränkt Anwendung, bei unvertretbaren Sachen ist das Werkvertragsrecht hinsichtlich der Regelungen über die Mitwirkung des Bestellers und dessen Kündigungsrecht (§§ 642, 643, 645, 649, 650 BGB) zu berücksichtigen.

---

[190] Vgl. dazu Müko-*Busche* § 631 Rdnr. 201 mit Nachweisen. Zur neueren Rechtsprechung zum Architekten- und Ingenieurvertragsrecht vgl. vor allem *Neuenfeld* NZBau 2005, S. 15 f..
[191] Statt vieler Palandt-*Sprau* Einf. vor § 631 Rdnr. 16; siehe auch die Rechtsprechungsübersicht von *Jagenburg/Reichelt* NJW 2003, S. 102 f..
[192] Vgl. u.a. Müko-*Busche* § 651 Rdnr. 4.
[193] So für den Bauvertrag statt vieler: Palandt-*Sprau* § 651 Rdnr. 4. Zum alten Recht vgl. *Vetter* RIW 1984, S. 170 (171).
[194] *Dünnweber* S. 28; *Vetter* a.a.O..

Bei der Herstellung einer industriellen Großanlage werden die meisten Teile individuell hergestellt, oder es wird auf vorgefertigte Maschinen(teile) zurückgegriffen, die aufwendig an die Erfordernisse des Einzelfalles angepasst werden. Es handelt sich insoweit um unvertretbare Sachen. Dagegen sind Teile, die der Unternehmer vorrätig hat oder von Dritten bezieht und die nicht mehr bearbeitet werden müssen, vertretbar im Sinne des § 651 BGB, und sie unterliegen den Vorschriften des Kaufvertrages[195].

Die Übermittlung von Lizenzen weist ebenso wie die Herstellung und die Lieferung der Maschinen Elemente verschiedener Vertragstypen auf. Wie noch im weiteren Verlauf ausführlich dargelegt wird[196], verfügt der im Rahmen oder anlässlich eines Industrieanlagenvertrages geschlossene Patentlizenzvertrag über ein im Vergleich zu sonstigen Patentlizenzverträgen überdurchschnittlich starkes gesellschaftsrechtliches Element, so dass er als ein gemischttypischer Schuldvertrag in der Variante des Typenverschmelzungsvertrages einzuordnen ist.

Das Gleiche gilt für die Überlassung des Know-how; das diesbezügliche vertragliche Gefüge ist ebenfalls als ein Typenverschmelzungsvertrag zu qualifizieren[197].

Die Projektierung und der Bau einer industriellen Großanlage verlangen von den Vertragsparteien ein hohes Maß an Zusammenarbeit. Dem entspricht es, dass den Besteller nicht unbeträchtliche Mitwirkungs-„Pflichten" treffen. Anzahl und Intensität hängen von den Umständen des Einzelfalles ab[198]. Ferner erfordert die Realisierung eines Großvorhabens die ständige Kommunikation der Beteiligten. Bei einem Langzeitvertrag ist die Zusammenarbeit geprägt von dem Bedürfnis der Parteien, sich um die Lösung von zum Zeitpunkt des Vertragsschlusses unvorhersehbaren Problemen zu bemühen, gemeinsame Strategien zu entwickeln und wesentliche Parameter festzulegen, welche von den Parteien beim Vertragsschluss bewusst zur Wahrung der für die Erstellung einer Anlage nötigen Flexibilität offen gelassen worden sind. Verträge zur Erstellung einer industriellen Großanlage befassen sich daher regelmäßig ausführlich mit der Regelung von Mechanismen zur Klärung solcher Fragenkomplexe. Diese Mechanismen beru-

---

[195] Siehe hierzu auch *Dünnweber* S. 29 zum alten Recht.

[196] Siehe 6. Kapitel D V 2 a (1).

[197] Vgl. hierzu ebenfalls die Ausführungen im 6. Kapitel D V 2 a (1).

[198] Im kollisionsrechtlichen Kontext wird noch näher auf sie eingegangen, vgl. die Ausführungen im 6. Kapitel C II.

hen grundsätzlich auf einer Zusammenarbeit der Parteien und einer gegenseitigen Hilfestellung bei der Lösung der Probleme[199].

An anderer Stelle[200] wird auf den Charakter des Industrieanlagenvertrages als einer „gemeinsame Unternehmung"[201], welche von den Parteien ein „Verhalten des Gebens und Nehmens"[202] verlangt, noch näher eingegangen, jedoch kann hier bereits festgehalten werden, dass der Industrieanlagenvertrag auch jenseits der lizenzrechtlichen Beziehung und des Know-how-Elementes eine starke *kooperative* Prägung besitzt[203].

Der Unternehmer ist folglich zu einem Konglomerat verschiedener Leistungen verpflichtet. Während sich einige den gesetzlichen Kategorien Werk- und Werklieferungsvertrag zuordnen lassen, muss man sich bei anderen mit der Qualifizierung eines Typenverschmelzungsvertrages behelfen.

Es ist nicht möglich, eine *dominierende* Teilleistung zu ermitteln, von der man dann unter Umständen im Sinne einer *Absorption* auf eine entsprechende Prägung des gesamten Vertrages schließen könnte. Der Industrieanlagenvertrag lässt es grundsätzlich nicht zu, eine der Teilleistungen zur bedeutsamsten zu erklären. Es entspricht gerade dem Charakter des Industrieanlagenvertrages, dass es jeder einzelnen Leistungsgruppe bedarf, um das im Vertrag niedergelegte Ziel einer funktionstüchtigen Anlage zu erreichen. Auf keine der Leistungsgruppen[204] kann verzichtet werden.

---

[199] Zur verstärkten Notwendigkeit der Kommunikation und der gemeinsamen Konfliktbewältigung bei Großprojekten im Anlagengeschäft, vgl. *Schuhmann* BauR 2003, S. 162 (167 f.).
[200] Vgl. 6. Kapitel D VII.
[201] *Van Dunné* in: Langzeitvertrag (Nicklisch), S. 413 (441).
[202] *Van Dunné* a.a.O..
[203] Vgl. in diesem Zusammenhang auch die beiden sogenannten „Kooperations"-Urteile des Bundesgerichtshofs, in welchen dieser betont, dass „der Bauvertrag als Langzeitvertrag ... einer Kooperation" bedürfe (Urteil vom 23. Mai 1996 – VII ZR 245/94, abgedr. in BauR 1996, S. 542 (543)) bzw. dass „die Vertragsparteien eines VOB/B-Vertrages während der Vertragsdurchführung zur Kooperation verpflichtet" seien (Urteil vom 28. Oktober 1999 – VII ZR 393/98, abgedr. in BauR 2000, S. 409 (410)). Zwar betreffen diese Urteile unmittelbar nur den Bauvertrag, jedoch lassen sich die dort getroffenen Wertungen auf den Anlagenvertrag übertragen (so zu Recht *Schuhmann* BauR 2003, S. 162 (165)).
[204] Der Begriff der „Leistungs*gruppe*" ist hier bewusst gewählt; die Vielzahl der Einzelleistungen im engeren Sinne lässt es nicht, jede einzelne zu bewerten. Im Folgenden wird daher die Bedeutung der zu Gruppen zusammengefassten Leistungen erörtert.

Man erhält auch keine Antwort, wenn man sich der Frage auf einer *wertenden Schiene* nähert.

Im Rahmen einer Wertung kommt der Verfügbarkeit der einzelnen Leistungen[205] regelmäßig eine besondere Bedeutung zu. Kann der Besteller eine der Leistungen nur unter großen Anstrengungen auch von einem Mitbewerber des Anlagenbauers beziehen, dann spricht dies für die Exklusivität der Leistung und deren Bedeutung innerhalb des Leistungsgefüges.
Es käme einer naiven Betrachtungsweise gleich, den Stellenwert der Vermittlung von Lizenzen und der Vermittlung des technischen und kaufmännischen Know-how grundsätzlich als geringer einzuschätzen als die Entwicklung, Lieferung und Montage der Maschinen und die Errichtung von Bauwerken. Anders als beim bloßen Bauvertrag sind insbesondere Besteller aus Entwicklungsländern auf jene Leistungen angewiesen; ohne sie verliert der Bau der Anlage für sie ihren Sinn. Wie noch erläutert wird[206], steht bei solchen Verträgen der Technologietransfer im Vordergrund. Es handelt sich bei ihnen nicht um Leistungen, die überall auf der Welt frei erhältlich sind. Es ist häufig sehr beschwerlich, sich das Wissen oder die Lizenzen auf anderen Wegen zu besorgen, wenn nicht sogar unmöglich wie etwa bei einem nur beschränkten Zugang zum Weltmarkt aufgrund staats- und wirtschaftspolitischer Vorgaben. Hinzu kommt, dass der Unternehmer nicht selten der Inhaber des in der Anlage zur Anwendung kommenden Verfahrens ist und die Gewährung der Lizenz und der Übermittlung des Know-how somit der ausschlaggebende Grund ist für den Besteller, mit jenem den Vertrag zu schließen.
Ähnlich verhält es sich mit den Leistungen, die - wie die Bauplanung, die Bauleitung, die Errichtung der Gebäude sowie die Herstellung und die Lieferung der Maschinen - einen werkvertraglichen Charakter aufweisen oder durch die Einstufung als Werklieferungsvertrag entweder ausschließlich oder größtenteils dem Kaufvertragsrecht zuzuordnen sind. Das Wissen um die Herstellung oder Anpassung von Maschinen ist bei industriellen Großanlagen regelmäßig[207] dermaßen speziell, dass nur wenige spezialisierte Unternehmen ein solches vorweisen können und diesen Leistungen daher eine der Gewährung von Lizenzen und der Vermittlung des Know-hows vergleichbare Exklusivität bescheinigt werden muss. Das Gleiche gilt für die Verwendung vertretbarer Sachen im Sinne des § 651 BGB; nur aufgrund ausreichenden technischen Wissens und Erfahrung ist

[205] In die Richtung auch *Larenz*, SchuldR BT, § 62 II a.
[206] 6. Kapitel D V.
[207] An dieser Stelle soll darauf hingewiesen werden, dass bei einigen Industrieanlagen wie zum Beispiel einer Zuckerrohrverwertungsanlage die Projektierung und der Bau ein nur relativ geringes Maß an technischem Wissen und Erfahrung verlangen, so dass eine hohe Anzahl Unternehmer eine solche Anlage herstellen können. Als Gegenstand dieser Untersuchung dienen allerdings tendenziell hochkomplexe Anlagen, für die dies nicht zutrifft.

man als Unternehmer in der Lage, über die Notwendigkeit und die konkrete Verwendung vertretbarer Sachen in der Anlage zu entscheiden.
Selbst die die Anlage beherbergenden Gebäude müssen besonderen Anforderungen genügen; es handelt sich größtenteils nicht um einfache Hallen, sondern stattdessen um hochkomplexe Einrichtungen, die den umfangreichen Sicherheitsanforderungen entsprechen und dem in der Anlage zur Anwendung kommenden technischen Produktionsverfahren ein entsprechendes Milieu gewähren müssen.

Das Argument der Verfügbarkeit der Leistung hilft einem beim Industrieanlagenvertrag nicht weiter. Da auch sonst kein Kriterium ersichtlich ist, mit dessen Hilfe sich eine Hierarchie innerhalb der Leistungsgruppen herstellen ließe, müssen die Bemühungen dahin gehen, sich von der Betrachtung der einzelnen Gruppen zu lösen und stattdessen einen Grundcharakter der Leistungsverpflichtung des Auftragnehmers als Ganzes zu finden.
Dies kann nur die Verpflichtung des Unternehmers zur Leistung eines *Erfolges* und damit der Charakter des Werkvertrages sein. Die einzelnen Leistungsverpflichtungen dienen allesamt nur der Herstellung einer funktionstüchtigen Anlage. Sie werden flankiert von dem gesellschaftsrechtlichen Element des Vertrages, welche das erfolgsorientierte Zusammenspiel der Leistungen gewährleisten soll.
Die Nähe zum Werkvertrag drückt sich auch aus in der zum Teil detaillierten Aufzählung der „Abnahmen" der einzelnen Teilfertigstellungen. Diese erschöpfen sich nicht nur in der körperlichen Entgegennahme, welche für die kaufrechtliche Abnahme typisch ist, sondern es ist mit ihnen regelmäßig eine Erklärung hinsichtlich der Qualität der Vertragsleistung verbunden.

Es muss daher der Frage nachgegangen werden, wie man diese überragende werkvertragliche Prägung bei der Bestimmung der Rechtsnatur würdigt.

Eine Qualifizierung des Industrieanlagenvertrages als Werklieferungsvertrag[208] mit fremdtypischen Elementen scheidet angesichts der werkvertraglichen Prägung aus. Weder liegt eine Dominanz der dem Werklieferungsvertrag zuzuordnenden Teilleistung vor, noch ist die grundsätzliche Anwendung des Kaufvertragsrechts in der Lage, die qualifizierte Erfolgsbezogenheit des Anlagenvertrages ausreichend zu erfassen. Die Konstruktion eines zusätzlichen Garantievertrages[209] erscheint gekünstelt und angesichts des gesetzlichen Vertragstyps des

[208] So wohl *Michaelis de Vasconcellos*, Garantieklauseln, S. 83 f.
[209] Vgl. dazu *Martinek* (Bd. III) § 26 II 3 mit Nachweisen.

Werkvertrages, dessen Kernelement die Verpflichtung zur Schaffung eines Erfolges ist, auch nicht nötig[210].
Der Bundesgerichtshof hat sich 1982 in einer Entscheidung[211] über die Rechtsnatur eines Vertrages geäußert, der die Verpflichtung des Klägers zur Lieferung und Montage einer Tierkörperverwertungsanlage für einen Schlachthof im Iran zum Gegenstand hatte. Der Vertrag wurde vom Gericht als ein Werklieferungsvertrag eingestuft, auf den die Vorschriften über den Werkvertrag Anwendung finden.

Da sich die Lieferung und die Montage einer Tierkörperverwertungsanlage nicht mit dem Leistungsumfang des Unternehmers anlässlich der Projektierung und der Erstellung einer industriellen Großanlage vergleichen lassen, ist die unmittelbare Relevanz dieser Entscheidung für die Erörterung der Rechtsnatur eines Vertrages über die Erstellung einer Großanlage bescheiden[212].
Dem veröffentlichten Sachverhalt sind nicht genügend für die Bestimmung der Rechtsnatur relevante Umstände zu entnehmen, um eine fundierte eigenständige Stellungnahmen abgeben zu können. *Vetter*[213] dagegen nimmt eine Sachverhaltsergänzung vor, und er geht davon aus, dass die Maschinen wenigstens zum Teil fest mit dem Boden verbunden werden mussten, so dass diesbezüglich ein gesetzlicher Eigentumsübergang erfolgt sei und sich daher aus den oben dargestellten Gründen eine uneingeschränkte Qualifizierung als Werklieferungsvertrag eigentlich verbiete. Als Grund für die Einstufung als Werklieferungsvertrag nennt er den Umstand, dass es sich bei der Beklagten nicht um die Endabnehmerin und Bauherrin gehandelt habe, sondern dass diese als Generalunternehmerin aufgetreten sei, welche sich gegenüber dem Betreiber des Schlachthofes zur Erstellung des Betriebes verpflichtet habe und dazu die Klägerin als Subunternehmerin beauftragt habe, die Tierkörperverwertungsanlage zu liefern und im Schlachthof zu montieren. Die Beklagte habe dabei „als weiterveräußernde Mittelsperson im Wege des Durchgangserwerbes" Eigentum erlangt. Im Verhältnis zwischen ihr und der Klägerin sei kein gesetzlicher Eigentumsübergang erfolgt, so dass die uneingeschränkte Qualifizierung als Werklieferungsvertrag keinen Bedenken begegne.

---

210 Dagegen ist es natürlich jederzeit möglich, einzelne Erfolge isoliert mit einem Garantievertrag zu erfassen. Es verbietet sich nur die Annahme eines Garantievertrages zur Erfassung des überragenden Grundprinzips des gesamten Turnkey-Vertrages.

211 BGH NJW 1982, S. 1458 f..

212 Der Entscheidung sind allerdings Hinweise für die Problematik des materiell-rechtlichen (Teil-) Gleichlaufs des Hauptanlagenvertrages und des Subunternehmervertrages bzw. der Durchstellung des dem Hauptauftragnehmer aus dem Hauptanlagenvertrag erwachsenden Risikos auf den Subunternehmer zu entnehmen. Vgl. hierzu die Ausführungen im 9. Kapitel C III,

213 *Vetter* RIW 1984, S. 170 (171).

Wegen der mangelnden Vergleichbarkeit einer Tierkörperverwertungsanlage mit einer industriellen Großanlage braucht an dieser Stelle der Frage der Authentizität dieser Sachverhaltsergänzung und des möglichen Gedankenganges des Gerichts nicht näher nachgegangen zu werden, jedoch ist eher davon auszugehen, dass das Gericht sich von der geringen Relevanz der Rechtsnatur des Vertrages für den konkreten Fall hat leiten lassen und sich daher nicht näher mit der Frage auseinandergesetzt hat. Schließlich lag in dem zu entscheidenden Fall der Schwerpunkt in der Auslegung der §§ 323 f., 645 BGB a.F., auf deren grundsätzliche Anwendbarkeit die Qualifizierung als Werkvertrag oder als Werklieferungsvertrag[214] keinen Einfluss hatte.

Man würde der Vielgestaltigkeit der verschiedenen Leistungsverpflichtungen und deren Bedeutung auch nicht gerecht, wenn man den Industrieanlagenvertrag stattdessen als einen Werkvertrag mit fremdtypischen Elementen qualifizieren würde. Die fremdtypischen Elemente des Vertrages sind zu gravierend und prägend, als dass sie eine Qualifizierung des Vertrages als Werkvertrag zuließen[215].

Man kann den Charakter des Industrieanlagenvertrages daher am besten erfassen, wenn man ihn - unter Zugrundelegung der oben dargestellten begrifflichen Differenzierung nach *Canaris* - als einen *stark werkvertraglich geprägten Typenkombinationsvertrag mit mehrfachtypischer Leistung und anderstypsicher Gegenleistung* einstuft[216].

---

[214] Wie schon oben dargelegt, handelt es sich bei den Anlagenteilen regelmäßig um „unvertretbare Sachen" im Sinne des § 651 I 2 BGB a.F., so dass statt des Kaufrechts überwiegend das Werkvertragsrecht zur Anwendung kam.

[215] Dagegen qualifiziert *Mallmann* S. 25 den Bau- bzw. Anlagenvertrag als einen reinen Werkvertrag. Die werklieferungsvertraglichen Elemente seien nicht stark genug; wegen der starken werkvertraglichen Prägung bestehe kein Raum für die Annahme einer Typenkombination – vgl. S. 26 -. Indem *Mallmann* lediglich den Werklieferungsvertrag als konkurrierenden Vertragstypus diskutiert, vernachlässigt er jene anderen, zuvor dargestellten fremdtypischen Elemente; mit der Einordnung als einen reinen Werkvertrag finden diese keine ausreichende Berücksichtigung.

[216] Dies entspricht der wohl herrschenden Meinung, wobei jedoch nicht sämtliche Autoren die begriffliche Einteilung von *Larenz/Canaris - SchuldR BT, § 63* - angewandt haben, so dass es zu begrifflichen Divergenzen kommt, ohne dass sie sich in der Sache unterscheiden. *Dünnweber* S. 30 spricht von einem „Werkvertrag, typenkombiniert mit einem Werklieferungsvertrag bzw. Kaufvertrag"; *Hautkappe* S. 25 von einem „gemischttypischen Vertrag sui generis, der sich wegen der klaren Erfolgsorientierung primär nach den werkvertraglichen Vorschriften der §§ 631 ff. BGB richtet"; *Vetter* RIW 1984, S. 170 (171) stuft ihn ein als „einzigen, umfassenden, gemischttypischen Vertrag sui generis, der sich angesichts seiner von beiden Seiten gewollten klaren Erfolgsorientierung primär nach den werkvertraglichen Vorschriften der §§ 631 ff. regelt."

Zwar kann man wichtige Elemente wie die Lizenzübertragung und die Vermittlung des Know-how - isoliert betrachtet - "nur" mit der Einstufung als Typenverschmelzungsverträge erfassen und die gesamte Beziehung zwischen dem Anlagenbauer und dem Besteller wird in sämtlichen Aspekten von einer starken kooperativen bzw. gesellschaftsrechtlichen Prägung zumindest flankiert, wenn nicht sogar durchzogen, allerdings lassen sich wichtige Teilleistungen noch gesetzlichen Vertragstypen zuordnen, so dass sich eine Qualifizierung als Typenkombinationsvertrag in Abgrenzung zu einem Typenverschmelzungsvertrag noch vertreten lässt. Insbesondere die gesellschaftsrechtliche Prägung lässt die Grenzen der Teilleistungen verblassen, und sie erschwert damit ihre Abgrenzbarkeit; es gelingt ihr jedoch nicht, die Teilleistungen als eine "unentwirrbare" Gesamtverpflichtung erscheinen zu lassen.

Der Industrieanlagenvertrag ist in seinem Erscheinungsbild nicht atypisch genug, um ihn als einen vollends typenfremden Vertrag einzuordnen. Sein Gegenstand ist letztlich eine nicht pauschal zu bestimmende Industrieanlage mit zahlreichen Begleitpflichten. Die Palette der im BGB normierten Vertragsarten reicht aus, um in kombinierter Anwendung den Charakter des Industrieanlagenvertrages angemessen zu erfassen.
Stellt sich ein juristisches Problem, dann sollte man sich dessen Lösung gedanklich von dem gemeinsamen Zweck und Endziel der verschiedenen Leistungen des Unternehmers her nähern[217]. Ausgangspunkt muss die als Erfolg im Sinne des Werkvertrages zu qualifizierende Herstellung einer funktionstüchtigen Anlage sein.
Diesem Erfolg dienen die einzelnen Leistungsverpflichtungen des Unternehmers, auf welche jedoch zunächst einmal das Recht des jeweiligen Vertragstypus Anwendung findet. Der Erfolg als das Endziel sämtlicher Leistungen kann allerdings Abweichungen von den gesetzlichen Regelungen des jeweiligen Vertragstypus erfordern, welche in der Adaption werkvertraglicher Regelungen[218] oder in der Entwicklung eigenständiger Lösungen bestehen können. Dies ist zum Beispiel vonnöten in Bereichen, die sich auf das Schicksal des *Gesamt*vertrages beziehen und bei denen es statt der Anwendung des für die jeweilige

Dagegen mahnt *Hök* - Handbuch, § 12 Rdnr 1. – zur Zurückhaltung hinsichtlich der Erfolgsorientierung. Beim Anlagenbauvertrag handele es sich um einen gemischt-typischen Vertrag, dessen Erfolgsorientierung in der Praxis zu unterschiedlich ausgestaltet sei, um auf diese entscheidend abstellen zu können. Diese Vorsicht erklärt sich vermutlich aus der Tatsache, dass sich *Höks* Stellungnahme nicht ausschließlich auf den Anlagenvertrag in der Variante des Turnkey-Vertrages bezieht.

[217] *Martinek* (Bd. III) § 26 II 3 versucht dies durch eine Qualifikation „sui generis" zu erreichen.

[218] Rechtstechnisch liegt dann eine Absorption im oberen Sinne vor.

Leistungsgruppe einschlägigen Vertragsrechts grundsätzlich einer einheitlichen Lösung bedarf.
Es muss hier eine ausgewogene Ermittlung der Interessen der Parteien vorgenommen werden. Die Wertung des gesetzlichen Werkvertragsrechts fungiert dabei als eine Art Ausgangsvorschlag.
Das Werkvertragsrecht des BGB sieht zum Beispiel als Reaktionsmöglichkeit des Bestellers auf einen Mangel die Nacherfüllung, die Ersatzvornahme, den Rücktritt, die Minderung oder den Schadensersatz vor (vgl. § 634 BGB).
Eine Analyse der Parteiinteressen bei einem Vertrag zur Erstellung einer industriellen Großanlage ergibt, dass den Parteien die Rückabwicklung eines bereits zum Teil ausgeführten Vertrages enorme Schwierigkeiten bereitet und daher beide Parteien daran interessiert sind, möglichst lange an dem Vertrag festzuhalten[219]. Die Maschinen sind in der Regel dermaßen individuell an die speziellen Umstände des konkreten Projektes angepasst, dass für sie eine anderweitige Verwendung ausscheidet. Der Unternehmer und der Besteller erleiden finanzielle Einbußen, und sie müssen sich innerhalb kürzester Zeit neu orientieren und versuchen, neue Konzepte zu entwickeln und ihre frei gewordenen Kapazitäten auszunutzen.
Aus diesem Grunde ist es nicht sachgerecht, die Rücktritts- und Kündigungsrechte des Werkvertrages unverändert auf den Industrieanlagenvertrag anzuwenden. Die Lösung muss in einer Erschwerung der Rücktritts- und Kündigungsvoraussetzung oder aber – wie es vertraglich überwiegend ausdrücklich geschieht – in dem Ausschluss dieser Rechte liegen[220]. Die primären Gewährleistungsrechte im industriellen Großanlagenbau sind die Nachbesserung und die Ersatzvornahme[221]. Rechtstechnisch geschieht dies durch die Entwicklung jener eigenständigen, gesetzlich in dieser konkreten Form nicht vorgesehenen Lösung.

---

[219] Vgl. *Schuhmann* BauR 2003, S. 162 (167); *Dünnweber* S. 126, 134.
[220] Vgl. *Schuhmann* a.a.O; *Joussen* S. 190 f..
[221] Zum Ganzen ausführlich *Dünnweber* S. 132 f.; *Joussen* S. 190 f..

5. Kapitel: Gang der Untersuchung

Die Untersuchung widmet sich zunächst der Fragestellung, welches Recht auf den Industrieanlagenvertrag Anwendung findet, wenn keine gültige Rechtswahl vorgenommen worden ist. Trotz der Tatsache, dass die vielfach verwendeten Musterverträge bzw. „Checklisten" regelmäßig eine Rechtswahlklausel[222] vorsehen und sich zumindest bei Verfassern von Verträgen in der Größenordnung eines Industrieanlagenvertrages die Erkenntnis der Notwendigkeit einer Rechtswahl wohl überwiegend[223] durchgesetzt hat[224], ist die Ermittlung des objektiven Vertragsstatuts keine bloß akademische Fragestellung.

So ist es nicht selten der Fall, dass der Unternehmer eine Rechtswahl nicht durchzusetzen vermag und die Frage des anzuwendenden Rechts keine vertragliche Regelung erhält. Insbesondere Besteller aus Entwicklungsländern sind häufig sehr skeptisch gegenüber der Vereinbarung des Heimatrechts des Unternehmers oder des Rechts einer anderen Industrienation. Sie fürchten eine Benachteiligung, und sie betrachten die Vereinbarung eines fremden Rechts und damit den Ausschluss ihres eigenen Rechts als eine Bevormundung und einen Prestigeverlust[225]. Angesichts des harten Wettbewerbs im internationalen Industrieanlagengeschäft[226] wagt der Unternehmer in einer solchen Situation häufig

---

[222] Vgl. hierzu die Ausführungen über die Rechtswahl im 7. Kapitel B II.

[223] Der Verfasser dieser Arbeit weiß jedoch von Fällen zu berichten, in denen der jeweilige Vertrag über die Erstellung einer Industrieanlage - in der Größenordnung eines zweistelligen Millionenbetrages - durch die Akzeptanz eines schriftlichen Angebotes des Auftragnehmers zustande kam. Dieses Angebot enthielt keine Rechtswahlklausel und wurde der im Unternehmen des Auftagnehmers verwandten „SAP-Software" entnommen. Unter Hinweis auf die gewöhnlich hohe Qualität dieser Software wurden lediglich einige Klauseln an die einzelnen Umstände angepasst; eine kritische Begutachtung des gesamten Angebotes wurde von keiner Vertragspartei vorgenommen. Angesichts der Dominanz der SAP-Software im gewerblichen Bereich kann man von einer Vielzahl solcher Fälle ausgehen.
Ein weiteres Beispiel ist der vom Bundesgerichtshof 1999 entschiedene Fall (NJW 1999, S. 2442 f.; RIW 1999, S. 456 f.) im internationalen Baurecht, bei dem die Parteien es trotz umfangreicher Verhandlungen versäumt hatten, das auf den Vertrag anzuwendende Recht festzulegen. Der Fall wird ausführlich vorgestellt im 6. Kapitel B I.

[224] Vgl. dazu *Markowsky* S. 74 f..

[225] *Delaume* § 3.01. Aber auch von Industrienationen wird die Unterwerfung unter das Recht der anderen Partei häufig als ein Prestigeverlust empfunden. Zu diesem Phänomen bei der Gründung eines Joint-Venture vgl. *Göthel*, Joint Ventures, S. 75, 90.

[226] Siehe hierzu auch *Markowsky* S. 75, der zu Recht ausführt, dass die Vorstellung von einem international tätigen Bauunternehmer als einer mächtigen Partei, die den Inhalt des Vertrages der anderen Vertragspartei diktieren kann, nicht mehr zeitgemäß ist. Auch in dem VDMA-Lagebericht 2001, S. 16 wird auf den Druck hingewiesen, den die Kunden unter Ausnutzung der internationalen Wettbewerbslage auf den Anbieter bei den Vertragsverhandlungen ausüben. Anders als in früheren Jahren könne der deutsche Unternehmer heutzutage den Preis

nicht, auf eine für ihn günstige Rechtswahl zu bestehen und damit den Abschluss des Vertrages zu gefährden[227]. Er versucht vielmehr, das andere Extrem – die Wahl des Rechts des Bestellers[228] – zu vermeiden, indem er mit dem Besteller keinerlei Übereinkunft über das anwendbare Recht trifft und sich stattdessen bemüht, eine Konfrontation mit einem für ihn ungünstigen Recht entweder zu verhindern oder aber zumindest in Bezug auf die ungünstigen Auswirkungen abzufedern[229].
Im ersten Fall wird er die Strategie verfolgen, die nach dem einschlägigen Internationalen Privatrecht[230] für die Ermittlung des objektiven Vertragsstatuts ausschlaggebenden Umstände der vertraglichen Beziehung dermaßen zu gestalten, dass zumindest nicht das Recht des Bestellers zur Anwendung kommt. Das Vertragsverhältnis wird dann bewusst „delokalisiert"[231].
Da eine solche Gestaltung in den Verhandlungen nicht immer durchzusetzen ist, verfolgen die Unternehmer alternativ oder auch parallel eine weitere Strategie; sie prüfen sämtliche potentiell auf den Vertrag anwendbaren Rechtsordnungen

---

nicht mehr „auskömmlich" gestalten. Der Besteller sei vielfach nicht mehr bereit, den hohen technischen Standard des Angebots eines deutschen Unternehmens zu honorieren. Er bevorzuge häufig preiswertere Gesamtlösungen bei Vernachlässigung des kostenintensiven Umweltschutzes, oder aber er benutze die „Präqualifizierungsphase" zur Angleichung der technischen Angebote und lasse dann den Preis entscheiden. Ferner sei festzustellen, dass der Besteller immer größere Einstandspflichten von dem Unternehmer verlange und darüber hinaus eine genaue Dokumentation der Projektplanung und –realisierung erwarte, wodurch technisches Wissen „abfließe", für welches der Unternehmer keine Vergütung erhalte.

[227] Vgl. hier auch *von der Seipen* S. 276.

[228] Die oben angesprochene Skepsis gegenüber dem der Partei fremden Recht beruht natürlich auf Gegenseitigkeit. Die mangelnde Konstanz und Vorhersehbarkeit, die die Rechtsordnung solcher Länder manchmal auszeichnet, stellen ein nicht zu unterschätzendes Risiko für den Unternehmer dar. Diese Einschätzung resultiert nicht etwa aus einer den Industrieländern immer wieder vorgeworfenen Arroganz gegenüber den Rechtsordnungen der Entwicklungs- bzw. Schwellenländer; sie ist schlichtweg eine Konsequenz der politischen Instabilität solcher sich regelmäßig im Umbruch befindenden Gesellschaften. Siehe hierzu auch *Delaume* §§ 3.01, 3.05; zu weit gehend *Wiegand* in: Vertragsgestaltung und Streiterledigung (Böckstiegel), S. 59 (65), der von einem "Rechtskulturgefälle" spricht.

[229] Vgl. auch *Martinek* (Bd. III) § 26 II 2, der darauf hinweist, dass sich gleich starke Parteien häufig auf ein neutrales Recht einigen. Dies zeigt die Brisanz der Rechtswahl.

[230] Zur Ermittlung des einschlägigen Internationalen Privatrechts wird nicht selten der vereinbarte Schiedsrichter gefragt, nach welchem Rechtsanwendungsrecht er bei einer zu schlichtenden Streitigkeit vorzugehen gedenkt. Lässt sich auch das Rechtsanwendungsrecht nicht im Voraus genau bestimmen, dann wird – sofern durchsetzbar - versucht, die nach den meisten Rechten relevanten Anknüpfungspunkte zugunsten des Unternehmers zu gestalten. Vgl. *Delaume* §§ 3.01, 3.05.

[231] Siehe auch hierzu *Delaume* § 3.05, der von „delocalization" spricht.

und bedingen die für sie ungünstigen Vorschriften zu ihren Gunsten ab[232], sofern diese zur Disposition der Parteien stehen.

Die Notwendigkeit einer Beschäftigung mit den Kriterien zur Ermittlung des objektiven Vertragsstatuts ergibt sich aber nicht nur im Falle einer nicht getroffenen Rechtswahlvereinbarung. Sie ist auch dann gegeben, wenn sich die Parteien zwar auf ein auf den Vertrag anzuwendendes Recht geeinigt haben, diese Vereinbarung jedoch ungültig ist[233], wobei die Ungültigkeit verschiedene Ursachen haben kann.
Zu nennen sind unter anderem die Ablehnung der kollisionsrechtlichen Parteiautonomie durch die konkrete Entscheidungsinstanz und die mangelnde Eindeutigkeit der Rechtswahl[234].
Ferner muss die Rechtswahl zu ihrer Gültigkeit regelmäßig gewisse Grundvoraussetzungen[235] erfüllen, die von den Verfassern der Vertragstexte nicht immer genügend beachtet werden, was letztlich aus einer in der Praxis immer wieder festzustellenden Nachlässigkeit der Verfasser von internationalen Verträgen in Bezug auf die zu treffende Rechtswahl resultiert[236].

Diese Nachlässigkeit führt ferner in vielen Fällen dazu, dass von den Verfassern die Grenzen der Rechtswahl nicht ausreichend berücksichtigt werden. Insbesondere bei einem Industrieanlagenvertrag ist eine allumfassende Rechtswahl nicht möglich; der Umfang sowohl des objektiven als auch des subjektiven Vertragsstatuts ist durch den Bezug einiger zu regelnden Materien zum Recht des Baustellenlandes und zu der lex loci protectionis eingeschränkt[237]. Es ist die Pflicht eines jeden rechtlichen Beraters, die Grenzen genau zu konturieren und vor allem auf der materiell-rechtlichen Ebene durch entsprechende Vertragsgestaltung zu versuchen, eine Kongruenz mit jenen statutfremden Vorschriften herzustellen und ihre unter Umständen negative Wirkung für den Mandanten zu hemmen.

---

232 *Delaume* § 3.01; kritisch dazu *Wiegand* in: Vertragsgestaltung und Streiterledigung (Böckstiegel), S. 59 (60).

233 *Thode/Wenner* Rdnr. 307 f., die darauf hinweisen, dass die Wahrscheinlichkeit einer nicht getroffenen Rechtswahl steigt, je geringer das Volumen des Vertrages ist.

234 Letzteres war zum Beispiel der Fall bei der Rechtswahl im Rahmen des Vertrages über den Bau des „Euro"-Tunnels vgl. dazu die Ausführungen im 7. Kapitel B II.

235 So verlangen z. B. einige Rechtsordnungen, dass die Vertragsbeziehung zu der gewählten Rechtsordnung eine ausreichende Sachnähe aufweist („reasonable relation"). Siehe dazu auch *Jayme* in: Komplexer Langzeitvertrag (Nicklisch), S. 311 (314), der auf ein solches Beispiel hinweist und weitere Voraussetzungen nennt.

236 *Delaume* § 3.01.

237 Siehe dazu die Ausführungen im 6. Kapitel D V 2 a (2) (d) und im 8. Kapite.

Die Komplexität und die Vielgestaltigkeit des Industrieanlagenvertrages[238] erschweren grundsätzlich auch die Darstellung des Kollisionsrechts. Man kann nicht auf in sich abgeschlossene Sachverhalte als Gegenstand der Untersuchung zurückgreifen; die Umstände der jeweiligen Verträge variieren insbesondere im Hinblick auf die im Rahmen des Art. 28 V EGBGB vorzunehmende Wertung dermaßen, dass die Anknüpfung einzelner, in sich abgeschlossener Vertragsbeziehungen einer Pauschalisierung gleichkäme, die zum einen jener Vielgestaltigkeit der Vertragspraxis nicht genügend Rechnung tragen würde und die sich zum anderen im Rahmen einer wissenschaftlichen Darstellung verbietet.

In Anlehnung an die Struktur des Art. 28 EGBGB, der sich aus einer Generalklausel (Abs. 1), mehreren Vermutungstatbeständen (Abs. 2 – 4) und einem Ausnahmetatbestand (Abs. 5) zusammensetzt, wird daher zunächst einmal nach einer „grundsätzlichen" Heimat des Industrieanlagenvertrages in Gestalt einer Vermutung gesucht[239].

Im Anschluss an die Ausführungen zur "grundsätzlichen" Heimat des Anlagenvertrages werden Umstände untersucht, die in der Lage erscheinen, entweder bereits das Vorliegen eines Vermutungstatbestandes zu verhindern[240] oder aber zu einem abweichenden Statut im Rahmen des Art. 28 V EGBGB zu führen[241]. Eine Beschränkung auf die typischen Umstände in der Praxis des Industrieanlagenvertrages ist dabei unausweichlich.
Über die Reihenfolge dieser Umstände entscheidet dabei auch hier in der Regel der dogmatische Hintergrund und nicht etwa der „sachliche" Zusammenhang, d.h. der Aspekt „Mitwirkung des Bestellers bei der Erstellung der Anlage" zum Beispiel wird nicht konzentriert als ein zusammengehörender Aspekt auf seine kollisionsrechtliche Relevanz hin untersucht, sondern vielmehr immer wieder aufgegriffen, wenn ihm innerhalb des zu besprechenden dogmatischen Abschnittes Bedeutung zukommt[242].
Eine solche Orientierung[243] an der Dogmatik und damit an den dem Rechtsanwender zur Verfügung stehenden Instrumentarien (Generalklausel, Vermutungstatbestand, Ausnahmetatbestand) kann für sich in Anspruch nehmen, dem

---

[238] Auf die Fülle der Vertragskonstruktionen auch hinweisend *Westphalen* DB 1971, S. 1126 (1126).
[239] Vgl. 6. Kapitel C I.
[240] Vgl. 6. Kapitel C II und III.
[241] Vgl. 6. Kapitel D.
[242] Er wird zunächst einmal ausführlich erörtert im Rahmen des Vermutungstatbestandes des Art. 28 II EG (6. Kapitel C II), sodann findet er in den Abschnitten „Ort der Vertragsaktivität (6. Kapitel D VI) und „Schwerpunkt der Kooperation" (6. Kapitel D VII) eine erneute Berücksichtigung.
[243] Es handelt sich hierbei nur um eine grundsätzliche Orientierung; Ausnahmen aus Verständnisgründen greifen des Öfteren.

wissenschaftlichen Anspruch dieser Arbeit zu entsprechen und die für den Ausnahmetatbestand des Art. 28 V EGBGB relevanten Umstände nicht abstrakt und einzeln darzustellen, sondern in ihrer Gesamtheit, in der sie in der Regel auch nur in der Lage sind, eine engere Beziehung zu einer von dem Statut des Vermutungstatbestandes abweichenden Rechtsordnung zu begründen. Eine Orientierung am dogmatischen Instrumentarium versetzt endlich auch den Praktiker eher in die Position, die individuellen Umstände des jeweiligen Vertragsverhältnisses im Hinblick auf ihre kollisionsrechtliche Relevanz eigenständig zu bewerten.

Nach den Ausführungen zum *objektiven* Vertragsstatut, über dessen Bestimmung in der Literatur und in der Rechtsprechung keine Einigkeit herrscht und welche den Schwerpunkt dieser Arbeit ausmachen, wird auf die Probleme eingegangen, die eine Rechtswahl im Bau- und Anlagengeschäft regelmäßig mit sich bringt[244]. Ein besonderes Augenmerk wird dabei auf die stillschweigende Rechtswahl gelegt, da im internationalen Bau- und Anlagengeschäft häufig Umstände - wie etwa die Vereinbarung von Mustervertragsbedingungen oder die Benennung eines Schiedsgerichts - anzutreffen sind, denen in *allgemeinen* Stellungnahmen, also nicht konkret im Kontext eines Industrieanlagenvertrages, eine Indizwirkung zugunsten einer konkludenten Rechtswahl attestiert wird[245].

Anschließend werden im Rahmen des Kapitels "Zwingende Bestimmungen"[246] *einige* derjenigen Bereiche der Gesamtrechtsbeziehung zwischen dem Auftraggeber und dem Auftragnehmer dargestellt, welche – obwohl direkt die vertraglichen Rechte und Pflichten beeinflussend – der Reichweite des Vertragsstatuts entzogen sind.

Eine ausführliche Erörterung erfährt ferner die Rolle des Subunternehmers im Anlagengeschäft. Im Rahmen eines eigenständigen Kapitels[247] wird auch dort Stellung bezogen zu der Frage, unter welchen Voraussetzungen eine akzessorische Anknüpfung des Statuts des Subunternehmervertrages an das Statut des Hauptvertrages sinnvoll ist. Außerdem werden Konstellationen genannt, in denen ein dem Hauptauftragnehmer aus dem Anlagenvertrag erwachsendes Risiko[248] auf den Subunternehmer durchgestellt werden kann.

---

[244] Vgl. 7. Kapitel.
[245] Vgl. 7. Kapitel B III.
[246] Vgl. 8. Kapitel.
[247] Vgl. 9. Kapitel.
[248] Es handelt sich dabei eine materiell-rechtliche Fragestellung.

6. Kapitel: Objektives Vertragsstatut

A. Vorbemerkung zur Rechtsquelle der objektiven Anknüpfung

Ein deutsches oder internationales Sonderkollisionsrecht existiert für die objektive Anknüpfung des Industrieanlagenvertrages nicht, so dass das allgemeine Kollisionsrecht befragt werden muss. Dieses ist überwiegend im Einführungsgesetz zum Bürgerlichen Gesetzbuch geregelt[249].

Um die Norm zu ermitteln, nach der sich das auf das Lebensverhältnis – auch Anknüpfungsgegenstand[250] genannt – anzuwendende Recht bestimmt, bedarf es der Qualifikation dieses Lebensverhältnisses. Es handelt sich dabei um eine Abgrenzung des Anwendungsbereiches der einzelnen Kollisionsnormen bzw. Kollisionsregeln untereinander. Solch eine Abgrenzung erfordert eine eigenständige Methodik, deren genaues Aussehen einen der klassischen Streitpunkte des Internationalen Privatrechts darstellt[251]. Eine nähere Darstellung dieser unterschiedlichen Methoden[252] ist hier nicht erforderlich, da der Anknüpfungsgegenstand dieser Untersuchung das Verhältnis der Beteiligten an der Erstellung einer Industrieanlage auf der Grundlage einer durch Konsens zustande gekommenen Sonderverbindung ist, welche nach sämtlichen Methoden und nach wohl allen zumindest maßgeblichen Rechten dieser Welt als Schuldvertrag zu qualifizieren ist.

Das deutsche Kollisionsrecht sieht im fünften Abschnitt des Einführungsgesetzes zum Bürgerlichen Gesetzbuch (= EGBGB) eine Regelung über die Anknüpfung von Schuldverträgen vor, bei der es sich um eine Inkorporation des

---

[249] Einführungsgesetz zum Bürgerlichen Gesetzbuch vom 18.8.1896 in der Fassung der Bekanntmachung vom 21.9.1994 (BGBl. I, 2494, berichtigt 1997 I, 1061). Abgekürzt in dieser Arbeit: EG

[250] Vgl. u.a. *v. Bar/Mankowski*, IPR I, § 7 Rdnr. 179.

[251] Vgl. hierzu etwa die Darstellung bei *Kropholler* §§ 15 - 17; *v. Bar/Mankowski*, IPR I, § 7 Rdnr. 138 f.; *von Hoffmann/Thorn*, IPR, § 6 Rdnr. 11 f...

[252] Zu nennen sind u.a.: **„lex-fori"- Theorie** – in der Variante, dass die Auslegung der Kollisionsnormen nach der Rechtsordnung des entscheidenden Gerichtes erfolgt, wobei man sich jedoch nicht starr an den Systembegriffen des materiellen Rechts orientiert, sondern vielmehr eine eigenständige Systematisierung des Bereiches „Kollisionsnormen" vornimmt, um auch ausländische Rechtsinstitute erfassen zu können – *Neuhaus*, Grundbegriffe, S. 123; *Kropholler* § 16 I; *Siehr*, IPR, S. 430 f.; Palandt-*Heldrich* Einl. vor Art. 3 Rdnr. 27. **„lex causae" – Theorie** – Auslegung der Kollisionsnormen auf der Grundlage des zu berufenen Rechts – so *Wolff*, IPR, S. 54 ff.. "Rechtsvergleichende Qualifikation" – Die in den Kollisionsnormen verwandten Begriffe werden autonom ausgelegt, d.h. man orientiert sich nicht an der Begrifflichkeit der lex fori oder der lex causae, vgl. *Rabel* RabelsZ 5 (1931), S. 241 f..

„Übereinkommen(s) der Mitglieder der Europäischen Union über das auf vertragliche Schuldverhältnisse anzuwendende Recht" (= EVÜ) handelt, welches am 19. Juni 1980 in Rom unterzeichnet worden, von der Bundesrepublik am 25. Juli 1986[253] ratifiziert worder und am 1. April 1991 in Kraft getreten ist[254].

Das Internationale Schuldvertragsrecht ist in den Artt. 27 – 37 EGBGB niedergelegt. Art. 27 widmet sich der Rechtswahl, während Art. 28 die Ermittlung des Vertragsstatuts für den Fall regelt, dass von den Parteien keine gültige Rechtswahl vorgenommen worden ist. Dem Schutz des Schwächeren ist in den Artt. 29, 30 EGBGB Rechnung getragen worden, welche eine Sonderanknüpfung für Verbraucher und Arbeitnehmer vorsehen. In den Artt. 31 – 37 EGBGB finden weitere Aspekte des Problembereichs Vertragsstatut - wie etwa dessen Umfang (Art. 32 EGBGB) und das Verhältnis zu zwingenden Vorschriften (Art. 34 EGBGB) - eine Regelung.

Somit steht Art. 28 EGBGB im Mittelpunkt dieser Untersuchung. Seine Vorgaben sind bei der Ermittlung des objektiven Vertragsstatuts heranzuziehen.
Art. 28 erhebt die „engste Verbindung" zum entscheidenden Kriterium. Es findet die Rechtsordnung Anwendung, mit der der Vertrag die engste Verbindung aufweist.
Im Rahmen der Formel „engste Verbindung zu dem Recht eines Landes" sucht man nicht nach dem Schwerpunkt des Vertragsverhältnisses in einem bestimmten Territorium, sondern in einer bestimmten *Rechtsordnung*[255]. Somit entfernt man sich von einer rein territorialen, gegenständlichen Betrachtung des Vertragsverhältnisses; die Formulierung lässt es unproblematisch zu, eine umfassende Interessenabwägung[256] letztlich über das anwendbare Recht entscheiden zu lassen. Das Recht, dessen Anwendung man für interessengerecht hält, ist auch am engsten verbunden mit dem Vertragsverhältnis.

Man sucht in der Literatur und in der Rechtsprechung vergeblich nach einer genauen Umschreibung des Begriffes „engste Verbindung".
Dort findet man zwar häufig[257] die Formulierung „soziales ökonomisches Milieu", jedoch nur im Zusammenhang mit dem Vermutungstatbestand der „vertragscharakteristischen Leistung" i.S.d. Art. 28 II EGBGB.
Verfolgt man die Herkunft bzw. Entwicklung der Formel von der „engsten Verbindung", so stößt man auf die Lehre von *Savigny*[258], nach der das Recht anzu-

---

253 BGBl. 1986 II S. 809.
254 Bek. v. 12.7.1991, BGBl. II S. 871.
255 Vgl. u.a. *Lorenz* IPRax 1987, S. 269 (274).
256 Vgl. Müko-*Martiny* Art. 28 Rdnr. 12.
257 Vgl. u.a. Müko-*Martiny* Art. 28 Rdnr. 30 f.; *Giuliano/Lagarde* BT-Drucks. 10/503, S. 36 (52).

wenden sei, welchem das Lebensverhältnis „seiner eigentümlichen Natur" nach angehöre und somit seinen „Sitz" habe. Diese Lehre ist von Rechtswissenschaftlern aufgegriffen worden, welche dann Begriffe wie „Natur der Sache"[259] oder „Schwerpunkt des Rechtsverhältnisses"[260] geprägt haben. Aber auch diese Begriffe eignen sich nicht als ein verlässlicher Wegweiser bei der Suche nach dem objektiven Vertragsstatut. Man wird konzedieren müssen, dass sich der Begriff der „engsten Verbindung" einer präzisen Definition grundsätzlich entzieht[261]. Den Umschreibungen „Sitz" und „Schwerpunkt" des Rechtsverhältnisses lässt sich jedoch insoweit eine Orientierung entnehmen, als dass auf das Recht des Ortes abzustellen ist, an dem sich der Vertrag als Leistungsbeziehung entfaltet, von den Parteien "gelebt" wird und somit auch beheimatet ist.

Angesichts der beschriebenen Schwierigkeit, welche die nähere Umschreibung der engsten Beziehung bereitet, und der schier unendlichen Variationsmöglichkeiten im Internationalen Schuldvertragsrecht stand der Gesetzgeber bei der Fassung des Einführungsgesetzes vor dem Problem, eine Regelung finden zu müssen, die einerseits das tatsächlich sachnächste Recht zur Anwendung kommen lässt, die andererseits aber auch dem Bedürfnis nach Vorhersehbarkeit und Rechtssicherheit ausreichend Rechnung trägt[262].
Zur Lösung dieses Problems bedient sich der Gesetzgeber dem Regel-Ausnahme-Prinzip. In Abs. 1 des Art. 28 EGBGB erklärt er die „engste Verbindung" ausdrücklich zum entscheidenden Kriterium bei der Suche nach dem auf das vertragliche Schuldvertragsverhältnis anwendbaren Recht. Um die aus der Verwendung dieser unkonturierten und nur schwer fassbaren Formulierung resultierende Rechtsunsicherheit auf ein annehmbares Maß zu reduzieren, zählt er in den folgenden drei Absätzen Sachverhalte auf und nennt in Bezug auf den jeweiligen Sachverhalt die Anknüpfungs*punkte*, hinsichtlich derer er *vermutet*, dass sie regelmäßig zum sachnächsten Recht führen. Die von ihm verwandten Anknüpfungspunkte konkretisieren die Formel von der „engsten Verbindung"; sie haben dieser gegenüber den Vorteil, dass sie sich leichter bestimmen lassen. Die mit der Vereinfachung der Anknüpfung einhergehende Gefahr der Pauschalisierung und damit der Anwendung eines sachfremden Rechts im konkreten Einzelfall begegnet der Gesetzgeber mit der Fassung eines Ausnahmetatbestan-

---

[258] *Savigny* S. 28, 108.
[259] Vgl. *Ludwig v.Bar* S. 106.
[260] Vgl. *v. Gierke* S. 217.
[261] So ist sie auch vielfach wegen ihrer Unbestimmbarkeit kritisiert worden, vgl. nur *Juenger* RabelsZ 46 (1982), S. 57 (72). Siehe aber auch *Martiny* in: Grünbuch (Leible), S. 110, der zu Recht darauf hinweist, dass die Formel von der engsten Verbindung in vielen anderen Rechtsordnungen eine „Entsprechung" finde. Er verweist u.a. auf Art. 117 schweizerischen IPRG und auf den Anknüpfungspunkt „most significant relationship" im US-amerikanischen Recht.
[262] Vgl. Soergel-*von Hoffmann* Art. 28 Rdnr. 5.

des – Art. 28 V EGBGB - , nach dem von der Vermutung abzuweichen ist, wenn sich aus der Gesamtheit der Umstände eine engere Verbindung zu einer Rechtsordnung ergibt als zu jener, die der Vermutungstatbestand für anwendbar erklärt. Mit dieser Regelung ist es dem Gesetzgeber gelungen, das auf das Schuldverhältnis anwendbare Recht vorhersehbarer zu machen, ohne das Postulat der engsten Verbindung aufgeben zu müssen.
Angesichts des Ausnahmetatbestandes des Art. 28 V EGBGB erfordert die Anknüpfung jedoch weiterhin ein sensibles Umgehen mit jedem einzelnen Vertragsverhältnis und die genaue Betrachtung der individuellen Umstände. Die Kodifizierung des Internationalen Schuldvertragsrechts hat somit nichts an der Tatsache geändert, dass „Schuldverträge an(zu)knüpfen, schwer"[263] ist.

In diesem Zusammenhang soll auf das von der Europäischen Kommission am 14.1.2003 vorgelegte "Grünbuch über die Umwandlung des Übereinkommens von Rom aus dem Jahre 1980 über das auf vertragliche Schuldverhältnisse anzuwendende Recht in ein Gemeinschaftsinstrument sowie über seine Aktualisierung" hingewiesen werden[264]. Es sind in ihm die Erfahrungen und der Diskussionsstand in Bezug auf dieses Übereinkommen zusammengefasst, und es stellt zum Schluss eines jeden Kapitels eine detaillierte Frage.
Problematisiert werden vor allem der Verbraucher- und der Arbeitnehmerschutz, aber auch die Bereiche „stillschweigend Rechtswahl", „objektive Anknüpfung" und „ausländische Eingriffsnormen" werden erörtert. Im Rahmen dieser Arbeit wird an entsprechender Stelle auf die durch das Grünbuch entfachte Diskussion näher eingegangen[265].

An dieser Stelle bereits von Interesse ist die 10. Frage[266], in welcher die Kommission die Frage stellt, ob der Wortlaut von Artikel 4 (= Art. 28 EGBGB) dahingehend präzisiert werden solle, dass die Gerichte zunächst von der Vermu-

---

263 Vgl. *Kegel/Schurig* § 18 I 1 a.
264 KOM (2002) 654 endgültig. Allgemein zu der aktuellen Entwicklung der Gesetzgebung und der Rechtsprechung im Europäischen Kollisionsrecht vgl. *Jayme/Kohler* IPRax 2004, S. 481 f.; dort auch Näheres über die beiden Protokolle vom 19.12.1988 betreffend die Auslegung des Europäischen Schuldvertragsübereinkommens durch den EuGH (ABl. EG Nr. L 48/1, 20.2.1989), welche nach langen Verzögerungen insbesondere durch Belgien am 1.8.2004 in Kraft getreten sind.
265 Vgl. in diesem Zusammenhang auch den Beitrag von *Kieninger/Schütze* – IPRax 2005, S. 200 f. -, welche umfänglich zu der 18. Frage des Grünbuchs Stellung nehmen, ob es zweckmäßig sei, „in einem künftigen Rechtsinstrument festzulegen, welches Recht für die Frage maßgeblich ist, ob die Abtretung einer Forderung Dritten entgegengehalten werden kann". Vgl. KOM (2002) 654 endg..
266 Grünbuch Nr. 3.2.5..

tung des Absatzes 2 auszugehen hätten und von der Anwendung des auf diese Weise ermittelten Rechts nur absehen dürften, wenn dieses im betreffenden Fall „offensichtlich ungeeignet" sei. Das Kalkül einer solchen Modifizierung besteht darin, mit Hilfe der Stärkung der von der charakteristischen Leistung ausgehenden Vermutungswirkung[267] einer zu großzügigen Anwendung des Artikels 4 Absatz 5 des Übereinkommens (= Art. 28 V EGBGB) Einhalt zu gebieten und somit zur Vorhersehbarkeit des objektiv anwendbaren Rechts beizutragen[268].
Wie sich im Laufe der Untersuchung zeigen wird, befürwortet der Verfasser „bereits" auf der Grundlage des gegenwärtigen Wortlauts eine restriktive Verwendung des Ausnahmetatbestandes[269]. Dem entspricht es auch, dass trotz zahlreicher „widriger", in der Natur des Industrieanlagenvertrages liegender Umstände nicht vorschnell die Anwendbarkeit des Art. 28 II EGBGB verneint und stattdessen nach der engsten Verbindung im Sinne des Art. 28 I EGBGB gesucht wird.

B. Das objektive Statut des Bau- und Industrieanlagenvertrages in Rechtsprechung und Lehre

In dieser Arbeit liegt den gesamten Ausführungen über den Industrieanlagenvertrag ein Pflichtenkatalog zugrunde, welcher seinen Ursprung in der Praxis hat und für den es kein spezifisches gesetzliches Leitbild gibt[270]. Mit dieser Herkunft korrespondiert eine nur schemenhafte Vorstellung vieler Juristen über die genauen Konturen des Kataloges. Darin ist der Hauptgrund zu sehen, warum es nur wenige fundierte wissenschaftliche Stellungnahmen zu der objektiven Anknüpfung des Industrieanlagenvertrages gibt.
Dass sich zumindest die deutsche Rechtsprechung bisher mit dieser Problematik noch nicht hat beschäftigen müssen, liegt dagegen an der regelmäßigen Vereinbarung einer Schiedsgerichtsklausel bei grenzüberschreitenden Verträgen in der Größenordnung eines Industrieanlagenvertrages.

---

[267] *Martiny* in: Grünbuch (Leible), S. 110.

[268] Grünbuch Nr. 3.2.5.2..

[269] Siehe in diesem Kontext die von der Kommission zitierte Entscheidung des niederländischen Hoge Raad (Nederlandse Jurisprudentie 1992 Nr. 750), nach der von der Vermutungswirkung der Art. 28 II EG nur dann abzuweichen sei, wenn sie keinen wirklichen Wert als Anknüpfungspunkt mehr habe. Zu dieser Entscheidung vgl. u.a. *Rammeloo* IPRax 1994, S. 243 (243 f.).

[270] Vgl. hierzu die Ausführungen zur Rechtsnatur des Industrieanlagenvertrages im 4. Kapitel B.

I. Die deutsche Rechtsprechung zum internationalen Bauvertrag

Wegen der Affinität des Industrieanlagenvertrages zum Bauvertrag wird daher im Folgenden die deutsche Rechtsprechung zum internationalen *Bau*vertrag dargestellt. Bauverträge kommen in der Praxis zahlreicher als Industrieanlagenverträge vor. Außerdem sind große Auftragsvolumina nicht selbstverständlich, so dass von den Parteien auf Schiedsgerichtsklauseln zum Teil verzichtet wird. Daraus folgt, dass Streitigkeiten anlässlich eines internationalen Bauvertrages häufiger vor einem staatlichen Gericht ausgetragen werden als solche, die aus einer Beziehung im Rahmen eines Industrieanlagenvertrages stammen.
Aber auch die Rechtsprechung zum internationalen Bauvertrag ist nur spärlich[271]. Stellungnahmen zur Anknüpfung des objektiven Vertragsstatuts finden sich selten[272].

Im Jahre 1995 befand etwa das Oberlandesgericht Hamm, dass die Wirksamkeit und die Rechtswirkungen eines zwischen in Deutschland ansässigen Partnern geschlossenen Vertrages, welcher die eine Partei verpflichte, der anderen gegen Bezahlung ein im Ausland gelegenes Gründstück zu übereignen und es mit einem Ferienhaus zu versehen, gemäß Art. 28 II EGBGB nach deutschem Recht zu beurteilen seien, sofern eine rechtswirksame Wahl des auf das vertragliche Verhältnis anwendbaren Rechts unterblieben sei[273].
Der Entscheidung lag der folgende Sachverhalt zugrunde: Die Klägerin zu 1 schloss am 10.6.1989 gemeinsam mit ihrem damals 17jährigen Sohn, dem Kläger zu 2, einen privatschriftlichen Kaufvertrag mit dem Bekl. zu 2 über den Erwerb eines noch zu errichtenden Ferienhauses in Spanien einschließlich der dazu gehörenden Parzelle zu einem Kaufpreis von 94.000,- DM. Dieser sollte in vier Raten fällig werden. Noch am gleichen Tag vereinbarte die Klägerin zu 1 schriftlich mit der Bekl. zu 1 eine Maklertätigkeit einschließlich einer Provisionsforderung in Höhe von 6% des Kaufpreises (= 5.640,- DM) zugunsten der Letzteren. Die erste Rate auf den Kaufpreis über 14.946,- DM wurde bereits am Tage des Vertragsschlusses von der Klägerin zu 1 an den Beklagten zu 2 und Frau R, welche ausweislich des Vertrages zugleich Geschäftsführer der Beklagten zu 1 waren, geleistet.

---

[271] So auch die Einschätzung von *Hohloch* JuS 2000, S. 90 (91).

[272] Vgl. die Auflistung von *Markowsky* S. 121 f. , der die deutsche Rechtsprechung zum Werkvertrag aufführt und zum dem Schluss kommt, dass sie nur wenig Aufschluss über die objektive Anknüpfung des Bauvertrages liefert. Siehe auch den Beschluss des OGH vom 7.9.1994 – 3 Ob 549/94, in welchem sich der Österreichische Oberste Gerichtshof aufgrund einer Gesamtverweisung mit der deutschen Vorgehensweise in Bezug auf die Ermittlung des objektiven Vertragsstatuts des Bauvertrages beschäftigen muss – abgedruckt in IPRax 1995, S. 326 f..

[273] OLG Hamm, Urt. v. 23.11.1995 – 22 U 227/94, abgedr. in NJW-RR 1996, S. 1144 f..

Am 21.10.1989 überwiesen die Klägerin zu 1 und ihr Ehemann an die Beklagte zu 1 unter dem Verwendungszweck „Haus L., Spanien" einen Betrag in Höhe von 4.356,- DM. Danach erfolgte keinerlei Zahlung mehr. Die Klägerin zu 1 berief sich auf die Minderjährigkeit des Klägers zu 2, und sie begehrte mit der Klage die Feststellung der Auflösung des Kaufvertrages vom 10.6.1989 sowie die Rückerstattung der geleisteten Zahlungen in Höhe von 14.946,- DM und 4.356,- DM.
Das Landgericht gab der Klage teilweise statt. Beide Beklagte haben gegen dieses Urteil Berufung eingelegt; auf der Klägerseite legte die Klägerin zu 1 Anschlussberufung ein, welche überwiegend Erfolg hatte.
Das Oberlandesgericht sprach der Klägerin hinsichtlich der Kaufpreiszahlung einen Anspruch aus ungerechtfertigter Bereicherung gem. § 812 BGB zu. Der Kaufvertrag sei unwirksam und daher die Zahlung rechtsgrundlos erfolgt. Die auf den Provisionsanspruch gerichteten Zahlungen seien der Klägerin ebenfalls gem. § 812 BGB zurückzuerstatten, da der Provisionsanspruch den Abschluss eines wirksamen Kaufvertrages voraussetze und dies nicht geschehen sei.

Zur Begründung dieser Entscheidung widmete sich das Gericht zunächst einmal der von den Parteien vorgenommenen Wahl spanischen Rechts. Diese sei unwirksam, da die entsprechende Erklärung des zu dem damaligen Zeitpunkt minderjährigen Klägers zu 2 gemäß § 108 BGB schwebend unwirksam gewesen sei und durch dessen in erster Instanz verfolgten Antrag auf Verurteilung des Beklagten zu 2 zur Auflösung des Kaufvertrages unter Hinweis auf seine Minderjährigkeit endgültig unwirksam geworden sei. Eine Genehmigung des Vertrages sei auch nicht in der Teilnahme der Mutter an dem Vertragsschluss zu sehen, da gem. § 1629 BGB auch der Vater sein Einverständnis hätte erklären müssen. Dieser wiederum sei nur insoweit in Erscheinung getreten, als dass er am 31.10.1989 eine Zahlung auf den vermeintlichen Provisionsanspruch geleistet habe. Dass er dabei von den Erklärungen des Sohnes bezüglich des Kaufvertrages wusste, sei nicht erkennbar.
Erst im Anschluss an diese Ausführungen äußert sich das Gericht zu der Frage, nach welchem Recht die Minderjährigkeit des früheren Klägers zu 1 zu beurteilen ist. Es bezog sich auf Art. 7 EG, welcher den Artt. 27 IV, 31 I EGBGB vorgehe und nach welchem sich die Geschäftsfähigkeit sowie die Folge mangelnder Geschäftsfähigkeit nach dem Recht bestimme, dessen Staatsangehörigkeit die betreffende Person besitze.

Aus der Unwirksamkeit der Erklärung des Minderjährigen zur Rechtswahl folge, dass auch die Klägerin keine wirksame Rechtswahl vorgenommen habe. Eine vernünftige Auslegung der Erklärung der Klägerin könne nur zu dem Ergebnis gelangen, dass die Klägerin nicht einer Absprache habe zustimmen wollen, nach der lediglich auf ihr vertragliches Verhältnis zu dem Beklagten zu 2 spanisches

Recht Anwendung finden sollte. Auch unter Berufung auf Art. 31 II EGBGB sei daher die Regelung im Kaufvertrag, dass er „spanischem Recht unterliege"[274], insgesamt unwirksam.

Folgerichtig beschäftigte sich das Gericht sodann mit dem objektiven Statut des Kaufvertrages. Es verglich den wirtschaftlichen Wert des Baugrunds mit dem der Bebauung, und es attestierte der Letzteren das größere wirtschaftliche Gewicht. Erst das Wohngebäude ermögliche die vertraglich vorausgesetzte Nutzung des Objekts, die „Gestaltung" gebe dem Anwesen „sein dauerhaftes Gepräge", das Gebäude „charakterisier(e) es damit in seinem Wesen als Ferienhausgrundstück"[275]. Art. 28 II EGBGB führe zur Anwendung deutschen Rechts. Hinzu komme, dass der Vertrag aufgrund „der Verpflichtung zum Bau eines Wohnhauses seine „engste Verbindung" zu Deutschland" habe, „wo der Schuldner und die Gläubiger dieser Verpflichtung sich gewöhnlich"[276] aufhielten. In dem in Bezug genommenen Prospekt sei das zu bauende Haus nur „karg" beschrieben, so dass es einer Vielzahl ergänzender Erklärungen und Abstimmungen zwischen den Partnern bedurft hätte. Angesichts dieses großen Kommunikationsbedarfs habe der Vertrag, „obwohl er zum Teil in Spanien erfüllt werden sollte", seine engste Verbindung zu Deutschland „als dem gemeinsamen Heimatstaat seiner Partner, wo für die z.T. mit Gewißheit, z.T. möglicherweise für erforderlich gehaltenen weiteren Erklärungen der Parteien ein ihnen vertrautes, jedenfalls erkennbares Recht (gelte) und sie die Auswirkungen aller ergänzenden Erklärungen auf die gegenseitigen Rechtsbeziehungen zuverlässig einschätzen" könnten[277].
Art. 28 III EGBGB rechtfertige die Anwendung spanischen Rechts nicht; er gelte nicht für Verträge, die wie der vorliegende nach der Gesamtheit ihrer Regelungen eine engere Verbindung zu einem anderen Staat als dem aufwiesen, auf dessen Gebiet das Grundstück liege.
Unter Anwendung deutschen Rechts sei der Kaufvertrag vom 10.6.1989, soweit er von dem Minderjährigen abgeschlossen worden sei, gemäß §108 BGB für unwirksam zu erklären. Die gleichzeitige Unwirksamkeit des durch die Klägerin abgeschlossen Teils ergebe sich aus der Anwendung des § 139 BGB. Die Kaufpreiszahlung sei folglich rechtsgrundlos erfolgt. Das Gleiche gelte für die auf Tilgung des Provisionsanspruchs gerichtete Zahlung, da § 652 BGB verlange, dass ein von dem Makler nachgewiesener oder vermittelter Vertrag wirksam abgeschlossen worden sei.

[274] OLG Hamm NJW-RR 1996, S. 1144 (1145).
[275] OLG Hamm a.a.O..
[276] OLG Hamm a.a.O. (Hervorhebungen im Original).
[277] OLG Hamm a.a.O..

Der Entscheidung ist grundsätzlich zuzustimmen. Zu Recht erörterte das Gericht nicht die Möglichkeit einer stillschweigenden Rechtswahl deutschen Rechts, auch wenn bei Kaufverträgen über ausländische Grundstücke, die im Inland zwischen deutschen Partnern geschlossen werden, häufig eine entsprechende Wahl angenommen wird[278]. Anders als in diesen Fällen haben sich im vorliegenden Fall die Parteien ausdrücklich zu dem auf den Vertrag anwendbaren Recht geäußert. Liegt eine solche, wenn auch unwirksame ausdrückliche Stellungnahme vor, dann kann in den Begleitumständen und in dem Verhalten der Parteien die stillschweigende Wahl eines Rechts nicht mehr gesehen werden. Die ausdrückliche Stellungnahme steht der Annahme eines gemeinsamen Willens der Parteien entgegen, konkludent ein Recht zu benennen, welches abweichend von dem ausdrücklich benannten Recht Anwendung auf den Vertrag finden soll. Hinzu kommt noch, dass eine konkludente Rechtswahl denselben Anforderungen unterliegt wie die ausdrückliche, so dass die Minderjährigkeit des Sohnes auch die Unwirksamkeit einer konkludenten Rechtswahl bewirken würde.

Zustimmung verdient die Entscheidung des Oberlandesgerichts insbesondere für den flexiblen Umgang bezüglich der Abgrenzung der verschiedenen Vermutungstatbestände. Es stellt nicht etwa auf eine *sachen*rechtliche Dominanz des Grundstückserwerbs ab, sondern es untersucht die Wertigkeit der beiden Leistungsverpflichtungen. Es lässt das Maß an Bedeutung, welches die Parteien den einzelnen Verpflichtungen einräumen, darüber entscheiden, ob die Vermutung von der vertragscharakteristischen Leistung oder aber die Sonderregelung für Grundstücksverträge im Sinne des Art. 28 Absatz 3 zur Anwendung kommt[279]. An dieser Abgrenzungsproblematik zeigt sich bereits, dass ein einzelner Vertrag starke Elemente zweier sich unter Umständen widersprechender Vermutungen aufweisen kann. Auf eine solche Konstellation ist im Rahmen der Gesamtabwägung nach Art. 28 V mit der Annahme einer abgeschwächten Vermutungswirkung zu reagieren. Mit dieser Methodik ist man in der Lage, den Besonderheiten der einzelnen Fallgestaltung Rechnung zu tragen. Wie im Laufe der Arbeit noch gezeigt wird, ist die „Methodik von der abgeschwächten Vermutungswirkung" beim Industrieanlagenvertrag ob seiner Eigenarten besonders hilfreich, und es wird an einigen Stellen von ihr Gebrauch gemacht, um angemessen auf den Vertragstypus zu reagieren.

---

[278] BGHZ 52, 239 (241); BGHZ 73, 391 (394); OLG Düssseldorf NJW-RR 1997, S. 1484 (1484); ebenso Palandt-*Heldrich* Art. 28 Rdnr. 5; ablehnend Staudinger-*Magnus* Art. 28 Rdnr. 105.

[279] So auch ausdrücklich Staudinger-*Magnus* Art. 28 Rdnr. 103, welcher unter Berufung auf die Entscheidung des Oberlandesgerichts für die Anwendung der Vermutung des Abs. 3 verlangt, dass „der Grunderwerb der wesentliche Vertragszweck ist und in seinem wirtschaftlichen Wert die Bebauung überwiegt".

Von besonderem Wert ist schließlich der Hinweis des Gerichts auf die kollisionsrechtliche Relevanz des erhöhten *Kommunikationsbedarfes*. Es zeigt damit die Bandbreite der Umstände auf, die im Rahmen der Suche nach der engsten Verbindung eines Vertrages zu einer Rechtsordnung von Bedeutung sein können, und es nennt mit ihm einen Aspekt, welcher zumindest in Lehrbüchern und Kommentaren regelmäßig kaum Erwähnung findet. Dabei ist die kollisionsrechtliche Signifikanz des Ortes, wo der Vertrag während der Vertragsausführung von den Parteien konkretisiert wird und sich somit teilweise entfaltet, evident und auch für den Industrieanlagenvertrag aufgrund seiner Konzeption als bloßer Rahmenvertrag erheblich[280].

Seit geraumer Zeit liegt auch eine höchstrichterliche Stellungnahme zu dem auf internationale Bauverträge anwendbaren Recht vor. Der Bundesgerichtshof musste in einem Urteil vom 25.2.1999[281] über eine Klage eines in Deutschland ansässigen Bauunternehmens auf Zahlung restlichen Werklohns nach der Kündigung eines Werkvertrages entscheiden. Bei der Beklagten handelte es sich ebenfalls um ein Bauunternehmen - Aktiengesellschaft mit Sitz in Mailand –, welches im Februar 1993 die Klägerin vertraglich als Subunternehmerin zur Ausführung von Arbeiten an einem Einkaufszentrum und Bürogebäude in Deutschland eingesetzt hatte. Während der Arbeiten zerstritten sich die Parteien, und beide kündigten daraufhin den Vertrag aus wichtigem Grunde. Die Beklagte bezweifelte unter anderem die internationale Zuständigkeit des deutschen Gerichts und die Wirksamkeit der Klagezustellung. Unter Rügung der internationalen Zuständigkeit verhandelte sie nur hilfsweise zur Hauptsache.

Das Landgericht bejahte die Zuständigkeit und gab der Klage überwiegend statt. Das Berufungsgericht befand jedoch, dass die Klage niemals rechtshängig geworden sei, da die Klageschrift der italienischen Beklagten nicht ordnungsgemäß zugestellt worden sei. Es hob das Urteil des Landgerichts auf und wies die Sache gemäß § 539 ZPO zur erneuten Verhandlung und Entscheidung zurück. Die Klägerin begehrte mit der Revision die Wiederherstellung des landgerichtlichen Urteils.

Nach Auffassung des Bundesgerichtshofes habe das Landgericht seine internationale Zuständigkeit zu Recht angenommen. Diese sei gem. Art. 5 Nr. 1 EuGVÜ am Erfüllungsort der streitigen Verpflichtung eröffnet, und der Erfüllungsort bestimme sich nach dem Internationalen Privatrecht der lex fori.
Die Regelvermutung des Art. 28 Abs. 2 EGBGB greife auch für Bauverträge, und der Werkvertrag werde ebenso wie der Dienstvertrag "nicht durch die Geld-

[280] Siehe hierzu die Ausführungen unten im 6. Kapitel D VII.
[281] VII ZR 408/97, abgedruckt u.a. in IPRax 2001, S. 331 f. = RIW 1999, S. 456 f..

leistung des Auftraggebers, sondern durch die Leistung des Auftragnehmers charakterisiert".[282] Daher käme regelmäßig das Recht des Ortes der Niederlassung des Werkunternehmers zur Anwendung. Die Baustelle sei "für sich genommen kein hinreichender Umstand, der abweichend von der Vermutung des Art. 28 Abs. 2 EGBGB eine engere Verbindung im Sinne des Art. 28 Abs. 5 EGBGB begründen"[283] könne.
Nach deutschem Recht sei der Erfüllungsort der Werklohnforderung identisch mit dem Ort des Bauwerkes[284]. Dies gelte jedoch nicht nur bei Zugrundelegung deutschen Rechts. Selbst wenn man den Erfüllungsort im Sinne des Art. 5 EuGVÜ vertragsautonom[285] und daher "nach Maßgabe der Art des Schuldverhältnisses und der Umstände des Einzelfalles, insbesondere nach dem Recht des Ortes, an welchem die Leistung tatsächlich erbracht"[286] worden sei oder hätte erbracht werden müssen, bestimme, läge der Erfüllungsort ebenfalls in der Bundesrepublik. Die Parteien hätten „für die Werkleistung der Kl. die VOB/B, die HOAI, die deutschen DIN-Normen und die deutschen TÜV-Bestimmungen sowie als Valuta für die Werklohnforderung Deutsche Mark vereinbart".[287]

Endlich äußerte sich der Bundesgerichtshof auch zur Wirksamkeit der Klagezustellung. Er machte Ausführungen zur Notwendigkeit einer Auslandszustellung gemäß § 199 ZPO in Verbindung mit dem Haager Übereinkommen über die Zustellung gerichtlicher und außergerichtlicher Schriftstücke im Ausland in Handels- und Zivilsachen vom 15. November 1965[288] und stellte fest, dass eine ordnungsgemäße Zustellung in einer Verfügung des Vorsitzenden der Zivilkammer des Landgerichts zu sehen sei und dass „spätestens aufgrund dieser Zustellung"[289] der Rechtsstreit anhängig gewesen sei[290].

---

[282] BGH IPRax 2001, S. 331 (332).
[283] BGH a.a.O..
[284] Dies entspricht der nahezu einhelligen Auffassung in der Rechtsprechung und in der Literatur. Vgl. nur BGH NJW 1986, S. 935 (935); BGH IPRax 2001, S. 331 (332) sowie OLG Schleswig MDR 2000, S. 1453 (1453) mit zahlreichen Nachweisen aus der Rechtsprechung und Literatur; vgl. auch KG Berlin IPRax 2000, S. 405 (405 f.).
[285] Das Gericht reagierte damit auf eine Vorlage des französischen Kassationshofes vom 9. Dezember 1997 (Rs. C-440/97=ABl. EG C 55 vom 20. Februar 1998, S. 21 = Rev. Crit. 1998, 117), ob der Erfüllungsort im Sinne des Art. 5 EuGVÜ vertragsautonom auszulegen sei. Die Verordnung über die gerichtliche Zuständigkeit und die Anerkennung und Vollstreckung von Entscheidungen in Zivil- und Handelssachen – „Brüsseler I-VO" – (VO Nr. 44/2001, ABl. EG Nr. L 12/1) , welche im Verhältnis zwischen den Mitgliedstaaten das EuGVÜ ersetzt hat, knüpft die Zuständigkeit ebenfalls an den Erfüllungsort an. Für Kaufverträge über bewegliche Sachen und Dienstleistungsverträge besteht seither eine verordnungsautonome Definition.
[286] BGH IPRax 2001, S. 331 (332).
[287] BGH a.a.O..
[288] BGBl. 1977 II, S. 1453.
[289] BGH IPRax 200, S. 331 (332).

Die Entscheidung des Bundesgerichtshofs überrascht. Es verwundert, dass sich das Gericht zwar auf die Vereinbarung der VOB/B, der HOAI sowie der deutschen DIN-Normen und der deutschen TÜV-Bestimmungen beruft, in ihr jedoch keinen Anlass sieht, eine stillschweigende Wahl deutschen Rechts seitens der Parteien zumindest zu erwägen. Stattdessen bemüht es die Vereinbarung lediglich zur Begründung des Erfüllungsortes am Ort der Baustelle. Damit setzt sich die Kammer in Widerspruch zu einer nur einen Monat zuvor von ihr ergangenen Entscheidung[291], in der sie die Vereinbarung der VOB/B, der VOL und der deutschen DIN-Vorschriften sowie die Orientierung des Vertrages an der VOB/B und den gesetzlichen Vorschriften des deutschen Werkvertragsrechts als Umstände bezeichnet hat, welche die Annahme einer stillschweigenden Rechtswahl zu rechtfertigen imstande sind[292].

Ebenso überraschend ist der Mangel an Beachtung, den das Gericht der besonderen Konstellation des Subunternehmervertrages schenkt[293]. Da Subunternehmerverträge nicht selten umfänglich Bezug nehmen auf die Vorschriften des Hauptvertrages und da in einem solchen Bezug zumindest dann eine konkludente Wahl des auf den Hauptvertrag anwendbaren Rechts gesehen werden kann, wenn dieser eine ausdrückliche Rechtswahl enthält[294], hätte man wenigstens eine diesbezügliche Konkretisierung des Sachverhalts erwarten können. Ob entsprechende Klauseln vorliegen, wird von dem Bundesgerichtshof jedoch nicht mitgeteilt.

Vor diesem Hintergrund kann es dann auch nicht mehr wirklich verblüffen, dass der Bundesgerichtshof im Rahmen der Ausführungen zum objektiven Statut des Bauvertrages die Gelegenheit nicht nutzt, Stellung zu der heftig umstrittenen Frage zu beziehen, ob der Subunternehmervertrag akzessorisch an das Staut des Hauptvertrages anzuknüpfen ist[295].

---

[290] Die in der Entscheidung dargestellte Zustellungsproblematik ist für den Gegenstand dieser Arbeit ohne Relevanz. Anmerkungen zu diesem Aspekt der Entscheidung finden sich u.a. bei *Hohloch* JuS 2000, S. 90 (92); *Hök* ZfBR 2000, S. 7 (9); *Pullkowski* IPRax 2001, S. 306 (308 f.). Allgemein zu dem Internationalen Zustellungsrecht, vgl. *Geimer*, IZPR, Rdnr. 2071 f..

[291] BGH, Urteil v. 14.1.1999 – VII ZR 19/98, abgedr. in IPRax 2001, S. 333 f.. Im Rahmen der Ausführungen zum subjektiven Vertragsstatut wird auf diese Entscheidung noch ausführlich eingegangen, vgl. die Ausführungen im 7. Kapitel B III.

[292] Auf diesen Widerspruch deutlich hinweisend *Pullkowski* IPRax 2001, S. 306 (307). Siehe auch *Hohloch* JuS 2000, S. 90 (92), welcher ebenfalls auf die Möglichkeit der Annahme einer konkludenten Rechtswahl verweist.

[293] Gleichfalls erstaunt *Pullkowski* IPRax 2001, S. 306 (307 f.).

[294] Siehe hierzu die Ausführungen über den Subunternehmervertrag im 9. Kapitel D II.

[295] Vgl. hierzu die Ausführungen im 9. Kapitel D IV.

Was den Aussagewert der Entscheidung hinsichtlich der Ermittlung des objektiven Vertragsstatuts anbelangt, ist dieser nicht so stark, wie einige Autoren annehmen[296].
Treffen den Besteller - wie scheinbar im vorliegenden Fall - keine nennenswerten Mitwirkungspflichten, dann fällt die Einstufung der Leistung des Werkunternehmers als diejenige, welche den Vertrag im Gegensatz zur Geldleistung prägt und somit charakterisiert, nicht sonderlich schwer. Zu dieser Erkenntnis bedurfte es nicht einer höchstrichterlichen Entscheidung.
Eine solche Konstellation ist allerdings nur für Bau- und Anlagenverträge kleineren Zuschnitts typisch. Je größer das Auftragsvolumen ist, desto umfangreicher sind regelmäßig auch die vom Auftraggeber zu erfüllenden Mitwirkungspflichten, und es wird im Laufe der Arbeit noch gezeigt werden, dass diese teilweise Probleme bei der Zuordnung des Vermutungstatbestandes bereiten können[297].

An der mangelnden Komplexität des zu beurteilenden Vertragsverhältnisses sowie an der Tatsache, dass sich die Baustelle in Deutschland befand und daher auch die Anwendung des Art. 28 V EGBGB zur Anwendung deutschen Rechts geführt hätte[298], mag es liegen, dass der Bundesgerichtshof Art. 28 V EGBGB nahezu „lapidar" mit der knappen Begründung ablehnt[299], dass „die Baustelle für sich kein hinreichender Umstand (sei), der abweichend von der Vermutung des Art. 28 Abs. 2 EGBGB eine engere Verbindung im Sinne des Art. 28 Abs. 5 EGBGB begründen"[300] könne.
Angesichts der Vielgestaltigkeit und der Verschiedenheit der im internationalen Bau- und Anlagengeschäft anzutreffenden Vertragsverhältnisse lässt sich diese Stellungnahme nur bedingt als eine Formel verstehen, die dem Rechtsanwender eine grundsätzliche Orientierung liefert[301]. Sie versagt, sobald die Fallgestaltung in Abweichung von dem vom Bundesgerichtshof entschiedenen Fall komplexer wird und Umstände aufweist, welche – wie zum Beispiel das Vorliegen einer

---

[296] Vgl. etwa den Kurzkommentar von *Wenner* – BGH EwiR Art. 28 EGBGB 1/99, 505 (506) -, in welchem dieser behauptet, dass der Bundesgerichtshof mit der Entscheidung „eine der umstrittensten Fragen des Internationalen Anlagen- und Bauvertragsrechts" geklärt und „damit eine erhebliche Rechtsunsicherheit beseitigt" habe. Daher wundert er sich auch, dass es „offenbar nicht beabsichtigt (sei), die Entscheidung in die amtliche Sammlung des BGH aufzunehmen".
[297] Siehe dazu unten die Ausführungen im 6. Kapitel C II.
[298] *Hohloch* a.a.O. S. 91.
[299] Ähnlich *Pullkowski* a.a.O. S. 308, der die Auffassung vertritt, dass dem Bundesgerichtshof ob dieser besonderen Konstellation die nur spärlichen Ausführungen „kaum übel (zu) nehmen" seien.
[300] BGH IPRax 2001, S. 331 (332).
[301] So auch *Hök* ZfBR 2000, S. 7 (8 f.); *ders.*, Internationales Baurecht, S. 47.

Anbieterkoalition oder aber die umfangreiche Verwendung von Lizenzen - in der Lage sind, die Bestandskraft der Vermutungswirkung in Frage zu stellen. Darüber hinaus lässt die von dem Gerichtshof gewählte Formulierung offen, in welcher Hinsicht sie der Baustelle eine kollisionsrechtliche Signifikanz vorenthält. Angesichts der noch darzustellenden Diskussion in der Lehre über das objektive Statut des Bauvertrages lässt sich nur vermuten, dass er mit dieser Äußerung Stimmen eine Absage hat erteilen wollen, die *lediglich* unter der Berufung auf die lex-rei-sitae-Doktrin das Recht am Ort der Baustelle für angemessen halten. Denkbar ist aber auch, dass er darüber hinaus oder stattdessen der Baustelle als dem Ort, an dem in der Regel der Großteil der Leistungshandlung vorgenommen wird, eine *allein* ausschlaggebende kollisionsrechtliche Signifikanz absprechen wollte.

Es lässt sich festhalten, dass die Entscheidung des Bundesgerichtshofes zu pauschal und unpräzise ist, als dass sie sich als eine umfassende Leitentscheidung im internationalen Bauvertragsrecht eignen würde. Sie entpflichtet den Rechtsanwender nicht, die Besonderheiten der konkreten Fallgestaltung auf ihr kollisionsrechtliches Gewicht hin zu untersuchen. Die Entscheidung setzt eine eher klassische Rollenverteilung und eine geringe Vertragskomplexität voraus. Diese Voraussetzungen sind bei Bauverträgen kleineren Zuschnitts häufiger anzutreffen. Der Rechtsanwender sollte sich aber davor hüten, bei Verträgen dieser Art die Entscheidung unreflektiert zu übertragen. Auch solche können eine Gestaltung aufweisen, welche eine umfängliche individuelle Ermittlung des objektiven Vertragsstatus erfordert.
Es ist daher *Hök* in seiner Einschätzung zuzustimmen, dass die „klare Aussage des BGH ... wenig Autorität" besitzt und dass sie „keine Rechtssicherheit" bedeutet[302].

Noch karger sind die Ausführungen des Kammergerichts Berlin in einem Urteil vom 28.5.1999[303] über das auf einen Bauvertrag anwendbare Recht. Es hatte über die Berufung der Klägerin gegen ein im schriftlichen Vorverfahren als sogenanntes unechtes Versäumnisurteil ergangenes klageabweisendes Urteil des Landgerichts zu entscheiden, in welchem es seine Zuständigkeit verneint hatte. Die Beklagte, ein in den Niederlanden ansässiges Unternehmen, hatte die Klägerin als Subunternehmerin beauftragt, unter anderem Bagger- und Bodenarbeiten an einer Eisenbahnbrücke am L. in Berlin-Spandau vorzunehmen. Die Beklagte verweigerte die Bezahlung der von der Klägerin erbrachten Leistung und wurde daraufhin von der Klägerin vor dem Landgericht auf Zahlung des Werklohns verklagt.

---

302 *Hök* ZfBR 2000, S. 7 (8).
303 21 U 1947/99, abgedr. in IPRax 2000, S. 405 f..

Das Kammergericht befand, dass das Landgericht seine Zuständigkeit zu Unrecht verneint habe, und es gab daher der Berufung statt. Es verwies die Sache unter Aufhebung des erstinstanzlichen Urteils an das Landgericht zur erneuten Verhandlung und Entscheidung gem. § 538 Abs. 1 Ziffer 2 ZPO zurück.
Zur Begründung berief sich das Gericht auf Art. 5 Nr. 1 EuGVÜ, und es sah in dem Ort der Baustelle den einheitlichen Erfüllungsort beider Vertragsverpflichtungen. Bevor es sich der Bestimmung der Erfüllungsortes zuwandte, stellte es kurz fest, dass der Vertrag deutschem Recht unterliege, „da – falls nicht schon die entsprechende Rechtswahl nach Art. 27 Abs. 1 EGBGB eingreif(e) – jedenfalls die Vermutung des Art. 28 EGBGB gegeben" sei[304].
Diese Ausführungen sind nur wenig hilfreich bei der Ermittlung des objektiven Statuts des Bauvertrages. Ihnen ist keine direkte Stellungnahme zu dem Spannungsverhältnis zwischen den Vermutungstatbeständen und der Ausweichklausel im Sinne des Art. 28 V EGBGB zu entnehmen. Man könnte zwar erwägen, die Stellungnahme dahin gehend zu verstehen, dass das Gericht unter Betonung der Vermutungstatbestände Art. 28 V EGBGB für nicht einschlägig hält, jedoch erscheint das Kalkül des Gerichts wahrscheinlicher, sich mangels Notwendigkeit nicht zu der Streitfrage zu äußern. Schließlich befand sich wie im vom Bundesgerichtshof entschiedenen Fall die Baustelle in Deutschland, so dass auch Art. 28 V EGBGB zur Anwendung deutschen Rechts geführt hätte und es daher einer ausführlichen Erörterung der Problematik nicht bedurfte[305].

Von größerem Wert ist dagegen ein Urteil des Brandenburgischen Oberlandesgerichts vom 25.5.2000[306]. In dieser Entscheidung begehrt der Kläger vom Beklagten aus eigenem sowie abgetretenem Recht die Zahlung eines Architektenhonorars und den Ersatz entgangenen Gewinns. Er ist österreichischer Staatsbürger, und er betreibt gemeinsam mit einem Partner ein Architekturbüro in Wien. Die Beklagte beabsichtigte Anfang der neunziger Jahre die Errichtung eines Großprojektes in Deutschland, und aus diesem Grunde kontaktierte sie den Kläger und noch weitere in Österreich ansässige Architekturbüros mit der Aufforderung, Entwürfe einzureichen. Der Kontakt erfolgte mittels eines Schreibens, welches den folgenden Passus enthielt: „Wir stimmen dahingehend überein, dass Sie auf eigenes Risiko die Entwürfe errichten und ein Honorar nur dann fällig wird, wenn eines der von Ihnen vorgelegten Projekte verwirklicht wird". Im Rahmen einer Präsentationsveranstaltung wurden die Entwürfe am 7.11.1991 vorgestellt. In der Folgezeit fanden noch weitere Gespräche statt, und der Kläger und die anderen Architekturbüros wurden schließlich gebeten, keine

[304] BGH IPRax 2000, S. 405 (405).
[305] Vor diesem Hintergrund kann man auch dem Kammergericht keinen Vorwurf machen, sich mit dieser knappen Begründung begnügt zu haben.
[306] 12 U 159/99 (rechtskräftig infolge Nichtannahme, BGH vom 11.10.2001 – VII ZR 267/00), abgedruckt in OLG-NL 2002, S. 3 f..

weiteren Aktivitäten zu tätigen, da sich Probleme mit der Baubehörde hinsichtlich des avisierten Projektes ergeben hatten. Mit schriftlicher Vereinbarung vom 13.12.1995 traten die Partner des Klägers und die anderen Architekturbüros ihre Honorarforderung an diesen ab. Der Kläger beantragte schließlich am 11.01.1996 einen Mahnbescheid gegen die Beklagte in Höhe von 1.771.845, 20 DM, welcher am 01.03.1996 der Beklagten zugestellt wurde. Die Beklagte legte Widerspruch an; erst am 03.06.1998 ging beim Landgericht eine Anspruchsbegründung seitens des Klägers ein. Die Beklagte erhob u.a. die Einrede der Verjährung.
Das Landgericht wies die Klage mit der Begründung ab, bei den von dem Kläger und den Zedenten vorgenommenen Planungsarbeiten habe es sich um eine honorarfreie Akquisitionstätigkeit gehandelt.

Das Oberlandesgericht hielt die von dem Kläger eingelegte Berufung für unbegründet. Es stellte dabei ausschließlich auf die Verjährung ab, und es ließ offen, ob der Anspruch dem Grunde und der Höhe nach jemals bestanden hat. Das vom Kläger behauptete Vertragsverhältnis richte sich gem. Art. 31 Abs. 1 EGBGB i.V.m. Art. 28 EGBGB nach österreichischem Recht. Das Gericht berief sich unter anderem auf die oben beschriebene Entscheidung des Bundesgerichtshofes, und die Baustelle sei „daher für sich genommen kein hinreichender Umstand, der abweichend von der Vermutung des Art. 28 Abs. 2 EGBGB eine engere Verbindung i.S.d. Art. 28 Abs. 2 EGBGB[307] begründen"[308] könnte. Im Zweifel käme demnach das am Sitz des Architekten oder Bauunternehmers geltende Schuldrecht zur Anwendung.
Hinzu komme, dass weder der Kläger noch der Beklagte Tatsachen vorgetragen hätten, die eine *Ausnahme* von diesen Grundsätzen rechtfertigen könnten. Für die Beibehaltung der Vermutung spreche darüber hinaus, „dass nach dem Umfang der vom Kläger behaupteten vermeintlichen Beauftragung vorrangig Büroleistungen seitens des Klägers und der übrigen Architekten"[309] zu erbringen gewesen wären und die vertragscharakteristische Leistung daher nicht auf der Baustelle hätte erbracht werden müssen.

Im Anschluss an die Feststellung, dass österreichisches Recht über das Vertragsverhältnis einschließlich der Verjährungsregelung entscheide und dass gem. § 1486 ABGB (= Allgemeines Bürgerliches Gesetzbuch) bei einer Honorarforderung eines Architekten die Verjährung in 3 Jahren eintrete, widmete sich das Gericht ausführlich der Fragestellung, ob dem vom Kläger beantragten Mahnbe-

---

[307] Angesichts der Berufung auf die Rechtsprechung des Bundesgerichtshofes ist davon auszugehen, dass es sich um einen Druckfehler handelt und statt des Absatzes 3 der Absatz 5 gemeint ist.
[308] Brandenburgisches Oberlandesgericht OLG-NL 2002, S. 3 (4).
[309] Brandenburgisches Oberlandesgericht a.a.O. S. 5.

scheid eine verjährungsunterbrechende Wirkung im Sinne des § 1497 ABGB zukomme. Dieser sehe u.a. vor, dass der Kläger die Verjährung mit der "gehörigen Fortsetzung" der Klage unterbrechen könne. Das Gericht ist der Auffassung, dass das deutsche Mahnverfahren nicht zu vergleichen sei mit einer solchen „Mahnklage" österreichischen Rechts, bei der es sich um eine reguläre Klage handele, die anders als der Mahnbescheidsantrag auch zu begründen sei. Im Übrigen habe auch die lange Phase der Untätigkeit bis zur Einreichung der schriftlichen Begründung nicht auf das Interesse des Klägers an einer Verfahrensfortsetzung schließen lassen.

Der Wert dieser Entscheidung des Brandenburgischen Oberlandesgerichts liegt vor allem darin, dass sie deutlich auf den bloßen Grundsatzcharakter der Formel des Bundesgerichtshofes hinweist und sie nicht als ein strenges, nahezu unüberwindbares Dogma präsentiert.
Indem das Oberlandesgericht unter anderem auch darauf abstellt, dass der *tatsächliche* Vornahmeort der vertragscharakteristischen Leistung ebenfalls zugunsten der Vermutung spreche, macht es ferner indirekt deutlich, dass die Vermutungswirkung der Lehre von der vertragscharakteristischen Leistung nicht nur durch Umstände erschüttert werden kann, welche – wie etwa die Staatsangehörigkeit der Parteien oder der Ort des Vertragsschlusses – jenseits der Momente des Vermutungstatbestandes selbst liegen.
Art. 28 II EGBGB geht von der Annahme aus, dass die *vertragscharakteristische* Leistung regelmäßig auch *tatsächlich* überwiegend am gewöhnlichen Aufenthaltsort der Partei bzw. an einer relevanten Niederlassung erbracht wird[310], und es wird daher das dort geltende Recht als das sachnächste vermutet. Die Vermutung stützt sich auf diese Annahme, welche jener gleichsam vorgeschaltet ist.
Weichen die tatsächlichen Umstände allerdings ausnahmsweise von den im Rahmen des Art. 28 II EGBGB angenommenen ab, dann muss dies auch in kollisionsrechtlicher Hinsicht berücksichtigt werden.

Insgesamt fällt die Analyse der Rechtsprechung[311] eher ernüchternd aus. Jedoch sind die Konstellationen im internationalen Bau- und Anlagengeschäft letztlich

---

[310] Zu den Anforderungen, die an die Relevanz einer Niederlassung im Sinne des Art. 28 II EGBGB gestellt werden, vgl. die Ausführungen im 6. Kapitel C III 1.

[311] Siehe noch OLGR Hamm 1993, S. 161 (161 f.) sowie BGH NJW 1985, S. 935 (935). Der Bundesgerichtshof betrachtete beim Bauvertrag den Ort des Bauwerkes als den „Schwerpunkt des Vertrages wegen der besonderen Ortsbezogenheit der vertragstypischen Leistung". Diese Stellungnahme erfolgte jedoch nicht im Rahmen der Ermittlung des anwendbaren Rechts, sondern lediglich zwecks Feststellung des gemeinsamen Erfüllungsortes beider Vertragsverpflichtungen. Obendrein stammt die Entscheidung aus einem Zeitraum vor der Kodifizierung

auch zu vielgestaltig, als dass man von der Rechtsprechung klare Richtlinien hätte erwarten können, mit Hilfe derer sich das objektive Vertragsstatut zumindest in den meisten Fällen sicher und für die Parteien vorhersehbar bestimmen lassen kann[312].

Die Beschäftigung mit der Rechtsprechung erweist sich dennoch insofern als nützlich, als dass man durch sie für die Bandbreite der Umstände sensibilisiert wird, welche im Rahmen der Ermittlung des auf den Vertrag anwendbaren Rechts eine Rolle spielen können. Wie gesehen, reichen diese von in Lehrbüchern und in der Kommentarliteratur eher selten erwähnten Umständen wie etwa dem erhöhten Kommunikationsbedarf der Parteien bis hin zu Momenten wie zum Beispiel dem tatsächlichen Vornahmeort der vertragscharakteristischen Leistung, auf deren Annahme die gesetzlichen Vermutungen beruhen.

Dagegen hat es der Bundesgerichtshof in jener Entscheidung aus dem Jahre 1999 mit der vagen Formulierung, dass „die Baustelle für sich kein hinreichender Umstand (sei)"[313], von der Anknüpfung des Art. 28 II EGBGB abzuweichen, versäumt, Klarheit hinsichtlich der Rolle der Baustelle im Rahmen der Abwägung nach Art. 28 V EGBGB zu schaffen. Es geht aus ihr – wie oben dargelegt - nicht hervor, in welcher Hinsicht der Baustelle eine allein ausschlaggebende kollisionsrechtliche Signifikanz fehlt.

II. Auffassung der Lehre

Die Lehre ist zerstritten; eine deutlich überwiegende Meinung lässt sich nicht ausmachen. Dies liegt zum Teil daran, dass viele Autoren ob der Vielgestaltigkeit des Anlagenvertrages es vermeiden, sich eindeutig festzulegen. Die Formulierungen sind häufig nur vage; es handelt sich bei ihnen weniger um eindeutige Bekenntnisse zu einem bestimmten Statut als vielfach nur um Richtungen, in welche die Autoren tendieren.

Stellungnahmen zum Anlagenvertrag finden sich seltener als solche zum Bauvertrag. Im Folgenden richtet sich das Hauptaugenwerk auf die in der Lehre vertretenen Auffassungen zum Anlagenvertrag; äußert sich ein Autor lediglich zum Bauvertrag, dann ist diese Auffassung wegen der grundsätzlichen Ähnlichkeit beider Vertragsverhältnisse auch für die Anknüpfung des Industrieanlagenver-

---

des Internationalen Schuldvertragsrechts, als der Begriff der Vertragscharakteristik noch nicht rechtsanwendungsrechtlich durch Art. 28 II EGBGB belegt war, so dass der Entscheidung zumindest keine unmittelbare Aussage zum anwendbaren Recht zu entnehmen ist. Zur Relevanz des gemeinsamen Erfüllungsortes für die Abwägung im Rahmen des Art. 28 V EGBGB vgl. die Ausführungen im 6. Kapitel D VI.

312 *Hök* ZfBR 2000, S. 7 (8). Auch hier zu unkritisch *Wenner* in: FS Mantscheff, S. 205 (215), welcher der Auffassung ist, dass sich „die hinter der Entscheidung des BGH vom 25.2.1999 stehenden Überlegungen" ohne weiteres auf Anlagen- und Architektenverträge übertragen lassen.

313 BGH IPRax 2001, S. 331 (332).

trages von Interesse, und sie wird daher – sofern sie begründet worden ist - ebenfalls dargestellt.

Ein Großteil der Autoren hält beim Bau- bzw. beim Anlagenvertrag das Recht am Ort der Niederlassung des Werkunternehmers für dasjenige, welches *regelmäßig* über die vertragliche Beziehung zu entscheiden hat[314].

Nach *Kartzke* etwa führe die Ausweichklausel des Art. 28 V EGBGB „in aller Regel"[315] nicht zur Anwendbarkeit des Rechts am Ort der Baustelle, wenn der Baustellenstaat und der Staat der Niederlassung des Bauunternehmers oder des Architekten auseinander fielen.
Lorenz[316] räumt ein, dass der Bauunternehmer zwar die baurechtlichen und baupolizeilichen Vorschriften der lex rei sitae beachten müsse, sie wirkten aber nicht derart in die privatrechtliche Beziehung hinein, als dass dadurch die in Art. 28 II EGBGB niedergelegte kollisionsrechtlich Ausgangswertung in Frage gestellt würde.
Ähnlich äußert sich *Thode*[317], nach dem die lex-rei-sitae-Doktrin nur dann in der Lage sei, die kollisionsrechtlichen Interessen im Sinne des Art. 28 II EGBGB zu überwiegen, wenn sie vor allem im Hinblick auf ihre Ordnungsfunktion Geltung beanspruche. Schließlich diene die Doktrin primär der Publizität und dem Verkehrsschutz bei Rechtsgeschäften, die Rechte an Grundstücken zum Gegenstand hätten, dagegen nur mittelbar dem Gleichlauf zwischen dem Vertragsstatut und dem öffentlich-rechtlichen Grundstücksrecht. Bei Bauverträgen sei die sachenrechtliche Dimension nur eine mittelbare Folge der Erfüllung und nicht deren Ziel, die Doktrin könne ihre Ordnungsfunktion nicht voll entfalten und müsse daher zurückstehen. Auf dieser Bewertung beruhten auch Art. 28 II, III EGBGB,

---

[314] **Für den Bauvertrag** vgl. nur Palandt-*Heldrich* Art. 28 Rdnr. 15; *Basedow* NJW 1986, S. 2971 (2978); *Rauscher* S. 248; Reithmann/Martiny-*Thode* Rdnr. 1111; *ders.* ZfBR 1989, S. 43 (47 f.); *Kartzke* ZfBR 1994, S. 1 (4) für Bau- und Architektenvertrag; *Lorenz* IPRax 1995, S. 329 (332); *Markowsky* S. 362; wohl auch *Berg* BauR 1988, S. 652 (654).
Für den Anlagenvertrag vgl. *Wenner* in: FS Mantscheff, S. 205 (207 f.); *Thode/Wenner* Rdnr. 408; *v. Bar*, IPR II, Rdnr. 502; zum alten Recht *Wiegand* in: Vertragsgestaltung und Streiterledigung (Böckstiegel), S. 59 (72 f.). **Ausdrücklich vorbehaltlich besonderer Umstände** *Berger* JuS 1999, S. 1091 (1094); Staudinger-*Magnus* Art. 28 Rdnr. 317, 318; Soergel-*von Hoffmann* Art. 28 Rdnr. 217, 218. **Unentschieden und daher offen lassend:** *Looschelders* Art. 28 Rdnr. 34; Müko-*Martiny* Art. 28 Rdnr. 196; *ders.* spricht sich allerdings in ZEuP 1999, S. 246 (256) für die regelmäßige Anknüpfung an das Recht des Werkunternehmers aus.

[315] *Kartzke* ZfBR 1994, S. 1 (4).

[316] *Lorenz* IPRax 1995, S. 329 (332).

[317] *Thode* ZfBR 1989, S. 43 (47 f.). Er wiederholt diese Auffassung in Reithmann/Martiny-*Thode* Rdnr. 1111 f.. Dort äußert er sich allerdings auch explizit zum Anlagenvertrag, und er gesteht ein, dass beim Anlagenvertrag ein „noch größerer faktischer Druck in Richtung auf ... das Recht am Ort der Errichtung der Anlage" bestehe (Rdnr. 1116).

und der Wunsch nach einem Gleichlauf zwischen dem Vertragsstatut und dem öffentlichen Grundstücksrecht sei deswegen nicht bedeutsam genug, um von dieser Vermutung abzuweichen, da das öffentliche Bau- und Grundstücksrecht, Bauzulassungsnormen und Sicherheits- und Arbeitsschutzvorschriften bereits aufgrund einer Sonderanknüpfung unabhängig vom Schuldstatut beachtet werden müssten. Hinzu komme, dass die Anknüpfung an die lex-rei-sitae zu sehr auf das Leistungsergebnis abstelle und nicht ausreichend die zahlreichen zur Planung und Ausführung notwendigen und am Ort der Niederlassung des Bauunternehmers zu erbringenden Leistungskomponenten würdige.

Wiegand[318] hatte bereits vor der Kodifizierung des Internationalen Schuldvertragsrechts eine ähnliche Position bezogen.
Die Ordnungsfunktion der lex-rei-sitae-Doktrin erschöpfe sich allein in der Klärung der dinglichen Rechtslage, und diese „rein dingliche Zweckrichtung des Belegenheitsgrundsatzes"[319] decke die kollisionsrechtliche Anknüpfung des Bauvertrages nicht mit ab. Außerdem liege der Schwerpunkt des Vertrages nicht am Ort der Baustelle, sondern am Ort des Werkunternehmers. Ob der umfangreichen „Vorplanung und Vorfertigung im Exportland oder in Drittländern" und des hohen Zuliefereranteils stelle die „eigentliche Bauleistung vor Ort häufig nur ... eine gehobene Montagetätigkeit"[320] dar.
Er räumt jedoch ein, dass die generelle Vermutung zugunsten des Bauexportlandes unter bestimmten Umständen widerlegbar sei. Eine entsprechende Ausnahmesituation sei bei bestimmten Fällen von Drittlandkooperationen und bei einer Abwicklung der Leistung über etablierte Tochtergesellschaften vor Ort gegeben, sofern der Beitrag des Stammhauses von untergeordneter Bedeutung bleibe[321].

Anders als bei den zuvor erwähnten Autoren steht bei den Ausführungen von *Wenner*[322] nicht nur der Belegenheitsgrundsatz im Vordergrund, sondern er nimmt auch Stellung zu der kollisionsrechtlichen Wirkung eines regelmäßig umfangreich ausgestatteten Baubüros am Ort der Baustelle sowie zu der Konstellation, dass es sich bei dem Besteller um einen staatlichen Auftraggeber handelt. Beiden Umständen spricht er beim Bau- und Anlagenvertrag eine kollisionsrechtliche Signifikanz ab; gemäß Art. 28 II EGBGB käme regelmäßig das Recht des Werkunternehmers zur Anwendung.

---

318 *Wiegand* in: Vertragsgestaltung und Streiterledigung (Böckstiegel), S. 59 (72 f.).
319 *Wiegand* a.a.O. S. 72.
320 *Wiegand* a.a.O. S. 84.
321 *Wiegand* a.a.O. S. 87.
322 *Wenner* in: FS Mantscheff, S. 205 (207 f.); *ders.* auch in Thode/Wenner Rdnr. 408; *ders.* in BGH EWiR Art. 28 EGBGB 1/99, 505 (506).

Dieser Auffassung ist auch *v. Bar*, welcher beim Industrieanlagenvertrag dem Recht des Errichtungsortes „weder für sich noch in Kombination" mit einem staatlichen Auftraggeber ein Gewicht beimisst, welches die Wertung des Art. 28 II EGBGB zu erschüttern vermag. Dasselbe gelte für die zahlreichen Mitwirkungspflichten des Bestellers[323].

Einen ähnlichen Standpunkt vertritt *Markowsky*, indem er gemäß Art. 28 II EGBGB das Recht des Auftragnehmers für in der Regel anwendbar auf den Bauvertrag erklärt. Der Umstand, dass es sich bei dem Auftraggeber um den Staat bzw. ein staatliches Unternehmen handele, sei zunächst einmal kollisionsrechtlich indifferent[324]. Darüber hinaus betont er, dass die Versorgung einer Baustelle im Ausland „eine große logistische Herausforderung" darstelle[325] und dass die Organisation und die Durchführung der Baustellenversorgung überwiegend vom Stammhaus des Auftragnehmers aus erfolge[326]. Dies spreche für die Beibehaltung der in Art. 28 II EGBGB ausgesprochenen Vermutung. Er konzediert zwar, dass der Bauvertrag aufgrund des am Ort der Baustelle zwingend geltenden öffentlich-rechtlichen Baurechts „eine Anbindung an die Rechtsordnung des Baustellenlandes" erfahre, jedoch sei die von dieser Anbindung ausgehende Indizwirkung zugunsten jener Rechtsordnung bescheiden[327]. Das öffentlich-rechtliche Baurecht sei schließlich nur ein Teil des bei der Durchführung eines Projekts zu berücksichtigenden Regelwerkes. Auch Umstände wie etwa die Verhandlungssprache[328], die Währung[329] und die Abnahme[330] könnten die Vermutung des Art. 28 II EGBGB nicht widerlegen. Das Gleiche gelte für die regelmäßig erforderlichen Versicherungen und Bürgschaften. Diese seien vom Auftragnehmer zu stellen, und sie sprächen daher ebenso wenig wie die zuvor genannten Umstände für die Anwendung des Ausnahmetatbestandes Art. 28 V EGBGB[331].
Das Recht am Ort der Baustelle hält er jedoch ausnahmsweise dann für anwendbar, wenn auf der Seite des Arbeitnehmers kein einzelnes Unternehmen, sondern eine aus mehreren Unternehmen bestehende Arbeitsgemeinschaft Partner des Vertrages wird und die Unternehmen aus unterschiedlichen Ländern stammen[332]. Die im Baugewerbe typische Arbeitsgemeinschaft könne keine „Organi-

---

[323] *V. Bar*, IPR II, Rdnr. 502.
[324] *Markowsky* S. 324.
[325] *Markowsky* S. 248.
[326] *Markowsky* S. 249.
[327] *Markowsky* S. 225.
[328] *Markowsky* S. 218.
[329] *Markowsky* S. 219.
[330] *Markowsky* S. 243.
[331] *Markowsky* S. 263, 271.
[332] *Markowsky* S. 345.

sationszentrale"[333] aufweisen, welche den Anforderungen einer Niederlassung im Sinne des Art. 28 II EGBGB genüge, so dass der Vermutungstatbestand des Art. 28 II EGBGB nicht greife. Stattdessen sei das anwendbare Recht mit Hilfe des Art. 28 I EGBGB zu ermitteln. Da man in einem solchen Fall eine Vermutung nicht überwinden müsse, sei im Hinblick auf „eine gewisse Einbindung des Bauvertrages in die Rechtsordnung des Baustellenlandes"[334] die Anwendung derselben sachgerecht.

Es gibt auch Autoren, die bereit sind, vor allem dem Baubüro vor Ort und den Mitwirkungspflichten des Auftragnehmers unter bestimmten Umständen eine kollisionsrechtliche Signifikanz beizumessen.

So könne nach *Berger*[335] angesichts des Ausnahmecharakters des Art. 28 V EGBGB zwar von keiner generellen Nähebeziehung des Anlagenvertrages zum Baustellenland ausgegangen werden, allerdings könne im Einzelfall die Abwägung der konkreten Anhaltspunkte zu einem abweichenden Ergebnis führen. Als solche Punkte nennt er umfangreiche Mitwirkungspflichten sowie die Errichtung eines mit verantwortlichen Mitarbeitern ausgestatteten Büros, sofern dieses nicht bereits die Anforderungen an eine relevante Niederlassung im Sinne des Art. 28 II 2 EGBGB erfülle. Beide Umstände seien kumulativ in der Lage, eine Nähebeziehung des Vertragsverhältnisses zu der am Ort der Baustelle geltenden Rechtsordnung zu schaffen.
Ebenso aufgeschlossen steht *Magnus*[336] der kollisionsrechtlichen Signifikanz eines Büros vor Ort und erheblichen Mitwirkungspflichten des Bestellers gegenüber. Seiner Auffassung nach sei der Sitz des Unternehmers maßgebend, der die Anlage zu erstellen habe. Der Errichtungsort sei im Rahmen des Art. 28 V EGBGB zu beachten, alleine sei er jedoch nicht in der Lage, die „Regelvermutung zu überspielen". Dies gelte auch dann, wenn der Auftraggeber ein Staat sei. Hingegen spräche eine „Kumulierung mit weiteren Umständen – etwa einem Büro vor Ort und erhebliche Mitwirkungspflichten des Bestellers - ... dann doch für das Recht am Errichtungsort"[337].
Ähnlich äußert sich *von Hoffmann*, welcher der Auffassung ist, dass „der Errichtungsort der Anlage als solcher ... weder isoliert betrachtet noch in Verbindung mit dem Umstand, daß Gläubiger solcher Verträge häufig staatliche Einrichtungen (seien), geeignet" sei[338], mit Hilfe des Art. 28 Abs. 5 EGBGB eine Näher-

---

333 *Markowsky* S. 339.
334 *Markowsky* S. 345.
335 *Berger* JuS 1999, S. 1091 (1094).
336 Staudinger-*Magnus* Art. 28 Rdnr. 317 f..
337 Staudinger-*Magnus* Art. 28 Rdnr. 318.
338 Soergel-*von Hoffmann* Art. 28 Rdnr. 218.

beziehung zu dem betreffenden Recht herzustellen. Zu einer solchen könne es im Einzelfall jedoch kommen, insbesondere bei umfangreichen Mitwirkungspflichten des Bestellers und bei Bestehen eines Baubüros vor Ort, welches mit verantwortlichen Mitarbeitern ausgestattet sei.

Während die zuletzt erwähnten Autoren differenzieren[339] und in Konstellationen, welche – wie noch im Laufe der Arbeit dargestellt wird - zumindest für Bau- und Anlagenprojekte größeren Zuschnitts typisch sind, einen Anlass sehen, von der Regelanknüpfung des Art. 28 II EGBGB abzuweichen, gibt es in der Literatur auch resolutere Stimmen, welche der Anknüpfung an den Ort der Baustelle und damit der Anwendung des Art. 28 V EGBGB grundsätzlich den Vorrang einräumen wollen[340].
Dabei berufen sich *Joussen*[341] und *Hohloch*[342] auf das Argument vom Schwerpunkt des Schuldverhältnisses und weisen diesem den Platz am Ort der Baustelle zu. Nach *Hohloch* passe Art. 28 II EGBGB für Turnkey-Verträge nicht; eine Anknüpfung an die Hauptniederlassung des Schuldners berücksichtige nicht, dass bei solchen Verträgen anders als bei Bauverträgen der Schwerpunkt am Errichtungsort liege.
Ebenfalls auf den Schwerpunkt des Schuldverhältnisses stellt *Kürschner* in einem Beitrag aus der Zeit vor der Kodifizierung des Internationalen Schuldvertragsrechts ab. Bei Bauwerkverträgen sei es „vernünftig und zweckmäßig, das Recht des Ortes zugrunde zu legen, an dem das Bauwerk zu errichten" sei. Dort befände sich der Schwerpunkt. Anders als jene führt er zusätzlich das Argument des Belegenheitsgrundsatzes an. Der „IPR-Gesichtspunkt der lex-rei-sitae" spreche gleichfalls für das Recht am Lageort[343].
Hök dagegen hält es angesichts der zahlreichen Informations- und Mitwirkungspflichten des Bestellers für schwierig, den Schwerpunkt des Bauvertrages festzulegen, auch wenn er ihn letztlich am Ort der Baustelle sieht[344]. Er stützt die

---

339 Insbesondere dieses mangelnde eindeutige Bekenntnis von namhaften Kommentatoren macht es schwierig, eine herrschende Meinung zu benennen. Eine entsprechende Klassifizierung soll daher auch unterbleiben, da sie ohnehin keinen eigenständigen Argumentations- und Überzeugungswert besitzt.

340 **Für den Anlagenvertrag**: *Joussen* § 10 Rdnr. 1;Erman-*Hohloch* Art. 28 Rdnr. 39; *Hök*, Handbuch, § 12 Rdnr. 5 f..
Für den Bauvertrag: *Hök*, Internationales Baurecht, S. 52; *ders.*, Handbuch § 4 Rdnr. 67; zum alten Recht *Kürschner* ZfBR 1986, S. 259 (262); *Kegel* in: Gedächtnisschrift Schmidt, S. 215 (220 f.); *Weitnauer* S. 178 Fn. 762; allgemein ohne Bezug auf ein konkretes Rechtsanwendungsrecht: *Westring* in: Transnational Law, S. 175 (182).

341 *Joussen* a.a.O..

342 Erman-*Hohloch* a.a.O..

343 *Kürschner* a.a.O..

344 *Hök*, Internationales Baurecht, S. 50, 53; *ders.*, Handbuch, § 4 Rdnr. 67.

Anknüpfung an das Recht am Ort der Baustelle auf den Wunsch nach einem Normeneinklang hinsichtlich der wechselseitigen schuldrechtlichen Verpflichtungen. Die zum Teil weltweit unterschiedliche Qualifizierung von Arbeitsschutzbestimmungen und Qualitätsnormen als privatrechtliche bzw. öffentlich-rechtliche Normen könne zu einem Normenmangel führen. Fremde, „örtlich unbekannte Gewährleistungsvorschriften" würden häufig nicht mit lokalen Qualitätsvorschriften sowie öffentlich-rechtlichen Regelungen harmonieren; das Gleiche gelte für zwingende Arbeitsschutzbestimmungen mit Auswirkung auf den Leistungsumfang. Da man das Bauen als einen Prozess betrachten müsse, „dessen Spielregeln wiederum der Bauvertrag" vorgebe, sei nicht zuletzt aus Gründen „der Leichtigkeit des Verkehrs" die umfängliche Maßgeblichkeit lediglich einer einzigen Rechtsordnung vonnöten[345]. Beim Anlagenbau käme die „grundsätzlich starke Arbeitsteilung" auf der Seite des Auftragnehmers hinzu, welche dessen Leistung „deutlich von seinem Sitz abkoppl(e)"[346]. Ferner sei es nicht sachgerecht, die bloße Koordinierungsleistung und das „Pre-engineering" zum „zentralen Dreh- und Angelpunkt" der vom Auftragnehmer zu erbringenden Leistung zu ernennen und den Schwerpunkt des Vertragsverhältnisses daher am Unternehmenssitz des Auftragnehmers zu sehen[347]. Die Gesamtleistung konkretisiere sich vielmehr am Baustellenort.

Einer der entschiedensten Befürworter der Anknüpfung an die lex-rei-sitae ist *Kegel*, welcher in seinem vielbeachteten Beitrag zur Gedächtnisschrift für Rudolf Schmidt aus dem Jahre 1966 das „Prinzip der geringsten Störung" zur Ermittlung des damals noch relevanten hypothetischen Parteiwillens propagiert, wonach das Recht der Vertragspartei Anwendung finden solle, welche von der Anwendung des für sie fremden Rechts am härtesten getroffen würde[348]. Dies führe regelmäßig zu dem Vorrang der berufs- und vertragstypischen Leistung, und daher solle „grundsätzlich ... das Recht des Verkäufers, Vermieters, Verpächters, des zu selbständigen Diensten Verpflichteten, des Werkunternehmers einschließlich des Transporteurs" gelten. Nur bei Leistungen „von und an Grundstücken - Verkauf, Vermietung, Verpachtung, Ausbesserung, Reinigung, Bewachung, Verwaltung, Errichtung von Gebäuden - (solle) der Grundsatz der lex rei sitae gelten. Denn diese Leistungen (könnten) nur im Belegenheitsland erbracht werden und (würden) daher im Interesse des „inneren Entscheidungseinklanges" zweckmäßig dem Recht des Belegenheitsstaates unterstellt, zumal wenn zugleich dingliche Rechte übertragen (würden) - z.B. bei Kauf und Übereignung -. Dass auf diese Weise auch Einklang mit dem öffentlichen Grund-

[345] *Hök*, Internationales Baurecht, S. 52; *ders.*, Handbuch, § 4 Rdnr. 67.
[346] *Hök*, Handbuch, § 12 Rdnr. 7.
[347] *Hök*, Handbuch, § 12 Rdnr. 8.
[348] *Kegel* in: Gedächtnisschrift Schmidt, S. 215 (220, 221).

stücksrecht erzielt (werde), (sei) wie in manchen Fällen der Anknüpfung an das Recht des berufstypisch Leistenden erfreuliche Nebenfolge"[349].
Auch wenn dieser Beitrag aus dem Jahre 1966 und damit aus einem Zeitraum vor der Kodifikation des Internationalen Schuldvertragsrechts stammt, hat er nichts an Relevanz eingebüßt. Schließlich ging auch *Kegel* von einer grundsätzlichen Anknüpfung an die vertragscharakteristische bzw. berufstypische Leistung aus, und er verstand die Anknüpfung an die lex-rei-
sitae lediglich als eine Ausnahme. Damit stand auch er vor dem Problem, den Bauvertrag dem Griff der Grundsatzanknüpfung an die vertragscharakteristische Leistung entreißen zu müssen.

Endlich sei noch auf den Empfehlungsentwurf der „Commission on Law and Commercial Practices of the International Chamber of Commerce" in Paris hingewiesen, über den *Lando* in einem Beitrag[350] zur Festschrift für Konrad Zweigert im Jahre 1981 berichtet hat und dessen Prinzipien – so *Lando*, der als Beispiele zahlreiche nationale Kodifikationen nennt – einer damals weithin akzeptierten kollisionsrechtlichen Wertung entsprachen. Auch dieser Entwurf sah in Art. 3 (1) eine grundsätzliche Anknüpfung an das Recht der die vertragscharakteristische Leistung erbringenden Partei vor. In den Artt. 4 – 7 wurden Sonderanknüpfungen normiert.

Die in diesem Kontext bedeutsamen Artikeln lauten[351]:

Art. 3 – Law of the Party Who is to Effect the Characteristic Performance
(1) Except as provided in paragraph (3) and in art. 4-7 it is to be presumed that a contract has ist most significant connection with the law of the country where the party who is to effect the performance which is characteristic of the contract has, at the time of the conclusion of the contract, his place of business.
(2) …
(3) …

Art. 6 – Contracts for Labour and Work
It is to be presumed that contracts for the erection of plants, building of houses, and other contracts for labour and work have their most significant connection with the law of the country where the work is to be carried out.

Da sich diese Sonderanknüpfung bereits ausdrücklich gegenüber der Regelanknüpfung an die vertragscharakteristische Leistung durchzusetzen wusste, lässt sich der Entwurf auch unter Geltung des gegenwärtigen Internationalen Schuld-

---

349 *Kegel* a.a.O. S. 223 (Hervorhebungen im Original).
350 *Lando* in: FS Zweigert, S. 157 f..
351 *Lando* a.a.O. S. 175, 176.

vertragsrechts als ein Plädoyer zugunsten einer Anknüpfung an das Recht der Baustelle verstehen.

C. Vermutungstatbestand des Art. 28 II EGBGB

I. „Grundsätzliche" Heimat des Industrieanlagenvertrages

Da Art. 28 III EGBGB auf Bau- und Anlagenverträge keine Anwendung findet[352], kommt als *Vermutungs*tatbestand nur der zweite Absatz des Art. 28 EGBGB in Betracht. Er konkretisiert den im ersten Absatz postulierten Anknüpfungspunkt „engste Verbindung" und sieht diesen in der „charakteristischen Leistung" des Vertrages. Er vermutet, dass das Heimatrecht der die charakteristische Leistung des Vertrages erbringenden Partei am sachnächsten ist und daher über die Rechte und Pflichten der Vertragsparteien entscheiden solle.

Der Gesetzgeber hat sich in Art. 28 II EGBGB an die insbesondere von Schnitzer[353] propagierte und von den schweizerischen Gerichten angewandte[354] Lehre von der charakteristischen Leistung angelehnt, welche ihren dogmatischen Hintergrund in der funktionellen Anknüpfung hat[355]. Die Vertreter der funktionellen Anknüpfung sind der Ansicht, dass es die Aufgabe einer *jeden* Kollisionsnorm des Internationalen Privatrechts sei, den Zusammenhang eines Rechtsverhältnisses mit dem Wirtschafts- oder Sozialleben eines Landes zu bestimmen. Dazu müsse sie zu dem Recht des Landes führen, in welchem das Rechtsverhältnis seine Funktion ausübe und in dessen Wirtschafts- oder Sozialleben es somit beheimatet sei. Schließlich bestimme sich das Ausmaß eines jeden subjektiven Rechts nach der Funktion, die ihm die ökonomische und soziale Gesellschaftsordnung gewähre[356].

Im *gesamten* internationalen Privatrecht müsse daher stets zunächst die Funktion eines Rechtsverhältnisses bestimmt und im Anschluss lokalisiert werden.

Diesem Prinzip wird weder im deutschen Internationalen Vertragsrecht noch im deutschen Internationalen Privatrecht eine allumfassende Geltung eingeräumt. Will man den Begriff der Funktion nicht völlig aushöhlen und zu einer konturlosen Floskel verkümmern lassen, dann kann nicht angenommen werden, dass sich die Wertungen, die den einzelnen Artikeln zugrunde liegen, mit der Lehre von der funktionellen Anknüpfung ausnahmslos vereinbaren lassen. Das alles überragende Prinzip des Art. 29 EGBGB zum Beispiel ist der Verbraucherschutz und nicht etwa die Suche nach der Funktion des Rechtsverhältnisses.

---

[352] Vgl. dazu mit Nachweisen die Ausführungen im 6. Kapitel D IV a.E..

[353] Vgl. *Schnitzer* in: FG Schönenberger, S. 387 (391).

[354] Vgl. nur BGE 77 II 83 (84) mit weiteren Nachweisen.

[355] *Schnitzer* a.a.O. S. 396.

[356] *Schnitzer* a.a.O. S. 397.

Selbst im Art. 28 EGBGB hat die Lehre von der funktionellen Anknüpfung nur den Status eines von vielen Kriterien, die ausschlaggebend sind für die Anknüpfung. Man kann ihr auch hier keine Absolutheitswirkung einräumen, da sie Aspekte jenseits der Funktion des Rechtsverhältnisses - wie etwa den Schutz der schwächeren Partei - nicht genügend berücksichtigt[357].

Hinsichtlich der Auslegung des Absatzes 2 des Art. 28 EGBGB könnte man dagegen an eine solche Absolutheitswirkung zunächst denken. Schließlich stammt der Begriff der vertragscharakteristischen Leistung aus der Lehre von der funktionellen Anknüpfung, und die Gutachter *Giuliano/Lagarde* sprechen in ihrer Kommentierung des Art. 28 II EGBGB von dem Begriff der charakteristischen Leistung als einem Mittel, das „die Funktion kennzeichnet, welche die in Frage stehende Rechtsbeziehung im wirtschaftlichen und sozialen Leben eines Staates ausübt"[358].
Es wäre jedoch falsch, sich bei der Auslegung des Art. 28 II EGBGB und damit auch des Tatbestandsmerkmales „vertragscharakteristische Leistung" nur an der Funktion der Rechtsbeziehung zu orientieren. Schließlich betrachten sogar die Vertreter der Lehre von der funktionellen Anknüpfung die Formel von der vertragscharakteristischen Leistung nicht als ein „Unfehlbarkeitsdogma"[359], so dass man selbst, wenn man der Lehre von der funktionellen Anknüpfung unbedingt folgen wollte, unter Umständen eine Leistung als vertragscharakteristisch bezeichnet müsste, welche die Funktion des Vertragsverhältnisses nicht kennzeichnet.
Es kann angenommen werden, dass für die Übernahme dieser Formel in das Internationale Vertragsrecht letztlich ausschlaggebend war, dass man mit dem Konzept von der vertragscharakteristischen Leistung nun endlich eine Formel gefunden hatte, die regelmäßig zu einer gerechten Anknüpfung führt und die nicht auf äußere Umstände abstellt, sondern stattdessen auf den Vertragsinhalt selbst[360], so dass die Anwendung dieser Formel *grundsätzlich*[361] einfach ist und somit das anwendbare Recht für die Parteien regelmäßig vorhersehbar ist. Der *funktionelle* Hintergrund stellt dabei nur ein Konzept dar, welches man billigt und als eines von vielen Kriterien für die Auslegung sämtlicher Artikel des Art. 28 EGBGB eine Rolle spielt[362]; alleine ausschlaggebend ist es hingegen nie.

---

357 Deutlich darauf hinweisend Müko-*Martiny* Art. 28 Rdnr. 38.
358 Vgl. *Giuliano/Lagarde* BT-Drucks. 10/503, S. 36 (52).
359 Vgl. *Schnitzer* a.a.O. S. 395.
360 Vgl. *Guiliano/Lagarde* BT-Drucks. 10/503, S. 36 (52).
361 Zwar kann bei komplexen Vertragsverhältnissen - wie zum Beispiel dem Industrieanlagenvertrag - die Anknüpfung außerordentlich schwierig sein, jedoch stehen sich in der Mehrzahl der Vertragsarten/-konstellationen eine deutlich dem jeweiligen Vertragspartner zuordbare Geld- und Nichtgeldleistung gegenüber.
362 *Von Hoffmann* in Soergel Art. 28 Rdnr. 31 betrachtet die Begriffe „soziale Funktion" und „sozio-ökonomischer Nutzen" hingegen als „Leerformeln ohne eigenen Erkenntniswert".

Indem man die vertragscharakteristische Leistung des Vertrages zum Anknüpfungspunkt erklärt, stellt man auf das Wesen des Vertrages ab. Im Wesen wird allgemein das Individuelle gesehen; alles das, was der Vertrag mit anderen Verträgen gemeinsam hat, wird als wesensinsignifikant betrachtet[363]. Die Ursache für solch eine Auslegung mag in der Tatsache liegen, dass man sich so dem Anknüpfungsproblem von vornherein differenziert nähert und sich damit die Unterschiede der einzelnen Vertragsverhältnisse vor Augen führt. Ferner spricht der schon erwähnte Aspekt des Funktionszusammenhanges für diese Vorgehensweise. Das Außergewöhnliche der vertraglichen Beziehung markiert in der Regel auch die individuelle Funktion des Rechtsverhältnisses.
Für den Großteil der Vertragsbeziehungen, in denen sich eine Geldleistung und eine Nicht-Geldleistung gegenüberstehen, bedeutet dies, dass die Nicht-Geldleistung das Wesen des Vertrages ausmacht. Es wird hier der größte Verdienst der Lehre von der vertragscharakteristischen Leistung deutlich; in den meisten Fällen vereinfacht sie die objektive Anknüpfung von Schuldverträgen deutlich[364].
In diesen Fällen vermutet Art. 28 II EGBGB zu Recht, dass es sich bei dem Heimatrecht der die vertragscharakteristischen Leistung erbringenden Partei um das sachnächste handelt. Schließlich ist die bloße Geldzahlung ein letztlich nur bürokratischer Vorgang, und das Wesen des Vertrages wird ausschließlich von der Nicht-Geldleistung umschrieben. Dort, wo diese Leistung beheimatet ist, wird das Vertragsverhältnis von den Parteien „gelebt".

In einer bereits vorgestellten[365] Entscheidung zum internationalen Bauvertragsrecht (Urteil vom 25.2.1999 VII ZR 408/97)[366] hat der Bundesgerichtshof festgestellt, dass der Werkvertrag ebenso wie der Dienstvertrag nicht durch die Geldleistung des Auftraggebers, sondern durch die Leistung des Auftraggebers charakterisiert werde[367] und daher das Recht am Ort der Niederlassung des Werkunternehmers zur Anwendung komme.

---

[363] Vgl. statt vieler Müko-*Martiny* Art. 28 Rdnr. 38.

[364] So auch die Einschätzung von *Mankowski* ZEuP 2003, S. 483 (485), der feststellt, dass das Prinzip von der charakteristischen Leistung von den „eigentlich IPR-fernen Praktiker(n), Anwälte(n) wie Richter(n)" angewandt werden könne und dass es "keine unüberwindliche Probleme" bereite. Vgl. auch *Martiny* in: Grünbuch (Leible), S. 109 (113), der zu berichten weiß, dass „die Rechtsprechung bislang weder in Deutschland noch in anderen Staaten größere Schwierigkeiten hatte, das Konzept der charakteristischen Leistung anzuwenden". Allgemein zur Kritik an dem Konzept, siehe *Juenger* RabelsZ 46 (1982), S. 57 (75 f.); *Weitnauer* S. 197 f.; *Kaye* S. 188 ff..

[365] Vgl. 6. Kapitel B I.

[366] BGH NJW 1999, S. 2442 f. = RIW 1999, S. 456 f..

[367] Vgl. auch *Mallmann* S. 75.

Es wurde bereits festgestellt[368], dass die Entscheidung keine große Hilfe bietet bei der Suche nach dem auf den Anlagenvertrag anwendbaren Recht. Der Entscheidung liegt ein Sachverhalt zugrunde, der für den Industrieanlagenvertrag typische und für die Anwendung und die Rechtsfolge des Art. 28 II EGBGB bedeutsame Umstände nicht aufweist. Es lässt sich ihr lediglich entnehmen, dass sich die „grundsätzliche" Heimat des Industrieanlagenvertrages am Ort der Niederlassung des Unternehmers befindet.

Es gilt daher im Folgenden[369] zu untersuchen, wie sich diese typischen Umstände – namentlich die umfangreichen Mitwirkungspflichten des Unternehmers und die Tatsache, dass der Unternehmer regelmäßig als Teil einer Anbieterkoalition die Verpflichtung zur Erstellung einer industriellen Großanlage eingeht - bereits auf die Anwendung des Vermutungstatbestandes auswirken.

II. Mitwirkungshandlungen des Bestellers

1. Umfang der Mitwirkungshandlungen

Die Lehre von der vertragscharakteristischen Leistung verliert an Überzeugungskraft, und die Stärke der von Art. 28 II EGBGB ausgehenden Vermutungswirkung nimmt folgerichtig ab, wenn die Zuordnung schwerer fällt und sich neben die indifferente Geldleistung Verpflichtungen gesellen, welche ebenso wie die Leistung der anderen Partei den zu beurteilenden Vertrag von anderen vertraglichen Beziehungen abgrenzen.

Der Besteller ist regelmäßig zu mehr verpflichtet als lediglich zur Zahlung des Preises. Er ist eingebunden in die Herstellung der Anlage; es treffen ihn sog. Mitwirkungspflichten während des gesamten Herstellungsprozesses[370], d.h. Pflichten[371], deren Erfüllung sachlich und rechtlich zur Erfüllung der Hauptleistungspflichten des anderen Partners beitragen[372].

---

[368] Vgl. die Ausführungen im 6. Kapitel B I.

[369] Wie bereits oben angedeutet, werden im Laufe der Arbeit immer wieder Umstände erörtert, die sich unmittelbar auf den Vermutungstatbestand auswirken können. Die Ausführungen zu den Mitwirkungspflichten und der Anbieterkoalition sind daher nicht erschöpfend; es wird hier nur eine "Grundheimat" ermittelt.

[370] *Nicklisch* BB 1979, S. 533 (533); vgl. auch die Ausführungen im 2. Kapitel B II 1.

[371] Bei Anlagen- und Bauverträgen größeren Zuschnitts haben nach herrschender Meinung – wie noch unten im 6. Kapitel C II 3 a näher dargestellt - zumindest die bedeutsamen Mitwirkungshandlungen des Bestellers den Charakter von *Pflichten* und nicht nur von Obliegenheiten. In dieser Arbeit findet sich daher überwiegend auch die Bezeichnung "Mitwirkungspflicht" und nicht etwa "Mitwirkungshandlung".

[372] Siehe auch *Brand/Maskow* 4.23.1..

Es ist keineswegs so, dass sich seine Aktivitäten auf den vorvertraglichen Zeitraum beschränken[373] und er im Rahmen der Vertragsabwicklung eine ausschließlich passive Rolle einnimmt.
Es kann dem Besteller neben seiner umfangreichen Abnahmepflicht[374] unter anderem[375] obliegen, die erforderlichen Baugenehmigungen[376] einzuholen und die Zollformalitäten einschließlich der Import- und Exportgenehmigungen für die Baumaterialien[377] zu regeln. Ferner kann es seine Aufgabe sein, eine Infrastruktur für den Bereich der Baustelle zu schaffen, welche eine Energieversorgung, Straßen sowie Personalunterkünfte umfasst[378]. Er kann auch dazu verpflichtet sein, erforderliche Baugeräte und Rohstoffe an die Baustelle zu liefern[379] und qualifizierte Subunternehmer[380] zu vermitteln. Außerdem ist es regelmäßig seine Pflicht, den Unternehmer mit den für die Ausführung erforderlichen Informationen zu versorgen[381], was von einer Beschreibung der Boden- und Wasserverhältnisse am Ort der Baustelle[382] bis hin zu einer Aufklärung über die lokalen Vorschriften, die die Herstellung der Anlage betreffen, reichen kann[383]. Der Besteller steht dem Unternehmer in allen Phasen der vertraglichen Beziehung assistierend zur Seite[384].

---

[373] Der Arbeitsaufwand, den der Besteller im vorvertraglichen Stadium leisten muss, ist naturgemäß ebenso umfangreich wie der des Unternehmers. Er muss nicht nur mit dem Unternehmer aufwendige Vertragsverhandlungen führen, sondern eine große Anzahl organisatorischer und/oder grundsätzlicher Fragen klären, für die er regelmäßig bereits Berater einschaltet. Es muss unter anderem eine umfangreiche Abwägung hinsichtlich der Art des Projektes und der Finanzierungsmöglichkeiten vorgenommen werden. Ferner ist es erforderlich, den Anbietermarkt zu sondieren und Ausschreibungskriterien zu entwickeln. Vgl. dazu *Bunni* S. 205, der noch weitere Maßnahmen aufzählt, sowie die Ausführungen zum Lebenszyklus der Anlage im 1. Kapitel B.

[374] Zur rechtsdogmatischen Einordnung dieser Pflicht vgl. die Ausführungen unten im 6. Kapitel C II 3 a.

[375] Dazu gehören auch die Pflichten, die den Besteller im Rahmen des Lizenzverhältnisses treffen, vgl. hierzu die Ausführungen unten im 6. Kapitel D V 2 a (1) (a).

[376] *Nicklisch* BB 1979, S. 533 (534); *Martinek* (Bd. III) § 26 II 1. Vgl. auch OLG Hamm BauR 2003, S. 1042 (1043).

[377] *Hautkappe* S. 36; *Rosener* in: MünchVhb (Bd.4) VI.1 Anm. 17.

[378] *Nicklisch* BB 1979, S. 533 (534).

[379] *Hautkappe* S. 35.

[380] *Nicklisch* BB 1979, S. 533 (534).

[381] Vgl. etwa Art. 4.10 EPC; für den Bauvertrag vgl. u.a. OLG Düsseldorf NZBau 2000, S. 427 (428); vgl. auch die Beiträge von *Fuchs* NZBau 2004, S. 65 sowie *Schwarze* BauR 2004, S. 895 f..

[382] BGH BauR 84, S. 395 (397); VOB/B-Kommentar/*Weick* § 3 Rdnr.9.

[383] Zur Auswirkung zwingender lokaler Vorschriften auf den Umfang des Vertragsstatuts vgl. die Ausführungen im 8. Kapitel A.

[384] *Schlotke* in: Langzeitvertrag (Nicklisch), S. 377 (382). Allgemein zu den Informations-, Mitwirkungs- und Rügeobliegenheiten und –pflichten des Bauherrn eines VOB-Bauvertrages vgl. die schon erwähnten Kooperationsurteile des Bundesgerichtshofs in BauR 1996, S. 542

Es hängt letztlich vom Einzelfall ab, welches Ausmaß der Beitrag des Bestellers annimmt[385]. In der Literatur findet sich teilweise[386] der Begriff „einfacher Industrieanlagenvertrag"[387] für solche Konstellationen, in denen der Besteller erhebliche Pflichten übernimmt und der Unternehmer lediglich die wesentlichsten Arbeiten einschließlich der Projektierung ausführt, ohne dabei allerdings die für den Turnkey-Vertrag typische Gesamtverantwortung für das Gelingen der Anlage aufzugeben. Es wird dabei jedoch nicht immer ganz deutlich, ob damit wirklich ein Industrieanlagenvertrag in der Variante des „Turnkey-Vertrages" gemeint ist. Den Turnkey-Vertrag zeichnet schließlich aus, dass der Besteller in Abkehr von der klassischen Arbeitsaufteilung zwischen ihm und dem Unternehmer diesem die Projektierung und Realisierung der Anlage überlässt. Mitwirkungshandlungen seitens des Bestellers lassen sich mit diesem Konzept zwar vereinbaren, jedoch dürfen sie in Anzahl und Bedeutung nur bescheiden sein im Vergleich zu dem Gesamtbeitrag des Unternehmers[388].
Dennoch ist ihre *korrekte* Vornahme häufig unerlässlich für den reibungslosen Ablauf der Projektierung und der Realisierung der Anlage. Die Parteien sollten daher Mühe darauf verwenden, die Mitwirkungshandlungen des Bestellers ausdrücklich und vollständig im Vertrag zu erfassen und sie zeitlich und technisch auf die Leistungspflichten des Unternehmers abzustimmen[389]. Ebenso sollte Klarheit herrschen über die Konsequenzen, wenn der Besteller die Handlung nicht vertragsgerecht vornimmt[390].

Die Pflichten des Bestellers finden sich regelmäßig an verschiedenen Stellen im Vertragstext; so ist die Pflicht des Bestellers, den Unternehmer über einen gewissen Aspekt zu informieren, grundsätzlich unmittelbar im Anschluss an die Regelung des jeweiligen Aspektes selbst niedergelegt. Ein eigenes Kapitel ist in den Mustervertragsbedingungen in der Regel nur den elementaren und jedem Vertrag nahezu immamenten Pflichten wie etwa der Bezahlung und der Verschaffung von Genehmigungen und des Zuganges zu der Baustelle gewidmet.
In Klausel 2.1. der neuen FIDIC-Werke (1999) zum Beispiel wird der Besteller verpflichtet, dem Unternehmer Zugang zu der Baustelle und sonstiger im Anhang aufgeführter Dinge zu verschaffen. Kommt der Besteller dieser Pflicht

---

(543 f.) sowie in BauR 2000, S. 409 (410 f.). Umfängliche Ausführungen zu der Kooperationspflicht des Bauherrn finden sich auch in der sog. "Schürmann-Bräu"-Entscheidung des OLG Köln, abgedr. in NJW-RR 2002, S. 15 (18) sowie – insbesondere auch im Hinblick auf letztere Entscheidung - in dem Beitrag von *Schwarze* in BauR 2004, S. 895 f..

[385] Vgl. hierzu *Huse* S. 166 f., der die Pflichten des Bestellers im Rahmen des FIDIC Orange Book tabellarisch auflistet.

[386] *Hautkappe* S. 35; *Brand/Maskow* 1.4.1.2..

[387] Man stößt auch auf den Begriff „semi-turnkey-lump-sum", vgl. etwa *Dünnweber* S. 9.

[388] So auch *Hautkappe* S. 35; siehe auch hier 2. Kapitel B II 1.

[389] *Brand/Maskow* 4.23.1..

[390] *Brand/Maskow* 4.23.2..

nicht innerhalb einer bestimmten Zeit nach, dann ist der Unternehmer im Gegenzug berechtigt, die Anlage zu einem späteren als den vereinbarten Zeitpunkt fertig zu stellen[391] und unter Umständen[392] sogar die ihm entstandenen Mehrkosten einschließlich einer entsprechenden Gewinnmarge zu verlangen.
In den Bau- und Anlagenverträgen älterer Prägung war es in der Regel die Aufgabe des Bestellers, die für die Erstellung des Projektes notwendigen Genehmigungen einzuholen. Der Turnkey-Vertrag weist die Tendenz auf, auch diese Aufgabe dem Unternehmer zu übertragen[393]. Angesichts der Tatsache, dass es sich bei den Bestellern häufig um staatliche Betriebe oder um Betriebe mit guten Kontakten zu den für die Genehmigungen zuständigen staatlichen Stellen handelt und dass es für diese einfacher als für den ausländischen Unternehmer ist, eine Genehmigung einzuholen, beinhalten die Mustervertragsbedingungen jedoch weiterhin Vorschriften[394], welche dem Besteller eine entsprechende Pflicht auferlegen. In Art. 2.2. EPC/FIDIC-Contractor heißt es zum Beispiel daher auch: "The employer shall (where he is in a position to do so) provide reasonable assistance to the Contractor at the request of the Contractor: (a) ...; (b) for the Contractor's applications for any permits, licences or approvals required by the Laws of the Country: ...".

Die Parteien vereinbaren häufig, dass der Unternehmer mit seiner Arbeit nicht zu beginnen braucht, solange der Besteller seiner Pflicht hinsichtlich der Genehmigungen etc. nicht nachgekommen ist[395].

2. Relevanz der anderstypischen Gegenleistung für die Vertragscharakteristik

Die Mitwirkungshandlungen des Bestellers gesellen sich neben dessen Verpflichtung zur Zahlung des vereinbarten Preises für die Erstellung der Anlage. Besteht wie in einem solchen Fall die Gegenleistung nicht aus einer reinen Geldleistung, sondern weist sie zumindest eine anderstypische Nebenleistung[396] auf, dann lässt sich die Gegenleistung für die Bestimmung der vertragscharakteristischen Leistung nicht mehr so einfach vernachlässigen. Schließlich wird das Besondere des Vertrages dann auch von der Gegenleistung geprägt, sie trägt zum

---

[391] In Art 10.2. ENNA findet sich eine ähnliche Formulierung hinsichtlich des Zuganges zur Baustelle und sonstiger Dinge. Art. 40.1(e) sieht als Reaktion für eine Verzögerung seitens des Bestellers ebenfalls eine Verschiebung des Fertigstellungstermins zugunsten des Unternehmers vor.
[392] Art 2.1.b EPC lautet etwa: "payment of any such Cost plus reasonable profit, which shall be added to the Contract Price."
[393] *Huse* S. 90.
[394] Vgl. hierzu Art. 10.3 ENNA oder Art. 2.2.3 AIA.
[395] *Huse* S. 90 f..
[396] Vgl. die Ausführungen im 4. Kapitel B.

individuellen Erscheinungsbild des Vertrages bei. Das Wesen ergibt sich aus dem Ganzen, gerade aus der individuellen Gestaltung des Vertrages und dem Zusammentreffen dieser Leistungen. Der einzelne Vertrag unterscheidet sich von den anderen Verträgen nicht zuletzt wegen dieser im Vergleich zu den meisten Verträgen, deren Gegenleistung ausschließlich in einer Geldzahlung besteht, untypischen Konstellation. Das Wesen des Vertrages wird dann von den Leistungen beider Parteien umschrieben und getragen, und es lässt sich keine der beiden Leistungen als die *einzig* vertragscharakteristische bezeichnen.
Will man nicht bereits hier die Formel von der vertragscharakteristischen Leistung aufgeben, dann kann man lediglich versuchen, eine Hierarchie zwischen den Leistungen zu erstellen und – sofern sich ein hierarchisches Verhältnis feststellen lässt – die bedeutsamste bzw. prägendste Leistung als vertragscharakteristisch im Sinne der Formel zu qualifizieren[397].

Anders als im Rahmen der Bestimmung der Rechtsnatur des Anlagenvertrages[398] wird hier der Versuch unternommen, die sich gegenüberstehenden Verpflichtungen und somit die Leistungen beider Parteien in ein hierarchisches Verhältnis zueinander zu setzen. Dort dagegen wurden ausschließlich die einzelnen (Teil-) Leistungen des Anlagenbauers miteinander verglichen.

Eine solche Hierarchie muss *wertend* ermittelt werden.

Daraus ergibt sich zunächst einmal, dass einer Nebenleistung niemals der Rang einer vertragscharakteristischen Leistung eingeräumt werden kann, obwohl sie unter Umständen die exotischste und außergewöhnlichste des Gesamtvertrages ist[399]. Es kann vielmehr nur eine der Leistungen gewählt werden, die in einem synallagmatischen Verhältnis zueinander stehen[400]. Es wäre nicht vereinbar mit der Bedeutung, die das Gesetz und auch die Parteien den synallagmatischen Pflichten einräumen, andere als diese als die prägendsten im kollisionsrechtlichen Kontext zu betrachten. Schließlich sind es die synallagmatischen Pflichten, deretwegen die Parteien das Vertragsverhältnis eingegangen sind und an deren Erfüllung sie das größte Interesse haben. Sie sind die eigentliche Quelle des

---

[397] So auch *v. Bar*, IPR II, Rdnr. 502.
[398] Vgl. die Ausführungen im 4. Kapitel B. Es konnte keine den Anlagenvertrag dominierende und die Rechtsnatur bestimmende Teilverpflichtung des Anlagenbauers festgestellt werden.
[399] Sofern sich diese Exotik in einer tatsächlichen Nähe zu einer anderen Rechtsordnung niederschlägt, kann dem im Rahmen des Art. 28 V durch eine Teilabspaltung Rechnung getragen werden.
[400] Vgl. dazu *Eichler* S. 173 f., der als einer von Wenigen diese Voraussetzung ausdrücklich anspricht. In den Ausführungen der meisten Autoren fällt der Begriff „Synallagma" nicht, obwohl man sich des Eindruckes nicht erwehren kann, dass auch dort das Synallagma als eine unausgesprochene Grundvoraussetzung betrachtet wird.

Vertragsverhältnisses und bilden das Gerippe. Wenn sich eine charakteristische Leistung ermitteln lässt, dann muss die der Leistung entsprechende Verpflichtung synallagmatisch sein. Der Vertrag kann daher letztlich nur von diesen Leistungen repräsentiert werden. Eine außergewöhnliche Nebenleistung ist zu einer solchen Repräsentanz nicht imstande.
Das Gleiche muss für solche Gegenleistungen gelten, die nur an die Stelle der Geldleistungen getreten sind und denen daher auch nur ein insignifikanter Entgeltcharakter zukommt[401]. Es gilt dann jedes Mal genau zu untersuchen, ob die andersartige Gegenleistung nur eine andere Form der Bezahlung ist oder aber von den Parteien als eine Leistung betrachtet wird, an deren Erhalt in der bestimmten Form die forderungsberechtigte Partei ein besonderes Interesse hat und welche nicht durch eine Geldzahlung adäquat ersetzt werden könnte.

Doch auch mit Hilfe einer wertenden Betrachtung lässt sich eine den Vertrag charakterisierende Leistung nicht benennen, wenn die sich gegenüber stehenden Leistungen keine gemeinsame Zielrichtung aufweisen, d.h. wenn die anderstypische Teilgegenleistung nicht der Unterstützung der der Nicht-Geldleistung zugrunde liegenden Zielsetzung dient. Eine Entscheidung zugunsten einer der im synallagmatischen Verhältnis zueinander stehenden Leistungen ist vielmehr nur dann möglich, wenn die anderstypsiche Gegenleistung überwiegend einen solch unterstützenden Zweck hat. Dann lässt sich das Wesen des Vertrages auf diese eine bestimmte Zielsetzung konkretisieren; die Zielsetzung der Geldleistung ist dabei insignifikant für das Vertragsverhältnis. In einem solchen Fall kann man dann im Rahmen einer Wertung die Leistung ermitteln, die zum Wesen des Vertrages am meisten beiträgt. In dieser Wertung sind nicht nur der jeweilige Arbeitsaufwand und Investitionsumfang zu berücksichtigen, sondern auch, wer die vorherrschende Stellung im Vertrag hat und somit „die Fäden in der Hand hat". Ferner kann der Aspekt eine Rolle spielen, dass eine Partei im Laufe der Projektierung und der Erstellung der Anlage einer im Vergleich zur anderen Partei - wie auch immer gearteten - größeren Gefährdung ausgesetzt ist[402].

Der Wortlaut des Art. 28 II EGBGB lässt die Bestimmung der vertragscharakteristischen Leistung auf der Grundlage einer wertend ermittelten Hierarchie ohne weiteres zu. Es geht aus ihm nicht zwingend hervor, dass es sich bei der charakteristischen Leistung um die *einzig* charakteristische Leistung handeln muss. Der

---

[401] So auch Soergel-*von Hoffmann* Art. 28 Rdnr. 48, der unter anderem als Beispiel einen Lizenzvertrag nennt, bei dem der Lizenznehmer dem Lizenzgeber Waren liefert, die jener mittels der Lizenz hergestellt hat.
[402] Vgl. dazu auch *Eichler* a.a.O., ohne dass dessen dogmatischer Einordnung des Problemkreises zu folgen ist.

dritte Satz des Art. 28 II EGBGB bleibt dann für den Fall reserviert, dass keine der beiden charakterisierenden Leistungen überwiegt oder aber dass – wie oben beschrieben – die anderstypische *Teil*leistung[403] der Gegenleistung nicht der Unterstützung der der Nicht-Geldleistung zugrunde liegenden Zielsetzung dient. Würde man das Konzept der vertragscharakteristischen Leistung bereits aufgeben, sobald eine zumindest nicht untergeordnete anderstypische Teil- oder sogar nur Nebenleistung an die Seite der Geldleistung tritt, dann käme das einer zu frühen Preisgabe gleich. Man würde auf ein grundsätzlich einfaches und bewährtes Konzept verzichten, sobald der Vertrag etwas komplexer wird, obwohl gerade in einem solchen Fall eine für Klarheit sorgende Regelung vonnöten ist. Es ist nur schwer vorstellbar, dass der Gesetzgeber die „Errungenschaft" der vertragscharakteristischen Leistung nur auf die typischen Vertragskonstellationen beschränkt wissen will. Es ist vielmehr davon auszugehen, dass die Grundanknüpfung an die vertragscharakteristische Leistung als eine Grundorientierung mit einem besonderem Geltungsanspruch aufzufassen ist, von der nicht nur im Rahmen des Art. 28 V EGBGB schwer abzuweichen ist, sondern an die auch im Rahmen der Auslegung des Art. 28 II EGBGB so lange wie möglich festzuhalten ist[404].

Eine Anwendung des zweiten Absatzes des Art. 28 EGBGB auf die lediglich *charakterisierendere* Leistung lässt sich auch mit dem zumindest ursprünglichen dogmatischen Hintergrund der Lehre von der Vertragscharakteristik vereinbaren. Die Gesellschaft spricht regelmäßig der Partei die *Funktion* als Hersteller/Verursacher des Erfolges zu, die den größten Anteil geleistet hat. Dem Umstand, dass die andere Partei auch einen wichtigen Beitrag geleistet hat und daher als untergeordneter Mitverursacher von der Gesellschaft auch eine Funktion hinsichtlich des Leistungszieles eingeräumt wird, kann man damit begegnen, dass man in einem solchen Fall der Vermutungswirkung des Art. 28 II EGBGB eine geringere Intensität und Bestandskraft beimisst und im Rahmen des Art. 28 V EGBGB für eine abweichende Anknüpfung geringere Anforderungen an die Qualität und Quantität solcher Umstände[405] stellt, welche auf das

[403] Unterstützt die *gesamte* Gegenleistung die Zielsetzung der anderen Partei, dann verlässt man den Bereich der Verträge mit einem Austauschcharakter und damit auch den des Internationalen Schuldvertragsrechts. Man nähert sich Verträgen, bei denen die gemeinsame Zwecksetzung im Vordergrund steht, so dass das Internationale Gesellschaftsrecht zur Entscheidung über das anwendbare Recht berufen ist. Zum Anwendungsbereich des Internationalen Gesellschaftsrechts in Abgrenzung zu dem des Internationalen Vertragsrechts vgl. die Ausführungen im 6. Kapitel C III 3 b (1) (e) (aa), dort vor allem (aaa).

[404] Ein solches Verständnis entgeht auch der Kritik der Europäischen Kommission (Grünbuch Nr. 3.2.5.2.), dass viele Gerichte die Ausweichklausel „ab initio" anwenden, ohne zunächst von der Vermutung des Abs. 2 auszugehen.

[405] Eine weitere Konstellation, in der man auf eine „geschwächte" Vermutungswirkung trifft, liegt dann vor, wenn die charakteristische Leistung nicht berufsmäßig erfolgt. Die Person, die

Recht des Mitverursachers hinweisen. Eine funktionelle Anknüpfung macht den Absatz 5 des Art. 28 EGBGB keineswegs obsolet[406], er übernimmt auch dort die Rolle eines Korrektivs der im Vermutungstatbestand getroffenen Wertung.

Die Suche nach einer „charakterisierenderen" Leistung im Rahmen des Art. 28 II EGBGB kann darüber hinaus für sich in Anspruch nehmen, dass durch sie eine Teilanknüpfung bereits im Rahmen des Vermutungstatbestandes auf nur wenige Fälle reduziert wird[407]. Eine solche ist zwar auch hier denkbar[408], jedoch sollte bei Vermutungstatbeständen in Bezug auf eine Teilanknüpfung und damit eine Spaltung des Vertragsstatuts eine noch größere Zurückhaltung geübt werden, als dass es allgemein hinsichtlich einer „depecage" verlangt wird[409], welche nach dem Wortlaut des Gesetzes (Art. 28 I S. 2 EGBGB) grundsätzlich nur „ausnahmsweise" in Betracht kommt. Schließlich ist es gerade die Aufgabe der Vermutungstatbestände, eine Art Grundorientierung zu schaffen, so dass die Einheitlichkeit des Vertragsstatuts eines der Leitprinzipien im Rahmen der Anknüpfung der Vermutungstatbestände sein sollte. Für eine differenziertere Anknüpfung steht dann insbesondere der Absatz 5 des Art. 28 EGBGB zur Verfügung, aufgrund dessen auch eine nur *teilweise* abweichende Anknüpfung erfolgen kann. Dort spielen dann Aspekte jenseits der Vertragscharakteristik eine Rolle.

---

privat eine einmalige Transaktion vornimmt, übernimmt anders als etwa ein Händler keine Funktion wahr, die ihm die Gesellschaft zugedenkt. Es ist vielmehr eine eng begrenzte Aktion, die zwar von Mitgliedern der Gesellschaft getätigt wird, jedoch ohne Bezug zu ihrer Rolle in der Gesellschaft (Vgl. so auch die Kritik von *Weitnauer* S.198). Damit verliert die Vermutung des Art. 28 II EGBGB *eines* der sie tragenden Argumente. Schließlich gehört die Funktion des Vertragsverhältnisses zu den Argumenten, die den Gesetzgeber bewogen haben, der vertragscharakteristischen Leistung eine Vermutungswirkung zuzuerkennen. Im Rahmen dieser Arbeit ist dieser Aspekt ohne Bedeutung, da die Projektierung und die Realisierung einer industriellen Großanlage ausschließlich in einem professionellen Rahmen erfolgen.

406 So aber *Rammeloo* IPRax 1994, S. 243 (246) mit weiteren Nachweisen.

407 Vgl. dazu auch *v. Bar,* IPR II, Rdnr. 502.

408 Darauf ausdrücklich hinweisend Staudinger-*Magnus* Art. 28 Rdnr. 60, da die Teilanknüpfung lediglich in Absatz 1 des Art. 28 erwähnt wird und man daher nach der systematischen Stellung annehmen könnte, dass eine Teilanknüpfung nur bei der unmittelbaren Ermittlung der engsten Verbindung im Rahmen des Abs. 1 möglich sei.

409 Vgl. hierzu nur *Guiliano/Lagarde* BT-Drucks. 10/503, S. 36 (55):" so selten wie möglich"; Müko-*Martiny* Art. 28 Rdnr. 23; Soergel-*von Hoffmann* Art. 28 Rdnr. 131; Staudinger-*Magnus* Art. 28 Rdnr. 55.

3. Auswirkung der Mitwirkungshandlungen auf den Vermutungstatbestand des Art. 28 II EGBGB

Wendet man die zuvor entwickelten Kriterien konkret auf die Mitwirkungshandlungen des Anlagenbestellers an, dann stellt man fest, dass sie nicht in der Lage sind, den Leistungen des Unternehmers die allumfassende Vertragscharakteristik und damit dem Industrieanlagenvertrag seine „grundsätzliche" Heimat am Ort des Unternehmers zu nehmen[410].

Zum einen fehlt den Mitwirkungshandlungen des Bestellers regelmäßig der Status einer synallagmatischen Pflicht, zum anderen ist es stets der zur Herstellung einer Industrieanlage verpflichtete Unternehmer, dessen Leistung am meisten zu der Erstellung der Anlage und damit zu dem Wesen des Vertrages beiträgt.

Wie sogleich dargelegt wird, ist es weder sachgerecht noch nötig, etwa hinsichtlich der Verpflichtungen des Bestellers zur Unterbringung, Versorgung und Betreuung des Personals das Recht des „insoweit charakteristisch Leistenden" anzuwenden[411] und somit bereits im Rahmen der Vertragscharakteristik zwischen den Verpflichtungen des Unternehmers und denen des Bestellers zu unterscheiden und eine differenzierte Anknüpfung im Rahmen des Vermutungstatbestandes vorzunehmen.

a. Mitwirkungshandlung des Bestellers als synallagmatische Pflicht

Im Rahmen eines gegenseitigen Vertrages kann grundsätzlich nur eine synallagmatische Pflicht den Vertrag repräsentieren. Die Leistungen müssen dazu in einem finalen Abhängigkeitsverhältnis zueinander stehen[412]. Die eine Partei muss sich zu ihrer Leistung um der Leistung der anderen Partei wegen verpflichten[413].

Bei einem Industrieanlagenvertrag geht der Unternehmer die Verpflichtung zur Erstellung der Anlage regelmäßig ein, um dafür als Gegenleistung eine Vergü-

---

[410] Andere Auffassung *Hök* - Handbuch, § 4 Rdnr. 70 -, nach dem sich beim Bauvertrag die vertragscharakteristische Leistung nur dann ermitteln lasse, wenn „die Mitwirkungspflichten des Bauherrn marginal (seien) und sich quasi in der Überlassung des Baugrundes und der Abnahme erschöpf(t)en". Eine etwas verhaltenere Formulierung – Handbuch, § 12 Rdnr. 6 - wählt er in Bezug auf den Anlagenbauvertrag, obwohl er insbesondere dort die Bedeutung der Mitwirkungshandlung des Bestellers betont. Die Mitwirkung „erschwer(e) die Feststellung der sog. vertragscharakteristischen Leistung", „bei komplexen Vorhaben verlier(e) ... die Leistungserbringung durch den Unternehmer zunehmend ihre charakterisierende Kraft".

[411] So aber Staudinger-*Magnus* Art. 28 Rdnr. 59.

[412] Zu den Kriterien für die Qualifizierung als Synallagma vgl. etwa Müko-*Emmerich* vor § 320 Rdnr. 3 f.; RGZ 147, 340 (342);BGHZ 15, 102 (105).

[413] Siehe so statt vieler Erman-*Westermann* vor § 320 Rdnr. 6.

tung von dem Besteller zu erhalten. Es kann zwar vorkommen, dass der Unternehmer die Mitwirkung des Bestellers ausdrücklich verlangt und diese nicht nur ein Zugeständnis an den Besteller sind, welcher sich dadurch eine Kostensenkung oder auch eine größere Eingriffsmöglichkeit[414] auf die Bautätigkeit verspricht, jedoch stellen sie in der Regel nicht den Grund dar, warum der Unternehmer die Werkerstellung übernimmt. Sie sind für ihn vielmehr nur eine Vertragsbedingung[415]. Dasselbe gilt grundsätzlich auch für die Abnahme. Sie ist ein wichtiger Bestandteil der Vertragsabwicklung[416]; sie erfolgt meistens in Etappen, und die Teilabnahmen stellen zentrale Orientierungspunkte dar. Ist ein bestimmter Bauabschnitt abgenommen worden, dann kann sich der Unternehmer dem nächsten widmen. So wichtig die Abnahme für den Unternehmer auch sein mag[417], sie ist nicht das Motiv des Unternehmers für die Verpflichtung zur Erstellung der Industrieanlage. Es handelt sich bei ihr nur um einen Teil des Bauprozederes.

Dies gilt es ausdrücklich festzustellen, insbesondere dann, wenn man bei der Ermittlung der synallagmatischen Pflichten unter anderem auch die deutsche Dogmatik zum materiellen Recht zu Rate zieht. Schließlich weist der Industrieanlagenvertrag eine Affinität zum Werkvertrag[418] auf, und die in § 640 BGB niedergelegte Abnahmepflicht wird von der herrschenden Meinung[419] als eine im Synallagma stehende Hauptpflicht aufgefasst. Als solche ist sie jedoch regelmäßig nicht zu verstehen, da das Werk nicht für die Abnahme, sondern für das Entgelt versprochen wird[420]. Daran ändern auch nichts die weitreichenden Folgen[421] der Abnahme[422].

---

[414] Wie oben beschrieben – 2. Kapitel B - , hat der Besteller bei Vereinbarung einer Turnkey-Variante grundsätzlich nur relativ geringe Einwirkungsmöglichkeiten. Er ist daher immer bemüht, seine Möglichkeiten zu erweitern oder zumindest zu bewahren. Die Vereinbarung von zahlreichen Teilabnahmen stellt dabei ein probates Mittel dar.

[415] Gemeint ist hier eine Vertragsbedingung im allgemeinen Sinne und nicht etwa eine Bedingung im Sinne der §§ 158 ff. BGB.

[416] Vgl. hierzu *v. Westphalen* BB 1971, S. 1132 (1136); *Schneider* ZfBR 1984, S. 101 f..

[417] Da die Parteien häufig Teilzahlungen von entsprechenden Teilabnahmen abhängig machen, ist der reibungslose Ablauf einer Abnahme von großem Interesse für den Unternehmer.

[418] Vgl. die Ausführungen zur Rechtsnatur 4. Kap. B.

[419] RGZ 171, 297 (300); BGHZ 107, 75 (77); Müko-*Busche* § 640 Rdnr. 36; Palandt-*Sprau* § 640 Rdnr. 8; Erman-*Schwenker* § 640 Rdnr. 15.

[420] Siehe die Vertreter dieser Mindermeinung: *Esser/Weyers* § 33 II 2; Staudinger-*Peters* § 640 Rdnr. 42 mit weiteren Nachweisen.

[421] Mit ihr endet das Erfüllungsstadium; der Erfüllungsanspruch verengt sich auf einen Mangelbeseitigungsanspruch. Ferner markiert sie den Beginn der Verjährungsfrist (§ 634 a II BGB), und mit ihr tritt der Gefahrenübergang (§§ 644, 645 BGB) ein, und die Vergütung wird fällig (§ 641 BGB). Zu den Wirkungen der Abnahme vgl. Palandt-*Sprau* § 640 Rdnr. 11.

[422] Staudinger-*Peters* § 640 Rdnr. 42.

Es ist nicht zu leugnen, dass den Mitwirkungshandlungen des Bestellers im Industrieanlagenvertrag eine besondere Bedeutung zukommt. Dieser wird man ausreichend gerecht, wenn man die Mitwirkungshandlungen nicht als bloße Obliegenheiten, sondern als Nebenleistungspflichten qualifiziert[423]. Ihre Bedeutung reicht regelmäßig nicht aus, um in ihnen synallagmatische Hauptpflichten zu sehen. Sie sind daher grundsätzlich auch nicht in der Lage, den Vertrag zu repräsentieren und den Leistungen des Unternehmers die Vertragscharakteristik streitig zu machen.

---

[423] Die Rechte des Schuldners hinsichtlich der Mitwirkung des Gläubigers sind im Werkvertrag, zu welchem der Anlagenvertrag eine starke Affinität aufweist – vgl. die Ausführungen zur Rechtsnatur im 4. Kapitel B -, durch die §§ 642, 643, 645, 649 BGB ergänzt, welche ihm über die allgemeinen Regelungen des Annahmeverzuges hinaus die Möglichkeit der Vertragsbeendigung und einen Anspruch auf Ersatz des Verzögerungsschadens einräumen. Der Gesetzgeber hält diese Schutzmechanismen für ausreichend, und er hat die Mitwirkungshandlungen des Bestellers als „bloße" Obliegenheiten konzipiert (vgl. u.a. Staudinger-*Peters* § 642 Rdnr. 17; Palandt-*Sprau* § 642 Rdnr. 2; siehe auch BGHZ 11, 80 (86)).
Dabei geht er von einem Werkvertragstyp handwerklichen Zuschnitts aus. Der Unternehmer eines Handwerksbetriebs ist regelmäßig in der Lage, bei Ausbleiben der Mitwirkungshandlung des Bestellers die Arbeit nach Wahrnehmung seines Kündigungsrechts nach § 643 BGB einzustellen und die frei gewordenen Kapazitäten für andere Aufträge einzusetzen (*Nicklisch* BB 1979, S. 533 f.).
Anders stellt sich die Situation jedoch bei Werkverträgen größeren Ausmaßes – wie zum Beispiel bei großen Bau- und Anlagenverträgen – dar (vgl. hierzu insbesondere die Ausführungen von *Nicklisch* BB 1979, S. 533 (534 f.); *Meurer* MDR 2001, S. 848 (851 f.) sowie *Schuhmann* BauR 2003, S. 162 (164 f.)). Dort haben die Mitwirkungshandlungen eine andere Dimension sowie Qualität. Die Dimension solcher Verträge erfordert ein großes Maß an Logistik und Kapazität, welche der Unternehmer nicht ohne weiteres bei einer vorzeitigen Vertragsbeendigung woanders einsetzen kann (*Nicklisch* BB 1979, S. 533 (534)). Es wird daher auch überwiegend – wenn auch auf zum Teil dogmatisch unterschiedlichen Wegen - das Interesse des Unternehmers an der Vertragsdurchführung und damit an der tatsächlichen Mitwirkungshandlung anerkannt und die „Verpflichtung" zur Vornahme einer bedeutsamen Mitwirkungshandlung bzw. einer Handlung, deren Verweigerung durch den Besteller den Vertragszweck in Frage stellen würde (so etwa statt vieler *Meurer* MDR 2001, S. 848 (854)), als eine echte Schuldnerpflicht gesehen, und zwar in der Variante einer Nebenleistungspflicht, deren Verletzung den Besteller zum Schadenersatz verpflichtet (vgl. u.a. *Meurer* a.a.O; Palandt-*Sprau* § 642 Rdnr. 3; *Müller-Foell* S. 28 f., 39 f.; Müko-*Busche* § 642 Rdnr. 22; Soergel-*Teichmann* § 642 Rdnr. 7; *Lenzen* BauR 1997, S. 210 (213); BGHZ 50, 175 (178 f.); wohl auch Erman-*Schwenker* § 642 Rdnr. 2; a.A. unter anderem Staudinger-*Peters* § 642 Rdnr. 17 f., welcher auch bei Großprojekten lediglich eine Obliegenheit des Bestellers annimmt, sofern die Mitwirkungshandlung nicht ausdrücklich als Pflicht formuliert ist. Siehe *denselben* für weitere Nachweise dieser Mindermeinung).
Im Falle der Vertragszweckgefährdung kann der Unternehmer sogar ausnahmsweise auf der Grundlage einer positiven Forderungsverletzung Schadensersatz wegen Nichterfüllung verlangen (Übersicht zu den Rechtsfolgen s. VOB/B-Kommentar/*Nicklisch* § 4 Rdnr.13).

Allerdings gibt es auch Konstellationen, in denen die Mitwirkungshandlung des Gläubigers die Funktion einer im Synallagma stehenden Hauptleistungspflicht einnimmt.
Solche Konstellationen sind allgemein eher selten; für die innovationsträchtige Branche des Industrieanlagengeschäftes sind sie jedoch zumindest nicht untypisch, wie Gespräche des Verfassers mit der Praxis ergeben haben.
Sie liegen nahezu ausschließlich dann vor, wenn der Unternehmer an der Erstellung der Anlage ein besonderes Interesse hat, und zwar ein solches, welches sich nicht nur auf die Anlage als Voraussetzung für den Gegenleistungsanspruch der Vergütung bezieht. Es steht dann regelmäßig nicht der finanzielle Aspekt für den Unternehmer im Vordergrund, so dass er zur Erstellung der Anlage bereit ist, obwohl ihm die Vergütung unter Umständen keinen Gewinn beschert oder sogar noch nicht einmal annähernd kostendeckend ist[424].
Die Motivation des Unternehmers ist in diesen Fällen allerdings keineswegs altruistischer Natur[425], er verspricht sich vielmehr in der Regel einen *langfristigen* finanziellen Profit von solchen Projekten. Das einzelne gewinnneutrale oder sogar verlustreiche Projekt fungiert dabei regelmäßig als Pilot- oder Entwicklungsprojekt[426]. Der Unternehmer will damit seine Leistungsfähigkeit in technischer und/oder logistischer Hinsicht unter Beweis stellen und sich so für ähnliche Aufträge oder Folgeaufträge empfehlen, die dann zu gewinnorientierten Bedingungen übernommen werden[427].
Sobald die Bedeutung der Vergütung für den Unternehmer nachlässt, ergibt sich Raum für andere Verpflichtungen des Bestellers, deretwegen der Unternehmer die Verpflichtung zur Herstellung der Industrieanlage eingegangen ist und die daher zumindest in die Nähe des Status einer synallagmatischen Pflicht rücken. Diesen erhalten sie jedoch grundsätzlich nur dann, wenn sie nicht nur sehr wichtig für den Unternehmer sind, sondern von dem Unternehmer nicht – auch nicht unter großen Schwierigkeiten - übernommen werden könnten und wenn er zusätzlich an der bloßen Erstellung der Anlage ein besonderes Interesse hat.
Als Beispiel für solch eine Mitwirkungshandlung kann die Beschaffung einer Baugenehmigung oder die Zurverfügungstellung eines Grundstückes in einem Teil der Welt genannt werden, für welchen der Unternehmer die besondere Nützlichkeit der von ihm entwickelten Industrieanlage vorführen will und in welchem Baugenehmigungen nicht an Ausländer erteilt oder Grundstücke diesen nicht zur Verfügung gestellt werden. Zu denken ist da etwa an eine Anlage

---

[424] Zur Rolle des § 649 S. 2 BGB bei solch kalkulierten Verlustgeschäften des Werkunternehmers vgl. *van Gelder* NJW 1975, S. 189 (190 f.).
[425] Altruistische Motive können in seltenen Fällen bei Projekten auf dem Gebiet der Entwicklungshilfe ausschlaggebend sein, dann aber wohl auch nur bei kleineren Anlagen, um die Verlustspanne gering zu halten.
[426] Vgl. hierzu auch Palandt-*Sprau* § 642 Rdnr. 3 sowie Müko-*Busche* § 642 Rdnr. 22.
[427] Siehe zum Phänomen der Werbewirkung auch *Hüffer* 3. Hauptteil, 3. Teil, 2. Kapitel.

zur Verarbeitung von Kautschuk. Bewährt sie sich, dann kann der Unternehmer auf Folgeaufträge aus vielen Regionen mit tropischem Gewächs hoffen, welche zum Teil auch heute noch eine restriktive Politik hinsichtlich ausländischer Investitionen verfolgen.
In solchen Konstellationen tritt neben die Mitwirkungspflicht in der Regel noch die Verpflichtung des Bestellers, Besichtigungen und Führungen durch den Unternehmer nach Fertigstellung zu erlauben[428]. Diese Pflicht ist dann ebenfalls als synallagmatisch zu betrachten; bei ihr handelt es sich um keine *Mitwirkungs*pflicht, sie ist vielmehr eine sogenannte nachvertragliche Verpflichtung.

An dem Beispiel der Baugenehmigung oder auch der Zurverfügungstellung des Grundstückes lässt sich erkennen, dass bei der Ermittlung des Status einer Gegenleistung die individuellen Umstände genau untersucht werden müssen. Schließlich handelt es sich bei ihnen um Leistungen des Bestellers, die bei nahezu jedem Anlagenvertrag anzutreffen sind und welche daher ihren besonderen Status als synallagmatische Pflicht nicht bereits durch ihre bloße Existenz erhalten.

b. Bewertung der synallagmatischen Pflichten des Bestellers

Doch auch diese wenigen synallagmatischen Pflichten vermögen trotz ihres Status nicht, die umfängliche Vertragscharakteristik der Leistung des Unternehmers zu beseitigen oder sogar an sich zu ziehen.

Zwar handelt es sich bei ihnen um anderstypische Gegenleistungen mit der gleichen Zielsetzung wie die Hauptleistungspflicht der anderen Partei; sie sind ihrem Wesen nach darauf gerichtet sind, zur Erfüllung der Pflicht des Unternehmers, eine funktionstüchtige Anlage zu projektieren und zu erstellen[429], beizutragen.

Jedoch fällt die nun erforderliche[430] Bewertung der Beiträge der Parteien zur Erreichung des Zieles zuungunsten des Bestellers aus.
Eine Konstellation, in der die Mitwirkungshandlung des Bestellers eine synallagmatische Hauptpflicht darstellt, ist durch eine gegenseitige Abhängigkeit der Parteien hinsichtlich der Anlagenerstellung gekennzeichnet, und der Besteller nimmt zweifellos eine besonders hervorzuhebende und einflussreiche Position ein. Man könnte daher argumentieren, dass der Unternehmer angesichts mehrerer Anbieter die leichter austauschbare Partei und der Beitrag des Bestellers folglich der bedeutsamere sei. Eine solche Wertung würde sich allerdings zu

---

[428] VOB/B-Kommentar/*Nicklisch* § 4 Rdnr. 2.
[429] Vgl. allgemein zu der Zielsetzung von Mitwirkungshandlungen *Brand/Maskow* 4.23.1..
[430] Vgl. dazu die Ausführungen oben im 6. Kapitel C II 2.

weit vom Vertrag selbst entfernen und zu sehr auf Umstände außerhalb der eigentlichen Vertragsabwicklung abstellen. Schließlich ist es der Unternehmer, der hinsichtlich der Werkerstellung den umfangreichsten Beitrag leistet. Würde man die Tatsache, dass der Besteller zu den wenigen Personen gehört oder sogar die einzige Person ist, welche die konkrete (Mitwirkungs-) Handlung vornehmen kann, den umfangreichen Maßnahmen des Unternehmers gleichstellen oder sogar als bedeutender für die Vertragsabwicklung einstufen, dann käme das einer Orientierung an den Kräfteverhältnissen der Parteien gleich, welche für die Ermittlung des anwendbaren Rechts keine Rolle spielen darf. Die treibende Kraft hinsichtlich der Anlagenerstellung ist der Unternehmer; er ist es, der die Erstellung plant und umsetzt. Der Besteller wächst dabei aus der Rolle eines Helfers nicht heraus; die Anzahl der Mitwirkungshandlungen, die einen synallagmatischen Charakter haben, bleibt bescheiden. Endlich darf auch nicht vergessen werden, dass in der Regel bei Pilotprojekten der Kreis der Personen, die solch eine Anlage herstellen können, ebenfalls klein ist und die oben skizzierte Konstellation sich somit durch eine „Exklusivität" beider Vertragsparteien auszeichnet.

Somit lässt sich *zusammenfassend* sagen, dass den Industrieanlagenvertrag umfangreiche Mitwirkungshandlungen des Bestellers kennzeichnen, von denen auch einige wenige in bestimmten Konstellation synallagmatische Hauptpflichten darstellen, dass diese jedoch nicht in der Lage sind, die Vertragscharakteristik an sich zu ziehen. Die Mitwirkungspflichten ändern nichts an der Vermutung des Art. 28 II EGBGB, dass das Recht des Unternehmers auf den Industrieanlagenvertrag Anwendung findet. Sie wird durch sie lediglich geschwächt.

III. Lokalisierung der vertragscharakteristischen Leistung

Indem man das Recht des Unternehmers für grundsätzlich anwendbar erklärt, ist noch keine Antwort auf die Frage gefunden, um welches Ortsrecht es sich genau handelt. Ist es das Recht am Ort des Hauptsitzes des Unternehmers oder etwa das Recht am Ort einer seiner ausgegliederten Abteilungen bzw. Niederlassungen? Und ist dieser Ort identisch mit dem Ort der Baustelle?

Die Vertragspraxis birgt regelmäßig Probleme bei der Lokalisierung der vertragscharakteristischen Leistung. Der Problemkomplex lässt sich im Wesentlichen in zwei Konstellationen unterteilen.

Zum einen erweist sich die Lokalisierung als schwierig, wenn der Unternehmer am Ort der Baustelle oder an einer anderen vom Standort der Hauptverwaltung abweichenden Stelle eine Vertretung[431] hat, über die die Vertragserfüllung zumindest teilweise abgewickelt wird. Das bezieht nicht den Fall ein, dass Subunternehmer eingesetzt werden. Der Einsatz von Subunternehmern bleibt grundsätzlich ohne Auswirkung auf die kollisionsrechtliche Behandlung des Vertrages zwischen dem Besteller und dem „Haupt"-Unternehmer im Rahmen des Art. 28 II EG[432]. Es ist vielmehr die Konstellation gemeint, in der die Vertretung zwar in rechtlicher Hinsicht zum Gesamtunternehmen gehört, jedoch eine eigene Organisation aufweist.

Zum anderen herrscht Unklarheit hinsichtlich der Heimat der vertragscharakteristischen Leistung, wenn sich mehrere Unternehmen aus verschiedenen Ländern zusammenschließen und gemeinsam Vertragspartner des Bestellers werden. Die Gesamtleistung – Projektierung und Erstellung der Anlage - wird dann von den Unternehmen gemeinsam erbracht, allerdings kann diese nicht ohne weiteres einem *einzelnen* Unternehmen zugerechnet werden, um ihr eine Heimat zu geben.

Im Folgenden sollen die Konstellationen näher beschrieben und Lösungen und Kriterien entwickelt werden. Es gilt dabei zu bedenken, dass das Gesetz in Art. 28 II Satz 3 EGBGB auch den Fall erfassen will, dass eine Lokalisierung nicht möglich ist[433], so dass sich die nun anschließende Untersuchung nicht zum Ziel setzen muss, eine Lösung für sämtliche Konstellationen zu liefern. Sie muss lediglich die Konstellationen herausarbeiten und für diese Kriterien entwickeln, bei denen eine Lokalisierung noch möglich ist und die Formel der vertragscharakteristischen Leistung nicht aufgegeben werden muss.

1. Gesetzliche Vorgabe des Art. 28 II S. 2 EGBGB

Die Regelung des Art. 28 II EGBGB wäre unvollkommen, wenn sie lediglich die Vermutung zugunsten der die vertragscharakteristische Leistung erbringenden Partei ausspräche und es dabei unterließe, die Bezugspunkte zu nennen, welche eine Rechtsordnung zu der begünstigten Partei aufweisen muss, um als die sachnächste vermutet zu werden.

---

[431] Der Begriff „Vertretung" wird hier noch untechnisch verwandt, d.h. es sind mit ihm nicht nur Rechtssubjekte mit einer Vertretungsmacht gemeint.

[432] Zur Rolle des Subunternehmers im Bau- und Anlagengeschäft und insbesondere zu der Problematik der akzessorischen Anknüpfung des Subunternehmervertrages an das Statut des Hauptvertrages siehe die Ausführungen im 9. Kapitel.

[433] Reithmann/Martiny-*Martiny* Rdnr. 138.

Folgerichtig ergänzt Art. 28 II EGBGB die Vermutung der Vertragscharakteristik um die des Ortes, von dem aus die vertragscharakteristische Leistung *gesteuert* wird[434]. Mit der Entscheidung zugunsten der vertragscharakteristischen Leistung und des Ortes der Steuerung ist es dem Gesetzgeber gelungen, das auf den Vertrag anwendbare Recht für beide Vertragsparteien vorhersehbar zu machen. Der Anknüpfungspunkt „Ort der Steuerung" lässt sich in der Regel ebenso wie die vertragscharakteristische Leistung leicht bestimmen.
In der Wahl dieser Kriterien kommt zum Ausdruck, dass prinzipiell die Umstände der *Abwicklung* des Vertrages entscheidend sind. Die Beziehung des Vertragsverhältnisses zu einer Rechtsordnung muss sich während seiner Abwicklung bzw. seiner Umsetzung ergeben und nicht aus formalen Aspekten wie etwa dem Satzungssitz einer Gesellschaft[435].
Hinsichtlich des Ortes der Steuerung unterscheidet der Gesetzgeber zwischen einer nichtgeschäftlichen und einer geschäftlichen Tätigkeit der die vertragscharakteristische Leistung erbringenden Partei.

Im Rahmen des *nichtgeschäftlichen* Bereiches wird grundsätzlich auf den gewöhnlichen Aufenthalt der Partei im Zeitpunkt des Vertragsabschlusses abgestellt. Sollte es sich bei der Partei um eine Gesellschaft, einen Verein oder eine juristische Person handeln, dann ist das Recht am Ort der Hauptverwaltung maßgeblich.

Die Auslegung der Tatbestandsmerkmale „Gesellschaft, Verein, juristische Person" muss vertragsautonom erfolgen[436]. Dass die Merkmale nicht im technischen Sinne verstanden werden dürfen, kann aus dem Zweck der Vorschrift und dem Umstand geschlossen werden, dass der Wortlaut der verschiedensprachigen Fassungen nicht einheitlich ist[437]. Ein enges Verständnis dieser Tatbestandsmerkmale liegt somit fern; ihr Vorliegen kann vielmehr bereits bei jeder Personenvereinigung oder Vermögensmasse angenommen werden, die sich selbst vertraglich verpflichten kann[438].

---

434 Soegel-*von Hoffmann* Art. 28 Rdnr. 64; Müko-*Martiny* Art. 28 Rdnr. 43.

435 Allgemein zur Problematik des Auseinanderfallens von Niederlassung und Tätigkeitsgebiet vgl. OLG Frankfurt a.M. IPRspr. 1997 Nr. 45, S. 82 (83) sowie Caledonia Subsea Ltd. v. Micoperi Srl, 2001 Scots L.T. 1186 (Outer House, Lord Hamilton) = ZEuP 2002, S. 807 f..

436 Müko-*Martiny* Art. 28 Rdnr. 44.

437 Erman-*Hohloch* Art. 28 Rdnr. 22; Reithmann/Martiny-*Martiny* Rdnr.117.

438 Soergel-*von Hoffmann* Art.28 Rdnr. 63; Erman-*Hohloch* Art. 28 Rdnr. 22.

Im Rahmen des *geschäftlichen* Bereiches wird der Ort, von dem aus die Steuerung der vertraglichen Leistung erfolgt[439], anders als beim nichtgeschäftlichen Bereich[440] nicht pauschal im gewöhnlichen Aufenthaltsort oder in der Hauptverwaltung gesehen, sondern es findet eine individuelle Ermittlung der tatsächlichen Umstände statt. Dies wird erreicht, indem man sich von den Anknüpfungspunkten des gewöhnlichen Aufenthaltsortes und der Hauptverwaltung löst und stattdessen auf die jeweilige Niederlassung abstellt, von der aus die Vertragserfüllung gesteuert wird. Dabei kann es sich, es muss sich jedoch nicht um die Hauptniederlassung handeln.

In der Regelung, die der Gesetzgeber für den geschäftlichen Bereich getroffen hat, steht der Begriff der Niederlassung im Mittelpunkt. Es wird unterschieden zwischen der „Haupt"-Niederlassung und einer „anderen" Niederlassung. Eine Niederlassung kann dann angenommen werden, wenn die Vertretung sachlich dermaßen ausgestattet ist, dass eine nach außen gerichtete geschäftliche Tätigkeit möglich ist[441]. Ferner muss sie auf eine gewisse Dauer angelegt sein[442], eine Geschäftsführung besitzen und Geschäfte abschließen können[443]. Erfüllen mehrere Vertretungen diese Anforderungen, dann ist diejenige die Hauptniederlassung, welche die anderen Niederlassungen bzw. die andere Niederlassung beaufsichtigt und leitet[444]. Ein solches Abhängigkeitsverhältnis ist die Grundkonzeption der gesetzlichen Regelung; besteht es nicht, und sind die Einheiten somit weisungsunabhängig bei der Erfüllung ihrer Aufgaben, dann greift die Wertung

---

[439] Vgl. hierzu Müko-*Martiny* Art. 28 Rdnr. 46 f. (50).

[440] Beruht diese Unterscheidung auf der Grundannahme, dass im nichtgeschäftlichen Bereich „bodenständige" (- so vermutet etwa Reithmann/Martiny-*Martiny* Rdnr. 127 -) Verhältnisse herrschen und somit die Parteien nicht über die Flexibilität, die Mittel und die Absicht verfügen, die Erfüllung eines Vertrages von einem anderen Ort als dem des gewöhnlichen Aufenthaltes oder der Hauptverwaltung aus zu steuern, dann spiegelt diese Auffassung eine naive Vorstellung der wirtschaftlichen Verhältnisse wider. Schließlich gibt es keinen Grund für etwa eine Gesellschaft, nichtgeschäftliche Transaktionen ausschließlich von der Hauptverwaltung abwickeln zu lassen und nur bei geschäftlichen Transaktionen unter Umständen eine Niederlassung einzuschalten.
Die skizzierte Unterscheidung zwischen dem geschäftlichen und nichtgeschäftlichen Bereich läuft darauf hinaus, dass im geschäftlichen Bereich die tatsächlichen Umstände hinsichtlich der Steuerung der Vertragserfüllung mehr berücksichtigt werden als im nichtgeschäftlichen Bereich. Dem muss dadurch begegnet werden, dass man dem Vermutungstatbestand des Art. 28 II EG in Bezug auf den geschäftlichen Bereich eine stärkere Vermutungswirkung einräumt als in Bezug auf den nichtgeschäftlichen Bereich. Je pauschaler eine Norm formuliert ist, desto großzügiger müssen Ausnahmen – in diesem Fall die des Art. 28 V EG – anerkannt werden (in diese Richtung auch Reithmann/Martiny-*Martiny* Rdnr. 127).

[441] Müko-*Martiny* Art.28 Rdnr.46.

[442] *v. Bar*, IPR II, Rdnr.511; Soergel-*von Hoffmann* Art.28 Rdnr. 67.

[443] Müko-*Martiny* Art. 28 Rdnr. 50.

[444] Soergel-*von Hoffmann* Art. 28 Rdnr. 66.

des Art. 28 II EGBGB nicht. Der Wert dieses Postulates liegt im Wesentlichen darin, dass damit nicht auf rechtlich selbständige Einheiten abgestellt werden kann, denen die Vertragserfüllung größtenteils oder teilweise übertragen worden ist und die bei der Übernahme zwar regelmäßig konkrete und detaillierte Vorgaben erhalten, die jedoch letztlich bei der Organisation und Strukturierung der Vertragsabwicklung der Aufsicht und der Leitung des kontrahierenden Unternehmers nicht unterliegen. Ließe man das nämlich zu, dann würde man im Rahmen des Art. 28 II EGBGB die Beziehung des Vertragsverhältnisses zu einer Rechtsordnung in Umständen sehen, die nur noch bedingt in der Macht bzw. in der Person der kontrahierenden Vertragspartei liegen.
Das Abhängigkeitsverhältnis zwischen der kontrahierenden Einheit und der die Vertragsabwicklung steuernden, rechtlich unabhängigen Einheit kann allerdings ausnahmsweise dergestalt sein, dass die Umstände der Vertragsabwicklung der kontrahierenden Partei in einem ausreichenden Maße zurechenbar sind. In einem solchen Fall zeichnet die kontrahierende Einheit für die Gestaltung und damit auch für den Ort, von dem aus die Steuerung und die Leitung der Vertragsabwicklung erfolgen, verantwortlich. Ein derartiges Abhängigkeitsverhältnis wird zum Teil noch im Konzern trotz der rechtlichen Selbständigkeit der Tochtergesellschaft angenommen[445]. Subunternehmer fallen hingegen regelmäßig nicht unter den Niederlassungsbegriff[446].

Damit eine Vertretung als eine „andere" Niederlassung im Sinne des Art.28 II EGBGB aufzufassen ist, muss der Vertrag ferner vorsehen, dass die Vertragserfüllung von ihr *gesteuert* wird; den Vertrag muss sie nicht abgeschlossen haben[447]. Trotz des Abhängigkeitsverhältnisses zur Hauptverwaltung[448], aufgrund dessen diese die Aufsicht und die Leitung über die Nebenniederlassung ausübt, muss Letztere über eine gewisse Selbständigkeit bei der Erfüllung der vertraglichen Verpflichtung verfügen[449]. Diese darf sich nicht nur auf vorbereitende Hilfsgeschäfte oder auf bloße Erfüllungsmodalitäten beschränken[450]. Die Niederlassung darf nicht nur eine Produktionsstätte sein, wo das umgesetzt wird, was woanders entschieden worden ist. Bei der Festlegung des erforderlichen Maßes an geschäftlicher Selbständigkeit muss das Interesse der anderen Vertragspartei berücksichtigt werden, nicht mit der Rechtsordnung am Ort der

---

[445] Vgl. dazu etwa EuGH IPRax 1989, S. 96 f.; Soergel-*von Hoffmann* Art.28 Rdnr.70; *v. Bar*, IPR II, Rdnr. 511.
[446] Soergel-*von Hoffmann* Art. 28 Rdnr. 67.
[447] Soergel-*von Hoffmann* Art. 28 Rdnr. 68.
[448] Der Begriff „Hauptverwaltung" deckt sich mit dem der „Hauptniederlassung". Vgl. *v. Bar*, IPR II, Rdnr. 510.
[449] Müko-*Martiny* Art. 28 Rdnr. 52.
[450] Soergel-*von Hoffmann* Art. 28 Rdnr. 67.

Hauptverwaltung konfrontiert zu werden[451]. Dieses ist nur dann schutzwürdig, wenn das gewisse Maß an Selbständigkeit ein hohes ist. Ist der Entscheidungsspielraum der Niederlassung gering, und erscheint sie daher nicht als die Stelle, über die die Vertragsabwicklung im Wesentlichen erfolgt, dann ist der Bezug der die charakteristische Leistung erbringenden Partei zu der Rechtsordnung am Ort der Hauptverwaltung offensichtlich und deren Anwendung der anderen Vertragspartei zumutbar, zumal der Vertragsabschluss nicht von der Nebenniederlassung vorgenommen worden sein muss und in einem solchen Fall bereits aufgrund der Vornahme durch die Hauptverwaltung ein offensichtlicher Bezug zu der dortigen Rechtsordnung besteht. Die Niederlassung muss als eigentlicher Geschäftspartner und nicht nur als Vermittler oder Erfüllungsgehilfe der Hauptverwaltung erscheinen. Dies ist nur dann der Fall, wenn die Niederlassung die Stelle ist, wo die wesentlichen Entscheidungen im Rahmen der Vertragserfüllung getroffen werden. Entscheidend ist somit auch hier nicht etwa der Ort der „einfachen" Vertragsaktivität, sondern der Ort der Entscheidungsfindung. Das Maß an Selbständigkeit der bloßen Filiale bei der Erfüllung muss so stark sein, dass der Bezug zur Hauptverwaltung trotz eines eventuellen Vertragsschlusses mit dieser in den Hintergrund tritt.

In erster Linie ist immer auf den Ort der Hauptverwaltung abzustellen, die bloße Filiale muss sich als Ort, dessen Recht zur Anwendung kommt, aufgrund der Umstände aufdrängen[452]. Auf die „andere" Niederlassung ist statt auf die Hauptniederlassung dann abzustellen, wenn eine durchschnittliche Vertragspartei den Eindruck haben muss, dass es sich bei der „anderen" Niederlassung um den eigentlichen Vertragspartner handelt[453].

Der primäre Zweck der Niederlassungs-Regelung besteht darin, der anderen Vertragspartei mit dem Recht am Ort der Hauptverwaltung nicht ein Recht zuzumuten, mit dessen Anwendung die Vertragspartei gar nicht rechnen konnte, da ihr die Beziehung zwischen der Filiale und dem Mutterhaus nicht bekannt war[454] und/oder bei überwiegender Vertragserfüllung durch die Filiale die Beziehung des Vertrages zu dem Recht am Ort der Hauptverwaltung als viel zu flüchtig bzw. insignifikant erschien.

Diese "abweichenden" Umstände müssen in einer starken Intensität auftreten, um das Rechtsverhältnis dem von der Hauptverwaltung ausgehenden Sog zu entziehen. Denn bei bloß teilweiser Erfüllung der Leistung durch eine „andere" Niederlassung erscheint stets die Hauptverwaltung als Vertragspartner.

---

[451] Müko-*Martiny* Art. 28 Rdnr. 52.

[452] Siehe auch Müko-*Martiny* Art. 28 Rdnr. 49 f., wonach auf die bloße Niederlassung nur hilfsweise abzustellen ist.

[453] So ausdrücklich Staudinger-*Magnus* Art. 28 Rdnr. 89 mit Hinweis auf KG IPRspr. 1994 Nr. 21b, S. 57 (59).

[454] Siehe auch Reithmann/Martiny-*Martiny* Rdnr. 132.

Entscheidend sind die Umstände, wie sie sich der anderen Partei darstellen, sofern diese *vertraglich*[455] vereinbart worden sind. Mit dem Erfordernis der vertraglichen Vereinbarung wird vermieden, dass die die vertragscharakteristische Leistung schuldende Partei die Leistungserfüllung einer Niederlassung überlässt, mit deren Heimatrecht die andere Partei anders als mit dem Recht am Ort der Hauptverwaltung nicht rechnen konnte.
Bei der Ermittlung der relevanten Niederlassung spielt der Schutz der anderen Partei eine wichtige Rolle.

Bereitet die Lokalisierung der vertragscharakteristischen Leistung Schwierigkeiten, dann darf ebenso wie bei der Bestimmung der vertragscharakteristischen Leistung selbst[456] nicht voreilig der Vermutungstatbestand des Art. 28 II EGBGB aufgegeben und auf die allgemeine Formulierung der „engsten Beziehung" im Sinne des Art. 28 I EGBGB ausgewichen werden. Insbesondere wenn die Hauptverwaltung nicht dominant ist und von ihr daher ein nur relativ geringer Sog ausgeht, sollte einem flexiblen und großzügigen Umgang mit den Anforderungen an die „andere" Niederlassung der Vorzug gegeben werden gegenüber der Aufgabe des Art. 28 II EGBGB.

Im Vergleich zu dem Aspekt der Transparenz und damit letztlich des Schutzes der anderen Vertragspartei kommt dem Aspekt, dass in der Regelung des Art. 28 II Satz 2 EGBGB ein weiterer Niederschlag der Wertung zu sehen ist, die Partei mit der Anwendung ihres Rechtes zu belohnen, deren Leistung die tatsächlich und rechtlich komplizierteste ist[457], eine geringere Bedeutung zu.
Dieser Aspekt greift ohnehin nur in Konstellationen, wo die Niederlassungen/Filialen noch eine „Individualität" - d.h. eine juristische Selbständigkeit - besitzen und daher die Anwendung ihres Rechts als Begünstigung aufgefasst werden kann. Eine solche liegt etwa dann vor, wenn – wie unter Umständen in einem Konzern - nicht der eigentliche Vertragspartner, sondern eine dritte juristische Person die Vertragserfüllung durchführt, auf die diese Aufgabe zuvor delegiert worden ist. Sie ist auch dann gegeben, wenn sich Unternehmen vorübergehend oder dauerhaft zu einer Gesellschaft mit oder ohne Rechtsfähigkeit zusammenschließen und in diese Gesellschaft nur einen Teil ihres Unternehmens eingliedern, während der restliche Teil weiterhin als juristische Person und somit als eine Einheit mit einer eigenen Identität existiert. Eine solche Konstellati-

---

[455] Vgl. Art. 28 II 2 EG.
[456] Vgl. oben im 6. Kapitel C II 2, 3 die Ausführungen zu der Auswirkung der Mitwirkungshandlungen des Bestellers auf die Vertragscharakteristik der Leistung des Unternehmers.
[457] Siehe hierzu Soergel-*von Hoffmann* Art. 28 Rdnr. 67, der den Zweck des Art. 28 II Satz 2 EG gerade darin sieht.

on ist – wie noch zu zeigen sein wird – im Industrieanlagengeschäft häufig anzutreffen.
Fehlt den Niederlassungen dagegen eine Individualität, dann stellt die Entscheidung zugunsten des Rechts einer bestimmten Niederlassung keine Begünstigung derselben dar. Denn bei nur einer einzigen *rechtlichen* Einheit ist dieser regelmäßig nicht damit gedient, statt des Rechts am Ort ihrer Hauptverwaltung das Recht am Ort einer Niederlassung anzuwenden. Schließlich ist das gültige Recht eines bestimmten Ortes häufig einer der ausschlaggebenden Gründe, die Hauptverwaltung an diesen Ort zu legen.

Bei der Entscheidung, ob einer Niederlassung die Qualität einer Niederlassung im Sinne des Art. 28 II Satz 2, 2. HS EGBGB zuerkannt werden kann, muss man sich primär daran orientieren, ob sich diese als der Träger der *alltäglichen* Entscheidungen im Rahmen der Vertragserfüllung präsentiert. Die Rollenverteilung muss transparent sein und einen sinngemäßen Niederschlag im Vertragswerk gefunden haben.

2. Repräsentanz des Auftragnehmers

a. Baubüro

Die Projektierung und die Realisierung einer industriellen Großanlage erfordern stets die Errichtung eines Baubüros am Ort der Baustelle. Angesichts des Bauvolumens ist dieses in der Regel räumlich, sachlich und personell großzügig ausgestattet. Das Baubüro dient der *Bau*leitung[458]. In seiner Funktion als Bauleiter löst der Vorsteher des Büros gemeinsam mit seinen sachlichen und personellen Ressourcen technische Probleme, und er ist für die Organisation der Baustelle zuständig. Die letztere Aufgabe kann neben der Abstimmung mit anderen auf der Baustelle tätigen (Sub-) Unternehmern und dem planmäßigen Einsatz der Maschinen und der Arbeitskraft auch Bereiche wie zum Beispiel die Einstellung lokaler Arbeitnehmer, die Absteckung des Geländes und deren Berichtigung sowie die Beachtung von Festen und religiösen Bräuchen vor Ort umfassen[459].
Von Hoffmann sieht in einem projektbezogenen Baubüro, welches für länger als ein Jahr eingerichtet ist, die Voraussetzungen einer „anderen" Niederlassung im Sinne des Art. 28 II EGBGB grundsätzlich gegeben[460]. Zwar weist auch er ausdrücklich auf das Erfordernis eines gewissen Maßes an Selbständigkeit hin, al-

[458] Vgl. hierzu etwa Art. 15.1 Red Book sowie Art. 4.1 Orange Book, welche dem Unternehmer die Bauleitung auferlegen („superintendence").
[459] Eine umfängliche Aufzählung liefert *Rosener* in: MünchVhb (Bd.4) Anm. 20.
[460] Soergel-*von Hoffmann* Art. 28 Rdnr. 217.

lerdings lässt sich aus seiner Formulierung schließen, dass er ein solches für nicht ungewöhnlich hält bei einem projektbezogenen Baubüro im Industrieanlagenbau.

Das Baubüro ist jedoch in der Regel nicht als eine „andere" Niederlassung im Sinne des Art. 28 II EGBGB zu verstehen. Es handelt sich bei ihm nicht um die Stelle, über die die Vertragsabwicklung im Wesentlichen erfolgt. Die Koordination und Leitung liegt nicht bei ihm, sondern zum überwiegenden Teil bei der Hauptverwaltung.
Anders als bei einem Bauvertrag kleineren Zuschnitts beschränkt sich die Leistung des Auftragnehmers nicht hauptsächlich auf die Tätigkeit am Ort der Baustelle. Während bei jenem Bauvertrag der Hauptteil der Tätigkeit in der Bauleistung - Errichtung des Gebäudes – vor Ort besteht und andere Maßnahmen – wie zum Beispiel die Logistik - nur einen relativ geringen Aufwand erfordern, dominiert bei der Erstellung einer industriellen Großanlage die Tätigkeit vor Ort weder in zeitlicher noch in logistischer Hinsicht die Gesamtleistung des Auftragnehmers.
Das Kernstück der industriellen Anlage bilden die zur Herstellung des Produktes erforderlichen Maschinen, und diese werden überwiegend entweder aus dem Land der Hauptverwaltung oder aus Drittländern zugeliefert oder aber – was noch häufiger der Fall ist – in diesen Ländern individuell angefertigt.

Dass die Tätigkeit des Unternehmers unmittelbar am Ort der Baustelle zumindest den nicht größten Teil des vom Unternehmer zu leistenden Arbeitsaufwandes darstellt, wird ferner deutlich, wenn man sich das Ausmaß vor Augen führt, welches der „nichtgegenständliche" Bereich der Leistungsverpflichtung des Unternehmers einnimmt. Wie noch an anderer Stelle näher beschrieben wird[461], muss der Unternehmer auch die entsprechenden Lizenzen und das technische und kaufmännische Know-how für den Betrieb der Anlage liefern und regelmäßig für den Besteller die Finanzierung der Anlage durch Kredite und Förderungen organisieren. Diese Tätigkeiten sind nicht nur enorm wichtig für das Gesamtprojekt, sie erfordern auch einen hohen Kenntnisgrad und einen großen zeitlichen Aufwand.
Das Ausmaß an allgemeiner Planungstätigkeit, Vorfertigung im „gegenständlichen" Bereich und Tätigkeiten im „nichtgegenständlichen" Bereich lässt es nicht zu, im Rahmen des Art. 28 II EGBGB das Baubüro als einen organisatorischen Teil des Auftragnehmers zu betrachten, welcher sich ob seiner Entscheidungs-

[461] Vgl. die Ausführungen im 6. Kapitel D V.

kompetenz als eine „andere" Niederlassung aufdrängt und in der Lage ist, die Hauptverwaltung als primären Anknüpfungspunkt zu verdrängen[462].

Der Umfang der Entscheidungsbefugnis und damit des Anteils an der Leitung der Vertragserfüllung durch das Baubüro erfährt darüber hinaus noch eine Schwächung durch die technische Entwicklung. Aufgrund der modernen Kommunikationstechniken wird die bautechnische Umsetzung des vertraglich vereinbarten Leistungszieles einschließlich der Lösung auftretender technischer Probleme heutzutage nicht mehr überwiegend vom Bauleiter vor Ort vorgenommen; es werden vielmehr Fachabteilungen am Sitz der Hauptverwaltung in diesen Arbeitsvorgang einbezogen, von denen dann auch regelmäßig die letztendliche Entscheidung getroffen wird[463]. Eine enge Kommunikation ist schon alleine deswegen nötig, weil es sich beim Industrieanlagenvertrag um ein nach vorn offenes System handelt und daher nicht nur technische Fragen zu klären sind, deren Auftreten unvorhersehbar war und die daher den Charakter eines Problems oder eines Zwischenfalles haben, sondern auch solche, die von vornherein offen gelassen worden sind und die in Abhängigkeit von den örtlichen Begebenheiten und sonstigen Umständen erst während der letztendlichen Realisierung der Projektierung entschieden werden.
Es würde den Bauleiter vor Ort trotz einer umfangreichen technischen Ausstattung und kollegialer Unterstützung auch schlichtweg überfordern, wenn er alle diese Fragenkomplexe analysieren und klären müsste. Der Bauleiter dient weniger als Entscheidungsinstanz, seine Funktion besteht vielmehr darin, das Prob-

---

[462] Es soll hier doch keineswegs der Eindruck entstehen, dass am Ort der Baustelle kein beträchtlicher Teil der allgemeinen Vertragsaktivität stattfindet. Die Ausführungen sollen nur verdeutlichen, dass beim Anlagenvertrag auch zahlreiche Vertragsaktivitäten von anderen Orten aus *gesteuert* werden und dass der Unternehmer viele Dinge – wie etwa die Gewährung von Lizenzen - leisten muss, die nicht in das Aufgabengebiet des technischen Leiters vor Ort fallen. Die Baustelle ist zweifelsohne eine Stätte, an dem durch beide Parteien ein großer Teil der Vertragsabwicklung geleistet wird, und dieser Aspekt findet im Rahmen der Abwägung nach Art. 28 V EGBGB unter dem Stichwort „Ort der Vertragsaktivität" eine kollisionsrechtliche Berücksichtigung (vgl. die Ausführungen im 6. Kapitel D VI).

[463] Siehe hierzu auch *Jaeschke/Feuerbaum* DB 1982, S. 2093 (2094, 2095), deren Ausführungen sich auf das Jahr 1982 beziehen und die *bereits damals* darauf hinwiesen, dass aufgrund der Fortentwicklung der Computerkapazitäten die Möglichkeit eines „weltweiten unternehmensbezogenen *Teleprocessing*" bestehe. Dadurch sei es möglich, Ingenieurarbeiten durch qualifiziertes Personal im Ausland kostengünstig vornehmen zu lassen. Kernkompetenzen – wie zum Beispiel das basic engineering (verfahrenstechnische Auslegung von Industrieanlagen) und das Projektmanagement – blieben dabei in Deutschland. Das „Project-Controlling" erfolge mit massiver Hilfe der Computertechnik. Die zum damaligen Zeitpunkt noch übliche Erstellung eines gegenständlichen Modells der zu errichtenden Anlage würde wahrscheinlich demnächst durch aufwendige Zeichnungen am Computer ersetzt.
Die technische Entwicklung der jüngsten Zeit hat gezeigt, dass die Verfasser mit ihrer Einschätzung richtig lagen und sich der von ihnen skizzierte Trend noch verstärkt hat.

lem zu beschreiben und entsprechende Daten zu übermitteln[464]. Seine Entscheidungsbefugnis beschränkt sich auf einfache technische Probleme[465]. Dasselbe gilt für nichttechnische Probleme im Rahmen der Baustellenorganisation.

Die Wichtigkeit der Hauptverwaltung für die Vertragsabwicklung ist für den Besteller auch offensichtlich. Angesichts der Dimension einer industriellen Großanlage kann der Besteller nicht annehmen, dass das Baubüro die gesamte Leitung der Vertragsabwicklung innehat. Es herrscht diesbezüglich keine Ungewissheit, und der Besteller weiß somit, dass es die Hauptverwaltung ist, die das Herzstück bei der Projektierung sowie einen wichtigen Teil bei der Realisierung der Anlage ausmacht.
Eine Konfrontation mit dem am Ort der Hauptverwaltung geltenden Recht kann dem Besteller zugemutet werden; der Aspekt der Transparenz fordert nicht die Anwendung des Rechts am Ort der Baustelle.

Endlich spricht die „Projektbezogenheit" des Baubüros gegen die Annahme einer „anderen" Niederlassung im Sinne des Art.28 II EGBGB[466]. Diese Zwecksetzung verleiht dem Baubüro den Charakter einer lediglich vorübergehenden Beziehung des Vertrages zur Rechtsordnung. Die Ermittlung des anwendbaren Rechts im Rahmen des Vermutungstatbestandes zeichnet sich aber durch die Zuordnung eines Rechtsverhältnisses zu einer Rechts- und Wirtschaftsordnung aufgrund einer *festen* Verankerung des Schuldners in eben jener Ordnung aus. Es soll dadurch das Recht ermittelt werden, in dem sich der Schuldner auskennt[467], mit dem er vertraut ist, in dessen Geltungsbereich er lebt. Dies wird insbesondere deutlich bei der natürlichen Person im nichtgeschäftlichen Bereich; es wird dort auf den gewöhnlichen Aufenthaltsort der natürlichen Person und damit auf eine Konstante innerhalb des Lebens des Schuldners abgestellt. Es ist nicht anzunehmen, dass der Gesetzgeber mit dem Anknüpfungspunkt „andere Niederlassung" für den geschäftlichen Bereich von diesem Konzept abweichen wollte; er wollte vielmehr nur der Selbständigkeit von Niederlassungen im geschäftlichen Bereich Rechnung tragen.

---

[464] *Wiegand* in: Vertragsgestaltung und Streiterledigung (Böckstiegel), S. 59 (84) umschreibt den Bauleiter früherer Prägung als „einen hochqualifizierten selbständigen Oberbauleiter einer Auslandsbaustelle, der *einsam wie ein Kapitän auf großer Fahrt* seine Entscheidungen traf."

[465] Die Bedeutung eines erfahrenen Bauleiters vor Ort ist aber trotz allem nicht zu unterschätzen. Mit seiner Arbeit kann er den Verlauf der Vertragsabwicklung entscheidend beeinflussen, nur tritt er dabei nicht als die wichtigste Entscheidungsinstanz auf.

[466] Ähnlich *Berger* JuS 1999, S. 1091 (1094).

[467] *V. Bar,* IPR II, Rdnr. 506.

Um einer Niederlassung den Charakter einer Konstante einzuräumen, kommt es zwar nicht darauf an, wie lange diese bereits existiert; es ist unerheblich, dass sie unter Umständen erst seit kurzer Zeit existiert und auch nur für eine befristeten Zeitraum gegründet worden ist.
Entscheidend ist nur, dass ihre Gründung nicht lediglich der Realisierung eines einzelnen Projektes dient. Eine solche Zwecksetzung rückt das „Mobile und wenig Konstante" zu sehr in den Vordergrund, als dass man auf das Baubüro abstellen könnte. Verweigert man einer Repräsentanz aufgrund dieser Zwecksetzung den Status einer Niederlassung im Rahmen des Art. 28 II EGBGB, dann bedeutet dies natürlich nicht, dass man der umfangreichen Aktivität der Vertretung vor Ort nicht noch eine kollisionsrechtliche Signifikanz bei der Gesamtabwägung im Sinne des Art. 28 V EGBGB einräumen kann[468]. Aus den dargestellten *dogmatischen* Gründen kann sie jedoch keine Vermutung im Sinne des Art. 28 II EGBGB begründen.

b. Sonstige Repräsentanz

Einige in der Branche des Industrieanlagengeschäftes tätige Unternehmen unterhalten Vertretungen im Ausland. Diese haben dann den Charakter einer Filiale und befinden sich in Ländern, aus denen entweder selbst häufig Aufträge erteilt werden oder aber welche sich als Sitz einer Repräsentanz in Bezug auf eine bestimmte Region eignen[469]. Anders als ein Baubüro widmen sie sich nicht hauptsächlich den technischen, sondern stattdessen den betriebswirtschaftlichen und kaufmännischen Aspekten des Industrieanlagengeschäftes. Bei ihnen handelt es sich nicht lediglich um projektbezogene Einrichtungen.

Aber auch ihnen fehlt regelmäßig die Qualität einer "anderen" Niederlassung im Sinne des Art. 28 II EGBGB. Sie sind weder personell noch sachlich ausreichend ausgestattet, um die Erfüllung eines Vertrages über die Erstellung einer industriellen Großanlage leiten zu können.

---

[468] So auch *Berger* JuS 1999, S. 1091 (1094). Vgl. aber auch *Wenner* in: FS Mantscheff, S. 205 (217), der es für „systematisch zweifelhaft" hält, dem Baubüro einerseits den Status einer Niederlassung im Sinne des Art. 28 II EG zu verwehren, es andererseits jedoch im Rahmen des Art. 28 V EGBGB als einen Umstand zu betrachten, der „von genügendem Gewicht ist, um die Regelvermutung des Art. 28 Abs. 2 EGBGB außer Kraft zu setzen".
Die Kritik von *Wenner* ist nur dann berechtigt, wenn man den Umstand „Baubüro" alleine ausreichen lassen würde. Dies ist hier aber nicht beabsichtigt. Einem großzügig ausgestatteten Baubüro soll lediglich der Status eines Momentes eingeräumt werden, welches im Rahmen des Art. 28 V EGBGB *mit*zuberücksichtigen ist.

[469] Zu denken ist dabei insbesondere an Costa Rica für Mittel- oder Südamerika und an Singapur für Südostasien. Diese Länder zeichnen sich durch Stabilität und einen relativ hohen technischen und wirtschaftlichen Entwicklungsstand aus.

Die Aufgabe der Filiale beschränkt sich regelmäßig darin, den Auftrag im Sinne einer bloßen Vertriebsrepräsentanz zu vermitteln und als Ansprechpartner für den Besteller zur Verfügung zu stehen.

Eine solche Repräsentanz ist im Industrieanlagenbau ebenso wenig wie ein Baubüro als eine Einheit konzipiert, welche die Leitung der Vertragserfüllung ausübt. Nach der Struktur des Unternehmens dient ihre Gründung nicht der Ausgliederung der *Leitung* des konkreten oder potentieller Projekte. Ihre Einstufung als „andere" Niederlassung scheitert bereits am Unternehmenskonzept.

Anders verhält es sich jedoch, wenn das mit dem Besteller kontrahierende Unternehmen nicht selbst zur Fertigung oder zum Bau beiträgt, sondern stattdessen lediglich die Organisation der Projektierung übernimmt, ohne dabei seine Rolle als Generalunternehmer aufzugeben. In einem solchen Fall dienen auch Vertretungen strukturell mehr der Leitung und Organisation als der bloßen Akquisition von Aufträgen oder der Kommunikation zwischen dem Besteller und der Hauptverwaltung. Die Filialen nehmen hier stärker an der Organisation teil.

Doch auch hier gilt das zuvor Gesagte. Angesichts der Dimension einer industriellen Großanlage ist es aus logistischen wie auch technischen Gründen nicht möglich, einer Filiale die überwiegende Leitung der Vertragsabwicklung zu überlassen. Ohne die Kapazitäten der Hauptverwaltung lässt sich eine industrielle Großanlage nicht projektieren und deren Erstellung nicht überwachen. Die Leitung der Vertragserfüllung geht auch hier entscheidend von der Hauptverwaltung aus.

Als *Ergebnis* lässt sich somit festhalten, dass weder ein Baubüro vor Ort noch sonstige ausländische Repräsentanzen des mit dem Besteller kontrahierenden Auftragnehmers einer Zuordnung der vertragscharakteristischen Leistung zu dem Recht am Ort der Hauptverwaltung im Wege stehen. Dies bedeutet allerdings nicht, dass diesen ausgegliederten Einheiten nicht noch eine kollisionsrechtliche Bedeutung im Rahmen der Abwägung gemäß Art. 28 V EGBGB zukommen kann[470].

---

[470] Vgl. die Ausführungen im 6. Kapitel D VI.

3. Unternehmerkoalition

a. Einführung in die Interessenlage der Beteiligten

In die Praxis des industriellen Großanlagengeschäfts hat eine neue Form der Projektrealisierung Einzug gehalten und sich dort inzwischen etabliert.
Es schließen sich mehrere Unternehmen zu einer Anbieterkoalition im weitesten Sinne zusammen, um gemeinsam das Projekt zu realisieren.
Für einen solchen Zusammenschluss sprechen zahlreiche Gründe, deren gemeinsamer Ursprung in der finanziellen, technischen und logistischen Dimension der Projektierung und der Realisierung einer industriellen Großanlage liegt. Schließlich ist es heute nahezu unmöglich für ein Unternehmen, der Verpflichtung zur Erstellung einer industriellen Großanlage ohne die Einschaltung Dritter nachzukommen[471].
So erzwingen häufig patentrechtlich geschützte Verfahrenstechniken die Einschaltung des Inhabers des Schutzrechtes. Oder aber es fehlt dem einzelnen Unternehmen das erforderliche Know-how[472]; durch eine Zusammenarbeit können nicht nur allgemeine Kapazitätsgrenzen überwunden werden, sondern es kann auch das Spezialwissen verschiedener Branchen angeboten werden. Mit der Einbindung von Partnern gelingt es häufig auch, deren Kostenvorteile für sich nutzbar zu machen und für sich Märkte zu erschließen, hinsichtlich derer die Partner über bessere Zugangsmöglichkeiten und Kontakte verfügen[473]. Das gilt insbesondere für im eigenen Land begrenzte Exportkreditversicherungs- und Exportfinanzierungsmöglichkeiten[474]; durch den Einbezug von Unternehmen, die aus anderen Ländern stammen, können Risiken und Bereiche abgedeckt werden, für welche das eigene Kreditversicherungssystem keine Deckung vorsieht.

Beabsichtigt ein Unternehmen, sich um einen bestimmten Auftrag zu bemühen oder aber sich allgemein im Industrieanlagenbau zu etablieren, dann wird es zunächst einmal die eigenen technischen, finanziellen und logistischen Möglichkeiten auf ihre internationale Wettbewerbsfähigkeit hin untersuchen. Es wird dabei das Hauptaugenmerk auf die Frage richten, in welcher Form es sich der Hilfe anderer Unternehmen bedienen muss. Dieser Fragestellung kommt eine wichtige unternehmerische und strategische Bedeutung zu[475].

---

[471] Siehe auch UNCITRAL chap. II para.10 sowie *Herten* S. 38 und *van Houtte* ICLR (1991), 301, 302.

[472] Zur Definition dieses Begriffes vgl. die Ausführungen im 6. Kapitel D V 1 a (2).

[473] So für Joint-Venture UNCITRAL chap. II para. 29; *Ehinger* in: Langzeitvertrag (Nicklisch), S. 187 (189); siehe auch *Göthel*, Joint Ventures, S. 50 Fn. 130.

[474] Zu den Rechtsverhältnissen innerhalb einer Euler-Hermes gedeckten Exportfinanzierung vgl. *Fehr* RIW 2004, S. 440 f..

[475] *Siepert* in: Auftragsfinanzierung, S. 145 (149).

Es stehen dem Unternehmen grundsätzlich zwei Möglichkeiten zur Verfügung, wie es andere Unternehmen in die Projektrealisierung einbeziehen kann. Entweder es dehnt die Anzahl der an der Realisierung beteiligten Unternehmen in vertikaler Hinsicht aus, und es schaltet im eigenen Namen Subunternehmer ein[476] bzw. es gründet mit anderen Unternehmen auf einer dem Anlagenvertrag nachgelagerten Vertragsebene eine Innengesellschaft[477]. Oder aber es beschreitet den horizontalen Weg, und es sucht sich Partner, mit denen es gemeinsam Partei des Industrieanlagenvertrages wird[478].
Die beiden Wege stehen in keinem alternativen Verhältnis zueinander, d.h. sie können auch kombiniert auftreten[479]. Man kann davon ausgehen, dass auch bei Beschreitung des horizontalen Weges der Einsatz von Subunternehmern unverzichtbar bleibt[480].
Welcher der beiden Wege am günstigsten ist, hängt von den technischen, geographischen, wirtschaftlichen und finanziellen Umständen des Einzelfalles ab. Häufig verlangen Besteller einer industriellen Großanlage die Berücksichtigung lokaler Unternehmen[481], und sie geben genau vor, wie diese Unternehmen in die Projektierung einzubeziehen sind[482], so dass die Unternehmen die Art und Weise ihrer Zusammenarbeit zumindest nicht in jeglicher Hinsicht frei wählen können.

Ein wesentlicher Vorteil[483] des horizontalen Weges ist die Verteilung des Haftungsrisikos zwischen mehreren Unternehmen, welche regelmäßig mit dieser Konstruktion einhergeht. Es trägt dann nicht mehr nur ein einzelner Unternehmer das Risiko für das *Gesamt*gelingen der Projektierung. Eine Verteilung dieses Risikos zwischen dem Unternehmer und Subunternehmer ist dagegen nur bedingt möglich, da diese sich regelmäßig weigern werden, das Risiko für Schä-

---

476 Vgl. hierzu die Ausführungen im 9. Kapitel.

477 Zur Rolle und Struktur der Innengesellschaft in der Bau- und Anlagenpraxis vgl. die Ausführungen im 6. Kapitel C III 3 b (1) (c).

478 *Sarie-Eldin* S. 30 f. nimmt ebenfalls eine Unterscheidung der Kooperationsformen anhand der Begriffe „vertikal" und „horizontal" vor. Im Zusammenhang mit der vertikalen Vertragsebene diskutiert er aber nur die Innengesellschaft.

479 So auch *Hautkappe* S. 158 für das Verhältnis von Konsortialpartnern und Subunternehmern im engeren Sinne.

480 *Nicklisch* NJW 1985, S. 2361 (2362).

481 VDMA 2003, S. 10; *Herten* S. 169.; *Hopfenbeck* S. 61 Fn. 1; *van Houtte* a.a.O..

482 UNCITRAL chap. II para.10.

483 Als spezielle Vorteile eines horizontalen Zusammenschlusses können noch angeführt werden: Erhöhung der Akquisitionsfähigkeit bei der Ausschreibung, geringere Probleme bei der Vorfinanzierung des Großprojektes, Schaffung eines Gegengewichtes zu der staatlichen Konzentration auf der Käuferseite (= Erhöhung der Marktmacht), vgl. dazu *Hopfenbeck* S. 54 f..

den zu übernehmen, die nicht im direkten Zusammenhang mit ihrem Leistungsbeitrag stehen[484].
Die Verteilung des Haftungsrisikos zwischen den Unternehmern im Rahmen eines horizontalen Zusammenschlusses erweist sich auch für den Besteller als vorteilhaft[485] und wird von ihm nicht selten gefordert[486]. Aufgrund eines derartigen Zusammenschlusses steht ihm eine größere Haftungsmasse zur Verfügung, und der Besteller ist grundsätzlich daran interessiert, das Risiko einer zu geringen Haftungsmasse zu vermeiden[487], welches insbesondere bei einem Unternehmen von einer kleinen oder einer mittleren Größe – als alleinigem Vertragspartner - bestünde.

In diesem Zusammenhang ist auch auf die Nachteile hinzuweisen, die der Einbezug Dritter in die Erstellung einer Anlage in der Regel mit sich bringt und die nicht selten von den Parteien im Vorfeld „unterbewertet" werden[488].
Zu nennen sind insbesondere[489] die Konflikte und Missverständnisse, die aus den unterschiedlichen Landessprachen und den verschiedenen wirtschaftlichen Verhaltens- und Denkweisen resultieren[490]. Auch birgt die Tatsache, dass es sich bei den Partnern regelmäßig um Konkurrenten handelt, die Gefahr psychologischer Hemmnisse bei der notwendigen Anwendung und Offenlegung von Geschäftsgeheimnissen und –praktiken.

Für die Parteien ist es bei der Wahl der konkreten Kooperationsform und bei deren inhaltlichen Ausgestaltung unerlässlich, sich Klarheit darüber zu verschaffen, welches Recht auf die Kooperation selbst Anwendung findet. Von dessen

---

484 Siehe dazu auch *Brand/Maskow* 7.3.1.; zu dem damit zusammenhängenden Problem der Synchronisation des Generalunternehmervertrages und des Subunternehmervertrages siehe die Ausführungen im 9. Kapitel C.
485 UNCITRAL chap. II para.14.
486 Vgl. hierzu auch *Hopfenbeck* S. 60, der darauf hinweist, dass insbesondere Entwicklungsländer als Auftraggeber häufig eine solidarische Haftung zur Bedingung machen.
487 In diesem Zusammenhang ist darauf hinzuweisen, dass es letztlich auf die genaue Ausgestaltung der Kooperationsform ankommt, ob mit ihr eine im Vergleich zum Generalunternehmer größere Haftungsmasse einhergeht. Trifft der Besteller eine Anbieterkoalition an, die sich für die Gründung einer juristischen Person entschieden hat, dann ist diese regelmäßig nur mit dem jeweils vorgeschriebenen Mindestkapital ausgestattet. So weiß zum Beispiel *Herten* S. 169 Fn. 1 zu berichten, dass die Bundesregierung im Rahmen des deutsch-französischen Satellitenprogramms „Symphonie" aus Furcht vor einer kapitalschwachen Kooperationsform auf einen Abschluss mit einem potenten Generalunternehmer gedrängt hat; es hat sich jedoch niemand angesichts des großen Risikopotentials des Projektes dazu bereiterklärt.
488 *Siepert* a.a.O. S. 148.
489 Zu weiteren Nachteilen vgl. *Siepert* a.a.O..
490 Vgl. *Ehinger* a.a.O. S. 189.

Großzügigkeit hängt es ab, ob die potentiellen Partner die Kooperation in der von ihnen gewünschten Form errichten bzw. betreiben können. Dies gilt insbesondere, wenn sich das auf die Kooperationen anwendbare Recht nach dem Internationalen Gesellschaftsrecht bestimmt, welches eine *umfängliche* Rechtswahl – auch im Falle einer Gründungsanknüpfung - grundsätzlich nicht zulässt. Es sind im Rahmen der obigen Abwägung zwischen den in Frage kommenden Kooperationsformen die potentiell auf die Kooperation anwendbaren Rechte zu untersuchen und der nach dem jeweiligen Rechtsanwendungsrecht entscheidende Anknüpfungspunkt entsprechend zu gestalten.

Die Kriterien hinsichtlich der Lokalisierung der vertragscharakteristischen Leistung eines durch eine Anbieterkoalition mit einem Dritten geschlossenen Vertrages sind nicht identisch mit den Kriterien zur Ermittlung des Statuts für die Anbieterkoalition selbst. Sowohl der Anknüpfungsgegenstand als auch der Anknüpfungspunkt sind verschieden; die Anknüpfung kann zu demselben Statut führen, sie muss es jedoch nicht.

Bei der Ermittlung des Kooperationsstatuts dient die Kooperation als Anknüpfungsgegenstand, und zwar in ihrer grundsätzlichen Struktur und in ihrer Eigenart als Zusammenschluss und als Objekt, welches existiert und – selbständig oder unselbständig - am Rechtsleben teilnimmt. Folgerichtig umfasst das Statut etwa Fragen der Gründung[491], der Rechtsfähigkeit[492], der Geschäftsführung und Vertretungsmacht der Organe[493], der Haftung[494], der Umstrukturierung[495] und der Beendigung[496].

Dagegen stellt die Anbieterkoalition bei der Lokalisierung der vertragscharakteristischen Leistung im Rahmen eines mit einem Dritten geschlossenen Vertrages lediglich einen Anknüpfungspunkt dar; Gegenstand ist hier der Vertrag. Entscheidend ist dabei nicht die *grundsätzliche*, sondern vielmehr die *konkrete* Struktur der Kooperation im Hinblick auf die Erfüllung der aus dem Vertrag mit der dritten Person resultierenden Leistungsverpflichtung[497].

---

[491] KG Berlin NJW 1989, S. 3100 (3101).

[492] BGHZ 51, 27 (28); KG Berlin NJW 1989, S. 3100 (3101); OLG Oldenburg NJW 1990, S. 1422 (1422); OLG Düsseldorf JZ 2000, S. 203 (203).

[493] BGH NJW 1992, S. 618 (618); OLG Hamm RIW 1994, S. 513 (514); OLG Düsseldorf RIW 1995, S. 325 (326).

[494] LG Marburg NJW-RR 1993, S. 222 (223); BGHZ 78, 318 (334); *Ulmer* JZ 1999, S. 662 (664 f.).

[495] *Kallmeyer* ZIP 1996, S. 535 (536); Palandt-*Heldrich* Anh. zu Art. 12 Rdnr. 17.

[496] BGHZ 51, 27 (28).

[497] Das gilt für geschäftliche Tätigkeiten. Im nichtgeschäftlichen Bereich wird auch im Rahmen des Art. 28 II EGBGB auf die grundsätzliche Struktur abgestellt. Im Folgenden ist immer

Auf diese unterschiedlichen Ausgangspunkte ist deswegen ausdrücklich hinzuweisen, weil bei Anwendung des Internationalen Gesellschaftsrechts nach der in Deutschland zumindest außerhalb des Schutzbereichs des EG-Vertrages und des EWR-Abkommens noch vorherrschenden Sitztheorie[498] das Recht am Sitz der Hauptverwaltung auf die Kooperation anzuwenden ist und daher insoweit ein Gleichlauf mit den Kriterien im Rahmen des Art. 28 II EGBGB existiert, als dass auch dort grundsätzlich auf das Recht am Ort der Hauptverwaltung abgestellt wird[499]. Indem jedoch dort das Recht einer "anderen" Niederlassung zur Anwendung kommt, wenn von ihr aus die Leistungserfüllung gesteuert wird[500], werden anders als bei der Sitztheorie Umstände jenseits der grundsätzlichen Struktur der Kooperation berücksichtigt; es wird auf konkrete Umstände und damit auf eine konkrete Struktur abgestellt. Es findet eine individuellere und elastischere Ermittlung des relevanten „Steuerungsortes" statt.

Da die konkrete Struktur der Anbieterkoalition auch bedingt wird durch deren grundsätzliche Struktur und da diese nicht zuletzt von dem auf die Koalition anwendbaren Recht abhängt, werden sich die folgenden Ausführungen auch auf

---

eine geschäftliche Tätigkeit im Sinne von Art. 28 II EGBGB gemeint, wenn auf die Anknüpfungsmethodik des Art. 28 II EGBGB Bezug genommen wird.

[498] Siehe sogleich die Ausführungen im sich anschließenden Exkurs zum deutschen Internationalen Gesellschaftsrecht.

[499] Zum Teil wird der Anknüpfungspunkt „Hauptverwaltung" im Rahmen des Art. 28 II EGBGB sogar als eine Wertung des Gesetzgebers zugunsten der Anknüpfung an den Sitz zur Ermittlung des Gesellschaftsstatuts betrachtet – so etwa Staudinger/IntGesR-*Großfeld* Rdnr. 26. Vor solchen Versuchen, die Vorstellung des Gesetzgebers mit Hilfe der Betrachtung anderer Regelungsmaterien zu eruieren, ist jedoch zu warnen. Es lässt sich nur selten eine stringente Herangehensweise seitens des Gesetzgebers an zumindest „sachverwandte" Problematiken ausmachen, aufgrund derer man auf eine bestimmte Auffassung desselben zu einem „angrenzenden" Problem schließen könnte.
So nennt etwa die Gerichtsstands- und Vollstreckungsverordnung vom 22.12.2000 – ABl. EG 2001 L 12/1 – in Art. 2 I hinsichtlich der internationalen Zuständigkeit für gegen eine Gesellschaft oder juristische Person zu erhebende Klagen in Zivil- oder Handelssachen als relevante Merkmale sowohl den *Satzungssitz* als auch die *Hauptverwaltung* sowie die *Hauptniederlassung*. Ebenso wenig Aufschluss über eine stringente Auffassung des Gesetzgebers gibt die Verordnung des Rates vom 8.12.2001 über das Statut der Europäischen Aktiengesellschaft – ABl. EG 2001 L 294/1 -. In Art. 9 wird hinsichtlich des ergänzend geltenden Gesellschaftsrechts auf den Sitz der Gesellschaft abgestellt. Aus einer Zusammenschau mit Art. 7 lässt sich schließen, dass dem Gesetzgeber ein gestuftes Anknüpfungsmodell vorschwebt. Unter jenem Sitz ist der Satzungssitz zu verstehen, er muss sich jedoch im Staat der Hauptverwaltung befinden.
Die beiden Beispiele zeigen deutlich, dass eine Rekurrierung der Regelung „sachverwandter" Materien durch den europäischen Gesetzgeber zumindest für die Suche nach geeigneten Anknüpfungsmomenten zur Ermittlung der lex societatis ausscheidet. Der deutsche nationale Gesetzgeber lässt eine ausreichende Stringenz ebenfalls vermissen.

[500] Vgl. die Ausführungen im 6. Kapitel C III 1.

das Internationale Privatrecht der jeweiligen Kooperation beziehen. Es wird dabei auch der Versuch unternommen, zu klären, ob im Falle des Industrieanlagenvertrages aufgrund der konkreten Umstände ein Gleichlauf zwischen dem Kooperationsstatut und dem auf der Grundlage des Art. 28 II EGBGB ermittelten Statut des Anlagenvertrages existiert. Anders als das Internationale Schuldvertragsrecht[501] spricht das Internationale Gesellschaftsrecht keine Sachnormverweisung, sondern eine Gesamtverweisung[502] aus. Somit existiert ein Gleichlauf zwischen dem materiellen Gesellschaftsrecht und dem materiellen Vertragsrecht – vorbehaltlich einer abweichenden Anknüpfung im Rahmen des Art. 28 V EGBGB - nur dann, wenn das Internationale Gesellschaftsrecht der Rechtsordnung am Sitz der Kooperation ebenfalls der Sitztheorie folgt, *es sei denn, Gründungs- und Sitzstatut stimmen überein.*

Exkurs: Das deutsche Internationale Gesellschaftsrecht

Das Internationale Gesellschaftsrecht ist in Deutschland nicht kodifiziert. Es findet sich lediglich in Art. 37 Nr. 1 und 2 EGBGB der Hinweis, dass das Internationale Schuldvertragsrecht (Artt. 27 – 36 EGBGB) auf „Fragen, betreffend das Gesellschaftsrecht, das Vereinsrecht und das Recht der juristischen Personen," (Nr. 1) und auf „die Frage, ob das Organ einer Gesellschaft, eines Vereins oder einer juristischen Person diese Gesellschaft, diesen Verein oder diese juristische Person gegenüber einem Dritten verpflichten kann," (Nr. 2) keine Anwendung findet.
Der Gesetzgeber hat es bisher vermieden[503], zu dem Problem der Anknüpfung im Internationalen Gesellschaftsrecht Stellung zu nehmen, und es somit der Rechtsprechung und der Literatur überlassen, Kriterien für die Ermittlung und den Umfang des Gesellschaftsstatuts – der sog. *lex societatis* - zu erarbeiten. Angesichts der Bedeutung des Internationalen Gesellschaftsrechts für die Förderung der wirtschaftlichen Zusammenarbeit und somit auch für die Entwicklung einer effizienten globalen Weltwirtschaft können der nationale wie auch der übernationale Gesetzgeber nur aufgefordert werden, rasch für eine verbindliche

[501] Vgl. Art. 35 I EG.
[502] So statt vieler *v. Bar,* IPR II, Rdnr. 624; Staudinger/IntGesR-*Großfeld* Rdnr. 107 f.; *Ebke* ZGR 1987, S. 245 (255 f.).
[503] Dass das Internationale Gesellschaftsrecht ausdrücklich von dem Anwendungsbereich des Internationalen Schuldvertragsrechts ausgenommen worden ist, wird zum Teil darauf zurückgeführt – so etwa Palandt-*Heldrich* Anh zu Art. 12 EG Rdnr. 1 -, dass zum Zeitpunkt der Kodifizierung des Internationalen Vertragsrechts von der Bundesrepublik bereits das EG-Übereinkommen über die gegenseitige Anerkennung von Gesellschaften und juristischen Personen vom 29.2.1968 ratifiziert war – BGBl. 1972 II 369 -. Dies ist jedoch niemals in Kraft getreten und gilt inzwischen weithin als gescheitert – zu den Gründen vgl. u.a. *Drobnig* in: Europäisches Gemeinschaftsrecht (v.Bar), S. 185 (191).

und einheitliche Regelung über die Bestimmung der lex societatis zu sorgen[504]. Diesem Anliegen ist grundsätzlich Vorrang gegenüber der Schaffung von materiellem Einheitsrecht einzuräumen, welches auf absehbarer Zeit nicht in der Lage sein wird, der Vielgestaltigkeit des Gesellschaftsrechts ausreichend Rechnung zu tragen. Bemühungen zur Angleichung der nationalen Gesellschaftsrechte – etwa im Rahmen der Europäischen Union - sind anzuerkennen[505], sie dürfen jedoch nicht zur Vernachlässigung des Kollisionsrechts führen, und zwar weder auf der Ebene des nationalen Rechts noch auf der des Gemeinschaftsrechts.

Die in der Rechtsprechung und in der Lehre stattfindende Diskussion ist *seit jeher* geprägt von der Fragestellung, ob dem Interesse des Zusammenschlusses an einer flexiblen Gestaltungsmöglichkeit seiner rechtlichen Erscheinungsform oder aber dem Schutz- und Kontrollbedürfnis des nächstbetroffenen Staates der Vorzug zu geben ist[506].
Die Vertreter[507] der sog. „Gründungstheorie" sehen in der Freizügigkeit die entscheidende Maxime[508], an der sich das Internationale Gesellschaftsrecht zu orientieren habe. Diese Wertung teilen die Vertreter[509] der sog. „Sitztheorie" nicht; nach ihrer Auffassung genießen die Interessen der Gläubiger, Arbeitnehmer und

---

[504] Zu Recht forderte daher *Roth* - RabelsZ 55 (1991), S. 623 (648) - : „Es ist Zeit, dass die Gemeinschaft hier tätig wird." *Zimmer* – RabelsZ 67 (2003), S. 298 (299) bezeichnet den im Internationalen Gesellschaftsrecht geführten Grundsatzstreit als "ein Relikt aus einer vergangenen Epoche".

[505] Hinzuweisen ist in diesem Zusammenhang auf den Aktionsplan der EG-Kommission vom 21.5.03 zur Modernisierung des Gesellschaftsrechts und zur Verbesserung der Corporate Governance in der EU (Beil zu NZG 03, Heft 13). Zu sonstigen Maßnahmen auf EU-Ebene vgl. u.a. *Steding* NZG 2000, S. 913 (915).

[506] Vgl. hierzu die ausführliche Darstellung von *Großfeld* in Staudinger/IntGesR Rdnr. 16 ff.; prägnant zusammengefasst auch von *Ebenroth* in JZ 1988, S. 18 f.; vgl. auch *Zimmer* RabelsZ 67 (2003), S. 299 f. unter Einbeziehung der neueren EuGH-Rechtsprechung.

[507] Statt vieler *Drobnig* ZHR 129 (1967), 93 (115 f.); *Neumeyer* ZVglRWiss 83 (1984), S. 129 (139 f.); *Knobbe-Keuk* ZHR 154 (1990), S. 325 (355); *Kropholler* § 55 I 4 a; weitere Nachweise bei Palandt-*Heldrich* Anh. zu Art. 12 Rdnr. 2 f..

[508] Die Gründungstheorie dominiert im anglo-amerikanischen Rechtskreis, vgl. hierzu auch die Ausführungen von *v. Hoffmann* ZVglRWiss 101 (2002), S. 283 (287 f.).

[509] So die ständige Rechtsprechung und die bisher eindeutig herrschende Lehre. Vgl. dazu etwa zur **Rechtsprechung**: RGZ 159, 33 (46); BGHZ 25, 134 (144); BGHZ 51, 27 (28); BGHZ 78, 318 (334); BGHZ 151, 204 (206); BGH NJW 2003, S. 1607 (1608); BGH IPRax 2003, S. 265 (265); OLG Karlsruhe IPRspr. 1983 Nr. 20, S. 66 (67); OLG Celle ZIP 1984, S. 594 (600); OLG Zweibrücken IPRax 1991, S. 406 (406); OLG Hamm RIW 1995, S. 152 (153); KG Berlin IPRspr. 1995, S. 36 (37); OLG Bremen RIW 1998, S. 63 (65); OLG Düsseldorf JZ 2000, S. 203 (203); OLG Brandenburg ZIP 2000, S. 1616 (1617); **Zur Lehre**: *V. Bar*, IPR II, Rdnr. 619; Staudinger/IntGesR-*Großfeld* Rdnr.38; *Kegel/Schurig* § 17 II 1; *Kaligin* DB 1985, S. 1449 (1450); Palandt-*Heldrich* Anh. zu Art. 12 Rdnr. 2; *Ebenroth* JZ 1988, S. 18 (22); wohl auch Erman-*Hohloch* Anh II zu Art. 37 Rdnr. 22.

der Gesellschafter und damit der Verkehrsschutz Priorität bei der Suche nach geeigneten Anknüpfungskriterien.

Vor dem Hintergrund dieser unterschiedlichen Prioritäten erklärt sich, dass nach der Gründungstheorie das Recht entscheidend ist, nach welchem die Gesellschaft gegründet und ausgestaltet wurde. Es wird neben einer wirksamen Inkorporation grundsätzlich keine weitere Beziehung zu dem Gründungsstaat verlangt[510].
Die Anknüpfung an den Gründungsvorgang birgt die Gefahr einer Gesetzesumgehung in sich[511]. Die Gründer werden regelmäßig versucht sein, die Gesellschaft unter einem Recht zu gründen, welches im Vergleich zu dem am Ort ihrer tatsächlichen Aktivität geltenden Recht wesentlich laxer ist in Bezug auf etwa die Kapitalaufbringung, die Kapitalerhaltung, die Bilanzierungsvorschriften und den Schutz von Minderheitenaktionären[512].

Eine solche Anknüpfung lässt sich mit dem Postulat des Verkehrsschutzes nicht vereinbaren, so dass die Sitztheorie stattdessen das Recht des Landes für anwendbar erklärt, in welchem sich zumindest ein beträchtlicher Teil des Personenkreises befindet, mit dem die Gesellschaft regelmäßig verkehrt. Indem die Rechtsordnung dieses Personenkreises zur Anwendung kommt, wird dessen erhöhtem Schutzbedürfnis Rechnung getragen. Entscheidend ist somit nicht der Ort der Gründung, sondern der der tatsächlichen geschäftlichen Aktivität, mithin der effektive Verwaltungssitz bzw. der sog. „Sitz" der Gesellschaft[513]. Auf den bloß satzungsmäßigen Sitz kommt es nicht an[514]. Es ist auf den Ort abzustellen, „wo die grundlegenden Entscheidungen der Unternehmensleitungen effektiv in laufende Geschäftsführungsakte umgesetzt werden"[515]. Entscheidend ist damit nicht der Ort, an dem die grundlegenden Entscheidungen selbst getroffen werden[516] oder etwa deren Ausführung ihre letztliche, faktische Wirkung zeigt[517]. Die Gesellschaft hat ihren Sitz dort, wo die Grundsatzentscheidungen nach außen erkennbar werden[518] und die Geschäftsleitung das tägliche[519] Geschäft be-

---

[510] Darauf ausdrücklich hinweisend *Ebenroth* JZ 1988, S. 18 (20); *Göthel*, Joint Ventures, S. 112.

[511] OLG Frankfurt a.M. 2004, S. 56 (57).

[512] *Weller* IPRax 2003, S. 324 (325); *Großfeld* RabelsZ 31 (1967), S. 1 (23, 46); *Kalign* DB 1985, S. 1449 (1450); *Ebenroth* JZ 1988, S. 18 (21).

[513] *V. Bar*, IPR II, Rdnr. 618; *Göthel*, Joint Ventures, S. 111; *Ebenroth* JZ 1988, S. 18 (22); Palandt-*Heldrich* Anhang zu Art. 12 EG Rdnr. 3.

[514] *Göthel*, Joint Ventures, S. 111; *Großfeld/König*, RIW 1992, S. 433 (433); RGZ 77, 19 (20);

[515] BGHZ 97, 269 (272).

[516] Müko-*Kindler* IntGesR Rdnr. 434; *v. Bar*, IPR II, Rdnr. 621;

[517] Müko-*Kindler* IntGesR Rdnr. 435; *Ebenroth* JZ 1988, S. 18 (22).

[518] Müko-*Kindler* IntGesR Rdnr. 434; *Ebenroth* a.a.O..

treibt. Die bloße Ausführung untergeordneter[520] bzw. sekundärer[521] Verwaltungstätigkeit reicht dazu nicht aus.

Der Sitz einer Gesellschaft kann nicht pauschal bestimmt werden, es entscheiden die Umstände des Einzelfalles[522]. Darin liegt auch die größte Schwäche der Sitztheorie; es kann sich im Einzelfall als schwierig erweisen, den Sitz der Gesellschaft zu ermitteln[523]. Dagegen bietet die Gründungstheorie ein klares und eindeutiges Kriterium zur Ermittlung des Gesellschaftsstatuts[524]; das Gründungsrecht lässt sich durch die Gründungsdokumente und die Registrierung regelmäßig leicht bestimmen[525].

Die *bisherige* eindeutige Dominanz der Sitztheorie in Deutschland hat durch die jüngste, im Folgenden darzustellende Rechtsprechung des Europäischen Gerichtshofes[526] und durch deren Umsetzung auf nationaler Ebene eine Schwächung erfahren, und es bleibt abzuwarten, ob diejenigen Stimmen, die sich bislang für die Kriterien der Sitztheorie ausgesprochen haben, dies auch in Zukunft tun werden. Bereits zum jetzigen Zeitpunkt muss konzediert werden, dass die Sitztheorie heute nicht mehr „uneingeschränkt als Grundregel des anzuwendenden deutschen Gesellschaftskollisionsrechts"[527] gilt.

Von jener Rechtsprechung des Europäischen Gerichtshofes kommen der Entscheidung vom 5.11.2002, dem sog. „Überseering"-Fall[528], und dessen Umset-

---

[519] *V. Bar,* IPR II, Rdnr. 621.
[520] Müko-*Kindler* IntGesR Rdnr. 435.
[521] Palandt-*Heldrich* Anh. zu Art. 12 Rdnr. 3.
[522] Palandt-*Heldrich* Anh. zu Art. 12 Rdnr. 3.
[523] *Ebenroth* JZ 1988, S. 18 (22); *Grasmann* Rdnr. 104, 472; Müko-*Kindler* IntGesR Rdnr. 434; *Zimmer* RabelsZ 67 (2003), S. 298 (300), der auf die Problematik der Bestimmung des Sitzes bei einer dezentralen Organisation der Gesellschaft hinweist – dazu mehr im Zusammenhang mit dem Konsortium, siehe unten die Ausführungen im 6. Kapitel C III 3 b (1) (e) (bb) (aaa).
[524] *Ebenroth* JZ 1988, S. 18 (20).
[525] *Mann* in: FS Wolff, S. 271 (282 f.); *Grasmann* Rdnr. 472; *Koppensteiner* S. 121.
[526] „Centros"- Entscheidung, Urteil vom 9.3.1999 – Rs. C-212/97 – Centros Ltd./Erhvervsog Selskabsstyrelsen, abgedr. in NJW 1999, S. 2027 f..; „Überseering"-Entscheidung, Urteil v. 5.11.2002 - Rs. C-208/00 – Überseering BV/Nordic Construction Company Baumanagement GmbH, abgedr. in IPRax 2003, S. 65 f.; "Inspire Art Ltd."- Entscheidung, Urteil vom 30.9.2003 – Rs. C-167/01 – Kamer van Koophandel en Fabrieken voor Amsterdam/Inspire Art Ltd., abgedr. in IPRax 2004, S. 46 f..
[527] Erman-*Hohloch* Anh. II zu Art. 37 Rdnr. 36.
[528] Siehe vorletzte Fußnote.

zung durch den Bundesgerichtshof in der Entscheidung vom 13.3.2003[529] eine zentrale Bedeutung zu.
Den Entscheidungen lag der folgende Sachverhalt zugrunde: Die Überseering BV (im Folgenden: Überseering) - eine am 22.8.1990 in das Handelsregister von Amsterdam und Haarlem eingetragene Gesellschaft niederländischen Rechts - schloss am 27.11.1992 mit der Nordic Construction Company Baumanagement GmbH (im Folgenden: NCC) - eine Gesellschaft mit Sitz in Deutschland - einen Vertrag über die Sanierung eines Garagengebäudes und eines Motels auf einem Grundstück in Düsseldorf, welches Überseering zwei Jahre zuvor erworben hatte.
Sämtliche Geschäftsanteile an Überseering wurden im Dezember 1994 von zwei in Düsseldorf wohnhaften deutschen Staatsangehörigen erworben. Überseering war mit den ausgeführten Arbeiten der NCC nicht zufrieden und forderte diese vergeblich zur Nachbesserung auf. Daraufhin verklagte Überseering im Jahre 1996 NCC beim Landgericht Düsseldorf auf Erstattung der bei der Beseitigung der angeblichen Mängel und Folgeschäden entstandenen Kosten.
Die Klägerin unterlag sowohl vor dem Landgericht als auch vor dem Oberlandesgericht, welches über die Berufung zu entscheiden hatte. Das Oberlandesgericht hielt die Klage für unzulässig, da Überseering durch den Gesellschafterwechsel inzwischen ihren Verwaltungssitz in Deutschland habe und daher in Anwendung der Sitztheorie ihre Rechtsfähigkeit verloren habe. Da sich die Parteifähigkeit jedoch gemäß § 50 ZPO nach der Rechtsfähigkeit richte, sei Überseering nicht parteifähig und die Klage müsse als unzulässig zurückgewiesen werden.

Bereits die vieldiskutierte sogenannte „Centros"-Entscheidung[530] des Europäischen Gerichtshofes hatte Zweifel an der Vereinbarkeit der Sitztheorie mit den Artikeln 43 und 48 des EG (im Folgenden: EG) genährt. Wohl nicht zuletzt auch vor diesem Hintergrund[531] bat der mit dem Fall befasste VII. Zivilsenat des Bundesgerichtshofes mit Beschluss vom 30. März 2000 den Europäischen Gerichtshof mittels einer Vorabentscheidung (Art. 234 EG) um die Klärung der Frage, ob es die in Artt. 43 und 48 EG statuierte Niederlassungsfreiheit gebiete, die Rechts- und Parteifähigkeit einer nach dem Recht eines Mitgliedstaates

---

[529] Urteil v. 13.3.2003, VII ZR 370/98, abgedruckt in IPRax 2003, S. 344 f. = NJW 2003, S. 1461 f..
[530] EuGH NJW 1999, S. 2027 f.. Vgl. dazu die Nachweise bei Palandt-*Heldrich* (62. A.) Anhang zu Art. 12 Rdnr. 2a über das divergierende Verständnis dieser Entscheidung in Literatur und Rechtsprechung; eine Übersicht bietet ebenfalls *Behrens* IPRax 2004, S. 20 (21 f.).
[531] So auch die Einschätzung von *Weller* IPRax 2003, S. 324 (325).

wirksam gegründeten Gesellschaft nach dem Recht des Gründungsstaates zu beurteilen[532].

Der Gerichtshof billigt der Niederlassungsfreiheit eine solche Wirkung zu, indem er im zweiten Leitsatz formuliert: „Macht eine Gesellschaft, die nach dem Recht des Mitgliedstaats gegründet worden ist, in dessen Hoheitsgebiet sie ihren satzungsmäßigen Sitz hat, in einem anderen Mitgliedstaat von ihrer Niederlassungsfreiheit Gebrauch, so ist dieser andere Mitgliedstaat nach den Artikeln 43 EG und 48 EG verpflichtet, die Rechtsfähigkeit und damit die Parteifähigkeit zu achten, die diese Gesellschaft nach dem Recht ihres Gründungsstaates besitzt."[533]

Der VII. Senat hat diese Auslegung der Artt. 43, 48 EG zutreffend für „bindend" erachtet[534] und folgerichtig geurteilt, dass es sich mit den Artt. 43, 48 EG nicht vereinbaren lasse, wenn „ein Mitgliedstaat sich unter anderem deshalb weiger(e), die Rechtsfähigkeit einer Gesellschaft, die nach dem Recht eines anderen Mitgliedstaats gegründet worden (sei) und dort ihren satzungsmäßigen Sitz (habe), anzuerkennen, weil die Gesellschaft im Anschluss an den Erwerb sämtlicher Geschäftsanteile durch in seinem Hoheitsgebiet wohnende eigene Staatsangehörige ihren tatsächlichen Verwaltungssitz in sein Hoheitsgebiet verlegt haben soll, mit der Folge, dass die Gesellschaft im Aufnahmemitgliedstaat nicht zu dem Zweck parteifähig (sei), ihre Ansprüche aus einem Vertrag geltend zu machen, es sei denn, dass sie sich nach dem Recht dieses Aufnahmestaats neu (gründe)"[535].

Weiter führt der Senat aus, dass sich die bindende Auslegung der Artt. 43, 48 EG auch nicht damit erreichen lasse, dass man die Klägerin zumindest als eine rechtsfähige Personengesellschaft deutschen Rechts betrachte und man ihr aufgrund dieses Status eine Parteifähigkeit attestiere. Schließlich würde sie dadurch „in eine andere Gesellschaftsform mit besonderen Risiken, wie zum Beispiel Haftungsrisiken, gedrängt"[536]. Der Senat bezieht sich damit auf eine Entscheidung des II. Senats, die dieser am 1.7.2002 und folglich zwischen dem zuvor

---

532 BGH IPRax 2000, S. 423. Zu dem Vorlagebeschluss siehe *Forsthoff* DB 2000, S. 1109 f.; *ders.* zu den Schlussanträgen des Generalanwalts Dámaso Ruiz-Jarabo Colomer BB 2002, S. 318 f..

533 EuGH NJW 1999, S. 2027 (2027).

534 Durch dieses zutreffende Verständnis der Vorgaben des Europäischen Gerichtshofes verblieb dem Senat kein Spielraum in der Umsetzung des Urteils, so dass er ohne vorherige Divergenzvorlage und Anrufung des Großen Senats für Zivilsachen im Sinne des § 132 II GVG urteilen konnte. So deutlich auch *Weller* IPRax 2003, S. 324 (326); anders dagegen u.a. *Kindler* NJW 2003, S. 1073 (1076 f.), der ob der Formulierung des Europäischen Gerichtshofs, „die Rechtsfähigkeit und damit die Parteifähigkeit sei *zu achten*" (Hervorhebung durch den Verfasser), einen Spielraum des Senats annimmt.

535 BGH NJW 2003, S. 1461 (1461).

536 BGH a.a.O..

erwähnten Vorlagebeschluss und der Entscheidung des Europäischen Gerichtshofs gefällt hatte[537]. Nach der Auffassung des II. Senats sei eine nach dem Recht der Kanalinsel Jersey gegründete Gesellschaft mit beschränkter Haftung („Limited Company") vor einem deutschen Gericht gemäß der Sitztheorie zwar nicht als solche zu behandeln, jedoch könne man ihr ohne weiteres im Hinblick auf die neuere Rechtsprechung des Senats, nach der auch Gesellschaften des Bürgerlichen Rechts als eine rechtsfähige Personengesellschaft zu betrachten seien[538], eine aktive und passive Parteifähigkeit zubilligen[539].

Es gehört zu den Eigenarten eines nahezu jeden Gerichts, sich auf die entscheidungserheblichen Momente des Einzelfalles zu beschränken und von der Möglichkeit eines umfassenden obiter dictum nur wenig Gebrauch zu machen. So verhält es sich auch bei der „Überseering"-Entscheidung des Bundesgerichtshofes, so dass nicht ganz eindeutig ist, welche Schlussfolgerungen aus dieser Entscheidung zu ziehen sind[540].

Fest steht zunächst einmal, dass sich das Urteil nur auf solche Gesellschaften bezieht, die den Schutz der Artt. 43, 48 EG genießen und folglich in einem Mitgliedstaat gegründet worden sind. Da von Gesellschaften aus Drittländern[541] mit einem nur „laxen" Gesellschaftsrecht weiterhin eine Gefahr für die unmittelbar Betroffenen ausgeht, kann an der Richtigkeit der Sitztheorie für Gesellschaften, welche sich nicht auf die Niederlassungsfreiheit berufen können, kein Zweifel bestehen[542].
Diese sollte jedoch im Einklang mit der zuvor erwähnten Entscheidung des II. Zivilsenats dahin gehend modifiziert werden[543], dass ausländische Gesellschaf-

---

537 BGH IPRax 2003, S. 62 (63).

538 BGH NJW 2001, S. 1056 (1057 f.).

539 Zur Kritik an dieser „neuen Sitztheorie" vgl. u.a. *Behrens* IPRax 2003, S. 193 (200); diese begrüßend siehe u.a. *Leible/Hoffmann* DB 2002, S. 2203 f.; *Kindler* IPRax 2003, S. 41f..

540 Vgl. in diesem Zusammenhang auch *Roth* IPRax 2003, S. 117 (126), der formuliert: „*Überseering* hat weniger geklärt, als erwartet worden war..." (Hervorhebung im Original). Die Entscheidung ist in der Literatur vielfach kommentiert worden, siehe statt vieler *Merkt* RIW 2003, S. 458 f.; *Kindler* NJW 2003, S. 1073 f..

541 Zu diesen gehören nach richtiger Auffassung jedoch nicht die Mitgliedstaaten des Europäischen Wirtschaftsraums (OLG Frankfurt a.M. IPRax 2004, S. 56 (57 f.); Palandt-*Heldrich* Anh. zu Art. 12 Rdnr. 9; *Baudenbacher/Buschle* IPRax 2004, S. 26 f.).

542 So ebenfalls Palandt-*Heldrich* Anh. zu Art. 12 Rdnr. 9; *Weller* IPRax 2003, S. 324 (327); BGH IPRax 2003, S. 265 (265); BayObLG IPRax 2003, S. 244 (245); vgl. in diesem Zusammenhang auch *Eidenmüller* ZIP 2002, S. 2233 (2244) und *Behrens* IPRax 2003, S. 193 (205), die zwar beide konzedieren, dass der Rechtsprechung des Europäischen Gerichtshofes die Forderung nach einem generellen Übergang von der Sitz- zur Gründungstheorie nicht zu entnehmen ist, jedoch eine solche für wünschenswert halten.

543 *Weller* a.a.O; *Paefgen* WM 2003, S. 561 (567).

ten, welche ihren Verwaltungssitz verlegt haben, nicht mehr als „nullum"[544] betrachtet werden, sondern stattdessen als eine *rechtsfähige* und somit auch parteifähige Gesellschaft des Bürgerlichen Rechts.

Die „Überseering"-Entscheidung betrifft unmittelbar nur den Fall, dass eine Gesellschaft wirksam in einem Mitgliedstaat gegründet worden ist, welcher den Wegzug seiner wirksam errichteten Rechtsform erlaubt. Folglich äußert sich das Urteil nicht zu der Konstellation, dass der Gründungsstaat den Wegzug der Gesellschaft verbietet. Würde man nun mit einem Teil der Literatur[545] in dieser Konstellation weiterhin die – wenn auch modifizierte - Sitztheorie zur Anwendung kommen lassen, dann würde das Recht auf Niederlassungsfreiheit beschränkt auf Gesellschaften aus Staaten, die der Gründungstheorie folgen[546]. Wie man diese Frage entscheidet, hängt letztlich von der Reichweite ab, die man der Niederlassungsfreiheit einzuräumen gewillt ist. Eine unterschiedliche Behandlung der Zuzugs- und Wegzugsfälle erscheint inkonsequent[547]. Man wird dem Postulat der in Artt. 43, 48 EG niedergelegten Niederlassungsfreiheit nur dann gerecht, wenn man der sich auf diese berufenden Gesellschaft das umfassende Recht einräumt, sich überall innerhalb des Territoriums der EU niederzulassen, ohne den Verlust ihrer Identität in Kauf nehmen, mithin sich im Zuzugsstaat neu organisieren zu müssen[548]. Um dies zu gewährleisten, darf der Zuzugsstaat die wirksam nach dem Recht des Gründungsstaates gegründete Gesellschaft grundsätzlich nicht in Frage stellen, und zwar unabhängig davon, ob der Gründungsstaat den Wegzug erlaubt oder nicht. Der Zuzugsstaat muss sich - aus Gründen der Niederlassungsfreiheit - indifferent verhalten. Die Gründungstheorie findet folglich in beiden Konstellationen Anwendung[549].

Das Gleiche muss auch für den Fall gelten, dass bereits bei Gründung der Gesellschaft der Satzungs- und Verwaltungssitz auseinanderfallen, es somit nicht erst eines „Umzuges" zur Begründung der Divergenz bedurfte[550].

---

[544] So plastisch OLG München NJW-RR 1995, S. 703 (704). Ähnlich Staudinger/IntGesR-*Großfeld* Rdnr. 58 f., der von einem "rechtlichen Nullum" spricht.

[545] Vgl. etwa *Weller* IPRax 2003, S. 324 (327); *Leible/Hoffmann* RIW 2002, S. 925 (935); *Paefgen* WM 2003, S. 561 (568).

[546] So auch die Einschätzung von Palandt-*Heldrich* Anh. zu Art. 12 Rdnr. 7.

[547] *Behrens* IPRax 2003, S. 193 (205); *Roth* – IPRax 2003, S. 117 (121) - bezeichnet sie als „alles andere als überzeugend".

[548] Ähnlich *Eidenmüller* ZIP 2002, S. 2233 (2241).

[549] So statt vieler *Roth* IPRax 2003, S. 117 (121); *Eidenmüller* a.a.O.; *Behrens* a.a.O.; Palandt-*Heldrich* Anh. zu Art. 12 Rdnr. 7.

[550] BayObLG IPRax 2003, S. 244 (245); *Baudenbacher/Buschle* IPRax 2004, S. 26 (29); *Weller* IPRax 2003, S. 324 (327); anders u.a. *Kindler* NJW 2003, S. 1073 (1078). Eindeutig auch OLG Frankfurt a.M. IPRax 2004, S. 56 (58), welches bei einer lichtensteinischen Briefkasten-

Lässt es der Gründungsstaat ausreichen, dass der tatsächliche Verwaltungssitz niemals im Inland gelegen hat, und existiert somit eine nach dem Gründungsstaat wirksam gegründete Gesellschaft, dann hat dies auch der Staat zu akzeptieren, in welchem der Verwaltungssitz liegt. Es käme einem zu engen Verständnis der Niederlassungsfreiheit gleich, wenn man in ihr nur das Recht auf „Mobilität" im engeren Sinne sehen würde[551]. Der nötige Auslandsbezug ist bereits durch die Divergenz gegeben[552], und die mangelnde Akzeptanz der wirksam gegründeten Gesellschaft würde gegen das in den Artt. 43, 48 EG niedergelegte Diskriminierungsverbot verstoßen[553]. Hinzu kommt, dass eine unterschiedliche Behandlung der Fälle, in denen der Verwaltungs- und der Satzungssitz a priori auseinanderfallen, und derjenigen mit einer vor dem Umzug „gegen Null gehenden Aufenthaltszeit (des Verwaltungssitzes) im Gründungsstaat"[554] sich nicht rechtfertigen und auch nur schwer praktizieren ließe.

In diesem Sinne formuliert der Europäische Gerichtshof in der „Inspire Art Ltd."- Entscheidung auch eindeutig[555]: „Zunächst ist darauf hinzuweisen, dass der Gerichtshof bereits entschieden hat, dass es für die Anwendung der Vorschriften über die Niederlassungsfreiheit ohne Bedeutung ist, dass eine Gesellschaft in einem Mitgliedstaat nur errichtet wurde, um sich in einem zweiten Mitgliedstaat niederzulassen, in dem die Geschäftstätigkeit im Wesentlichen oder ausschließlich ausgeübt werden soll (Urteile Segers, Randnr. 16, und Centros, Randnr. 17). Die Gründe, aus denen eine Gesellschaft in einem bestimmten Mitgliedstaat errichtet wird, sind nämlich, sieht man vom Fall des Betruges ab, für die Anwendung der Vorschriften über die Niederlassungsfreiheit irrelevant (Urteil Centros, Randnr. 18)".
Der Gerichtshof war angerufen worden, um über eine Konstellation zu entscheiden, in der sich ein niederländischer Kunsthändler der Rechtsform einer private limited company englischen Rechts bedient und dazu lediglich den Satzungssitz in das Vereinigte Königreich verlegt hatte, die Gesellschaft jedoch ausschließlich und somit von Beginn an aus den Niederlanden betrieb. Das Gericht befand, dass eine Regelung, „die die Zweigniederlassung einer nach dem Recht eines Mitgliedstaates gegründeten Gesellschaft dazu verpflicht(e), die Vorschriften des Niederlassungsstaats über das Stammkapital und die Haftung der Geschäfts-

---

firma – unter Berufung auf die Argumentation des Europäischen Gerichtshofes in der „Überseering"-Entscheidung - die Gründungstheorie zur Anwendung kommen lässt.

551 So aber *Kindler* a.a.O..

552 *Baudenbacher/Buschle* IPRax 2004, S. 26 (29).

553 BayObLG IPRax 2003, S. 244 (245).

554 *Eidenmüller* ZIP 2002, S. 2233 (2244).

555 EuHG IPRax 2004, S. 46 f., Rdnr. 95 des Urteils.

führer zu beachten"[556], die Gesellschaft in ihrer Ausübung der Niederlassungsfreiheit behindere.

Zum Schluss bleibt noch die Frage des Umfanges des nach der Gründungstheorie ermittelten Gesellschaftsstatuts zu klären. In der „Überseering"-Entscheidung hat sich der Europäische Gerichtshof ebenso wie der Bundesgerichtshof explizit nur über die Partei- und Rechtsfähigkeit der Gesellschaft geäußert und für diese eine Gründungsanknüpfung angeordnet. Der Bundesgerichtshof hat jedoch in Form eines obiter dictum zu erkennen gegeben, dass sich der Aspekt des Haftungsrisikos ebenfalls nach dem Gründungsstatut bestimmt[557]. Damit verbietet sich ein Rückgriff auf deutsche Mindestkapitalregeln und Regelungen über eine Durchgriffshaftung[558].
Die Identität einer Gesellschaft wird grundsätzlich geprägt von der Gesamtheit der auf sie anwendbaren Regelungen. Eine Beschränkung der Gründungstheorie auf Gründungsvorschriften oder sonstige Teilaspekte des Gesellschaftsrechts bedeutet einen Eingriff in die Identität. Der Gesellschaft wird die Möglichkeit genommen, einen Niederlassungsort unter Bewahrung ihrer Identität frei zu wählen. Es findet eine nur unvollkommene Gewährung der Niederlassungsfreiheit statt, so dass den gemeinschaftsrechtlichen Vorgaben der Artt. 43, 48 EG eine umfängliche Geltung des Gründungsrechts der Gesellschaft zu entnehmen ist[559].
In dem zuletzt zitierten Auszug aus der „Inspire Art Ltd."-Entscheidung deutet sich bereits an, dass der Europäische Gerichtshof von einer umfassenden Schutzwirkung der Niederlassungsfreiheit ausgeht. Indem er in einem weiteren Abschnitt ausführt, dass die „Bestimmungen ... über das Mindestkapital (sowohl zum Zeitpunkt der Gründung als auch während des Bestehens der Gesellschaft) und über die Haftung der Geschäftsführer Beschränkungen der in den Artt. 43 EG und 48 EG garantierten Niederlassungsfreiheit"[560] darstellen, macht er deutlich, dass die nach dem Recht eines Mitgliedstaates wirksam gegründete Gesellschaft nicht nur nicht die Gründungsvorschriften des tatsächlichen Verwaltungssitzstaates zu fürchten hat, sondern auch nicht solche Vorschriften, die über jene hinaus die Tätigkeit der Gesellschaft betreffen.

---

[556] EuGH a.a.O., Rdnr. 101des Urteils.
[557] BGH NJW 2003, S. 1461 (1461).
[558] Ebenso *Weller* IPRax 2003, S. 324 (328).
[559] Dies schließt jedoch nicht aus, dass man unter gewissen Umständen auf das Innenverhältnis einer Gesellschaft das Internationale Schuldvertragsrecht mit dessen größeren Rechtswahlmöglichkeiten zur Anwendung kommen lässt, vgl. die Ausführungen unten im 6. Kapitel C III b (1) (e) (aa) (aaa).
[560] EuGH a.a.O., Rdnr. 104 des Urteils.

Projiziert man diese Stellungnahme in den kollisionsrechtlichen Kontext, dann bedeutet dies die gemeinschaftsrechtlich bedingte einheitliche Anknüpfung des Gesellschaftsstatuts[561].

Es lässt sich das Fazit ziehen, dass die jüngste Rechtsprechung des Europäischen Gerichtshof zu einer *gespaltenen Anknüpfung* des Gesellschaftsstatuts im deutschen Internationalen Gesellschaftsrecht geführt hat[562]. Steht die Gesellschaft unter dem Schutz des EG-Vertrages, des EWR-Abkommens, oder greifen staatsvertragliche Sonderregeln[563], dann findet die Gründungstheorie *umfänglich* Anwendung. Bei Gesellschaften aus Drittländern ist weiterhin auf die Sitztheorie zurückzugreifen[564], und zwar in der Variante, dass ausländische Gesellschaften bei Verlegung ihres Verwaltungssitzes im Inland nicht mehr als ein „nullum" zu behandeln sind, sondern stattdessen als eine rechtsfähige Personengesellschaft.
Diese Differenzierung rechtfertigt sich vor dem Hintergrund, dass weltweit die nationalen Gesellschaftsrechte nach wie vor in wesentlichen Fragen des Verkehrsschutzes divergieren und Oasenländer[565] vom Typ Bermudas oder Cayman Islands Gesellschaftsformen zur Verfügung stellen, bei denen der Schutz Dritter oder der Gesellschafter selbst keine ausreichende Berücksichtigung finden. Im Internationalen Gesellschaftsrecht muss der Verkehrsschutz weiterhin das *primäre Kriterium* bei der Suche nach geeigneten Anknüpfungspunkten sein. Dass man innerhalb des Geltungsbereiches des EG-Vertrages und des EWR-Abkommens dieses Interesse vernachlässigt, stellt seine Berechtigung keineswegs in Frage. Die Gründungsanknüpfung ist in diesen Konstellationen vielmehr nur – in Anwendung der vertraglich statuierten Niederlassungsfreiheit – als ein Zugeständnis an die Mitgliedschaft in einem Staatenverbund zu verste-

---

[561] Die gleiche Schlußfolgerung zieht *Behrens* IPRax 2004, S. 20 (24); ebenfalls für eine einheitliche Anknüpfung plädierend *Weller* IPRax 2003, S. 324 (328); Palandt-*Heldrich* Anh. zu Art. 12 Rdnr. 7; zurückhaltender *Forsthoff* DB 2003, S. 979 (981).

[562] Palandt-*Heldrich* Anh. zu Art. 12 Rdnr. 9.

[563] Eine wichtige Sonderregel statuiert Art. XXV Abs. 5 des deutsch-amerikanischen Vertrages v. 29.10.1954, BGBl. 56 II 487. Danach bestimmt sich die Rechtsfähigkeit von Gesellschaften aus den USA nach dem Gründungsrecht, so jetzt eindeutig BGH, Urteil vom 5.7.2004 – II ZR 389/02, RIW 2004, S. 787 (787). Zu dieser Entscheidung und zu dem uneinheitlichen Verständnis der Literatur über die Reichweite des Abkommens (einschließlich Nachweise) vgl. *Ebke* RIW 2004, S. 740 f.

[564] *Mankowski* RIW 2004, S. 481 (485); Erman-*Hohloch* Anh. II zu Art. 37 Rdnr. 37; BayObLG DB 2003, S. 819 (820). Siehe in diesem Zusammenhang auch *Lehmann* RIW 2004, S. 816 f., welcher die Vereinbarkeit der Sitztheorie mit dem GATS problematisiert.

[565] Vgl. hierzu Staudinger/IntGesR-*Großfeld* Rdnr. 53 f., der die Annahme einiger Vertreter der Gründungstheorie, dass die Gesellschaftsrechte verschiedener Staaten austauschbar seien, eine „rechtsvergleichende Illusion" nennt.

hen, dessen Ziel die Schaffung eines großen, gemeinsamen Wirtschaftsraumes ist.
Sie bedeutet keine grundsätzliche Abkehr von den bisher für ausschlaggebend gehaltenen Kriterien. Sie stellt lediglich eine gemeinschaftsrechtlich bedingte Sonderanknüpfung dar, eine spezielle Anknüpfung für eine „Enklave", innerhalb derer sich die Mitglieder vertraglich verpflichtet haben, das Gesellschaftsrecht des anderen Mitgliedes nicht zu hinterfragen. Jenseits dieser vertraglichen Verpflichtung steht weiterhin der Schutz Dritter im Vordergrund.

Einer uneingeschränkten Anwendung der Gründungstheorie ist daher eine Absage zu erteilen[566].

b. Kooperationsformen

Die Entscheidung für eine bestimmte Kooperationsform erfordert eine umfassende Abwägung[567]. Wegen der Abhängigkeit von den Einzelumständen kann zwar keine präzise allgemeingültige Aussage getroffen werden, jedoch lässt sich festzustellen, dass im Industrieanlagenbau im Wesentlichen zwei Kooperationsformen anzutreffen sind.
Entweder entschließen sich die Beteiligten zur Errichtung eines Gemeinschaftsunternehmens, welches eine von den Beteiligten deutlich zu unterscheidende organisatorische Einheit darstellt, oder aber sie schließen sich lediglich zu einem losen Verbund zusammen, dessen Eigenständigkeit gegenüber seinen einzelnen Mitgliedern organisatorisch nur bescheiden zu Tage tritt. Der Industrieanlagenbau zeichnet sich grundsätzlich durch diese beiden Extreme aus, welche in verschiedenen Abwandlungen bzw. mit verschiedenen Abschwächungen auftreten[568].

(1) Konsortium

Für das Industrieanlagengeschäft ist ein Minimum an Kontinuität[569] kennzeichnend. Auf dem Weltmarkt gibt es nur wenige Projekte, die zumindest in den meisten Facetten – etwa in technischer, finanzieller, vertragsstruktureller Hin-

---

566 So aber *Behrens* IPRax 2003, S. 193 (205 f.) und *Eidenmüller* ZIP 2002, S. 2233 (2244) u.a. unter dem Hinweis auf die aus dem Nebeneinander zweier Anknüpfungsmethoden resultierende Komplexität.

567 *Brand/Maskow* 7.3.2.; Auflistung der entscheidenden Kriterien insbesondere bei *Herten* S. 168 f..

568 Die Arbeit beschränkt sich auf die zwei in der Praxis am häufigsten vorkommenden Kooperationsformen. Einen Überblick über weitere Kooperationsformen bieten u.a. *Steck*, R. „Formen und Auswirkungen betrieblicher Kooperation", Berlin 1967 sowie der ECE-Ratgeber „Guide on Drawing up International Contracts on Industrial Co-operation", New York 1976 (abgekürzt: ECE-Industrial Co-operation).

569 *Hopfenbeck* S. 59 Fußnote 2 mit weiteren Nachweisen.

sicht oder in Bezug auf Vorgaben durch den Besteller - ein dermaßen ähnliches Anforderungsprofil aufweisen[570], dass eine Anbietermehrheit mit einer eher unflexiblen und statischen Struktur sich dauerhaft in diesem Markt behaupten könnte. Flexibilität und Anpassungsfähigkeit sind unabdingbare Voraussetzungen für Wettbewerbsfähigkeit. Die Individualität der Umstände eines jeden Projektes verlangt eine Anpassung an diese bereits bei der Auswahl der Kooperationspartner. Aus dieser Notwendigkeit heraus hat sich im Industrieanlagengeschäft die Institution der *Gelegenheitsgesellschaft* etabliert. Es schließen sich mehrere Unternehmen lediglich zur Projektierung und Realisierung einer *einzelnen* Anlage bzw. zur Erfüllung eines einzigen Auftrages zusammen. Der Zweck des Zusammenschlusses ist mit Fertigstellung der Anlage erreicht, eine darüber hinaus gehende Zwecksetzung ist nicht gegeben, und der Zusammenschluss löst sich nach der Fertigstellung der Anlage auf.

Ein solcher Zusammenschluss wird regelmäßig als "Konsortium"[571] bezeichnet und kann mit *Hautkappe*[572] umschrieben werden als "eine spezielle Form des Zusammenschlusses einer begrenzten Anzahl von rechtlich und meist auch wirtschaftlich selbständigen Unternehmen mit gleichen und/oder sich ergänzenden Arbeitsgebieten zu einer objektbezogenen und zeitlich begrenzten Kooperation". Eine solche Konzeption des Zusammenschlusses schließt natürlich nicht aus, dass Unternehmen, die erfolgreich zusammengearbeitet haben, verabreden, sich in Zukunft bei ähnlichen Projekten zu unterrichten und sich gemeinsam um den Auftrag zu bemühen. Gespräche mit der Praxis haben ergeben, dass solche Abreden in der Mehrzahl ohne Rechtsverbindlichkeit erfolgen und der Zusammenschluss der Unternehmen daher mit der Erfüllung des Auftrages sein rechtliches Ende findet[573].

Aus dem bloß temporären Charakter des Zusammenschlusses lässt sich eines der wesentlichsten Kriterien bei der Wahl der passenden Rechtsform ableiten.
Die Kooperation muss in einer Rechtsform erfolgen, deren Begründung und Beendigung keinen großen organisatorischen und finanziellen Aufwand erfordern. Ferner ist es im Industrieanlagengeschäft ebenso wie in den meisten anderen Branchen sinnvoll, eine Rechtsform zu wählen, bei deren inhaltlichen Ausges-

---

570 Vgl. hierzu auch *Eggers* RIW 2000, S. 665 (667), welche im Zusammenhang mit der Notwendigkeit einer Lizenzierung bei Industrieanlagen darauf hinweist, dass „kaum eine Anlage einer anderen spiegelbildlich" gleiche.

571 Statt vieler *Brand/Maskow* 7.3.; *Herten* S. 140 f.; MünchHdb GesellR(Bd.1)-*Kleine-Möller* § 20 Rdnr. 23; *Rosener* in: MünchVhb (Bd. 4) VI.3 Anm. 5.

572 *Hautkappe* S. 101.

573 Einen festen Stamm an Unternehmen, die regelmäßig bei entsprechenden Projekten zusammenarbeiten und deren Abrede über eine bloß rechtsunverbindliche Zusage hinausgeht, bezeichnet *Hopfenbeck* S. 60 als ein „(Export)-Konsortium auf *Vorrat*".

taltung – etwa hinsichtlich des Umfanges der Vertretungsmacht eines Organs oder der Beschlussfassung von Gremien - die Partner größtenteils frei sind. Endlich erschöpft sich das Interesse der Kooperationspartner an der Schaffung einer Einheit regelmäßig darin, gegenüber dem Kunden als Gesamtschuldner aufzutreten[574]; eine darüber hinaus gehende Betätigung als Einheit ist in der Regel nicht erwünscht, insbesondere wird keine juristische Person angestrebt[575].

Im deutschen materiellen Recht bietet sich als Rechtsform die Gesellschaft des Bürgerlichen Rechts gemäß §§ 705 f. BGB an[576]. Sie ist hinsichtlich ihrer Anpassungsfähigkeit unerreicht[577]. Ihre Begründung verlangt über den Vertragsschluss hinaus keinen gesonderten Organisationsakt und gewährt eine weitgehende Gestaltungsfreiheit. Sie setzt anders als etwa die Kommanditgesellschaft oder die Offene Handelsgesellschaft nicht den Betrieb eines Handelsgewerbes voraus, so dass auch die Tatsache, dass die Kooperation regelmäßig zeitlich auf die Erstellung einer einzigen Anlage beschränkt ist und somit deren Tätigkeit nicht den Charakter eines Gewerbes hat, ihrer Wahl nicht im Wege steht[578]. Es ist den Kooperationspartnern daher zu raten, unter Berücksichtigung des auf das Konsortium anzuwendenden Rechts eine der Gesellschaft des Bürgerlichen Rechts entsprechende oder zumindest ähnliche Rechtsform zu wählen. Wie noch zu zeigen sein wird, dient die Gesellschaft dabei nur als eine Art Dachkonstruktion zur Erfassung des gesellschaftsrechtlichen Charakters des Zusammenschlusses.

(a) Beschreibung des Konsortiums im Industrieanlagengeschäft

Die Notwendigkeit der Wahl einer besonders anpassungsfähigen Rechtsform wird um so deutlicher, wenn man sich die Wesenszüge des im internationalen Industrieanlagengeschäft typischen Konsortiums vor Augen führt, die von *Lionnet*[579] sogar zum Teil als *atypische* Gesellschaftsmerkmale bezeichnet werden.

Das Anlagenkonsortium zeichnet sich durch ein „Minimum an Gemeinsamkeit"[580]aus. Die Gemeinsamkeit beschränkt sich auf die Planung, auf die gegenseitige Abstimmung und Koordination der Leistungen, auf die Organe der ge-

---

574 VOB/B-Kommentar/*Nicklisch* Einl. §§ 4 – 13 Rdnr. 84.

575 Siehe hierzu insbesondere *Brand/Maskow* 7.3.2.; *Hautkappe* S. 104.

576 Vgl. statt vieler *Dünnweber* 1. Kapitel C I 2 a.

577 Vgl. u.a. *Bick* S. 21.

578 Aufgrund der Zwecksetzung der Kooperation, lediglich eine einzige Anlage zu erstellen, wird ein solches Konsortium auch häufig als „Gelegenheitsgesellschaft" bezeichnet, so statt vieler etwa *Rosener* in: MünchVhb (Bd. 4) VI.3 Anm. 5 (a); *Lionnet* in: Bau- und Anlagenverträge (Nicklisch), S. 121 (125).

579 *Lionnet* a.a.O. S. 125.

580 *Lionnet* a.a.O. S. 126.

meinsamen Entscheidungsfindung und auf die gesamtschuldnerische Haftung der Konsorten gegenüber dem Besteller[581] einschließlich des gemeinsamen Auftretens nach außen in kaufmännischer[582], jedoch nicht in technischer Hinsicht. Das Konsortium stellt sich regelmäßig als eine koordinierte Bündelung der verschiedenen Lieferanteile mit gemeinsamer Haftung der Lieferer dar[583]. Es weist eine nur lockere Struktur auf[584].
Jeder Kooperationspartner erbringt für sich selbständig den von ihm übernommenen Teil der Leistung[585]; es findet weniger eine *gemeinsame* Leistung statt als vielmehr eine *parallele,* zeitlich aufeinander abgestimmte Leistungserbringung durch die Maschinen-, Elektro- und Baupartner unter einem gemeinsamen organisatorischen und haftungsrechtlichen Dach. Einen großen Teil seiner Leistung erbringt der jeweilige Elektro- oder Maschinenpartner in seiner heimischen Fertigungsstätte, und auch die Montage erfolgt selten gemeinsam mit den anderen Konsorten, da der einzelne Partner in der Regel nur seinen eigenen Fertigungs- und Lieferanteil montiert[586]. Das Projekt wird somit überwiegend durch die einzelnen in einem Konsortium zusammengefassten Unternehmen erbracht und nicht durch das Konsortium selbst[587]. Dementsprechend wird auch kaum Gesellschaftsvermögen gegründet[588]; wegen des geringen Ausmaßes an gemeinsamer Leistungserbringung besteht kein Bedarf an gemeinsamen Sachmitteln oder an einem gemeinsamen Personal. Gemeinschaftseinrichtungen am Ort der Baustelle wie etwa Büros, Wasser- und Stromversorgungen oder Unterkünfte[589] bilden eine letztlich nicht ins Gewicht fallende Ausnahme[590]. Entweder werden diese Einrichtungen in die Gesamthand des Konsortiums übertragen, oder aber ein Konsorte stellt diese Einrichtungen und räumt den anderen Konsorten ein Nutzungsrecht ein[591].

---

581 *Rosener* in: MünchVhb (Bd. 4) VI.3 Anm. 5 (b).
582 Hiermit ist gemeint, dass die Konsorten in ihrer Gemeinschaft Partner des Anlagenvertrages werden und in der Regel ein Konsorte in ihrem Namen auftritt.
583 *Lionnet* a.a.O. S. 127; *Nicklisch* NJW 1985, S. 2361 (2364).
584 *Hopfenbeck* S. 60; *Nicklisch* NJW 1985, S. 2361 (2364); *Rosener* a.a.O..
585 *Nicklisch* NJW 1985, S. 2361 (2364).
586 *Lionnet* a.a.O. S. 126.
587 *Nicklisch* NJW 1985, S. 2361 (2364).
588 *Rosener* a.a.O..; VOB/B-Kommentar/*Nicklisch* Einl. §§ 4 – 13 Rdnr. 84.
589 *Hautkappe* S. 133 f.; *Lotz* ZfBR 1996, S. 233 (238).
590 Zu denken ist ferner noch an die Forderungen und Rechte des Konsortiums insbesondere gegenüber dem Besteller, jedoch werden nach deutschem materiellen Recht diese Forderungen gemäß § 740 Abs. 1 Satz 1 BGB nicht in die Auseinandersetzung des Gesellschaftsvermögens einbezogen, und sie stellen aufgrund dieser Regelung kein typisches Gesellschaftsvermögen dar.
591 *Hautkappe* S. 133 f.. Nicht selten gehört es auch zu den Mitwirkungspflichten des Bestellers, sich um diese Dinge zu kümmern.

Die insoweit[592] geringe organisatorische Dichte schlägt sich auch in den Regelungen nieder, die regelmäßig hinsichtlich der Vergütung und der Haftung der Konsorten im Innenverhältnis getroffen werden.
So erhalten die Konsorten für ihre Leistungen und Lieferungen regelmäßig keinen gesellschaftsrechtlichen Gewinnanspruch, sondern nur einen dem Konsortenbeitrag entsprechenden fest vereinbarten Anteil am Kundenpreis[593]. Der Besteller überweist in der Regel[594] den Gesamtbetrag auf ein Konsortiumkonto[595], von dem aus die Zahlungen dann an die einzelnen Konsorten weitergeleitet werden.

Für die Frage der Haftung im Innenverhältnis ist typisch, dass die Konsorten dort anders als im Rahmen der für das Außenverhältnis geltenden Gesamtschuldnerschaft nur für ihren jeweiligen Bereich verantwortlich sind. Es findet sich daher in den Verträgen häufig[596] die Vereinbarung, dass die Konsorten untereinander und damit dem Konsortium gegenüber hinsichtlich ihrer Verpflichtungen und Risiken so gestellt sind, als ob jeder Konsorte für seinen Lieferungs- und Leistungsanteil einen besonderen Vertrag mit dem Kunden geschlossen hätte[597].
So zitiert *Lionnet*[598] etwa eine Klausel aus einem von ihm eingesehenen Konsortialvertrag über die Errichtung eines Wasserkraftwerkes in Mozambique: "Each group shall be responsible for its part of the contract in such a way as if it had on its own concluded separate contracts with the clients on the same terms and conditions as those stipulated in the common contracts with the client".[599]

---

[592] Im Verlaufe der Arbeit wird noch dargelegt, dass das Anlagenkonsortium aufgrund des Charakters des Anlagenvertrages als Langzeit- und Rahmenvertrag über eine innere Organisation verfügt und in dieser Hinsicht deutliche körperschaftliche Züge aufweist, die ihm häufig unter dem bloßen Hinweis auf seinen Charakter als Gelegenheitsgesellschaft abgesprochen werden.

[593] *Lionnet* a.a.O. S. 128.

[594] Sieh hierzu auch *Brand/Maskow* 7.3.5.4. und *Hautkappe* S. 135, die weitere Möglichkeiten des Zahlungsverfahrens aufführen, so zum Beispiel die direkte Bezahlung des einzelnen Konsorten durch den Besteller.

[595] *Lionnet* a.a.O. S. 128 beschreibt die Rolle des Konsortiums in diesem Falle als bloße „Durchgangsstation".

[596] Siehe *Hautkappe* S. 146 f. und *Brand/Maskow* 7.3.5.5., die die verschiedenen praktizierten Haftungsprinzipien vorstellen. Es werden dort erwähnt die Haftung nach dem Verursachungs- und Verschuldensprinzip, die Haftung nach Lieferanteilen, die Vorhaftung mit Bezug zur Haftungssumme oder zum Lieferanteil und die Vorhaftung mit lieferanteilsbezogenem Multiplikator.

[597] Siehe auch *Nicklisch* NJW 1985, S. 2361 (2364); *Lionnet* a.a.O. S. 126.

[598] *Lionnet* a.a.O. S. 126.

[599] Eine ähnliche Formulierung wählt *Rosener* in seinem Vertragsbeispiel in MünchVhb (Bd. 4) VI.3. § 14 (2) Rosener-Konsortium lautet:

Das Innenverhältnis des Konsortiums weist somit starke Züge eines Werkvertrages auf. Die Beziehung der einzelnen Konsorten zum Konsortium ist „in der Sache werkvertraglicher Natur"[600], die Konsorten verstehen ihre "Funktion als Werkunternehmer"[601].

Trotz dieser lockeren Struktur des Anlagenkonsortiums benötigt es wie jede andere Gesellschaft Organe. Diese sind nötig, um in der Zeit der Angebotsvorbereitung, Angebotsabgabe und Auftragsdurchführung wirtschaftlich tätig sein zu können[602]. Dies gilt insbesondere auch für die „anlagenbegleitende Entscheidungsfindung"[603], im Rahmen derer entweder vertragliche Änderungen bzw. Anpassungen vorgenommen oder aber – da der Anlagenvertrag als typischer Langzeitvertrag in vielfacher Hinsicht nur als Rahmenvertrag konzipiert ist - die Rahmenbedingungen konkretisiert werden[604].

Die Anzahl und der Aufgabenbereich der Organe hängen vom Einzelfall ab. Nahezu unabdingbar[605] sind jedoch die Konsortenversammlung[606], Ausschüsse, der Federführer und die Bau- und Montageleitung.

(aa) Konsortenversammlung

In der Versammlung der Konsorten zeigt sich die kollektive Persönlichkeit des Zusammenschlusses[607]. Es handelt sich bei ihr um das höchste Organ innerhalb des Konsortiums[608]; sie ist das einzige Organ, dessen Vollmachten unbeschränkt

---

"As among themselves, the consortium members shall assume the obligations and bear risks arising from the conclusion of the contract with the customer in such a manner as if each consortium member had concluded a separate contract with the customer for ist deliveries and services".

[600] *Nicklisch* NJW 1985, S. 2361 (2364).

[601] *Lionnet* a.a.O. S. 128; s. dazu die Ausführungen über die Rechtsnatur des Konsortiums im 6. Kapitel C III 3 b (1) (d).

[602] *Hautkappe* S. 110.

[603] *Brand/Maskow* 7.3.5.1.

[604] *Brand/Maskow* 7.3.5.1.

[605] So in der Sache auch *Hautkappe* S. 111, der auch auf den Nutzen eines sog. „Konsortialagenten" hinweist. Bei diesem handelt es sich um einen lokalen Vertreter vor Ort, der über die erforderlichen Kenntnisse der Landesverhältnisse verfügt und nicht zuletzt in der Lage ist, entscheidende Kontakte für die Auftragserteilung selbst und die reibungslose Durchführung des Projektes zu vermitteln (siehe hierzu auch *Stein-Berrer* C.1). Insbesondere in Ländern, deren wahre Machtstrukturen für den unkundigen Ausländer nur schwer zu erfassen sind, leisten solche Mittelsmänner einen unverzichtbaren Dienst.

[606] Als Bezeichnung findet sich auch "Geschäftsführungsausschuss" oder „Gesellschafterversammlung"; s. hierzu *Rosener* in: MünchVhb (Bd. 4) VI.3 Anm. 34.

[607] *Hautkappe* S. 113.

[608] *Lotz* ZfBR 1996, S. 233 (237); *Hautkappe* S. 112, siehe diesen auch hinsichtlich Details über die Beschlussfassung in der Konsortenversammlung.

sind. Es hat die Aufgabe, die Geschäftspolitik und Verfahrensrichtlinien in technischer sowie kaufmännischer Hinsicht zu formulieren[609] und die wesentlichen Entscheidungen über vertragsändernde und vertragskonkretisierende Maßnahmen zu treffen[610]. Es entspricht der Gesellschafterversammlung der Gesellschaft des Bürgerlichen Rechts im Sinne der §§ 705 f. BGB[611].

Jeder Konsorte hat grundsätzlich eine Stimme. Die Konsortialvertrag sieht regelmäßig umfangreiche Regelungen hinsichtlich des Verfahrens der Beschlussfassung vor. Problematisch ist dabei häufig das Postulat der Einstimmigkeit in Anlehnung an die Regelung des § 709 BGB. Es ist im Konsortialvertrag die Tendenz zu beobachten, das Einstimmigkeitsprinzip in manchen Bereichen durch das Mehrheitsprinzip zu ersetzen[612]. Es handelt sich dabei um ein Zugeständnis an die Praktikabilität, da sich nicht selten einige Konsorten als nicht kooperativ erweisen und sie daher bei einem Einstimmigkeitserfordernis jede Entscheidungsfindung blockieren bzw. zu ihren Gunsten beeinflussen könnten[613].

Das Mehrheitsprinzip[614] sollte jedoch nur für solche Bereiche vereinbart werden, welche trotz der Zuständigkeit der Konsortenversammlung keinen elementaren Charakter haben. Schließlich handelt es sich bei dem Konsortium um einen Zusammenschluss für lediglich *ein* Projekt, und das Mehrheitsprinzip auch für elementare Fragestellungen würde sich mit dem Status des einzelnen Konsorten als einem grundsätzlich gleichberechtigten Mitglied und mit seiner umfänglichen Haftung im Außenverhältnis nicht vereinbaren lassen[615].

Die Festlegung jener „etwas weniger elementaren" Fragestellungen fällt schwer; es ist zu empfehlen, das Mehrheitsprinzip nur bei solchen Fragen zur Anwen-

---

[609] Vgl. § 24 (1) Rosener-Konsortium.

[610] *Brand/Maskow* 7.3.5.1.; vgl. hierzu auch *Hautkappe* S. 114, der als Beispiele für solche Maßnahmen u.a. das Festlegen und Ändern der Leistungsverhältnisse der Konsorten sowie die Lösung technischer Grundsatzfragen nennt.

[611] Vgl. *Rosener* in: MünchVhb (Bd. 4) VI. 3 Anm. 34.

[612] *Hautkappe* S. 114.

[613] Vgl. in diesem Zusammenhang auch *Grüb* S. 9, 29 ff., der die Möglichkeit nennt, im Konsortialvertrag vorzusehen, bei fehlender Einstimmigkeit die Entscheidung – sofern die Lösung des Problems einen Aufschub verträgt - auf die nächste Sitzung zu vertagen.

[614] Es gilt in diesem Zusammenhang darauf hinzuweisen, dass den Konsorten in Abhängigkeit von dem jeweiligen Ausmaß des Leistungsbeitrages auch unterschiedliche Stimmenzahlen zugesprochen werden können. Eine solche Regelung macht natürlich nur Sinn bei Vereinbarung des Mehrheitsprinzipes. Vgl. hierzu auch *Hautkappe* S. 115.

[615] *Hautkappe* S. 114.

dung kommen zu lassen, welche für den überstimmten Konsorten nicht die Gefahr von Verbindlichkeiten oder sonstiger Beeinträchtigungen in sich tragen[616].

(bb) Ausschüsse

Ausschüsse setzen sich aus Vertretern der Konsortialpartner zusammen und werden in der Regel anlässlich einer besonderen Problemstellung gegründet, um Entscheidungen der Konsortenversammlung vorzubereiten[617]. Ferner fällt ihnen die Aufgabe zu, die verschiedenen Liefer- und Leistungsanteile sowohl hinsichtlich derer Ausstattung und deren Umfanges als auch hinsichtlich ihrer Montage genau aufeinander abzustimmen[618]. Es handelt sich bei ihnen letztlich um Arbeitsgemeinschaften, die häufig ad-hoc eingesetzt werden, um für entstandene Probleme kaufmännischer, finanzieller oder technischer Art eine Lösung zu erarbeiten, deren Umfang insbesondere die zeitlichen Kapazitäten der Konsortenversammlung oder des Federführers überfordern würden.

(cc) Federführer

Angesichts der im industriellen Großanlagenbau herrschenden Dimensionen ist die Konsortenversammlung auch unter Zuhilfenahme der Ausschüsse nicht in der Lage, alle notwendigen vertragskonkretisierenden[619] Entscheidungen zu treffen[620]. Die Dimensionen lassen es nicht zu, dass sowohl die Geschäftsführung als auch die Stellvertretung ausschließlich von der Konsortenversammlung ausgeübt werden. Eine solche Konstellation ist grundsätzlich nur bei Projekten kleineren Zuschnitts denkbar[621].

Es bedarf daher stets eines Organs, das die laufenden operativen Entscheidungen trifft[622]. Die Konsortenversammlung bestellt für die Führung der laufenden Geschäfte einen Federführer[623].

Dass die Industrieanlage grundsätzlich nicht durch gemeinsame Sachmittel oder durch eine unmittelbare, enge Zusammenarbeit der Konsorten, sondern stattdessen durch parallele, zeitlich aufeinander abgestimmte Einzelleistungen erstellt

---

616 Vgl. in diesem Zusammenhang auch *Rosener* in: MünchVhb (Bd. 4) VI.3 Anm. 35, der allerdings zu dem Schluss kommt, dass aufgrund der unvermeidlichen Abgrenzungsschwierigkeiten stets Einstimmigkeit zu fordern sei.

617 *Hautkappe* S. 117.

618 *Rosener* in: MünchVhb (Bd. 4) VI.3 Anm. 36.

619 Dagegen sind Entscheidungen mit vertrags*änderndem* Charakter nahezu ausnahmslos der Konsortenversammlung vorbehalten.

620 *Brand/Maskow* 7.3.5.1.; *Hopfenbeck* S. 60.

621 *Hautkappe* S. 118.

622 *Brand/Maskow* 7.3.5.1..

623 Vgl. § 3 (2) Rosener-Konsortium, der lautet: "The consortium members shall ... appoint a consortium leader to handle the *day-to-day transactions*; ...". (Hervorhebung durch Verfasser)

wird, erschwert ebenfalls eine ausschließliche oder zumindest überwiegende Geschäftsführung durch die Konsortenversammlung selbst[624].

Dem Federführer wird eine umfangreiche Geschäftsführungsbefugnis[625] eingeräumt, deren genaues Ausmaß vom Gesellschaftszweck abhängt[626]. Die Aufgaben des Federführers beziehen sich sowohl auf den vorvertraglichen als auch auf den Zeitraum der Vertragserfüllung selbst.
Es obliegt ihm regelmäßig, das Angebot des Konsortiums zur Erstellung der Industrieanlage auszuarbeiten und dieses - bei Zustimmung durch die Konsorten - dem Besteller zu unterbreiten. Während der Ausführung des Vertrages hat er die Aufgabe, das Projekt in Übereinstimmung mit den von der Konsortenversammlung erteilten Weisungen zu fördern[627].
Im Einzelnen bedeutet dies unter anderem, dass er die Leistungen der Konsorten zu koordinieren[628], das Konsortium nach außen hin zu vertreten[629], die technische Gesamtplanung zu überwachen[630], die Oberbauleitung auszuüben[631], das Konsortialkonto zu führen[632], die Finanzen zu kontrollieren[633], den Projektleiter zu stellen[634] und bei Bedarf das Personalbüro des Konsortiums zu führen hat[635].

Diese umfängliche Geschäftsführungsbefugnis korreliert nicht mit einer entsprechenden Vertretungsmacht[636]. Zwar tritt regelmäßig ausschließlich der Federführer im Namen des Konsortiums auf, jedoch darf er keine *bedeutsamen* rechtsverbindlichen Erklärungen für das Konsortium abgeben oder Verpflichtungen für dieses eingehen ohne vorherige Zustimmung der Konsortenversammlung[637]. Insoweit unterscheidet er sich von dem Federführer der im Bauwesen anzutreffenden Arbeitsgemeinschaft.

---

[624] *Hautkappe* S. 118.
[625] Ungenau insoweit *Lionnet* a.a.O. S. 126, der ob der Eigenarten des Anlagenkonsortiums schlussfolgert, dass das Konsortium keiner Geschäftsführung bedürfe.
[626] *Hautkappe* S. 120.
[627] Vgl. § 25 (1) Rosener-Konsortium.
[628] *Brand/Maskow* 7.3.5.1.; *Hautkappe* S. 121; vgl. auch § 25 (2) a Rosener-Konsortium.
[629] *Hautkappe* S. 121; vgl. auch § 25 (2) b Rosener-Konsortium.
[630] *Hautkappe* S. 121; vgl. § 25 (2) c Rosener-Konsortium.
[631] Vgl. § 25 (2) d Rosener-Konsortium.
[632] *Hautkappe* S. 121.
[633] Vgl. auch § 25 (2) f Rosener-Konsortium.
[634] Vgl. auch § 25 (1) Rosener-Konsortium.
[635] Vgl. auch § 25 (2) g Rosener-Konsortium.
[636] *Brand/Maskow* 7.3.5.1.
[637] Vgl. Rosener-Konsortium § 25 (4); siehe auch *Hautkappe* S. 121; *Lionnet* a.a.O. S. 126.

Für sein Engagement erhält der Federführer in der Regel eine Federführungsgebühr, welche ihn für seine Aufwendungen entschädigen soll[638]. Häufig hat sie nicht nur den Charakter einer Entschädigung im engeren Sinne, sondern auch den einer Entlohnung. Die Gebühr ist entweder ein Festbetrag oder aber ein bestimmter Prozentsatz des Auftragswertes[639].

(dd) Bau- und Montageleitung

Die *Bau- und Montageleitung* ist identisch mit dem bereits beschriebenen Baubüro[640]. Sie widmet sich der Baustellenorganisation, und sie entfaltet ihre Hauptaktivität erst mit dem Eintreffen der Lieferanteile der Konsorten auf der Baustelle und mit deren Montage. Sie ist grundsätzlich nur ermächtigt, über Fragen rein örtlichen Charakters und von geringer Bedeutung selbständig zu verhandeln und zu entscheiden[641]. Doch auch hier ist noch einmal darauf hinzuweisen, dass eine qualifizierte Bau- und Montageleitung von einem unschätzbaren Wert für die Erstellung der Anlage vor Ort ist, bei der trotz größtmöglicher Planung stets Probleme auftreten[642].

(b) Unterschiede zur Arbeitsgemeinschaft im Baugewerbe

Ebenfalls eine Gelegenheitsgesellschaft[643] ist die Arbeitsgemeinschaft im Baugewerbe[644]. Sie ist wie das typische Industrieanlagenkonsortium auf die Durchführung lediglich eines einzigen Projektes ausgerichtet, und die beteiligten Unternehmen bleiben rechtlich selbständig[645]. Die Grundstruktur dieser beiden Kooperationen ist dieselbe. Darin mag gemeinsam mit der grundsätzlichen Affinität des Industrieanlagenvertrages zum Bauvertrag der Grund liegen, dass die Begriffe „Konsortium" und „Bau-ARGE" zum Teil synonym verwandt werden[646]. Wie sogleich gezeigt wird, weichen diese beiden Varianten einer Gelegenheitsgesellschaft trotz derselben Grundstruktur in ihrer konkreten Ausgestaltung deutlich voneinander ab, so dass sich eine synonyme Verwendung der Bezeichnungen für eine juristische Darstellung verbietet.

---

[638] *Hautkappe* S. 122; *Brand/Maskow* 7.3.5.1..

[639] *Hautkappe* S. 122 spricht von 0,5 bis 3 % des Gesamtvolumens des Projektes.

[640] Vgl. die Ausführungen oben im 6. Kapitel C III 2 a.

[641] *Grüb* S. 10; *Milz* S. 132.

[642] So auch die Einschätzung von *Hautkappe* S. 123.

[643] *Rosener* in: MünchVhb (Bd. 4) VI.3 Anm. 5 (b).

[644] Im Weiteren wird die Abkürzung „Bau-ARGE" verwandt; zu allgemeinen Rechtsproblemen der Bau-ARGE siehe auch *Kornblum* ZfBR 1992, S. 9 f..

[645] *Nicklisch* NJW 1985, S. 361 (2363); *Hautkappe* S. 101.

[646] Siehe *Hautkappe* S. 101 Fn. 28 mit einem Beispiel.

Der Unterschied in der konkreten Ausgestaltung folgt aus den unterschiedlichen Leistungsgegenständen. Schließen die Kooperationspartner mit dem Besteller einen „bloßen" Bauvertrag ab, dann schulden sie lediglich die Errichtung eines Bauwerkes. Verpflichten sie sich hingegen zur Erstellung einer industriellen Großanlage, dann stellt die Errichtung der die Anlage beherbergenden Gebäude nur einen Teil der vom Auftragnehmer zu erbringenden Leistung dar. Mindestens ebenso wichtig und auch aufwendig sind die Fertigung und die Lieferung der Maschinen- und Elektroteile[647] sowie die Vermittlung der erforderlichen Lizenzen und des nötigen Know-how. Während somit bei der Erstellung einer industriellen Großanlage die Gesamtleistung des Auftragnehmers nicht von den „gegenständlichen" Aktivitäten auf der Baustelle – Bau der Gebäude und die Montage der Maschinen - dominiert wird und daher die Herstellung der Maschinen- und Elektroteile und die Aufgaben im „nicht-gegenständlichen" Bereich (Lizenzierung und Schulung[648]) in Bezug auf den logistischen, finanziellen und zeitlichen Aufwand keineswegs hinter jenen Aktivitäten zurückstehen, umfassen die anlässlich der ausschließlichen Errichtung eines Bauwerkes unmittelbar auf der Baustelle durchzuführenden *Bau*maßnahmen regelmäßig ein Ausmaß von 50-70% der Gesamtleistung[649].

„Bloße" Bauarbeiten werden traditionell und aus technischen Gründen bei Beteiligung mehrerer Unternehmen in enger Zusammenarbeit erbracht. Es wird die Leistung mit *gemeinsamen* Sachmitteln – Baumaschinen und Baumaterial - und *gemeinsamem* Personal erbracht[650]. Das Eigentum an den Sachmitteln geht regelmäßig in die Gesamthand über, die betroffenen Fertigungskapazitäten der einzelnen Unternehmen werden aus diesen ausgegliedert[651]. Die Kooperation als solche verfügt daher über eigene Produktionsstätten und auch sonstige Produktionskapazitäten[652]. Die Durchführung des Projektes erfolgt durch die geschaffene Organisationseinheit mittels ihres Gesamthandsvermögens und ihres gemeinsamen Personals[653]. Die Gesellschafter sind folglich auch am Gewinn und Verlust insgesamt beteiligt[654].

---

[647] Siehe auch *Schuhmann* ZfBR 1999, S. 246 (248).

[648] Die Schulung und die Einweisung *vor Ort* anhand der konkreten Anlage spielen eine wichtige Rolle im Rahmen des Technologietransfers und damit auch im Rahmen der vertraglichen Beziehung zwischen dem Auftragnehmer und dem Auftraggeber (vgl. dazu die Ausführungen unten im 6. Kapitel D V, dort vor allem 2 b). Bei diesen handelt es sich aber um keine Baumaßnahmen, und sie werden selbstverständlich nur von einzelnen ausgewählten Konsorten und nicht von den Konsorten gemeinsam erbracht.

[649] *Milz* S. 110; siehe auch *Lionnet* a.a.O. S. 126.

[650] *Rosener* in: MünchVhb (Bd. 4) VI.3 Anm. 5 (b).

[651] *Hautkappe* S. 102.

[652] *Nicklisch* NJW 1985, S. 2361 (2364).

[653] *Lionnet* a.a.O. S. 126; *Nicklisch* NJW 1985, S. 2361 (2363).

[654] *Rosener* a.a.O..

Die Bau-ARGE weist daher insoweit eine im Vergleich zum Industrieanlagenkonsortium engere Gesellschaftsstruktur auf, als dass sie über mehr Gesellschaftsvermögen verfügt und die Partner enger zusammenarbeiten und sich somit nicht primär als Werkunternehmer verstehen.

Diese nicht unbeträchtliche Verschiedenheit der beiden Varianten einer Gelegenheitsgesellschaft setzt allerdings voraus, dass die Bau-ARGE – wie in der Mehrzahl der Fälle - einen Bauvertrag kleinen bis mittleren Ausmaßes zum Gegenstand hat. Bei Großprojekten im Baugewerbe ist trotz der überwiegenden Leistungserbringung vor Ort der Trend unverkennbar, dass die vielen involvierten und teilweise hochspezialisierten Unternehmen ihren Beitrag zur Erstellung des Bauwerks vielfach alleine und somit nicht gemeinsam mit den anderen Konsorten leisten. Großprojekte verfügen in der Regel über eine größere technische Komplexität, und ihre Erstellung erfordert eine große Anzahl von Aufgaben, zu deren Bewältigung nur einige wenige Firmen in der Lage sind, so dass ein diesbezügliches gemeinsames Erbringen der Leistung durch die Konsorten von vornherein ausscheidet. Dies bedeutet, dass sich die Struktur einer Bau-ARGE nur bei Bauverträgen kleineren und mittleren Zuschnitts deutlich in der beschriebenen Art und Weise von der eines Industrieanlagenkonsortiums unterscheidet.
Dagegen werden auch bei Großprojekten im Baugewerbe viele Teilleistungen isoliert durch den einzelnen Konsorten erbracht, so dass man einer solchen sich auf der Auftragnehmerseite befindenden Arbeitsgemeinschaft attestieren muss, sich hinsichtlich ihrer Struktur von der klassischen Bau-ARGE zu entfernen und schon teilweise Züge eines Industrieanlagenkonsortiums anzunehmen, ohne freilich an dieses heranzureichen. Dazu mangelt an dem hohen Anteil jener Tätigkeiten, welche wie die Fertigung von Maschinen- und Elektroteilen sowie die Schulung des Betreibers bzw. dessen Personals typischerweise nicht gemeinsam durch das Konsortium, sondern durch den einzelnen Konsorten eigenverantwortlich und in eigener Regie vorgenommen werden.

(c) Stilles Konsortium
Während die Bau-ARGE und das zuvor beschriebene Industrieanlagenkonsortium zwar dieselbe juristische Grundstruktur haben, sich durch die konkrete Ausgestaltung im Innenverhältnis dennoch deutlich unterscheiden, macht es für die Kooperationspartner „nahezu" keinen Unterschied, ob sie sich zu einem Industrieanlagenkonsortium in der oben beschriebenen Form und damit zu einem *Außen*konsortium zusammenschließen oder ob einer der Partner mit dem Besteller einen Vertrag als Generalunternehmer abschließt und dann mit den restlichen Partnern ein *Innen*konsortium[655] gründet[656]. Der Partner, der als Generalunter-

[655] Es handelt sich dabei um eine Innengesellschaft bürgerlichen Rechts.

nehmer dem Besteller gegenübersteht und diesem gegenüber alleine verantwortlich ist, schließt zwar den Vertrag mit dem Besteller nicht im Namen der restlichen Partner, und es entsteht somit kein Gesamtschuldverhältnis, jedoch handelt er intern beim Vertragsschluss „für Rechnung des Konsortiums“[657].
In den internen Gesellschaftsbeziehungen gelten für beide Arten von Konsortien die gleichen Prinzipien[658], so dass der Unterschied im Außenverhältnis sich letztlich in dem Verhältnis der Konsorten untereinander nahezu[659] nicht niederschlägt.

Dass das Verhältnis der Konsorten untereinander nicht davon abhängt, ob die Kooperation als Außenkonsortium oder als „bloßes“ Innenkonsortium auftritt, wird an einer Regelung deutlich, welche – sich nur in Nuancen unterscheidend - in vielen Konsortialverträgen im Industrieanlagengeschäft zu finden ist[660] und vorsieht, dass die Vorschriften des für ein Außenkonsortium abgeschlossenen Konsortialvertrages sinngemäße Anwendung auch auf das stille Konsortium finden, welches entstehen soll, wenn der Kunde keinen Vertrag mit dem Außenkonsortium, sondern stattdessen lediglich mit einem einzelnen Mitglied desselben schließen will[661].
Mit dieser Regelung können die Konsorten, welche in der Angebots- und Verhandlungsphase als Außenkonsortium aufgetreten sind, auf Vertragswünsche des Bestellers flexibel reagieren, ohne ihr zuvor vereinbartes Leistungs-, Haftungs- und Gewinnbeteiligungskonzept aufgeben zu müssen[662].

---

656 *Rosener* in: MünchVhb (Bd. 4) VI. 3 Anm. 5 a (2).
657 *Nicklisch* NJW 1985, S. 2361 (2365); *Rosener* a.a.O..
658 *Brand/Maskow* 7.3.2..
659 Siehe *Brand/Maskow* 7.3.2., die auf einige Unterschiede hinweisen. Vgl. auch *Hautkappe* S. 158.
660 *Nicklisch* NJW 1985, S. 2361 (2365).
661 Vgl. § 30 (2) Rosener-Konsortium, welcher lautet: " ... subject to the following: externally, B AG shall act as the general contractor and as the undisclosed representative on behalf of the other consortium members; internally, B AG and the other consortium members shall form a silent consortium; insofar as the provisions of this Consortium Agreement relate to an open consortium, they shall apply analogously in a form adjusted to a silent consortium. ... ".
Siehe in diesem Zusammenhang auch *Sarie-Eldin* S. 19, welcher davor warnt, den Konsortialvertrag bereits vor dem endgültigen Abschluss des Bauvertrages mit dem Besteller bis ins letzte Detail auszugestalten. Es sei vielmehr wichtig, sich bis zu diesem Zeitpunkt die notwendige Flexibilität zu bewahren, um auf unerwartete Forderungen und auf kurzfristige Änderungswünsche des Bestellers angemessen reagieren zu können.
662 Siehe *Lionnet* a.a.O. S. 124.

(d) Rechtsnatur des Konsortiums im Gefüge des deutschen materiellen Rechts

Die starke werkvertragliche Prägung der Verpflichtung der einzelnen Konsorten wirft die Frage auf, ob die im Industrieanlagengeschäft anzutreffende Variante eines Konsortiums noch die Rechtsnatur einer Gesellschaft des Bürgerlichen Rechts[663] besitzt oder aber als eine Vertragsbeziehung zu betrachten ist, für die sich eine Einordnung als Gesellschaft des Bürgerlichen Rechts im engeren Sinne verbietet und welche daher als ein Mischvertrag[664] zu qualifizieren ist. In der Literatur stößt man häufig[665] auf die Auffassung, dass der werkvertraglichen Prägung und isolierten Leistungserbringung insofern Rechnung zu tragen ist, als dass man die Anbieterkoalition zwar als eine Gesellschaft des Bürgerlichen Rechts qualifiziert, der Leistungserbringung der einzelnen Konsorten jedoch einen eigenständigen Werkvertrag zwischen dem jeweiligen Konsorten und der Gesellschaft des Bürgerlichen Rechts zugrunde legt. Das Konsortium fungiert dann als eine Art „Dach"-Gesellschaft[666].

Die konstitutiven Elemente einer Gesellschaft des Bürgerlichen Rechts erschöpfen sich in dem gemeinsamen Zweck und die hierauf gerichteten Förderungspflichten der Beteiligten[667]. Jenseits dieser Elemente gibt es keine Voraussetzungen; die Bildung eines Gesamthandsvermögens stellt ebenso wie die umfangreiche Vertretungsmacht des Geschäftsführers lediglich ein typisches Element der Gesellschaft dar, zwingend ist keines dieser beiden Elemente[668]. Auf das Maß der körperschaftlichen Dichte des Zusammenschlusses kommt es gleichfalls nicht an. Die Gesellschaft des Bürgerlichen Rechts zeichnet sich durch eine nahezu unbeschränkte Freiheit der Gesellschafter hinsichtlich der Gestaltung des Innenverhältnisses aus.
Angesichts dieser geringen Anforderungen tritt die Gesellschaft des Bürgerlichen Rechts häufig in Varianten auf, die zwar als atypisch für eine Gesellschaft erscheinen, jedoch einer Qualifizierung als solcher *grundsätzlich* nicht im Wege stehen[669].

---

[663] So insbesondere *Lotz* ZfBR, S. 233 (237).
[664] Wohl so, ohne sich genau festzulegen, *Nicklisch* NJW 1985, S. 2361 (2364).
[665] Vgl. etwa *Lionnet* a.a.O. S. 128; MünchHdb GesellR (Bd.1)-*Kleine-Möller* § 20 Rdnr. 24; siehe in diesem Zusammenhang auch *Nicklisch* a.a.O..
[666] Siehe MünchHdb GesellR (Bd.1)-*Kleine-Möller* a.a.O., wo in Bezug auf die Bau-ARGE von einer „Dacharbeitsgemeinschaft" gesprochen wird.
[667] Vgl. § 705 BGB; dazu auch Müko-*Ulmer* § 705 Rdnr. 142.
[668] BGH WM 1962, S. 1086 (1086); Müko-*Ulmer* § 705 Rdnr. 266.
[669] Siehe hierzu insbesondere Müko-*Ulmer* vor § 705 Rdnr. 82, der darauf hinweist, dass sich hinter den häufig als „gesellschaftsähnliche Rechtsverhältnisse" bezeichneten Vertragsbeziehungen regelmäßig „nur" Gesellschaften des Bürgerlichen Rechts mit atypischen Gesellschaftsmerkmalen verbergen.

Die Vielgestaltigkeit der Gesellschaft des Bürgerlichen Rechts ließe es daher auch ohne weiteres zu, die individualrechtlichen bzw. synallagmatischen Züge des einzelnen Konsortenbeitrages als eine bloß besondere Ausgestaltung des Innenverhältnisses der Gesellschaft zu betrachten[670]. Ebenso wäre es möglich, der individualvertraglichen Prägung des Anlagenkonsortiums durch eine Qualifizierung desselben als eine Mischform zwischen einer Gesellschaft und einem Austauschverhältnis zu begegnen.

Mit der Annahme einer solchen Rechtsnatur wäre allerdings nicht viel gewonnen. Schließlich ist es der primäre Zweck einer jeden Rechtsnaturbestimmung, Rechtssicherheit zu schaffen[671]. Durch die Kenntnis der Rechtsnatur soll der Rechtsanwender in die Lage versetzt werden, den Charakter der Rechtsbeziehung zu erfassen und Lösungen unter Berufung auf die Rechtsnatur dort zu entwickeln, wo der Vertrag keine Regelung vorsieht. Die Qualifizierung des Anlagenkonsortiums als eine besondere Variante der Gesellschaft des Bürgerlichen Rechts oder als ein Mischvertrag ist dazu nur bedingt in der Lage.

Weitaus besser[672] eignet sich dazu das Verständnis des Konsortialvertrages als eine Vereinbarung, im Rahmen derer die Konsortialpartner mit der Gesellschaft des Bürgerlichen Rechts sogenannte „nachgelagerte Subunternehmerverträge"[673] bzw. „Nachunternehmerverträge"[674] abschließen. Mit ihr gelingt es, den individualrechtlichen Charakter des Konsortenbeitrages deutlich hervortreten zu lassen und ihn für individualrechtlich bzw. synallagmatisch geprägte Lösungsmöglichkeiten leichter zugänglich zu machen. Der Leistungsvereinigungscharakter des Zusammenschlusses und der Wunsch der Beteiligten nach einer gesamtschuldnerischen Haftung der Konsorten werden dabei nicht vernachlässigt, da das Konsortium als solches mit Ausnahme der konkreten Ausgestaltung der einzelnen Leistungsbeiträge weiterhin als eine Gesellschaft des Bürgerlichen Rechts qualifiziert wird. Vor dem Hintergrund dieser „Dachgesellschaft" lässt sich mit *Lionnet*[675] auch unproblematisch auf den regelmäßigen Willen der Konsorten schließen, hinsichtlich ihrer Leistung einzelne Werkverträge mit dem Konsortium abzuschließen. Die entscheidende Indizwirkung kommt dabei dem schon erwähnten Umstand zu, dass sich die Konsortialpartner bei der „bloßen" Leistungserbringung primär als einzelne Werkunternehmer verstehen. Hinzu kommt, dass die Konsorten in der Regel keinen gesellschaftsrechtlichen Ge-

---

[670] So eben *Lotz* a.a.O..
[671] Siehe hierzu bereits die Ausführungen zur Rechtsnatur des Industrieanlagenvertrages im 4. Kapitel B.
[672] Deutlich ablehnend *Lotz* a.a.O..
[673] *Nicklisch* NJW 1085, S. 2361 (2364).
[674] MünchHdb GesellR (Bd.1)-*Kleine-Möller* § 20 Rdnr. 25.
[675] *Lionnet* a.a.O. S. 128.

winnanspruch erhalten, sondern lediglich einen bestimmten, ihrem Leistungsanteil entsprechenden Anteil am Kundenpreis[676].

Die Annahme nachgeschalteter Subunternehmerverträge zwischen den einzelnen Konsorten und dem Konsortium selbst erweist sich darüber hinaus als vorteilhaft hinsichtlich der im Vorfeld des Abschlusses des Anlagenvertrages herrschenden Ungewissheit der an der Anbieterkoalition Beteiligten, in welcher Organisationsform sie sich letztendlich an der Erstellung der Anlage beteiligen.
Entschließen sich mehrere Unternehmen, sich um einen Auftrag zur Erstellung einer industriellen Großanlage zu bemühen, dann hängt es von den Einzelumständen ab, ob sie in Form eines Außenkonsortiums Partner des Anlagenvertrages werden oder aber ob lediglich ein einzelner Unternehmer einen Generalunternehmervertrag abschließt und die anderen Unternehmer durch Gründung eines stillen Konsortiums oder durch den Abschluss einzelner Subunternehmerverträge in die Erstellung einbezieht.
Auf Seiten der Anbieterkoalition ist eine umfangreiche Abwägung der Vor- und Nachteile der einzelnen Konzepte nötig[677], in welcher die Kenntnis der genauen Bedingungen des Anlagenvertrages eine entscheidende Rolle spielt und welche daher erst unmittelbar vor Abschluss des Anlagenvertrages erfolgen kann. Für einen Unternehmer stellt die Gründung eines Konsortiums in der Regel die im Vergleich zu dem Abschluss von Subunternehmerverträgen insgesamt günstigere Variante dar[678]. Die für das Konsortium sprechenden Aspekte der Risikoverteilung[679] wiegen in der Regel schwerer als die mit einer Generalunternehmerschaft einhergehende höhere Gewinnmarge und das größere Maß an Freiheit bei der Erstellung der Anlage.
Es ist aber auch an dieser Stelle noch einmal darauf hinzuweisen, dass die Unternehmer häufig die genaue Organisationsform nicht alleine bestimmen können. Der Besteller äußert nicht selten erst kurz vor Abschluss des Anlagenvertrages seine Vorstellung, ob er mit einem Außenkonsortium oder aber nur mit einem einzelnen Unternehmen eine vertragliche Beziehung eingehen möchte[680]. *Lionnet*[681] vermutet als ein wesentliches Motiv für ein solches Vorgehen seitens des Bestellers dessen Scheu, sich während der Vertragsabwicklung mit einer Vielzahl von Unternehmen statt mit lediglich einem einzigen „technisch" verständigen zu müssen, d.h. auch wenn der Besteller nur mit einem einzigen Unternehmen verhandelt, ist es dennoch nicht unwahrscheinlich, dass der Besteller

---

676 Dazu *Lionnet* a.a.O..
677 Zu den einzelnen Beweggründen vgl. insbesondere *Nicklisch* NJW 1985, S. 2361 f.; *Lionnet* a.a.O. S. 121 f; *Hautkappe* S. 94 f., 96 f., 158 f..
678 *Lionnet* a.a.O. S. 124.
679 *Rosener* in: MünchVhb (Bd. 4) VI.3 Anm. 5a (b).
680 *Hautkappe* S. 158; *Lionnet* a.a.O. S. 124.
681 *Lionnet* a.a.O. S. 125.

als Vertragspartner eine größere Anzahl von Unternehmen in gesamtschuldnerischer Haftung verlangt.

Die Rechtswirklichkeit erfordert somit ein hohes Maß an Flexibilität der an der Anbieterkoalition Beteiligten im Hinblick auf ihre letztendliche Organisationsform[682]. Häufig schließen sie sich für das Angebotsstadium zu einem Außenkonsortium zusammen und passen dann für den Zeitraum der Vertragserfüllung ihre Organisationsform den jeweiligen Umständen und den Wünschen des Bestellers an[683].
Einer jeden Anpassungsnotwendigkeit ist der Wunsch der Beteiligten immanent, das Ausmaß der Anpassungen gering zu halten und nicht der Gefahr ausgesetzt zu sein, sich auf völlig neue Umstände einstellen zu müssen. Diesem Wunsche und damit auch der Flexibilität der Beteiligten kommt das Verständnis des Anlagenkonsortiums als eine Dachgesellschaft mit nachgeschalteten Einzelverträgen entgegen, da der einzelne an der Anbieterkoalition beteiligte Unternehmer sein Selbstverständnis als eigenständiger Werkunternehmer und damit auch seine rechtliche, im Wesentlichen synallagmatisch geprägte Grundorientierung unabhängig davon beibehalten kann, ob er sich als „Subunternehmer" innerhalb eines Außenkonsortiums, innerhalb eines Innenkonsortiums oder aber ohne eine solch zusätzliche Einbindung an der Erstellung der Anlage beteiligt.

Die Annahme eines nachgeschalteten einzelvertraglichen Elements führt zu der Frage, welcher Teil des vom Konsortialvertrag erfassten Regelungsbereichs den Normen des Gesellschaftsrechts und welcher Teil denen des Rechts der Austauschverhältnisse zu unterstellen ist.
Im Zuge der Gründung der Dachgesellschaft geben sich die Konsorten das gegenseitige Versprechen, ein gemeinsames Angebot abzugeben und im Falle der Auftragserteilung die Anlage gemeinsam in gesamtschuldnerischer Haftung zu erstellen. Zu diesem Zeitpunkt sind die Versprechen noch abstrakt und unspezifiziert. Erst in einem gedanklich zweiten Schritt legen die einzelnen Konsorten einzelvertraglich mit dem Konsortium den genauen Inhalt ihrer jeweiligen Verpflichtung fest. Damit hat der Beitrag des einzelnen Konsorten seinen eigentlichen Ursprung in der gesellschaftsrechtlichen Bindung, welche ergänzt und konkretisiert wird durch die nachgeschalteten einzelvertraglichen Verpflichtungen, ohne von diesen verdrängt zu werden. Die einzelvertragliche Verpflichtung

---

682 *Nicklisch* NJW 1985, S. 2361 (2363) weist darauf hin, dass „die Organisationsform – Generalunternehmer und Subunternehmer oder Bau-Arge, Konsortium usw. – häufig durch den Kundenwunsch oder andere *eher zufällige Momente* bestimmt wird". (Hervorhebung durch Verfasser).
683 *Lionnet* a.a.O. S. 123, 124; *Hautkappe* S. 158.

ist „eingebettet"[684] in den Konsortialvertrag. Dieser „Zweispurigkeit" der letztendlichen Verpflichtung des Konsorten entspricht es, dass man deren Entstehung und Beendigung – da sie sich unmittelbar auf die Stellung des Konsorten als Gesellschafter und damit auf die Gesellschaft als solche auswirken - den gesellschaftsrechtlichen Normen unterstellt, während man sämtliche Fragen jenseits dieser Problematik – insbesondere solche der Erfüllungsmodalitäten und des Leistungsstörungsrechts - grundsätzlich nach den Regeln über Austauschverhältnisse beurteilt[685].

Damit beschränken sich der Regelungsgegenstand der Dachgesellschaft und der damit einhergehende Anwendungsbereich der Regeln des Gesellschaftsrechts im Wesentlichen auf den Begründungs- sowie Beendigungsakt, auf die interne Beschlussfassung und auf das Außenverhältnis des Zusammenschlusses einschließlich etwaiger Geschäftsführungs- und Stellvertretungsbefugnisse einzelner Konsorten. Die *detaillierte* Regelung der einzelnen Konsortenbeiträge ist Gegenstand einer weiteren Vertragsebene.

Mit der Annahme von überwiegend selbständigen, nachgeschalteten Einzelverträgen nimmt man dem Anlagenkonsortium seine stark synallagmatische Prägung. Der verbleibende Rest in Form der Dachgesellschaft weist keine besondere Affinität zu einem Austauschverhältnis mehr auf.

Qualifiziert man den einzelnen Konsortenbeitrag als einen nachgeschalteten Einzelvertrag und damit als einen Subunternehmervertrag, dann stellt sich unweigerlich das Problem der Synchronisation der Regelungen des Subunternehmervertrages mit denen des Hauptvertrages. Es handelt sich dabei um die klassische Problematik des Rechts des *allgemeinen* Subunternehmervertrages. Im Mittelpunkt der in diesem Zusammenhang geführten Diskussion steht die Frage, inwieweit Ereignisse des Hauptvertrages auf den Subunternehmervertrag durchschlagen. Wie noch an anderer Stelle näher dargelegt wird, erfordert die Beantwortung dieser Frage in jedem Einzelfall eine umfassende Abwägung der Parteiinteressen[686].

---

684 VOB/B-Kommentar/*Nicklisch* Einl. §§ 4-13 Rdnr. 84; siehe auch *Riedl* in: FS Heiermann, S. 269 (277).

685 Es soll an dieser Stelle selbstverständlich nicht verkannt werden, dass es dennoch zu Abgrenzungsschwierigkeiten zwischen den Regelungen des Gesellschaftsrechts und denen über Austauschverhältnisse kommen kann. Die obige Differenzierung darf daher bloß als eine Grundorientierung verstanden werden; eine allgemeingültige und auch detaillierte Abgrenzung kann angesichts der beschriebenen Eigenarten des Konsortiums nicht erfolgen. Im Zweifelsfall ist dem Gesellschaftsrecht der Vortritt zu lassen.

686 Zur Rolle des Subunternehmers im Anlagengeschäft und zu der Problematik der Synchronisation des Haupt- und Subunternehmervertrages vgl. die Ausführungen im 9. Kapitel.

In Bezug auf das Anlagenkonsortium fällt diese Abwägung allerdings kurz aus, und das Ergebnis ist eindeutig. Eine Betrachtung der Interessenlage der Konsorten zeigt, dass sich eine Gleichschaltung der Regelungen der zwischen den Konsorten und dem Konsortium geschlossenen Subunternehmerverträgen mit denen des (Haupt-) Anlagenvertrages unproblematisch bejahen lässt.
Schließlich ist es der regelmäßige Wille der Beteiligten, dass im "Innenverhältnis" jeder Konsorte für seinen eigenen Bereich verantwortlich ist. Und dieser Wille findet vielfach auch eine ausdrückliche Dokumentation in jenen schon vorgestellten[687] Regelungen, wonach im Innenverhältnis die Konsorten so behandelt werden, als ob sie für ihren jeweiligen Leistungsanteil einen eigenen Vertrag mit dem Kunden geschlossen hätten[688].
Damit vereinbaren die Parteien eine ausdrückliche Verknüpfung beider Verträge, und es entspricht ihrem Willen, dass die Ereignisse im Hauptvertrag unmittelbar auf den jeweiligen Subunternehmervertrag durchgreifen[689].

Mit der Gleichschaltung beider Vertragsbeziehungen bewahrt man das Konzept der Dachgesellschaft mit nachgelagerten Einzelverträgen vor dem Vorwurf der mangelnden Synchronisation zwischen dem Anlagenvertrag und den einzelnen Subunternehmerverträgen. Damit gelingt es dem Konzept endgültig, das individualrechtliche Gepräge des Anlagenkonsortiums zu erfassen[690], ohne dabei die gemeinsame Zwecksetzung und damit die gemeinsame Grundlage aller einzelvertraglichen Verpflichtungen in der gegenseitigen gesellschaftsrechtlichen Bindung zu vernachlässigen.

Während es bei einem Außenkonsortium einer Analyse der genauen Umstände bedurfte, um in dem einzelnen Konsortenbeitrag einen gegenüber der Leistung des Konsortiums nachgelagerten Einzelvertrag zu sehen, ist es bei einem Innenkonsortium offensichtlich[691], dass die Leistung des einzelnen Konsorten, welcher nicht wie beim Außenkonsortium zugleich auch Vertragspartner des Anlagenvertrages ist, der Leistung des mit dem Besteller kontrahierenden Generalunternehmers nachgeschaltet ist. Bedenkt man nun, dass sich das Außenkonsortium und das Innenkonsortium in ihren grundsätzlichen Strukturen nicht unterscheiden und sich insbesondere hinsichtlich der Leistungen der einzelnen Konsorten dieselben Zuordnungsprobleme stellen[692], dann kommt man zu dem

---

[687] Siehe die Ausführungen im 6. Kapitel C III 3 b (1) (a).
[688] Vgl. etwa § 14 (2) Rosener-Konsortium.
[689] So deutlich *Nicklisch* NJW 1985, S. 2361 (2364).
[690] Das individualrechtliche Gepräge findet auch insoweit einen Niederschlag, als dass die einzelnen Konsortenbeiträge deutlich voneinander getrennt in separaten Anhängen geregelt sind.
[691] Ebenso deutlich *Nicklisch* NJW 1985, S. 2361 (2365).
[692] *Rosener* in: MünchVhb (Bd.4) VI.3 Anm. 5 a (c).

Schluss, dass bei einem Innenkonsortium der einzelne Konsortenbeitrag der Leistung des Generalunternehmers im Rahmen des Anlagenvertrages in doppelter Hinsicht nachgelagert ist. Denn auch hier versteht sich der einzelne Konsorte überwiegend als Werkunternehmer im Rahmen eines Austauschverhältnisses mit dem Konsortium, welches anders als das Außenkonsortium selbst kein Partner des Anlagenvertrages ist und daher eine Art weitere Zwischenstation zwischen dem einzelnen Konsortenbeitrag und der Leistung des kontrahierenden Partners des Anlagenvertrages darstellt.

(e) Das Statut des Anlagenkonsortiums

Der folgende Abschnitt gilt der Ermittlung zum einen des Rechts, welches auf die Dachgesellschaft Anwendung findet, und zum anderen des Rechts, nach dem sich die Leistungshandlungen der einzelnen Konsorten bestimmen.

(aa) Das Rechtsanwendungsrecht des Konsortiums

(aaa) Das Kollisionsrecht der „Dach"- Außengesellschaft

Mit der Qualifizierung zumindest der Dachkonstruktion als einer Gesellschaft des Bürgerlichen Rechts im Sinne der §§ 705 f. BGB steht noch keineswegs fest, dass auch das Internationale Gesellschaftsrecht über das auf diese Dachgesellschaft anwendbare Recht entscheidet. Schließlich erfolgt die kollisionsrechtliche Qualifikation von Rechtsverhältnissen grundsätzlich unabhängig von der im deutschen materiellen Recht[693].

Das Gesetz schließt in Art. 37 Nr. 2 EGBGB „Fragen, betreffend das Gesellschaftsrecht, das Vereinsrecht und das Recht der juristischen Personen" von der Anwendung des in den Artt. 27 ff. EGBGB niedergelegten Internationalen Schuldvertragsrechts aus.

Das nur geringe Gesellschaftsvermögen und die *insoweit* geringe körperschaftliche Struktur lässt das Konsortium zumindest in die Nähe der Varianten einer Gesellschaft des Bürgerlichen Rechts rücken, für die die überwiegende Auffassung das Vertragsstatut als das angemessene Statut erachtet[694]. Das Anlagenkon-

---

[693] Nach herrschender Meinung ist für die Qualifikation grundsätzlich die „lex fori" maßgeblich (vgl. etwa BGHZ 29, 137 (139); BGHZ 47, 324 (325 f.); Palandt-*Heldrich* Einl. v. Art. 3 EG Rdnr. 27; *Kropholler* § 16 I; *Neuhaus*, Grundbegriffe, S. 123).

[694] So etwa Staudinger/IntGesR-*Großfeld* Rdnr. 708; *Ebenroth* JZ 1988, S. 18 (23); Palandt-*Heldrich* Art. 28 Rdnr. 19; *Kegel/Schurig* § 17 III Nr. 1; *Ferid* in: FS Hueck, S. 343 (345); Reithmann/Martiny-*Hausmann* Rdnr. 2257; OLG Frankfurt a.M. RIW 1998, S. 807 (808); OLG Hamburg NJW-RR 2001, S. 1012 (1013); a.M. insbesondere *v. Bar,* IPR II, Rdnr. 645; *Kiefer* NZG 2000,S. 352 (353 f.).

sortium wird daher teilweise auch explizit[695] unter Berufung auf diese herrschende Auffassung als eine Gesellschaft genannt, welche nicht unter den Ausschlusstatbestand des Art. 37 Nr. 2 EGBGB fällt.
Es ist nicht ganz leicht, den genauen Standpunkt der herrschenden Auffassung zu ermitteln, da eine Abgrenzung des Anwendungsbereichs des Internationalen Vertragsrechts von dem des Internationalen Gesellschaftsrechts zum Teil mit Hilfe der Begriffe „Innen-" und „Außengesellschaft"[696] vorgenommen wird und die Verwendung dieser Begriffe auch im allgemeinen Schrifttum nicht ganz einheitlich ist[697].
Die herrschende Lehre lässt sich wohl dahin gehend verstehen, dass sie für Innengesellschaften und solche Außengesellschaften, die keine für Dritte erkennbare körperschaftliche Organisation aufweisen, das Vertragsstatut für anwendbar erklärt. Die gemeinsame Förderung des Zweckes muss also durch eine körperschaftliche Struktur nach außen deutlich dokumentiert werden[698]; das bloße Auftreten eines Gesellschafters im Namen aller Gesellschafter soll nicht ausreichen.
Als Begründung wird unter anderem angeführt, dass die kollisionsrechtliche Gleichbehandlung von juristischen Personen und Personenvereinigungen nur dann gerechtfertigt sei, wenn diese keine relevanten Sachverhaltsunterschiede aufwiesen, d.h. „wesensgleich oder –ähnlich" seien[699]. Daher müsse man verlangen, dass die Personenvereinigung als „eigenständiges Rechtssubjekt"[700] am Rechtsverkehr teilnehme und eine von außen erkennbare Organisation besitze. Die Forderung nach einer deutlichen Gemeinsamkeit der Personengesellschaft mit einer juristischen Person folge nicht zuletzt daraus, dass mit der Aktiengesellschaft stets eine juristische Person als Orientierungspunkt[701] im Internationa-

---

[695] *Lionnet* in: Bau- und Anlagenverträge (Nicklisch), S. 121 (127); *Rosener* in: MünchVhb (Bd. 4) VI.3 Anm. 44; *Lotz* ZfBR 1996, S. 233 (239).
[696] Siehe etwa Staudinger/IntGesR-*Großfeld* Rdnr. 772, 777.
[697] Auf dieses Problem auch hinweisend MünchHdb GesellR (Bd.1)-*Schücking* § 3 Rdnr. 3; *ders.* WM 1996, S. 281 (283). So wird unter anderem zwischen Innengesellschaften im weiteren Sinne und im engeren bzw. reinen Sinne und zwischen selbständigen und unselbständigen Außengesellschaften unterschieden (Nachweise s. *Baumanns* a.a.O.). Die Unterscheidung zwischen Innen- und Außengesellschaft sollte jedoch *ausschließlich* danach getroffen werden, ob die Gesellschaft nach außen tritt oder nicht, d.h. danach, ob ein Gesellschafter im Namen aller Gesellschafter im Rechtsverkehr auftritt oder ob er sämtliche Rechtsgeschäfte im eigenen Namen vornimmt und sich die Rechtsgeschäfte quasi nur „nachträglich" aufgrund der Vereinbarung der Gesellschafter auf diese auswirken. Im Folgenden wird der Verwendung der Begriffe Innengesellschaft und Außengesellschaft diese Unterscheidung zugrunde gelegt.
[698] Siehe hierzu auch MünchHdb GesellR (Bd.1)-*Schücking* § 3 Rdnr. 6.
[699] BGH DB 1954, S. 231 (231); Müko-*Kindler* IntGesR Rdnr. 194 mit weiteren Nachweisen.
[700] Siehe auch hier Müko-*Kindler* IntGesR a.a.O. Es ist anzunehmen, dass mit der „eigenständigen Rechtssubjekts"-Qualität in diesem Zusammenhang nicht der Status als juristische Person gemeint ist, sondern „lediglich" ein gemeinsames Auftreten der Gesellschafter nach außen.
[701] Siehe in diesem Zusammenhang auch *Großfeld* RabelsZ 38 (1974), S. 344 (366 f.).

len Gesellschaftsrecht fungiert habe. Des Weiteren wird darauf hingewiesen, dass bei mangelnder „Außenwirkung"[702] der Rechtsverkehr nicht so schutzbedürftig sei und daher die im Rahmen des Internationalen Gesellschaftsrechts primär an der Schutzbedürftigkeit orientierte Argumentation nicht greife[703]. Auf die Schutzbedürftigkeit stellt auch *Eyles*[704] ab, wenn er sagt, dass für sämtliche Personenhandelsgesellschaften die im Internationalen Gesellschaftsrecht herrschende Sitztheorie[705] ungeeignet sei. Die Sitztheorie verfolge keinen Selbstzweck, sondern den Schutz des Rechtsverkehrs, welcher insbesondere vor Kapitalgesellschaften geschützt werden müsse, die nach einem *falschen* Recht gegründet worden seien. Eine entsprechende fehlerhafte Rechtswahl würde dann durch eine unbeschränkte und unbeschränkbare persönliche Haftung der Gesellschafter und/oder der für die Gesellschaft Handelnden aus einer gesetzlichen Analogie zu §§ 123 Abs. 2, 128 HGB, § 427 BGB bzw. § 54 Satz 2 BGB, § 11 Abs. 2 GmbhG, § 41 Abs. 1 Satz 2 AktG oder § 179 BGB sanktioniert. Eine solche Haftungskonstellation sei bei einer Gesellschaft des Bürgerlichen Rechts bereits aufgrund gesetzlicher Anordnung gegeben (§ 427 BGB), so dass keine Notwendigkeit mehr bestünde, diese Konstellation und damit den Schutz des Rechtsverkehrs durch die Anwendung der Sitztheorie sicherzustellen[706].
Schücking[707] begründet die Anwendung des Vertragsstatuts auf internationale Bankenkonsortien[708], bei denen ebenso wie bei den im Industrieanlagengeschäft typischen Konsortien nahezu kein Gesamthandsvermögen gebildet wird und deren Einstufung als Gesellschaft des Bürgerlichen Rechts von *Westermann*[709] als ein „Beispiel der gesellschaftsrechtlichen Typendehnung" bezeichnet wird, mit der ursprünglich materiell-rechtlichen Qualifikation des Bankenkonsortiums als Austauschvertrag. Er bezieht sich damit letztlich auf die Nähe des Bankenkonsortiums zu einem Austauschvertrag und untermauert die Bedeutung dieser Nähebeziehung damit, dass das Bankenkonsortium in den USA nicht als „partnership" angesehen werde und dass dort das Verhältnis der Konsorten zu dem Konsortialführer auftragsrechtlich verstanden werde.

Es ist davon auszugehen, dass die herrschende Meinung bei dieser Grenzziehung zugunsten des Vertragsstatuts von dem Wunsche getrieben ist, den Gesell-

---

[702] Müko-*Kindler* IntGesR Rdnr. 194.
[703] So etwa MünchHdb GesellR (Bd.1)-*Schücking* § 3 Rdnr. 6.
[704] MünchHdb GesellR (Bd.1) § 25 Rdnr. 75
[705] Diese Stellungnahme erfolgte vor der jüngsten Rechtsprechung des Europäischen Gerichtshofes zur Anknüpfung des Gesellschaftsstatuts; zu dieser siehe die Ausführungen im obigen Exkurs zum deutschen Internationalen Gesellschaftsrecht (6. Kapitel C III 3 a a.E.).
[706] Siehe hierzu *Schücking* WM 1996, S. 281 (287), der die Ausführungen *Eyles* ebenso in diesem Sinne versteht.
[707] WM 1996, S. 281 (288).
[708] Siehe dazu auch Müko-*Kindler* IntGesR Rdnr. 269 f...
[709] *Westermann* AG 1967, S. 285 (285).

schaftern die Möglichkeit einer Rechtswahl im Sinne des Art. 27 EGBGB einzuräumen[710]. Schließlich kann sie nicht für sich in Anspruch nehmen, mit der Anwendung der Normen des Internationalen Schuldvertragsrechts die objektive Anknüpfung der entsprechenden Kooperationen erleichtert bzw. vorhersehbarer gemacht zu haben. Das Kollisionsrecht des Internationalen Schuldvertragsrechts ist insbesondere hinsichtlich der Anknüpfung an die vertragscharakteristische Leistung gemäß Art. 28 II EGBGB für Austauschverträge entwickelt worden[711]; bei Verträgen, bei denen der Leistungsvereinigungscharakter im Vordergrund steht und welche daher im materiellen deutschen Recht als Gesellschaft des Bürgerlichen Rechts qualifiziert[712] werden, lässt sich regelmäßig keine der Beitragspflichten der Gesellschafter als die vertragscharakteristische Leistung des Vertragsverhältnisses bestimmen, so dass man sich in der Regel nicht an dem wichtigen Vermutungstatbestand des Art. 28 II EGBGB orientieren könnte, sondern stattdessen auf die unbestimmte Formel der engsten Verbindung im Sinne des Art. 28 I EGBGB ausweichen müsste[713]. Was den Aufwand angeht, den Anknüpfungspunkt zu konkretisieren, besteht kein Unterschied zu der auch nicht immer ganz leichten Bestimmung des Sitzes einer Kooperation mit einem nur geringen Maß an körperschaftlichen Strukturen[714].

Während sich beide Auffassungen in Bezug auf den „Anknüpfungsaufwand" und die daraus resultierende Vorhersehbarkeit des anwendbaren Rechts noch die Waage halten, spricht der Aspekt der Rechtssicherheit auf der Ebene der Abgrenzung des Anwendungsbereiches des Internationalen Gesellschaftsrechts von dem des Internationalen Vertragsrechts gegen die Forderung der herrschenden Meinung nach einer von außen erkennbaren körperschaftlichen Struktur.
Sie schafft mit dem Erfordernis einer von außen erkennbaren „festere(n) Personenvereinigung"[715] oder einer „hinreichend festgefügte(n) eigene(n) Organisati-

---

[710] Diese Motivation tritt insbesondere bei *Schücking* - WM 1996, S. 281 (288) - als Vertreter der herrschenden Meinung deutlich hervor.

[711] *V. Bar*, IPR II, Rdnr. 645, 617; Soergel-*von Hoffmann* Art. 28 Rdnr. 283; OLG Frankfurt a.M. RIW 1998, S. 807 (808).

[712] Eine Anknüpfung an die vertragscharakteristische Leistung gestaltet sich auch dann schwer, wenn das Vertragsverhältnis nur Züge eines Leistungsvereinigungsvertrages hat, diese jedoch nicht ausreichen, um statt eines Austauschverhältnisses eine Gesellschaft anzunehmen.

[713] So verfahren die Vertreter der herrschenden Meinung auch, vgl. nur OLG Frankfurt a.M. RIW 1998, S. 807 (808); OLG Hamburg NJW-RR 2001, S. 1012 (1013); Palandt-*Heldrich* Art. 28 Rdnr. 19.

[714] Insbesondere bei einer dezentralen Organisation der Kooperation, wie es bei dem Anlagenkonsortium der Fall ist, kann die Bestimmung des Verwaltungssitzes Schwierigkeiten bereiten, vgl. hierzu die Ausführungen unten im 6. Kapitel C III 3 (e) (bb) (aaa).

[715] So etwa Erman-*Hohloch* Anh II zu Art. 37 Rdnr. 41.

on"[716] ein Kriterium, welches viel zu unpräzise ist, als dass es sich als Abgrenzungskriterium eignen könnte[717]. Würde man etwa hinsichtlich der geforderten Kenntlichmachung der gesellschaftsrechtlichen Verbundenheit auf Kriterien wie zum Beispiel einen gemeinsamen Namen, ein gemeinsames Anmieten von Büroräumen, einen gemeinsamen Klingelknopf oder einen gemeinsamen Briefbogen abstellen[718], dann bestünde angesichts der Häufigkeit, mit der Gelegenheitsgesellschaften ohne eine stark ausgeprägte körperschaftliche Struktur im Rechts- und Wirtschaftsleben auftreten und eines oder mehrere jener Kriterien aufweisen, ein nur schwer hinnehmbares Maß an Rechtsunsicherheit hinsichtlich der Gültigkeit von Rechtswahlklauseln.
Ferner führen einem die Kriterien durch ihre „Banalität" indirekt auch die mangelnde sachliche Rechtfertigung der Forderung der herrschenden Meinung nach einer von außen erkennbaren körperschaftlichenähnlichen Struktur vor Augen. Warum soll es schließlich einen kollisionsrechtlichen Unterschied ausmachen, ob eine Kooperation einen gemeinsamen Klingelknopf besitzt oder nicht, dessen Installierung keinen großen Aufwand erfordert und somit auch nicht als eine nachdrückliche Dokumentation des Gemeinsamen verstanden werden kann?
Dass dem Wunsch nach Rechtsklarheit Vorrang vor dem Wunsch der Gesellschafter nach Privatautonomie einzuräumen ist, wird um so verständlicher, wenn man die finanzielle Dimension – so insbesondere im industriellen Großanlagengeschäft – der Transaktionen bedenkt, bei denen sich eine oder beide Vertragsseiten der Gelegenheitsgesellschaft als Kooperationsform bedienen. Auf Rechtssicherheit kann dort nur schwerlich verzichtet werden.
Die im materiellen deutschen Recht übliche Abgrenzung einer Gesellschaft von einem Austauschvertrag auf der bloßen Grundlage des Tatbestandmerkmales "Förderung eines gemeinsamen Zweckes" hat den Vorteil einer größeren Rechtssicherheit[719]. Sie hat sich im materiellen deutschen Recht bewährt, man kann auf eine umfangreiche Rechtsprechung und Literatur zurückgreifen[720], und sie eignet sich daher auch zur Abgrenzung des Internationalen Gesellschaftsrechts vom Internationalen Vertragsrechts. Von dem zusätzlichen Merkmal der körperschaftlichen Organisation sollte abgesehen werden.

Aber selbst wenn man dem Aspekt der Rechtssicherheit im zuvor beschriebenen Sinne keine große Bedeutung einräumen will und sich stattdessen am Sinn und Zweck der Kriterien des Internationalen Gesellschaftsrechts orientieren will,

---

[716] Reithmann/Martiny-*Hausmann* Rdnr. 2257.
[717] So auch *v. Bar*, IPR II, Rdnr. 645; *Kiefer* NZG 2000, S. 352 (353).
[718] Vgl. hierzu u.a. *Göthel*, Joint Ventures, S. 71; *Schmidt* JuS 1988, S. 444 (445).
[719] Es wird an dieser Stelle natürlich nicht verkannt, dass "bereits" diese Abgrenzung sehr schwierig sein kann, s. dazu zum Beispiel die Ausführungen oben zur „Rechtsnatur des Konsortiums" im 6. Kapitel C III 3 b (1) (d).
[720] Vgl. nur die Kommentierung von *Ulmer* in Müko vor § 705 Rdnr. 80 f..

kann die von der herrschenden Meinung vorgenommene Abgrenzung nicht überzeugen.

Im Rahmen des Exkurses über das deutsche Internationale Gesellschaftsrecht konnte als Fazit festgehalten werden, dass die durch die jüngste Rechtsprechung des Europäischen Gerichtshofes bewirkte Gründungsanknüpfung innerhalb des Geltungsbereiches des EG-Vertrages und des EWR-Abkommens nichts an der Dominanz des Verkehrsschutzinteresses außerhalb dieser Bereiche hat ändern können.

Eine Gesellschaft begründet anders als die Parteien eines Austauschvertrages in der Regel Rechtsbeziehungen zu Dritten, die vor undurchsichtigen und für sie häufig ungünstigen Haftungskonstellationen geschützt werden müssen. Man muss *Eyles* insoweit Recht geben, als dass dem Schutz des Rechtsverkehrs genüge getan ist, sobald sichergestellt ist, dass die Gesellschafter unbeschränkt haften[721].

Dies muss jedoch auch bei Personengesellschaften nicht zwingend der Fall sein. Schließlich entsprach es "sogar" im deutschen materiellen Recht, welches für sich in Anspruch nehmen kann, den Belangen Dritter ausgewogen Rechnung zu tragen, zumindest bis zu der Entscheidung des Bundesgerichtshofes vom 27.9.1999[722] der ständigen Rechtsprechung[723] sowie der herrschenden Lehre[724], dass es bei einer Gesellschaft des Bürgerlichen Rechts möglich sei, die Haftung der Gesellschafter auf das Gesellschaftsvermögen zu beschränken.

Zwar wurde im Interesse des Verkehrsschutzes eine Kenntlichmachung der Beschränkung gegenüber dem Dritten verlangt[725], jedoch zeigt dieses Beispiel, dass die unbeschränkte Haftung der Gesellschafter auch bei Personengesellschaften kein weltweit unumstößliches Dogma ist. Es muss befürchtet werden, dass die Beteiligten die Möglichkeit der Rechtswahl dazu missbrauchen, sich zu einer „einfachen" Personengesellschaft mit beschränkter Haftung zusammenzuschließen.

---

[721] *Eyles* a.a.O..

[722] II ZR 371/98, NJW 1999, S. 3483 f..

[723] RGZ 63, 62 (65); 90, 173 (176); 155, 75 (87); BGHZ 61, 59 (67); 113, 216 (219); BGH ZIP 1990, S. 715 (716).

[724] Siehe zum Beispiel Müko (3.A.)-*Ulmer* § 714 Rdnr. 39; *Henssler* JZ 1993, S. 155 (156) mit zahlreichen Nachweisen.; *Lindacher* JuS 1981, S. 818 (819) bezeichnet diese Möglichkeit der Haftungsbeschränkung als ein „allseits gebilligtes Ergebnis". Weitere Nachweise bei *Schmidt*, Gesellschaftsrecht, S. 1794 Fn. 96.

[725] Siehe unter anderem BGH WM 1987, S. 689 (690); *Lindacher* JuS 1981, S. 818 (819); *Henssler* JZ 1993, S. 155 (156); OLG Hamm NJW 1985, S. 1846 (1847), wonach der Zusatz „BGB-G mit Haftungsbeschränkung" ausreichen soll.
In Abkehr von der vorherigen Rechtsprechung ist der Bundesgerichtshof in jener Entscheidung vom 27.9.1999 der Ansicht, dass der bloße Hinweis der Gesellschafter auf die gewollte Haftungsbeschränkung eine solche nicht mehr zu begründen vermöge. Stattdessen sei eine individuelle Vereinbarung mit dem Gläubiger erforderlich, vgl. NJW 1999, S. 3483 (3484 f.).

Diesem Beispiel kann nicht entgegengehalten werden, dass sich die Haftungsbeschränkung aus einer Beschränkung der Vollmacht ergibt, die Vollmacht aufgrund von Verkehrsschutzinteressen eigenständig anzuknüpfen ist[726] und sie somit ohnehin nicht dem Kooperationsstatut unterliegt, sondern dass stattdessen das Recht am Vornahmeort Anwendung findet, welches häufig identisch ist mit dem Recht am Sitz der Kooperation. Es kann schließlich nicht ausgeschlossen werden, dass die Kooperationspartner eine Rechtsordnung wählen, welche eine „echte" Haftungsbeschränkung auf das Gesellschaftsvermögen oder eine bestimmte Einlage bei Personengesellschaften zulässt; diese würde sich dann nämlich nicht nach dem Vollmachtsstatut bestimmen, sondern nach der gewählten Rechtsordnung. Dass eine solche Haftungsbeschränkung in der Regel einen diesbezüglichen konstitutiven Registrierungsakt verlangt[727], ändert an der Schutzbedürftigkeit des Dritten nichts.

Vor diesem Hintergrund leuchtet es zumindest aus Gründen des Verkehrsschutzes nicht ein, sich bei der Abgrenzung der beiden Statute an der Struktur der juristischen Person zu orientieren. Das Beispiel der für lange Zeit – bereits vom Reichsgericht in ständiger Rechtsprechung - für zulässig erachteten Gesellschaft des Bürgerlichen Rechts mit beschränkter Haftung zeigt, dass eine Schutzbedürftigkeit Dritter nicht nur bei Personengesellschaften des Handelsrechts, sondern sogar bei einer Personengesellschaft jenseits einer gewerblichen Tätigkeit bestehen kann.
Angesichts dieses Umstandes und der Tatsache, dass andere Rechtsordnungen zum Teil die Gesellschaft des Bürgerlichen Rechts als juristische Person betrachten[728], ist die Orientierung an der Grundstruktur der juristischen Person und die daraus resultierende Forderung nach einer körperschaftlichen Struktur als eine zu formale und unflexible Betrachtungsweise abzulehnen.
Es existiert in Bezug auf die Schutzbedürftigkeit Dritter nur *in der Regel*, jedoch keineswegs *ausnahmslos* ein Gefälle zwischen juristischen Personen, Personengesellschaften mit einer von außen erkennbaren Organisation und solchen ohne eine entsprechende Organisation.

Es lässt sich somit festhalten, dass das Internationale Gesellschaftsrecht immer dann Anwendung finden muss, wenn durch die Errichtung der Kooperation für einen außenstehenden Dritten die Gefahr einer für ihn ungünstigen Haftungs-

---

[726] Ebenroth JZ 1988, S. 18 (25) in analoger Anwendung des Art. 12 S. 1 EG.
[727] *V. Bar*, IPR II, Rdnr. 618 Fn. 49 weist darauf hin, dass es seines Wissens nach in sämtlichen Rechtsordnungen eines solchen Registrierungsaktes bedarf.
[728] Siehe hierzu *v. Bar*, IPR II, Rdnr. 645, der als Beispiel die Rechtsordnung Frankreichs nennt (Art. 1832 Cc). In Deutschland wird die Gesellschaft des Bürgerlichen Rechts inzwischen auch vom Bundesgerichtshof als eine rechtsfähige Person betrachtet (BGH NJW 2001, S. 1056 (1057)).

konstellation besteht, d. h. wenn er eine Haftungsbeschränkung befürchten muss. Wann das genau der Fall ist, kann angesichts der Verschiedenheit der nationalen Gesellschaftsrechte nicht genau gesagt werden. Um der Unterschiedlichkeit der verschiedenen Rechtsordnungen gerecht zu werden, bietet es sich daher an, die Voraussetzungen für die Annahme einer Gesellschaft im Sinne des Ausschlusstatbestandes des Art. 37 Nr. 2 EGBGB auf das zu reduzieren, was nach wohl allen Rechtsordnungen den deutlichsten und fundamentalsten Unterschied zwischen der Gesellschaft und dem Austauschvertrag ausmacht. Ist der Vertrag überwiegend auf einen Leistungsaustausch gerichtet, dann findet das Internationale Schuldvertragsrecht Anwendung; liegt der Schwerpunkt dagegen in der Leistungsvereinigung, dann entscheidet das gesellschaftsrechtliche Kollisionsrecht, welches Recht auf den Vertrag Anwendung findet.
Für eine solche Abgrenzung spricht neben dem Schutz des Dritten auch der Aspekt der Rechtssicherheit hinsichtlich der Abgrenzung des Anwendungsbereichs des Internationalen Gesellschaftsrechts von dem des Internationalen Vertragsrechts und damit insbesondere hinsichtlich der Gültigkeit von Rechtswahlklauseln.

Dies hat zur Konsequenz, dass der herrschenden Meinung zumindest insoweit eine Absage erteilt werden muss, als dass sie für die Anwendbarkeit des Internationalen Gesellschaftsrechts eine *Außen*gesellschaft mit einer körperschaftlichen Struktur verlangt.

(bbb) Das Internationale Privatrecht der Innengesellschaft

Der herrschenden Meinung ist hingegen darin zuzustimmen, dass bei Innengesellschaften das anwendbare Recht nicht unter Zugrundelegung der Regeln des Internationalen Gesellschaftsrechts zu suchen ist, sondern dass stattdessen das Internationale Schuldvertragsrecht darüber befinden kann[729].

Zwar gestaltet sich die objektive Anknüpfung nach Art. 28 EGBGB auch dort schwierig[730], jedoch greifen die übrigen in Bezug auf eine Außengesellschaft vorgetragenen Bedenken bei einer Innengesellschaft nicht, so dass man dem Wunsche der wohl meisten Beteiligten entsprechen und eine Rechtswahl unter Anwendung des Internationalen Schuldvertragsrechts zulassen kann.
Schließlich fällt es nicht schwer, eine Innengesellschaft von einer Außengesellschaft abzugrenzen und damit eine Rechtsunsicherheit bei der Abgrenzung des Anwendungsbereiches beider Kollisionsnormen zu vermeiden. Außerdem handelt es sich bei einer Innengesellschaft um ein Vertragsverhältnis zweier oder

---

[729] Für Innengesellschaft ausdrücklich die Anwendbarkeit des internationalen Schuldvertragsrechts betonend OLG Frankfurt a.M. RIW 1998, S. 807 (808). Vgl. auch *Hök*, Handbuch, § 25 Rdnr. 21.

[730] Siehe hierzu *v. Bar*, IPR II, Rdnr. 645.

mehrerer Parteien, welches als solches nicht nach außen tritt und bei dem der Aspekt des Schutzes Dritter folglich nicht greift. In Bezug auf die Innengesellschaft ist *Eyles*[731] darin zuzustimmen, dass die Anwendung der Sitztheorie der Verfolgung eines Selbstzweckes gleichkommen würde.

Diese Interessenlage ist hinsichtlich des Schutzes Dritter grundsätzlich identisch mit der im Innenverhältnis einer Außengesellschaft, bei welchem ebenso wie bei einer Innengesellschaft auf die Interessen Dritter keine Rücksicht genommen werden muss. Es finden sich daher immer wieder Stimmen in der Literatur[732], die auf das Innenverhältnis einer Personen*außen*gesellschaft die Regeln des Internationalen Schuldvertragsrechts anwenden und daher eine diesbezügliche Rechtswahl für zulässig erachten. Der Bundesgerichtshof scheint diesen Standpunkt ebenfalls zu vertreten. So deutet er bei entsprechender gesellschaftsvertraglicher Rechtswahl die Möglichkeit der Anwendung deutschen Rechts für das Innenverhältnis einer offenen Handelsgesellschaft an, deren Sitz sich im Ausland befindet[733]. In einer Entscheidung[734] über das anzuwendende Recht bei reparationsbezogenen Rechtsverhältnissen einer Personenhandelsgesellschaft bekennt er sich grundsätzlich zur Geltung der Sitztheorie und damit zur Anwendung des Internationalen Gesellschaftsrechts; er führt jedoch in der Entscheidung aus, dass der „innere Grund"[735] der Sitztheorie bei „innergesellschaftlichen"[736] Ansprüchen fehle und diese daher nach dem Recht zu beurteilen seien, auf das der hypothetische Parteiwille verweise. Endlich hat er für das Innenverhältnis einer zur Entwicklung, Parzellierung und Bebauung von Grundbesitz gegründeten Außengesellschaft die Wahl deutschen Rechts für zulässig erachtet[737].

---

[731] MünchVhb GesellR (Bd.1)-*Eyles* § 25 Rdnr. 75.

[732] So erlauben etwa MünchHdb GesellR (Bd.1)-*Schücking* § 1 Rdnr. 31 f. und Soergel-*Lüderitz* Art. 10 Anh. Rdnr. 66 eine kollisionsrechtliche Verweisung; zu eng dagegen Staudinger/IntGesR-*Großfeld* Rdnr. 758, welcher lediglich eine materiell-rechtliche Verweisung zulässt.
Vgl. auch *Grasmann* Rdnr. 625, 927 f., der sich - im Zusammenhang mit der Diskussion um die Entscheidung zwischen Sitz- und Gründungstheorie im Internationalen Gesellschaftsrecht - für die Möglichkeit einer subjektiven Anknüpfung des Innenverhältnisses ausspricht und daher für das Innenverhältnis das von den Parteien gewählte Gründungsstatut für zulässig erachtet.

[733] BGH DB 1954, S. 231 (231).

[734] BGH NJW 1967, S. 36 f..

[735] BGH a.a.O. S. 38.

[736] BGH a.a.O. S .36.

[737] BGH WM 1967, S. 419 f.. Die Zulässigkeit von Rechtswahlvereinbarungen für einzelne gesellschaftsrechtliche Fragestellungen aus dem Innenverhältnis einer Gesellschaft ebenfalls anerkennend u.a. OLG Düsseldorf NJW-RR 1987, S. 483 (483); zurückhaltender dagegen OLG Karlsruhe NZG 2001, S. 748 (749), welches eine Rechtswahl für das Innenverhältnis einer Gesellschaft für zulässig erachtet, wenn es sich bei dieser um eine Gesellschaft des Bürgerlichen Rechts handelt.

Angesichts der identischen Interessenlage mit einer bloßen Innengesellschaft ist die Anwendung des Internationalen Schuldvertragsrechts auf das Innenverhältnis einer Außengesellschaft zu befürworten. Es ist jedoch darauf hinzuweisen, dass eine Differenzierung zwischen den Normen des Innen- und denen des Außenverhältnisses auf dasselbe Problem stößt wie die Anwendung der Gründungstheorie statt der Sitztheorie auf das Innenverhältnis einer Gesellschaft[738]. Eine genaue Zuweisung einzelner Rechtsnormen zum Innen- oder Außenstatut kann sich als äußerst problematisch erweisen[739]; viele Normen stehen in einem festen Funktionszusammenhang und lassen sich nur schwer in ein fremdes Normsystem übertragen, das den Interessenausgleich grundsätzlich anders vornimmt[740]. Normwidersprüche sind die Folge.

Aus diesem Grunde empfiehlt sich die Zulässigkeit eines abweichenden Statuts nur für solche Regelungsbereiche, die inhaltlich und funktionell unabhängig sind von dem Regelungsbereich der Außenbeziehung. Eine entsprechende Handhabung muss äußerst *bedacht und defensiv* erfolgen; die das Außenverhältnis betreffenden Regelungen sind zwingend dem Gesellschaftsstatut zu unterstellen. Dieses genießt folglich auch Vorrang bei der Frage der Kompatibilität der beiden Statute.

(ccc) Zusammenfassung

Trotz ihrer identischen Grundstruktur unterliegen das Innen- und das Außenkonsortium unterschiedlichen Kollisionsregeln. Während sich das auf das Innenkonsortium anwendbare Recht ausschließlich nach dem Internationalen Vertragsrecht bestimmt, sind diesem beim Außenkonsortium nur hinsichtlich des Innenverhältnisses kollisionsrechtliche Vorgaben zu entnehmen.

Über die Dachaußengesellschaft befindet dagegen das Internationale Gesellschaftsrecht. Das geringe Gesellschaftsvermögen des Konsortiums und sein *relativ* bescheidenes Maß an körperschaftlicher Struktur führen nicht zur Anwendung des Internationalen Schuldvertragsrechts. Gelegenheitsgesellschaften ohne eine stark ausgeprägte körperschaftliche Identität sind ebenso zu behandeln wie solche mit einer entsprechenden Identität und Struktur. Die Abgrenzung zwischen dem Internationalen Gesellschaftsrecht und dem Internationalen Schuldvertragsrecht erfolgt nach den gleichen Kriterien wie die materiell-rechtliche Unterscheidung im deutschen Recht zwischen einem Austausch- und einem Leistungsvereinigungsvertrag.

---

[738] Im Rahmen des Exkurses über das deutsche Internationale Gesellschaftsrecht wurde bereits auf die Bedeutung einer einheitlichen Gründungsanknüpfung für die Wahrung der Identität einer Gesellschaft hingewiesen, welche unter Berufung auf die Niederlassungsfreiheit im Sinne der Artt. 43, 48 EG ihren Verwaltungssitz in einen anderen Mitgliedstaat verlagert hat. Vgl. die Ausführungen im 6. Kapitel C III 3 a a.E..

[739] *Kropholler* § 55 I Nr. 4.

[740] *Ebenroth* JZ 1988, S. 18 (21).

Die Richtigkeit dieser Auffassung gerade hinsichtlich der im Industrieanlagenbau speziellen Variante einer Gelegenheitsgesellschaft zeigt sich darüber hinaus an deren besonderen Eigenarten.
Durch die Reduzierung des Anlagenkonsortiums auf eine bloße Dachgesellschaft und die damit einhergehende „Auslagerung" der schuldvertraglichen Elemente auf eine weitere Vertragsebene entledigt sich der Zusammenschluss der Elemente, die den gesellschaftlichen Charakter des Konsortiums in den Hintergrund zu schieben drohen. Die bloße Dachgesellschaft ist mit schuldvertraglichen Elementen nicht mehr so stark behaftet und kann daher auch ohne weiteres auf kollisionsrechtlicher Ebene als Gesellschaft betrachtet werden.

Im Übrigen käme das Internationale Gesellschaftsrecht – vermutlich[741] - selbst bei Zugrundelegung des Postulates der herrschenden Meinung nach einer "körperschaftlichen Organisationsform"[742], welche von außen erkennbar ist, zur Anwendung.
Dem Anlagenkonsortium wird die körperschaftliche Struktur regelmäßig mit dem Hinweis auf die nur wenigen gemeinsamen Sachmittel und damit auf das nur geringe Gesellschaftsvermögen abgesprochen[743]. Kennzeichnend für eine Organisation ist jedoch nicht nur ein Gesellschaftsvermögen oder eine Gesellschaftsverbindlichkeit, sondern auch eine Organisationsordnung[744]. Für diese wiederum sind entscheidende Indizien die Einsetzung von Organen und umfangreiche Regelungen zur gemeinsamen Willensbildung[745]. Die Ausführungen[746] zur Konsortenversammlung und zum Federführer haben gezeigt, dass das Anlagenkonsortium über ausgeprägte Organe der gemeinsamen Willensbildung und der internen Organisation verfügt. Gerade an ihnen wird deutlich, dass sich die Beziehung der Konsorten nicht lediglich in zum Zeitpunkt des Abschlusses des Konsortialvertrages festgelegten Rechten und Pflichten erschöpft. Es ist eine permanente Anpassung und Konkretisierung des als Rahmenvertrag konzipierten Anlagenvertrages erforderlich; dazu ist wiederum eine ständige Kommunikation nötig, welche sich nicht zuletzt darin zeigt, dass sich die Konsorten regelmäßig in einem Abstand von nicht mehr als sechs Wochen zu einer Konsortenversammlung treffen[747].

---

[741] Man muss es bei einer Vermutung belassen, da die von der herrschenden Meinung genannten Kriterien – wie zum Beispiel eine „hinreichend festgefügte eigene Organisation", dokumentiert u.a. durch einen gemeinsamen Briefbogen, Namen und Klingelknopf – nicht präzise genug sind, um eine zweifellose Zuordnung vorzunehmen. Zu den Kriterien vgl. oben die Ausführungen im 6. Kapitel C III 3 b (1) (e) (aa) (aaa).
[742] *Ebenroth* JZ 1988, S. 18 (23).
[743] Vgl. statt vieler *Lionnet* in: Bau- und Anlagenverträge (Nicklisch), S. 121 (126 f.).
[744] MünchHdb GesellR (Bd.1)-*Schücking* § 3 Rdnr. 13.
[745] *Göthel*, Joint Ventures, S. 70.
[746] Siehe 6. Kapitel C III 3 b (1) (a) (bb), (cc).
[747] Vgl. § 24 (9) Rosener-Konsortium.

Das Anlagenkonsortium verfügt somit durchaus über eine „körperschaftliche Struktur“[748]. Auch wenn ihr Ausmaß im Vergleich zu anderen Gesellschaften bescheiden erscheinen mag, ist sie dennoch beachtlich. Ihr Schwerpunkt liegt anders als bei der Bau-ARGE kleineren Zuschnitts nicht in den gemeinsamen Sachmitteln und in der engen Zusammenarbeit der Gesellschafter, sondern in den Organen der Geschäftsführung und der gemeinsamen Willensbildung. Dass der Federführer – als ein wichtiges Organ der Geschäftsführung – nur über eine geringe Stellvertretungsmacht verfügt, steht dieser Wertung nicht entgegen.

Die körperschaftliche Struktur ist auch von außen erkennbar. So vereinbaren die Konsorten regelmäßig einen Namen des Konsortiums und die Erstellung eines eigenen Briefkopfes[749]. Dem Namen und dem Briefkopf kommen dabei eine Unterscheidungsfunktion zu, sie sollen auf den Zusammenschluss hinweisen[750].

Die „nur" parallele Leistungserbringung und das geringe Gesellschaftsvermögen sind somit nicht in der Lage, bei den Beteiligten Zweifel hinsichtlich der Existenz eines gesellschaftsrechtlichen Zusammenschlusses aufkommen zu lassen. Obendrein wird eine gemeinsame Leistungserbringung im Sinne einer engen Zusammenarbeit – wie etwa bei einer Arbeitsgemeinschaft im Baugewerbe – auch dort nicht dokumentiert durch einen permanenten Hinweis auf den Zusammenschluss. Eine aufwendige Etikettierung der gemeinsamen Sachmittel oder aber eine sonstige umfängliche Kenntlichmachung des Zusammenschlusses findet nicht statt. Unbeteiligten Dritten werden die Unterschiede zwischen einer Bau-ARGE und einem Anlagenkonsortium in der Regel nicht auffallen, und unmittelbar Beteiligte sind über die Strukturen der Vertragsparteien informiert, so dass ihnen auch die Existenz eines gesellschaftsrechtlichen Zusammenschlusses nicht verborgen bleibt.

---

[748] Diese Aussage darf selbstverständlich nicht dahingehend verstanden werden, dass das Anlagekonsortium als eine Körperschaft im Sinne der deutschen Gesellschaftsrechtsdogmatik, in welcher regelmäßig den Personengesellschaften die Körperschaften bzw. Kapitalgesellschaften gegenübergestellt werden, zu qualifizieren ist. Mit der Formulierung „körperschaftliche Struktur“ lehnt man sich an die dargestellten Versuche in der Lehre einschließlich der dort gewählten Formulierungen an, den Anwendungsbereich des Internationalen Gesellschaftsrechts zu definieren, indem man eine gewisse Dichte an gesellschaftsrechtlicher Identität fordert, welche typischerweise bei einer Körperschaft weitaus stärker ausgeprägt ist als bei einer Personengesellschaft. Die Formulierung „körperschaftliche Struktur“ bezeichnet mithin lediglich eine Tendenz innerhalb der Personengesellschaften in Abkehr von einem losen Zweckbündnis ohne eine über die gemeinsame Zwecksetzung hinausgehende Gesellschaftsstruktur.

[749] Vgl. § 2 (1), (2) Rosener-Konsortium.

[750] *Hautkappe* S. 109, der in Fußnote 56 zu berichten weiß, dass der Name häufig Elemente des auszuführenden Objektes und/oder des Ortes der zu errichtenden Anlage enthält, und zwar unter Zusatz der Namen der Konsorten oder zumindest der Federführers.

Die Verschiedenheit der beiden Varianten einer Gelegenheitsgesellschaft führt nicht zu einer Anwendung unterschiedlicher Anknüpfungsnormen, sie ist insoweit kollisionsrechtlich indifferent.

Enthält die Satzung einer Gesellschaft mit einer nur bescheidenen körperschaftlichen Dichte – unter Berufung auf die herrschende Meinung -eine *umfängliche Rechtswahlklausel*, dann ist aus dem Gesagten für deren Gültigkeit zu folgern:

Unter Zugrundelegung der Gründungstheorie lässt sich in einer solchen Klausel unproblematisch – in Übereinstimmung mit dem Satzungssitz – eine gültige (mittelbare) Rechtswahl sehen.
Hingegen ist ihr die Gültigkeit für den das Außenverhältnis betreffenden Regelungskomplex zu versagen, wenn die Sitztheorie zur Anwendung kommt.
Ob ihr wenigstens das auf das Innenverhältnis anwendbare Recht zu entnehmen ist[751], hängt von den Umständen des Einzelfalles ab. Es ist eine gründliche Ermittlung der Parteiinteressen erforderlich. In Anwendung des dem § 139 BGB zugrunde liegenden Rechtsgedankens dürfte jedoch von dem Wunsche der Parteien auszugehen sein, das von ihnen auserkorene Recht doch zumindest über die Innenbeziehung entscheiden zu lassen, wenn ihrer Rechtswahl schon eine umfängliche Gültigkeit verwehrt worden ist.

Im Falle des Industrieanlagenkonsortiums hilft einem bei der nicht immer einfachen Grenzziehung zwischen den Regelungen des Außenverhältnisses einerseits und denen des Innenverhältnisses andererseits auch hier wieder das bereits vielfach erwähnte Verständnis des Anlagenkonsortiums als eine Dachgesellschaft mit nachgelagerten Werkverträgen.
Diejenigen Regeln, die die Dachgesellschaft ausmachen, sind der Rechtswahl entzogen[752]; auf sie findet das Internationale Gesellschaftsrecht Anwendung.
Die *detaillierte* Regelung der einzelnen Konsortenbeiträge dagegen ist einer Rechtswahl zugänglich; sie unterliegt dem Internationalen Schuldvertragsrecht.
Bei Überschneidungen der unterschiedlichen Statute ist im Zweifel dem Gesellschaftsstatut der Vortritt zu lassen.

---

[751] Es wurde bereits darauf hingewiesen, dass bei Personengesellschaften ein abweichendes Statut aufgrund Rechtswahl zulässig ist, vgl. Staudinger/IntGesR-*Großfeld* Rdnr. 758; Soergel-*Lüderitz* Anh. zu Art. 10 Rdnr. 65 f..

[752] Vgl. dazu die Ausführungen zur Rechtsnatur des Industrieanlagenkonsortiums im 6. Kapitel C III 3 b (1) (d). Dort wurde der Regelungsgegenstand der Dachgesellschaft im Wesentlichen auf den Begründungs- und Beendigungsakt, die interne Beschlussfassung und auf das Außenverhältnis beschränkt.

(bb) Konkretisierung der Anknüpfungsmomente

(aaa) Verwaltungs- bzw. Satzungssitz des „Dach“-Außenkonsortiums

Zuvor konnte festgestellt werden, dass die Forderung der herrschenden Meinung nach einer von außen erkennbaren körperschaftlichen Organisation als Voraussetzung der Anwendung des Internationalen Gesellschaftsrechts nicht zu überzeugen vermag und dass dem Industrieanlagenkonsortium zu Unrecht eine „nennenswerte“ körperschaftliche Struktur abgesprochen wird.
Des Weiteren wurde im Rahmen des Exkurses zum deutschen Internationalen Gesellschaftsrecht herausgearbeitet, dass es von der Anwendbarkeit des EG-Vertrages, des EWR-Abkommens oder staatsvertraglicher Sonderregeln abhängt, ob sich die lex societatis nach der Gründungs- oder nach der Sitztheorie bestimmt. In Anwendung dieser gespaltenen Kollisionsnorm ist bei der Bestimmung des anwendbaren Rechts im ersteren Fall auf den Satzungssitz, im letzteren auf den tatsächlichen Verwaltungssitz abzustellen.

Hinsichtlich des *Satzungssitzes* eines Anlagenkonsortiums lässt sich eine Regelmäßigkeit kaum feststellen. Die Parteien werden sich grundsätzlich im Hinblick auf ein solches Recht organisieren, welches ihnen aus den verschiedensten Gründen für geeignet erscheint. Diese Gründe sind häufig vielfältiger Natur; sie reichen von steuerrechtlichen Erwägungen[753] bis hin zu Gründen der Behörden- und Gerichtszuständigkeit. Eine allgemeingültige Aussage kann folglich in Bezug auf den Satzungssitz nicht getätigt werden.

Findet die Sitztheorie Anwendung, dann gilt es, den (tatsächlichen) *Verwaltungssitz* des Konsortiums zu ermitteln.
Unter dem Verwaltungssitz einer Gesellschaft versteht man den tatsächlichen Sitz der Hauptverwaltung. Die Bemühungen[754] nach einer präzisen Definition

---

[753] Zum steuerrechtlichen Kalkül bei der Festlegung des Satzungssitzes vgl. *Rosener* in: MünchVhb (Bd.4) VI.3 Anm. 47 i.V.m. 7.

[754] Es ist bisher weder der Rechtsprechung noch der Literatur gelungen, die Anknüpfungspunkte allgemeingültig zu konkretisieren und damit das Gesellschaftsstatut auch in den Fällen vorhersehbar zu machen, in denen die Verwaltungsstruktur komplex, unübersichtlich und auf mehreren Ländern verteilt ist. Es kann sogar vorkommen, dass ein und dasselbe Gericht in vergleichbaren Konstellationen auf unterschiedliche Kriterien zur Ermittlung des Statuts abstellt. Als Beispiel mögen zwei Entscheidungen dienen, welche das OLG Frankfurt a.M. zur Anknüpfung von Abschreibungsgesellschaften gefällt hat und welche eine Stringenz vermissen lassen. In der sog. „Debraco“-Entscheidung vom 11.7.1985 – abgedr. in IPRax 1986, S. 373 f.; kritisch dazu *Ahrens* IPRax 1986, S. 355 f. – stellte das Gericht mit Frankfurt auf den Ort ab, wo die Gesellschaft das Kapital sammelt, obwohl die geschäftsführenden Gesellschafter im Ausland ansässig waren und die Gesellschaft „in Frankfurt am Main keinen Betrieb“ hatte – vgl. IPRax 1986, S. 373 (374) -. Dagegen hielt das Gericht in einer Entscheidung vom 24.4.1990 – abgedr. in IPRax 1991, S. 403 f. – den Ort für ausschlaggebend, an dem das von

orientieren sich überwiegend an der *Sandrockschen* Formel von dem effektiven Verwaltungssitz als einem Ort, wo nicht die „großen Richtlinien-Entscheidungen"[755] fallen, sondern „wo diese Entscheidungen laufend in tägliches Verwaltungshandeln umgesetzt werden"[756]. Es ist mithin auf den Ort abzustellen, „wo die grundlegenden Entscheidungen der Unternehmensleitung effektiv in laufende Geschäftsführungsakte umgesetzt werden"[757]. Der Ort, an dem die „interne Willensbildung"[758] erfolgt, ist ebenso wenig relevant wie der Ort, wo eine nur „sekundäre" Verwaltungstätigkeit[759] stattfindet. Entscheidend ist der Tätigkeitsort der das „Tagesgeschäft" leitenden Personen[760].

In der Literatur gibt es kaum eine eindeutige Stellungnahme zu dem Sitz des Anlagenkonsortiums. So sprechen *Lionnet*[761] und *Rosener*[762] lediglich von einem "vereinbarten (Konsortial-) Sitz", ohne jedoch den genauen Ort zu nennen. Dass dies unterbleibt, hängt wohl damit zusammen, dass sie dem Sitz angesichts der „bescheidenen" körperschaftlichen Struktur des Anlagenkonsortiums die Relevanz als Anknüpfungspunkt absprechen und stattdessen mit der herrschenden Meinung das Internationale Schuldvertragsrecht für die Ermittlung des auf das Konsortium anwendbaren Rechts befragen. Es verwundert allerdings, dass in diesem Zusammenhang von dem „*vereinbarten*" Sitz die Rede ist; schließlich ist der bloß *vereinbarte* Sitz auch bei Anwendung des Internationalen Gesellschaftsrechts und damit der zum Zeitpunkt der Stellungnahme noch eindeutig vorherrschenden Sitztheorie unrelevant.
Nach Auffassung von *Lotz*[763], der ebenfalls das Internationale Schuldvertragsrecht konsultiert, hat das Konsortium die engste Verbindung - im Sinne von Art. 28 I EGBGB - zu der Rechtsordnung der Heimat des Konsortialführers bzw. Fe-

---

der Abschreibungsgesellschaft gesammelte Kapital laut Gesellschaftszweck anzulegen war – vgl. IPRax 1991, S. 403 (404) - . Zur Irritation des Lesers trägt vor allem bei, dass das Gericht im letzteren Fall auch auf die Ansässigkeit der in der Gründungsurkunde aufgeführten ersten Direktoren an eben jenem Ort abstellte – vgl. IPRax 1991, S. 403 (405) - , während es sich in der „Debraco"-Entscheidung über den „abweichenden" Tätigkeitsort der geschäftsführenden Gesellschafter hinwegsetzte.

755 *Sandrock* in: FS Beitzke, S. 669 (684).

756 *Sandrock* a.a.O., der dort auch die anderen Interpretationen der Sitztheorie beschreibt. Dazu auch *Zimmer* in: FS Buxbaum, S. 655 (658 f.); *ders.* RabelsZ 67 (2003), S. 298 (300).

757 BGHZ 97, 269 (272). Allgemeine Meinung, vgl. nur BayOblGZ 1985, S. 272 (280); OLG Hamm DB 1995, S. 137 (139); Staudinger/IntGesR-*Großfeld* Rdnr. 228; *v. Bar*, IPR II, Rdnr. 62; *Borges* RIW 2000, S. 167 (170); Palandt-*Heldrich* Anh zu Art. 12 Rdnr. 3.

758 BayObLGZ 1985, S. 272 (280).

759 Palandt-*Heldrich* Anh zu Art. 12 Rdnr. 3.

760 OLG Köln DB 1999, S. 38 (39); *Borges* RIW 2000, S. 167 (170).

761 *Lionnet* in: Bau- und Anlagenverträge (Nicklisch), S. 121 (127).

762 *Rosener* in: MünchVhb (Bd.4) VI.3 Anm. 44.

763 ZfBR 1996, S. 233 (239).

derführers. Das Gleiche gilt für *Schücking*[764], der bei einem *Banken*-Konsortium im Rahmen von Art. 28 II EGBGB auf den effektiven Verwaltungssitz des Konsortialführers abstellt[765].
Auch wenn diese Autoren im Sinne der herrschenden Meinung das Internationale Schuldvertragsrecht für anwendbar halten und ihre Aussagen daher nicht unmittelbar verwertbar sind, ist ihnen zumindest die Wertung zu entnehmen, dass der Federführer eine starke, auch kollisionsrechtlich relevante Position im Konsortium einnimmt.

In dieser grundsätzlichen Einschätzung ist den genannten Autoren zuzustimmen; neben dem Federführer kommt jedoch noch die Konsortenversammlung als effektiver Verwaltungssitz in Betracht. Dagegen scheiden die Ausschüsse und die Bau- und Montageleitung ob ihres beschränkten Aufgabenbereichs[766] von vornherein aus.

Die Konsortenversammlung trifft als das höchste Gremium im Konsortium die wesentlichen vertragsändernden und vertragskonkretisierenden Entscheidungen[767]. In dem an „Gemeinsamkeit" der Gesellschafter armen Anlagenkonsortium ist sie der stärkste Ausdruck der kollektiven Persönlichkeit[768]. Nach außen tritt sie allerdings nahezu nicht auf, diese Aufgabe übernimmt regelmäßig der Federführer[769]. Dort, wo die Konsortenversammlung tagt, findet nur die interne Willensbildung statt; und der Ort, wo lediglich die grundlegenden Entscheidungen getroffen werden, scheidet – wie gesehen - als effektiver Verwaltungssitz aus.
Hinzu kommt, dass die Konsortenversammlung nicht immer an demselben Ort tagt, sondern vielmehr regelmäßig wechselt zwischen den Tätigkeitsorten der führenden Konsorten. Ein Abstellen auf den jeweiligen Tagungsort der Konsortenversammlung würde daher zu einem ständigen Statutenwechsel führen, und ein solches Ergebnis wäre höchst unbefriedigend.

Somit bleibt nur noch der Ort übrig, von dem aus der Federführer die Geschäftsführung betreibt und sich das bei Projekten in der Dimension einer industriellen Großanlage regelmäßig gegründete Konsortiumbüro befindet.

---

764 WM 1996, S. 281 (283).
765 Vgl. zur Anknüpfung des Bankenkonsortiums auch Müko-*Martiny* Art. 28 Rdnr. 135.
766 Dieser wurde beschrieben im 6. Kapitel C III 3 b (1) (a), (bb) sowie (dd).
767 *Brand/Maskow* 7.3.5.1.; vgl. auch die Ausführungen oben zur Konsortenversammlung.
768 Vgl. hierzu *Hautkappe* S. 113, der der Konsortenversammlung in dieser Hinsicht sogar Exklusivität bescheinigt.
769 Vgl. die Ausführungen oben im 6. Kapitel C III 3 b (1) (aa), (cc).

Die parallele und insoweit isolierte Leistungserbringung durch die einzelnen Konsorten und die nur geringe Stellvertretungsmacht des Federführers lassen einen zumindest zögern, ihn im Rahmen einer Art Ausschlussverfahren als die eigentliche Hauptverwaltung des Konsortiums zu betrachten.

Wie bereits dargelegt[770], besteht die Aufgabe des Federführers während der Vertragsabwicklung darin, das Projekt in Übereinstimmung mit den von der Konsortenversammlung erteilten Weisungen zu fördern. Dazu muss er u.a. die Leistungen der Konsorten koordinieren, das Konsortium nach außen vertreten, die technische Gesamtplanung überwachen und in der Regel auch den Projektleiter stellen. Anders als etwa der Federführer einer Arbeitsgemeinschaft im Bauwesen korreliert diese umfängliche Geschäftsführungsbefugnis nicht mit einer entsprechenden Stellvertretungsmacht. Er darf keine bedeutsamen rechtsverbindlichen Erklärungen ohne vorherige Absprache abgeben.
Die im Rahmen eines Anlagenkonsortiums anfallenden Aufgaben sind in dem Sinne zwischen der Konsortenversammlung und dem Federführer aufgeteilt, dass jene die grundlegenden Entscheidungen trifft und sich eine Zustimmung für jede bedeutsame Handlung des Konsortiums mit Außenwirkung vorbehält, dieser dagegen das zuständige Organ für die Geschäfte des Alltags ist. Infolgedessen ist er auch mit einer Stellvertretungsmacht ausgestattet, welche es ihm erlaubt, weniger bedeutsame, alltägliche Dinge eigenmächtig zu entscheiden und auf Entwicklungen, die einer zügigen Reaktion bedürfen und weder das Einberufen und die Konsultation der Konsortenversammlung noch die Gründung eines ad-hoc-Ausschusses zulassen, mit zumindest provisorischen Maßnahmen zu reagieren. Die Dimension eines industriellen Großprojektes lässt es schlichtweg nicht zu, das Konsortium als ein "Boot zu konstruieren, dessen Kapitän bereits bei der kleinsten Komplikation jegliches Vorgehen mit der Gesellschafterversammlung der Reederei abstimmen muss".
Der Federführer nimmt folglich mitnichten eine nur sekundäre Verwaltungstätigkeit wahr. Er ist der Koordinator des Ganzen, dessen Bedeutung für das Gefüge unterstrichen wird durch den Vorsitz der Konsortenversammlung, den er regelmäßig inne hat[771].

Zwar kann ob dieser Argumentation kein ernsthafter Zweifel mehr bestehen, jedoch lässt sich – wie bereits angedeutet - nicht leugnen, dass die für einen Geschäftsführer relativ geringe Vertretungsmacht des Federführers gemeinsam mit der überwiegend parallelen Leistungserbringung diesen als einen eher *untypischen* Sitz einer Gesellschaft erscheinen lässt.

---

[770] Siehe die Ausführungen im 6. Kapitel C III 3 b (1) (a) (cc).

[771] Vgl. § 24 (3) Rosener-Konsortium; siehe auch § 25 (1), welcher ausdrücklich vorsieht, dass der Federführer den Projektleiter zu stellen hat.

Dass diese mangelnde Typizität jedoch zu keinem Zweifel berechtigt, soll auch gerade ein Vergleich mit den Fallkonstellationen zeigen, welche den Rechtsanwender regelmäßig vor „wirkliche" Probleme bei der Sitzbestimmung stellen und bei denen sich die nicht zu leugnenden Schwächen des Verwaltungssitzkriteriums offenbaren.

Zu nennen sind hier zunächst einmal solche Gesellschaften, deren Charakter als Personenzusammenschluss sich weder in einer von außen erkennbaren Organisationsstruktur noch in einer Sachausstattung niederschlägt. Lässt sich darüber hinaus auch kein wirtschaftlicher Schwerpunkt ausmachen[772], dann fällt es schwer, die Gesellschaft einem bestimmten Ort und damit auch einer bestimmten Rechtsordnung zuzuordnen. Wie die Ausführungen zur Abgrenzung des Internationalen Gesellschaftsrechts vom Internationalen Schuldvertragsrecht gezeigt haben[773], sollte diese Schwierigkeit aber nicht zum Anlass genommen werden, die Gesellschaft auf der Ebene des Kollisionsrechts schuldvertraglich zu qualifizieren. Eine Anknüpfung an die engste Verbindung im Sinne des Art. 28 I EGBGB gestaltet sich ähnlich schwer.

Zur Illustration dieser Problematik eignet sich ein vom OLG Frankfurt entschiedener Fall[774]. Das Gericht hatte im Rahmen der Prüfung der Zulässigkeit einer nach englischem Recht gegründeten Gesellschaft über deren Rechtsfähigkeit zu urteilen. Bei der Klägerin handelte es sich um eine „private limited company", welche im Jahre 1983 gegründet und in das englische Gesellschaftsregister eingetragen worden war.
Die Entscheidung stammt aus einem Zeitraum vor der jüngsten Entwicklung der Rechtsprechung des Europäischen Gerichtshofes zur Niederlassungsfreiheit im Sinne der Artt. 43, 48 EG, so dass sich das Gericht bei der Lösung des Problems zunächst zu Recht an den Kriterien der Sitztheorie orientierte. Die Klägerin trug vor, dass sie ihren Verwaltungssitz in London habe, auch wenn sich dort nur das Büro „C.S." ohne Hinweis auf sie befinde. Schließlich habe sie in diesem von einem anderen Unternehmen betriebenen Büro ein Domizil, sie sei dort postalisch erreichbar, sie bewahre dort ihre Geschäftskorrespondenz auf und sie führe dort auch ihre Gesellschaftsakten und -bücher. Allein aus steuerlichen Gründen sei den Direktoren im Gesellschaftsvertrag untersagt worden, innerhalb des Ver-

---

[772] Der Schwerpunkt des wirtschaftlichen Lebens wird allgemein als eines von vielen Hilfskriterien zur Ermittlung des Sitzes einer Gesellschaft betrachtet – so etwa OLG Nürnberg WM 1985, S. 259 (260).

[773] Vgl. 6. Kapitel C III 3 b (1) (e) (aa) (aaa).

[774] OLG Frankfurt a.M., Urteil vm 23.6.1999 – 22 U 219/97; abgedruckt in u.a. RIW 1999, S. 783 f.. Gegen das Urteil wurde Revision eingelegt, über die der Bundesgerichtshof – soweit ersichtlich – noch nicht entschieden hat.

einigten Königreichs einen Sitz zu nehmen oder sich einen Wohnsitz einzurichten.

Das Gericht war der Auffassung[775], dass die Gesellschaft keinen Sitz in England habe, da der Gesellschaftsvertrag es ausdrücklich verbiete, dort Sitzungen stattfinden zu lassen und damit dort Geschäfte zu führen. Vielmehr hätten die Geschäftsführer die Geschäfte von ihren Wohnsitzen außerhalb des Vereinigten Königreichs oder – aufgrund ihrer Tätigkeit als Piloten - von „anderen, wechselnden Orten aus"[776] betrieben. Mangels eines Hinweises auf die Klägerin in dem Büro in London könne man ihr auch nicht den Status einer in England ansässigen Briefkastenfirma zubilligen. Das Gericht stellte im weiteren Verlauf entscheidend darauf ab, dass die Geschäftsführer „die Geschäfte der Klägerin im wahrsten Sinne des Wortes „fliegend" wahrgenommen"[777] hätten. Daher lasse sich für die Gesellschaft keinerlei Verwaltungssitz feststellen. Da man aber eine sitzlose Gesellschaft, die bereits aufgrund ihrer wirksamen Gründung im Gründungsstaat eine Rechtspersönlichkeit erlangt habe, nicht unter Berufung auf das Internationale Privatrecht und die dort entwickelten Kriterien „rechtslos"[778] stellen könne, sei in diesem Fall die Gründungstheorie anzuwenden, und somit die Rechtsfähigkeit der nach englischem Recht wirksam gegründeten Gesellschaft zu bejahen.

Die grundsätzliche Anknüpfung an den effektiven Verwaltungssitz der Gesellschaft nimmt im deutschen Internationalen Gesellschaftsrecht den Rang einer Grundsatzentscheidung ein, von der folglich nur dann abgewichen werden kann, wenn wichtige Gründe – wie etwa der Geltungsbereich des EG-Vertrages oder des EWG-Übereinkommens – dies erfordern. Ein entsprechender Fall liegt sicherlich nicht bereits dann vor, wenn die Ermittlung eines relevanten Kriteriums schwierig oder sogar unmöglich erscheint. Auf eine solche Konstellation muss man stattdessen mit der Anwendung der allgemeinen Beweislastregeln reagieren, und bei mangelnder Feststellbarkeit eines Verwaltungssitzes die Rechtsfähigkeit der Klägerin verneinen, welche die diesbezügliche objektive Beweislast trägt[779].
Würde man bei Schwierigkeiten der beschriebenen Art stets die Gründungstheorie zur Anwendung kommen lassen, dann käme das einem Kniefall vor solchen Gesellschaften gleich, die – wie vielfach von „Briefkastengesellschaften" praktiziert - bewusst ihre Geschäftstätigkeit über viele Länder verteilen, es dort aber

---

[775] Eine Besprechung des Urteils findet sich u.a. bei *Bechtel* RIW 2001, S. 21 f..
[776] OLG Frankfurt a.M. RIW 1999, S. 783 (783).
[777] OLG Frankfurt a.M. a.a.O. (Hervorhebung im Original).
[778] OLG Frankfurt a.M. a.a.O. S. 784.
[779] Zu den allgemeinen Beweislastregeln insbesondere auch hinsichtlich der Parteifähigkeit bei Fällen mit Auslandsberührung vgl. *Jayme* IPRax 1996, S. 87 (88).

bewusst vermeiden, „nennenswerte" Berührungspunkte zu schaffen, um so in den Genuss einer Gründungsanknüpfung und damit eines laxen Gesellschaftsrechts zu kommen. Die Sitztheorie wäre damit nicht in der Lage, auf „Umgehungstatbestände" und damit auf eine große Gruppe der Gesellschaften, von der eine Gefahr für den Verkehr ausgeht, flexibel zu reagieren. Man müsste das Kriterium des Verwaltungssitzes insoweit hinterfragen, ob es sich eignet, den von der Vertretern der Sitztheorie propagierten Verkehrsschutz umfassend zu gewährleisten.

Dem Gründungsort kann grundsätzlich nur der Status eines von mehreren Indizien zur Ermittlung des *Verwaltungssitzes* eingeräumt werden, auf die man dann zurückgreifen muss, wenn die Bestimmung desselben schwierig ist. Er ist jedoch niemals in der Lage, die Festsetzung des Verwaltungsortes *alleine* zu rechtfertigen[780].

Anhand des beschriebenen Beispiels wird deutlich, wie problematisch die Ermittlung des Sitzes sein kann, wenn die Gesellschaft über keine oder nur sehr schwache Berührungspunkte zu jedweder Rechtsordnung im Sinne der Sitztheorie aufweist. Häufig ist eine solche Konstellation bei Kleinunternehmen gegeben, welche eine nur geringe geschäftliche Tätigkeit entfalten, über keine ausgeprägte Organisationsordnung verfügen und auch nur schwache Bezüge personeller oder sachlicher Art zu einer Rechtsordnung schaffen[781].

Es konnte bereits dargelegt werden, dass dies beim Industrieanlagenkonsortium trotz seiner bescheidenen körperschaftlichen Struktur nicht der Fall ist. Diese ist zwar gering, dennoch beachtlich; die Aktivitäten des Konsortiums sind vielfältig, und sie finden auch nicht im Verborgenen statt. Mit dem Federführer steht ein Anknüpfungsmoment zur Verfügung, dessen kollisionsrechtliche Relevanz flankiert wird von dem Erscheinungsbild nach außen. Er ist der entscheidende Ansprechpartner für außenstehende Dritte einschließlich des Bestellers, und das sich eigens gegründete und von ihm geführte Konsortiumbüro befindet sich in der Regel an seinem gewöhnlichen Tätigkeitsort. Damit spricht auch der Aspekt

---

[780] Daher zu großzügig Palandt-*Heldrich* Anh. zu Art. 12 Rdnr. 3, nach dem als Vertreter der Sitztheorie sich „im Zweifel" der effektive Verwaltungssitz einer juristischen Person in dem Staat befindet, nach dessen Recht sie erkennbar organisiert ist.

[781] Ähnlich die Einschätzung von *Borges* RIW 2000, S. 167 (171), der u.a. auch in Fußnote 57 auf eine Entscheidung des OLG Hamm RIW 1997, S. 236 ff. hinweist, in der das Gericht den tatsächlichen Verwaltungssitz einer Gesellschaft auf Grand Cayman sah, weil die Gesellschaft, deren geschäftliche Tätigkeit sich auf den Besitz eines Grundstückes in Deutschland beschränkte, an jenem Ort eine Teilzeitangestellte und mitgenutzte Büroräume im Wohnhaus der Angestellten nachweisen konnte.

der Transparenz für eine Entscheidung zugunsten der Heimat des Federführers als effektiven Verwaltungssitz des Anlagenkonsortiums.

Während die Problematik der zuvor beschriebenen Fallgruppe in dem Mangel an Berührungspunkten zu jedweder Rechtsordnung besteht, leidet eine weitere Problemgruppe an dem anderen Extrem.

Ist ein international tätiges Unternehmen *dezentral* organisiert und wird der Betrieb von verschiedenen Ländern aus gleichberechtigt *geführt*[782], dann stellt sich zwangsläufig die Frage[783], welchem Unternehmensteil die Führungsrolle und somit auch der Status des effektiven Verwaltungssitzes einzuräumen ist.

Wie sogleich gezeigt wird, vermag die parallele Leistungserbringung durch die einzelnen Konsorten - als eine Besonderheit des Industrieanlagenkonsortiums - eine nur „oberflächliche" Ähnlichkeit zu dieser Fallgruppe herzustellen.

Schon seit langem ist die Fallgruppe Gegenstand einer wissenschaftlichen Diskussion[784], und die Gegner der Sitztheorie sehen in ihr nicht selten den entscheidenden Schwachpunkt der Anknüpfung an den effektiven Verwaltungssitz[785].

Es handelt sich bei ihr um eine Konstellation, welche heutzutage immer öfter in der Praxis anzutreffen ist. Diese neue Entwicklung erklärt sich aus der Neigung vieler Unternehmen, mit anderen ausländischen Unternehmen zu fusionieren, um Kapazitäten zu bündeln und somit international wettbewerbsfähig zu bleiben.

Nicht zuletzt aus chauvinistischen Gründen[786] vereinbaren die Beteiligten eines solchen „merger of equals"[787] häufig eine strikte Aufteilung der Geschäftsführung zwischen den einzelnen Unternehmensbereichen, d.h. keines der fusionierenden Einzelunternehmen gibt das unmittelbare, tägliche Management an eine höhere gemeinsame Ebene der Geschäftsführung ab. Auf dieser werden vielmehr nur Kontrollgremien - wie etwa der Aufsichtsrat - gegründet. Dank der modernen Informationstechnologie bereitet eine solch dezentralisierte Verwaltungsstruktur heutzutage auch in Bezug auf das alltägliche Management keine

---

782 Die Betonung liegt hier auf „Führung", da das bloße Auseinanderfallen von Geschäftsführung und Produktions- bzw. Vertriebsstätten für die Bestimmung des Verwaltungssitzes unrelevant ist.

783 Allgemein zu dieser Problematik siehe u.a. *Zimmer* in: FS Buxbaum, S. 654 (655 f.); *Noack* ZGR 1998, S. 592 (615 f.).

784 Siehe etwa die ausführliche Stellungnahme von *Sandrock* in: FS Beitzke, S. 669 (676 f., 687 f.).

785 Statt vieler *Grasmann* Rdnr. 368 f..

786 *Borges* RIW 2000, S. 167 (174) weist zu Recht darauf hin, dass keine rechtliche Notwendigkeit zugunsten einer solchen Konstruktion besteht. Als eines der Hauptmotive nennt er politische Erwägungen.

787 Zur Akzeptanz dieses internationalen Begriffes in der deutschen Rechtssprache vgl. *Borges* a.a.O..

Probleme. Die elektronischen Kommunikationsmittel einschließlich Konferenzschaltungen machen zeitraubende Reisetätigkeiten des Managements entbehrlich, und sie gewährleisten die Flexibilität des Managements, auf überraschende Wendungen schnell und einvernehmlich reagieren zu können[788].

Horn beschäftigt sich in einem Festschriftbeitrag näher mit diesem Phänomen, und er berichtet u.a. von dem Fusionsvertrag zwischen der Daimler Benz AG und der Chrysler Corporation, welcher unter der Betonung ihrer Gleichwertigkeit die Schaffung zweier Hauptverwaltungen in Deutschland und in den USA sowie eine paritätische Zusammensetzung der Leitungsgremien einschließlich der erweiterten Geschäftsleitung unterhalb der Vorstandsebene vorsehe[789].
In einer solchen Konstellation ist es in der Tat schwierig, einen der beiden Orte zum effektiven Verwaltungssitz im Sinne der Sitztheorie zu ernennen. Man darf aber auch hier nicht vor der Schwierigkeit kapitulieren und stattdessen der Gründungstheorie den Vorzug geben, sondern man muss den Vertrag und auch die tatsächlichen Umstände gründlich auf Indizien hin untersuchen. Der Benennung eines Satzungssitzes[790] kann auch hier der Status eines (Hilfs-) Indizes attestiert werden.
Der Frage braucht aber in dieser Arbeit nicht näher nachgegangen zu werden, da man beim Industrieanlagenkonsortium diese Schwierigkeit nicht hat. Anders als die Gesellschaft nach einem „merger of equals" verfügt das Konsortium mit dem Federführer über ein Organ oberhalb der Ebene des einzelnen Partners, welches den Hauptanteil des alltäglichen Managements leistet. Der einzelne, seinen Leistungsanteil überwiegend selbständig erbringende Konsorte besitzt keinerlei Entscheidungsbefugnis, die über technische Anpassungen kleineren Ausmaßes hinausgeht. Technische Komplikationen und Anpassungen jenseits dieser Qualität darf er nicht eigenständig lösen, sondern er muss das weitere Vorgehen mit den Ausschüssen, der Konsortenversammlung und dem Federführer beratschlagen, auch wenn seiner Einschätzung ob seiner größten Sachnähe ein besonderer Stellenwert bei der Entscheidungsfindung eingeräumt wird.
Sämtliche kaufmännische Tätigkeiten, Verhandlungen über die Konkretisierung des technischen Profils sowie sonstige Repräsentanz überschreiten seine Kompetenz. Auch ist im Konsortialvertrag nicht vorgesehen, dass er – wie der Federführer für bedeutsame Maßnahmen mit Außenwirkung - fallweise mit einer entsprechenden Kompetenz bzw. Stellvertretungsmacht versehen wird. Sieht man von seiner mittelbaren Machtposition als Gesellschafter ab, dann beschränkt sich sein Beitrag bei diesen Maßnahmen auf die eines sachnahen Beraters. Mag er in

[788] Vgl. hierzu *Zimmer* in: FS Buxbaum, S. 655 (666).
[789] *Horn* in: FS Buxbaum, S. 315 (332 f.).
[790] Im Fall Daimler/Chrysler wurde trotz der Betonung der Gleichwertigkeit der beiden Hauptverwaltungen Stuttgart als alleiniger Sitz der Gesellschaft in der Satzung festgelegt, vgl. *Horn* a.a.O..

Bereichen, die seinen Leistungsbeitrag unmittelbar betreffen, auch im Innenverhältnis der Wortführer und der Sachverständige sein, nach außen hin erscheint er nur als eine Art Produktionsstätte, welche ohne eine nennenswerte Kompetenz das umsetzt, was woanders entschieden worden ist.

Zusammenfassend lässt sich somit sagen, dass die parallele Leistungserbringung und die geringe Stellvertretungsmacht des Federführers diesem zwar die Typizität einer Hauptverwaltung nehmen, sie jedoch nicht in der Lage sind, seinen Status als effektiven Verwaltungssitz des Konsortiums in Frage zu stellen. Der Vergleich mit den klassischen Problemgruppen bei der Ermittlung des Verwaltungssitzes hat gezeigt, dass sich der Tätigkeitsort des Federführers letztlich zweifelsfrei als Sitz des Konsortiums bezeichnen lässt. Die beschriebenen Bedenken haben sich als nicht gravierend erwiesen.

Zum Schluss bleibt noch anzumerken, dass auch zur Begründung dieser Auffassung das besondere Verständnis des Konsortiums als eine bloße Dachgesellschaft[791] bemüht werden kann. Durch die Nachschaltung von Subunternehmerverträgen zwischen dem Konsortium und den einzelnen Konsorten reduziert sich der direkte Regelungsgegenstand und damit gleichzeitig auch die inhaltliche Ausgestaltung des eigentlichen Konsortialvertrages im Wesentlichen auf die gesamtschuldnerische Haftung, Verfahren zur gemeinsamen Entscheidungsfindung, die Koordination der einzelnen Teilleistungen und auf ein gemeinsames Auftreten nach außen. Durch eine solche Konstruktion wird der im Vergleich zu anderen Gelegenheitsgesellschaften beschränkten Zwecksetzung, der parallelen Leistungserbringung und der „relativ" geringen Kompetenz des Federführers Rechnung getragen.
Dieses „reduzierte" Gefüge wird *dominiert* vom Federführer, und unter Zugrundelegung dieses Konzepts erscheint die Einstufung des Tätigkeitsortes des Federführers als effektiven Verwaltungssitz umso sachgemäßer.

Die bereits angesprochene materiell-rechtliche Problematik[792] hinsichtlich des Verhältnisses zwischen dem nachgeschalteten Einzelvertrag des Konsorten und dem Hauptanlagenvertrag findet ihre Entsprechung bzw. Fortsetzung auf der kollisionsrechtlichen Ebene. Der Vorteil einer materiell-rechtlichen Synchronisation dieser beiden Verträge führt auf der kollisionsrechtlichen Ebene zwangsläufig zu dem Wunsch, auch einen kollisionsrechtlichen Gleichlauf zwischen den Verträgen herzustellen.

---

[791] Vgl. hierzu die Ausführungen oben im 6. Kapitel C III C 3 b (1) (d).
[792] Siehe die Ausführungen zur Rechtsnatur des Konsortiums im 6. Kapitel C III 3 b (1) (d).

Einer der klassischen Streitstände des Internationalen Vertragsrechts beschäftigt sich mit der Frage, ob das Statut des Subunternehmervertrages mangels einer Rechtswahl akzessorisch an das Statut des Hauptvertrages anzuknüpfen ist. Auf diese Problematik, welche an anderer Stelle noch ausführlich dargestellt wird, muss hier nicht näher eingegangen werden, da sich beim Anlagenkonsortium die Anwendung desselben Statuts auf beide Vertragsbeziehungen unschwer bejahen lässt und es daher an dieser Stelle eines umfänglichen Rückgriffes auf die dortigen Kriterien einschließlich deren Erläuterung nicht bedarf[793].

Der Grund dafür liegt in dem schon mehrfach erwähnten Wunsche der Beteiligten nach einer Gleichschaltung beider Vertragsbeziehungen, welcher regelmäßig auch eine ausdrücklich Regelung[794] in den Konsortialverträgen erfährt. In dem so geäußerten Willen lässt sich unproblematisch eine Bezugnahme der Konsorten auf das auf den Anlagenvertrag anwendbare Recht und damit eine entsprechende - wohl eher - konkludente[795] Rechtswahl sehen. Schließlich wäre der Gleichlauf zwischen dem Hauptvertrag und den nachgelagerten Subunternehmerverträgen der Konsorten nur unvollkommen, wenn beide Verträge verschiedenen Statuten unterstünden.
Zugunsten der Annahme einer Rechtswahl spricht auch ein Vergleich mit der kollisionsrechtlichen Wirkung sog. „Inkorporationsklauseln" bzw. „Verweisungsklauseln"[796], mit Hilfe derer auf die Vorschriften des Generalunternehmervertrages verwiesen wird. Während die Frage nach der materiell-rechtlichen Tragweite insbesondere pauschaler Verweisungen nicht einheitlich beantwortet werden kann[797], wird solchen Klauseln allgemein der Status einer Rechtswahl zuerkannt, sofern der Generalunternehmervertrag selbst eine Rechtswahl enthält[798]. Sieht man bereits in diesen pauschalen Verweisungen (z. B. "im Übrigen gilt das Recht des Generalunternehmervertrages") eine Rechtswahl, dann muss dies um so mehr gelten für den Fall, dass die Parteien eine *uneingeschränkte* Verknüpfung beider Vertragsbeziehungen ausdrücklich vereinbaren. Angesichts eines solchen von den Parteien gewünschten umfänglichen Gleich-

---

793 Umfänglich zu der Problematik der akzessorischen Anknüpfung des Subunternehmervertrages an das Statut des Hauptvertrages vgl. die Ausführungen im 9. Kapitel D.

794 Vgl. hierzu § 14 (2) Rosener-Konsortium sowie die Ausführungen im 6. Kapitel C III 3 b (1) (a).

795 Eine solche lässt das Gesetz in Art. 27 Abs. 1 Satz 2, 2. HS EG ausdrücklich zu.

796 Zu diesen ausführlich *Vetter* RIW 1986, S. 81 f.; VOB/B-Kommentar/*Nicklisch* Einl §§ 4-13 Rdnr. 90 f..

797 Siehe dazu die Ausführungen unten im 9. Kapitel C II 1.

798 Für eine konkludente Rechtswahl: Staudinger-*Magnus* Art. 27 Rdnr. 81; Soergel-*von Hoffmann* Art. 27 Rdnr. 46; *Jayme* in: FS Pleyer, S. 371 (377). Stattdessen für eine ausdrückliche Rechtswahl *Vetter* NJW 1987, S. 2124 (2125); *ders.* in ZVglRWiss 87 (1988), 248 (252).

laufs ist es auch unerheblich, ob der Hauptvertrag selbst eine Rechtswahl enthält oder nicht.

Weniger zugunsten der Annahme einer konkludenten Rechtswahl als vielmehr zugunsten der bloßen Richtigkeit der Anwendung desselben Statuts sowohl auf den Anlagenvertrag als auch auf die nachgelagerten Subunternehmerverträge der Konsorten eignet sich auch ein Vergleich mit der Fallgruppe der *angelehnten* Verträge. Nehmen Verträge eine nur untergeordnete Hilfsfunktion wahr, und dienen sie lediglich der Unterstützung und der Erfüllung des zwischen *denselben* Parteien geschlossenen Hauptvertrages, dann wird eine akzessorische Anknüpfung dieser Verträge an das Statut des Hauptvertrages befürwortet[799].
Die Nähe der Fallgruppe der angelehnten Verträge zu der Konstruktion der Dachgesellschaft mit nachgeschalteten Subunternehmerverträgen ist offensichtlich. Zwar wird der Subunternehmervertrag nicht zwischen denselben Parteien geschlossen wie der Anlagenvertrag, jedoch ist der einzelne Konsorte als Gesellschafter der Dachgesellschaft zugleich Partner des Anlagenvertrages. Damit steht der Konsorte in einem anderen Näheverhältnis zu der hauptvertraglichen Beziehung als der klassische Subunternehmer. Dieses reicht nahezu an die für die Fallgruppe der angelehnten Verträge typische Parteiidentität heran. Da auch ein jeder Subunternehmervertrag der Erfüllung des Hauptvertrages dient, lassen sich die im Zusammenhang mit der Fallgruppe der angelehnten Verträge angestellten Wertungen[800] auf das Verhältnis des nachgelagerten Subunternehmervertrages des Konsorten zu dem Anlagenvertrag übertragen.

Die zuvor angestellten Überlegungen erfassen natürlich nur den Fall, dass die Parteien keine Rechtswahl vorgenommen haben. Eine solche liegt bereits dann vor, wenn sich die Konsorten mittels einer Klausel ausdrücklich äußern, welches Recht auf das *Konsortium* Anwendung finden soll. Es kann davon ausgegangen werden, dass die Konsorten mit dieser Klausel auch das auf die nachgeschalteten einzelvertraglichen Beziehungen anwendbare Recht festlegen wollen[801].

(bbb) Der Schwerpunkt des Innenkonsortiums
Bei einem Innenkonsortium handelt es sich um eine Innengesellschaft im engeren Sinne, zu der sich die Konsorten zusammengeschlossen haben, um gemeinsam die Anlage zu erstellen, ohne dabei jedoch als Gesellschafter gemeinsam am Rechtsverkehr teilzunehmen. In seiner grundsätzlichen Struktur unterschei-

---

[799] Vgl. dazu Müko-*Martiny* Art. 28 Rdnr. 121; *Soergel*-von Hoffmann Art. 28 Rdnr. 121; *Gamillscheg* AcP 157 (1958/59), S. 303 (334).
[800] Siehe hierzu jene in der vorherigen Fußnote genannten Autoren.
[801] Zum regelmäßigen Umfang solcher Rechtswahlklauseln und zu deren Gültigkeit für den das Außenverhältnis betreffenden Regelungskomplex vgl. die Ausführungen im 6. Kapitel C III 3 b (1) (e) (aa) (ccc).

det sich das Innenkonsortium von dem Außenkonsortium nicht[802]. Es ist ebenso wie das Außenkonsortium als eine Dachgesellschaft mit nachgelagerten Subunternehmerverträgen der Konsorten zu verstehen.

Wegen der mangelnden Außenwirkung des Innenkonsortiums findet allerdings auf die Dachgesellschaft im Unterschied zum Außenkonsortium nicht das Internationale Gesellschaftsrecht, sondern das Internationale Schuldvertragsrecht Anwendung[803]. Die Beteiligten haben somit die Möglichkeit einer umfänglichen Rechtswahl im Sinne des Art. 27 EGBGB[804]. Ist eine gültige Rechtswahl unterblieben, dann muss die Formel von der engsten Verbindung im Sinne des Art. 28 I EGBGB bemüht werden. Angesichts des Leistungsvereinigungscharakters einer Gesellschaft des Bürgerlichen Rechts scheidet eine Anknüpfung an die vertragscharakteristische Leistung im Rahmen des Vermutungstatbestandes des Art. 28 II EGBGB[805] grundsätzlich aus.

Die engste Verbindung hat die Innengesellschaft in der Regel zu der Rechtsordnung des Ortes, an welchem der gemeinsame Zweck hauptsächlich verfolgt wird[806].
Diese Formel ähnelt dem Kriterium der Sitztheorie. Da sich das Innenkonsortium in seiner Struktur nicht grundsätzlich vom Außenkonsortium unterscheidet, lassen sich die Ausführungen zur Anknüpfung des Außenkonsortiums auf das Innenkonsortium übertragen, und der Tätigkeitsort des Federführers, welcher in der Regel identisch ist mit dem nach außen auftretenden Generalunternehmer, ist derjenige, an dem die Hauptaktivitäten des Zusammenschlusses als solchem stattfinden.

In Bezug auf die nachgelagerten Subunternehmerverträge der Konsorten gilt das bereits im Zusammenhang mit dem Außenkonsortium Gesagte. Es lässt sich regelmäßig eine konkludente Wahl des Statuts des Anlagenvertrages annehmen, sofern keine abweichende Rechtswahl hinsichtlich des Konsortiums vorliegt. Anders als beim Außenkonsortium scheidet hier allerdings eine Parallelwertung mit der Fallgruppe der angelehnten Verträge als zusätzliches Argument zugunsten eines kollisionsrechtlichen Gleichlaufs zwischen dem Anlagenvertrag und den nachgelagerten Subunternehmerverträgen der Konsorten aus, da die Konsor-

---

[802] Vgl. hierzu die Ausführungen im 6. Kapitel C III 3 b (1) (c).

[803] Siehe 6. Kapitel C III 3 b (1) (e) (aa) (bbb).

[804] Müko-*Martiny* Art. 37 Rdnr. 51 f.; Soergel-*von Hoffmann* Art. 37 Rdnr. 48 f..

[805] Die mangelnde Tauglichkeit der Formel von der vertragscharakteristischen Leistung ist auch einer der Kritikpunkte an der Anwendung des Internationalen Schuldvertragsrechts auf Außenkonsortien ohne eine starke körperschaftliche Identität; vgl. dazu die Ausführungen im 6. Kapitel C III 3 b (1) (e) (aa) (aaa).

[806] Staudinger/IntGesR-*Großfeld* Rdnr. 773; Müko-*Martiny* Art. 37 Rdnr. 52.

ten beim Innenkonsortium bis auf den letztlich kontrahierenden Generalunternehmer nicht zugleich auch Partner des Anlagenvertrages sind.

(f) Heimat der vertragscharakteristischen Leistung des Konsortiums im Sinne des Art. 28 II EGBGB

Wie zuvor festgestellt, befindet sich der effektive Verwaltungssitz des Anlagenkonsortiums dort, wo der Federführer tätig wird; dabei handelt es sich regelmäßig um den Ort, wo er auch seinen sonstigen Geschäften – jenseits derer des Konsortiums – nachgeht.

Während im Rahmen der Sitztheorie auf den Ort der Verwaltung der Kooperation als solcher und damit auf deren *grundsätzliche* Struktur abgestellt wird, sind im Rahmen des Art. 28 II EGBGB die *konkreten* Umstände und damit die konkrete "Steuerungs-Struktur" entscheidend[807]. Es gilt denjenigen Ort zu ermitteln, von dem aus die konkrete Leistungserfüllung gesteuert wird. Es wird das sachnächste Recht hinsichtlich des Vertrages zwischen der Kooperation und einem Dritten und nicht hinsichtlich der Kooperation selbst gesucht.

Bei dem Anlagenkonsortium handelt es sich um eine Gelegenheitsgesellschaft, deren Zwecksetzung sich in der gemeinsamen Akquisition und Erfüllung lediglich eines einzelnen Auftrages erschöpft, so dass die *grundsätzliche* Steuerungsstruktur von der *konkreten* nicht abweicht.
Die Aufgabenverteilung und Zuständigkeiten der Konsorten und der Organe orientieren sich ausschließlich an den Gegebenheiten dieses einen Projekts.

Da die Hauptverwaltung im Sinne des Art. 28 II EGBGB identisch ist mit dem effektiven Verwaltungssitz der Gesellschaft[808], könnte man zu dem Schluss kommen, bereits an dieser Stelle das Recht des Federführers als dasjenige zu bezeichnen, auf das die Vermutung des Art. 28 II EGBGB verweist, und damit einen Gleichlauf zwischen dem konkreten Anknüpfungs*punkt* des Art. 28 II EGBGB und dem des Internationalen Gesellschaftsrecht – sofern die Sitztheorie zur Anwendung kommt - zu bejahen.

Bei einer solchen Schlussfolgerung würde man jedoch verkennen, dass es sich bei Art. 28 II EGBGB um eine flexible Anknüpfungsnorm handelt, welche es erlaubt, auf Besonderheiten der Fallgestaltung – wie auch die mangelnde Typizität des Federführers als Hauptverwaltung - differenziert zu reagieren.

---

[807] Vgl. die Ausführungen oben im 6. Kapitel C III 3a a.E..
[808] Staudinger/IntGesR-*Großfeld* Rdnr. 26.

Dieses Verständnis der Anknüpfungsnorm vermeidet zum einen nicht mehr zulässige und die Vermutung nicht mehr rechtfertigende Pauschalisierungen, welche einträten, wenn man *bereits* aufgrund der bloßen Qualifizierung des Tätigkeitsorts des Federführers als Sitz der Gesellschaft und damit auch als Hauptverwaltung im Sinne des Art. 28 II EGBGB eine Vermutung zugunsten des an diesem Ort geltenden Rechtes annähme. Dem kann auch nicht entgegengehalten werden, dass *das Element der Pauschalisierung* einer jeden Vermutung innewohnt und dass das Ergebnis der unzulässigen Pauschalisierung noch durch eine großzügige Anwendung des Art. 28 V EGBGB korrigiert werden könnte[809].
Zum anderen wird das andere Extrem verhindert, welches darin läge, Art. 28 II EGBGB mit dem Hinweis auf die Besonderheit der Umstände für nicht anwendbar zu erklären und damit die Vermutungswirkung der vertragscharakteristischen Leistung preiszugeben. Wie bereits im Zusammenhang mit den Mitwirkungspflichten des Bestellers angesprochen[810], kann von dem Wunsche des Gesetzgebers ausgegangen werden, die Vermutungstatbestände umfänglich anzuwenden und die daraus resultierende Rechtssicherheit möglichst lange aufrechtzuerhalten.

Angesichts der parallelen Leistungserbringung durch die einzelnen Konsorten ist an eine *Teilanknüpfung* zu denken. Das Gesetz gestattet „ausnahmsweise"[811] den Rückgriff auf dieses Instrumentarium, und es lässt diesen auch im Rahmen der Vermutungstatbestände zu[812]. Die überwiegend parallele Leistungserbringung und die umfängliche Vorfertigung am Heimatort des jeweiligen Konsorten würden es erlauben, den Schwerpunkt der Vertragsbeziehung aufzuteilen und somit keine Vermutung hinsichtlich einer gemeinsamen Nähe sämtlicher Leistungshandlungen zu einer einzelnen Rechtsordnung zu formulieren, sondern stattdessen den Akzent auf die individuelle Steuerung der einzelnen Leistung durch den jeweiligen Konsorten zu setzen und dadurch eine Vermutung zugunsten der tatsächlichen Nähe einer jeden Leistungshandlung zu dem jeweiligen Heimatrecht des Konsorten aufzustellen[813].

---

809 Es ist in diesem Zusammenhang darauf hinzuweisen, dass die „großzügigere" Anwendung des Art. 28 V EG ein durchaus probates Mittel darstellt, um auf eine schwächere Vermutungswirkung des Art. 28 II EG zu reagieren. Darauf sollte jedoch nur zurückgegriffen werden, wenn man den Vermutungstatbestand eine die Einzelumstände berücksichtigende Vermutung hat aussprechen lassen.

810 Siehe die Ausführungen im 6. Kapitel C II 2, 3.

811 Vgl. Art. 28 I 2 EG.

812 So ausdrücklich Staudinger-*Magnus* Art. 28 Rdnr. 60.

813 Vgl. hierzu Staudinger-*Magnus* Art. 28 Rdnr. 89, der eine Vertragsspaltung grundsätzlich in Betracht zieht, wenn die charakteristische Leistung nach dem Vertrag von mehreren Niederlassungen in unterschiedlichen Staaten zu erbringen ist.

Eine solche Anknüpfung ist jedoch für den Industrieanlagenvertrag in der Variante des Turnkey-Vertrages nicht sachgerecht[814]. Der Turnkey-Vertrag zeichnet sich durch die unbedingte Erfolgsbezogenheit der Verpflichtung des Unternehmers aus[815]. Der Beitrag des Bestellers ist bescheiden, und er überlässt dem Unternehmer sowohl die Projektierung als auch die Erstellung der Anlage. Er erwartet eine funktionierende Einheit; die Verantwortung für das Gesamtgelingen der Anlage trägt der Unternehmer. Beim Turnkey-Vertrag schuldet der Unternehmer bzw. das Konsortium den Gesamterfolg und nicht etwa nur die parallele Erbringung der für die Erstellung einer Anlage nötigen Leistungen.
Mit dieser materiell-rechtlichen Finalität ließe sich die oben geschilderte kollisionsrechtliche Teilanknüpfung nur schwer vereinbaren. Dass die Dimension einer industriellen Großanlage regelmäßig die Bildung von Konsortien erfordert und die Konsorten ihrer gesamtschuldnerischen Verpflichtung durch eine überwiegend parallele Leistungserbringung nachkommen, ändert an der Finalität als prägendes Merkmal des Turnkey-Vertrages nichts. Entscheidend ist die direkte Beziehung zwischen dem Besteller und dem Konsortium, welche vom erfolgreichen Zusammenwirken der einzelnen Leistungen geprägt ist. Dies muss auch auf kollisionsrechtlicher Ebene Berücksichtigung finden.

Neben diesem dogmatischen Aspekt spricht ferner der Schutz des Bestellers gegen eine Teilanknüpfung. Er hat nicht nur kein Interesse daran, es ist ihm schlichtweg nicht zuzumuten, mit den verschiedenen Rechtsordnungen der häufig zahlreichen Konsorten konfrontiert zu werden[816]. Dieses Argument wiegt schwer, da im Falle einer Teilanknüpfung in dem Heimatort jedes einzelnen Konsorten eine „andere" Niederlassung gesehen werden müsste. Hinzu kommt, dass auch eine objektive Anknüpfung an den Interessen und an dem Willen der Beteiligten auszurichten ist, und aus der vertraglichen Übernahme einer gemeinsamen Verpflichtung lässt sich in der Regel nur auf den Willen der Parteien schließen, dass sämtliche Schuldner derselben Rechtsordnung unterliegen und nach einheitlichen Kriterien haften sollen. Die Anwendbarkeit verschiedener Rechte würde letztlich zu unterschiedlichen Verpflichtungen der einzelnen Schuldner führen und würde sich mit dem Grundverständnis der Schuldnermehrheit nicht vereinbaren lassen[817].

Gegen eine Teilanknüpfung spricht endlich auch das große Konfliktpotential, welches die zum Teil enorme Divergenz zwischen den einzelnen Rechtsordnun-

---

[814] So auch *Markowsky* S. 342, 343 für den internationalen Bauvertrag.
[815] Vgl. die Ausführungen oben im 4. Kapitel B.
[816] So auch *Markowsky* S. 344.
[817] So ausdrücklich für die vertragliche Übernahme einer gemeinsamen Verpflichtung *Stoll* in: FS Wolfram Müller-Freienfels, S. 631 (646).

gen mit sich bringt[818]. Die parallele Anwendung der verschiedenen Rechtsordnungen stößt auf Probleme, wenn das Schicksal des *Gesamtvertrages* im Raume steht. Es bedarf in einem solchen Fall einer aufwendigen Angleichung oder sensiblen Abwägung zugunsten einer bestimmten Rechtsordnung. Da jede Partei in der Regel auf die Anwendung der sie begünstigenden Rechtsordnung beharrt, wird eine entsprechende Vereinbarung zwischen den Parteien sich regelmäßig als schwierig erweisen.

Im Rahmen des Art. 28 II EGBGB wird auf den Ort der Steuerung deswegen abgestellt, weil vermutet wird, dass der Vertrag die engste Beziehung zu der Rechtsordnung des Ortes aufweist, von dem aus die vertragscharakteristische Leistung und damit das Wesen des Vertrages initiiert wird. Der Sog der Hauptverwaltung und damit gleichzeitig die darin zum Ausdruck kommende Vermutung, dass das Recht am Ort der Hauptverwaltung das sachnächste ist, lassen in dem Maße nach, in dem der Einfluss der Hauptverwaltung auf die konkrete Vertragserfüllung schwindet.
Wann der Sog von der Hauptverwaltung nicht mehr stark genug ist und eine Vermutung zugunsten der Hauptverwaltung nicht mehr aufrechterhalten werden kann, sondern einer Vermutung zugunsten einer „anderen" Niederlassung weichen muss, hängt von den Umständen des Einzelfalles und damit von der konkreten Struktur der die vertragscharakteristische Leistung erbringenden Vertragspartei ab.

Die mangelnde Typizität des Federführers als effektiver Verwaltungssitz und Hauptverwaltung des Konsortiums schlägt sich in einer vergleichsweise geringen Dominanz jener beiden nieder, auch wenn an dieser Stelle noch einmal betont werden soll, dass der Federführer das entscheidende Organ des alltäglichen Managements ist und an seinem Status als Hauptverwaltung letztlich nicht zu zweifeln ist.
Wenn folglich von dem Federführer - als Hauptverwaltung im Sinne des Art. 28 II EGBGB - nur ein vergleichsweise geringer Sog ausgeht, dann lässt es die Flexibilität des Art. 28 II EGBGB zu, dem Umstand Bedeutung beizumessen, welcher Konsorte den prägendsten und aufwendigsten Beitrag leistet, ohne zugleich die Steuerung der gesamten charakteristischen Leistung innezuhaben[819]. Hebt

---

[818] *Markowsky* S. 343, 344.

[819] In die Richtung auch Soergel-*von Hoffmann* Art. 28 Rdnr. 41, der einen konkreten Vergleich des Wertes der geschuldeten Hauptleistungen vorschlägt, um den individuellen Vertragsschwerpunkt für den Fall zu ermitteln, dass die Hauptleistungen durch in unterschiedlichen Ländern beheimatete Niederlassungen des Schuldners erbracht werden. Eine Preisgabe des Art. 28 II EGBGB sei in einer solchen Konstellation nicht nötig. Vgl. in diesem Zusammenhang auch *Göthel,* Joint Ventures, S. 100, der in der überragenden Stellung eines an ei-

sich dort ein Konsorte besonders hervor, dann repräsentiert dieser zumindest überwiegend den Vertragspartner. Das Vertragsverhältnis weist eine starke Affinität zu dessen Heimatrecht auf, und eine Anwendung desselben auf das Vertragsverhältnis im Rahmen des Art. 28 II EGBGB kommt in Betracht. Es wird hier ähnlich wie bei der Problematik[820], ob die vertragscharakteristische Leistung dem Besteller oder aber dem Unternehmer zuzuordnen ist, eine Gewichtung der Beiträge vorgenommen. An dieser Ähnlichkeit wird auch die Legitimation einer solchen Gewichtung an dieser Stelle deutlich. Ebenso wie bei jener Problematik wird hier die Partei gesucht, die den größten Beitrag zur Vertragscharakteristik liefert. Anders als dort ist hier bereits die Entscheidung zugunsten des Unternehmers gefallen, und die dort vorgenommene Wertung findet eine Fortsetzung mit dem Unterschied, dass nun nicht mehr zwischen dem Unternehmer und dem Besteller, sondern stattdessen zwischen den verschiedenen Einheiten auf der Seite des Unternehmers entschieden werden muss. Die Gewichtung der Beiträge an dieser Stelle stellt somit nur eine stringente Anwendung eines sich bereits bewährten Mittels dar.
Sie fällt eindeutig zugunsten des Federführers aus. Die Vertragspraxis zeigt immer wieder, dass der Federführer regelmäßig zu den Konsorten gehört, deren Beitrag einen wesentlichen Anteil der Gesamtleistung ausmacht. Der Federführer hat den Projektführer zu stellen[821], und es bietet sich daher einfach an, jemanden zum Federführer zu bestellen, der wert- und umfangmäßig ohnehin in einem starken Maße in das Projekt integriert ist. Er verfügt dann auch über die genügende Sachnähe zu dem Projekt und dessen Entwicklungen.

Es lässt sich folglich festhalten, dass sich die Vermutung zugunsten der Anwendung des Heimatrechts des Federführers auf das Vertragsverhältnis zwischen dem Besteller und dem Anlagenkonsortium sowohl durch den grundsätzlichen Status des Federführers als Hauptverwaltung als auch durch dessen umfangreichen Beitrag zur Erstellung der Industrieanlage rechtfertigt. Da er obendrein der Einzige ist, der nach außen im Namen aller Konsorten[822] auftritt, er das Konsortiumbüro betreibt, die Korrespondenzadresse[823] des Konsortiums mit seiner

---

nem Joint Venture beteiligten Unternehmens einen möglichen Hinweis auf das auf das Joint Venture anwendbare Recht sieht.

[820] Vgl. die Ausführungen oben im 6. Kapitel C II 2 sowie 3a.

[821] Vgl. § 25 I Rosener-Konsortium.

[822] Es kommt zwar häufig vor, dass sich der einzelne Konsorte in Bezug auf seinen Leistungsanteil mit dem Besteller bespricht, jedoch tritt er dabei in der Regel nicht als Repräsentant des Konsortiums auf oder aber seine Repräsentanz beschränkt sich für den Besteller ersichtlich nur auf den Bereich seines Leistungsanteiles.

[823] Die Korrespondenzadresse muss nicht identisch sein mit der Adresse des durch die Satzung bestimmten Sitzes. Die Kriterien für die Wahl des Satzungssitzes unterscheiden sich von

Heimatadresse übereinstimmt und er den Projektleiter stellt, erscheint er auch als Repräsentant der Kooperation und der Besteller kann mit der Anwendung dessen Heimatrechtes rechnen. Der im Rahmen des Art. 28 II EG wichtige Schutz des anderen Vertragspartners findet eine ausreichende Berücksichtigung.

Dagegen hält *Markowsky*[824]die Anknüpfung des Bauvertrages an das Recht der Niederlassung des Federführers für nicht sachgerecht. Er verweist darauf, dass jede einzelne Teilleistung im Stammhaus des jeweiligen Konsorten „kalkuliert, durchdacht und im einzelnen organisiert" werde und das gesamte Bauprojekt von den einzelnen Stammhäusern aus zumindest „(mit-) gesteuert" werde[825]. Diese Diskussion führt er allerdings im Rahmen des Art. 28 I EGBGB, nachdem er zuvor die Anwendbarkeit des Art. 28 II 2 EGBGB ausgeschlossen hat und dort als relevante Niederlassung lediglich die Gesellschafterversammlung und den durch Satzung bestimmten Sitz erwogen hat.
Die kollisionsrechtliche Relevanz des Satzungssitzes verneint er unter Hinweis auf die bloßen Zweckmäßigkeitserwägungen, die zur Wahl eines bestimmten Sitzes führen[826]. Die Gesellschafterversammlung nennt er das oberste gesellschaftsrechtliche Organ[827], und er attestiert ihr die Kompetenz und die Aufgabe, die grundlegenden Entscheidungen für die Führung der Arbeitsgemeinschaft zu treffen[828]. Als Niederlassung im Sinne des Art. 28 II EGBGB komme sie in der Regel bereits deswegen nicht in Betracht, weil der Ort, an dem sie tage, häufig unbestimmt sei und turnusmäßig wechsele; sie sei „geographisch nicht in vorhersehbarer Weise bestimmbar"[829]. Aber selbst bei dauerhafter Festlegung eines bestimmten Ortes als effektiven Verwaltungssitz sei dieser kein entscheidendes Indiz zugunsten der engsten Verbindung des Vertrages zu eben jenem Ort, da die Kooperation angesichts ihrer bloß gesamtschuldnerischen Verbundenheit keinen Bezug zu einer bestimmten einzelnen Rechtsordnung, sondern stattdessen zu den verschiedenen Rechten der einzelnen Konsorten aufweise[830].

Diesen Ausführungen ist nicht zu folgen. *Markowsky* geht bei der Suche nach einer Niederlassung im Sinne des Art. 28 II EGBGB zu statisch vor, indem er

---

denen für die Wahl des Federführers. Es spielen hier Aspekte wie zum Beispiel die Gerichts- und Behördenzuständigkeit eine Rolle. Vgl. hierzu *Markowsky* S. 337 f.

[824] *Markowsky* S. 342; vgl. aber auch *Mallmann* S. 94, nach welchem die Anknüpfung an das Recht des Staates, in dem der Federführer des Konsortiums seinen Sitz habe, „möglich" sei.

[825] *Markowsky* S. 341.

[826] *Markowsky* S. 337, 340.

[827] *Markowsky* S. 338.

[828] *Markowsky* S. 339.

[829] *Markowsky* a.a.O..

[830] *Markowsky* S. 340.

lediglich nach einem Organ bzw. einer Stelle mit stark ausgeprägten Geschäftsführungsbefugnissen sucht und Art. 28 II EGBGB infolgedessen – da kein Organ diesen Ansprüchen genügt – vorschnell aufgibt. Er verkennt, dass der Federführer als Sitz im Sinne der Sitztheorie und damit als Hauptverwaltung aufzufassen ist und somit ein grundsätzlich ausreichend starker Anknüpfungspunkt zur Verfügung steht. Endlich diskutiert er nur die Gesellschafterversammlung und den satzungsmäßigen Sitz als mögliche Niederlassung im Sinne des Art. 28 II EGBGB. Damit schließt er zu Unrecht den Federführer als potentiellen Anknüpfungspunkt im Rahmen des Art. 28 II EGBGB von vornherein aus

(g) Zusammenfassung zum Konsortium

Die Projektierung und die Realisierung einer industriellen Großanlage verlangen von dem Auftragnehmer beträchtliche logistische, technische und finanzielle Kapazitäten, über welche ein einzelnes Unternehmen in der Regel nicht verfügt. Aus diesem Grunde entscheiden sich sehr häufig mehrere Unternehmen, ihre Kapazitäten für ein einzelnes Projekt zu vereinen und sich zu einem Konsortium zusammenzuschließen. Bei diesem auf die Durchführung eines einzigen Projektes begrenzten Zusammenschlusses handelt es sich um eine Gelegenheitsgesellschaft in der Rechtsform einer Gesellschaft des Bürgerlichen Rechts im Sinne der §§ 705 f. BGB[831]. In der Mehrzahl der Fälle nimmt das Konsortium als *Außen*gesellschaft am Rechtsverkehr teil[832]. Es kommt auch vor, dass die Unternehmen lediglich ein *Innen*konsortium gründen und einer der Gesellschafter als Generalunternehmer mit dem Besteller kontrahiert. In beiden Fällen ist die Struktur des Konsortiums grundsätzlich identisch[833].

Das Anlagenkonsortium zeichnet sich durch eine vergleichsweise geringe – wenn auch beachtliche - körperschaftliche Dichte aus. Die einzelnen Konsorten verstehen sich überwiegend als Werkunternehmer, welche alleine und in eigener Regie ihren Beitrag an das Konsortium als eine Art "Durchgangsstation"[834] leisten. Es findet weniger eine gemeinsame als vielmehr eine parallele Leistungserbringung durch die einzelnen Konsorten statt[835]. Ein nennenswertes, dem Auftragsvolumen „entsprechendes" Gesellschaftsvermögen wird nicht gegründet. Das Anlagenkonsortium unterscheidet sich deutlich von der klassischen Ar-

[831] Vgl. die Ausführungen im 6. Kapitel C III 3 b (1).

[832] Dabei hängt es vom Gesellschaftsstatut ab, ob die Gesellschaft – wie etwa bei Anwendung deutschen Rechts, sofern man der Rechtsprechung (BGH NJW 2001, S. 1056 (1056 f.) mit Nachweisen aus der Lehre) folgt – rechtsfähig ist und daher selbst Partei des Anlagenvertrages wird oder ob die Gesellschafter in ihrer gesamtschuldnerischen Verbundenheit unmittelbarer Vertragspartner des Bestellers werden.

[833] Vgl. die Ausführungen im 6. Kapitel C III 3 b (1) (c).

[834] *Lionnet* in: Bau- und Anlagenverträge (Nicklisch), S. 121 (128).

[835] Vgl. die Ausführungen im 6. Kapitel C III 1 (b) (1) (a), (b).

beitsgemeinschaft im Bauwesen (Bau-ARGE), für welche typisch ist, dass die Konsorten die Gesamtleistung mit gemeinsamen Sachmitteln und gemeinsamem Personal erbringen[836].
Dem Verständnis aller an dem Anlagenkonsortium Beteiligten entspricht es am ehesten, das Konsortium als eine Dachgesellschaft mit nachgeschalteten Einzel- bzw. Subunternehmerverträgen der Konsorten zu qualifizieren. Der unmittelbare Regelungsgegenstand der Dachgesellschaft beschränkt sich auf den Begründungs- und Beendigungsakt, auf die interne Beschlussfassung und auf das Außenverhältnis des Zusammenschlusses einschließlich der Geschäftsführungs- und Stellvertretungsbefugnisse der Organe. Die *detaillierte* Regelung des jeweiligen Konsortenbeitrages wird auf eine weitere Vertragsebene „ausgelagert". Der einzelne Konsorte ist zugleich Gesellschafter und Subunternehmer[837].

Entgegen der herrschenden Meinung bestimmt sich auch das Statut einer *Außen*gesellschaft mit einer nur gering ausgeprägten körperschaftlichen Struktur nach dem Internationalen Gesellschaftsrecht. Aus Gründen der Rechtssicherheit und zum Schutze Dritter sollte die Abgrenzung des Anwendungsbereichs des Internationalen Gesellschaftsrechts von dem des Internationalen Schuldvertragsrechts ebenso wie die deutsche materiell-rechtliche Unterscheidung zwischen einem Austauschvertrag- und einem Leistungsvereinigungsvertrag ausschließlich danach erfolgen, ob in der vertraglichen Abrede der Leistungsvereinigungs- oder aber der Austauschcharakter überwiegt. Man rekurriert damit ein Kriterium, welches in den meisten Rechtsordnungen den fundamentalsten Unterschied zwischen einer Gesellschaft und einem Austauschvertrag darstellt[838]. Hingegen besteht bei einem *Innen*konsortium kein Grund, den Parteien die Möglichkeit der Rechtswahl zu verwehren. Über das Statut befindet das Internationale Schuldvertragsrecht[839].

Für das Außenkonsortium bedeutet dies, dass das Internationale Gesellschaftsrecht konsultiert werden muss und dass daher eine – sofern die Sitztheorie zur Anwendung kommt – im Konsortialvertrag enthaltene Rechtswahlklausel keine umfängliche Gültigkeit hat. Im Gegensatz zur Gründungstheorie lässt die Sitztheorie auch keine mittelbare Rechtswahl zu, und sie verhindert, dass die Parteien mit jener Rechtswahl das Statut der Dachgesellschaft festlegen können. Dagegen lässt sich in Anwendung des Rechtsgedankens des § 139 BGB der regelmäßige Wille der Parteien annehmen, das in der Klausel benannte Recht doch

---

[836] Vgl. die Ausführungen im 6. Kapitel C III 1 (b) (1) (b).
[837] Vgl. die Ausführungen im 6. Kapitel C III 1 (b) (1) (d).
[838] Vgl. die Ausführungen im 6. Kapitel C III 3 b (1) (e) (aa) (aaa).
[839] Vgl. die Ausführungen im 6. Kapitel C III 3 b (1) (e) (aa) (bbb).

zumindest über ihre Innenbeziehung und somit über die „ausgelagerten" Subunternehmerverträge der Konsorten mit dem Konsortium entscheiden zu lassen[840].

Bei fehlender Rechtswahl im Konsortialvertrag sind die nachgelagerten Einzelverträge beim Außen- wie auch beim Innenkonsortium akzessorisch an das Statut des Hauptanlagenvertrages anzuknüpfen[841].

Das Konsortium wird in kollisionsrechtlicher Hinsicht vom Federführer dominiert. Auf ihn ist sowohl bei der Ermittlung des Schwerpunkts der Innengesellschaft[842] als auch – unter Zugrundelegung der Sitztheorie - bei der Suche nach dem Statut der „Dach"-Außengesellschaft[843] abzustellen.

Ferner handelt es sich bei dem Federführer in Bezug auf den Anlagenvertrag um die relevante Niederlassung im Sinne des Art. 28 II EGBGB[844]. Beim Innenkonsortium folgt dies bereits daraus, dass der Federführer in der Regel auch der alleinige unmittelbare Vertragspartner des Bestellers ist und die anderen Konsorten ihm daher mangels Beteiligung an der vertraglichen Beziehung zu dem Besteller den Status der relevanten Niederlassung nicht streitig machen können.
Im Falle des Außenkonsortiums sind sie zwar an jener vertraglichen Ebene beteiligt, jedoch befindet sich am Unternehmenssitz des Federführers grundsätzlich auch die Hauptverwaltung des Konsortiums. Und da er regelmäßig zu jenen Konsorten gehört, welche einen großen Teil zur Projektierung und Realisierung der Anlage beitragen, ist in der Regel keiner der anderen Konsorten in der Lage, sich als eine „andere Niederlassung" im Sinne des Art. 28 II EGBGB aufzudrängen.
Dem Umstand, dass der Federführer aufgrund der parallelen Leistungserbringung der einzelnen Konsorten und seines „relativ" bescheidenen Einflusses auf die Steuerung der vertragscharakteristischen Leistung eine eher *untypische* Hauptverwaltung darstellt, kann man beim Außenkonsortium mit der Annahme einer schwächeren Vermutungswirkung des Art. 28 II 2 EGBGB Rechnung tragen[845]. Es besteht insoweit eine Parallele zu der kollisionsrechtliche Handhabe

---

[840] Vgl. die Ausführungen im 6. Kapitel C III 3 b (1) (e) (aa) (ccc).
[841] Vgl. die Ausführungen im 6. Kapitel C III 3 b (1) (e) (bb) (aaa).
[842] Vgl. die Ausführungen im 6. Kapitel C III 3 b (1) (e) (bb) (bbb).
[843] Vgl. die Ausführungen im 6. Kapitel C III 3 b (1) (e) (bb) (aaa).
[844] Vgl. die Ausführungen im 6. Kapitel C III 3 b (1) (f).
[845] Eine solche Annahme wird auch nicht durch die von *Markowsky* S. 345 f. zitierten Musterverträge für europäische Arbeitsgemeinschaften von Bauunternehmen (hrsg. von der Fédération Internationale Européenne de la Construction, abgekürzt: FIEC) tangiert, nach denen bei fehlender Rechtswahl die am Orte der Baustelle herrschende Rechtsordnung in Bezug auf rechtliche Probleme im Innenverhältnis zu befragen ist. Sie betreffen – wie auch *Markowsky* eingesteht – unmittelbar nur das Innenverhältnis der Arbeitsgemeinschaft und nicht das hier in Frage stehende vertragliche Verhältnis zwischen der ARGE bzw. dem Konsortium

der umfangreichen Mitwirkungspflichten des Bestellers. Auch dort bietet sich die Annahme einer nur abgeschwächten Wirkung des Vermutungstatbestandes an[846].

Das Unternehmen des Federführers liegt regelmäßig nicht in einem Entwicklungsland, so dass die Anknüpfung an diesen nicht zur Anwendung des Rechts am Ort der Baustelle führt. Das Konsortium auf der Auftragnehmerseite ist somit *alleine* nicht in der Lage, den Anlagenvertrag seiner „grundsätzlichen" Heimat in der Rechtsordnung des Auftragnehmers zu entreißen.

Was einen Gleichlauf zwischen dem Statut des Konsortiums und dem vermuteten Statut des Anlagenvertrages anbelangt, lässt sich festhalten, dass in beiden Fällen der Anknüpfungspunkt (= Federführer) identisch ist, sofern man die Sitztheorie anwendet. Eine allgemeingültige Aussage hinsichtlich des Satzungssitzes lässt sich dagegen nicht treffen.
Ob jene Identität einen Gleichlauf der Statute zur Folge hat, kann allerdings nicht abstrakt beantwortet werden. Wie bereits dargelegt[847], muss dazu das Internationale Gesellschaftsrecht am Sitz des Unternehmens des Federführers ebenfalls der Sitztheorie folgen, oder aber das Gründungs- und das Sitzstatut müssen übereinstimmen.

(2) Gemeinschaftsunternehmen

(a) Allgemeine Vorstellung

Fällt die Entscheidung zugunsten eines Gemeinschaftsunternehmens[848], dann wollen die Beteiligten eine Einheit mit einer hohen organisatorischen Dichte schaffen. Dies geht regelmäßig so weit, dass sie die Verselbständigung der Einheit und damit eine juristische Person anstreben. Für die Beteiligten gilt es da-

---

und dem Besteller. Der in diesen Musterverträgen zum Ausdruck kommenden Wertung kann unter Umständen im Rahmen des Art. 28 V EG eine Bedeutung zukommen. *Markowsky* beruft sich auf diese Wertung bereits innerhalb der Suche nach der engsten Beziehung im Rahmen des Art. 28 I EGBGB und folgert aus ihr die Anwendbarkeit des Rechts am Ort der Baustelle.

[846] Vgl. die Ausführungen im 6. Kapitel C II 3 b.

[847] Vgl. die Ausführungen im 6. Kapitel C III 3 a.

[848] In dieser Untersuchung wird der u.a. von *Hautkappe* S. 103 benutzte Begriff des „Gemeinschaftsunternehmen(s) " verwandt, ohne sich jedoch strikt an der inhaltlichen Umschreibung von *Hautkappe* zu orientieren. Es sollen mit der Bezeichnung Kooperationsformen mit einer hohen organisatorischen Dichte erfasst werden. *Herten* spricht auf S. 148 ff. stattdessen von einer "Gemeinschaftsunterneh*mung*".

bei, sich an den Anforderungen des Gesellschaftsstatuts zu orientieren[849]. Die Errichtung eines Gemeinschaftsunternehmens stellt die „engste, zuverlässigste und sensibelste Form der Zusammenarbeit"[850] dar. Die Beteiligten gliedern allerdings nur einzelne Aspekte ihres Tätigkeitsbereiches zugunsten des Gemeinschaftsunternehmens aus, ihre wirtschaftliche und rechtliche Selbständigkeit bleibt erhalten[851].

Diese Form der privaten grenzüberschreitenden Zusammenarbeit wird im internationalen Sprachgebrauch „Joint Venture" genannt[852]. Zwar existiert im internationalen Sprachgebrauch kein einheitliches Verständnis dieses Begriffes[853], jedoch stimmen das Verständnis[854] des deutschen Sachrechts und das des internationalen Wirtschaftsrechts insoweit überein[855], als dass eine Vereinigung einer kleinen Zahl von sonst unabhängigen Parteien in einem mit Kapital ausgestattetem Geschäftsunternehmen, dessen Geschäftsführung sie kontrollieren[856] und an dessen Gewinn und Verlust sie sich gemeinsam beteiligen, unter den Begriff „Joint Venture" fällt.

Das Joint-Venture stellt nach deutschem Verständnis keine eigenständige gesellschaftsrechtliche Spielart dar; es handelt sich bei ihm lediglich um eine bestimmte Form der privatrechtlichen Zusammenarbeit, bei der die Partner das kapitalmäßige Engagement verselbständigen[857] und dabei auf die aus dem Gesellschaftsrecht bekannten Rechtsformen zurückgreifen.
Es wird überwiegend die Rechtsform einer Gesellschaft mit beschränkter Haftung gewählt[858].

---

849 UNCITRAL chap. II para. 31. Vgl. auch die Ausführungen im 6. Kapitel C III 3 a.
850 *Siepert* S. 150.
851 *Hopfenbeck* S. 55.
852 Vgl. dazu statt vieler UNCITRAL chap. II para. 30; *Huber* S. 1 f.. Vgl. aber auch *Göthel*, Joint Ventures, S. 34 mit Nachweisen, der darauf hinweist, dass die Begriffe „Gemeinschaftsunternehmen" und „Joint Venture" inzwischen in der Literatur gleichberechtigt nebeneinander stehen und synonym verwandt werden. Dagegen würde in den Tageszeitungen regelmäßig der Begriff "Gemeinschaftsunternehmen" verwandt.
853 Darauf hinweisend *Ehinger* in: Langzeitvertrag (Nicklisch), S. 187 (187).
854 Weder im deutschen Sachrecht noch im internationalen Wirtschaftsrecht gibt es eine gesetzliche Definition. Es existiert auch keine einheitliche Umschreibung in Literatur oder Rechtsprechung. Es handelt sich daher hier nur um eine Wiedergabe des Grundverständnisses des Joint-Ventures, welches durch die sogleich aufgezählten Merkmale gekennzeichnet ist. Vgl. hierzu *Göthel*, Joint Ventures, S. 33.
855 Vgl. hierzu *Göthel*, Joint Ventures, S. 34, 46.
856 Siehe hierzu auch *Herzfeld* in: Langzeitvertrag (Nicklisch), S. 199 (205).
857 Vgl. *Ehinger* a.a.O. S. 190.
858 *Martinek* (Bd. III) § 25 II 3; *Göthel*, Joint Ventures, S. 35, siehe dort auch Fn. 48.

In der internationalen Wirtschaftspraxis wird überwiegend zwischen dem sog. „Equity Joint Venture" und dem sog. „Contractual Joint Venture" unterschieden[859]. Während beim Equity Joint Venture die Zusammenarbeit in Form einer mit Kapital ausgestatteten juristischen Person institutionalisiert[860] wird, erschöpft sich beim Contractual Joint Venture die Kooperation in einer rein vertraglichen Zusammenarbeit[861]. Es wird darüber hinaus kein rechtlich selbständiges Unternehmen gegründet[862].
Folglich entspricht nur das Equity Joint Venture dem deutschen Verständnis eines Joint-Venture. Dagegen ist das Contractual Joint Venture vergleichbar mit dem bereits besprochenen Anlagenkonsortium[863].
In dieser Arbeit werden bis auf Weiteres die Begriffe „Joint Venture" und „Gemeinschaftsunternehmen" synonym verwandt[864]. Sie beziehen sich lediglich auf die Zusammenarbeit in der Form eines „Equity Joint Venture"[865].

Da ein solches Gemeinschaftsunternehmen in der Regel einen umfangreichen eigenständigen Verwaltungsapparat[866] erfordert und häufig auch einen aufwendigen Begründungsakt mit sich bringt, eignet es sich als Kooperationsform nur bei einer langfristigen Zusammenarbeit[867]. Diese liegt regelmäßig nicht in der Verwirklichung lediglich eines einzelnen Projektes, sondern in der Realisierung mehrerer artverwandter Projekte[868]. Der Zusammenschluss erhält durch seine Dichte eine stark ausgeprägte Identität, die sich insbesondere auf seine Fähigkeit und damit auf seine Reputation auf dem hart umkämpften Markt des industriellen Großanlagenbaus bezieht, Projekte dieser Art realisieren zu können.

Bei dem Gemeinschaftsunternehmen handelt es sich nicht lediglich um ein Phänomen der jüngsten Zeit, es stellt vielmehr auch im deutschen Kontext eine

---

[859] *Huber* S. 1 f..
[860] *Sarie-Eldin* S. 33; *Huber* S. 1.
[861] *Göthel*, Joint Ventures, S. 45.
[862] *Göthel*, Joint Ventures, S. 44 Fn. 95.
[863] *Brand/Maskow* 7.3.2.; *Göthel*, Joint Ventures, S. 46.
[864] Einen Überblick über die vielfach unterschiedliche Verwendung des Begriffes „Joint Venture" in der internationalen Praxis und die Nuancen, mit denen sich einzelne Varianten der Kooperation unterscheiden und welche nur bedingt eine sprachliche Differenzierung rechtfertigen, findet sich bei *Sarie-Eldin* S. 33 f..
[865] Vgl. allgemein dazu *Ehinger* a.a.O. S. 187 f..
[866] Zu denken ist etwa an Personalkosten und die Errichtung und Unterhaltung eines Unternehmensgebäudes.
[867] Vgl. dazu auch *Göthel*, Joint Ventures, S. 34, der die längerfristige Perspektive sogar als ein grundsätzliches Wesensmerkmal eines jeden Gemeinschaftsunternehmens auffasst; die „Dauerhaftigkeit" des Joint-Venture als Wesensmerkmal ist jedoch umstritten, siehe hierzu ebenfalls *Göthel*, Joint Ventures, S. 38 Fn. 71.
[868] *Herten* S. 168 f..

schon seit langem im Industrieanlagengeschäft[869] etablierte Variante der Kooperation[870] dar. So beging zum Beispiel die Unionmatex, zu der sich selbständige Unternehmen der Textilindustrie zusammengeschlossen hatten, um gemeinsam die Planung, Konstruktion, Lieferung und Montage schlüsselfertiger Textilfabriken zu übernehmen, im Jahre 1967 bereits ihr 50jähriges Jubiläum.
Hopfenbeck[871] weist darauf hin, dass man in der Praxis immer wieder Hinweise auf sog. „Exportanlagengemeinschaften" findet. Sie stellen Zusammenschlüsse dar, deren Zweck darin besteht, eine gemeinsame Akquise- und Exportinstitution zu schaffen; eine Vereinigung der Produktionskapazitäten findet hingegen nicht statt. Diese stellen jedoch, wie *Hautkappe*[872] zu Recht bemerkt, eine Ausnahme[873] im Industrieanlagengeschäft dar. Schließlich ergibt sich die Komplexität der Projektierung einer industriellen Großanlage größtenteils aus der Planungs-, Bau- und Finanzierungstätigkeit, so dass das Hauptinteresse der Unternehmen an einem Zusammenschluss regelmäßig der Vereinigung der diesbezüglichen Kapazitäten gelten dürfte. Exportanlagengemeinschaften sind mehr im Bereich weniger komplexer Anlagen, wie zum Beispiel im reinen Maschinenbau[874], anzutreffen.

Im internationalen Großanlagengeschäft stammen die Partner eines Gemeinschaftsunternehmens nicht ausschließlich aus Industrieländern.

---

[869] Auch in Bereichen der Wirtschaft, die nicht wie das Industrieanlagengeschäft durch die Realisierung großer und individueller Projekte gekennzeichnet sind, trifft man auf Gemeinschaftsunternehmungen als Form der grenzüberschreitenden Projektarbeit. Eine solche Form bietet sich insbesondere in Branchen an, die sich der Fertigung von Produkten widmen, die weniger individuell als eine Industrieanlage angefertigt werden, in einer höheren Stückzahl produziert werden und daher auch regelmäßig eine längerfristige Zusammenarbeit mit sich bringen (vgl. auch *Hautkappe* S. 103). Zu denken ist da etwa an den Flugzeugbau und dort insbesondere an der Errichtung der AIRBUS-INDUSTRIE G.I.E.. Sie wurde nach französischem Recht in der Rechtsform der wirtschaftlichen Interessengemeinschaft gegründet und an ihr sind mehrere nationale Luftfahrtkonzerne aus Europa beteiligt. Der Gemeinschaft obliegt die Schaffung und Aufrechterhaltung der Kundenbeziehungen und die Koordinierung des Produktionsprozesses, während die eigentliche Produktion von den einzelnen Gesellschaftern vorgenommen wird. Vgl. hierzu ausführlich *Herten* S. 151 f. mit weiteren Beispielen aus dem Flugzeugbau.

[870] Eine gute – wenn auch veraltete – Übersicht über die mögliche Kooperationenformen mit dem Ausland liefert *Detzer* RIW 1979, S. 802 f..

[871] *Hopfenbeck* S. 55, 58 f. mit Nachweisen.

[872] *Hautkappe* S. 103.

[873] Siehe *Kroos* S. 64 f., der als Beispiel die ECEA (Export-Consortium Europäischer Ausrüster von Industrieanlagen, Karlsruhe) nennt, welche sich der Koordinierung von Exportmöglichkeiten mittlerer Maschinenfabriken widmet.

[874] Siehe dazu insbesondere *Kroos* S. 64.

Es kommt häufig vor, dass ein Unternehmen[875] aus einem Industrieland ein Joint Venture mit einem Unternehmen aus einem Entwicklungsland gründet. Einer der Gründe für eine solche Entscheidung liegt in den geringeren Lohn- und Fertigungskosten im Entwicklungsland[876]. Angesichts der zunehmenden Qualifikation der dort eingesetzten Mitarbeiter und der verbesserten Qualität des ausländischen Maschinen- und Apparatebaus ist in vielen Unternehmen aus Industrieländern ein Umstrukturierungsprozess mit dem Ziel eingeleitet worden, ausländische Beteiligungsgesellschaften zu gründen. Mehrheitsbeteiligungen werden in diesen Ländern regelmäßig nicht zugelassen[877]; nicht selten verlangt das dortige Investitionsrecht den umfangreichen Einbezug lokaler Unternehmen bzw. die ausschließliche Beschäftigung einheimischer Arbeitnehmer[878]. Fertigungs- und Ingenieurleistungen, die eine besondere Qualifikation erfordern, werden dabei weiterhin im Industrieland erbracht. Eine solche Aufteilung und Koordination der zur Erstellung einer industriellen Großanlage nötigen Leistungshandlungen wurde durch den Fortschritt im Bereich des internationalen Teleprocessing (= Datenkommunikation) deutlich vereinfacht[879].

Dem Aspekt der Kostenersparnis gesellt sich häufig ein weiterer Grund für eine Koalition mit einem Unternehmen aus einem Entwicklungsland. Durch die Gründung eines Gemeinschaftsunternehmens im Entwicklungsland weist der westliche Unternehmer einen lokalen Bezug zu dem potentiellen Baustellenland auf. Dies erweist sich regelmäßig als Vorteil bei der Bewerbung um Aufträge oder Genehmigungen, da die Regierung eines Entwicklungslandes den Einbezug lokaler Kräfte besonders fördert und daher ihre Entscheidung nicht selten von solchen Umständen abhängig macht[880]. Für den dauerhaften Zusammenschluss mit einem lokalen Unternehmen hat sich beispielsweise der Kraftwerkbauer Siemens entschlossen, welcher ein Gemeinschaftsunternehmen mit Shanghai

---

[875] Der Partner eines Gemeinschaftsunternehmens muss nicht zwingend ein Unternehmen sein, es kann sich auch um eine natürliche Person handeln. Angesichts der Dimensionen im industriellen Großanlagengeschäft ist allerdings davon auszugehen, dass in dieser Hinsicht nur Unternehmen tätig werden.

[876] *Jaeschke/Feuerbaum* BB 1982, S. 2093 (2094).

[877] Zu den Voraussetzungen der Gründung eines Joint-Venture in der Volksrepublik China, vgl. *Violetta* RIW 1996, S. 117 f..

[878] Dazu auch *Martinek* (Bd. III) § 25 I. Zur Motivation von Entwicklungsstaaten, ein Joint-Venture mit Partnern aus Industriestaaten zu fördern, siehe auch *Fischer* ZVglRWiss 86 (1987), S. 314 (315).

[879] *Jaeschke/Feuerbaum* BB 1982, S. 2093 (2094).

[880] *Schanze* S. 69; *Ehinger* in: Langzeitvertrag (Nicklisch), S. 187 (189).

Electric gegründet hat und nun über bedeutende lokale Fertigungskapazitäten und Wettbewerbsvorteile in der Volksrepublik China verfügt[881].

Von den im Anlagengeschäft anzutreffenden Gemeinschaftsunternehmen sind nur solche von Interesse im Rahmen des Art. 28 II 2 EGBGB, bei denen das Gemeinschaftsunternehmen selbst auch Partner des Industrieanlagenvertrages wird. Dies ist regelmäßig nicht der Fall, wenn ein Unternehmen aus einem Industrieland ausschließlich aus Gründen der Kostenersparnis Kapazitäten in ein Entwicklungsland auslagert und dort mit einem heimischen Unternehmen ein Joint Venture gründet. In einem solchen Fall ist der direkte Partner des Industrieanlagenvertrages das selbständig bleibende Unternehmen aus dem Industrieland, welches das von ihm gegründete Gemeinschaftsunternehmen lediglich mit der Erledigung von Teilleistungen beauftragt. Die Steuerung des Gesamtprojektes obliegt dabei einschließlich der anspruchsvollen Ingenieurleistung dem Gründungsunternehmen, so dass das Gemeinschaftsunternehmen als Niederlassung im Sinne des Art. 28 II 2 EGBGB von vornherein ausscheidet, selbst wenn das Gründungsunternehmen mit dem Gemeinschaftsunternehmen einen Konzern bildet und das letztere dabei die Rolle der Tochter einnimmt[882].

Dient das in einem Entwicklungsland gegründete Gemeinschaftsunternehmen dagegen auch der Akquise von Aufträgen im oben beschriebenen Sinne, dann wird es regelmäßig auch als Partner des Anlagenvertrages verlangt. Solche Gemeinschaftsunternehmen sind im Gegensatz zu denen, die ausschließlich der Kostenersparnis dienen, als Einheiten konzipiert, welche zu der Steuerung der Leistungserfüllung in der Lage sind.

(b) Das begleitende Vertragswerk[883]

Während beim Anlagenkonsortium erst die genaue Analyse der Eigenheiten dieser bestimmten Form einer Gelegenheitsgesellschaft zur Annahme zweier hintereinander geschalteter Verträge führt, erfordert die Gründung eines Gemeinschaftsunternehmens sowohl in rechtlicher als auch in zeitlicher Hinsicht ein „mehrstufiges Verfahren"[884], welches von mindestens zwei deutlich voneinander

---

[881] Siehe hierzu den Artikel in der FAZ vom 18.November: „KWU erhält Großauftrag aus China". In dem Artikel wird auf die steigende Bedeutung der Wertschöpfung im Lande des Auftraggebers hingewiesen. Vgl. auch VDMA 2001, S. 16.

[882] Im Rahmen der Ausführungen zu Art. 28 II S. 2 EGBGB – vgl. 6. Kapitel C III 1 – wurde bereits darauf hingewiesen, dass auch eine Konzerntochter die Voraussetzungen einer „anderen" Niederlassung im Sinne des Art. 28 II EGBGB erfüllen kann. Das in Art. 28 II EGBGB geforderte Abhängigkeitsverhältnis der „anderen" Niederlassung von der Hauptniederlassung sieht man dort trotz der rechtlichen Selbständigkeit der Tochter noch gegeben.

[883] Übersicht über die zu regelnden Materien bei *Ehinger* in: Langzeitvertrag (Nicklisch), S. 187 (193 f.); *Ebenroth* JZ 1987, S. 265 f..

[884] *Ebenroth* JZ 1987, S. 265 (266).

zu unterscheidenden Verträgen – dem sog.[885] Joint Venture Vertrag und dem Gesellschaftsvertrag - begleitet wird.
Häufig werden noch Zusatzverträge zwischen dem Gemeinschaftsunternehmen und den einzelnen Partnern geschlossen.

Im Folgenden sollen diese drei die Gemeinschaftsunternehmung begleitenden Verträge kurz skizziert werden[886].

(aa) Der Joint-Venture-Vertrag
Vor der „kostenverursachenden Gründung"[887] der eigentlichen Gesellschaft wird zwischen den Gründungspartnern ein das Gesamtprojekt überspannender Rahmenvertrag gegründet[888]. Er steht am Anfang des konkreten Projektes, und er stellt das „Kernstück des Vertragswerks" dar[889]. In ihm werden alle wirtschaftlichen, technischen und rechtlichen Aspekte der künftigen Zusammenarbeit niedergelegt[890]. Regelmäßig enthält er bereits Aussagen zum Inhalt der Satzung der zu gründenden Gesellschaft[891] und bereitet diese vor[892]. Da er im Gegensatz zur der Satzung nicht veröffentlicht werden muss, eignet er sich besonders als Heimat von Regelungen jener Aspekte[893], hinsichtlich derer ein Geheimhaltungsinteresse der Partner besteht.

Der Inhalt des Joint-Venture-Vertrages variiert und entzieht sich daher einer allgemeingültigen und abschließenden Beschreibung[894].

---

[885] So die überwiegende Bezeichnung, vgl. etwa *Göthel*, Joint Ventures, S. 49; *Ebenroth* JZ 1987, S. 265 (266); *Ehinger* a.a.O. S. 193; *Huber* S. 8, 11, der zusätzlich auch die Bezeichnung „Grundvertrag" und „Basisvertrag" verwendet. *Von Hoffman* in Soergel Art. 28 Rdnr. 280 spricht dagegen von einer „Grundlagenvereinbarung", *Martiny* in Müko Art. 28 Rdnr. 273 von einem „Grundlagenvertrag". Handelt es sich bei einem der Partner um eine staatliche Gesellschaft des Gastlandes, dann stellt die Gründung des Joint Venture nicht selten eine Konkretisierung einer zuvor zusätzlich zu jenem Vertrag abgeschlossenen Investitionsvereinbarung zwischen dem Gastland und dem ausländischen Partner dar, vgl. hierzu *Huber* S. 11 f.; *Ebenroth* a.a.O. S. 267; *ders.* in: FS Stiefel, S. 147 (159 f.).

[886] Eine umfängliche Darstellung der typischen Vertragsgestaltung findet sich bei *Langenfeld-Wirth* RIW 1990, S. 1 f.; *Martinek* (Bd. III) § 25 II.

[887] *Ebenroth* a.a.O. S. 267.

[888] *Ehinger* a.a.O. S. 193.

[889] *Göthel*, Joint Ventures, S. 49.

[890] *Ebenroth* a.a.O..

[891] *Huber* S. 8.

[892] *Ebenroth* a.a.O.; vgl. in diesem Zusammenhang *Ehinger* a.a.O. S. 193, nach dem gesellschaftsrechtliche Details häufig nicht im Joint-Venture Vertrag selbst, sondern nur in einer „von vornherein" verhandelten Satzung der künftigen Gesellschaft aufgenommen werden.

[893] Zu nennen wären hier zum Beispiel bestimmte Geschäftsstrategien. Vgl. hierzu auch *Hoffmann-Becking* ZGR 1994, S. 442 (445 f.).

[894] *Göthel*, Joint Ventures, S. 50.

Es bietet sich an, den grundsätzlichen Regelungsinhalt anhand der Funktionen[895] zu umreißen, die ihm von den Partnern regelmäßig zugedacht werden.

Der Joint-Venture-Vertrag stellt eine privatrechtliche Vereinbarung zwischen Partnern dar, die ein Gemeinschaftsunternehmen gründen wollen[896]. Angesichts dieser Zwecksetzung kommt dem Vertrag zunächst einmal eine „Gründungsfunktion" zu[897]. Er statuiert die Pflicht der Partner zur Gründung einer gemeinsamen Gesellschaft[898]; der Gründungsfunktion dienen daher sämtliche Regelungen, die sich auf diese Verpflichtung beziehen[899]. So äußert sich der Vertrag zum Beispiel in einer Präambel über den Gegenstand, das Ziel und den Zweck der Zusammenarbeit[900]. Er enthält Vereinbarungen über die Rechtsform, den Namen und den Sitz der zu gründenden Gesellschaft[901]. Die Kapitalstruktur[902] der künftigen Gesellschaft findet ebenso eine detaillierte Regelung wie die Höhe der jeweiligen Beiträge[903]. Des Weiteren werden noch die Voraussetzungen aufgezählt, die erfüllt sein müssen, bevor die Gründung der eigentlichen Gesellschaft erfolgt[904], und man einigt sich auf eine bestimmte Vorgehensweise und eine bestimmte Organisationsstruktur für den Zeitraum bis zur Gesellschaftsgründung[905].

Neben dieser auf die Gründung des Gemeinschaftsunternehmens selbst gerichteten Regelungen verständigen sich die Partner in dem Joint-Venture-Vertrag auf den Inhalt ihrer Geschäftsbeziehungen untereinander[906] und auf die Grundsätze der Unternehmensführung[907]. Die diesbezüglichen Vorschriften dienen der „Grundlagenfunktion" des Vertrages. Sie beschäftigen sich überwiegend mit der

---

[895] Es wird hier die von *Göthel*, Joint Ventures, S. 51 f. und *Martinek* (Bd. III) § 25 II vorgenommene Differenzierung übernommen. Anders zum Beispiel *Huber* S. 8, der den JV-Vertrag in die folgenden „Elemente" einteilt: 1. Die Pflicht, gemeinsam eine (Aktien)-Gesellschaft zu gründen, 2. Stimmrechts- bzw. Aktionärsbindungen ("conventions d´acktionnaires") und 3. flankierende Durchführungsverträge ("accords satellites").

[896] *Ebenroth* a.a.O. S. 267.

[897] *Göthel*, Joint Ventures, S. 51; *Martinek* (Bd. III) § 25 II.

[898] *Huber* S. 8.

[899] *Göthel*, Joint Ventures, S. 51.

[900] *Huber* S. *8*; *Ehinger* a.a.O. S. 193.

[901] *Ehinger* a.a.O. S. 193; *Huber* S. 8; *Göthel*, Joint Ventures, S. 51.

[902] *Huber* S. 8.

[903] *Göthel*, Joint Ventures, S. 51.

[904] *Ebenroth* a.a.O., der als Beispiele u.a. notwendige Genehmigungen und Kreditzusagen nennt.

[905] *Göthel*, Joint Ventures, S. 52.

[906] *Ehinger* a.a.O. S. 193.

[907] *Martinek* (Bd. III) § 25 II; *Göthel*, Joint Ventures, S. 52.

grundsätzlichen Geschäfts- und Personalpolitik, mit dem Rechnungs-, Kontroll- und Berichtswesen[908] und mit der Konfliktbewältigung[909].

Endlich dient der Joint-Venture-Vertrag der Steuerung der künftigen Gesellschaft, so dass ihm auch eine „Steuerungsfunktion" zukommt[910].

Als „Kernstück des Vertragswerks" geht von ihm bzw. von der durch ihn geschaffenen Gemeinschaft die Steuerung der künftigen Gesellschaft aus. Während im Rahmen der Regelungen zur Grundlagenfunktion die *Inhalte* der zukünftigen Geschäftspolitik niedergelegt werden, wird hier die *Technik* der Steuerung der Gesellschaft durch die Partner des Joint-Venture-Vertrages festgelegt. Die gesamte Aktivität der künftigen Gesellschaft ist lediglich ein „Ausdruck abgestimmter Geschäftspolitik"[911]. Dazu ist zunächst einmal erforderlich, dass man sich über Mehrheitserfordernisse und über die Handhabung von Pattsituationen einigt[912]. Bei ungleich verteilten Beteiligungsverhältnissen ist dem Minderheitenschutz eine besondere Beachtung zu schenken, so etwa im Hinblick auf die Besetzung des Verwaltungsrates oder der Geschäftsführung[913]. Darüber hinaus ist die Vereinbarung einer Stimmrechtsbindung zwingend nötig. Mit ihr gelingt es, eine uneinheitliche Abgabe der Stimmen in den Organen der künftigen Gesellschaft zu vermeiden. Die von den Partnern des Joint-Venture-Vertrages getroffene (Mehrheits-) Entscheidung muss durch ein einheitliches Auftreten in den Organen der Projektgesellschaft umgesetzt werden. Nur durch eine solche Stimmrechtsbindung kann die Gesellschaft durch die Partner des Joint-Venture-Vertrages koordiniert und der Einfluss der Partner, die nicht zugleich Gesellschafter der Projektgesellschaft sind, gesichert werden[914].

---

908 Vgl. hierzu insbesondere auch *Ebenroth* JZ 1987, S. 265 (266), der als Beispiele unter anderem Vereinbarungen über eine spätere Projekterweiterung, über die Bestellung und Überwachung des Managements und die Grundsätze der Gewinnverwendung aufführt.

909 Zu nennen sind hier etwa Gerichtsstands- und Schiedsvertragsklauseln. Sofern der Vertrag auch eine Rechtswahlklausel enthält, ist ein besonderes Augenmerk auf deren Zulässigkeit zu richten. Eine umfängliche Rechtswahl ist grundsätzlich nur bei Anwendung des Internationalen Schuldvertragsrechts möglich (siehe dazu die Ausführungen oben im 6. Kapitel C III 3 b (1) (e) (aa)). Vgl. in diesem Zusammenhang auch *Ehinger* a.a.O. S. 194, der angesichts der Lebensdauer eines langfristigen Gemeinschaftsunternehmens davor warnt, nur „endgültige" Sachregelungen zu treffen. Er betont die Notwendigkeit „flexibler Verfahren für den langfristigen Ausgleich der Interessen der Partner unter Berücksichtigung der Zukunftsrisiken". Ebenfalls die Bedeutung solcher Verfahren betonend *Huber* S. 9.

910 Vgl. *Göthel,* Joint Ventures, S. 53.

911 Vgl. hierzu *Huber* S. 9, der Schluep in einem Referat auf dem Schweizerischen Juristentag vom 8./9. September 1973 zitiert. Nachweis bei *Huber* a.a.O.; vgl. in diesem Zusammenhang auch *Göthel,* Joint Ventures, S. 50, der von einer bloß „dienenden Funktion" der künftigen Gesellschaft spricht.

912 *Wortmann* S. 67.

913 *Huber* S. 10.

914 *Göthel,* Joint Ventures, S. 53.

Bei dem durch den Joint-Venture-Vertrag geschaffenen Zusammenschluss, welcher nicht mit der noch zu gründenden Projektgesellschaft zu verwenden ist, handelt es sich regelmäßig um eine Gesellschaft des Bürgerlichen Rechts im Sinne der §§ 705 f. BGB[915]. Hinsichtlich seiner Gründungsfunktion entspricht er einer Vorgründungsgesellschaft[916]. Wegen seiner Steuerungsfunktion besteht er jedoch als Gesellschaft des Bürgerlichen Rechts in der Regel auch nach der Gründung der avisierten Gesellschaft noch fort[917].

(bb) Der Vertrag der Projektgesellschaft

Sind die in dem Joint-Venture-Vertrag formulierten Bedingungen erfüllt, dann erfolgt die Gründung der Projektgesellschaft. Den Parteien steht es unter Berücksichtigung des Internationalen Gesellschaftsrechts frei, die Rechtsform der Projektgesellschaft zu bestimmen. Häufig wird eine Aktiengesellschaft oder eine Gesellschaft mit beschränkter Haftung gewählt.

Angesichts des regelmäßigen Publizitätserfordernisses der Satzung einer Gesellschaft werden in dieser grundsätzlich nur gesellschaftsrechtliche Fragen niedergelegt; interne Absprachen und Strategien sind dem Joint-Venture-Vertrag vorbehalten. Zu diesen gesellschaftsrechtlichen Fragen gehören im Wesentlichen[918] die Rechtsform, der Name, der Sitz, die Besetzung und die Kompetenzen der Organe und die Kapitalausstattung.

(cc) Zusatzverträge

Nicht selten wird die beschriebene doppelstöckige Rechtsbeziehung der Partner noch flankiert von separaten *Austausch*verträgen. In diesen verpflichtet sich der einzelne Gesellschafter gegenüber der Projektgesellschaft oder aber auch gegenüber den Partnern des Joint-Venture-Vertrages zu einer bestimmten Leistung, welche von der Lieferung von Roh- und Vormaterialien, über die Vermittlung der notwendigen Lizenzen und des Know-how bis hin zu der Verantwortung für die gesamte Absatzorganisation reichen kann[919].

Der einzelne Gesellschafter ist hier Partei eines Austauschvertrages, und er tritt der Projektgesellschaft bzw. den Gesellschaftern im Wesentlichen als eine unbeteiligte dritte Person gegenüber.

---

[915] Statt vieler *Ebenroth* JZ 1987, S. 265 (266); *Langefeld-Wirth* RIW 1990, S. 1 (4).

[916] So *Ebenroth* JZ 1987, S. 265 (266); *Zweigert/von Hoffmann* in: FS Martin Luther, S. 203 (206).

[917] *Wächtershäuser* S. 151; *Göthel*, Joint Ventures, S. 54.

[918] Vgl. hierzu *Göthel*, Joint Ventures, S. 55; *Ebenroth* JZ 1987, S. 265 (267).

[919] Weitere Beispiele finden sich bei *Göthel*, Joint Ventures, S. 57; *Martinek* (Bd. III) § 25 II 1; *Ehinger* in: Langzeitvertrag (Nicklisch), S. 187 (194).

(c) Die Anknüpfung des Anlagenvertrages

Da nur die Projektgesellschaft Partner des Industrieanlagenvertrages wird, kommt auch nur diese oder aber eine von ihr abhängige und zugleich über die notwendige Selbständigkeit verfügende Einheit als Anknüpfungspunkt im Sinne des Art. 28 II 2 EGBGB in Betracht. Der durch den Joint-Venture Vertrag geschaffene Zusammenschluss scheidet dagegen als relevante Niederlassung von vornherein aus.

Es soll zunächst untersucht werden, wo sich der Sitz der Projektgesellschaft regelmäßig befindet. Sodann wird der Frage nachgegangen, ob auf den Sitz der Projektgesellschaft auch im Rahmen der objektiven Anknüpfung des Anlagenvertrages auf der Grundlage des Art. 28 II EGBGB abzustellen ist.

(aa) Der Sitz der Projektgesellschaft

Als Projektgesellschaft wird von den Partnern regelmäßig eine Kapitalgesellschaft angestrebt. In Anwendung der im deutschen Internationalen Gesellschaftsrecht geltenden gespaltenen Kollisionsnorm bestimmt sich das Statut entweder nach der Gründungs- oder aber nach der Sitztheorie[920].

Es wurde bereits im Zusammenhang mit dem Statut des Anlagenkonsortiums darauf hingewiesen, dass sich das Gesellschaftsstatut bei Anwendung der Gründungstheorie einer allgemeingültigen Aussage entzieht[921]. Die folgenden Ausführungen konzentrieren sich daher auch hier – unter Zugrundelegung der Sitztheorie - auf die abstrakte Bestimmung des effektiven Verwaltungssitzes der Projektgesellschaft.

Es ist somit der Ort zu ermitteln, wo die für das Tagesgeschäft zuständigen Organe von außen erkennbar tätig sind. Der Ort der grundlegenden Entscheidungsfindung ist unerheblich[922].

Für den Regelfall eines Joint-Venture bedeutet dies, dass der Ort, an dem die Partner des Joint-Venture-Vertrages die grundsätzliche Geschäftspolitik festlegen, als Anknüpfungsmoment ausscheidet[923]. Stattdessen ist auf den Ort abzu-

---

[920] Vgl. hierzu die Ausführungen im Exkurs über das deutsche Internationale Gesellschaftsrecht im 6. Kapitel C III 3 a a.E..

[921] Vgl. 6 Kapitel C III 3 b (1) (e) (bb) (aaa).

[922] Statt vieler *Borges* RIW 2000, S. 167 (170 f.). Näheres siehe auch die Ausführungen oben im 6. Kapitel C III 3 b (1) (e) (bb) (aaa).

[923] So auch die grundsätzliche Einschätzung von *Göthel*, Joint Ventures, S. 118; *ders.* in RIW 1999, S. 566 (567). Ähnlich *Ebenroth* JZ 1987, S. 265 (267), der zu Recht auf die Möglich-

stellen, von wo aus die Gesellschafter der Projektgesellschaft diese führen. In der Regel wird zur Leitung der Gesellschaft ein Gremium einschließlich einer deutlich abgrenzbaren Büroorganisation gegründet, welches sich mit dem Tagessgeschäft beschäftigt und über entsprechende Kompetenzen verfügt.
Dieser Regelfall trifft auch für Gemeinschaftsunternehmen im Industrieanlagengeschäft zu. Die Dimension eines Industrieanlagenprojektes verlangt die Schaffung eines für das alltägliche Management zuständigen und auch als solches erkennbaren Organs der Projektgesellschaft. Eine Steuerung durch die Parteien des Joint-Venture-Vertrages ist denkbar, jedoch stellt sie eine eher zu vernachlässigende Ausnahme dar.

Wenn ein aus einem Industrieland stammendes Unternehmen ein Joint-Venture mit einem Partner aus einem Entwicklungsland gründet, dann wird ein solches Organ in der Regel auch im Letzteren installiert.

Schließlich besteht in dieser Branche – wie bereits vorgetragen - das Kalkül der Kooperation in der Regel darin, eine vollwertige Repräsentanz vor Ort jenseits des bloßen Vertriebes zu haben. Die Partner reagieren damit auf die häufig praktizierte Geschäftspolitik von Entwicklungsländern, bevorzugt einheimische Unternehmen mit der Realisierung großer (Prestige-) Objekte zu beauftragen. Bloße Vertriebsrepräsentanzen reichen dazu nicht aus, es wird regelmäßig ein selbständiges und somit nicht aus einem Drittland ferngesteuertes lokales Unternehmen verlangt. Dass dieses Unternehmen grundsätzlich nicht in der Lage ist, sämtliche zur Realisierung eines industriellen Großprojektes nötigen Ingenieurarbeiten und Logistikmaßnahmen eigenständig vorzunehmen, steht einer Bewertung des lokalen Managements im Entwicklungsland als *Sitz des Joint-Ventures* nicht im Wege, da die Verteilung der zahlreichen Aufgaben auf verschiedene Partner und damit auch Produktionsorte dem Industriegroßanlagengeschäft immanent ist. Das lokale Geschäftsführungsorgan ist in der Regel sowohl sachlich und personell als auch hinsichtlich seiner Kompetenzen *ausreichend* ausgestattet, um zu Recht als derjenige Ort zu erscheinen, an dem die alltägliche Geschäftsführung der Projektgesellschaft erfolgt[924].

keit hinweist, dass die „Trägergesellschaft durch die Grundgesellschaft" beherrscht wird. In einem solchen Fall ist auf den Ort abzustellen, von dem aus diese Beherrschung stattfindet.

[924] Darin unterscheidet es sich deutlich vom bloßen Baubüro, welchem bereits ob seiner Konzeption der Status als eine relevante „Niederlassung" im Sinne des Art. 28 II 2 EGBGB versagt werden muss, vgl. die obigen Ausführungen im 6. Kapitel C III 2 a.

(bb) Der Sitz der Projektgesellschaft als Anknüpfungspunkt im Rahmen des Art. 28 II EGBGB

Anders als beim Anlagenkonsortium lässt sich der effektive Verwaltungssitz der Projektgesellschaft unproblematisch als die relevante Niederlassung bezeichnen, auf welche – im Rahmen des Art. 28 II EGBGB - bei der Suche nach dem objektiven Statut des Anlagenvertrages abzustellen ist[925]. Es existiert insoweit ein Gleichlauf mit der Anknüpfung der Projektgesellschaft selbst[926].

Die körperschaftliche Dichte der Projektgesellschaft und der von ihr ausgehende Sog lassen für die im Zusammenhang mit dem Anlagenkonsortium angestellten Überlegungen keinen Platz. Es ist zwar theoretisch möglich, dass sich eine „Filiale" als der Ort präsentiert, von dem anstatt von der Hauptverwaltung aus die Steuerung der Leistung erfolgt, jedoch ist eine solche Konstellation angesichts der im industriellen Großanlagenbau herrschenden Dimensionen eher unwahrscheinlich, wie die Ausführungen zu der Relevanz von „Vertretungen" eines Industrieanlagenbauers als Niederlassung im Sinne des Art. 28 II 2 EGBGB gezeigt haben[927]. Die Interessenlage und die Umstände sind diesbezüglich identisch.

Wie bereits im Rahmen der Ausführungen über die Anknüpfung der Projektgesellschaft dargelegt[928], kann eine allgemeingültige Aussage hinsichtlich des Verwaltungssitzes insoweit getätigt werden, als dass sich bei Joint Ventures, die sich ausschließlich aus Unternehmen aus Industrieländern zusammensetzen, der Sitz der Projektgesellschaft und der Ort der Baustelle nur zufällig überschneiden, während dies bei Joint Ventures mit Partnern aus einem Entwicklungsland vielfach das erklärte Ziel der Gründung des Gemeinschaftsunternehmens ist, um durch die Präsenz vor Ort Wettbewerbsvorteile zu erlangen.

Bei Projekten in Entwicklungsländern – als Gegenstand dieser Arbeit – weist somit das sich auf der Auftragnehmerseite befindende Gemeinschaftsunternehmen häufig eine Struktur auf, welche im Rahmen des Art. 28 II EG zu der Anwendung des Rechts am Ort der Baustelle auf den Anlagenvertrag führt.

---

[925] So im Endergebnis auch *Markowsky* S. 334.

[926] Aber auch hier hat dieser Gleichlauf nicht zwangsläufig zur Folge, dass dieselbe materielle Rechtsordnung über die Gesellschaft und den Anlagenvertrag befindet. Wie bereits im Zusammenhang mit dem Anlagenkonsortium ausgeführt – 6. Kapitel C III 3 b (1) (g) -, bedarf es dazu einer Identität des Gründungs- und Sitzstatutes, oder aber in der Rechtsordnung am Sitz der Projektgesellschaft muss ebenfalls die Sitztheorie gefolgt werden.

[927] Vgl. die Ausführungen im 6. Kapitel C III 2 b.

[928] 6. Kapitel C III 3 b (2) (c).

IV. Zwischenergebnis: Vermutete Rechtsordnung gemäß Art. 28 II EGBGB

Es lässt sich das folgende Zwischenergebnis[929] zur objektiven Anknüpfung des Industrieanlagenvertrages ziehen:

Gemäß Art. 28 II EGBGB wird vermutet, dass die Rechtsordnung des Auftragnehmers auf den Industrieanlagenvertrag Anwendung findet. Ein Baubüro vor Ort scheidet ebenso wie sonstige Repräsentanzen des Auftragnehmers als „andere" Niederlassung im Sinne des Art. 28 II S. 2 EGBGB aus. Die umfangreichen Mitwirkungs-„Pflichten" des Bestellers erfordern keine Aufgabe des Vermutungstatbestandes, sondern sie führen lediglich zu einer Schwächung der von ihm ausgehenden Vermutungswirkung.

Befindet sich auf der Auftragnehmerseite ein Konsortium, dann verweist die Vermutung auf das Recht am Tätigkeitsort des Federführers. Die Vermutungswirkung erfährt allerdings ob der Besonderheiten des Anlagenkonsortiums eine weitere Schwächung.

Bei dem gemäß Art. 28 II EGBGB vermuteten Heimatrecht des Auftragnehmers handelt es sich in der Mehrzahl der Fälle um das Recht eines Industrielandes, da man davon ausgehen kann, dass nur Unternehmen aus Industrieländern in der Lage sind, eine industrielle Großanlage zu projektieren und zu erstellen. Das Recht des Entwicklungslandes, in welchem die Anlage errichtet wird, wird jedoch dann vermutet, wenn der Auftragnehmer ein Gemeinschaftsunternehmen ist und an diesem ein Unternehmen aus eben jenem Entwicklungsland beteiligt ist. In einem solchen Fall befindet sich die Hauptniederlassung des Gemeinschaftsunternehmens regelmäßig im Entwicklungsland.

---

929 Zur Vermeidung von Wiederholungen soll hier keine *inhaltliche* Zusammenfassung der bisherigen Untersuchung erfolgen. Es wird insoweit auf Zusammenfassungen an anderer Stelle verwiesen, so vor allem auf jene zum Konsortium im 6. Kapitel C III 3 b (1) (g) und auf die zusammenfassende Gesamtbetrachtung zum objektiven Vertragsstatut im 6. Kapitel D VIII.

D. Ausweichklausel des Art. 28 V EGBGB

Die Vermutung des Art. 28 II EGBGB gilt ebenso wie die der Absätze drei und vier dann nicht, wenn „sich aus der Gesamtheit der Umstände ergibt, dass der Vertrag engere Verbindungen mit einem anderen Staat aufweist" (Art. 28 V EGBGB).

Es entspricht dem Wesen einer Vermutung, dass sie nicht in sämtlichen Konstellationen zu einem sachgerechten Ergebnis führt. Der Gesetzgeber hatte bei der Formulierung der Vermutungen die klassischen Vertragskonstellationen vor Augen, und er hat für diese die Vermutung aufgestellt, dass das dort verwiesene Recht zu dem Sachverhalt die engste Verbindung habe. In Kenntnis des pauschalisierenden Charakters einer jeden Vermutung hat der Gesetzgeber aber auch mit Art. 28 V EGBGB eine Möglichkeit geschaffen, von der Vermutung abzuweichen. Mit Hilfe dieses Instrumentes wird der Rechtsanwender in die Lage versetzt, sowohl auf Besonderheiten innerhalb eines klassischen Vertragsgefüges als auch auf deutlich vom gesetzlichen Leitbild abweichende Vertragskonstellationen zu reagieren[930].

Der Industrieanlagenvertrag bietet bereits ob seines Charakters als Typenkombinationsvertrag mit mehrfachtypischer Leistung und anderstypischer Gegenleistung[931] einen ausreichenden Anlass, um intensiv nach Umständen zu suchen, welche im Rahmen des Art. 28 V EGBGB von Belang sein könnten[932]. Es kommt jedoch hinzu, dass in der vorhergehenden Untersuchung eine vielfach nur abgeschwächte Vermutungswirkung des Art. 28 II EGBGB festgestellt werden konnte. Dadurch gebietet sich die Suche nach „abweichenden" Umständen umso mehr.

Die Prämisse muss auch hier ein defensiver Umgang mit der Ausweichklausel des Art. 28 V EGBGB sein. Eine bloße Verbindung zu einer anderen Rechtsordnung reicht grundsätzlich nicht aus, die Umstände müssen in ihrer *Gesamtheit* gewichtiger sein als die in den Vermutungen genannten Momente[933].

---

[930] Zum Verhältnis des Art. 28 V EGBGB zu den Vermutungstatbeständen vgl. die „Vorbemerkung zur Rechtsquelle der objektiven Anknüpfung" im 6. Kapitel A.

[931] Vgl. die Ausführungen zur Rechtsnatur im 4. Kapitel B.

[932] So verwundert es auch nicht, dass sich die Stimmen in der Lehre, welche das Recht am Ort der Baustelle für sachgerecht halten, durchweg auf Art. 28 V EGBGB stützen. Vgl. dazu die Ausführungen im 6. Kapitel B II.

[933] Ausdrücklich vor einer zu großzügigen Anwendung des Art. 28 V EG warnend u.a. Müko-*Martiny* Art. 28 Rdnr. 107 sowie *v. Bar*, IPR II, Rdnr. 489. Vgl. in diesem Zusammenhang auch das „Grünbuch über die Umwandlung des Übereinkommens von Rom aus dem Jahre 1980 über das auf vertragliche Schuldverhältnisse anzuwendende Recht in ein Gemeinschafts-

Im Rahmen des Art. 28 V EGBGB finden Umstände eine Berücksichtigung, welche vom Gesetzgeber entweder *einzeln* als nicht signifikant für eine Vermutung oder aber als zu selten eingestuft wurden, um eine ausdrückliche gesetzliche Erwähnung zu rechtfertigen. Damit ein ausreichend enger Bezug zu der „anderen" Rechtsordnung im Sinne des Art. 28 V EGBGB festgestellt werden kann, bedarf es regelmäßig zahlreicher, auf dieselbe andere Rechtsordnung hinweisender Umstände. Ein einzelner Umstand vermag dies nur in den seltensten Fällen.

So verhält es sich auch beim Industrieanlagenvertrag. Ohne das Endergebnis vorwegzunehmen, wird an dieser Stelle bereits konstatiert, dass trotz der nur schwachen Vermutungswirkung der Vertragscharakteristik keiner der noch darzustellenden Umstände *alleine* in der Lage ist, den Industrieanlagenvertrag der vermuteten Rechtsordnung zu entreißen.

Auch wenn man in den Kommentierungen[934] und Lehrbüchern[935] regelmäßig auf dieselben typischerweise in Betracht kommenden „abweichenden" Umstände stößt, ist deren Zahl nicht begrenzt. Man darf nicht den Fehler begehen, die dort aufgelisteten Umstände als eine Art „Checkliste" zu betrachten und sich im Rahmen der Abwägung nach Art. 28 V EGBGB ausschließlich an diesen zu orientieren. Ergänzend muss nach individuellen, nur diesen Vertrag auszeichnenden Umständen gesucht werden, welche eine abweichende Anknüpfung rechtfertigen könnten.

Im Folgenden sollen daher sowohl „klassische" Momente als auch besondere Eigenarten des Industrieanlagenvertrages auf ihre kollisionsrechtliche Wirkung hin untersucht werden[936]. Hinsichtlich der klassischen Momente wird eine Vor-

---

instrument sowie über seine Aktualisierung" – KOM (2002) 654 endg. -, dort vor allem die 10. Frage – Grünbuch Nr. 3.2.5. -. Mehr dazu siehe die Ausführungen im 6. Kapitel A a.E..

934 Vgl. etwa Müko-*Martiny* Art. 28 Rdnr. 87 f..

935 Siehe statt vieler *Kropholler* § 52 III 5.

936 Bei diesen handelt es sich ausnahmslos um „objektive", auf den Leistungsaustausch bezogene Momente. Subjektive Kriterien wie etwa eine gemeinsame Staatsangehörigkeit oder ein gemeinsamer Aufenthaltsort haben für den Industrieanlagenvertrag grundsätzlich keine Relevanz, da bei Projekten in der Dimension einer industriellen Großanlage in der Regel nur Kapitalgesellschaften – unter Umständen zusammengefasst unter dem Dach eines Konsortiums - unmittelbar am Vertrag beteiligt sind und ein Abstellen auf deren Individualität nicht sachgerecht ist.

Dies bedeutet allerdings nicht, dass subjektive Kriterien im Rahmen des Art. 28 V EGBGB grundsätzlich nicht zu berücksichtigen sind. Sämtliche Tatbestände des Art. 28 EGBGB verfolgen das gleiche Ziel, und zwar die Suche nach der engsten Verbindung des Vertrages zu einer Rechtsordnung. Vor diesem Hintergrund wäre es inkonsequent, einerseits im Rahmen des ersten Absatzes des Art. 28 EGBGB subjektive Kriterien heranzuziehen, ihnen andererauswahl getroffen. Erörtert werden die Momente „Staaten als Vertragspartner" ob der häufigen Beteiligung von Staaten an Infrastrukturprojekten, „Vertragssprache" aufgrund der Exotik mancher Auftraggeber sowie „Vertragswährung" wegen der finanziellen Größenordnung von Projekten im industriellen Großanlagenbau.

I. Staaten als Vertragspartner

Es ist seit jeher umstritten im Internationalen Privatrecht, ob dem Umstand, dass es sich bei einem der Vertragspartner um einen Staat oder aber um eine öffentliche Körperschaft[937] handelt, bei der Ermittlung der engsten Verbindung im Rahmen des Art. 28 I EGBGB bzw. des Art. 28 V EGBGB eine Bedeutung beizumessen ist.

Diese Fragestellung ist von enormer Relevanz für das Kollisionsrecht des Industrieanlagenvertrages, da Aufträge zur Erstellung einer Anlage in einem Entwicklungsland häufig von der Regierung dieses Landes ober aber von einer anderen staatlichen Einrichtung erteilt werden. In der Regel verfügen nur solche Stellen über das erforderliche Kapital. Obendrein sind internationale Institutionen häufig nur zur Förderung von Projekten bereit, welche der Volkswirtschaft des Landes zugute kommen, und die unmittelbare Beteiligung des Staates bietet zumindest eine gewisse Gewähr dafür.

Staaten und Körperschaften des öffentlichen Rechts unterwerfen sich naturgemäß widerwilliger einem fremden Recht als juristische Personen des Privatrechts[938]. Dies gilt insbesondere für jene Länder, die entweder sich durch eine Ignoranz gegenüber den Rechtsordnungen anderer Länder auszeichnen oder die ihrer eigenen Rechtsordnung aus religiösen Gründen eine umfassende Geltung und Vorrang einräumen. Der letztere Aspekt führte zum Beispiel in Saudi-Arabien dazu, dass sämtlichen saudischen Unternehmen einschließlich der nicht staatlichen Gesellschaften untersagt wurde, mit ausländischen Partnern geschlossene Verträge einem fremden Recht zu unterstellen. Für Streitigkeiten zwischen staatlichen saudischen Institutionen und privaten ausländischen Gesellschaften oder Privatpersonen wurde 1963 das „Board of Grievance" für aus-

---

seits jedoch im Rahmen des Art. 28 V jegliche Relevanz zu verwehren. Es muss vielmehr in beiden Fällen auf sämtliche, die jeweilige Nähe begründenden Umstände zurückgegriffen werden können.

[937] Zur allgemeinen Problematik bei Verträgen mit Staatsunternehmen vgl. die Ausführungen von *Hein Krumm* „Anlagenverträge im Osthandel", Heidelberg 1987. Sie sind zwar im juristischen Detail angesichts der politischen Entwicklungen nach ihrer Veröffentlichung nur noch bedingt verwertbar, jedoch eignen sie sich als Einführung in die allgemeine Grundproblematik solcher Verträge.

[938] Vgl. dazu *Kegel/Schurig* § 18 I 1.

schließlich zuständig erklärt; es handelt sich dabei um ein selbständiges Regierungsorgan, welches die Entscheidung in einem Streitfall vorbereitet und den Entscheidungsvorschlag dem zuständigen Fachminister zur Zustimmung vorlegt. Die so getroffenen Entscheidungen sind endgültig und unanfechtbar. Folgerichtig wurden Gerichts- oder Schiedsgerichtsklauseln, welche die Zuständigkeit einer von dem „Board of Grievance“ abweichenden Institution anordnen, nach saudi-arabischem Recht grundsätzlich als nichtig angesehen[939]. Aber auch in Saudi-Arabien lassen sich liberalisierende Tendenzen als Reaktion auf die weltwirtschaftliche und weltpolitische Lage erkennen.

Es finden sich in der Literatur vereinzelt Stimmen[940], die angesichts der Unlust vieler Staaten bzw. staatlicher Unternehmen, sich einem fremden Recht zu unterwerfen, das Recht dieser jeweiligen Länder zur Anwendung kommen lassen wollen, sofern die Parteien es versäumt haben, eine gültige Rechtswahl zu treffen.

Die herrschende Lehre verwehrt der Beteiligung der öffentlichen Hand eine solche Relevanz. Überwiegend[941] wird diesem Umstand lediglich der Status eines Indizes eingeräumt, welches nur gemeinsam mit weiteren Umständen die Anwendung der Rechtsordnung des betreffenden Staates begründen kann. Zum Teil[942] wird der Beteiligung der öffentlichen Hand auch jegliche Relevanz bei der Ermittlung der engsten Beziehung abgesprochen.

---

939 Zu der Rechtslage in Saudi-Arabien vgl. *Reichard* RIW 1989, S. 696 f..

940 Vgl. *Kegel/Schurig* § 18 I 1; siehe auch Palandt-*Heldrich* Art. 28 Rdnr. 2, wonach – ohne nähere Begründung - bei Beteiligung der öffentlichen Hand die engste Verbindung des Vertrages „im Zweifel“ zu der Rechtsordnung des betreffenden Staates besteht. Vgl. auch *Westring* in: Horn/Schmitthoff „Transnational law“, S. 175 (182), nach dem hinsichtlich des auf den Bauvertrag anwendbaren Rechts eine Vermutung zugunsten des Rechts am Ort der Baustelle bestehe, welche durch die Beteiligung der öffentlichen Hand verstärkt werde.

941 Staudinger-*Magnus* Art. 28 Rdnr. 49; Reithmann/Martiny-*Martiny* Rdnr. 147; *Gamillscheg* RabelsZ 27 (1962/63), S. 585 (591); Müko-*Martiny* Art. 28 Rdnr. 101; *Göthel*, Joint-Ventures, S. 102; Erman-*Hohloch* Rdnr. 11, nach dem „der amtlichen Stelle *in der Regel* das entscheidende Gewicht zukommt“, jedoch nur vorbehaltlich einer Abwägung aller Gesichtspunkte.

942 So etwa *von Hoffmann* BerGesVR 25 (1984) S. 35 (57 f.); *ders.* in Soergel Art. 28 Rdnr. 108; *Schröder/Wenner* Rdnr. 413; *Böckstiegel*, Staat als Vertragspartner, S. 110; *ders.* RIW/AWD 1973, S. 117 (120).

In der Rechtsprechung[943] lässt sich eine eindeutige Position nicht erkennen[944].

So hat das Oberlandesgericht Koblenz[945] in der Tatsache, dass es sich bei dem Beklagten um den Staat Portugal handelte, einen Hinweis auf den hypothetischen Willen der Parteien – deutsche Privatperson und Republik Portugal - gesehen, den Maklervertrag über die Vermittlung von Waffenkäufen an den portugiesischen Staat portugiesischem Recht zu unterstellen. Hinzu kam jedoch, dass sowohl die Vertragsverhandlungen als auch der Vertragsschluss in Portugal stattgefunden hatten. Ebenfalls zum hypothetischen Parteiwillen äußerte sich das Oberlandesgericht Frankfurt, als es urteilte, dass auf eine Patronatserklärung einer deutschen Körperschaft des öffentlichen Rechts deutsches Recht anzuwenden sei, weil „derartige Institute nur selten geneigt (seien), für sich ausländisches Recht gelten zu lassen“[946]. In einer jüngeren Entscheidung formulierte das Kammergericht Berlin, dass „der Umstand *allein*“[947], dass der russische Fiskus als Vertragspartner beteiligt gewesen sei, eine Abweichung von der durch Art. 28 III EGBGB ausgesprochenen Vermutung nicht rechtfertigen könne.

Es lässt sich die Rechtsprechung[948] somit nur insoweit zusammenfassen, als dass der Beteiligung der öffentlichen Hand grundsätzlich Beachtung zu schenken ist. Das Gewicht dieses Umstandes bleibt jedoch den Einzelheiten der jeweiligen Sachverhalte überlassen.

Es ist davon auszugehen, dass das traditionelle Verständnis der staatlichen Aktivität als eine Maßnahme im Über-Unterordnungs-Verhältnis entscheidenden Einfluss auf die Forderung nach der kollisionsrechtlichen Privilegierung des Staatsunternehmens hatte. Dabei handelt es sich jedoch um eine überholte Vorstellung[949], die den Gegebenheiten des internationalen Wirtschaftsverkehrs nicht mehr entspricht[950]. Schließlich stellt die Beauftragung einer Person des Privatrechts regelmäßig eine fiskalische Tätigkeit des Staates dar; der Staat tritt nicht als eine der Privatperson übergeordnete Institution auf, sondern er nähert sich dieser auf der Ebene der Gleichberechtigung.

---

[943] Zur älteren Rechtsprechung vgl. etwa RAG, IPRspr. 1933 Nr. 13, S. 23 (25); RGZ 126, 196 (207).

[944] So auch die Einschätzung von Reithmann/Martiny-*Martiny* Rdnr. 147; *Göthel*, Joint-Ventures, S. 101; *Markowsky* S. 317.

[945] OLG Koblenz IPRspr. 1974 Nr. 1a, S. 1 (7); bestätigt durch BGH IPRspr. 1974 Nr. 1b, S. 11 (12).

[946] OLG Frankfurt IPRspr. 1979 Nr. 10b, S. 45 (49).

[947] KG IPRax 1998, S. 280 (283).

[948] Vgl. noch weitere Entscheidungen zu diesem Aspekt: KG IPRspr. 1954-55 Nr. 28, S. 87 (88); OLG Hamburg WM 1969, S. 709 (711).

[949] Vgl. *von Hoffmann* BerGesVR 25 (1984), S. 35 (57 f.).

[950] *Markowsky* S. 324.

Während dieses moderne Rollenverständnis bei Aktivitäten des Staates gegenüber seinen eigenen Angehörigen in Ausnahmefällen womöglich nicht aufrechterhalten werden kann, ist für Zweifel an seiner Gültigkeit dagegen kein Raum, wenn ein Staat an ein ausländisches Unternehmen herantritt und dieses mit der Erstellung einer Industrieanlage beauftragt. Für den Fall, dass sich ein Staat bei einem solchen Vorgehen dennoch auf das alte Rollenverständnis und damit auf seine Rolle als eine der Privatperson übergeordneten Institution beruft, ist dem keine Beachtung zu schenken[951].
Begegnen sich somit der Staat und das ausländische Unternehmen regelmäßig[952] auf der Ebene der Gleichberechtigung, dann muss dem im Kollisionsrecht insoweit Rechnung getragen werden, als dass es für die Ermittlung der engsten Beziehung eines Vertrages zu einer Rechtsordnung unerheblich ist, ob es sich bei einem der Vertragspartner um einen Staat bzw. ein staatliches Unternehmen handelt oder nicht[953]. Das Gebot der Fairness verbietet eine grundsätzliche Privilegierung der öffentlichen Hand. Hinzu kommt, dass der Staat als Auftraggeber angesichts der im internationalen Anlagebau herrschenden Kräfteverhältnisses es regelmäßig in der Hand hat, die Wahl seines eigenen Rechtes durchzusetzen[954]. Versäumt er dies, dann muss er auch die Konsequenzen seiner Nachlässigkeit tragen; eine Anwendung seines Rechtes trotz dieser Nachlässigkeit wäre nicht mehr gerechtfertigt[955].

Fällt es in einem konkreten Fall dem beteiligten Staat schwer[956], seine Rechte und Pflichten von einer ausländischen Rechtsordnung bestimmen zu lassen,

---

[951] In die Richtung auch *Markowsky* S. 321, indem er darauf hinweist, dass die Privilegierung des Staatsunternehmens wiederum zu einer Begünstigung solcher Wirtschaftssysteme führe, die die Bildung von Staatsunternehmen „präferierten".

[952] Ist dies nicht der Fall oder ist die Beziehung aus anderen Gründen stark öffentlichrechtlich geprägt, dann ist ein zumindest teilweiser Rückgriff auf das Recht des betreffenden Staates sachgerecht. Vgl. zu möglichen Abstufungen auch *Böckstiegel* RIW AWD 1973, S. 117 (120).

[953] Vgl. auch *Böckstiegel*, Staat als Vertragspartner, S. 110.

[954] *Schröder/Wenner* Rdnr. 413; *Markowsky* S. 320.

[955] Vgl. insoweit auch *Wenner* in: FS Mantscheff, S. 205 (220), nach dem Art. 28 V EGBGB nicht dem Zweck diene, „nachzubessern, wenn der Staat es ausnahmsweise nicht geschafft" habe, „eine Wahl eigenen Rechts durchzusetzen oder dies schlicht versäumt" habe. „Marktmacht und Vertragsschwerpunkt" seien „zwei voneinander zu unterscheidende Dinge".

[956] Es ist insgesamt der Trend zu beobachten, dass sich immer mehr Staaten dem internationalen Handel öffnen und auf eine unbedingte Anwendung ihrer eigenen Rechtsordnung nicht mehr beharren. Dass dies „auch" für islamisch geprägte Staaten gilt, zeigt eine bereits im Jahre 1993 vorgenommene Bestandsaufnahme über die vertragliche Praxis zwischen Staaten und ausländischen Unternehmen in Algerien (vgl. *Ben Abderrahmane* RIW 1993, S. 821 f.). So wurde in Algerien schon 1993 differenziert zwischen selbständigen Wirtschaftsunternehmen der öffentlichen Hand (EPE) einerseits und der öffentlichen Verwaltung bzw. den nichtselbständigen öffentlich-rechtlichen Anstalten andererseits. Die EPE sind zum autonomen Ab-

dann kann dem allenfalls dadurch Rechnung getragen werden, dass man den Widerwillen als ein weiteres, jedoch nur sehr schwaches Indiz zugunsten der Anwendung des Rechts des betreffenden Staates klassifiziert. Eine solche Betrachtungsweise gründet sich dann nicht in der Dogmatik, sondern in der Praktikabilität[957].

II. Vertragssprache

Zu den klassischen Kriterien im Rahmen der Abwägung nach Art. 28 V EGBGB gehört die Vertragssprache. Sie wird immer wieder genannt als eines der möglichen Kriterien, obwohl ihr nach wohl einhelliger Auffassung zumindest keine große Bedeutung beizumessen ist. Überwiegend wird ihr zu Recht nur eine äußerst schwache Indizwirkung zugebilligt[958].
Die Vertragssprache muss nicht identisch sein mit der Sprache, in der die Verhandlungen über den Vertrag geführt wurden. Es ist zum Beispiel denkbar, dass die Parteien sich im Rahmen ihrer Privatautonomie auf das Englisch als Vertragssprache einigen, die Verhandlungen selbst jedoch mit Hilfe von Simultan-

---

schluss von Verträgen und zur Wahl des zuständigen Gerichts sowie der auf den Vertrag anwendbaren Rechtsordnung berechtigt.
Auch hinsichtlich der von der öffentlichen Verwaltung abgeschlossenen Verträge zeichnet sich eine Liberalisierung ab. Solche Verträge werden zwar als öffentlicher Auftrag verstanden, welcher dem algerischen Recht unterstellt ist, jedoch ist das Maß an Privatautonomie groß und in Bezug auf die obligatorischen Vorschriften wird nur deren Zweck und nicht etwa deren genauer Inhalt vorgeschrieben Außerdem kennt das algerische Recht eine dem § 346 HGB vergleichbare Vorschrift, so dass die internationalen Handelsbräuche ausreichend Beachtung finden. Obendrein ist es den juristischen Personen des öffentlichen Rechts erlaubt, sich in internationalen Handelsbeziehungen einem internationalen Schiedsgericht zu unterwerfen. Das Instrumentarium des öffentlichen Auftrages wird häufig gewählt bei Bauverträgen (vgl. *Ben Abderrahmane* a.a.O. S. 822).

957 Es ist jedoch ein sehr defensives Vorgehen nötig, da man sich ansonsten einer Anknüpfung nähert, deren Argumentation der zugunsten einer Anknüpfung im Sinne des „favor negotii" ähnelt. Diese wird jedoch von der herrschenden Meinung zu Recht abgelehnt (Nachweise bei Staudinger-*Magnus* Art. 28 Rdnr. 54).

958 Vgl. die **Literatur**: *Hök* ZfBR 2005, S. 332 (333); *Looschelders* Art. 28 Rdnr. 20; *Rauscher* S. 243; Müko-*Martiny* Art. 28 Rdnr. 78; *v. Bar,* IPR II, Rdnr. 490; Staudinger-*Magnus* Rdnr. 45; Palandt-*Heldrich* Art. 28 Rdnr. 2; Erman-*Hohloch* Art. 28 Rdnr. 12; anders Soergel-*von Hoffmann* Art. 28 Rdnr. 106, der dem Umstand „Vertragssprache" jegliche Bedeutung abspricht. Für die **Rechtsprechung** vgl.: BGH NJW 1977, S. 1586 (1586); BGH RIW 2004, S. 857 (860); LG Würzburg NJW-RR 1988, S. 1324 (1324); offen gelassen in BGH NJW 1996, S. 2569 (2570). *Zum alten Recht*: BGH NJW 1977, S. 1586 (1586); BAG RIW/AWD 1975, S. 521 (522); OLG Frankfurt RIW/AWD 1979, S. 204 (205).

dolmetschern in der unter Umständen „exotischen“ Sprache des Bestellers geführt werden[959].
Die Vertragssprache ist auch zu unterscheiden von der Sprache, in der die Parteien während der Vertragsdurchführung korrespondieren und sich sonst verständigen. Diese stellt in den Mustertexten regelmäßig einen eigenen Regelungsgegenstand dar[960].
Die Verwendung unterschiedlicher Sprachen birgt das Risiko von Missverständnissen in sich[961]. Ein Gleichlauf zwischen der Vertragssprache und der Verständigungssprache während der Vertragsausführung ist unbedingt zu empfehlen. Die zitierten Musterverträge tragen dem insoweit Rechnung, als dass bei unterbliebener Wahl der *Verständigungs*sprache auf die *Vertrags*sprache zurückgegriffen werden soll[962]. Wird eine Erklärung in der jeweils relevanten Sprache abgegeben und versteht der Adressat diese nicht aufgrund mangelnder Sprachkenntnisse, dann trägt er das sog. „Sprachrisiko“[963].

Es kommt auch häufig vor, dass der Vertragstext selbst in unterschiedlichen Sprachen erstellt wird. *Huse* nennt in seiner Kommentierung[964] das Beispiel des Vertrages über den Bau des Eurotunnels. Dort wurden aus politischen Gründen das Englisch und das Französisch als Vertragssprache vereinbart.
Um Streitigkeiten aufgrund der Verschiedenheit der Sprachen vorzubeugen, ist den Parteien zu raten, eine der Sprachen als die letztlich entscheidende in Zweifelsfällen zu benennen. So sehen die meisten Mustervertragstexte[965] auch vor, dass die Parteien ausdrücklich eine der im Vertragstext verwandten Sprachen zur Referenzsprache erklären.

Damit eine Sprache als ein Hinweis auf eine bestimmte Rechtsordnung betrachtet werden kann, muss sie die Verkehrssprache dieser Rechtsordnung sein[966].

---

959 Vgl. auch *Markowsky* S. 215.
960 Vgl. etwa Art. 1.4 EPC, FIDIC-Contractor, FIDIC-Employer, welche übereinstimmend lauten:“The language for communications shall be stated in the Appendix to Tender. If no language is stated there, the language for communications shall be the language in which the Contract (or most of it) is written“. Ähnliche Klauseln enthalten u.a. das Red Book, Orange Book, Yellow Book und ENNA.
961 Vgl. zu dieser grundsätzlichen Problematik *Bunni* S. 70, 71.
962 Vgl. vorherige Fußnote.
963 *Krumm* S. 72 f.; *Markowsky* S. 216.
964 *Huse* S. 80.
965 Vgl. zum Beispiel Art. 1.4. EPE, FIDIC-Contractor, FIDIC-Employer:“...If there are versions of any part of the Contract which are written in more than one language, the version which is the *ruling language* stated in the Appendix to Tender shall prevail....“. Weitere Nachweise bei *Huse* S. 80. Allgemein zur Sprachregelung in den FIDIC-Werken vgl. *Hök* ZfBR 2005, S. 332 f..
966 Müko-*Martiny* Art. 28 Rdnr. 92.

Die Sprache muss einer bestimmten Rechtsordnung deutlich zuordbar sein; Sprache und Rechtsordnung müssen eine Einheit bilden.

Aus diesem Grunde scheidet das Englisch als ein Indiz im Sinne des Art.28 I bzw. Art. 28 V EGBGB aus. Das Englisch ist die dominierende Weltsprache und die Sprache des internationalen Handels. Damit stellt sie ein Medium dar, dessen man sich weltweit bedient, um seinen Gedanken Ausdruck zu verleihen. Sie bildet keineswegs eine enge Einheit mit der Rechtsordnung der Länder, in denen das Englisch die offizielle Landessprache ist. Hinzu kommt, dass die in der Praxis häufig verwandten Mustervertragsbedingungen regelmäßig nur in Englisch zur Verfügung stehen[967], so dass der Grund für die Vereinbarung des Englisch als Vertragssprache nicht in einer besonderen Beziehung des Vertrages zu einer bestimmten Rechtsordnung liegt, sondern vielmehr in den Umständen der internationalen Vertragspraxis und in der mangelnden Verfügbarkeit der Mustertexte in anderen Sprachen.

Es ist davon auszugehen, dass im internationalen Industriegroßanlagenbau sämtliche Vertragstexte zumindest auch in Englisch abgefasst werden. Eine zusätzlich zu dem Englisch vereinbarte Vertragssprache kann nur dann als ein Indiz für eine bestimmte Rechtsordnung gesehen werden, wenn sie zum einen von den Parteien als Referenzsprache gewählt und ihr damit ein besonderer Stellenwert eingeräumt worden ist und wenn sie zum anderen einen besonders engen Bezug zu einer Rechtsordnung aufweisen kann, wozu im internationalen Handeln häufig verwandte Sprachen – wie zum Beispiel auch das Französisch – grundsätzlich nicht in der Lage sind.

In dem zuvor erwähnten Vertragstext über die Erstellung des Eurotunnels ist somit den vereinbarten Vertragssprachen kein Hinweis auf eine bestimmte Rechtsordnung zu entnehmen. Anders verhält es sich grundsätzlich mit dem Chinesischen[968], welches von den chinesischen Auftraggebern regelmäßig als Referenzsprache verlangt wird. Das Chinesisch stellt noch keine Weltsprache dar, und es ist zumindest den häufig aus der westlichen Hemisphäre stammenden Auftragnehmern nur schwer zugänglich. Es ist als Medium überwiegend den Chinesen vorbehalten und somit fest verankert in der chinesischen Gesellschaft und damit auch in deren Rechtsordnung. Es darf aber auch hier kein Zweifel bestehen, dass dessen Indizwirkung bescheiden ist.

[967] *Markowsky* S. 216.
[968] Dabei handelt es sich grundsätzlich um das in Peking gesprochene Mandarin.

III . Vertragswährung

Mit der vertraglich vereinbarten Währung verhält es sich ähnlich wie mit der Vertragssprache. Nach weitgehend übereinstimmender Meinung wird ihr grundsätzlich nur eine schwache Indizwirkung zuerkannt[969].
Dies gilt trotz der Tatsache, dass die Vereinbarung der Währung von zentraler Bedeutung für das Vertragsverhältnis ist[970] und ihr daher von den Parteien auch viel Beachtung zu schenken ist. Die Bedeutung hat ihren wesentlichen Grund in dem Problem der Wertsicherung, für welches der Industrieanlagenvertrag angesichts seiner langen Laufzeit besonders anfällig ist[971]. Dieses wiederum resultiert aus dem allgemeinen Inflations- und Währungsrisiko.
Die Parteien haben die Wahl zwischen der Währung des Unternehmers, des Bestellers und eines Drittlandes[972]. Während der Unternehmer an einer stabilen Währung interessiert ist, bevorzugt der Besteller grundsätzlich die Vereinbarung einer „weichen" Währung in der Hoffnung auf Wertverluste und damit auf eine faktische Verringerung des Anlagenpreises[973].
Welche Partei sich in dieser Frage durchsetzt, hängt auch hier von der jeweiligen Verhandlungsstärke ab, so dass der Unternehmer häufig die Vorgaben des Bestellers akzeptieren muss.
Gelingt es dem Besteller, als Währung des gesamten Anlagenpreises seine Heimatwährung durchzusetzen, dann muss diese zumindest frei konvertibel sein, um für den Unternehmer überhaupt einen Wert darzustellen[974]. Schließlich wird es ihm regelmäßig nicht möglich sein, seinen Verpflichtungen unter ausschließlicher Zuhilfenahme der Ressourcen im Gastland nachzukommen[975]. Er benötigt

---

[969] Vgl. für die Lehre: *Looschelders* Art. 28 Rdnr. 20; Reithmann/Martiny-*Martiny* Rdnr. 148; Staudinger-*Magnus* Art. 28 Rdnr. 45; Erman-*Hohloch* Art. 28 Rdnr. 12; *v. Bar,* IPR II, Rdnr. 490; grds. wohl jegliche Bedeutung absprechend Soerg*el-von Hoffmann* Art. 28 Rdnr. 106. Zur Rechtsprechung vgl. zum Beispiel BGH RIW 2004, S. 857 (860); OLG Hamburg IPRspr. 1989 Nr. 38, S. 85 (86); OLG Hamm NJW 1990, S. 652 (653); OLG Koblenz RIW 1996, S. 151 (152); zum alten Recht schon BGHZ 19, 110 (113).
[970] *Dünnweber* S. 61.
[971] *Markowsky* S. 218; *Dünnweber* S. 61.
[972] UNCITRAL chap. VII para. 31.
[973] *Brand/Maskow* 4.24.2.; *Dünnweber* S. 61; vgl. UNCITRAL chap. VII para. 33-35 zu den gegenläufigen Interessen der Parteien und den Risiken der Vereinbarung einer bestimmten Währung in Abhängigkeit von der jeweiligen Zahlungsmodalität.
[974] *Brand/Maskow* 4.24.2.. So wird die mangelnde Konvertibilität des Ziellandes häufig von den Investoren als eines der Haupthemmnisse genannt, in dem Land eine Investition zu tätigen. Daher kann es auch nicht überraschen, dass Entwicklungsländer auf internationalen Foren, Messen und Informationsveranstaltungen regelmäßig mit Nachdruck auf die Konvertibilität ihrer Währung hinweisen, auch wenn dies ernsthaft nicht Not tut, da jeder potentielle Investor über diesen Umstand bereits informiert sein dürfte.
[975] Daher können auch Weltunternehmen sich bei der Projektierung und dem Bau einer Industrieanlage nicht auf das Instrument des „internen Währungsclearings" verlassen, mit Hilfe

zahlreiches Personal und Material aus anderen Ländern. Um dies zu finanzieren, muss er über eine konvertible Währung verfügen können. Die Währungsvereinbarungen sehen daher eine Entlohnung in einer lokalen, nicht konvertiblen Währung grundsätzlich nur für solche (Teil-) Leistungen vor, deren Erbringung vor Ort - etwa durch die Einschaltung lokaler Subunternehmer - bereits vertraglich festgelegt ist[976].

Die Wahl der Währung hängt in der Regel von Fragen der Wertbeständigkeit[977], der Konvertibilität und sonstigen Devisenbestimmungen ab[978]. Damit weist die Währung zwar einen Bezug zu dem Leistungsaustauschverhältnis, jedoch nicht zu einer bestimmten Rechtsordnung auf[979], und sie ist somit unrelevant für die Bestimmung des auf den Industrieanlagenvertrag[980] anwendbaren Rechts[981]. Als bloßes Zahlungsmittel ist sie anders als die Vertragssprache nicht in die Gesellschaft und deren Rechtsordnung eingebettet. Obendrein ist durch die Einführung des Euro und damit durch die Vereinheitlichung der Währung der betroffenen europäischen Staaten die Anzahl der unterschiedlichen Währungen gesunken; unter der Vereinheitlichung der Währungen wichtiger Industrienationen hat auch die Wirkung der Währung als individualisierendes Merkmal gelitten.

---

dessen es internationalen Handelshäusern und Konzernen, denen im Rahmen ihrer zahlreichen internationalen Transaktionen sowohl Erlöse als auch Verpflichtungen in der fremden Währung entstehen, häufig gelingt, die Risiken von Wechselkursschwankungen und mangelnder Konvertibilität zu neutralisieren. Vgl. hierzu auch *Grafers/Schlich* S. 96 f..

976 Vgl. hierzu auch UNCITRAL chap. VII para. 33, 35.

977 Bei Verträgen über die Erstellung einer Industrieanlage in einem Entwicklungsland ist die Vereinbarung einer Wertsicherungsklausel zum Schutz des Unternehmers vor Währungsschwankungen unverzichtbar (vgl. *Dünnweber* S. 62 mit verschiedenen Varianten einer solchen Klausel; siehe auch *Graf von Bernstorff* S. 99 f.). Dazu wird regelmäßig im Sinne einer Preisgleitklausel der Wechselkurs der vereinbarten Währung zu einer starken Referenzwährung zur Grundlage des letztendlichen Anlagenpreises ernannt (UNCITRAL chap. VII para. 58).

978 So auch Reithmann/Martiny-*Martiny* Rdnr. 147 für grundsätzlich sämtliche Vertragsarten.

979 Ebenso Soergel-*von Hoffmann* Art. 28 Rdnr. 106 für alle Verträge mit Ausnahme von Bankverträgen.

980 So auch für den internationalen Bauvertrag *Markowsky* S. 219.

981 Dagegen ist die Problematik „Heimatwährung“ von enormer Relevanz für das Leistungsgefüge. Dies zeigt sich unter anderem daran, dass die Begriffe „local currency“ und „foreign currency“ in den FIDIC-Vertragswerken bereits zu Beginn eine abstrakte Definition erhalten; im Rahmen des Art. 1 werden die *zentralen* Begriffe der Leistungsbeziehung vorab definiert. Vgl. Art. 1.1.4.6, 1.1.4.8 EPC, FIDIC-Contractor, FIDIC-Employer, wonach es sich bei der „local currency“ um die Währung des Gastlandes und bei „foreign currency“ um eine im Vertrag genannte, jedoch mit der „local currency“ nicht identische Währung handelt. Siehe ferner auch Art. 14.15 EPC, FIDIC-Contractor, FIDIC-Employer, der das Verhältnis der vereinbarten ausländischen Währungen zur Währung des Gastlandes ausführlich regelt.

Es soll an dieser Stelle jedoch nicht verkannt werden, dass die Währungsvereinbarung *mittelbar* zu einer Nähebeziehung zu einer bestimmten Rechtsordnung beitragen kann. Wird der Unternehmer zumindest teilweise in der „weichen" Währung des Bestellers bzw. des Gastlandes entlohnt, dann wird er regelmäßig bemüht sein, möglichst viele Subunternehmer aus dem Gastland einzuschalten[982], welche er unproblematisch mit deren eigenen Währung bezahlen kann. Und von der Einschaltung lokaler Subunternehmer geht ein gewisser Sog in Richtung des Rechts am Ort der Baustelle aus. Abzustellen ist in diesem Fall jedoch auf das Kriterium der Subunternehmer und nicht etwa auf das der Währung.

Befindet sich auf der Unternehmerseite ein Konsortium, dann findet manchmal angesichts der überwiegend parallelen Leistungserbringung durch die einzelnen Konsorten eine Entlohnung in deren verschiedenen Heimatwährungen statt. Das jeweilige Ausmaß korrespondiert mit dem Leistungsumfang der einzelnen Konsorten[983]. Eine solch differenzierte Entlohnung stellt eine Reaktion auf die parallele Leistungserbringung als das Charakteristikum[984] des Anlagenkonsortiums dar, welches dadurch eine Art Aufwertung erfährt. Die im Rahmen des Art. 28 II EG geäußerten Bedenken zu einer Teilanknüpfung an die einzelnen Konsortenbeiträge bleiben davon allerdings unberührt, so dass der Vereinbarung der Währung diesbezüglich auch keine mittelbare Indizwirkung zukommt.

IV. Der lex-rei-sitae-Grundsatz

Die Darstellung der in der Lehre vertretenen Auffassungen zur objektiven Anknüpfung des Bauvertrages hat gezeigt, dass die Reichweite und die Bedeutung des Belegenheitsgrundsatzes für den Bauvertrag einen der Hauptstreitpunkte der in diesem Zusammenhang geführten Diskussion darstellen[985].
So erinnern wir uns, dass nach *Wiegand* der Belegenheitsgrundsatz „seine Grundlage allein in der absoluten Wirkung dinglicher Rechte gegen jedermann und in der territorial gebundenen Schutzfunktion des Straf- und Deliktsschutzes für Sachenrechte" findet. Diese Ratio greife bei „Schuldverhältnisse(n) und -verträge(n)" nicht. Der Grundsatz verfolge vielmehr eine rein „dingliche Zweckrichtung".[986]
Auch *Thode* sieht den unmittelbaren Zweck des Belegenheitsgrundsatzes ausschließlich in der Ordnungsfunktion, „die Publizitätsanforderungen und den

[982] *Dünnweber* S. 61, 62.
[983] *Brand/Maskow* 4.24.2.
[984] Vgl. die Ausführungen im 6. Kapitel C III 3 b (1) (a).
[985] Siehe Ausführungen oben unter Kapitel 6 B II.
[986] *Wiegand* in: Vertragsgestaltung und Streiterledigung (Böckstiegel), S. 59 (74).

Verkehrsschutz bei Rechtsgeschäften, die Rechte an Grundstücken zum Gegenstand haben, dem am Lageort geltenden Recht zu unterwerfen". Die Regelung des Art. 28 III EGBGB, wonach das Recht des Lageorts des Grundstücks zur Anwendung komme, wenn der Vertrag ein dingliches Recht an einem Grundstück oder ein Recht zur Nutzung eines Grundstücks zum Gegenstand habe, beruhe auf „einer entsprechenden Bewertung der Ordnungsfunktion". Diese könne sich bei einem Bauvertrag, dessen sachenrechtliche Dimension „lediglich mittelbare Folge der Erfüllung und nicht Ziel und Gegenstand des Vertrages" seien, nicht entfalten. [987]

Diese Betrachtungsweise von der Reichweite des Belegenheitsgrundsatzes trifft für das Internationale Schuldvertragsrecht nicht zu. Sie findet keine Bestätigung in der Regelung des Art. 28 III EGBGB; sie beruht auf einem zu engen Verständnis des dieser Regelung zugrunde liegenden Belegenheitsgrundsatzes. Indem Art. 28 III EGBGB auch dann das Recht am Lageort des Grundstücks beruft, wenn der Vertrag „lediglich" ein *Recht* zur Nutzung des Grundstücks zum Gegenstand hat, erteilt er Stimmen wie der von *Wiegand* eine Absage, dass der Belegenheitsgrundsatz die Anwendung der lex-rei-sitae nur im Hinblick auf absolut, gegen jedermann wirkende dingliche Rechte fordere. Schließlich werden mit dieser zweiten Alternative Verträge wie Miete, Pacht, Leihe oder Leasing erfasst[988], denen regelmäßig ein bloß *relativer* Charakter zukommt. Art. 28 III EGBGB liegt insoweit eine „abgeschwächte" Variante des Belegenheitsgrundsatzes zugrunde.
Ferner vermag auch das Argument von *Thode* nicht zu überzeugen, denn schließlich geht mit der Bebauung eines Grundstückes eine große Anzahl von eigentumsrechtlich relevanten Vorgängen einher, bezüglich derer ein mindestens ebenso großer Klärungsbedarf besteht wie bei der Gewährung von Nutzungsrechten mit einem bloß relativen Charakter. Dies gilt umso mehr, da ein Großteil jener Eigentumsübertragungen gesetzlich erfolgt und daher nur bedingt von den Beteiligten zu kontrollieren ist, so dass die Unsicherheit der Beteiligten hinsichtlich der Eigentumsverhältnisse vielfach groß ist. Die Ordnungsfunktion des Belegenheitsgrundsatzes fordert auch hier die Anwendung der lex-rei-sitae; ein einheitliches Statut trägt zu mehr Rechtssicherheit bei.

Dagegen muss man Stimmen wie insbesondere *Hök*[989], der eine Anknüpfung des Bauvertrages im Wesentlichen nur auf den lex-rei-sitae-Gedanken stützt, zumindest insoweit Recht geben, als dass öffentliches Bau- und Grundstücksrecht, zwingend geregelte technische Standards, zwingende Sicherheits- und Arbeits-

---

[987] *Thode* ZfBR 1989, S. 43 (47).
[988] *Von Hoffmann/Thorn*, IPR, § 10 Rdnr. 54; *ders.* in Soergel Art. 28 Rdnr. 78; Staudinger-*Magnus* Art. 28 Rdnr. 102.
[989] *Hök*, Internationales Baurecht, S. 52.

schutzvorschriften sowie Umweltschutzgesetze ein juristisches Milieu schaffen, welches kraft einer Sonderanknüpfung unabhängig vom Vertragsstatut und damit selbst bei einer „abweichenden“ Rechtswahl der Parteien besteht[990] und in welches das Gebäude bzw. die Anlage einschließlich der zugrunde liegenden vertraglichen Beziehung daher gleichsam eingebettet wird. Sie stellen – einer geografischen oder politischen Besonderheit vergleichbar - einen Umstand dar, an dem das Projekt sich orientieren und an welchen es letztlich angepasst werden *muss*. Dieses Milieu hat einen nicht zu unterschätzenden Einfluss auf die konkrete Ausgestaltung des Projekts[991]; die Vorschriften wirken teilweise unmittelbar auf den Leistungsumfang und damit auf die Balance zwischen den gegenseitigen schuldrechtlichen Verpflichtungen ein[992]. Sie prägen sowohl die Phase der Projektrealisierung als auch die des späteren Betriebes.
Und da man im Rahmen des Art. 28 EGBGB nach der engsten Verbindung der vertraglichen Beziehung zu einer bestimmten *Rechtsordnung* und nicht etwa zu einem bestimmten Territorium sucht, lässt sich die grundsätzliche kollisionsrechtliche Relevanz dieses juristischen Milieus nicht leugnen. Durch seinen faktischen, nicht dispositiven Charakter schafft dieser Normenkomplex eine Nähe der vertraglichen Beziehung zu der Rechtsordnung am Lageort des Grundstückes, deren Teil er ist und welche – insbesondere die Gewährleistungsvorschriften – zumindest teilweise auf ihn abgestimmt ist. Ein abweichendes Vertragsstatut kann zu Friktionen führen.

Mit dieser Feststellung ist jedoch die Frage noch nicht entschieden, ob die so geschaffene Nähe *alleine* in der Lage ist, den Bau- und Anlagenvertrag dem Griff der Vermutung von der vertragscharakteristischen Leistung zu entreißen und stattdessen dem Recht am Ort der Baustelle zu unterwerfen. Hier hilft eine genaue Analyse der beiden Vermutungstatbestände der Absätze zwei und drei des Art. 28 EGBGB.
Art. 28 III EGBGB ist als Ausnahmevorschrift zu Art. 28 II EGBGB zu verstehen, d.h. greift weder Art. 28 III EGBGB noch eine sonstige Sonderanknüpfung – etwa Art. 28 IV oder Art. 29 EGBGB -, dann wird das an der Niederlassung der die vertragscharakteristische Leistung erbringenden Partei geltende Recht angewandt, es sei denn, es lässt sich keine vertragscharakteristische Leistung benennen. Bei Verträgen, die ein dingliches Recht an einem Grundstück oder ein Recht zur Nutzung eines Grundstücks zum Gegenstand haben, wird gemäß Art. 28 III EG vermutet, dass das Recht am Lageort des Grundstücks, die lex-rei-sitae, sachgerecht sei. Als Grund für diese Vermutung werden regelmäßig[993] die Unverrückbarkeit des Grundstücks, der enge Zusammenhang mit Form-,

---

[990] Vgl. hierzu die Ausführungen zum Umfang des Vertragsstatuts im 8. Kapitel A I, II.
[991] Ähnlich *Markowsky* S. 225.
[992] *Hök*, Internationales Baurecht, S. 52.
[993] Siehe nur Müko-*Martiny* Art. 28 Rdnr. 61 und Soergel-*von Hoffmann* Art. 28 Rdnr. 73.

Register- und Bodenverkehrsvorschriften sowie die Vermeidung der zum Teil schwierigen Abgrenzung von Schuld- und Sachenrecht genannt.
Diese Ratio trifft größtenteils auch auf Bau- und Anlagenverträge zu. Wie zuvor beschrieben, sind bei der Erstellung und auch bei dem Betrieb der Anlage zahlreiche lokale Vorschriften zu beachten, es findet eine große Anzahl sachenrechtlicher Vorgänge statt[994], und die vertragliche Beziehung wird – da ein Großteil der Anlage dauerhaft mit dem Grundstück verbunden ist – von dem Bezug auf das Grundstück und damit auch dessen Unverrückbarkeit stark geprägt. Es kann angenommen werden, dass die Gutachter *Giuliano* und *Lagarde* dies genauso sahen und daher ausdrücklich in ihrem Bericht hervorgehoben haben, dass „die Vorschrift des Absatzes 3 keine Geltung für Verträge haben soll(e), die die Errichtung oder Instandsetzung von Gebäuden zum Gegenstand" hätten[995]. Indem sie Bauverträge mit dem Argument von der Anwendung des Absatzes 3 ausgeschlossen haben, dass der „*Haupt*gegenstand dieser Verträge ... die Errichtung oder die Instandsetzung und nicht das Gebäude selbst"[996] sei, geben sie zu erkennen, dass der Bauvertrag zumindest teilweise die Ratio des Art. 28 III EGBGB mit den dort ausdrücklich aufgezählten Vertragsarten teilt.
Dass ein Sachverhalt Elemente zweier sich unter Umständen widersprechender Vermutungstatbestände aufweisen kann und dass man in einem solchen Fall eine Entscheidung zugunsten einer der Tatbestände anhand der Bedeutung, die die Parteien den einzelnen Elementen beimessen, vornehmen muss, zeigt die bereits vorgestellte[997] Entscheidung des OLG Hamm aus dem Jahre 1995[998]. Dort hatte das Gericht auf einen Vertrag über den Erwerb eines noch zu errichtenden Ferienhauses in Spanien einschließlich der dazu gehörenden Parzelle den zweiten und nicht etwa den dritten Absatz des Art. 28 EG angewandt, da das wirtschaftliche Gewicht des Hauses den des Grundstückes übersteige und erst das Wohngebäude „dem Anwesen sein dauerhaftes Gepräge" gebe[999].

Die Gutachter hatten somit die Bedeutung des Belegenheitsgrundsatzes für den Bauvertrag erkannt, diese allerdings nicht für ausreichend gehalten, um eine Vermutung zugunsten der Anknüpfung an die lex-rei-sitae zu rechtfertigen. Daraus lässt sich wiederum schlussfolgern, dass die Doktrin von der lex-rei-sitae beim Bauvertrag *alleine* nicht in der Lage sein soll, sich gegenüber der Vermu-

---

[994] Die Problematik der Unterscheidung zwischen obligatorischen und dinglichen Vorgängen gestehen zum Teil auch jene Stimmen ein, die dem Belegenheitsgrundsatz eine kollisionsrechtliche Relevanz absprechen, vgl. nur *Wiegand* in: Vertragsgestaltung und Streiterledigung (Böckstiegel), S. 59 (74).
[995] *Guiliano/Lagarde* BT-Drs. 10/503, S. 36 (53).
[996] *Guiliano/Lagarde* a.a.O. (Hervorhebung durch Verfasser).
[997] Vgl. die Ausführungen im 6. Kapitel B I.
[998] OLG Hamm NJW-RR 1996, S. 1144 f..
[999] OLG Hamm NJW-RR 1996, S. 1144 (1145).

tung des Art. 28 II EGBGB durchzusetzen, jedoch über eine kollisionsrechtliche Signifikanz verfügt, welche in Verbindung mit weiteren Umständen eine von der Vermutung abweichende Nähe zu einer Rechtsordnung zu begründen vermag.
Wie die Ausführungen in dieser Arbeit gezeigt haben bzw. noch zeigen werden, weisen Großvorhaben im Anlagen- und häufig auch im Baugeschäft regelmäßig Umstände auf, die *gemeinsam* mit dem Belegenheitsgrundsatz der Anknüpfung an die lex-rei-sitae zu ihrem Durchbruch verhelfen können.
Für den *klassischen* Bauvertrag kleineren Zuschnitts, welchen die Gutachter wohl auch in ihrem Bericht vor Augen hatten, wird es dagegen regelmäßig bei der Anknüpfung an die vertragscharakteristische Leistung bleiben[1000].

V. Technologietransfer

Wie zu Beginn[1001] der Arbeit dargelegt, wird in dieser Untersuchung die „Industrieanlage" als eine organisatorische Einheit verstanden, in der durch die Kombination von Produktionsfaktoren (Maschinen und sonstige Ausrüstung) auf der Grundlage einer bestimmten Vorgehensweise (technisches Verfahren) ein bestimmtes Produktionsziel erreicht wird.
Anders als ein Bauwerk dient die Industrieanlage der Herstellung eines bestimmten Produktes. Im Unterschied zum bloßen Maschinenkauf, bei dem der Verkäufer lediglich ein bestimmtes Produktionsgerät schuldet, bestimmt sich beim Industrieanlagenvertrag der Inhalt der Leistungsverpflichtung zu einem wesentlichem Teil nach dem Herstellungsverfahren[1002], d.h. der Auftragnehmer ist verpflichtet, für den Besteller eine organisatorische Einheit zu errichten, in der dieser mit Hilfe des von ihm zuvor festgelegten Verfahrens bestimmte Produkte herstellen kann.
Um mit der Produktionseinheit die gewünschten Ergebnisse erzielen zu können, bedarf der Besteller nicht nur der „gegenständlichen" Apparatur, sondern er benötigt darüber hinaus noch umfangreiche Kenntnisse und Informationen[1003]. In diesem Aspekt unterscheidet sich der Industrieanlagenvertrag gravierend von dem bloßen Bauvertrag und dem einfachen Maschinenkauf.
Das Ziel dieses Kapitels ist es daher, die kollisionsrechtliche Relevanz dieser Besonderheit des Industrieanlagenvertrages zu untersuchen. Dazu wird zunächst einmal das Phänomen als solches vorgestellt; im Anschluss werden dessen kollisionsrechtlichen Auswirkungen erörtert.

[1000] Vgl. auch 6. Kapitel D VIII.
[1001] Siehe 1. Kapitel A.
[1002] Vgl. hierzu auch *Moecke* RIW 1983, S. 488 (489).
[1003] UNCITRAL chap. VI para. 1; *Brand/Maskow* 4.9.1..

1. Inhalt und Ausmaß des Informationsbedarfs

Der Betrieb einer industriellen Großanlage erfordert von dem Betreiber sowohl in *technischer* als auch in *betriebswirtschaftlicher* Hinsicht umfangreiche Kenntnisse[1004]. Er muss insbesondere mit dem der Produktion zugrundeliegenden Verfahren vertraut sein und das technische Zusammenspiel der einzelnen Maschinen und deren Technik kennen. Ferner muss er in der Lage sein, selbständig auf technische Probleme und Störfälle angemessen, schnell und ohne fremde Hilfe zu reagieren. Zwar wird ihm der Auftragnehmer im Rahmen seiner Wartungs- und Gewährleistungspflicht auch über den Zeitpunkt der Fertigstellung der Anlage hinaus behilflich zur Seite stehen, jedoch muss es das Endziel eines jeden Betreibers sein, die Anlage selbständig und somit unabhängig vom Anlagenbauer betreiben zu können.
Um dieses Ziel zu erreichen, muss der Betreiber nicht nur den technischen, sondern auch den betriebswirtschaftlichen Aspekt des Betriebes einer Großanlage beherrschen. Dies betrifft zunächst einmal den Bereich des Einkaufs. Er muss die Bezugsquellen der von ihm benötigten Rohstoffe kennen und mit den ökonomischen Grundsätzen – Logistik, Währungsverbindlichkeiten usw. - und den marktpolitischen Gegebenheiten der jeweiligen Branche vertraut sein. Darüber hinaus benötigt er regelmäßig auch Informationen bezüglich des Absatzes der von ihm hergestellten Produkte; es sei denn, er produziert ausschließlich für den Eigenverbrauch, was im Zusammenhang mit einer industriellen Großanlage wohl nur bei einem staatlichen Betreiber denkbar ist, der aufgrund seiner Fürsorgepflicht die Bevölkerung mit seinen Produkten versorgt, ohne dass es für jene eine Alternative zu diesen gibt[1005]. Die genaue Kenntnis des Marktes und der Bereiche Logistik und Marketing ist für einen erfolgreichen Absatz unverzichtbar. Ebenso kann von elementarer Bedeutung sein, dass dem Betreiber gewisse Kennzeichnungsrechte (z.B. eine Benutzungsmarke)[1006] eingeräumt werden. Solche Möglichkeiten erweisen sich häufig als entscheidende Katalysatoren für einen gewinnbringenden Vertrieb der Produkte.

Der genaue Inhalt und das Ausmaß der vom Betreiber der Anlage benötigten Kenntnisse hängen von den Umständen des Einzelfalles ab. Neben dem Charak-

---

[1004] *Brand/Maskow* 4.9.1..

[1005] Es wird sich bei solchen Ländern regelmäßig um solche handeln, welche durch eine dominante Planwirtschaft geprägt sind und bei denen der Staat seiner Fürsorgepflicht auch nachkommt. Durch den Zerfall der Sowjetunion und die erworbene Unabhängigkeit der Nachfolgestaaten sowie der sonstigen ehemaligen Ostblockstaaten hat deren Zahl allerdings rapide abgenommen. Schließlich haben diese Staaten überwiegend das planwirtschaftliche Grundkonzept aufgegeben. Selbst in der Volksrepublik China sind entsprechende Unternehmen eher die Ausnahme. Zuvörderst ist daher an Staaten wie Kuba oder Nordkorea zu denken.

[1006] Das allgemeine materielle deutsche Recht der Kennzeichnungen ist niedergelegt im Markengesetz vom 25.10.1994 (BGBl. I 3082).

ter der Anlage und dem Umfang der bereits eingetragenen Schutzrechte kommt regelmäßig dem Umstand entscheidende Bedeutung zu, aus welchem Land der Betreiber stammt[1007]. Je geringer der Entwicklungsstand und das Ausbildungsniveau dieses Landes sind, desto mehr Wissen muss an den Betreiber transferiert werden. Das führt bei Auftraggebern aus Entwicklungsländern grundsätzlich dazu, dass die Vermittlung einzelner ausgewählter Kenntnisse und (Nutzungs-) Rechte nicht ausreicht, sondern dass es der Übertragung einer kompletten Technologie bedarf. In einem solchen Fall findet ein *internationaler Technologietransfer* statt[1008]. Die Errichtung einer industriellen Großanlage ist der wohl häufigste Anlass für die Übertragung einer ganzen Technologie[1009]; sie hat sich in Bezug auf die Entwicklungsländer als ein probates Mittel erwiesen, deren „Rückständigkeit (zu) überwinden“[1010]. Aber auch bei Auftraggebern aus Industrieländern ist nicht selten die Konstellation anzutreffen, dass an diese eine komplette Technologie übertragen wird. Dem Auftraggeber werden dadurch eigene zeit- und ressourcenintensive Entwicklungsarbeiten erspart[1011].

Die im Rahmen eines Projektes zu übertragenden Informationen lassen sich nur schwer abstrakt und allgemeingültig darstellen; zu ihrer Illustration bietet sich jedoch eine Unterscheidung anhand des Umfanges des Schutzes an, den der jeweilig legitime Inhaber der Information genießt.

a. Staatlich geschütztes und nicht frei zugängliches Wissen

(1) Gewerbliche Schutzrechte

Hält die jeweils anwendbare Rechtsordnung die in der Information liegende geistige Leistung für besonders schützenswert, dann wird der Staat dem Erfinder bzw. dem Inhaber der Information ein *absolutes* Schutzrecht einräumen. Dieses ist entweder registrierungsfrei – wie zum Beispiel das Urheberrecht –, oder aber es bedarf zu seiner Entstehung eines staatlichen Hoheitsaktes[1012]. Beim Letzteren spricht man allgemein von einem *gewerblichen Schutzrecht*. Gewerbliche

---

[1007] Es wird an dieser Stelle davon ausgegangen, dass das Heimatland des Betreibers identisch ist mit dem Standort der Anlage.

[1008] UNCITRAL chap. VI para. 1. Zu Technologietransferverträgen mit Auftraggebern aus Entwicklungsländern vgl. u.a. *Eshete* GRUR Int. 2000, S. 975 f., für Äthiopien, Kenia und Tansania; *Schütze* RIW 1994, S. 650 f. für Vietnam; *Sauer* RIW 1995, S. 993 f. für Indien; *Shan* GRUR Int. 2000, S. 506 f. für die Volksrepublik China.

[1009] So auch die Einschätzung von *Moecke* RIW 1983, S. 488 (489). Ähnlich *Bauer* in: Langzeitvertrag (Nicklisch), S. 207 (208), welcher sich in seinem Beitrag mit den Strukturen und den typischen Problemen von Technologie-Transfer-Verträgen beschäftigt.

[1010] *Brand/Maskow* 4.9.1..

[1011] *Hiestand* S. 63; siehe auch *Martinek* (Bd. II) § 19 I 1.

[1012] *V. Bar*, IPR II, Rdnr. 702; *Brand/Maskow* 4.9.1..

Schutzrechte spielen im Anlagengeschäft die im Vergleich zu Urheberrechten weitaus wichtigere Rolle. Der Wert eines gewerblichen Schutzrechtes liegt weniger in der Kenntnis der diesem zugrundeliegenden Information als vielmehr in dem Recht, diese gewerblich zu nutzen. Das Schutzrecht verleiht dem Inhaber ein ausschließliches Nutzungsrecht. Dem Inhaber steht es vorbehaltlich staatlicher Regelungen grundsätzlich frei, einem Dritten die gesamte oder nur teilweise Nutzung der Information zu gestatten. Eine solche Gestattung erfolgt kraft einer Verabredung, welche man als Lizenzabrede bezeichnet. Gegenstand einer Lizenzabrede können neben gewerblichen Schutzrechten unter anderem[1013] auch das Urheberrecht[1014], das Persönlichkeitsrecht und das Know-how[1015] sein[1016]. Von den gewerblichen Schutzrechten sind für das Anlagengeschäft das Patent, das Gebrauchsmuster und das Kennzeichnungsrecht von besonderer Relevanz. Die Bedeutung des jeweiligen Schutzrechts hängt von den Umständen des Einzelfalles ab. So kann es für den Betreiber eminent wichtig sein, seine Produkte

[1013] Siehe eine Auflistung der möglichen Objekte des Lizenzvertrages bei *Hiestand* S. 8 f. und Benkard-*Ullmann* § 15 PatG Rdnr. 50.

[1014] In diesem Zusammenhang ist auf die Urheberrechtsrichtlinie vom 22.5.2001 (ABl. EG Nr. L 167/10 v. 22.6.2001) hinzuweisen.

[1015] Vgl. hierzu auch *Martinek* (Bd. II) § 19 II 2 a, der die Zulässigkeit einer „Know-how-Lizenz" konzediert, jedoch zugleich auf die Notwendigkeit einer deutlichen sprachlichen Differenzierung zwischen den Lizenzgegenständen hinweist.

[1016] Es gibt verschiedene Art von Lizenzen, auf die im Laufe der Arbeit noch näher eingegangen wird. Besondere Bedeutung kommt der Unterscheidung zwischen der *ausschließlichen* und der *einfachen* Lizenz zu. Von einer ausschließlichen Lizenz spricht man dann, wenn dem Lizenznehmer vom Lizenzgeber das alleinige positive Recht unter Ausschluss Dritter zur Ausübung derjenigen Befugnisse erteilt wird, die das Patent gewährt – vgl. Benkard-*Ullmann* § 15 PatG Rdnr. 52; *Kraßer*, Patentrecht, § 40 V b; *Schulte*, PatentG, § 15 PatG Rdnr. 33; RGZ 130, 275 (282). Die Vereinbarung der Parteien kann dabei so weit gehen, dass dem Lizenznehmer nur noch „das seiner Nutzungsrechte entkleidete formale Patentrecht verbleibt" – *Stumpf/Groß*, Lizenzvertrag, S. 52 -. Im Gegensatz dazu behält der Lizenzgeber bei der einfachen Lizenz das vom Patent gewährte Nutzungsrecht, und er behält sich das Recht zur Vergabe weiterer Lizenzen vor – vgl. RGZ 169, 289 (294); *Kraßer,*Patentrecht, § 40 V a -.
Der ausschließlichen Lizenz wird überwiegend ein dinglicher bzw. quasi-dinglicher Charakter eingeräumt – vgl. nur RGZ 57, 38 (40); BGHZ 83, 251 (256); *Stumpf/Groß*, Lizenzvertrag, S. 52; *Forkel* NJW 1983, S. 1764 (1765); *Kraßer/Schmid* GRUR Int. 1982, S. 324 (329). Man attestiert ihr eine „dem Sachenrecht angenäherte, gleichsam dingliche, absolute Natur" – Benkard-*Ullmann* § 15 PatG Rdnr. 53- . Dagegen wird die einfache Lizenz von der herrschenden Meinung als eine bloße Befugnis des Lizenznehmers zur Benutzung des gewerblichen Schutzrechts betrachtet, wobei dieser Befugnis nur eine schuldrechtliche Wirkung zugestanden wird – BGHZ 62, 272 (274); BGHZ 83, 375 (377); *Schulte,* PatentG, § 15 Rdnr. 41; Benkard-*Ullmann* § 15 PatG Rdnr. 56; *Hoppe* S. 140; a.M. „dingliche Rechtsnatur" *Forkel* NJW 1983, S. 1764 (1766); *Völp* GRUR 1983, S. 45 (48); weitere Nachweise siehe *Hoppe* S. 137 Fn. 31-.

unter einer bestimmten, bereits etablierten Marke verkaufen zu dürfen[1017]. Regelmäßig jedoch wird dem Recht, die dem Patent oder Gebrauchsmuster zugrundeliegende Information benutzen zu dürfen, das größere Interesse des Betreibers gelten.

Da sich diese Arbeit mit dem internationalen Anlagengeschäft beschäftigt und das Gebrauchsmuster oder ein diesem verwandtes Institut nur in wenigen Staaten neben denen der Europäischen Union bekannt ist[1018], konzentrieren sich die folgenden Ausführungen auf das gewerbliche Schutzrecht „Patent". Dies ist auch im Rahmen einer wissenschaftlichen Untersuchung ohne weiteres zulässig, da sich die gewerblichen Schutzrechte – beherrscht vom Territorialitätsgrundsatz - in ihrer kollisionsrechtlichen Interessenlage sehr ähneln.

Den Beteiligten kann in sämtlichen Phasen des Lebenszyklus einer Anlage die Notwendigkeit einer Patentlizenz begegnen.
So kommt es während der Errichtung der Anlage nicht selten vor, dass der Auftragnehmer ein patentiertes Verfahren zur Erstellung der Anlage anwenden muss und dazu – sofern er nicht selbst Inhaber des betreffenden Patentes ist – vom jeweiligen Inhaber oder von einer zur Untervergabe einer Lizenz ermächtigten dritten Person die entsprechende Nutzungserlaubnis („Baurechtslizenz") erhalten muss[1019]. An diesem Lizenzverhältnis, welches in dieser Form auch beim „bloßen" Bauvertrag anzutreffen ist und insoweit keine Besonderheit des Anlagenvertrages darstellt, ist der Betreiber der Anlage nicht unmittelbar beteiligt, jedoch hat auch er ein Interesse daran, dass der Unternehmer über sämtliche für die Erstellung der Anlage notwendigen Lizenzen verfügt.
Schließlich kann eine Patentrechtsverletzung seitens des Bauunternehmers unter Umständen dazu führen, dass der Patentinhaber rechtliche Schritte einschließlich Schadenersatzforderungen sowohl gegen diesen als auch gegen den Betreiber einleitet, welche sich für den Bau – etwa in Form von gerichtlich angeordneten Bauunterbrechungen – und auch für den späteren Betrieb der Anlage als äußerst belastend erweisen können[1020].

[1017] Es wird hier der Facettenreichtum des „geistigen Eigentums" deutlich. Der Wert der Information liegt in der Verwendung des Eigentums in der Öffentlichkeit aufgrund dessen Bekanntheit.

[1018] Siehe dazu ausführlich *Hiestand* S. 12.

[1019] *Eggers* RIW 2000, S. 665 (667); *Brand/Maskow* 4.9.2..

[1020] Die Anlagenverträge sehen daher auch regelmäßig ausdrücklich vor, dass der Auftragnehmer den Besteller vor solchen Maßnahmen durch Dritte zu bewahren hat. Für diesbezügliche Versäumnisse sind in der Regel Sanktionen vorgesehen. Vgl. dazu die noch folgenden Ausführungen im 6. Kapitel D V 1 a (4).

Als unmittelbarer Lizenznehmer tritt der Betreiber erst hinsichtlich des in der Anlage bzw. in dem Produktionsprozess zur Anwendung kommenden Verfahrens in Erscheinung. Sofern dieses unter einem patentrechtlichen Schutz steht, benötigt der Betreiber für den späteren Betrieb der Anlage eine *Verfahrenslizenz*[1021]. Beabsichtigt der Betreiber den Vertrieb der in der Anlage hergestellten Produkte, dann bedarf er ferner noch einer *Vertriebslizenz*, d.h. er muss die Erlaubnis haben, die von ihm in Lizenz hergestellten Produkte in den Verkehr zu bringen und anzubieten[1022].
Äußert sich der Vertrag nicht explizit über die genaue Nutzungsart[1023], dann ist regelmäßig davon auszugehen, dass eine dem Betreiber erteilte Lizenz sowohl die Herstellung bzw. das Verfahren als auch den Vertrieb der Produkte erfasst. Nur eine solche Auslegung ermöglicht das Vorliegen eines wirtschaftlich sinnvollen Vertrages[1024].

Diese Großzügigkeit bei der Auslegung der Lizenzvereinbarung sollte jedoch nicht darüber hinwegtäuschen, dass der Auftraggeber sich zunächst einmal Klarheit über die grundsätzliche Notwendigkeit einer Verfahrenslizenz und damit indirekt auch einer Vertriebslizenz verschaffen sollte. *Moecke* weist in seinem Beitrag zu Recht darauf hin, dass es häufig nicht ganz eindeutig ist, ob der Unternehmer vom Auftraggeber, der Eigentum an den gelieferten Maschinen erlangt hat, zusätzlich zum Kaufpreis noch Lizenzgebühren verlangen darf[1025]. Schließlich wird eine Sache durch die Veräußerung des Schutzrechtsinhabers oder seines Lizenznehmers „gemeinfrei"[1026], d.h. der Patentschutz endet beim Käufer, und die Benutzung der Sache unterliegt somit keinerlei Beschränkungen mehr. Das gilt auch für den Verkauf der mit der Sache hergestellten Produkte[1027], so dass in einem solchen Fall eine Vertriebslizenz ebenfalls entbehrlich ist. Es ist folglich vor einer voreiligen Annahme der Notwendigkeit einer Verfahrenslizenz zu warnen. Alleine aufgrund der Tatsache, dass es sich bei der Industrieanlage um eine Einheit handelt, bei der auf der Grundlage einer bestimmten Vorgehensweise (= Verfahren) ein bestimmtes Produktionsziel erreicht wird, ist noch nicht auf eine entsprechende Notwendigkeit zu schließen. Eine solche besteht regelmäßig erst dann, wenn über den unmittelbaren Gebrauch der

---

1021 Zur nicht immer leichten Abgrenzung zur Herstellungslizenz vgl. *Brand/Maskow* 4.9.5..
1022 Zur Vertriebslizenz allgemein siehe auch *Pfaff* RIW/AWD 1974, S. 241 (247).
1023 Zur möglichen Bandbreite der dem Betreiber eingeräumten Nutzungsarten siehe *Eggers* RIW 2000, S. 665 (667 f.); *Brand/Maskow* 4.9.2. f..
1024 So für das generelle Verhältnis der Herstellungs- zur Vertriebslizenz *Stumpf/Groß*, Lizenzvertrag, S. 44, 49. Dies gilt natürlich um so mehr für einen Anlagenvertrag, da das Betreiben einer industriellen Großanlage für den bloßen Eigenverbrauch nahezu ausgeschlossen ist.
1025 *Moecke* RIW 1983, S. 488 (489, 490).
1026 *Stumpf/Groß*, Lizenzvertrag, S. 51; *Brand/Maskow* 4.9.2..
1027 *Moecke* RIW 1983, S. 488 (490).

einzelnen Maschinen hinaus noch eine besondere, *schützenswerte* Kenntnis des Zusammenspiels der einzelnen Komponenten erforderlich ist. Der Gebrauch der Maschinen muss in einem übergeordneten Prozess eingegliedert sein. Dies ist bei technisch anspruchslosen Anlage eher selten der Fall; der Betrieb der Anlage erschöpft sich dort regelmäßig in dem bloßen Bedienen der Maschinen. Dagegen sind industrielle Großanlagen - als Gegenstand dieser Arbeit - regelmäßig technisch dermaßen anspruchsvoll, dass es darüber hinaus einer patentierten Vorgehensweise bedarf. Von besonderer Bedeutung sind die Verfahrenslizenzen daher zum Beispiel im Chemieanlagenbau[1028], an dessen Verhältnissen – wie zu Beginn dargelegt[1029] – sich diese Arbeit überwiegend orientiert.

(2) Know-how

Darüber hinaus ist der Betreiber angesichts der Komplexität einer industriellen Großanlage stets auf Informationen angewiesen, welche als solche zwar nicht im Sinne eines gewerblichen Schutzrechts geschützt sind, die jedoch unentbehrlich sind für den erfolgreichen Betrieb der Anlage. Auch der aus einem Industrieland stammende technisch und betriebswirtschaftlich geschulte Auftraggeber und spätere Betreiber benötigt für den Betrieb besondere Kenntnisse, welche weder Gegenstand eines gewerblichen Schutzrechtes sind, noch allgemein zugängliches Wissen darstellen. Es handelt sich dabei um Wissen, mit dessen Hilfe die „konzeptionell-organisatorische Gedankenarbeit" einer Projektierung in „real-exekutive Ausführungshandlungen" umgesetzt wird[1030].

Ein solches Wissen kann zunächst einmal erforderlich sein, um die einem technischen Schutzrecht zugrundeliegende Idee auch in der Praxis nutzen zu können[1031]. Schließlich belässt es der Inhaber eines Schutzrechts regelmäßig dabei, im Rahmen der Schutzrechtsanmeldung nur die zwingend für den abstrakten Schutz notwendigen Informationen offen zu legen. Er hat kein Interesse daran, die Öffentlichkeit mit darüber hinaus gehenden Informationen zu versorgen, welche diese unter Umständen zur Umgehung des Schutzrechts nützen könnte[1032]. Durch die mangelnde Offenlegung solcher das Schutzrecht begleitenden Informationen behält der Inhaber ein gewisses Maß an Kontrolle über die Verwendung seiner geschützten Idee. Er schafft bewusst Abhängigkeiten. Auch der

---

[1028] Vgl. auch *Eggers* RIW 2000, S. 665 (666, 667), welche darauf hinweist, dass „kaum eine Anlage einer anderen spiegelbildlich gleich(e), so dass oft bei Grundverfahren, die allgemein bekannt oder für die die Patente ausgelaufen (seien), genügend zusätzliches lizenzierfähiges Know-how und/oder patentfähige Verbesserungen und Weiterentwicklungen vorhanden (seien)".

[1029] Vgl. 1 Kap. A.

[1030] *Martinek* (Bd. II) § 19 I.

[1031] *Hiestand* S. 60; siehe auch *Kraßer* GRUR 1970, S. 587 f.; *Pfaff* RIW 1982, S. 381 (383).

[1032] *Schultz-Süchting* in: MünchVhb (Bd.3) IV. 2 Anm. 5.

legitime Lizenznehmer ist weiterhin auf den Schutzrechtsinhaber angewiesen. Die Kenntnis der bloß abstrakten Idee hilft jenem häufig nicht weiter.
Aber auch in Bereichen jenseits der gewerblichen Schutzrechte benötigt der Betreiber umfangreiche Informationen und Erfahrungssätze, deren Kenntnis er nicht durch allgemeine Recherche, sondern nur durch eigene aufwendige Forschung erlangen kann und durch welche er erst in die Lage versetzt wird, die Anlage technisch und ökonomisch erfolgreich zu betreiben. Dabei ist auch für Betreiber aus Industrieländern der Wert einer „ökonomischen Hilfestellung" keineswegs zu unterschätzen. Der erfolgreiche Betrieb einer Anlage hängt schließlich nicht nur von der Kenntnis der technischen Zusammenhänge ab. Die Notwendigkeit der Gewinnerzielung verlangt seitens des Betreibers sowohl die Kenntnis *bewährter* Absatzstrategien als auch die Anwendung erprobter Organisationskonzepte. Das Wissen um eine rationelle Betriebsorganisation, Methoden der Kostenkontrolle und vielversprechende Werbekonzepte ist unverzichtbar für eine sofortige Konkurrenzfähigkeit des Betreibers[1033].

Bei den geschilderten Informationen handelt es sich um Wissen, für dessen Bezeichnung sich der internationale Begriff des „Know-how" anbietet[1034]. Der aus dem angelsächsischen Sprachraum stammende, gesetzlich nicht definierte Begriff entzieht sich einer abschließenden Umschreibung.
Dem zuvor geschilderten Transfer ungeschützten Wissens entspricht am ehesten das Verständnis[1035] des Know-how als ein Wissen technischer oder betriebswirtschaftlicher[1036] Art, welches nicht bereits Gegenstand eines gewerblichen Schutzrechtes ist und welches bei Vertragsschluss nicht offenkundig, sondern dem Interessenten nur mit Mühe und Kosten zugänglich ist („Betriebsgeheimnis")[1037]. Im weiteren Verlauf dieser Arbeit wird der im internationalen Sprachgebrauch etablierte Begriff „Know-how" in diesem Sinne verwandt.

[1033] Zur Bedeutung des betrieblich-kaufmännischen Spezialwissens vgl. *Martinek* (Bd. II) § 19 II 2b.

[1034] Siehe *Martinek* (Bd. II) § 19 I zur Entwicklung des Begriffes und Phänomens „Know-how".

[1035] So auch statt vieler *Stumpf/Groß*, Lizenzvertrag, S. 39 (40) und *Pfaff* BB 1974, S. 565 (565).

[1036] Zum Teil wird – wohl vor dem Hintergrund der Spezialregelung der §§ 20, 21 GWB für technisches Know-how – das betriebswirtschaftliche Spezialwissen nicht als Know-how betrachtet bzw. die Bedeutung eines solchen Wissens marginalisiert (so etwa *Pfister* S. 10; wohl auch *Schulte*, PatentG, § 15 PatG Rdnr. 14). Die obige Argumentation zur Bedeutung des kaufmännischen Wissens lässt sich ohne weiteres verallgemeinern, so dass einer solchen Einschränkung eine Absage erteilt werden muss.

[1037] Der Geheimnischarakter wird überwiegend zumindest als typisch betrachtet. Vgl. nur BGH GRUR 55, S. 424 (426); BGH GRUR 61, S. 40 (43); *Schulte*, PatentG, § 15 PatG Rdnr. 13; *Schultz-Süchting* in: MünchVhb (Bd.3) IV.2 Anm. 5; Stumpf BB 1970, S. 195 (195); *Fischer* GRUR 1985, S. 638 (640). Kritisch *Hesse* GRUR 1985, S. 661 (661 f.).

Um dem Betreiber das erforderliche Know-how zu vermitteln, stehen grundsätzlich zwei Wege zur Verfügung[1038]. Sind die Informationen und Erfahrungen vom Unternehmer dokumentiert worden, dann hat er die Möglichkeit, dem Besteller Kopien der entsprechenden Unterlagen zu überlassen. Bei diesen handelt es sich um Dinge wie etwa Konstruktionszeichnungen, Arbeitsanleitungen, Beschreibungen, Zeichnungen, Skizzen, Schablonen und Tabellen[1039]. Angesichts der Masse der zu überreichenden Unterlagen ist dem Unternehmer bei der Vorauswahl äußerste Sorgfalt zu empfehlen, damit er den Besteller nicht unbeabsichtigt mit Informationen versieht, welche von besonderer Brisanz sind und auf die dieser keinen Anspruch hat.
Bei Informationen, die sich in ihrer Komplexität nur schwer schriftlich erfassen bzw. vermitteln lassen, wird ergänzend zur Übergabe der Dokumente noch eine Schulung des Personals des Betreibers vorgenommen[1040]. Diese erfolgt entweder abstrakt in Form von Unterricht in entsprechenden Räumlichkeiten, oder aber das Personal wird an anderer Stelle anhand einer schon errichteten, vergleichbaren Anlage in die Technik und den allgemeinen Umgang eingewiesen[1041]. Ist die konkrete Anlage dagegen schon fertiggestellt, dann bietet sich auch die Entsendung von Fachkräften des Auftragnehmers an den Ort der Anlage an. Es findet eine umfängliche praktische Einweisung durch diese Personen vor Ort statt[1042]. Regelmäßig macht Letztere den größten Teil der Schulung aus.

Mit dem Wesen des Betriebsgeheimnisses geht das Interesse des Lizenzgebers[1043] an der Geheimhaltung des Know-how einher. Das Know-how verliert seinen Wert als Lizenzgegenstand, wenn es seinen Charakter als Geheimnis einbüßt und offenkundig wird. Aus diesem Grunde enthalten die Lizenzabreden auch regelmäßig[1044] Geheimhaltungsvereinbarungen, mit denen die Parteien si-

---

[1038] UNCITRAL chap. VI para. 6, 26 f., 33 f..

[1039] Weitere Beispiele siehe *Martinek* (Bd. II) § 19 II 2 b.

[1040] Ausführlich dazu vgl. *Kühnel* RIW/AWD 1981, S. 533 f..

[1041] *Kühnel* RIW/AWD 1981, S. 533 (534).

[1042] *Schultz-Süchting* in: MünchVhb (Bd.3) IV.2 Anm. 6.

[1043] UNCITRAL chap. VI para. 23.

[1044] So etwa auch Art. 7.7 f. UNIDO und Art. 21 EIC. Das Bundeskartellamt verlangt sogar die Existenz solcher Vereinbarungen für die Anwendbarkeit von § 20 GWB. Ansonsten handele es sich nicht um geheimes Wissen (vgl. BKartA TB 1976, 10). An dieser Stellungnahme wird deutlich, dass sich die in der Literatur geführte Diskussion über die Definition des Begriffes Know-how zum großen Teil an die wenigen spezialgesetzlichen Regelungen über „besonders schützenswertes Betriebswissen" anlehnt. Dabei wird jedoch die Dimension des Phänomens Know-how verkannt und jenen Regelungen zu Unrecht unterstellt, dass sie abschließende Aussagen über den Umgang und Schutz von „schützenswertem Betriebswissen" tätigen wollen. Sie sind vielmehr nur als fragmentarische Regelungen eines Phänomens zu betrachten, welches in seinen Ausmaßen noch ohne feste Konturen ist und für welches eine umfängliche gesetzliche Regelung, die zugleich als Orientierungspunkt für eine abschließende Deficherstellen wollen, dass die „geheimen" Informationen nicht an unbefugte Dritte gelangen oder sogar der breiten Fachöffentlichkeit allgemein zugänglich gemacht werden. Solche Vereinbarungen sind im industriellen Großanlagengeschäft von enormer Wichtigkeit[1045], und die Parteien sollten daher auch viel Sorgfalt auf die Formulierung der entsprechenden Klauseln verwenden. Insbesondere sollte klar definiert sein, welche Informationen genau von der Geheimhaltungsvereinbarung erfasst werden. Schließlich fällt – wie schon mehrfach erwähnt - die genaue Abgrenzung zwischen dem veröffentlichten gewerblichen Schutzrecht, dem Know-how und dem allgemein zugänglichen Spezialwissen vielfach nicht leicht. Unterbleibt eine genaue Auflistung, dann könnte der Lizenznehmer in vielen Fällen argumentieren, dass die von ihm weitergegebene Information nicht zu dem Betriebsgeheimnis gehöre bzw. dass ihm die Zugehörigkeit nicht bewusst gewesen sei[1046]. Ebenso sollten die Konstellationen eindeutig umschrieben werden, in denen dem Lizenznehmer die Weitergabe an dritte Personen ausnahmsweise erlaubt ist[1047]. Eine solche ist zum Beispiel unverzichtbar, wenn der Auftraggeber selbst Subunternehmer zum Bau – was auch bei einem Anlagenvertrag in der Variante des Turnkey-Vertrages in einem gewissen Umfang der Fall sein kann – oder zum späteren Betrieb einsetzt. In einem solchen Fall muss es ihm erlaubt sein, den Subunternehmer in einem Maße in das zuvor an ihn vermittelte Know-how einzuweihen, welches diesen in die Lage versetzt, seinen Beitrag zur Erstellung und zum Betrieb der Anlage effektiv zu leisten. Dazu wird der Auftraggeber dem Subunternehmer in der Regel ebenfalls eine Geheimhaltungsvereinbarung abverlangen müssen[1048].

Ferner kann eine Weitergabe der Informationen an Dritte erforderlich sein, wenn der Vertrag durch den Auftraggeber aufgrund eines Fehlverhaltens seitens des Auftragnehmers gekündigt wird und der Auftraggeber nun einen anderen Unter-

---

nition dienen könnte, noch fehlt. Es ist daher eine abstrakte, von den Spezialregelungen losgelöste Betrachtungsweise bei der Suche nach einer Definition vorzunehmen.

[1045] *Schultz-Süchting* – in: MünchVhb (Bd.3) IV.2 Anm. 38 - attestiert ihnen für Lizenz- und Know-how-Verträge generell eine „fundamentale Bedeutung"; *Eggers* spricht – bezogen auf Anlagenbauprojekte - von einer „hervorgehobenen Rolle" (RIW 2000, S. 665 (669)).

[1046] Ähnlich *Schultz-Süchting* in: MünchVhb (Bd.3) IV.2 Anm. 38.

[1047] UNCITRAL chap. VI para. 24.

[1048] *Schultz-Süchting* in: MünchVhb (Bd.3) IV.2 Anm. 39; ähnlich auch *Eggers* RIW 2000, S. 665 (669) für Verträge, die der Auftragnehmer, welcher selbst nur Lizenznehmer ist und sich das erforderliche Know-how erst von dritter Seite beschaffen muss, mit Subunternehmern schließt. Siehe *dieselbe* S. 668, 669 auch zu den Konstellationen, in denen nicht der Auftragnehmer dem Betreiber die erforderlichen Lizenzen – wenn auch nur in Form einer Unterlizenz – überträgt, sondern in denen der Betreiber einen eigenständigen Vertrag mit dem Inhaber des gewerblichen Schutzrechtes oder des Know-how abschließt. Auf diese Konstellationen braucht nicht näher eingegangen zu werden, da sie sich nicht mit einem Anlagenvertrag in der Variante eines Turnkey-Vertrages – als Gegenstand dieser Arbeit - vereinbaren lassen.

nehmer mit der Fortsetzung der Arbeiten beauftragt[1049]. Dieser muss über die bisherigen Bauleistungen einschließlich deren Verwendbarkeit aufgrund von Betriebsgeheimnissen seines Vorgängers informiert werden dürfen[1050].

Bemüht sich ein Unternehmer um einen Auftrag zur Erstellung einer industriellen Großanlage, dann wird er dem Auftraggeber im Rahmen des Angebotes – somit bereits während der Angebotsphase - regelmäßig ein umfängliches Konzept vorlegen müssen. Ein solches erschöpft sich nicht etwa nur in einer groben Umschreibung der Vorgehensweise im Falle einer Auftragserteilung, sondern es wird von dem Unternehmer auch eine detaillierte Darstellung der angewandten Technik einschließlich des Verfahrens verlangt. Der den Auftraggeber beratende Ingenieur wird die Qualität des Vorschlags jedoch nur dann vollständig erfassen und einschätzen können, wenn der Unternehmer zumindest Teile seines Know-how offenlegt, d.h. der Auftraggeber gelangt bereits vor dem Zeitpunkt eines möglichen Vertragsabschlusses in den Besitz von Detailkenntnissen. Um auch in dieser Phase vor einer unbefugten Weitergabe dieser Informationen durch den Besteller geschützt zu sein, bedarf es hier ebenfalls einer Geheimhaltungsvereinbarung. Diese ist jedoch anders als die zuvor beschriebene nicht in einer Lizenzabrede eingebettet und selbstverständlich unabhängig von einem späteren Abschluss eines Lizenz- bzw. Anlagenvertrages[1051].

[1049] UNCITRAL a.a.O. mit weiteren Beispielen.

[1050] Welche Brisanz die unberechtigte Weitergabe von Know-how an Dritte bzw. die unberechtigte Erlangung desselben durch Dritte haben kann, zeigt der vom Bezirksgericht Tokio am 24. September 1991 entschiedene Fall, abgedr. in GRUR Int. 1998, S. 63 f., in welchem es dem Angestellen eines amerikanischen Unternehmens gelang, „das Betriebsgeheimnis herauszufinden", er eine eigene Beratungsfirma gründete und er das Betriebsgeheimnis einem japanischen Unternehmen anbot. Das amerikanische Unternehmen verlangte von der japanischen Firma Schadenersatz und Unterlassung.
Auch Angestellte eines Unternehmens, in welchem anspruchsvolles Know-how zur Anwendung kommt, müssen sich in der Regel vertraglich ausdrücklich zur Verschwiegenheit verpflichten, und es werden nicht selten empfindliche Strafen für den Fall einer Vertragsverletzung vereinbart. Die Strafen stellen aber letztendlich unzureichende Mittel dar, um das Unternehmen vor einer unberechtigten Weitergabe des Know-how durch Angestellte zu schützen. In der Mehrzahl der Fälle wird man dem entsprechenden Mitarbeiter die Vertragsverletzung nicht nachweisen können. Außerdem wird der Betrag der Strafe nur in den seltensten Fällen ausreichen, um das Unternehmen umfänglich zu entschädigen. Vgl. in diesem Zusammenhang auch *Folsom/Gordon/Spanogle* S. 179, die auf die *faktische* Unzulänglichkeit der rechtlichen Möglichkeiten hinweisen, auf eine unberechtigte Weitergabe des Know-how angemessen zu reagieren.

[1051] *Eggers* RIW 2000, S. 665 (670).

(3) Gewerbliche Schutzrechte und Know-how als Einheit

Im industriellen Großanlagengeschäft ist eine Situation nur schwer vorstellbar, in der nicht beide Arten von Informationen auf den Betreiber übertragen werden. Die Größenordnung und die Komplexität dieser Projekte schließen es grundsätzlich aus, dass dem Betreiber keinerlei Nutzungsberechtigung an gewerblichen Schutzrechten eingeräumt werden müssen oder aber dass der Betreiber bereits über sämtliches Know-how verfügt.

Der Betrieb einer solchen Anlage erfordert die Lizenzierung sowohl von gewerblichen Schutzrechten als auch von Know-how.

Wie die Ausführungen zu den gewerblichen Schutzrechten gezeigt haben, hängen das Ausmaß und die Bedeutung des jeweiligen Transfers von den Umständen des Einzelfalles ab. Beide Arten von Lizenzen sind für den Betrieb grundsätzlich unentbehrlich. Selbst wenn der Betrieb die Lizenzierung zahlreicher gewerblicher Schutzrechte verlangt, sind diese nicht zwangsläufig bedeutsamer als die Vermittlung des Know-how[1052]. Ein das gewerbliche Schutzrecht *flankierendes* Know-how macht jenes erst verwertbar, und das *sonstige* Know-how hat häufig den Stellenwert einer faktisch unverzichtbaren Bedienungsanleitung. *Schultz-Süchting*[1053] erfasst das Verhältnis beider Lizenzgegenstände korrekt, indem er formuliert: „Ohne das Know-how sind Schutzrechte häufig nur einen Bruchteil wert."

Ebenso bemerkenswert sind auch die Ausführungen des Bundesgerichtshofes bereits im Jahre 1955. Nach dessen Einschätzung ist ein Betriebsgeheimnis „oft wertvoller als ein gewerbliches Schutzrecht und (es) bildet in der Form eines Geheimverfahrens häufig den wesentlichen Wertfaktor des Betriebes."[1054]

[1052] Siehe auch die Einschätzung von *Hiestand* S. 64, wonach die Bedeutung der einzelnen Schutzrechte hinter der Gesamtleistung „Technologietransfer" stark zurücktrete.

[1053] *Schultz-Süchting* in: MünchVhb (Bd.3) IV.2 Anm. 5.

[1054] BGHZ 16, 172 (176). Lässt sich das Know-how im Ausnahmefall als der eigentliche Wertfaktor des Betriebes ausmachen, dann kommt eine Verletzung des Rechts am eingerichteten und ausgeübten Gewerbebetrieb in Betracht (*Schultz-Süchting* a.a.O. unter Berufung auf BGHZ 16, 172 f.). Hat das Know-how eine solche Qualität nicht, dann kann eine außervertragliche Haftung nur noch auf § 823 II BGB in Verbindung mit §§ 17, 18 UWG, auf § 1 UWG oder auf § 826 BGB gestützt werden. Denn die herrschende Meinung verwehrt dem Know-how zu Recht im Gegensatz zum Patent oder Gebrauchsmuster den Status eines absoluten Rechts im Sinne des § 823 I BGB (vgl. statt vieler etwa *Schultz-Süchting* a.a.O.; *Pfaff* BB 1974, S. 565 (567 f.); *Kraßer* GRUR Int. 1970, S. 587 (588); Benkard-*Ullmann* § 15 PatG Rdnr. 140). Es hat nur eine „Realqualität", jedoch keine „Rechtsqualität" (*Martinek* (Bd. II) § 19 III 1). Der Besitz von Know-how stellt lediglich eine „faktische Wissenslage" und nicht etwa auch eine Rechtsposition dar (*Pfaff* BB 1974, S. 565 (567)). Daraus folgt, dass der außervertragliche Schutz auf die genannten Vorschriften begrenzt ist und dass das Know-how nicht gem. §§ 398, 413 BGB durch Zession übertragen wird. Es hat keinen dinglichen Charakter, zu dessen Übertragung bedarf es keiner Verfügung.

Die Mindermeinung (*Forkel* in: FS Schnorr v. Carolsfeld, S. 105 (111 f.); *Pfister* S. 31 f., 85 f.; siehe auch *Paul* NJW 1963, S. 2249 (2251)), welche dem Know-how einen subjektiv-

Der genaue Inhalt eines gewerblichen Schutzrechts lässt sich häufig nur schwer von dem flankierenden Know-how abgrenzen[1055]. Allerdings relativiert sich zumindest im materiellen Vertragsrecht die Notwendigkeit einer genauen Abgrenzung, da sich die auf die einzelnen Gegenstände einer Lizenz anwendbaren Regeln im Grundsatz sehr ähneln[1056]. Eine Ausnahme bilden die oben erwähnten Geheimhaltungsvereinbarungen für das Know-how, für welche aus den genannten Gründen bei gewerblichen Schutzrechten keine Notwendigkeit besteht. Ebenfalls eine Ausnahme stellen die Regelungen über den Schutz vor Ansprüchen dar, die Dritte unter Berufung auf die Verletzung eines gewerblichen Schutzrechts gegen den Auftragnehmer bzw. den Betreiber geltend machen[1057].

Aus diesem Grunde erfahren die beiden dargestellten Lizenzgegenstände in den Vertragswerken regelmäßig auch eine einheitliche Regelung. Es wird nur selten deutlich zwischen geschütztem und ungeschütztem Wissen unterschieden. Wie bei jeder vertraglichen Beziehung gilt vielmehr auch hier das Hauptaugenmerk der Beteiligten den Regelungen über die Vertragslaufzeit[1058], mögliche Gründe für eine vorzeitige Beendigung, das an den Lizenzgeber für die Überlassung der Information bzw. die Einräumung der Nutzungsberechtigung zu entrichtende

---

rechtlichen Charakter attestiert, ist abzulehnen. Zwar ist zu konzedieren, dass jene Ansprüche wegen ihrer strengen Anforderungen an das subjektive Moment des „Verletzers" nur selten zu bejahen sind und somit sich in dem dem Know-how vom Gesetz gewährten außervertraglichen Schutz nicht die Bedeutung widerspiegelt, die das Know-how zumindest in bestimmten Konstellationen innehat, allerdings fehlt in der Rechtsordnung jeder Hinweis auf eine Gleichstellung des Know-how mit den gewerblichen Schutzrechten. Nur diese sind in den patent- und gebrauchsmusterrechtlichen Vorschriften mit einem Absolutheitsschutz ausgestattet. Würde man daher dem Know-how, dem die Allgemeinheit mangels Erfindungshöhe den Status eines Patents oder Gebrauchsmusters verwehrt, den Schutz eines absolut-dinglichen Rechtes zugestehen, dann ließe sich diese Gleichstellung nicht mit der Zielsetzung des gesetzlich normierten und letztlich abgrenzenden Patent- und Gebrauchsmusterschutzes vereinbaren (*Martinek* (Bd. II) § 19 III 1).
Bevor man das Know-how in den Kreis der absolut-dinglichen Rechten „erhebt", bedarf es eines deutlichen Signals seitens des Gesetzgebers.

[1055] *Eggers* RIW 2000, S. 665 (670); vgl. auch *Brand/Maskow* 4.9.1., nach denen sich geschütztes und ungeschütztes Wissen generell nur schwer auseinander halten lassen; oder auch *Kreuzer* in: FS von Caemmerer S. 705 (729), der darauf hinweist, dass die einzelnen Vertragsgegenstände auch äußerlich häufig als Einheit behandelt werden.

[1056] Benkard-*Ullmann* § 15 PatG Rdnr. 50; *Eggers* RIW 2000, S. 665 (666); ähnlich schon RGZ 163, 1 (6).

[1057] Ausführlicher dazu unten im 6. Kapitel D V 1 a (4).

[1058] Vgl. dazu *Schultz-Süchting* in: MünchVhb (Bd.3) IV.2 Anm. 40.

Entgelt[1059] und dessen Haftung für das Patent und von ihm abgegebene Verfahrensgarantien[1060].

Als eine Besonderheit der Lizenzabrede sind jene Klauseln hervorzuheben, die eine enge Zusammenarbeit zwischen den Beteiligten über den Zeitpunkt der Fertigstellung der Anlage hinaus vorsehen. So wird der Auftragnehmer regelmäßig versuchen, den Besteller bzw. den Betreiber der Anlage zu verpflichten, ihm Erfahrungen und Erkenntnisse, die dieser während des Betriebes der Anlage gewinnt, mitzuteilen und ihm Verbesserungen und konstruktive Details zur Verfügung zu stellen[1061]. Eine solche Regelung birgt für den Betreiber den Nachteil, dass er den von ihm betriebenen Aufwand zur Weiterentwicklung der Technologie nicht ausschließlich für sich nutzbar machen kann, sondern den Auftragnehmer an seinem Fortschritt teilhaben lassen muss. Er wird in seiner Wettbewerbsfreiheit eingeschränkt, da er der Möglichkeit beraubt wird, sich durch technologisch fortschrittlichere Produkte einen Vorteil gegenüber dem Auftragnehmer - als einem möglichen Konkurrenten - zu verschaffen[1062]. Obendrein wird das von dem Betreiber ermittelte Know-how in der Regel auch noch von der oben beschriebenen Geheimhaltungsvereinbarung erfasst, so dass der Betreiber dieses weder lizenzieren, noch gegenüber Dritten zur Unterstützung des Marketings offenlegen darf.
Aus diesem Grunde wird sich der Auftraggeber in der Regel nur dann zu einer solchen Verpflichtung bereit erklären, wenn sich der Auftragnehmer im Gegenzug ebenfalls verpflichtet, ihm sein fortentwickeltes Know-how zur Verfügung zu stellen und ihm Nutzungsberechtigungen an neuen Schutzrechten einzuräumen. Die entsprechenden Klauseln in den Anlagenverträgen sehen daher auch grundsätzlich die wechselseitige Verpflichtung der Parteien zum Erfahrungsaustausch und zur Gewährung von Schutzrechten vor[1063].

In lizenzrechtlicher Hinsicht ist die Beziehung zwischen dem Auftraggeber und dem Auftragnehmer somit stark geprägt von einem *gemeinsamen* Interesse, und zwar von dem an der Geheimhaltung und der Fortentwicklung der Technologie.

1059 Zur besonderen Vertragsgestaltung im Anlagenbau vgl. *Eggers* RIW 2000, S. 665 (670 f.); allgemein zu Lizenzgebühren siehe Benkard-*Ullmann* § 15 PatG Rdnr. 71 f..

1060 Hierzu UNCITRAL chap. VI para. 17; *Eggers* RIW 2000, S. 665 (672 f.).

1061 *Brand/Maskow* 4.9.4.; UNCITRAL chap. VI para. 15; *Eggers* RIW 2000, S. 665 (670).

1062 UNCITRAL chap. VI para. 15.

1063 *Eggers* RIW 2000, S. 665 (670). Vgl. hierzu auch *Schultz-Süchting* in: MünchVhb (Bd.3) IV.2 Anm. 18, welcher zutreffend darauf hinweist, dass das Kartellrecht sogar eine entsprechende Verpflichtung seitens des Auftragnehmers grundsätzlich verlangt, damit sie nicht als ein Verstoß gegen kartellrechtliche Vorschriften zu bewerten ist (§ 17 Abs. 2 Ziff. 2 GWB und Art. 2 Abs. 1 Ziff. 4, 2. Spiegelstrich VO).

(4) Gewerbliche Schutzrechte Dritter

Aus der Komplexität einer industriellen Großanlage folgt nicht nur die grundsätzliche Notwendigkeit, dem Betreiber gewerbliche Nutzungsberechtigungen einzuräumen, sondern auch die Ungewissheit der Beteiligten über die Existenz von gewerblichen Schutzrechten Dritter und die Identität der Inhaber dieser Rechte.

Die Beteiligten müssen daher stets damit rechnen, mit Ansprüchen von Dritten konfrontiert zu werden, die diese unter Berufung auf die Verletzung eines gewerblichen Schutzrechts erheben. Zwar erweisen sich solche Behauptungen nicht selten als unbegründet, jedoch stellt eine jede Geltendmachung eine Belastung für den Betroffenen dar. Sie trägt nicht nur zur Verunsicherung und zum Misstrauen sämtlicher Beteiligten bei, sondern sie verlangt von dem Anspruchsgegner häufig hohe finanzielle Aufwendungen, um den Anspruch gerichtlich oder auch vorgerichtlich abzuwehren. Die diesbezüglichen Ausgaben sind jedoch in der Regel verschwindend gering im Vergleich zu dem Schadenersatz, den der Betroffene zu leisten hat, wenn der Anspruch von der erkennenden Instanz als begründet erachtet wird. Erklärt sich in einem solchen Fall darüber hinaus der Inhaber des Rechts auch gegen Entgelt zu einer Lizenzierung nicht bereit, dann droht im schlimmsten Fall[1064] sogar der endgültige Abbruch der Arbeiten bzw. die Aufgabe des Betriebes.

Die Projektierung und der Bau einer industriellen Großanlage erfordern somit von den Beteiligten eine vorherige sehr gründliche, im besten Fall weltweite Recherche nach dem Bestehen von gewerblichen Schutzrechten. Aber selbst dann ist die Gefahr von Ansprüchen Dritter noch immanent, sie schwebt gleichsam wie ein Damoklesschwert über dem Projekt, und zwar während des gesamten Lebenszyklus der Anlage.

Bei einem Anlagenvertrag in der Variante des Turnkey-Vertrages trifft den Auftragnehmer die Pflicht, für den Bau der Anlage die notwendigen Baurechtslizenzen zu besitzen und den Betreiber mit den für den Betrieb der Anlage und den Vertrieb der Produkte erforderlichen Lizenzen auszustatten. Infolgedessen sehen auch die meisten Mustervertragsbedingungen[1065] eine Verpflichtung des Auftragnehmers zur Schadlosstellung des Auftraggebers vor, wenn gegen diesen Ansprüche oder Rechte Dritter aus geistigem Eigentum geltend gemacht werden.

Um die aus einer solchen Verpflichtung resultierende Verantwortung auf ein für ihn annehmbares Maß zu reduzieren, wird der Unternehmer regelmäßig versu-

---

[1064] Ein solcher Fall liegt dann vor, wenn es den Beteiligten nicht gelingt, Nutzungsberechtigungen an alternativen Schutzrcchten zu erhalten. Aber auch die erfolgreiche Suche nach Alternativen ist häufig sehr zeit- und kostenaufwendig.

[1065] Vgl. nur Art. 17.5 EPC, FIDIC-Employer; Art. 29.1 ENNA; Art. 28 ICE; Art. 20 EIC; Art. 7 UNIDO.

chen, seinen Schutz auf Ansprüche bzw. Rechte Dritter aus einigen ausgewählten Ländern zu begrenzen[1066]. Es handelt sich dabei um jene Länder, die für den Bau und den Betrieb der Anlage sowie den Vertrieb der Produkte von besonderer Relevanz sind. Zu nennen sind hier insbesondere der Errichtungsort und strategisch wichtige Absatz- und Kooperationsländer. Ergänzend dazu wird sich der Auftragnehmer um eine Regelung bemühen, welche ihn nur zum Schutz vor Ansprüchen aus solchen gewerblichen Schutzrechten verpflichtet, welche bereits zum Zeitpunkt des Vertragsschlusses bestanden[1067]. Durch die genannten Einschränkungen wird der Auftragnehmer vor einem unkalkulierbaren Risiko geschützt.

Weitere Einschränkungen der Haftung des Auftragnehmers ergeben sich aus dem allgemeinen Gebot der Fairness. So wird die Haftung überwiegend für den Fall ausgeschlossen, dass die Ansprüche auf eine Verursachung durch den Auftraggeber zurückzuführen sind[1068]. Ein solcher Fall wird unter anderem dann angenommen, wenn die Ansprüche auf einer Verwendung der Anlage zu einem Zweck beruhen, welcher weder im Vertrag ausdrücklich vorgesehen ist, noch aufgrund einer allgemeinen Vertragsauslegung als sachgerecht erscheint[1069]. Das Gleiche gilt für (behauptete) Schutzrechtsverletzungen, die aus dem Bemühen des Auftragnehmers, den speziellen Anweisungen des Auftraggebers gerecht zu werden, oder aber aus einer kombinierten Anwendung der vom Auftragnehmer gelieferten Anlagenteile mit solchen, deren Bezugsquelle der Auftraggeber vorgibt, resultieren.
Viele Mustervertragsbedingungen[1070] – vgl. etwa Art. 17 EPC, FIDIC-Employer, Art. 8. 2 ICE, Art. 29 ENNA – sehen in diesen Umständen nicht nur einen Grund zum Haftungsausschluss, sondern darüber hinaus sogar einen ausreichenden Anlass, stattdessen dem Auftragnehmer einen Anspruch gegenüber dem Auftraggeber für den Fall zu gewähren, dass ein Dritter gegen den Auftragnehmer einen Anspruch richtet, welcher sich als unmittelbare Folge dieser Umstände darstellt. Nicht selten belassen die Mustervertragsbedingungen es auch nur bei der Formulierung der Voraussetzungen des Anspruchs des Auftragnehmers, so dass sich die angesprochene Haftungsbeschränkung hinsichtlich der Ansprüche des Auftraggebers gegen den Auftragnehmer nur mittelbar ergibt.

1066 UNCITRAL chap. VI para. 21.

1067 So auch explizit Art. 29. 1 ENNA.

1068 *Brand/Maskow* 4.21.2.1..

1069 Siehe z. B. Art. 20.1 EIC.

1070 Untersucht werden hier nur die anlagenspezifischen im 3. Kapitel vorgestellten Vertragsmuster. Spezielle Lizenzmusterverträge und Anmerkungen zur Vertragsgestaltung finden sich insbesondere bei *Pfaff* (Hrsg.) „Lizenzverträge", Formularkommentar, München 2004; *Hoffmann/Adler* „Lizenzvertragsgestaltung", Neuwied 2002; *Pagenberg/Geissler* „Lizenzverträge – Patente, Gebrauchsmuster, Know-how, Computer Software", Köln 2003.

b. Frei zugängliches Wissen

Für gewerbliche Schutzrechte ist kennzeichnend, dass das Wissen zwar vom Inhaber offengelegt worden ist, allerdings von Dritten – vorbehaltlich einer Lizenz - grundsätzlich nicht verwandt werden darf. Das Know-how dagegen darf verwandt werden, sobald es einem zur Kenntnis gelangt ist, jedoch erschwert der Geheimnischarakter der das Know-how darstellenden Informationen grundsätzlich eine unentgeltliche Kenntniserlangung.

Neben diesen beiden Kategorien gibt es noch eine dritte Kategorie von Wissen, welche ebenso wie jene beiden unerlässlich ist für die Erstellung und den Betrieb einer Anlage. Es handelt sich dabei um professionelle Kenntnisse und Erfahrungen auf der Grundlage ingenieurtechnischer und betriebswirtschaftlicher Ausbildung durch Fach- bzw. Hochschule und durch betriebliche Praxis.

Dieses Wissen ist weder staatlich geschützt noch geheim und somit im Grundsatz frei zugänglich für *jedermann*. Dies gilt jedoch nur bedingt für Betreiber bzw. deren Personal aus Entwicklungsländern. Anders als bei einer in einem Industrieland betriebenen Anlage kann der Betreiber in diesen Ländern grundsätzlich nicht auf eine Großzahl qualifizierter lokaler Arbeitnehmer zurückgreifen, die eine Ausbildung an einer Fach- bzw. Hochschule genossen haben oder aber bereits Erfahrungen durch eine Tätigkeit in einer vergleichbaren Anlage besitzen. Dem aus einem Entwicklungsland stammenden Personal muss daher zusätzlich zu dem Know-how regelmäßig[1071] noch das grundlegende fachspezifische Wissen vermittelt werden, bevor es in der Lage ist, die Anlage in technischer und betriebswirtschaftlicher Hinsicht erfolgreich zu betreiben.

Eine solche Schulung lässt sich nur zum Teil abstrakt während der Errichtung der Anlage und somit vor deren Fertigstellung bewerkstelligen. Es bedarf dazu einer intensiven Zusammenarbeit der Parteien über den Zeitpunkt der Fertigstellung hinaus. Das Ausmaß und der Inhalt der Schulung hängen von den Umständen des Einzelfalles ab; das Gleiche gilt für die vertragsrechtliche Umsetzung dieser zusätzlichen Verpflichtung des Unternehmers.

[1071] An dieser Stelle muss vor einer Pauschalisierung gewarnt werden. Es gibt durchaus Entwicklungsländer, deren Ausbildungsniveau zumindest in bestimmten Bereichen dem der Industrieländer entspricht. Zu denken ist da etwa an Indien, welches zu Recht als Entwicklungsland eingestuft wird, allerdings über eine so große Anzahl von gut ausgebildeten Informatikern verfügt, dass Betriebe aus klassischen Industrienationen große Anstrengungen unternehmen, um indische Arbeitnehmer für sich gewinnen zu können. Man denke nur an die von der deutschen Industrie entfachte Diskussion um die mit der US-amerikanischen „greencard" vergleichbare besondere Arbeitserlaubnis für qualifizierte ausländische IT-Spezialisten.

2. Kollisionsrechtliche Auswirkung des Informationsbedarfs

Im Anschluss an die Vorstellung des Phänomens „Wissenstransfer" wird im Folgenden die kollisionsrechtliche Dimension dieser Besonderheit des Anlagenvertrages untersucht.
Die bisherigen Ausführungen haben gezeigt, dass der Wissenstransfer im Wesentlichen in *zwei* Formen erfolgt. Bei einem Betreiber aus einem Industrieland reicht es regelmäßig aus, dass diesem Nutzungsberechtigungen an den relevanten Schutzrechten eingeräumt werden und das nötige Know-how vermittelt wird. Befindet sich die Anlage dagegen in einem Entwicklungsland, und verfügt der Betreiber nicht ausnahmsweise über profunde Vorkenntnisse, dann sind *zusätzlich* noch Schulungen in allgemein zugänglichem Fachwissen vonnöten. Häufig schließt sich noch eine über den Zeitpunkt der Fertigstellung der Anlage hinausgehende Kooperation der Beteiligten an.

a. Kombinierte Patent- und Know-how-Lizenz (Betrieb in einem *Industrieland*)

(1) Charakter der Lizenzabrede

Der Bau und der Betrieb einer jeden industriellen Großanlage erfordern sowohl die Einräumung von Nutzungsberechtigungen an gewerblichen Schutzrechten als auch die Übertragung von fachspezifischem Geheimwissen (= Know-how). Somit kommt eine „bloß" isolierte Lizenzierung von Schutzrechten einerseits oder Know-how andererseits im industriellen Großanlagengeschäft nicht vor.
Die zu diesem Wissenstransfer nötige Lizenzabrede wird überwiegend im Rahmen des Gesamt-Anlagenvertrages vorgenommen, sie kann aber auch Gegenstand eines eigenständigen Vertrages sein[1072].

Die Besonderheit der anlässlich eines Anlagengeschäftes getroffenen Lizenzabrede liegt darin, dass sie zu jenen Abreden gehört, bei welchen das einer jeden Lizenzierung innewohnende gesellschaftsrechtliche Element besonders stark ausgeprägt ist.

Im Anlagengeschäft weist vor allem die lizenzrechtliche Beziehung zwischen dem Auftragnehmer und dem Auftraggeber sowohl Züge eines Austauschverhältnisses, in dessen Rahmen der Lizenzgeber dem Lizenznehmer gegen Entgelt eine Nutzungsberechtigung an seinen Schutzrechten einräumt, als auch solche einer umfänglichen Kooperation auf. Und durch dieses stark ausgeprägte koope-

[1072] *Eggers* RIW 2000, S. 665 (670).

rative Element[1073] rückt die Lizenzabrede in die Nähe eines gesellschaftsrechtlichen Verhältnisses, und zwar in die einer Gesellschaft des Bürgerlichen Rechts gemäss §§ 705 ff. BGB. Schließlich sind der gemeinsame Zweck und die auf diesen gerichteten Förderungspflichten die allein konstitutiven Elemente der Gesellschaft des Bürgerlichen Rechts[1074], und das kooperative Zusammenwirken kann als Ausdruck einer gegenseitigen Förderungspflicht zur Erreichung eines gemeinsamen Zwecks betrachtet werden. Die Bildung eines Gesamthandsvermögens und die Geschäftsführung für die Gesellschaft und deren Vertretung sind nur typische, jedoch keine notwendigen Elemente[1075].

Bereits das Reichsgericht hatte die Nähe der Lizenzabrede zur Gesellschaft erkannt und sich dazu wie folgt geäußert: „Werden, wie hier, gewerbliche Schutzrechte (Patent, Gebrauchsmuster) dergestalt vergeben, dass der Veräußerer sich einen bestimmten Teil (Hundertsatz oder ähnl.) vom Kaufpreise der zu vertreibenden Ware (oder vom Umsatz oder Gewinn) als Lizenzgebühr versprechen läßt, so liegt darin allein, auch wenn mehrjährige Dauer bedungen ist, in der Regel noch nichts Gesellschaftsartiges. Merkmale der Gesellschaft finden sich erst, wenn beide Teile zu einem gemeinsamen Ziel Tätigkeit entfalten sollen (§ 705 BGB). Solches trifft z.B. zu, wenn Konstruktionszeichnungen auszutauschen, Verbesserungen gegenseitig mitzuteilen sind; wenn die Erfindung für gemeinschaftliche Rechnung ausgenutzt werden soll; wenn weitere Patente gegenseitig überlassen werden sollen ... ."[1076] Auch der Bundesgerichtshof hat sich in einigen Entscheidungen[1077] mit der Abgrenzungsproblematik befasst und die genannten Indizien um solche wie etwa die Vereinbarung von weitreichenden Geheimhaltungsvereinbarungen oder die Verpflichtung des Lizenznehmers, Zulieferungen ausschließlich vom Lizenzgeber zu beziehen, erweitert[1078].
Den obigen Ausführungen[1079] ist zu entnehmen, dass einige dieser Indizien im industriellen Großanlagengeschäft häufig vorliegen. So erstreckt sich die Betriebsphase einer industriellen Großanlage nicht selten über einen Zeitraum von mehreren Jahrzehnten, und der Betreiber benötigt während des gesamten Zeitraumes die entsprechende Technologie. Folglich sind im Anlagengeschäft die Parteien einer Lizenzabrede regelmäßig über einen sehr langen Zeitraum mitein-

---

1073 Vgl. hierzu auch *Eike* in: Komplexe Langzeitverträge für neue Technologien und neue Projekte, S. 17 (20), der die wechselseitigen Verpflichtungen der Beteiligten eines Lizenzvertrages beschreibt und zugleich die Notwendigkeit der Kooperation betont.
1074 Vgl. § 705 BGB; Müko-*Ulmer* vor § 705 Rdnr. 104.
1075 BGH WM 1962, S. 1086 (1086); Palandt-*Sprau* § 705 Rdnr.23 f..
1076 Urteil vom 26.10.1929; I. Zivilsenat, I 156/29, abgedruckt in RGZ 126, 65 (67).
1077 Vgl. nur BGH GRUR 1955, S. 338 f.; BGH GRUR 1959, S. 616 f.; BGH GRUR 1971, S. 243 f..
1078 BGH GRUR 1955, S. 338 (339).
1079 Vgl. 6. Kapitel D V 1 a (1), (2).

ander verbunden[1080]. Darüber hinaus zeichnet sich die Beziehung durch das gemeinsame Interesse der Parteien an der Fortentwicklung der Technologie aus. Diese ist im industriellen Großanlagengeschäft in der Regel dermaßen komplex, dass es sich bei ihr niemals um eine bis ins Detail ausgereifte und daher nicht mehr verbesserungswürdige Technologie handelt und somit auch der Lizenzgeber auf Erfahrungen und Weiterentwicklungen des Lizenznehmers angewiesen ist, um weiterhin konkurrenzfähig zu bleiben. Aus diesem Grunde sehen die meisten Anlagenverträge grundsätzlich umfangreiche Geheimhaltungsvereinbarungen und die *gegenseitige* Verpflichtung der Parteien zur Mitteilung von Verbesserungen und zur Überlassung von neuen Patenten vor.
Ferner tragen die Internationalität und die hohe technologische Komplexität industrieller Großanlagen zur Intensität des Wagnisses bei, welches die Parteien der Lizenzabrede eingehen. Schließlich sind im internationalen Kontext der Bestand und das Ausmaß möglicher Schutzrechte Dritter häufig unübersichtlich und Veränderungen von Marktverhältnissen nur schwer vorhersehbar. Bei Projekten in Entwicklungsstaaten stellen die mangelnde Rechtssicherheit und staatliche Willkür nicht selten eine zusätzliche Bedrohung dar. Der Eigenschaft des Lizenzvertrages als einem gewagten Geschäft kommt somit im internationalen Großanlagengeschäft eine besondere Bedeutung zu. Die Intensität der aus einer solchen Eigenschaft resultierenden *Schicksalsgemeinschaft* ist stärker als bei einer „bloßen" Lizenzierung einer ausgereiften und weniger komplexen Technologie im nationalen Kontext. Es kann daher auch nicht verwundern, dass die Anlagenverträge in der Regel umfangreiche gegenseitige Verpflichtungen zur Freistellung der anderen Partei von Ansprüchen Dritter[1081] und auch nicht selten als Lizenzgebühren sog. „Stücklizenzen" vorsehen. Bei einer Stücklizenz[1082] bestimmt sich im Gegensatz zur einmaligen Zahlung die Gebühr nach bestimmten Parametern. Als solche bieten sich alternativ die Menge der erzeugten Produkte, der erzielte Umsatz und der Reinerlös an, unter Umständen auch gekoppelt mit einer Grundgebühr[1083]. Wird von den Parteien diese Art von Entgelt gewählt[1084],

---

1080 Die lizenzrechtliche Beziehung zwischen den Parteien kann aber auch vor der Stilllegung der Anlage enden. Dies ist dann der Fall, wenn die Anlage noch betrieben wird, nachdem das Patent bereits ausgelaufen ist. Aber auch diesem Zeitpunkt geht regelmäßig eine lang andauernde Zusammenarbeit voraus.

1081 Vgl. bereits die Ausführungen oben im 6. Kapitel D V 1 a (4).

1082 Ausführlich zum allgemeinen Charakter einer Stücklizenz *Stumpf/Groß*, Lizenzvertrag, S. 79 f..

1083 UNCITRAL chap. VI para. 19. Die Vereinbarung einer Stücklizenz ist grundsätzlich auch dann möglich, wenn die Lizenzabrede in den Gesamtanlagenvertrag *integriert* ist. In einem solchen Fall besteht der Gesamtpreis aus einem Grundpreis, der die sonstigen Leistungen des Auftragnehmers mit Ausnahme der Lizenzierung erfasst, und einer variablen Gebühr.

1084 Nach der Einschätzung von *Eggers* RIW 2000, S. 665 (670 f.) stellt die Vereinbarung einer Stücklizenz eher die Ausnahme dar. Stattdessen würden sich die Parteien überwiegend auf eine „Einmal-Lizenzgebühr", die in mehreren Raten zu zahlen ist, einigen. Siehe *Eggers*

dann obliegen dem Lizenznehmer periodische Berichts- und Zahlungspflichten, welche eine über den Zeitpunkt der Fertigstellung der Anlage hinausgehende Abhängigkeit der Vertragsparteien mit sich bringt. Darüber hinaus nimmt der Lizenzgeber unmittelbar am wirtschaftlichen Risiko der Lizenzierung teil. Die Beziehung erhält durch eine solche Vereinbarung ein partiarisches Gepräge[1085]. Ein partiarischer Vertrag liegt immer dann vor, wenn die Entlohnung der einen Partei ganz oder teilweise abhängt vom Gewinn oder Umsatz der anderen Partei. Kennzeichnend für partiarische Verträge ist deren gesellschaftsrechtliches Element, welches aus dem gemeinsamen Interesse der Parteien an einem optimalen Ertrag resultiert und sich auf die Pflichten der anderen Partei niederschlägt[1086]. Zum Schluss sei noch darauf hingewiesen, dass nach der Einschätzung von UNCITRAL[1087] im Anlagengeschäft der Lizenzgeber häufig versucht, den Besteller zu verpflichten, die Rohstoffe ausschließlich von ihm oder von bestimmten ausgewählten dritten Personen zu beziehen[1088]. Gelingt ihm dies, dann liegt ein weiteres vom Bundesgerichtshof gefordertes Indiz zugunsten der Annahme einer Gesellschaft des Bürgerlichen Rechts vor.

Die Ausführungen haben gezeigt, dass im Anlagengeschäft zumindest ein nicht unbeträchtlicher Teil der von der Rechtsprechung genannten Indizien häufig anzutreffen ist. Wie bereits eingangs des Abschnitts konstatiert, stellt die anlässlich eines Anlagengeschäftes getroffene Lizenzabrede eine Variante dar, welche sich durch eine starke Affinität zur Gesellschaft des Bürgerlichen Rechts auszeichnet[1089].

---

a.a.O. zur Lösung des aus einer solchen Vereinbarung resultierenden Interessenskonflikts, welcher immer dann entsteht, wenn der Lizenznehmer vor Abnahme der Anlage zur Zahlung einer Lizenzgebührrate verpflichtet werden soll. Bevor die Eignung des Verfahrens nicht durch Testläufe erwiesen ist, wird der Lizenznehmer eine entsprechende Rate als ein großes Risiko empfinden. Allgemein zur Lizenzgebühr siehe auch *Schultz-Süchting* in: MünchVhb (Bd.3) IV.2 Anm. 4 f..

1085 Ähnlich für den Lizenz-Know-how-Vertrag *Martinek* (Bd. II) § 19 III 4 a.

1086 Ausführlich dazu siehe *Larenz/Canaris*, SchuldR BT, § 63 III 2 a.

1087 UNCITRAL chap. VI para. 13.

1088 Allgemein zu dieser Verpflichtung bei einem Lizenzvertrag siehe *Stumpf/Groß*, Lizenzvertrag, S. 125 f..

1089 Diese Affinität reicht allerdings nicht so weit, als dass die anlässlich eines Anlagenprojektes getroffene Lizenzabrede – würde man sie einzelvertraglich regeln – *grundsätzlich* auch als ein Gesellschaftsvertrag im Sinne des § 705 BGB zu qualifizieren wäre. An eine Einordnung als solche muss zwar bei der Bestimmung der Rechtsnatur stets gedacht werden, jedoch wird eine von den Indizien losgelöste Gesamtbetrachtung in den meisten Fällen zu einem anderen Ergebnis führen. Vgl. in diesem Zusammenhang *Hoppe* S. 149, welcher ausdrücklich vor einer voreiligen Einstufung als Gesellschaft des Bürgerlichen Rechts warnt.
Schließlich ist zur Annahme einer Gesellschaft in Abgrenzung zu einem Austauschverhältnis mit lediglich gesellschaftsrechtlichen Zügen erforderlich, dass die Merkmale des gemeinsamen Zweckes und der Förderungspflicht das alles überragende Prinzip des Vertragsverhält-

Diesem Umstand kommt - wie noch zu zeigen sein wird – auch eine kollisionsrechtliche Signifikanz zu[1090].

(2) Territorialitätsprinzip im internationalen Immaterialgüterrecht

Um die durch die Lizenzabrede hervorgerufene kollisionsrechtliche Interessenlage zu verstehen, ist es darüber hinaus wichtig, sich zuvor mit einem fundamentalen Rechtsprinzip des internationalen materiell-rechtlichen Immaterialgüterrechts vertraut zu machen, dem sogenannten „Territorialitätsprinzip“.

(a) Vorstellung des Grundsatzes

Das Territorialitätsprinzip, welches wohl nahezu weltweit[1091] gilt, besagt, dass „Immaterialgüterrechte in ihrem Bestand räumlich auf das Territorium des Staates begrenzt (sind), der sie individuell verleiht oder unter bestimmten Voraussetzungen generell anerkennt“[1092]. Für jene Schutzrechte, welche kraft eines staatlichen Hoheitsaktes entstehen, folgt dieses Prinzip aus einem weiteren, ebenso fundamentalen Grundsatz des internationalen Verwaltungs- und Völkerrechts, nämlich dem, dass ein Verwaltungsakt in seiner Wirkung auf den erlassenden Staat beschränkt bleibt[1093]. Diese Argumentation kann zwar auf die registrierungsfreien Urheberrechte nicht übertragen werden, jedoch liefert der

---

nisses sind und nicht von Austausch- und Interessenwahrungselementen überlagert werden (vgl. Müko-*Ulmer* vor § 705 Rdnr. 104). Es reicht dafür nicht aus, dass der Vertrag wechselseitige Verpflichtungen der Parteien zu aufeinander abgestimmten Leistungen begründet und ein lediglich diesbezügliches gemeinsames Interesse besteht, darüber hinaus jedoch jede Partei ihre eigenen Zwecke verfolgt (Vgl. BGH WM 1976, S. 1307 (1308); Palandt-*Sprau* § 705 Rdnr. 15). Vielmehr müssen die Parteien ihr komplettes Handeln an dem Zweck ausrichten und seine Verwirklichung fördern.
Diesen Anforderungen wird die Lizenzabrede grundsätzlich nicht gerecht. Für die Parteien steht die Förderung ihrer eigenen Interessen im Vordergrund. Auch das Vorliegen einiger wichtiger Indizien kann nicht darüber hinwegtäuschen, dass es sich bei der Lizenzabrede im Rahmen eines Anlagenprojektes „lediglich“ um ein Austauschverhältnis handelt, bei dem die verstärkte Treuebindung und das stark ausgeprägte kooperative Element zwar *mit*prägend, jedoch nicht in der Lage sind, der Abrede den Charakter eines Austauschverhältnisses zu nehmen. Da sich das gesellschaftsrechtliche Element nicht im Sinne einer Typenkombination abkoppeln lässt, sondern übergreifend, ohne dominierend zu sein, die gesamte Beziehung der Parteien prägt, erscheint daher eine Einstufung als *gemischttypischer Schuldvertrag in der Variante des Typenverschmelzungsvertrages* als sachgerecht. Zur Terminologie der Rechtsnaturbestimmung, vgl. die Ausführungen im 4. Kapitel B.

[1090] Vgl. die Ausführungen unten im 6. Kapitel D V 2 a (3) (b).

[1091] Für die deutsche Rechtsprechung vgl. etwa BGHZ 118, 394 (398); 126, 252 (256); 136, 380 (385 f.); vgl. auch EuGH, 22.6.1994, RS C-9/93 (IHT & Danzinger/Ideal Standard & Wabco Standard), GRUR Int. 1994, S. 614 (615 f.).

[1092] Müko-*Kreuzer* (Bd. 3) Nach Art. 38 Anh. II Rdnr. 13.

[1093] Siehe hierzu *Deutsch*, Warenzeichenlizenz, S. 463 (471); *v. Bar*, Territorialität S. 30; *Hoppe* S. 106.

Bundesgerichtshof eine überzeugende Begründung für die Ausdehnung dieses Prinzips auch auf eben diese Rechte, indem er formuliert, dass „dem Urheber positivrechtlich von den einzelnen Rechtsordnungen" das Urheberrecht zugebilligt werde, welches „notwendig auf die jeweiligen staatlichen Hoheitsgebiete begrenzt und im jeweiligen Schutzstaat belegen" sei[1094].
Aus dem Territorialitätsprinzip folgt, dass der Lizenznehmer kein einheitliches Recht für mehrere Schutzländer erwerben kann, sondern stattdessen lediglich ein Bündel von Rechten für die jeweiligen Schutzländer. Das einzelne Schutzrecht existiert und wirkt ausschließlich in dem betreffenden Schutzland[1095].

Das Kollisionsrecht knüpft an diese „quasi weltweit vorgegebene materielle Rechtslage"[1096] an und bestimmt, dass die Immaterialgüterrechte dem Recht des Staates unterliegen, für dessen Gebiet ihr Schutz begehrt wird[1097]. Das Immaterialgüterstatut ist somit das Recht des Schutzlandes (= lex loci protectionis).

(b) Reichweite des Immaterialgüterstatuts

Dem Immaterialgüterstatut unterliegen die Entstehung, die Wirkung, die Übertragung, die Einräumung und das Erlöschen der Immaterialrechtsgüter[1098].
Angesichts dieser zwingenden Verweisung auf das Recht des Schutzlandes stellt sich die Frage, ob auch der Vorgang der Einräumung einer „bloßen" Nutzungsberechtigung (= Lizenz) an einem solchen Rechtsgut und die dazu gehörende

---

[1094] BGH NJW 1975, S. 1220 (1222); zuletzt u.a. bestätigt von OLG Saarbrücken IPRax 2003, S. 150 (151), siehe dazu auch die Anmerkung von *Schack* IPRax 2003, S. 141 f..
Von einem Teil der Literatur wird die Geltung des Territorialtitätsprinzips im Urheberrecht bestritten - so etwa *Schack* IPRax 1993,S. 46 (48); *ders.* JZ 1992, S. 195 (196); *ders.* GRUR Int. 1985, S. 523 (524 f.); *Neuhaus* RabelsZ 40 (1976), S. 191 (195); differenzierend *Drobnig* RabelsZ 40 (1976), S. 195 (197 f.) -. Stattdessen sei vom Universaltitätsprinzip auszugehen. Vor einem solchen Sonderweg ist jedoch ausdrücklich zu warnen, da mit ihm „das ganze System des internationalen Immaterialgüterrechts in Frage" gestellt wird - *Ulmer* RabelsZ 41 (1977), S. 479 (480) -. Eine ausführliche Stellungnahme zu diesem Streitpunkt kann in dieser Arbeit unterbleiben, da das Urheberrecht im internationalen Anlagengeschäft keine bedeutende Rolle spielt.

[1095] *Hiestand* S. 87 mit weiteren Nachweisen für diese „Bündeltheorie"; *ders.* in Reithmann/Martiny Rdnr. 1729.

[1096] Müko-*Kreuzer* (Bd. 3) Nach Art. 38 Anh. II Rdnr. 14; Staudinger-*von Hoffmann* Art. 40 Rdnr. 371.

[1097] Statt vieler *Katzenberger* GRUR Int. 1973, S. 274 (277); *Deutsch* AcP 165 (1965), S. 182 (184 f.); *Sandrock* GRUR Int. 1985, S. 507 (513); *Nimmer* GRUR Int. 1973, S. 302 (302 f.); *Siehr* UFITA 108 (1988), S. 9 (12, 22 f.); *Lichtenstein* NJW 1965, S. 1839 (1844); *Beier* GRUR Int. 1981, S. 299 (305); *v. Bar*, IPR II, Rdnr. 702 mit weiteren Nachweisen, der sogar vermutet, dass es sich bei dieser Anknüpfung um eine der „verbreitesten Kollisionsnorm schlechthin" handelt; BGH NJW 1994, S. 2888 (2889); BGH NJW 1998, S. 1395 (1396) – Spielbankaffäre.

[1098] Erman-*Hohloch* Art. 28 Rdnr. 54 und siehe Nachweise in der vorherigen Fußnote.

vertragliche Beziehung *zwingend* der lex loci proctectionis zu unterstehen hat. Beherrscht diese das gesamte *Lizenz*verhältnis, oder gibt es auch Bereiche, welche einer Rechtswahl zugänglich sind und für die eine eigenständige, an den Kriterien des Art. 28 EGBGB zu messende objektive Anknüpfung vorgenommen werden kann – mag diese unter Umständen auch wieder zur Anwendung der lex loci protectionis führen?[1099] Oder aber findet das Recht des Schutzlandes keinerlei Berücksichtigung in der Lizenzbeziehung? Letztlich geht es hier um das Verhältnis des Vertragstatuts zu dem Statut des Immaterialrechtsguts.

Die in diesem Zusammenhang stattfindende Diskussion wird vor dem Hintergrund der aus dem deutschen materiellen Recht bekannten Trennung zwischen dem Verpflichtungs- und dem Verfügungsgeschäft geführt und ist von zwei Extremen geprägt.
Nach der zumindest im Bereich der gewerblichen Schutzrechte herrschenden „Spaltungstheorie“[1100] werden das Verpflichtungs- und das Verfügungsgeschäft getrennt angeknüpft. Während jenes dem Vertragsstatut unterliegen und damit der freien Rechtswahl zugänglich sein soll, wird für dieses das Recht des Schutzlandes als das sachnächste erachtet.
Dagegen sprechen sich die Vertreter der „Einheitstheorie“[1101] gegen die Annahme zweier Statute aus, und sie lassen das Vertragsstatut über die gesamte Lizenzbeziehung mit Ausnahme jener Regelungskomplexe bzw. Facetten herrschen, welche zwingend der lex loci protectionis unterstehen müssen[1102].

Die Einheitstheorie kann für sich in Anspruch nehmen, dass bei ihr die oft mühsame Zuordnung der einzelnen Facetten der Beziehung zum Verpflichtungsgeschäft bzw. zum Verfügungsgeschäft entfällt, zumal in der Praxis beide Vorgänge in der Regel zeitgleich in einem einheitlichen Akt erfolgen. Der Rechtsanwender muss dann nur noch unterscheiden zwischen den Aspekten, die zwingend dem Immaterialgüterstatut unterliegen, und denen, die dem Vertragsstatut unterstehen[1103]. Obendrein wird durch die Anwendung desselben Statuts sowohl auf das Verpflichtungs- als auch auf das Verfügungsgeschäft sichergestellt, dass diese denselben Auslegungskriterien unterliegen. Eine einheitliche Auslegung

---

[1099] Zur Rolle des Schutzlandprinzips im Rahmen der Abwägung nach Art. 28 V EGBGB vgl. die Ausführungen unten im 6. Kapitel D V 2 a (1) (f).

[1100] Für die Literatur stellvertretend: *Von Hoffmann* RabelsZ 40 (1976), S. 208 (217); Müko-*Martiny* Art. 28 Rdnr. 386; Staudinger-*Magnus* Art. 28 Rdnr. 599, 600. Für die Rechtsprechung: BGH GRUR Ausl. 1965, S. 504 (505); OLG Düsseldorf GRUR Ausl. 1962, S. 256 (257); OLG Karlsruhe GRUR Int. 1987, S. 788 (789).

[1101] *Ulmer*, Immaterialgüterrechte, S. 95 f.; *Beier* GRUR Int. 1981, S. 299 (306).

[1102] Zu denken ist da etwa an die Fragestellung, ob das gewerbliche Schutzrecht überhaupt existiert. Diese Vorfrage bestimmt sich nach dem Recht des Schutzlandes. Vgl. dazu unten im 6. Kapitel D V 2 a (1) (e).

[1103] *Hiestand* S. 106.

ist angesichts des engen inhaltlichen Zusammenhangs beider Geschäfte von unschätzbarem Wert; schließlich sind beide Geschäfte von den Parteien als eine Einheit konzipiert, und eine inhaltliche Kompatibilität ist daher wünschenswert. Es kann sich jedoch als äußerst schwierig erweisen, eine solche herzustellen, wenn die Auslegung der beiden Geschäfte nach unterschiedlichen Kriterien zu erfolgen hat[1104].

Dagegen muss dem Argument eine Absage erteilt werden, dass mit der Einteilung der Lizenzbeziehung in ein Verpflichtungsgeschäft einerseits und in ein Erfüllungsgeschäft andererseits das Abstraktionsprinzip - als eine Besonderheit des deutschen Rechts - auf andere Rechtsordnungen übertragen werde[1105]. Schließlich spiegelt sich in dieser Trennung bloß die Zwecksetzung der beiden Elemente wider und nicht etwa auch der Abstraktionsgrundsatz[1106]. Mit der Zwecksetzung stellen die Parteien einen - in jeder Rechtsordnung möglichen - inhaltlichen Zusammenhang her, sie treffen jedoch keine Aussage über eine eventuelle Abstraktion des Erfüllungsgeschäftes. Diese tritt erst ein, wenn das deutsche Recht für anwendbar erklärt worden ist.

Trotz ihrer unbestreitbaren Qualitäten muss die Einheitstheorie jedoch letztendlich abgelehnt und der Spaltungstheorie – zumindest im Grundsatz - der Vorzug gegeben werden.

Hiestand weist zu Recht darauf hin, dass es sich bei Nutzungsrechten an gewerblichen Schutzrechten um „andere Rechte" im Sinne des § 413 BGB handelt[1107] und sie in Bezug auf ihre Übertragung wie Forderungen zu behandeln sind. Da sich das Einführungsgesetz zum Bürgerlichen Gesetzbuch in Art. 33 II über das auf die Übertragung einer Forderung anwendbare Recht äußert, erscheint es angesichts der materiell-rechtlichen Gleichstellung auch nur folgerichtig, die Einräumung des Nutzungsrechts ebenfalls dem Statut des Art. 33 II EGBGB zu unterstellen. In Art. 33 EGBGB wird zwischen dem der Übertragung zugrundeliegenden Verpflichtungsgeschäft und dem Übertragungsvorgang selbst unterschieden. Auf jenes finden die Vorschriften des Internationalen Vertragsrechts Anwendung, auf dieses das Recht der abgetretenen Forderung, d.h. das Statut des Rechtsverhältnisses, dem die Forderung entstammt[1108]. Wendet man nun diese Regelung auf die Lizenz an, dann bedeutet dies zum einen, dass das Verpflichtungs- und das

[1104] *Hoppe* S. 134; *Ulmer*, Immaterialgüterrechte, S. 49 f., 95 f..

[1105] So u.a. *Zweigert/Puttfarken* GRUR Int. 1973, S. 573 (577).

[1106] Ähnlich *Pfaff* in: FG Beier, S. 1109 (1142).

[1107] So auch statt vieler Palandt-*Heinrichs* § 413 Rdnr. 3; *Kraßer* GRUR Int. 1973, S. 230 (236).

[1108] Palandt-*Heldrich* Art. 33 EG Rdnr. 2 mit weiteren Nachweisen einschließlich abweichender Auffassungen.

das Verpflichtungs- und das Verfügungsgeschäft nicht einheitlich angeknüpft zu werden brauchen, und zum anderen, dass auf den Übertragungsvorgang das Recht des Schutzlandes Anwendung findet. Denn dieses ist gemäß dem Territorialitätsgrundsatz das Land, nach dem sich die Existenz und der Inhalt des gewerblichen Schutzrechts bestimmt und dem es folglich auch entstammt.

Diese Argumentation geht allerdings von der Prämisse aus, dass es sich bei der Einräumung der Nutzungsberechtigung um eine Verfügung handelt. Eine solche kann jedoch nur dann angenommen werden, wenn dem Lizenznehmer eine *ausschließliche* Nutzungsberechtigung[1109] eingeräumt wird. Nur diese hat den Status eines dinglichen bzw. quasi dinglichen Rechts und nicht den eines lediglich schuldrechtlich wirkenden Benutzungsrechts.

Es muss daher bei der Diskussion um die Reichweite des Immaterialgüterstatuts zwischen einer *einfachen* und einer *ausschließlichen* Lizenz differenziert werden[1110].
Während die Übertragung einer ausschließlichen Lizenz eine Verfügung darstellt und folgerichtig auf den Übertragungsvorgang das Recht des Schutzlandes Anwendung findet, untersteht die Lizenzbeziehung bei einer einfachen Lizenz grundsätzlich[1111] lediglich einem einzigen Recht, und zwar dem vom Immaterialgüterstatut grundsätzlich unabhängigen Vertragsstatut. Es mangelt an einer Verfügung. Die einfache Lizenz stellt eine Befugnis zur Benutzung des gewerblichen Schutzrechtes mit einer bloß schuldrechtlichen Wirkung dar. Dasselbe gilt selbstverständlich auch für das Know-how, welches von der herrschenden Meinung zu Recht als eine bloß „faktische Wissenslage" eingestuft wird[1112]. Dessen Übertragung erfolgt nicht durch Zession gemäß §§ 398, 413 BGB; Art. 33 II EGBGB ist nicht anwendbar. Der Territorialitätsgrundsatz spielt für das Know-how keine Rolle, der Know-how-Vertrag kennt kein „Schutzland"[1113], und die Vertragsbeziehung wird ausschließlich von dem Vertragsstatut bestimmt.

[1109] Allgemein zu ausschließlichen Patentlizenz- und Know-how-Verträge vgl. *Singer* „Ausschließliche Patentlizenz- und Know-how-Verträge nach deutschem, amerikanischem und europäischem Kartellrecht"; Frankfurt/M. u.a. 1997.

[1110] So schon *Deutsch*, Warenzeichenlizenz, S. 463 (473 f.). Vgl. auch ausführlich *Hoppe* S. 135 f.; *Hiestand* S. 101.

[1111] Zu den wenigen Ausnahmen vgl. *Hoppe* S. 141.

[1112] Vgl. statt vieler *Pfaff* BB 1974, S. 565 (567) sowie die Ausführungen und Nachweise im 6. Kapitel D V 1 a (3).

[1113] Reithmann/Martiny-*Hiestand* Rdnr. 1278.

(c) Qualifikationsstatut

Entscheidet man sich zugunsten der Spaltungstheorie, dann begegnet man dem schon angesprochenen Folgeproblem der Zuordnung der einzelnen Elemente der Lizenzbeziehung zur Verpflichtungs- bzw. Verfügungsebene. Die dazu notwendigen Kriterien müssen einer bestimmten nationalen Rechtsordnung entnommen werden, so dass zur Lösung dieses Problems primär die Frage zu beantworten ist, welche Rechtsordnung die Zugehörigkeit der einzelnen Elemente der Rechtsbeziehung zu den verschiedenen Ebenen bestimmt. Es gilt somit an dieser Stelle das Qualifikationsstatut zu ermitteln[1114].

In den wenigen Stellungnahmen zu diesem Problem wird entweder die lex fori[1115] oder aber die lex loci protectionis[1116] zum Qualifikationsstatut ernannt. Beruft man das Recht des Schutzlandes zur Entscheidung über die Abgrenzung der beiden Ebenen, dann wählt man eine Vorgehensweise, welchen den im internationalen Sachenrecht geltenden Grundsätzen über das Verhältnis zwischen dem Grundgeschäft und dem dinglichen Verfügungsgeschäft ähnelt.

Gem. Art. 43 I EGBGB unterliegen Rechte an einer Sache dem Recht des Staates, in welchem sich die Sache befindet. Die lex rei sitae entscheidet über den Bestand, den Inhalt und die Ausübung dinglicher Rechte[1117] ebenso wie über die Sachqualität und die Einteilung in bewegliche und unbewegliche Sachen[1118]. Die Situs-Regel gilt für alle sachenrechtlichen Tatbestände[1119]. Nach dem Sachstatut bestimmt sich somit, ob das schuldrechtliche Grundgeschäft dingliche Änderungen zeitigen kann oder ob es darüber hinaus noch weiterer Schritte bedarf und wie diese auszusehen haben. Es entscheidet auch über die Frage der Abhängigkeit der Gültigkeit der dinglichen Rechtsänderung von dem Grundgeschäft[1120].

Angesichts der Relevanz des internationalen Sachenrechts im grenzüberschreitenden Industrieanlagenbau hat eine solche Vorgehensweise den Vorteil, dass die Abgrenzung des Vertragsstatuts von zwei weiteren für die Gesamtrechtsbeziehung eminent wichtigen Elementen – dem Sachenrechts- und dem Immaterialgüterstatut – nach demselben Grundmuster erfolgt. Ein solcher Gleichlauf vereinfacht die Konturierung der verschiedenen Elemente der Gesamtrechtsbezie-

---

[1114] Mehr dazu bei *Hiestand* S. 110 f..

[1115] So *Kleine* S. 93 und auch *Pfaff* AWD 1974, S. 241 (242), der seine Meinung jedoch später ausdrücklich revidierte. Siehe Nachweis in folgender Fußnote.

[1116] *Hiestand* S. 112; *Hausmann* in: FS Wolf Schwarz, S. 47 (66); vgl. auch *Pfaff* in: FG Beier, S. 1109 (1133, 1139) unter Abkehr von seiner in AWD 1974, S. 241 (242) geäußerten Auffassung.

[1117] Vgl. auch BGH NJW 1998, S. 1322 (1322); KG OLGZ 1977, S. 457 (459).

[1118] Palandt-*Heldrich* Art. 43 Rdnr. 3; Erman-*Hohloch* Art. 43 Rdnr. 10.

[1119] Erman-*Hohloch* Art. 43 Rdnr. 10.

[1120] Staudinger/IntSachR-*Stoll* Rdnr. 159.

hung, und er erleichtert so die anlässlich der Suche nach dem objektiven Statut des Anlagenvertrages erforderliche Gewichtung der Umstände „lex rei sitae" sowie „lex loci protectionis" im Rahmen der Gesamtabwägung nach Art. 28 V EGBGB.

Obendrein ist es nur konsequent, die im internationalen Sachenrecht entwickelten Kriterien zu beleihen, wenn man die ausschließliche Lizenz im deutschen Recht als dinglich bzw. quasi-dinglich einstuft[1121].

Es bleibt noch darauf hinzuweisen, dass auch die ausschließliche Lizenz in vielen Rechtsordnungen als eine „rein" schuldrechtliche Nutzungsberechtigung betrachtet wird. Handelt es sich beim Qualifikationsstatut um eine solche Rechtsordnung, dann bestimmt sich die rechtliche Beziehung der Parteien des Lizenzvertrages grundsätzlich nur nach dem Vertragsstatut.

(d) Grenzen des Vertragsstatuts

Aber auch in der zuvor genannten Konstellation und selbst im Falle einer „bloß" einfachen Lizenz gibt es unmittelbare Elemente der Beziehung oder zumindest mittelbar auf die Beziehung einwirkende Umstände, die – obwohl nicht im Sinne der Spaltungstheorie der Verfügungsebene zugeordnet - dem Vertragsstatut und damit auch der freien Rechtswahl entzogen sind. Die Geltung des Vertragsstatuts ist auch dort nicht allumfassend.

Bei jenen handelt es sich entweder um Auswirkungen des Territorialitätsgrundsatzes oder aber um solche, die – unabhängig von diesem Grundsatz - auf die rechtliche Beziehung einwirken und allgemein unter dem Stichwort „zwingende Normen" erörtert werden. Auf Letztere wird noch im Rahmen der Ausführungen zum Umfang des Statuts des Hauptanlagenvertrages näher eingegangen werden[1122].

An dieser Stelle sollen daher nur die zwingend dem Immaterialgüterstatut – als Konsequenz des Territorialitätsgrundsatzes - unterliegenden Aspekte der lizenzrechtlichen Beziehung skizziert werden[1123]. Die folgenden Beschränkungen be-

[1121] *Hiestand* S. 112; ähnlich *Schack*, Urheberrecht, S. 72 für das Urherberrecht.

[1122] Vgl. die Ausführungen zum Umfang des Status des Hauptanlagenvertrages im 8. Kapitel. Im Zusammenhang mit einem Technologietransfer ist zuvörderst an Vorschriften des Kartell-, Außenwirtschafts- und Technologietransferrechts zu denken, siehe hierzu u.a. Reithmann/Martiny-*Hiestand* Rdnr. 1751 f. und 1761 f..

[1123] Allgemein zur Reichweite des Schutzlandprinzips im internationalen Urheberrecht BGH GRUR Int. 1998, S. 427 f. bzw. im internationalen Markenrecht OGH GRUR Int. 2002, S.

ziehen sich selbstverständlich auch auf die Vertragsstatute solcher Lizenzen, bei denen bereits die Spaltungstheorie in Kombination mit dem Qualifikationsstatut Teile der Lizenzbeziehung dem Immaterialgüterstatut zuweist.

Es wurde schon erwähnt, dass die Entstehung, die Wirkung, die Übertragung, die Einräumung und das Erlöschen der Immaterialrechtsgüter dem Recht des jeweiligen Schutzlandes unterstehen. Die internationale Rechtsgemeinschaft hat zur Vereinheitlichung zahlreiche Übereinkünfte geschlossen[1124].
Daraus folgt zunächst einmal, dass die für jede Lizenzbeziehung entscheidende Vorfrage, ob das gewerbliche Schutzrecht, für welches eine Nutzungsberechtigung eingeräumt werden soll, überhaupt existiert, dem Immaterialgüterstatut unterliegt[1125]. Es wird hier nicht nur über die grundsätzliche Existenz eines Schutzrechts, sondern auch über den jeweiligen Rechtstyp entschieden. So kann etwa das nur in wenigen Rechtsordnungen außerhalb der EU bekannte Gebrauchsmusterrecht von einer anderen Rechtsordnung entweder als überhaupt nicht schutzwürdig betrachtet oder aber auch in den Rang eines Patents gehoben werden[1126].

Das Gleiche gilt für die Zulässigkeit der Lizenzierung als solcher[1127]. Die Rechtsordnung, welche über die Existenz und den Umfang des gewerblichen Rechts entscheidet, muss folgerichtig auch die Möglichkeiten der Verwertung bestimmen[1128].

---

936 f.; vgl. auch *Kieninger* GRUR Int. 1998, S. 280 (289) über die Akzeptanz des Schutzlandprinzips im englischen Kollisionsrecht bei einer Verletzung des gewerblichen Schutrechts oder Urheberrechts.

[1124] Auf eine nähere Darstellung wird in dieser Arbeit verzichtet. Es wird insoweit auf die umfangreiche Auflistung bei Müko-*Kreuzer* Nach Art. 38 Anh. II verwiesen, dort insbesondere auf Rdnr. 77 f. für den im Anlagengeschäft besonders relevanten Bereich der Patentlizenzierung. Zu den gesetzlichen Vorgaben innerhalb der europäischen Union vgl. *Schultz-Süchting* in: MünchVhb (Bd.3) IV.2 Anm. 2. Angesichts der immer noch regen gesetzgeberischen Aktivitäten – auch auf der Ebene der EU - ist dem Rechtsanwender stets zu raten, sich nicht auf die Literatur zu verlassen, sondern sich stattdessen anhand der einschlägigen Gesetzesblätter über den gegenwärtigen Rechtszustand zu informieren.

[1125] Reithmann/Martiny-*Hiestand* Rdnr. 1741.

[1126] Darauf hinweisend Reithmann/Martiny-*Hiestand* Rdnr. 1741.

[1127] So die ganz herrschende Meinung in Rechtsprechung und Literatur. Lediglich für den Bereich des Urheberrechts wird zum Teil eine abweichende Auffassung vertreten. Ausführliche Nachweise bei *Hiestand* S. 113 f..

[1128] *Kleine* S. 100; *Hausmann* in: FS Schwarz, S. 47 (64).

Ebenfalls vom Immaterialgüterstatut beherrscht wird die Form der Lizenzeinräumung an Immaterialgüterrechten[1129]. Das Recht des Schutzlandes bestimmt die Form des Lizenzvertrages. Schließlich zeigt die Registrierung als Entstehungsvoraussetzung des gewerblichen Schutzrechts das besondere Interesse des jeweiligen Schutzlandes an der Rechtssicherheit. Erkennt man dieses Schutzinteresse an – wie es wohl weltweit der Fall ist - , dann ist es nur konsequent, auch hinsichtlich der Form der Lizenzierung das Recht des Schutzlandes zur Anwendung kommen zu lassen[1130].

Abschließend sei noch erwähnt, dass sämtliche Fragen, die die Ausübung des Schutzrechtes einschließlich der Voraussetzungen und Rechtsfolgen im Verletzungsfall betreffen, der lex loci protecitionis unterliegen[1131].

(3) Kollisionsrechtliche Signifikanz der Lizenzabrede

(a) Signifikanz des Territorialitätsgrundsatzes für das Statut des Anlagenvertrages

Der Territorialitätsgrundsatz und mithin auch das Immaterialgüterstatut spielen für die lizenzrechtliche Beziehung eine bedeutende Rolle. Es stellt sich daher zwangsläufig die Frage, ob bzw. inwieweit sich der Territorialitätsgrundsatz auf die objektive Anknüpfung des Anlagenvertrages auswirkt.

Zur Beantwortung dieser Frage bietet es sich an, die kollisionsrechtliche Interessenlage einer *isolierten, einzelvertraglichen* Lizenzabrede zu untersuchen. Stellt man dort fest, dass die Lizenzabrede Bezüge zu einer bestimmten, von dem Recht des Auftragnehmers abweichenden Rechtsordnung aufweist, dann ist dies als ein Indiz zugunsten der Anwendung dieser Rechtsordnung auf den Gesamtanlagenvertrag zu werten. In einem solchen Fall hat also die nicht einzelvertraglich geregelte, in den Anlagenvertrag unmittelbar integrierte Lizenzabrede eine kollisionsrechtliche Signifikanz.

Während die Bestimmung des subjektiven Statuts eines (isolierten) Lizenzvertrages in der Regel[1132] keine besonderen *vertragsspezifischen* Probleme mit sich

---

[1129] Herrschende Meinung: *Drobnig* RabelsZ 40 (1976), S. 195 (204); Reithmann/Martiny-*Hiestand* Rdnr. 1750; Benkard-*Ullmann* § 15 PatG Rdnr. 134; siehe *Hiestand* S. 117 Fn. 272 mit weiteren Nachweisen einschließlich der abweichenden Meinungen (S. 118 f.).

[1130] Ähnlich schon *Beier* GRUR Int. 1981, S. 299 (306).

[1131] Vgl. hierzu Müko-*Drexl* IntImmGR Rdnr. 127 f.. Siehe auch *Hiestand* S. 113 f. für eine detaillierte Darstellung der Grenzen des Statuts des Lizenzvertrages.

[1132] Die Hauptproblematik liegt darin, den genauen Umfang der Rechtswahl zu ermitteln. Das Statut des Lizenzvertrages wird beschnitten durch zahlreiche (zwingende) Vorschriften vor

bringt, erweist sich die Ermittlung des objektiven Statuts[1133] nicht selten als schwierig, da das Lizenzverhältnis häufig von Momenten gekennzeichnet ist, welche eine von dem Vermutungstatbestand des Art. 28 II EGBGB abweichende Anknüpfung zumindest in Betracht ziehen lassen und somit eine umfängliche Abwägung im Sinne des Art. 28 V EGBGB erforderlich machen

Das Recht des Lizenzgebers lässt sich regelmäßig als jenes identifizieren, dessen Anwendbarkeit aufgrund des Art. 28 II EGBGB vermutet wird[1134].

Angesichts der Dominanz des Territorialitätsgrundsatzes, auf den die große Reichweite des Immaterialgüterstatuts zurückzuführen ist, würde es sich nicht zuletzt aus pragmatischen Gründen anbieten, mit Hilfe der Ausweichklausel des Art. 28 V EGBGB auch den verbleibenden rein schuldrechtlichen Teil der Lizenzbeziehung dem Immaterialgüterstatut und damit die gesamte lizenzrechtliche Beziehung dem Recht des Schutzlandes zu unterstellen.[1135] Ein solcher

---

allem des Schutzlandes, und die Privatautonomie ist daher nicht grenzenlos. Da das objektive Vertragsstatut jedoch im gleichen Maße von jenen Vorschriften begrenzt wird, kann insoweit auf die obigen Ausführungen im 6. Kapitel D V 2 a (2) verwiesen werden. Die Parteien müssen sich des relativ beschränkten Umfanges ihrer Rechtswahl bewusst sein und daher trotz ihrer Rechtswahl den Vertrag an diesen Vorschriften orientieren.
Auch im Zusammenhang mit der konkludenten Rechtswahl ist ein Verweis auf Ausführungen an anderer Stelle möglich, und zwar auf die Darstellung der Probleme, die typischerweise bei der Suche nach dem stillschweigend geäußerten Rechtswahlwillen in Bezug auf den Gesamtanlagenvertrag entstehen, vgl. 7. Kapitel B III. Die dort genannten Kriterien bzw. Indizien lassen sich grundsätzlich auf den separaten Lizenzvertrag übertragen, da dieser anlässlich eines Anlagenvertrages geschlossen worden ist und die Interessenlage und somit auch die relevanten Indizien zugunsten der Annahme einer stillschweigenden Rechtswahl im Wesentlichen vergleichbar sind. Ausführlich zur Rechtswahl beim Lizenzvertrag *Hiestand* S. 139 f..

[1133] *Von Hoffmann* – RabelsZ 40 (1976), S. 208 (211) - weist darauf hin, dass auch von den Parteien eines Lizenzvertrages bei schwierigen Vertragsverhandlungen die Frage des anwendbaren Rechts „gerne ausgespart" wird und daher im Falle einer Streitigkeit das objektive Vertragsstatut ermittelt werden muss. Siehe auch LG Düsseldorf GRUR Int. 1999, S. 772 (774), wonach sich aufgrund der Vielgestaltigkeit, in der Lizenzverträge in der Praxis auftreten können, „eine allgemeingültige Aussage über das Vertragsstatut von Lizenzverträgen" verbiete.

[1134] Nahezu einhellige Meinung. Vgl. etwa Staudinger-*Magnus* Art. 28 Rdnr. 610; Reithmann/Martiny-*Hiestand* Rdnr. 1276; Soergel-*von Hoffmann* Art. 28 Rdnr. 501; *Schwander* in FG Schluep, S. 501 (509); deutlich auch BGHZ 129, 236 (251) und LG Düsseldorf GRUR Int. 1999, S. 772 (773).

[1135] Diese Fragestellung ist nicht zu verwechseln mit der Problematik der Reichweite des Immaterialgüterstatuts, vgl. insoweit die obigen Ausführungen im 6. Kapitel D V 2 a (1) (c). Dort wurde der Frage nachgegangen, ob das Statut des Lizenzvertrages zu denjenigen Bereichen der Gesamtrechtsbeziehung zwischen dem Lizenzgeber und dem Lizenznehmer gehört, bei welchen das Schutzlandprinzip die *zwingende* Anwendung der lex loci protectionis fordert. Nachdem die Frage verneint und der Lizenzvertrag damit einer eigenständigen Anknüp-

Gleichlauf der Statute hätte dieselben Vorteile wie die oben dargestellte Einheitstheorie.[1136] Die zum Teil schwierige Zuordnung der einzelnen Bereiche der lizenzrechtlichen Beziehung zu den verschiedenen Statuten entfiele, und man vermiede mit ihr das Problem der mangelnden Kompatibilität zweier unterschiedlicher Rechtsordnungen.[1137]

Es ist in der Literatur und in der Rechtsprechung umstritten, ob und unter welchen Voraussetzungen eine Anlehnung des Vertragsstatuts an das Immaterialgüterstatut erfolgen soll. Bei der Wiedergabe der verschiedenen Auffassungen ist zwischen zwei Konstellationen zu unterscheiden.

Handelt es sich um einen multinationalen Lizenzvertrag, d.h. erhält der Lizenznehmer die Nutzungsberechtigung nicht nur für ein einzelnes Land, sondern für mehrere Länder, dann wird von der herrschenden Meinung[1138] zur Vermeidung einer Vertragsspaltung die Anwendung des (jeweiligen) Schutzrechts abgelehnt und stattdessen das Recht des Lizenzgebers für anwendbar erklärt. Nur einige wenige Stimmen plädieren für die jeweilige Anwendung der Rechtsordnungen der Länder, in welchen der Lizenznehmer von seiner Berechtigung Gebrauch macht[1139].

Kontroverser wird die Debatte[1140] geführt, wenn sich die Berechtigung des Lizenznehmers lediglich auf ein einziges Schutzland erstreckt und somit ein „bloß" binationaler Lizenzvertrag vorliegt. Die Rechtsprechung[1141] und Teile der Literatur[1142] halten in einem solchen Fall das Recht des Schutzlandes für am

---

fung nach den Regeln des Internationalen Vertragsrecht für zugänglich erklärt wurde, wird hier nun – im Rahmen eben dieser Anknüpfung - nach dem Einfluss des Territorialitätsgrundsatzes auf die Abwägung nach Art. 28 V EG gefragt.

[1136] Vgl. auch hier 6. Kapitel D V 2 a (2) (c).

[1137] *Von Hoffmann* RabelsZ 40 (1976), S. 208 (213); Reithmann/Martiny-*Hiestand* Rdnr. 1278, der in diesem Zusammenhang von einem „bestechenden Vorteil" spricht, ohne jedoch die entsprechende Konsequenz im Sinne einer umfänglichen Anlehnung des Vertragsstatuts an das Immaterialgüterstatut zu ziehen.

[1138] BGHZ 129, 236 (251); Müko-*Martiny* Art. 28 Rdnr. 408; *Stumpf/Groß*, Lizenzvertrag, S. 243; Staudinger-*Magnus* Art. 28 Rdnr. 610; *v. Bar*, IPR II, Rdnr. 498; *von Hoffmann* RabelsZ 40 (1976), S. 208 (214); *Deutsch*, Warenzeichenlizenz, S. 463 (473); *Ulmer*, Immaterialgüterrechte, S. 101; *Troller*, IPR, S. 188 f.; weitere Nachweise s. *Hoppe* S. 184 Fn. 46.

[1139] So etwa *Wolff*, IPR, S. 547 f.. Siehe aber auch *Beier* GRUR Int. 1981, S. 299 (304 f.), welcher sich bei multinationalen Verträgen für die Anwendung des primären Schutzrechtes ausspricht.

[1140] Guter Kurzüberblick bei *Fallenböck* ZfRV 1999, S. 98 (101) und Reithmann/Martiny-*Hiestand* Rdnr. 2171 f..

[1141] Siehe u.a. OLG Düsseldorf GRUR Ausl. 1962, S. 256 (257); OLG Karlsruhe GRUR Int. 1987, S. 788 (789); ausdrücklich offen gelassen in BGHZ 129, 236 (251).

[1142] Vgl. etwa Müko-*Martiny* Art. 28 Rdnr. 269 und *Stumpf/Groß*, Lizenzvertrag, Rdnr. 444.

sachnächsten und befürworten daher dessen generelle Anwendung. Dagegen finden sich in der Literatur auch Stimmen[1143], nach denen kein Anlass bestehe, von der Vermutung zugunsten des Rechts des Lizenzgebers abzuweichen. Oder aber es wird differenziert, und es werden Kriterien aufgestellt, wann weder das Schutzrecht noch das Recht des Lizenzgebers, sondern stattdessen das Recht des Lizenznehmers Anwendung finden soll. Ein solches Kriterium wird in der Vergabe einer ausschließlichen Lizenz[1144] oder in der Verwertungspflicht des Lizenznehmers gesehen[1145].

Der Territorialitätsgrundsatz ist *alleine* grundsätzlich nicht in der Lage, die in Art. 28 II EGBGB zugunsten des Rechts des Lizenzgebers ausgesprochene Vermutung zu widerlegen. Hinsichtlich des multinationalen Lizenzvertrages wird von der herrschenden Meinung zu Recht angeführt, dass die mit der Anwendung der jeweiligen Schutzrechte einhergehende Vertragsspaltung nicht hinnehmbar ist. Ebenso wenig überzeugend erscheint es, das anwendbare Recht von der Anzahl der Schutzländer abhängig zu machen und das Schutzrecht nur dann zur Anwendung kommen zu lassen, wenn dem Lizenznehmer eine Nutzungsberechtigung für lediglich ein einziges Schutzland eingeräumt worden ist. Schließlich besteht dann die Gefahr eines Statutenwechsels durch die nachträgliche Einengung oder Erweiterung der Lizenz[1146].

Im Falle des anlässlich der Erstellung einer industriellen Großanlage geschlossenen Lizenzvertrages kommt hinzu, dass sich der Lizenzgeber in diesem nicht nur zur Einräumung von Nutzungsberechtigungen an gewerblichen Schutzrechten verpflichtet, sondern darüber hinaus auch zur Vermittlung von Know-how. Das Know-how ist vom Gesetzgeber nicht als ein Immaterialgüter*recht* ausgestaltet, so dass der Territorialitätsgrundsatz für das Know-how ohne Relevanz ist und es somit kein Schutzland kennt. Da es als Immaterial*gut* ubiquitär ist und infolgedessen nirgendwo belegen ist, müssen auch Versuche scheitern, eine sonstige Belegenheit im Sinne einer lex rei sitae herzuleiten[1147]. Beim Know-how existiert folglich anders als bei einem gewerblichen Schutzrecht keine örtliche Abgrenzung[1148], und der Know-how-Vertrag weist daher keine dem gewerblichen Schutzrecht vergleichbare relevante Verankerung in einer bestimmten

---

[1143] Soergel-*von Hoffmann* Art. 28 Rdnr. 502; Reithmann/Martiny-*Hiestand* Rdnr. 1276; Staudinger-*Magnus* Art. 28 Rdnr. 619; Erman-*Hohloch* Art. 28 Rdnr. 54.

[1144] *Ulmer*, Immaterialgüterrechte, Nr. 146, 147.

[1145] *Ulmer* a.a.O.; *von Hoffmann* RabelsZ 40 (1976), S. 209 (214), der jedoch – a.a.O. S. 215 - das Kriterium der „ausschließlichen Lizenz" ausdrücklich ablehnt.

[1146] Staudinger-*Magnus* Art. 28 Rdnr. 611; Reithmann/Martiny-*Hiestand* Rdnr. 1278; *Hoppe* S. 190.

[1147] *Hiestand* S. 297.

[1148] *Schultz-Süchting* in: MünchVhb (Bd.3) IV.2 Anm. 6.

Rechtsordnung auf[1149]. Für den *gemischten* Lizenzvertrag bedeutet dies, dass die Bindung des Gesamtvertrages an das Schutzland durch die Know-how-Elemente geschwächt wird[1150]. Dies gilt zumindest dann, wenn dem Know-how-Element – wie es beim industriellen Großanlagengeschäft der Fall ist – nicht nur eine untergeordnete Bedeutung zukommt.

Gleichwohl ist die grundsätzliche Nähe der vertraglichen Beziehung zum Recht des Schutzlandes unverkennbar, so dass dem Territorialitätsgrundsatz im Anlagengeschäft die Wirkung eines *starken Indizes* attestiert werden muss, welches jedoch ohne Hinzutreten weiterer Umstände[1151] die Vermutung des Art. 28 II EGBGB nicht zu widerlegen vermag. Diese können unmittelbar aus der lizenzrechtlichen Beziehung stammen oder aber in deren Verhältnis zu dem übrigen Anlagenvertrag begründet sein[1152].

Attestiert man dem Schutzrecht eine starke Indizwirkung, dann hat man allerdings noch nicht geklärt, auf welches der verschiedenen Schutzrechte das Indiz hinweist. Der Lizenznehmer erhält regelmäßig sowohl eine Herstellungs- bzw. eine Verfahrenslizenz als auch eine Vertriebslizenz. Während es sich bei jenen in der Regel um einfache, auf das Herstellungsland beschränkte Lizenzen handelt, welche in Bezug gesetzt werden zur konkreten, einzelnen Anlage, tritt die

---

1149 Von der herrschenden Meinung wird daher auch vorbehaltlich besonderer Umstände angenommen, dass die Vermutungswirkung des Art. 28 II EGBGB einer Abwägung gem. Art. 28 V EGBGB grundsätzlich standhält. Vgl. nur statt vieler Soergel-*von Hoffmann* Art. 28 Rdnr. 517, 518; Müko-*Martiny* Art. 28 Rdnr. 270; *Kreuzer* in: FS von Caemmerer, S. 705 (722 f.); wohl auch *v. Bar,* IPR II, Rdnr. 498; Erman-*Hohloch* Art. 28 Rdnr. 55; zum Teil anders *Stumpf,* Know-how-Vertrag, S. 156.

1150 Reithmann/Martiny-*Hiestand* Rdnr. 1278; *ders.* S. 298.

1151 So für den Lizenzvertrag allgemein Soergel-*von Hoffmann* Art. 28 Rdnr. 503 und Staudinger-*Magnus* Art. 28 Rdnr. 611.

1152 Die (materiell-rechtliche) inhaltliche Akzessorietät der einzelvertraglichen Lizenzabrede zum Anlagenvertrag stellt regelmäßig einen Umstand dar, welcher auch ohne die Unterstützung anderer Momente oder sogar über deren Indizwirkung hinweg in der Lage ist, eine relevante Nähe zu einem bestimmten, von der Vermutung des Art. 28 II EGBGB abweichenden Recht zu begründen. *Moecke* führt zutreffend aus, dass sich der „Anlagenlizenzvertrag" vom „Erfinderlizenzvertrag" insoweit unterscheide, als dass jener in einem akzessorischen Verhältnis zum Anlagenvertrag stehe, d.h. „dass der Umfang der vertraglichen Verpflichtungen seine innere Grenze in dem Zweck finde, die Errichtung und den dauernden Betrieb einer verkauften Anlage zu ermöglichen." (Vgl. RIW 1983, S. 488 (491)).
Somit steht die Lizenzabrede in einem engen inhaltlichen Zusammenhang mit dem restlichen Anlagenvertrag; beide Verträge bilden ein größeres Ganzes. Der enge wirtschaftliche Zusammenhang erfordert ein einheitliches Statut, welches in dem des Anlagenvertrages zu finden ist, da dieser die vertragliche Beziehung dominiert, auch wenn an dieser Stelle noch einmal die Bedeutung der Lizenzabrede für das Anlagengeschäft betont werden soll.

Vertriebslizenz grundsätzlich in sämtlichen Varianten auf[1153]. Der Lizenznehmer wird regelmäßig an einer Vertriebslizenz interessiert sein, welche zum einen ausschließlich ist und – sofern die Kapazität der Anlage die Nachfrage im Herstellungsland deutlich übersteigt - ihm zum anderen auch das Recht einräumt, die Produkte nicht nur im Herstellungsland, sondern auch in anderen Ländern zu vertreiben[1154]. Erhält er eine solche Lizenz, dann hat diese eine Art marktaufteilende Wirkung[1155].

Im Falle einer für mehrere Länder erteilten Vertriebslizenz stellt sich die Frage, welches Schutzrecht auf das Vertragsstatut die stärkere Anziehung ausübt, das Schutzrecht der Herstellungslizenz oder aber die jeweiligen Rechte der Vertriebslizenz.
Zur Lösung dieses Problems kann die Gewichtung der Bedeutung der einzelnen Lizenzen beitragen. Eine solche wird von *Beier* vorgenommen bei der Suche nach einer angemessenen Anknüpfung von multinationalen Lizenzverträgen[1156]. Ebenso wie die Vertreter der oben dargestellten herrschenden Meinung sieht auch er die grundsätzliche Gefahr einer Vertragsspaltung, jedoch vertritt er die Auffassung, dass man dieser Gefahr begegnen könne, indem man das „primäre" Schutzland[1157] ermittle und dessen Rechtsordnung über die gesamte lizenzrechtliche Beziehung entscheiden lasse. Als das „primäre Schutz- und Ausübungsland" stuft er jenes ein, in welchem der Lizenznehmer „sitzt, produziert, kennzeichnet und in den Verkehr bringt"[1158]. Die einzelnen Vertriebslizenzen hätten dagegen nur eine nachrangige Bedeutung und würden keinen Grund darstellen, eine Vertragsspaltung vorzunehmen oder nach einer vom Schutzland abweichenden Anknüpfung zu suchen[1159].
Es ist *Beier* in der Bedeutung, die er den verschiedenen Lizenzen beimisst, grundsätzlich zuzustimmen. Die von ihm aufgestellten Kriterien lassen sich auf die hier vorzunehmende Gewichtung ohne weiteres übertragen. Allerdings dienen sie nicht wie bei ihm der unmittelbaren Ermittlung des Schwerpunktes des Vertragsverhältnisses, sondern lediglich der Einschätzung der von den verschiedenen Schutzrechten ausgehenden Indizwirkung im Sinne des Art. 28 V EGBGB. Eine *unmittelbare* Ermittlung des Schwerpunktes anhand der Gewich-

---

[1153] *Brand/Maskow* 4.9.5..
[1154] In diesem Zusammenhang ist nochmals darauf hinzuweisen, dass sich ergänzende Markenlizenzen häufig als unverzichtbare Katalysatoren für eine effektive Vermarktung erweisen.
[1155] Vgl. *Schultz-Süchting* in: MünchVhb (Bd.3) IV.2 Anm. 2 zur kartellrechtlichen Bedenklichkeit von ausschließlichen Lizenzen und zu legislativen Reaktion auf EG-Ebene; ferner LG Düsseldorf GRUR Int. 1999, S. 772 (774 f.).
[1156] *Beier* GRUR Int. 1981, S. 299 (304 f.).
[1157] *Beier* a.a.O. S. 307.
[1158] *Beier* a.a.O..
[1159] *Beier* a.a.O. 304..

tung lässt sich nicht vereinbaren mit der starken Vermutungswirkung der charakteristischen Leistung[1160].
Wendet man die Kriterien auf den Lizenzvertrag im Rahmen eines Anlagengeschäftes an und misst man dort folglich der Herstellungs- bzw. Verfahrenslizenz die größte Bedeutung bei, dann muss man die Nähe des Lizenzvertrages zur Rechtsordnung des Baustellenlandes konstatieren, d.h. der im Recht der Immaterialrechtsgüter herrschende Territorialitätsgrundsatz hat die Wirkung eines starken Indizes zugunsten des Rechts am Ort der Baustelle. Werden dem Lizenznehmer *zahlreiche* Vertriebslizenzen eingeräumt, dann ist diesem Umstand insoweit Rechnung zu tragen, als dass sich die Indizwirkung des Schutzrechtes der Herstellungslizenz graduell abschwächt, ohne jedoch ganz an Kraft zu verlieren.

In dem Fall, dass die Lizenzabrede – wie in der Mehrzahl der Fälle – keine einzelvertragliche Regelung findet, sondern stattdessen unmittelbar in den Gesamtanlagenvertrag integriert wird, schlägt diese Indizwirkung auf den Gesamtanlagenvertrag durch. Die zu Beginn dieses Abschnitts gestellte Frage, ob dem Territorialitätsgrundsatz eine kollisionsrechtliche Signifikanz für den Gesamtanlagenvertrag zukommt, kann mithin bejaht werden. Der Anlagenvertrag erhält durch den für die Lizenzabrede so bedeutsamen Territorialitätsgrundsatz einen weiteren Bezug zum Baustellenrecht, auch wenn selbstverständlich eingeräumt werden muss, dass der Territorialitätsgrundatz im Rahmen des Gesamtanlagenvertrages nicht dieselbe Dominanz aufweist wie in einem isolierten Lizenzvertrag und somit dessen Indizwirkung für den Gesamtanlagenvertrag schwächer ist als für den isolierten Lizenzvertrag.

(b) Kollisionsrechtliche Signifikanz der gesellschaftsrechtlichen Prägung der Lizenzabrede

Es wurde schon darauf hingewiesen[1161], dass die Lizenzabrede im Rahmen eines industriellen Großanlagenprojektes regelmäßig umfangreiche Geheimhaltungsvereinbarungen sowie die Verpflichtung der Parteien vorsieht, sich gegenseitig neu erworbene Patente und hinzugewonnenes Know-how zur Verfügung zu stellen. Obendrein trifft jede der Parteien grundsätzlich die Pflicht, die andere Partei bei der Verteidigung gegen die Ansprüche dritter Personen, die diese gegen jene Partei unter Berufung auf die Verletzung geistigen Eigentums richten, zu unterstützen und unter bestimmten Voraussetzungen sogar schadlos zu stellen. In manchen Fällen wird darüber hinaus als Entgelt für die Leistungen des Lizenz-

---

[1160] Die Argumentation *Beiers* ist vor dem Hintergrund zu sehen, dass die Publikation aus dem Jahre 1981 und somit aus einem Zeitraum vor Niederlegung des Internationalen Vertragsrechts stammt. Anders als heute musste er mit seiner Argumentation nicht die Widerlegung der regelmäßig starken Vermutungswirkung des Art. 28 II EGBGB rechtfertigen.

[1161] Vgl. die Ausführungen im 6. Kapitel D V 1 a, dort vor allem (4).

gebers eine Stücklizenz vereinbart, durch welche das Lizenzverhältnis ein partiarisches Gepräge erhält.
Bei diesen Umständen handelt es sich nicht nur um bloße Mitwirkungspflichten, welche in einem unterschiedlichen Ausmaß in jeder rechtlichen Beziehung anzutreffen sind. Sie führen vielmehr dazu, dass sich das Verhältnis der an der Lizenzabrede beteiligten Parteien als eine Schicksals- bzw. Interessengemeinschaft darstellt, welche durch das gemeinsame Interesse der Parteien an der Fortentwicklung, der ungestörten und profitablen Nutzung und der Bewahrung der Exklusivität der Technologie gekennzeichnet ist. Die Parteien gehen eine Liaison ein, im Rahmen derer sie gemeinsam zugleich Nutzer, Hüter und Förderer einer Technologie sind und sie ihre gemeinsamen Ressourcen und Möglichkeiten koordinieren, um jenes gemeinsame Interesse erfolgreich zu verfolgen. Zu einer solchen Vorgehensweise besteht im internationalen Großanlagengeschäft eine - im Vergleich zu der Lizenzierung einer ausgereiften Technologie auf nationaler Ebene - verstärkte Notwendigkeit, da die Verfolgung des Interesses durch die Komplexität der Technologie, die hohe Anzahl von beteiligten Unternehmen aus unterschiedlichen Ländern und durch die häufige Rechtsunsicherheit und politische Instabilität am Ort der Baustelle, sofern sich diese in einem Entwicklungsland befindet, in der Regel wesentlich erschwert wird. Hinzu kommt, dass im internationalen Kontext die Existenz und die Reichweite von Patenten häufig unübersichtlich sind und daher stets zumindest mit Behauptungen Dritter zu rechnen ist, dass deren geistiges Eigentum verletzt sei.
Im internationalen Großanlagengeschäft kommt also dem Charakter der Lizenzabrede als einem gewagten Geschäft bzw. der Lizenzbeziehung als einer Schicksalsgemeinschaft eine besondere Bedeutung zu.

Diesem Charakter muss auch kollisionsrechtlich Rechnung getragen werden.
Dabei ist der unter Umständen vereinbarten Stücklizenz keine kollisionsrechtliche Relevanz in dem Sinne beizumessen, dass aus ihr in Verbindung mit der Gewährung einer ausschließlichen Lizenz auf die stillschweigende Vereinbarung einer Ausübungspflicht des Lizenznehmers geschlossen werden kann[1162], welche nach einem Teil der Literatur[1163] als ein Anlass betrachtet wird, das Recht des Lizenznehmers für maßgeblich zu erachten.
Eine solche Vermutung kann grundsätzlich nur bei einer isolierten Technologieübertragung angenommen werden, d.h. wenn die Technik nicht anlässlich des Betriebes einer industriellen Großanlage transferiert wird. Das Rollenverständnis muss dem Lizenznehmer die Position einer Art Zwischenhändler im Rahmen eines Vertriebsnetzes zugedenken. In einem solchen Fall lässt sich bei der Ver-

---

1162 Eine solche Vermutung wird teilweise für die *allgemeine* Lizenzabrede formuliert, siehe zum Beispiel *Schulte,* PatentG, § 15 Rdnr. 61; *Ulmer*, Immaterialgüterrecht, Nr. 76; BGH GRUR 1961, S. 470 (471); BGH GRUR 2000, S. 138 (138).

1163 Vgl. zum Beispiel *von Hoffmann* RabelsZ 40 (1976), S. 208 (214 f.).

gabe einer ausschließlichen Stücklizenz zu Recht annehmen, dass der Lizenznehmer im Zweifel verpflichtet sein soll, für den Lizenznehmer den Vertrieb der Idee zu übernehmen. Dagegen trifft dieses Rollenverständnis im industriellen Großanlagengeschäft nicht zu. Die finanzielle und logistische Dimension sowohl der Erstellung als auch des Betriebs der Anlage verbietet grundsätzlich, den Lizenznehmer und Betreiber der Anlage als einen „bloßen" Zwischenhändler zu betrachten. Auch im Falle der Vereinbarung einer Stücklizenz lässt sie den eigenständigen Betrieb ohne jegliche Verwertungspflicht als den einzigen Zweck der Lizenzierung erscheinen.

Stattdessen ist ausschließlich auf die Gesamtheit der genannten Umstände in ihrer prägenden Wirkung abzustellen. Der durch sie hervorgerufene Charakter der Lizenzabrede als Schicksalsgemeinschaft sticht deutlich hervor, er ist allerdings nicht in der Lage, den Interessenwahrungs- und Austauschcharakter der Lizenzbeziehung zu verdrängen und diesen zu dominieren. Man würde jedoch der Bedeutung der Prägung als Schicksalsgemeinschaft nicht gerecht, wenn man sie kollisionsrechtlich unberücksichtigt ließe.
Zur Erfassung der kollisionsrechtlichen Relevanz dieser Prägung bietet es sich auch hier an, sie gedanklich vom übrigen Rechtsverhältnis zu trennen und für sie isoliert nach dem anwendbaren Recht zu suchen. Handelt es sich bei diesem nicht um das aufgrund des Art. 28 II EGBGB vermutete Recht des Lizenzgebers, dann muss man der Prägung eine kollisionsrechtliche Signifikanz attestieren und diesen Umstand in die Gesamtabwägung nach Art. 28 V EGBGB einfließen lassen.

Die auf diese Weise vom Lizenzverhältnis abstrahierte Schicksalsgemeinschaft kann man unschwer als eine Gesellschaft des Bürgerlichen Rechts im Sinne der §§ 705 f. BGB qualifizieren, und zwar in der Variante einer Innengesellschaft. Wie bereits ausführlich an anderer Stelle[1164] erörtert worden ist, finden auf eine Innengesellschaft die Regeln des Internationalen Vertragsrechts (Art. 27 f. EGBGB) Anwendung. Bei einem auf Leistungsvereinigung gerichteten Rechtsverhältnis lässt sich eine vertragscharakteristische Leistung nur selten bestimmen, und auch keiner der anderen Vermutungstatbestände (Art. 28 III, IV EGBGB) bietet Hilfe, so dass der Schwerpunkt des Rechtsverhältnisses stattdessen über die unbestimmte Formel der engsten Verbindung im Sinne des Art. 28 I EGBG ermittelt werden muss[1165].

[1164] Siehe Ausführungen oben zum Konsortium im 6. Kapitel C III 3 b (1) (e) (aa) (bbb).

[1165] Die Vermutungstatbestände des Art. 28 EGBGB sind auf Leistungsvereinigungsverträge nicht zugeschnitten. Der Rückgriff auf Art. 28 I EGBGB ist folglich bei jedem Leistungsvereinigungsvertrag erforderlich. Die Anwendung des Art. 28 I EGBGB birgt allerdings regelmäßig Probleme, so dass die herrschende Meinung, welche sämtliche Innengesellschaften und diejenigen Außengesellschaften, die keine starke körperschaftliche Struktur aufweisen, den

Die engste Verbindung weist die Gesellschaft regelmäßig zu dem Recht des Ortes auf, an welchem von den Beteiligten der Gesellschaftszweck hauptsächlich verfolgt wird[1166]. Es ist das Aktivitätszentrum der Gesellschaft, mithin der Ort, an dem das Unternehmen betrieben wird.

Dies ist bei der angesprochenen Schicksalsgemeinschaft zweifellos der Ort der Errichtung und des Betriebes der Anlage.
Zum einen wurde schon erwähnt, dass das Lizenzverhältnis eine besonders enge Beziehung zu dem Land aufweist, in welchem der Lizenznehmer „sitzt, produziert, kennzeichnet und in den Verkehr bringt“[1167]. Die Herstellungs- bzw. Verfahrenspatentlizenz nimmt den größten Stellenwert in der Beziehung ein; sie stellt zusammen mit dem sie flankierenden Know-how das eigentliche Kernstück und den primären *Zweck* der Lizenzabrede dar. Und diese Zwecksetzung lässt sich eindeutig einem Ort zuordnen, und zwar dem des Betriebes der Anlage.
Zum anderen beziehen sich die oben beschriebenen, den Charakter des Lizenzverhältnisses als eine Schicksalsgemeinschaft ausmachenden Umstände zu einem wesentlichen Teil auch auf eine Zeitspanne jenseits der Fertigstellung der Anlage, also auf den Zeitraum des (zumindest anfänglichen) Betriebes. Die gegenseitige Verpflichtung zum Überlassen von neuen Patenten und zur Mitteilung von hinzugewonnenem Know-how bezieht sich ebenso wie die unter Umständen vereinbarte Stücklizenz nahezu ausnahmslos auf diesen Zeitraum. Und es wäre naiv anzunehmen, dass mit der Fertigstellung der Anlage kein Grund mehr für Geheimhaltungsvereinbarungen, Nichtangriffsabreden und eine gegenseitige Unterstützung der anderen Partei bei der Abwehr von Ansprüchen Dritter bestünde. Dem diesen Vereinbarungen zugrundeliegenden Konfliktpotential sind die Parteien nach der Fertigstellung der Anlage ebenso ausgesetzt wie während deren Errichtung. Daraus folgt, dass der Zweck der von den Parteien eingegangenen Interessen- und Schicksalsgemeinschaft zu einem beträchtlichen Teil *während* des Betriebes der Anlage verfolgt wird, und der Ort des Betriebes kann eindeutig lokalisiert werden.

Regeln des Internationalen Vertragsrechts unterstellen will, nicht für sich in Anspruch nehmen kann, mit der großzügigen Anwendung des Internationalen Vertragsrechts für mehr Vorhersehbarkeit und Rechtssicherheit gesorgt zu haben. Ausführliche Stellungnahme zur herrschenden Meinung sowie Nachweise, vgl. die Ausführungen im 6. Kapitel C III 3 b (1) (e) (aa).

[1166] Staudinger/IntGesR-*Großfeld* Rdnr. 773; *Grasmann* Rdnr. 1144; *Weitnauer* S. 186; *Ferid* in: FS Hueck, S. 343 (349); OLG Nürnberg IPRspr. 1978, Nr. 16, S. 26 (28).

[1167] Beier GRUR Int. 1981, S. 299 (307).

Es lässt sich somit festhalten, dass von dem gesellschaftsrechtlichen Element des Lizenzverhältnisses *ebenfalls* eine Indizwirkung zugunsten des Rechts am Ort der Baustelle ausgeht[1168].

(4) Zwischenergebnis

Als *Zwischenergebnis* kann folglich an dieser Stelle konstatiert werden, dass dem mit der Erstellung einer industriellen Großanlage einhergehende Wissenstransfer eine kollisionsrechtliche Signifikanz zugunsten des Rechts am Ort der Baustelle zukommt. Darin unterscheidet sich der Anlagenvertrag deutlich von dem „bloßen" Bauvertrag, bei dem ein entsprechend umfänglicher Transfer grundsätzlich nicht erforderlich ist.

Der Anlagenvertrag erhält durch die Notwendigkeit des Wissenstransfers eine gesellschaftsrechtliche Prägung, deren Ausmaß von der Exklusivität der Technologie und der von den Parteien vereinbarten gegenseitigen Schutz- und Fortentwicklungsverpflichtungen abhängt. Diese Prägung weist gemeinsam mit dem im internationalen Immaterialgüterrecht geltenden Territorialitätsgrundsatz auf das Recht am Ort der Baustelle hin, und zwar in Form eines starken, alleine jedoch nicht ausschlaggebenden Indizes.

b. Betreiber aus einem Entwicklungsland

Im Rahmen des Wissenstransfers spielt das Ausbildungsniveau des Anlagenbetreibers eine besondere Rolle. Je geringer dieses ist, desto intensiver ist der notwendige Schulungs- und Anleitungsaufwand[1169], mit dem nicht selten auch ein höheres Maß an Kooperation einhergeht.

Im Folgenden soll daher der Frage nachgegangen werden, inwieweit sich das geringere Bildungsniveau der aus einem Entwicklungsland stammenden Betreiber bzw. deren Mitarbeiter auf die kollisionsrechtliche Signifikanz des Wissenstransfers auswirkt.

[1168] Die Parteien eines jeden Großprojektes bilden auch jenseits des Lizenzverhältnisses eine Interessengemeinschaft. Zu der kollisionsrechtlichen Signifikanz dieses Charakters, vgl. die Ausführungen unten im 6. Kapitel D VII.

[1169] *Kühnel* – RIW 1981, S. 533 (534) - weist zu Recht darauf hin, dass die noch darzustellende Ausbildungsproblematik „im Verkehr mit westlichen Industriestaaten eine geringere Rolle" spielt.

Um eine Anlage erfolgreich betreiben zu können, benötigt man zusätzlich zu den jeweils relevanten Schutzrechten und dem entsprechenden Know-how noch professionelle Kenntnisse und Erfahrungen auf der Grundlage ingenieurtechnischer und betriebswirtschaftlicher Ausbildung durch Fach- bzw. Hochschule und durch betriebliche Praxis[1170].
Einem Betreiber aus einem Entwicklungsland ist daher mit dem Aufbau einer kompletten Anlage und der Vermittlung der gewerblichen Schutzrechte und des Know-how in der Regel noch nicht gedient[1171]. Der vom Auftragnehmer zu leistende Wissenstransfer erstreckt sich in einem solchen Fall auch auf eben jenes frei zugängliche Wissen, und er stellt sich nicht selten als eine Herausforderung an die Anpassungsfähigkeit und das Organisationsgeschick des Auftragnehmers dar. Viele Unternehmer sehen in ihm aber auch eine Chance, sich durch eine hohe logistische Ausbildungskompetenz einen Wettbewerbsvorteil gegenüber den Konkurrenten zu verschaffen. Die deutsche Industrie nimmt für sich in Anspruch, in diesem Segment des Wissenstransfers besonders leistungsstark zu sein[1172].

In der Praxis haben sich im Wesentlichen zwei vertragliche Konzepte zur Erfassung dieser zusätzlichen Verpflichtung herausgebildet.

(1) Vertrag produit en main

Im französischen Algeriengeschäft Anfang der siebziger Jahre des letzten Jahrhunderts gelang es den Auftraggebern, in den Vertragsverhandlungen eine Erweiterung des Pflichtenkreises des Auftragnehmers dahingehend durchzusetzen, dass dieser auch für eine bestimmte Produktivität der Anlage einzustehen hat, und zwar für eine Produktivität bei Betrieb der Anlage durch das einheimische Personal[1173]. Der Auftraggeber sollte befähigt werden, die Anlage mit seinem Personal zu betreiben[1174].

[1170] *Brand/Maskow* 4.16.1. und siehe auch die Ausführungen im 6. Kapitel D V 1 b.

[1171] *Dünnweber* S. 11.

[1172] Auf den Konkurrenzfaktor ausdrücklich hinweisend *Kühnel* RIW/AWD 1981, S. 533 (533).

[1173] Vgl. ausführlich hierzu *Wälde* in: Industry 2000, S. 1 (99); *Benchikh* in: Industry 2000, S. 147 (149) und vor allem auch *Dünnweber* S. 11 f., 32 f..

[1174] Ebenso kommt es vor, dass es zu dem Pflichtenkreis der Auftragnehmer gehört, über einen gewissen Zeitraum einen profitablen Absatz mit der Anlage zu erreichen – hierzu *Brand/Maskow* 1.4.1.4. -. In einem solchen Fall gilt es stets zu klären, ob der Auftragnehmer mit dieser Verpflichtung nur die grundsätzliche Profitabilität der Anlage nachweisen soll oder aber ob er darüber hinaus den Betreiber auch zu einem gewinnbringenden Betrieb zu befähigen hat.

Für den Auftraggeber ist der Vorteil dieser Konstruktion evident. Er erlangt durch sie nicht nur eine hochtechnologische Anlage, sondern obendrein noch die Unabhängigkeit von dem aus dem Industrieland stammenden Auftragnehmer. Er wird durch sie in die Lage versetzt, die Anlage alleine zu betreiben und auf Störfälle, Reparaturbedarf und Anpassungsnotwendigkeiten angemessen zu reagieren. Zwar sehen die Anlagenverträge regelmäßig umfangreiche Kundendienstvereinbarungen vor, jedoch räumen sie dem Auftraggeber lediglich das Recht ein, den Auftragnehmer zu konsultieren und dessen Hilfe in Anspruch zu nehmen. Wie jedes Recht unterliegt auch dieses grundsätzlich bestimmten Voraussetzungen wie zum Beispiel Fristen oder dem Vorliegen eines Gewährleistungsfalles, und dessen Durchsetzbarkeit setzt entsprechende Vollstreckungsmöglichkeiten und die Solvenz des Schuldners voraus. Die Situation ist folglich ungleich besser, wenn der Betreiber sich zwar an den Auftragnehmer wenden kann – auf diese Möglichkeit wird er auch bei einem Vertrag produit en main nicht verzichten - , er allerdings auf diesen nicht angewiesen ist, um den Fortbetrieb der Anlage zu gewährleisten. Bestimmte Abhängigkeiten lassen sich aber auch hier nicht vermeiden. Zu denken ist etwa an die Lieferung technisch aufwendiger Ersatzteile, zu deren Konstruktion und Bau der Betreiber durch die zusätzliche Ausbildungsverpflichtung des Auftragnehmers nicht befähigt wird.

Angesichts dieses Vorteils ist die von *Dünnweber*[1175] berichtete Kritik mancher Entwicklungsländer nicht verständlich, dass sich der Betreiber so der Möglichkeit der Selbstentwicklung, des „learning by doing“-Effekts, beraube. Zumindest im industriellen Großanlagengeschäft erfordert der Betrieb ein Ausmaß an ingenieurtechnischem und kaufmännischem Wissen, welches die Ansicht der Kritiker nahezu naiv erscheinen lässt, dass sich der Betreiber dieses innerhalb eines geringen Zeitraums selbst erarbeiten könne. Schließlich benötigten die Industrienationen nicht selten viele Jahrzehnte zur Erlangung dieses Wissensvorsprungs, und der Betreiber hat keinen vergleichbaren Zeitraum zur Verfügung, um vor oder während des Betriebes der Anlage die entsprechenden Erfahrungen zu sammeln.

Die Befähigung des Personals des Betreibers erfolgt durch eine besondere Schulung und Vermittlung der technischen und betriebswirtschaftlichen Zusammenhänge des Betriebes einer Anlage.
Das Personal wird sowohl abstrakt geschult, als auch anhand einer konkreten Anlage eingewiesen. Letzteres macht den Schwerpunkt der Ausbildung aus, und vor Fertigstellung der avisierten Anlage wird zur Vorbereitung manchmal auf Referenzanlagen zurückgegriffen, d.h. auf Anlagen, welche der noch zu errich-

---

[1175] *Dünnweber* S. 13.

tenden Anlage zumindest ähneln und regelmäßig auch vom Auftragnehmer erstellt worden sind[1176].
Entscheidend ist jedoch die Ausbildung anhand der fertiggestellten (= avisierten) Anlage[1177], da jede Anlage ihre Besonderheiten aufweist[1178] und somit eine ausschließliche Ausbildung anhand einer Referenzanlage nicht möglich ist.
Dazu übernimmt der Auftragnehmer für einen bestimmten Zeitraum die Leitung des Betriebes. Während dieses Zeitraumes stellt er das Führungspersonal, und er besetzt darüber hinaus sämtliche Schlüsselpositionen – auf jeder Hierarchie- und Fertigungsstufe - mit seinen eigenen Angestellten oder aber mit von ihm beauftragten außenstehenden Dritten. Das Personal des Auftraggebers kann dann den Betrieb der konkreten Anlage studieren, und es findet eine permanente Anleitung und Einweisung statt. Die Leitung der Anlage wird schrittweise auf das Personal übertragen, bis dieses genügend qualifiziert ist, um die Anlage eigenständig zu betreiben und in die erstrebte Unabhängigkeit entlassen werden zu können[1179]. Eine solche Vorgehensweise wäre bei einer Referenzanlage nicht möglich. Schließlich wird diese bereits von Personal betrieben, und eine umfangreiche Integration des fremden Personals scheidet aus Gründen der Personallogistik, des Geheimnisschutzes sowie der Kosteneffizienz aus. Eine Integration des fremden Personals in dem beschriebenen Ausmaß stünde einem effizienten Betrieb unweigerlich im Wege. Der Aufwand wäre schlichtweg zu groß und durch eine finanzielle Entschädigung auch nicht aufzufangen.

Es bleibt den Parteien überlassen, den Nachweis der erfolgreichen Schulung in den Prozess der allgemeinen Abnahme der Anlage zu integrieren oder aber stattdessen einen von dieser Abnahme getrennten Befähigungsnachweis zu vereinbaren.

Die vorübergehende Leitung der Anlage und die gleichzeitige Unterweisung des Personals des Betreibers stellen den Kern dessen dar, was der Auftragnehmer leisten muss, um der zusätzlichen Verpflichtung im Sinne des Vertrages produit en main nachzukommen. Dies kann nur am Ort der Baustelle erfolgen, und die Vertragsvariante „produit en main" wirkt sich auf die örtliche Gewichtung der Vertragsaktivität – in Bezug auf den gesamten Anlagenvertrag – zumindest insoweit aus, als dass ein nicht unbedeutender Teil der Gesamtverpflichtung – nämlich Betrieb und Einweisung - am Ort der Baustelle erfolgt.
Dem Schwerpunkt der *tatsächlichen* Vertragsaktivität kommt allgemein eine wichtige Bedeutung bei der Suche nach der engsten Verbindung des Rechtsver-

---

[1176] *Kühnel* RIW/AWD 1981, S. 533 (534).
[1177] *Brand/Maskow* 4.16.2..
[1178] *Eggers* RIW 2000, S. 665 (667).
[1179] *Brand/Maskow* 1.4.1.4..

hältnisses zu einer Rechtsordnung gemäß Art. 28 EGBGB zu[1180]. Wo sich dieser beim Anlagenvertrag unter Berücksichtigung aller Umstände befindet, wird noch an späterer Stelle – im Rahmen der Gesamtabwägung nach Art. 28 V EGBGB - ausgiebig erörtert[1181].

Es kann aber hier schon festgestellt werden, dass die zusätzliche Verpflichtung des Auftragnehmers auf den Schwerpunkt am Ort der Baustelle hinweist und ihm daher der Status eines weiteren Indizes zugunsten der Anwendung der Rechtsordnung am Ort der Baustelle zukommt.

(2) Management-Vertrag

Bei einem Anlagenvertrag in der Variante des produit en main hängt das Schicksal der Erfüllung des gesamten Anlagenvertrages wesentlich vom Erfolg der Ausbildung des Personals des Auftraggebers ab. Die Brisanz dieser zusätzlichen Verpflichtung liegt für den Auftragnehmer weniger in dem höheren Leistungsaufwand[1182] als vielmehr in dem aus ihr resultierenden besonderen Risiko[1183]. Dieses gesellt sich neben jenes bereits vielfach erwähnten, welches dem Auftragnehmer im Rahmen eines Turnkey-Vertrages schon aus der Gesamtverantwortung für das Gelingen der Anlage erwächst. Er verspricht dort bereits die Projektierung und den Bau einer Anlage, und er übernimmt dazu die gesamte Verantwortung für die technische Funktionstüchtigkeit der Anlage. Ferner garantiert er die Bestandskraft der von ihm gewährten Lizenzen und die Richtigkeit und Vollständigkeit des von ihm vermittelten Know-how. Bei diesem Leistungskatalog ist er auf die Hilfe Dritter angewiesen, bei denen es sich entweder um Angestellte oder um von ihm beauftragte Subunternehmer handelt. Deren Fehlverhalten wird ihm grundsätzlich zugerechnet, allerdings kann er auf das diesbezügliche Haftungsrisiko durch eine an Kriterien wie der Qualifikation und der Zuverlässigkeit ausgerichtete Vorauswahl Einfluss nehmen und sich im Falle einer Haftung insbesondere an dem Subunternehmer[1184] schadlos halten.

Verpflichtet sich der Auftragnehmer zu einer erfolgreichen Schulung des Personals des Betreibers, dann bedient er sich zwar nicht der Hilfe Dritter, jedoch er begibt sich ebenfalls in die Abhängigkeit von dritten Personen. Im Unterschied zum Subunternehmer oder dem eigenen Personal kann er bei deren Versagen

---

[1180] Vgl. die Ausführungen unten zur kollisionsrechtlichen Relevanz des Momentes „Vertragsaktivität", 6. Kapitel D VI. Dort wird auch das Verhältnis zum „Erfüllungsort" beleuchtet.

[1181] Siehe ebenfalls im 6. Kapitel D VI.

[1182] Dieser ist zwar logistisch anspruchsvoll, jedoch lässt sich der Auftragnehmer ihn auch entsprechend vergüten.

[1183] *Dünnweber* S. 12; *Brand/Maskow* 1.4.1.4..

[1184] Diese grundsätzliche Möglichkeit hat er selbstverständlich auch gegenüber einem Angestellten, sofern sich aus dem arbeitsrechtlichen Verhältnis keine Besonderheiten ergeben. Allerdings verfügt der Arbeitnehmer über keine ausreichende Haftungsmasse.

mögliche Schadenersatzansprüche oder erhöhte Kosten nicht an diese weiterleiten. Das Versprechen einer *erfolgreichen* Schulung birgt somit stets ein enormes Risiko für den Versprechenden. Schließlich hängt der Erfolg von Umständen wie der Vorbildung und der Bereitschaft des Auszubildenden ab, welche sich der Einflusssphäre des Ausbildenden grundsätzlich entziehen. Es verwundert daher auch nicht, dass bei Unterrichts- bzw. Ausbildungsverträgen generell – also außerhalb des Kontexts des Anlagenvertrages - nur in den seltensten Fällen ein Ausbildungs*erfolg* geschuldet wird. In Reaktion auf diese Tatsächlichkeit werden solche Vertragsverhältnisse grundsätzlich auch nicht als ein Werk-, sondern als ein Dienstvertrag qualifiziert[1185].

Das von dem Auftragnehmer im Rahmen eines Turnkey-Vertrages zu tragende Risiko wird folglich durch die zusätzliche Verpflichtung des Auftragnehmers zu einer erfolgreichen Schulung vehement verschärft, und der Auftragnehmer wird daher regelmäßig versuchen, das Risiko auf ein für ihn akzeptables Maß zu reduzieren. Dazu wird er sich um Regelungen bemühen, welche ihm gewisse Auswahl- und Auswechslungsrechte hinsichtlich des von ihm auszubildenden Personals einräumen. Ergänzend wird er darauf drängen, dass das Personal über eine bestimmte Vorqualifikation verfügt[1186]. Das größte Augenmerk wird dabei auf Sprachkenntnisse und ein grundlegendes Verständnis in den Bereichen Technik und Betriebswirtschaft gerichtet sein[1187].

Aber selbst bei solchen Vereinbarungen[1188] stellt der Vertrag produit en main noch ein beträchtliches Risiko für den Auftragnehmer dar, so dass er sehr daran interessiert ist, die Ausbildungsvereinbarung von dem Gesamtvertrag und dessen Schicksal abzukoppeln und sie in einen *eigenständigen* Vertrag zu kleiden[1189], in welchem die Ausbildung des Personals zwar als Ziel, jedoch nicht als erfolgsbestimmte Leistung formuliert ist[1190].

Es ist letztendlich eine Frage des Kräfteverhältnisses der Vertragsparteien, ob es dem Auftragnehmer gelingt, eine solche Vertragsgestaltung durchzusetzen. Gespräche des Verfassers mit der Praxis haben ergeben, dass sich die Auftragneh-

---

1185 Statt vieler siehe Palandt-*Putzo* Einf. v § 611 Rdnr. 22.

1186 *Dünnweber* S. 12, welche auf das zusätzliche Problem hinweist, dass das einheimische Personal das Unternehmen zum Teil nach der Ausbildung verlässt, um sich mit dem Wissen selbständig zu machen oder an anderer Stelle mehr Geld zu verdienen.

1187 Vgl. auch *Kühnel* RIW/AWD 1981, S. 533 (535).

1188 Zu weiteren Versuchen, die Haftung erträglicher zu gestalten, siehe *Brand/Maskow* 1.4.1.4..

1189 *Dünnweber* S. 32; *Brand/Maskow* 4.16.3..

1190 Ähnlich *Kühnel* RIW/AWD 1981, S. 533 (535); *Weimar/Grote* RIW 1998, S. 267 (268).

mer in der Regel massiv gegen die Vereinbarung eines Vertrages produit en main wehren und dieser daher wohl eher die Ausnahme darstellt.

Als Hauptpflichten im Rahmen eines separaten Vertragsverhältnisses treffen den Auftragnehmer der vorübergehende Betrieb der Anlage und die Ausbildung des Personals des Auftraggebers. Verträge dieser Art werden allgemein als *Management-Vertrag* bezeichnet[1191].
Vom Betriebsführungsvertrag unterscheidet er sich darin, dass dieser nicht dem Ziel dient, das betreute Unternehmen in die Lage zu versetzen, das Projekt eigenständig zu betreiben. Der Betriebsführungsvertrag sieht somit keine Verpflichtung zur Ausbildung des Personals vor, sondern lediglich die Wahrnehmung der Geschäftsleitung für einen Dritten[1192].
In der Verpflichtung zum vorübergehenden *Betrieb* der Anlage besteht der Unterschied zum Consulting-Vertrag, welcher dann geschlossen wird, wenn die Entscheidungskompetenz bei dem die Beratung in Anspruch nehmenden Unternehmen verbleibt und dieses über die grundsätzlichen Kenntnisse und Fähigkeiten zur Leitung eines Projektes verfügt, jedoch in einzelnen Bereichen die Beratung eines außenstehenden Experten benötigt[1193]. Stammt der Betreiber aus einem Entwicklungsland, dann ist dies nur selten der Fall, so dass regelmäßig auf das Instrument des Management-Vertrages zurückgegriffen werden muss[1194].
Der Management-Vertrag ist überall dort anzutreffen, wo das Betreiben des Projektes fundierte Kenntnisse verlangt. So überrascht es nicht, dass die Erstellung einer Anlage einen der häufigsten Anlässe für den Abschluss eines Management-Vertrages darstellt[1195].

Indem der Managementgeber den Betrieb leitet, nimmt er für den Nehmer dessen Angelegenheiten wahr. Er besorgt dessen Geschäft gegen Entgelt, und die Pflicht zur vorübergehenden Leitung des Betriebes ist daher als eine Geschäftsbesorgung im Sinne des § 675 BGB einzustufen. Die Ausbildungsverpflichtung hat mangels Erfolgsbezogenheit einen rein dienstvertraglichen Charakter (§§ 611 f. BGB). Beide Pflichten – Geschäftsbesorgung/Ausbildung - stehen selbständig nebeneinander und sind an nur wenigen Stellen eng miteinander verwoben. Daraus folgt, dass sich der Management-Vertrag als ein *Typenkombinati-*

1191 *Martinek* (Bd. II) § 20 I mit weiteren Nachweisen.
1192 *Weimar/Grote* RIW 1998, S. 267 (268).
1193 *Schlüter* S. 13.
1194 Vgl. in diesem Zusammenhang auch *Westring* in: Transnational Law, S. 175 (184), der darauf hinweist, dass staatliche Auftraggeber aus Entwicklungsländern vermehrt Management-Leistungen in Anpsruch nehmen.
1195 Ähnlich *Zeiger* S. 71; *Schlüter* S. 97; *Weimar/Grote* RIW 1998, S. 267 (269).

onsvertrag[1196] verstehen lässt. Für die Annahme eines Typenverschmelzungsvertrages oder sogar eines Vertrages sui generis besteht kein Anlass.

Die Pflichten des Auftragnehmers im Rahmen eines separaten Management-Vertrages sind grundsätzlich identisch mit denen, die ihn auch beim Vertrag produit en main in Bezug auf die zusätzliche Ausbildungsverpflichtung treffen. Insoweit kann auf die obigen Ausführungen verwiesen werden[1197]. Der einzige und auch entscheidende Unterschied besteht in der mangelnden Erfolgsbezogenheit der Verpflichtung aus dem Management-Vertrag. Zwar ist auch hier die Vereinbarung einer erfolgsbestimmten Leistung möglich, jedoch scheitert eine solche regelmäßig an dem Widerstand des Auftragnehmers. Daraus sollte allerdings nicht auf die Gleichgültigkeit des Auftragnehmers gegenüber einer erfolgreichen Ausbildung des Personals des Betreibers geschlossen werden[1198]. Ist dieses nicht in der Lage, die Anlage selbständig zu betreiben, dann scheidet die Anlage als „Referenzobjekt"[1199] für den Anlagenbauer aus. Außenstehende potentielle Kunde werden regelmäßig technische Mängel zumindest als Mitursache für den mangelnden Erfolg vermuten und sich nur schwer davon überzeugen lassen, dass ausschließlich der auch durch umfangreiche Ausbildungsbemühungen des Auftragnehmers nicht zu beseitigende Mangel an Kompetenz seitens des Betreiberpersonals für die Erfolglosigkeit verantwortlich ist.
Aus Sorge um seine Reputation hat der Auftragnehmer ein starkes Interesse an der erfolgreichen Vermittlung des Wissens, und er wird sich daher ähnlich wie beim Vertrag produit en main um Auswahl- und Auswechslungsrechte hinsichtlich des von ihm auszubildenden Personals bemühen. Ebenso wird er in der Regel eine gewisse Mindestqualifikation seitens des Personals fordern[1200].

Beim Management-Vertrag wird die vertragscharakteristische Leistung im Sinne des Art. 28 II EGBGB vom Managementgeber erbracht[1201]. Da dieser den Groß-

---

[1196] *Weimar/Grote* RIW 1998, S. 267 (268) und *Zeiger* S. 20 scheinen dies auch anzunehmen, nur bezeichnen sie den Management-Vertrag als einen Vertrag eigener Art. Sie orientieren sich dabei aber wohl nicht an der dieser Arbeit zugrunde gelegten, von *Canaris* vorgenommenen begrifflichen Differenzierung der gesetzlich nicht niedergelegten Vertragstypen (vgl. Ausführungen oben 4. Kap. B). Abweichende Meinung zur Rechtsnatur vgl. die Nachweise bei *Martinek* (Bd. II) § 20 I 3.

[1197] *Weimar/Grote* a.a.O. S. 270 führen unter Berufung auf *Schlüter* S. 63 f. für den allgemeinen Management-Vertrag die folgenden typischen Aufgabenbereiche auf: Hauptgeschäftsführung (Planung, Organisation und allgemeine Verwaltung), Finanzwesen, Personalführung, Produktmanagement und Marketing.

[1198] Darauf deutlich hinweisend *Kühnel* RIW/AWD 1981, S. 533 (535); *Schlüter* S. 72 f..

[1199] *Kühnel* a.a.O..

[1200] Zum Ganzen vgl. *Schlüter* S. 69 f..

[1201] Soergel-*von Hoffmann* Art. 28 Rdnr. 242; Müko-*Martiny* Art. 28 Rdnr. 198; *Weimar/Grote* RIW 1998, S. 267 (273).

teil seiner Leistung am Ort des betreuten Unternehmens erbringt, kommt nach herrschender Meinung – in Bezug auf den allgemeinen Management-Vertrag - nicht dessen Heimatrecht bzw. das Recht der jeweils relevanten Niederlassung zur Anwendung, sondern stattdessen das am Ort des betreuten Unternehmens[1202].

Dieser Auffassung ist im Endergebnis zuzustimmen. Wie bereits im Rahmen der Ausführungen zum Vertrag produit en main angesprochen[1203], kommt dem Moment „Schwerpunkt der Vertragsaktivität" eine wichtige Bedeutung im Rahmen des Art. 28 V EGBGB zu. Findet der eindeutig größte und relevanteste Teil der Vertragsaktivität an einem bestimmten Ort statt, dann muss auch das an diesem Ort geltende Recht über das Vertragsverhältnis entscheiden. Ein Festhalten an der Vermutung zugunsten eines anderen Rechts ist dann nicht mehr gerechtfertigt. Eine solche Berücksichtigung lässt sich auch ohne weiteres mit dem Bedeutungsverlust vereinbaren, den das Moment des Erfüllungsortes im Zuge der Kodifizierung des Internationalen Vertragsrechts erlitten hat. Das Moment des „Erfüllungsortes" ist nicht identisch mit dem des „Schwerpunktes der Vertragsaktivität"[1204].

Zum Teil wird die Anwendung des Rechts am Ort des betreuten Unternehmens auch mit der unmittelbaren Anwendung des Art. 28 II EGBGB begründet. Die umfangreiche Betreuung erfordere in der Regel die Einrichtung einer Vertretung des Managementgebers an eben jenem Ort, und diese erfülle häufig die Anforderungen, die der Vermutungstatbestand der vertragscharakteristischen Leistung an eine relevante Niederlassung stelle, so dass nicht auf Art. 28 V EGBGB zurückgegriffen werden brauche[1205].
In dieser Arbeit wurde ausführlich zu der Frage Stellung genommen, ob das vom Auftraggeber unterhaltene Baubüro am Ort der Baustelle als eine relevante Niederlassung im Sinne des Art. 28 II EGBGB – in Bezug auf den Gesamtanlagenvertrag – zu betrachten ist. Dort[1206] wurde ausgeführt, dass das Baubüro regelmäßig nicht als eine Stelle konzipiert ist, von der aus die Erfüllung des Anlagenvertrages *gesteuert* wird. Die Komplexität der Erstellung einer industriellen

---

1202 *Zeiger* S. 91; *Schlüter* S. 209; Müko-*Martiny* a.a.O.; *v. Bar,* IPR II, Rdnr. 498; im Endergebnis auch Soergel-*von Hoffmann* Art. 28 Rdnr. 242, 243.

1203 Vgl. 6. Kapitel D V 2 b (1).

1204 Das übersehen *Weimar/Grote*, wenn sie unter dem kodifizierten Recht den Erfüllungsort als ein Anknüpfungsmoment „für äußerste Fälle" betrachten und in der klassischen Konstellation keinen Grund zur Annahme eines solchen Falles sehen. Sie halten das Recht des Managementgebers für regelmäßig anwendbar. Vgl. in RIW 1998, S. 267 (272 f.) mit widersprüchlichen Aussagen zur Relevanz des Erfüllungsortes. Ausführlich zu dem Verhältnis der beiden Momente siehe die Ausführungen im 6. Kapitel D VI.

1205 So etwa Müko-*Martiny* Art. 28 Rdnr. 198; Soergel-*von Hoffmann* Art. 28 Rdnr. 242.

1206 Vgl. 6. Kapitel C III 2 a.

Großanlage verwehrt ihm in der Regel eine solche Rolle. Es wurde darüber hinaus festgestellt, dass der Vermutungstatbestand des Art. 28 II EGBGB eine feste Verankerung des Schuldners in der Rechts- und Wirtschaftsordnung des Anknüpfungsgegenstandes verlangt und dass folglich eine Niederlassung, welches lediglich der Realisierung eines einzelnen Projektes dient, keine ausreichend enge Beziehung des Schuldners zu dem sozialen Milieu schaffen kann, um eine Vermutung zu rechtfertigen. Es bleibt vielmehr der Gesamtabwägung im Sinne des Art. 28 V EGBGB vorbehalten, der umfangreichen Beteiligung einer entsprechenden Vertretung an der Erfüllung des Vertragsverhältnisses kollisionsrechtlich Rechnung zu tragen[1207], und zwar im Rahmen des Momentes „Schwerpunkt der Vertragsaktivität".

Wendet man diese kollisionsrechtliche Wertung auf den anlässlich der Erstellung einer industriellen Großanlage zwischen den Parteien geschlossenen separaten Management-Vertrag an, dann müsste das Recht am Ort der Baustelle über diesen befinden. Zumal auch dieser über eine starke gesellschaftsrechtliche Prägung verfügt, welche ebenso wie beim Lizenzvertrag auf eben jenes Recht hinweist.

Es muss hier allerdings dem Akzessorietätsgedanken Vorrang eingeräumt und der Management-Vertrag an das Recht des Hauptanlagenvertrages angeknüpft werden.
Die Anlage stellt den Bezugspunkt für den Umfang der Rechte und der Pflichten des Management-Vertrages dar. Der Inhalt und der Umfang des Wissens, welches der Auftragnehmer dem Auftraggeber bzw. dessen Personal zu vermitteln hat, und die sonstige Hilfestellung einschließlich des Betriebes der Anlage, die er diesem leisten soll, hängen – natürlich unter Berücksichtigung des Ausbildungsstandes - im Wesentlichen von dem Charakter und der Eigenart der Anlage ab. Die Erbringung der Management-Dienstleistungen sind als „Annex der unternehmerischen Tätigkeit" zu verstehen[1208], und ein enger wirtschaftlicher Zusammenhang wird generell als Voraussetzung für eine akzessorische Anknüpfung betrachtet[1209]. Folglich kann grundsätzlich angenommen werden kann, dass der Management-Vertrag in einem materiell-rechtlichen Akzessorietätsverhältnis zu dem Anlagenvertrag steht. Der enge wirtschaftliche Zusammenhang for-

[1207] Dort besteht dann auch die Möglichkeit, die in Art. 28 II EGBGB zum Ausdruck kommende Wertung des Gesetzgebers unterstützend zur Begründung der Relevanz der umfangreichen Beteiligung der „Niederlassung" heranzuziehen.
[1208] *Schlüter* S. 97.
[1209] Vgl. statt vieler Müko-*Martiny* Art. 28 Rdnr. 96; Soergel-*von Hoffmann* Art. 28 Rdnr. 115.

dert ein gemeinsames Statut, bei dem es sich ob der Dominanz des Anlagenvertrages nur um das auf diesen anwendbare Recht handeln kann.

Die akzessorische Anknüpfung bedeutet aber nicht, dass jener zuvor konstatierten Nähe des Management-Vertrages – als einem Teil der Gesamtbeziehung zwischen dem Auftraggeber und dem Auftragnehmer – zum Baustellenrecht keinerlei Bedeutung bei der Suche nach dem objektiven Statut des Hauptanlagenvertrages im Rahmen der Abwägung gemäß Art. 28 V EGBGB zukommt. Jene Nähe ist vielmehr in dem Sinne zu würdigen, dass der Gesamtanlagenvertrag durch die Management-Vereinbarung einen weiteren Bezug zum Recht am Ort der Baustelle erhält.

(3) Management-Vereinbarung und Lizenzabrede als Gegenstände eines gemeinsamen, vom Anlagenvertrag getrennten Vertragsverhältnisses

In den bisherigen Ausführungen wurde davon ausgegangen, dass die Management-Vereinbarung und die Lizenzabrede entweder beide in den eigentlichen Anlagenvertrag integriert oder aber getrennt in verschiedenen Verträgen niedergelegt worden sind. Es ist jedoch ebenso denkbar und in der Praxis häufig anzutreffen, dass der gesamte anlässlich der Erstellung einer industriellen Großanlage erforderliche Wissenstransfer von den Parteien in einem einzigen separaten Vertrag geregelt worden ist. Eine solche Vertragsgestaltung hat den Vorteil, dass sich im Falle einer vertragsrechtlichen Komplikation die schwierige Abgrenzung des allgemein zugänglichen Wissens von dem Know-how erübrigt. Man braucht dann nicht den Transfer des jeweiligen (Wissens-) Aspektes dem Leistungskatalog eines bestimmten Vertrages zuzuordnen.

Entscheiden sich die Parteien zur Regelung in einem einzigen eigenständigen Vertrag, dann ist dieser selbstverständlich auch akzessorisch an das Recht des Anlagenvertrages anzuknüpfen. Es ist keineswegs so, dass die Affinität sowohl des Management-Vertrages als auch die der Lizenzabrede zu dem Recht am Ort der Baustelle durch die Niederlegung beider Aspekte in einem gemeinsamen Vertrag eine Aufwertung in dem Sinne erfährt, dass sie nun stark genug sei, um den Wunsch nach einem kollisionsrechtlichen Gleichlauf des Vertrages mit dem Hauptanlagenvertrag als weniger gewichtig erscheinen lassen zu können. Die grundsätzliche Dominanz des Anlagenvertrages wird durch diese Vertragsgestaltung nicht angefochten.

An der Indizwirkung des Wissenstransfers zugunsten der Anwendung des Baustellenrechts auf den Anlagenvertrag ändert dies aber nicht. Es gilt hier das zuvor zum isolierten Management-Vertrag Gesagte[1210].

[1210] Vgl. die Ausführungen im 6. Kapitel D V 2 b (2).

3. Endergebnis zur Auswirkung des Wissenstransfers auf das Statut des Industrieanlagenvertrages

Im Unterschied zum Bauvertrag muss der Auftragnehmer im Rahmen eines Anlagenvertrages dem Auftraggeber und späteren Betreiber auch Informationen und Kenntnisse hinsichtlich des Betriebes zur Verfügung stellen. Bei diesen kann es sich um staatlich geschütztes Wissen („gewerbliche Schutzrechte“), um Betriebsgeheimnisse („Know-how“) und/oder um allgemein zugängliches Fachwissen handeln. Auf die Vermittlung letzteres sind trotz der allgemeinen Zugänglichkeit insbesondere Besteller aus Entwicklungsländern angewiesen. Die Projektierung und die Erstellung einer industriellen Großanlage gehen regelmäßig mit einem umfassenden Technologietransfer einher.

Bei einem Auftraggeber aus einem Industrieland stehen - dann im Rahmen einer sog. Lizenzvereinbarung – Nutzungsberechtigungen an gewerblichen Schutzrechten sowie die Erlangung von Know-how im Vordergrund. Die Lizenzvereinbarung weist Affinitäten zu zahlreichen gesetzlichen Vertragstypen auf. Wegen der Internationalität und der technischen Komplexität der Realisierung sowie des Betriebes einer industriellen Großanlage zeichnet sich die Lizenzbeziehung durch ein starkes gemeinsames Interesse der Parteien an der Geheimhaltung, dem Schutz und der Fortentwicklung der in der Anlage zur Anwendung kommenden Technologie aus; die Vertragsbeziehung erhält durch das Interesse Züge einer Schicksalsgemeinschaft und Elemente einer Gesellschaft des Bürgerlichen Rechts. Zwar vermag diese gesellschaftsrechtliche *Mit*prägung nicht, den Charakter der Lizenzbeziehung als Austauschverhältnis in Frage zu stellen, jedoch flankiert und durchdringt sie die gesamte Beziehung, ohne dass sie sich im Sinne einer Typenkombination eindeutig abkoppeln ließe.

Die Lizenzierung eines gewerblichen Schutzrechts wird anders als die des Know-how beeinflusst von dem sog. Territorialitätsgrundsatz[1211], nach welchem die Immaterialgüterrechte dem Recht des Staates unterliegen, für dessen Gebiet ihr Schutz begeht wird.
Dieser bewirkt zum einen, dass für die Lizenzbeziehung wichtige Fragen wie etwa die Zulässigkeit der Lizenzierung und die Existenz des gewerblichen Schutzrechtes, für welches eine Nutzungsberechtigung eingeräumt werden soll, dem Vertragsstatut entzogen sind und sich zwingend nach dem im Schutzland geltenden Recht („lex loci protectionis“) bestimmen[1212].
Zum anderen wird durch den Grundsatz aber auch eine kollisionsrechtlich relevante Nähe des Anlagenvertrages zu den Schutzrechten der verschiedenen Li-

---

[1211] Vgl. die Ausführungen im 6. Kapitel D V 2 a (2).

[1212] Für Einzelheiten und weitere Beispiele vgl. die Ausführungen im 6. Kapitel D V 2 a (2) (b) sowie (d).

zenzen (Verfahrens- bzw. Herstellungslizenz und unter Umständen zahlreiche einzelne Lizenzen für den jeweiligen Vertrieb in unterschiedlichen Ländern) geschaffen, da diese ähnlich wie die lex-rei-sitae materiell-rechtliche Vorgaben erteilen, an welchen sich die Parteien bei der Gestaltung des Vertrages orientieren müssen. Dabei führt eine Gewichtung der Lizenzen zu dem Ergebnis, dass das Land, in welchem der Lizenznehmer „sitzt, produziert, kennzeichnet und in den Verkehr bringt“[1213], das „primäre Schutz- und Ausübungsland“ ist und daher die Verfahrens- bzw. Herstellungslizenz am bedeutsamsten für die Lizenzbeziehung ist[1214].
Die Relevanz des Schutzrechts der Verfahrens- bzw. Herstellungslizenz, welches identisch ist mit dem Recht am Ort der Baustelle, ist als ein *Indiz* zugunsten der Anwendung eben dieses Rechts auf den Anlagenvertrag zu verstehen[1215]. Auf dieses weisen auch die starken gesellschaftsrechtlichen Züge der Lizenzbeziehung hin; abstrahiert man diese und sucht man nach dem Schwerpunkt der Schicksals- und Interessengemeinschaft, dann findet man diesen am Standort der Anlage als dem Aktivitätszentrum der Gemeinschaft[1216].

Der Ausbildungsstand des Personals des Betreibers spielt eine wichtige Rolle für den Schwerpunkt des Vertragsverhältnisses. Wenn der Betreiber aus einem Entwicklungsland stammt, dann übernimmt der Auftragnehmer die zusätzliche Verpflichtung zur vorübergehenden Führung des Betriebes und zur schrittweisen Einweisung des Personals anhand der fertiggestellten Anlage. Dies kann in Form eines Vertrages produit en main geschehen, bei dem der Auftragnehmer sich zur erfolgreichen Schulung des Personals des Betreibers verpflichtet[1217]. In den meisten Fällen schließen die Parteien jedoch „lediglich“ einen separaten erfolgsunabhängigen Management-Vertrag ab[1218].
Diese zusätzlich *vor Ort* zu erbringende Leistung des Auftragnehmers kann man kollisionsrechtlich erfassen, indem man sie bei der Gesamtabwägung nach Art. 28 V EGBGB – dort im Rahmen des Moments „Schwerpunkt der Vertragsaktivität“[1219] - als ein *weiteres Indiz* zugunsten der Rechtsordnung am Ort der Baustelle einstuft, und zwar unabhängig davon, ob im Falle einer Management-Vereinbarung diese einen unmittelbaren Teil des Gesamtanlagenvertrages dar-

[1213] So *Beier* GRUR Int. 1981, S. 299 (307) im Rahmen einer Stellungnahme zu der kollisionsrechtlichen Anknüpfung des allgemeinen Lizenzvertrages.
[1214] Vgl. die Ausführungen im 6. Kapitel D V 2 a (3) (a).
[1215] Vgl. die Ausführungen im 6. Kapitel D V 2 a (4).
[1216] Vgl. die Ausführungen im 6. Kapitel D V 2 a (3) (b).
[1217] Vgl. dazu die Ausführungen im 6. Kapitel D V 2 b (1).
[1218] Vgl. dazu die Ausführungen im 6. Kapitel D V 2 b (2).
[1219] Vgl. die Ausführungen in der abschließenden Gesamtbetrachtung zum objektiven Vertragsstatut des Anlagenvertrages im 6. Kapitel D VIII.

stellt oder aber in einem eigenständigen, häufig den gesamten Wissenstransfer umfassenden Vertrag niedergelegt ist. Im letzteren Fall bestimmt sich das objektive Statut der Management-Vereinbarung kraft akzessorischer Anknüpfung nach dem Recht des Hauptanlagenvertrages.

Insgesamt ist der im Rahmen der Realisierung und des Betriebes einer industriellen Großanlage erforderliche Technologietransfer als ein Umstand zu werten, der einen starken Bezug zu dem Recht Ort der Baustelle schafft.

VI. Ort der Vertragsaktivität

Zugunsten der Anwendung des Rechts am Ort der Baustelle spricht ferner unterstützend das Moment „Ort der Vertragsaktivität" herangezogen werden.
Es wurde bereits darauf hingewiesen, dass man sich bei der Suche nach der engsten Verbindung im Sinne des Art. 28 EGBGB unter anderem an Kategorien wie etwa dem „Sitz", der „Seele" oder aber dem „Schwerpunkt" des Vertragsverhältnisses orientieren kann[1220]. Insbesondere aus der letzteren lässt sich auf die grundsätzliche Relevanz des Ortes schließen, an dem die Vertragsaktivität stattfindet. Dies überrascht nicht, wenn man sich vor Augen führt, dass die Leistungshandlungen letztlich die Umsetzung der gegenseitigen Leistungsversprechen darstellen und sie es daher sind, deretwegen die Parteien die vertragliche Verbindung eingegangen sind. Dieser Zwecksetzung muss man in kollisionsrechtlicher Hinsicht insofern Rechnung tragen, als dass die Vornahme eines nicht unbeträchtlichen Teils der Leistungshandlungen an einem Ort, der von demjenigen abweicht, dessen Rechtsordnung als am sachnächsten vermutet wird, als ein Hinweis auf eine abweichende Anknüpfung an eben jenen zu betrachten ist[1221].

Die kollisionsrechtliche Relevanz der Vertragsaktivität steht auch in keinem Widerspruch zu der Absage, die seit der Kodifizierung des Internationalen Vertragsrechts überwiegend der Rekurrierung des Erfüllungsortes als einem besonders relevanten Umstand erteilt wird[1222]. Unter diesem versteht man den

---

[1220] Vgl. 6. Kapitel A.

[1221] Siehe in diesem Zusammenhang auch die Entscheidung des Brandenburgischen Oberlandesgerichts – OLG-NL 2002, S. 3 (5) - , in welcher auf die kollisionsrechtliche Relevanz des Ortes hingewiesen wird, an dem die charakteristische Leistung tatsächlich zu erbringen ist. Vgl. die Ausführungen im 6. Kapitel B I, wo Sachverhalt und Entscheidungsgründe wiedergegeben werden.

[1222] Siehe etwa *Sandrock* RIW 1986, S. 841 (851); *Lorenz* IPRax 1987, S. 269 (274); *Schröder* IPRax 1987, S. 90 (91). Dagegen wurde dem Erfüllungsort vor der Kodifizierung insbesondere von der Rechtsprechung ein nicht unbeträchtliches Gewicht bei der Suche nach dem objektiven Vertragsstatut beigemessen; vgl. etwa BGH AWD 1963, S. 58 (58); OLG Nürn-

Leistungsort im Sinne des § 269 BGB, und bei gegenseitigen Verträgen wird der Leistungsort für jede Verpflichtung individuell ermittelt[1223]. Die Anknüpfung an den Erfüllungsort führt daher in vielen Fällen zu einer nicht wünschenswerten Vertragsspaltung[1224]. Obendrein benötigt man bereits zur Ermittlung des Erfüllungsortes Vorgaben aus einer nationalen Rechtsordnung, wodurch die Rechtsanwendungsfrage präjudiziert wird[1225].

Dass man dem „Ort der Vertragsaktivität" trotz des Bedeutungsverlustes, den der „Erfüllungsort" durch die Kodifizierung erfahren hat, eine wichtige Bedeutung beimisst, liegt an der grundsätzlichen Verschiedenheit beider Momente, mögen sie zunächst auch generell identisch erscheinen und dies in einem konkreten Fall auch tatsächlich sein.
Der Erfüllungsort ist letztendlich der Ort, den das Gesetz oder die Parteien durch Vereinbarung als denjenigen bestimmen, an dem der Schuldner zu leisten hat. An die Leistung an diesem Ort knüpft das Gesetz bestimmte Rechtsfolgen wie zum Beispiel den Annahmeverzug des Gläubigers und die Konkretisierung der Gattungsschuld[1226]. Darüber hinaus ist er unter anderem relevant für den Gerichtsstand im Sinne des § 29 ZPO. Es handelt sich bei ihm um ein Tatbestandsmerkmal, welches stark ausfüllungsbedürftig und somit relativ abstrakt ist. Das Moment der „Vertragsaktivität" orientiert sich dagegen an den tatsächlichen Umständen, und dessen Ermittlung bzw. Bewertung ist folglich regelmäßig leichter. Angesichts der Tatsächlichkeit des Bezugspunktes bedarf es zu dessen Einschätzung nicht der Befragung eines nationalen Rechts; es wird der Rechtsanwendungsfrage nicht vorgegriffen.

Auf die Unterschiedlichkeit beider Momente gilt es unter anderem deswegen ausdrücklich hinzuweisen, weil der Bundesgerichtshof in einem Beschluss vom 5.12.1985 festgestellt hat, dass beim Bauvertrag der *Schwerpunkt* des Vertrages am Ort der Baustelle liege und dass der Erfüllungsort für die beiderseitigen Verpflichtungen aus einem Bauwerkvertrag regelmäßig der Ort des Bauwerkes sei[1227]. Dadurch besteht insbesondere beim Bauvertrag die Gefahr, die Verschie-

---

berg NJW 1985, S. 1296 (1297). In einer neueren Entscheidung (vgl. BGH RIW 2004, S. 857 (860), Urteil vom 26.7.2004 – VIII ZR 273/03) hat der Bundesgerichtshof den Erfüllungsort als ein schwaches Indiz bezeichnet, welches gemeinsam mit anderen Anhaltspunkten auf eine bestimmte Rechtsordnung hinweisen könne. Ähnlich *Martiny* in Müko Art. 28 Rdnr. Rdnr. 95 für den gemeinsamen Erfüllungsort beider vertraglichen Verpflichtungen; großzügiger *Kegel/Schurig* § 18 I 1 e sowie Soergel-*von Hoffmann* Art. 28 Rdnr. 102, wobei Letzterer in dem gemeinsamen Erfüllungsort sogar ein starkes Indiz zugunsten des dort geltenden Rechts sieht.

[1223] Müko-*Krüger* § 269 Rdnr. 10.

[1224] Müko-*Martiny* Art. 28 Rdnr. 81.

[1225] Müko-*Martiny* Art. 28 Rdnr. 81.

[1226] Vgl. auch Palandt-*Heinrichs* § 269 Rdnr. 2 f..

[1227] BGH, Beschl. vom 5.12.1985 - I ARZ 737/85, abgedruckt in u.a. NJW 1986, S. 935 f..

denheit der Momente aus den Augen zu verlieren. Hinzu kommt, dass vor allem die noch herrschende Rechtsprechung[1228] bei gegenseitigen Verträgen zur Vermeidung zweier unterschiedlicher Erfüllungsorte auf die „vertragstypische"[1229] bzw. „vertragscharakteristische"[1230] Leistung abstellt und somit zur Ermittlung eines gemeinsamen Erfüllungsortes mit Begriffen und Kriterien arbeitet, die denen des Internationalen Vertragsrechts teilweise ähneln.

Was das Verhältnis des Vermutungstatbestandes des Art. 28 II EGBGB zu der Ausweichklausel des Art. 28 V EGBGB betrifft, kann man dieses im Hinblick auf das Moment „Ort der Vertragsaktivität" am besten erfassen, indem man die Steuerung der Vertragserfüllung, auf die bei der Suche nach der relevanten Niederlassung im Sinne des Art. 28 II EGBGB abgestellt wird[1231], als eine „spezielle" Vertragsaktivität versteht, während man im Rahmen des Art. 28 V EGBGB den Vornahmeort der „sonstigen" Vertragsaktivitäten berücksichtigt.

Der Maschinenpark stellt das „gegenständliche" Kernstück der Industrieanlage dar. Die einzelnen Teile werden überwiegend in den Werkstätten der einzelnen Konsorten bzw. der Zulieferer hergestellt, zur Baustelle befördert und dort zu einer funktionierenden Anlage zusammengefügt[1232]. Daraus folgt jedoch entgegen *Wiegand*[1233] nicht, dass der Bauleistung vor Ort nur noch „eine gehobene Montagefunktion" zukommt. Es muss auch hier wieder die technische und logistische Dimension einer industriellen Großanlage betont werden. Mit jener Um-

---

Diese Auffassung ist in der Rechtsprechung und Literatur überwiegend auf Zustimmung gestoßen. Für die **Rechtsprechung** vgl. etwa OLG Saarbrücken NJW 1992, S. 987 (988); OLG Schleswig MDR 2000, S. 1453 (1453); KG Berlin IPRax 2000, S. 405 (405); a.M. LG Karlsruhe MDR 1990, S. 1010 (1010). Für die **Literatur** stellvertretend: Palandt-*Heinrichs* § 269 Rdnr. 14; Müko-*Krüger* § 269 Rdnr. 26 unter ausdrücklicher Berufung auf obigen Beschluss des Bundesgerichtshofs; Thomas/Putzo-*Putzo* § 29 Rdnr. 6; *Werner/Pastor* Rdnr. 420; Zöller-*Vollkommer* § 29 Rdnr. 25. Vgl. in diesem Zusammenhang auch BGH NJW 2001, S. 1936 (1937), wonach der Erfüllungsort für die beiderseitigen Verpflichtungen aus einem Architektenvertrag ebenfalls der Ort der Baustelle ist.

1228 BGH MDR 1986, S. 469 (469); BGH NJW 1986, S. 935 (935); OLG Köln NJW-RR 1997, S. 825 (825); kritisch LG Frankfurt/M. NJW 2001, S. 2640 (2640); AG Spandau NJW 2000, S. 1654 (1655); AG Frankfurt/M. NJW 2000, S. 1802 (1803).

1229 So formuliert etwa der Bundesgerichtshof in jenem Beschluss – NJW 1986, S. 935 (935) -, dass sich der Schwerpunkt des Vertrages „wegen der besonderen Ortsbezogenheit der *vertragstypischen* Werkleistung" am Ort der Baustelle befinde (Hervorhebung durch Verfasser); vgl. auch KG Berlin IPRax 2000, S. 405 (405).

1230 Palandt-*Heinrichs* § 269 Rdnr. 13 unter Berufung auf die Rechtsprechung.

1231 Vgl. 6. Kapitel C III 1.

1232 Vgl. 6. Kapitel C III 2 a sowie 3 b (1) (b).

1233 *Wiegand* in: Vertragsgestaltung und Streiterledigung (Böckstiegel), S. 59 (84), auf den sich viele Autoren beziehen, welche die Anwendung des Rechts des Bauexportlandes befürworten. Näher zu dessen Auffassung vgl. 6. Kapitel B II.

schreibung wird *Wiegand* dem Zusammenbau und den notwendigen Anpassungsleistungen vor Ort nicht gerecht[1234]. Diese sind hochkomplex, und sie erfordern einen großen technischen und logistischen Aufwand. Wegen der Individualität einer jeden Großanlage kann nur in einem beschränkten Maß auf Automatismen zurückgegriffen werden; höchstens die Grundkonzepte verwandter Anlagen können beliehen werden.

Die Bedeutung der Bauleistung vor Ort zeigt sich außerdem noch an dem großen Zeitraum, über welchen sie sich regelmäßig erstreckt, und an der Größe der den Maschinenpark beherbergenden Gebäude. Letztere erfordern überwiegend nur Baumaßnahmen vor Ort. Eine dem Maschinenpark vergleichbare Vorfertigung der einzelnen Elemente ist in der Regel nicht nötig.

Und auch die umfangreichen Mitwirkungspflichten des Bestellers[1235] und das anlässlich des Projektes errichtete Baubüro[1236] belegen das Ausmaß der Vertragsaktivitäten vor Ort. Schließlich entspricht es beim Industrieanlagenvertrag dem Charakter der Mitwirkungspflichten, dass die erforderlichen Handlungen überwiegend am Ort der Baustelle vorgenommen werden, und an diesem befindet sich auch das Baubüro. Dass diese beiden Umstände schon im Rahmen des Vermutungstatbestandes erörtert worden sind[1237] und dort nichts an der „grundsätzlichen"[1238] Heimat des Anlagenvertrages am Hauptsitz des Auftragnehmers auszurichten vermochten, steht einer erneuten Berücksichtigung auf der Ebene der Gesamtabwägung nicht im Wege[1239].
Die „Mitwirkungspflichten" des Bestellers wurden dort nur in dem engen dogmatischen Korsett der Vertragscharakteristik diskutiert, und die von ihr ausgehende Schwächung der Vermutung des Art. 28 II EGBGB wurde ausschließlich auf der die Charakteristik des Vertrages mitprägenden Wirkung gegründet. Eine darüber hinausgehende Stellungnahme zur kollisionsrechtlichen Signifikanz der „Mitwirkungspflichten" wurde nicht vorgenommen. Eine Gewichtung für das Moment „Ort der Vertragsaktivität" unterblieb dort ebenso wie für den Charakter des Anlagenvertrages als Interessengemeinschaft[1240].

[1234] Ebenso *Hök*, Handbuch, § 12 Rdnr. 8, nach dem es zu weit gehe, „die reine Koordinierungsleistung zum Dreh- und Angelpunkt und zur Hauptaufgabenstellung zu machen". Das Gleiche gelte für das Pre-engineering.

[1235] 6. Kapitel C II.

[1236] 6. Kapitel C III 2 a.

[1237] Für die Mitwirkungspflichten vgl. die Ausführungen im 6. Kapitel C II, für das Baubüro vgl. 6. Kapitel C III 2 a.

[1238] Zur Bedeutung dieser Umschreibung vgl. 6. Kapitel C I.

[1239] So aber ausdrücklich für das Baubüro *Wenner* in: FS Mantscheff, S. 205 (217).

[1240] Auf die Mitwirkungspflichten wird noch ein weiteres Mal abgestellt werden, und zwar als Beitrag zum kooperativen Charakter des Anlagenvertrages, vgl. die Ausführungen im 6. Kapitel D VII.

Dagegen wurde das „Baubüro“ im Rahmen der *Lokalisierung* der vertragscharakteristischen Leistung erörtert. Da man es dort jedoch nicht als ein den Vermutungstatbestand unmittelbar schwächendes Kriterium qualifiziert hat, ist es unbedenklich, ihm bei der Suche nach dem örtlichen Schwerpunkt der Vertragsaktivität – auf der Ebene der Gesamtabwägung nach Art. 28 V EGBGB - den Status eines zusätzlichen, alleine nicht ausschlaggebenden Indizes zu attestieren. Der Tatsache, dass das „Baubüro“ im Rahmen des Vermutungstatbestandes als ein lokales Kriterium diskutiert worden ist und in der Literatur sogar zum Teil als eine „andere Niederlassung“ im Sinne des Art. 28 II S. 2 EGBGB betrachtet wird, lässt sich seine grundsätzliche kollisionsrechtliche Relevanz entnehmen. Indem man ihm einen Status im beschriebenen Sinne beimisst, gelingt es, diese Relevanz angemessen zu erfassen.
Bei einem Anlagenvertrag mit einem Besteller aus einem Entwicklungsland finden zusätzlich noch umfängliche Schulungen, Einweisungen und Betreuungsmaßnahmen am Ort der Baustelle statt. Dieser Technologietransfer[1241] ist für den Besteller immens wichtig, und dessen Vornahmeort muss folglich bei der örtlichen Gewichtung der Vertragsaktivität auch eine entsprechende Berücksichtigung finden[1242].

Letztendlich bedarf es keiner Entscheidung, ob der Schwerpunkt der Vertragsaktivität im Bauexport- oder aber im Baustellenland liegt[1243]. Man kann es bei der Feststellung belassen, dass wichtige Bereiche der Projektrealisierung am Ort der Baustelle vorgenommen werden und dass dadurch ein weiterer Bezug des Anlagenvertrages zu der Rechtsordnung an diesem Ort hergestellt wird.
Ferner sei an dieser Stelle noch darauf hingewiesen, dass der Auftragnehmer beim Anlagen- wie auch beim Bauvertrag ob der zahlreichen, zuvor dargestellten zwingenden lokalen Vorschriften[1244] beträchtliche gesetzliche Vorgaben erhält, an die er sich bereits bei der Vorfertigung der Maschinen an seinem Stammsitz im Bauexportland orientieren muss. Damit findet auch die Vorfertigung in einem juristischen Milieu statt, welches sich aus Vorschriften sowohl des Bauexport- als auch des Baustellenlandes zusammensetzt. Dadurch erfährt die Vermutungswirkung zugunsten der Rechtsordnung des Auftragnehmers bereits auf der Ebene des Art. 28 II EGBGB eine weitere Schwächung, da die die

---

[1241] Vgl. 6. Kapitel D V.

[1242] Vgl. insoweit die Ausführungen zum Vertrag produit en main und zum Management-Vertrag im 6. Kapitel D V 2 b.

[1243] Wohl zu weitgehend *Hök* – Handbuch, § 12 Rdnr. 8 -, nach dem die Koordinierungsleistung und das Pre-engineering am Sitz des Auftragnehmers „nur einen ganz geringen Teil des Anlagenbaus“ ausmachen.

[1244] Zu denken ist hier zuvörderst an zwingende technische Regelungen und an Umweltschutzgesetze.

vertragscharakteristische Leistung erbringende Partei nicht wie in den meisten anderen Vertragskonstellationen ihre Tätigkeit überwiegend nur an den rechtlichen Vorgaben des Heimatrechts messen muss.

VII. Schwerpunkt des kooperativen Elements des Anlagenvertrages

Endlich ist noch auf eine weitere Facette des Industrieanlagenvertrages hinzuweisen, welche aus seinem Charakter als Langzeit- und Rahmenvertrag[1245] resultiert und welcher ebenfalls eine kollisionsrechtliche Wirkung zukommt.

Es zeichnet den Vertrag aus, dass er nie ein bis in alle Einzelheiten definiertes Leistungsverzeichnis enthält[1246], sondern wegen der zu Beginn der Projektrealisierung grundsätzlich nicht erfassbaren Besonderheiten der lokalen Umstände sowie der zahlreichen Risiken[1247], denen er als Langzeitvertrag ausgesetzt ist, als Rahmenvertrag[1248] konzipiert ist, welcher erst im Laufe der Vertragsabwicklung durch beide Parteien konkretisiert wird. Es liegt ihm ein „dynamisches Vertragskonzept"[1249] zugrunde. Der einzelne Industrieanlagenvertrag hat bei seinem Abschluss keinen scharf umrissenen Leistungsgegenstand; dieser ist zwar über bloße Grundzüge hinaus skizziert, jedoch schälen sich seine endgültigen Konturen erst im Rahmen der Vertragsabwicklung heraus.

Da die Festlegung der Details nicht alleine von dem Unternehmer vorgenommen wird, sondern der Besteller in diesen Entscheidungsprozess regelmäßig einbezogen wird, ist eine ständige Kommunikation zwischen den Parteien erforderlich[1250]. Diesem Umstand wird in den Verträgen unter anderem durch die große Anzahl von Informations- und Mitteilungspflichten[1251] Rechnung getragen.

[1245] *Wiegand* in: Vertragsgestaltung und Streiterledigung (Böckstiegel), S. 59 (81 f.); *Leonhard* BB (Beilage 9), S. 13 (13 f.).; vgl. in diesem Zusammenhang *Tiling* RIW 1986, S. 91 (91), der im Hinblick auf das „Nahtstellen"- und „Komplettheitsrisiko" auf die Notwendigkeit hinweist, den Vertragsgegenstand bereits bei Vertragsschluss so genau wie möglich zu umschreiben. Der Charakter als Rahmenvertrag dürfe nicht dazu verleiten, den genauen Inhalt der Leistungsverpflichtungen per se offen zu lassen.

[1246] *Schlotke* in: Langzeitvertrag (Nicklisch), S.377 (380)

[1247] Dazu zählen vor allem geografische und klimatische Unwägbarkeiten, die Gefahr politischer Unruhen sowie Insolvenzen von Lieferanten und Subunternehmern. Vgl. hierzu u.a. Leonhard, BB (Beilage 9), S. 13 (14).

[1248] *Tiling* RIW 1982, S. 91 (91); VOB/B-Kommentar/*Nicklisch*/Weick Einl. Rdnr.3.

[1249] So *Wiegand* in: Vertragsgestaltung und Streiterledigung (Böckstiegel), S. 59 (82) für internationale Bauverträge. Ebenso OLG Köln NJW-RR 2002, S. 15 (18).

[1250] VOB/B-Kommentar/*Nicklisch*/Weick Einl. Rdnr.4.

[1251] Z.B. § 2 Nr. 6 Abs. 1, Nr. 8 Abs. 2; § 3 Nr. 3; § 4 Nr. 1, 3 VOB/B. Vgl. auch Art. 6.1 UNIDO, welcher die Parteien zu einer angemessenen Kooperation verpflichtet und ihnen auf-

Im Gegensatz zu einem punktuellen Leistungsaustauschvertrag stehen sich der Auftraggeber und der Auftragnehmer nicht als Parteien gegenüber, die sich ausschließlich als Empfänger der versprochenen Leistung durch die isolierte Erbringung derselben seitens der anderen Vertragspartei verstehen.
Sie betrachten sich vielmehr auch als eine Gemeinschaft, die sich zusammengeschlossen hat, um *gemeinsam* das Großprojekt zu realisieren. Nicht nur der Leistungsaustausch, sondern auch „die Erreichung des gemeinsamen Zwecks, der Realisierung des Projekts“[1252] ist kennzeichnend für den Industrieanlagenvertrag[1253].
Van Dunné[1254] erfasst diese Facette eines Langzeitvertrages treffend, indem er formuliert: „When parties have concluded a long-term contract, they are in a common venture. Their relationship therefore, is resembling a *partnership*, where the norms of good faith require a give-and-take attitude of the parties.“

So überrascht es nicht, dass bei einem Vertrag über die Erstellung einer industriellen Großanlage die Neuverhandlungs-, Preisanpassungs- und Force-Majeure-Klauseln[1255] von den Parteien als elementar für das Vertragsgefüge eingestuft werden und häufig Gegenstand zäher Verhandlungen sind. Aus den vorgenannten Gründen kann auf sie nicht verzichtet werden, jedoch sollten die Parteien es vermeiden, sie allzu vage und großzügig zu formulieren, da ansonsten der konkrete Verlauf der Projektrealisierung und damit die Preis- und Zeitkalkulation von zu vielen Unwägbarkeiten abhängt[1256].

Den Parteien steht mit den Klauseln ein Instrumentarium zu Verfügung[1257], mit dessen Hilfe sie gemeinsam auf aktuelle Entwicklungen reagieren und Lösungen finden können, welche einen fairen Interessenausgleich zwischen ihnen darstellen. Es drückt sich ihnen der Wunsch der Parteien aus, gemeinsam das Projekt

---

erlegt, sich regelmäßig zu treffen, um sich über den Stand der Dinge zu informieren und sich über die weitere Vorgehensweise zur Optimierung der Vertragsabwicklung zu verständigen. Näher dazu Dünnweber 3. Kap. B III 1.

[1252] *Leonhard* BB 1999 (Beilage 9), S. 13 (14).

[1253] Trotz des starken Kooperationscharakters kann kein Zweifel daran bestehen, dass der Industrieanlagenvertrag als ein Leistungsaustausch- und nicht etwa als ein Leistungsvereinigungsvertrag im Sinne der §§ 705 f. BGB zu verstehen ist. Vgl. die Ausführungen zur Rechtsnatur des Industrieanlagenvertrages im 4. Kapitel B.

[1254] *Van Dunné* in: Langzeitvertrag (Nicklisch), S. 413 (439) (Hervorhebung durch Verfasser).

[1255] Vgl. z.B. Art. 13 (Variations and Adjustments) sowie Art. 19 (Force Majeure) FIDIC-Contractor, FIDIC-Employer, EPC, in denen diese Problematik ausführlich geregelt ist.

[1256] UNCITRAL ch. XXII para. 4 f..

[1257] Einen sehr prägnanten Überblick über die Bandbreite des Instrumentariums, welches die Parteien bei der Fassung der Verträge implementieren können, liefert *Berger* RIW 2000, S. 1 f..

zu realisieren und es nicht an dem Beharren einer Partei auf der im Vertrag formulierten Rechtsposition scheitern zu lassen[1258].

Das gemeinsame Interesse der Parteien an einem reibungslosen und beide Seiten zufriedenstellenden Fortgang des Projekts zeigt sich ferner an einer alternativen Streitbeilegungsmethode, welche im englischen Baurecht bereits seit Jahrzehnten praktiziert wird, dort seit der Gesetzesreform im Jahre 1998 als ein interimistisches Streitentscheidungsverfahren zwingend vorgeschrieben ist[1259] und welche im Begriff ist, sich auch im internationalen Kontext – dort ebenfalls vor allem im Bau- und Anlagengeschäft - als eine besondere Variante des Streitmanagements zu etablieren[1260]. In die FIDIC-Werke hat sie ebenfalls Einzug genommen[1261].

Internationale Anlagenverträge enthalten überwiegend eine Schiedsgerichtsklausel. Bei einem Schiedsverfahren handelt es sich ebenso wie bei einem Verfahren vor einem staatlichen Gericht um eine streitige Methode der Konfliktbewältigung, welche mit einem bindenden und vollstreckbaren Urteil ihren Abschluss findet. Es entspricht daher dem oben dargestellten „Harmonie"-Interesse der Parteien, einen Konfliktfall nicht sofort vor das Schiedsgericht zu tragen, sondern stattdessen zunächst einmal zu versuchen, eine gemeinsame Lösung mittels intensiver Kommunikation und Neuverhandlung zu finden. Es werden insoweit „die Selbstheilungskräfte des Vertrages"[1262] beschworen.

Vor allem Auftraggeber aus asiatischen Ländern verlangen häufig die Vereinbarung einer alternativen Streitbeilegungsmethode[1263]. Das Rechtsverständnis dieser Länder ist vielfach noch sehr stark beeinflusst vom Konfuzianismus; das Streben nach Harmonie und damit auch nach einer einvernehmlichen Beilegung von Streitigkeiten stellt ein fundamentales Prinzip dieser Lehre dar. Das Unterliegen vor einem Gericht wird als ein Gesichtsverlust empfunden.

In Art. 20.4 FIDIC-Contractor, FIDIC-Employer, EPC wird zur Streitbeilegung ein Dispute Adjudication Board (DAB) berufen. Dieses besteht in der Regel aus drei von den Parteien gemeinsam benannten hoch qualifizierten Experten (vgl.

[1258] Allgemein zur Rolle von Neuverhandlungs- und Force-Majeur-Klauseln bei Langzeitverträgen *van Dunné* in: Langzeitvertrag (Nicklisch), S. 413 f..

[1259] Zu diesem außergerichtlichen Streiterledigungsverfahren im englischen Baurecht und in den FIDIC-Werken ausführlich *Wiegand*, RIW 2000, S. 197 f.; siehe auch Leonhard, BB 1999 (Beilage 9), S. 13 (15 f.).

[1260] Zur Frage, ob solche Formen des Konfliktmanagements auch für Bau- und Anlagenprojekte im „rein" deutschen Kontext sinnvoll sind, vgl. *Schramke* NZBau 2002, S. 409 f..

[1261] Vgl. die noch folgenden Ausführungen sowie *Wiegand* a.a.O.. und *Schramke* a.a.O..

[1262] Leonhard a.a.O. S. 16.

[1263] Zu den in Asien häufig gewählten Streitschlichtungsmethoden vgl. *Jones* ICLR (1999), 359 – 419; dort vor allem S. 369 f.. Speziell zur Handhabe in Singapur vgl. *Chan* ICLR (1998), 259 – 275.

Art. 20.2), welche die Aufgabe haben, neutral zwischen den Parteien zu vermitteln und - die Notwendigkeit der Kooperation betonend - den Konflikt zügig einer Entscheidung zuzuführen. Die Entscheidung dieser Institution ist für die Parteien bindend und kann innerhalb einer bestimmten Frist mittels eines Schiedsverfahrens angegriffen werden[1264]. Das DAB kann sowohl als eine adhoc-Institution, welche in jedem Streitfall neu gegründet wird, als auch als eine permanente Einrichtung konzipiert sein, welche das Vertragsverhältnis von seinen Anfängen bis zu seinem Ende begleitet und welches sich trotz der erhöhten Kosten immer dann empfiehlt, wenn aufgrund besonderer Umstände vermehrt mit Meinungsverschiedenheiten zwischen den Parteien zu rechnen ist[1265]. Schließlich kann selbst die mehrmalige Anrufung einer außergerichtlichen, adhoc zu bildenden Streitschlichtungsinstanz zu massiven Zeitverlusten führen.

Die allgemeinen Informations- und Mitwirkungspflichten sind ebenso wie jene Neuverhandlungs-, Preisanpassungs- und Force-Majeure-Klauseln bei den meisten Bau- und Anlagenverträge, welche ein Großprojekt zum Gegenstand haben, anzutreffen. Das Gleiche gilt für die Vereinbarung einer dem Dispute Adjudication Board zumindest ähnlichen „internen" Streitschlichtungsinstanz.
Es manifestiert sich in ihnen eines der Leitprinzipien dieses Vertragstypus, der *Kooperationscharakter*[1266]. Zu diesem tragen die soeben vorgestellten Vorschrif-

---

[1264] Zu den Details dieser Streitbeilegungsmethode vgl. u.a. *Nicklisch* BB 1998, S. 2 (6 f.); *Kehlenbach* ZfBR 1999, S. 291 (292 f.); *Wiegand* RIW 2000, S. 197 (200 f.); *Mallmann* RIW 2000, S. 532 (539 f.).

[1265] So wurde das Konfliktpotential anlässlich der Erstellung des neuen Flughafens in Hong-Kong in der Mitte des letzten Jahrzehnts, welche von mehr als 70 verschiedenen Ingenieurbau-, Anlagenbau-, Gebäudebau- und technischen Ausstattungsverträgen flankiert wurde, als so massiv eingestuft, dass ein ständiges „Dispute Review Panel" eingerichtet wurde, welches aus acht unabhängigen Experten bestand und welches über umfangreiche Inspektions- und Kontrollkompetenzen verfügte. Vgl. dazu *Lewis* ICLR (1993), 76, 79, 81 sowie ICLR (1995), 131, 133. Siehe auch *Wiegand* RIW 2000, S. 197 (201).

[1266] Das Oberlandesgericht Köln hatte in dem sog. „Schürmann-Bräu"-Urteil vom 27.4.2001 – 11 U 63/00 -, abgedruckt in NJW-RR 2002, S. 15 f. - über den Ersatz von Schäden in Höhe von mehreren hundert Millionen Deutsche Mark zu entscheiden, welche der Klägerin durch ein Rheinhochwasser an den „Erweiterungsbauten des Deutschen Bundestages" in Bonn entstanden waren. Unter Berufung auf die Rechtsprechung des Bundesgerichtshofes (u.a. BGHZ 133, 44 (47)) betonte das Gericht das Kooperationserfordernis bei Bauverträgen über Großprojekte. Wegen der Prägnanz der von dem Gericht gewählten Formulierung und wegen der diesbezüglichen Vergleichbarkeit der Bau- und Anlagenverträge soll im Folgenden der entsprechende Passus in seiner Gänze wiedergegeben werden: „Bauverträge weisen – jedenfalls soweit sie Großprojekte betreffen – eine Struktur auf, die sie von den Werkverträgen handwerklichen Zuschnitts deutlich unterscheidet. Es geht nicht um einen einmaligen, punktuellen Leistungsaustausch. Sie sind Langzeitverträge, deren Durchführung eine Kooperation beider Vertragspartner erfordert. Auf Grund der in der Regel vorliegenden komplexen Natur der Bauvorhaben können nicht alle Einzelheiten der Projektrealisierung schon im Zeitpunkt des

ten, welche allesamt aus dem im Vergleich zu einem punktuellen Leistungsaustauschvertrag erhöhten Kommunikationsbedarf der Beteiligten resultieren und für Langzeit- und Rahmenverträge größeren Ausmaßes typisch sind, gleichermaßen bei wie jene Vorschriften[1267], die – wie etwa die Verschaffung von Genehmigungen oder die Erledigung von Zollformalitäten – nicht unmittelbar der Kommunikation zwischen den Beteiligten dienen.

Wie bereits erwähnt, erfährt der Kooperationscharakter beim Anlagenvertrag anders als beim Bauvertrag – und zwar unabhängig von der Größe des letzteren - noch eine Stärkung durch die Relevanz der Lizenzvereinbarung bzw. des Lizenzverhältnisses und durch dessen Eigenart als „Schicksalsgemeinschaft"[1268]. Das Interesse beider Parteien an der zügigen und reibungslosen Projektierung und Erstellung des Projektes wird ergänzt durch das gemeinsame Interesse an der Fortentwicklung, der ungestörten und profitablen Nutzung und der Bewahrung der Exklusivität der im Rahmen des Anlagenvertrages übertragenen Technologie. Erfordert – wie es bei Bestellern aus Entwicklungsländern regelmäßig der Fall ist – die Technologieübertragung noch eine umfangreiche Schulung des Personals des Betreibers, dann führt dies ob der dazu notwendigen intensiven Zusammenarbeit zu einer weiteren Stärkung des Kooperationscharakters[1269].

Vertragsschlusses festgelegt werden. Auf Grund des Langzeitcharakters und der Komplexität der Projekte gewinnt der Bauvertrag die Struktur eines Rahmenvertrages, der im Verlauf der Projektausführung auszufüllen und den tatsächlichen Verhältnissen anzupassen ist. Daraus ergeben sich besondere Risiken für die Vertragsdurchführung. Erforderlich ist deshalb eine differenzierte vertragliche Risikoverteilung zwischen den Parteien. Zwingend notwendig sind ferner vertragsbegleitende Maßnahmen zur Entscheidungsfindung und Konfliktregelung ... . Derartige Werkverträge verlangen nach einer möglichst genauen Planung des Projektablaufes. Dementsprechend ist für diese Verträge typisch, dass sie einem dynamischen Vertragskonzept folgen. Es ist erforderlich, die Laufzeit des Vertrages entsprechend den verschiedenen Phasen, wie Planungsphase, Herstellungsphase, Abnahme- und Garantiephase regulativ zu erfassen und diesen Phasen der Vertragsdurchführung jeweils entsprechende Rechte und Pflichten der Bet. zuzuordnen ... . Langzeit- und Rahmencharakter sowie die große Zahl der an einem Projekt Beteiligten erfordern deren ständige Kooperation, d.h. ein ständiges Kommunizieren zwischen den Vertragspartnern, das dem Informationsaustausch, der Klärung von Problemen, dem Schließen von Vertragslücken und oft auch der Beilegung von Meinungsverschiedenheiten dient. Daraus folgt die Forderung nach ständiger wechselseitiger Information und von Prüfungs- und Hinweispflichten aller Beteiligten, und zwar des Auftragnehmers ebenso wie des Auftraggebers." (OLG Köln a.a.O. S. 18).

Auch der Bundesgerichtshof befasst sich in einer Entscheidung näher mit der Kooperationspflicht der Beteiligten eines Bauvertrages, „entstandene Meinungsverschiedenheiten oder Konflikte nach Möglichkeit einvernehmlich" beizulegen. Vgl. das Urteil vom 28. Oktober 1999, - VII ZR 393/98 -, abgedr. in BauR 2000, S. 409 f., dort S. 410.

[1267] Vgl. 6. Kapitel C II 1.

[1268] Vgl. dazu die Ausführungen im 6. Kapitel D V 2 a (1) sowie (3) (b).

[1269] Vgl. 6. Kapitel D V 2 b sowie *Schuhmann* BauR 2003, S. 162 (168).

Bei der Ermittlung der kollisionsrechtlichen Auswirkung jenes Bau- und Anlagenverträgen *gleichsam*[1270] anhaftenden kooperativen Elements[1271] kann ähnlich vorgegangen werden wie bei der Bewertung der kollisionsrechtlichen Signifikanz der gesellschaftsrechtlichen Prägung der Lizenzabrede[1272]. Dort wurde das kooperative Element abstrahiert, sodann als Innengesellschaft qualifiziert und den Regeln des Internationalen Vertragsrechts unterworfen. Mangels Zuordbarkeit zu einem Vermutungstatbestand musste die Formel der engsten Verbindung im Sinne des Art. 28 I EGBGB bemüht und nach dem Ort gesucht werden, an welchem von den Beteiligten der Gesellschaftszweck hauptsächlich verfolgt wird, mithin dem Schwerpunkt der Kooperation.
Dieser ließ sich unschwer an dem Ort finden, wo der Lizenznehmer seinen Hauptsitz hat und die Ware produziert sowie in den Verkehr bringt. Die Herstellungs- und die Verfahrenslizenz konnten gemeinsam mit dem sie begleitenden Know-how als das eigentliche Kernstück und damit als der primäre Zweck der Lizenzabrede qualifiziert werden. Die Abrede erhält durch ihr starkes kooperatives Element einen weiteren Bezug zu dem Schutzland der Herstellungs- bzw. Verfahrenslizenz, welches identisch ist mit dem Land, in dem sich die Baustelle befindet. Dieser Bezug schlägt auf den Gesamtanlagenvertrag durch, und zwar unabhängig davon, ob die Lizenzabrede in diesen integriert ist oder ein selbständiger Teil der gesamten Rechtsbeziehung zwischen den Parteien ist[1273].

Während das kooperative Element der Lizenzabrede zuvörderst auf den Zeitraum des späteren Betriebes der Anlage abstellt[1274], bezieht sich jenes vor allem aus dem Charakter als Rahmen- und Langzeitvertrag resultierende kooperative Element überwiegend auf den Vorgang der Projektierung und der Erstellung der Anlage.
Die Abstrahierung des kooperativen Elementes und die sich anschließende Ermittlung des Schwerpunktes der gemeinsamen Zweckverfolgung bereiten ebenso wenig Schwierigkeiten wie bei der Lizenzabrede. Der Zweck der Kooperation besteht in der gemeinsamen Errichtung einer funktionierenden Anlage. Die

---

[1270] Die kollisionsrechtliche Signifikanz der gesellschaftsrechtlichen Prägung wurde ja bereits erfasst. Vgl. die Ausführungen im 6. Kapitel D V 2 a (3) (b).
[1271] Dass dem Ort, an dem die Parteien über den genauen Inhalt des bereits abgeschlossenen, keine detaillierten Regelungen enthaltenen Vertrages *kommunizieren* und ihn konkretisieren, ein kollisionsrechtliches Gewicht beizumessen ist, findet eine Bestätigung in der schon vorgestellten Entscheidung des Oberlandesgerichts Hamm aus dem Jahre 1995 (NJW-RR 1996, S. 1144 f.) – vgl. die Ausführungen im 6. Kapitel B I -. Nach Auffassung des Gerichts spricht auch die Tatsache, dass die zur Konkretisierung erforderlichen Erklärungen im gemeinsamen Heimatstaat der Vertragspartner abgegeben werden sollten, zugunsten der Anwendung des Rechts dieses Staates.
[1272] Vgl. 6. Kapitel D V 2 a (3) (b).
[1273] Vgl. 6. Kapitel D V 2 a (4).
[1274] Vgl. 6. Kapitel D V 2 a (3) (b).

Parteien vereinen ihre Kräfte, um mit der Anlage etwas herzustellen, was sich aufgrund der Unverrückbarkeit des Grundstücks, auf dem die Anlage errichtet wird, eindeutig und unwandelbar lokalisieren lässt.
Der gemeinsame Zweck - als das fundamentale Prinzip einer jeden Kooperation - hat seinen „Sitz" am Ort der Baustelle; dort wird er hauptsächlich verfolgt, und dort entfaltet sich auch seine „Seele".
Die Ausführungen zu dem Moment „Ort der Vertragsaktivität" haben gezeigt, dass für die Vertragsabwicklung wichtige Aktivitäten am Ort der Baustelle stattfinden, so dass diese örtliche Zuordnung des Kooperationszweckes auch nicht den Vorwurf fürchten muss, mit der Errichtung der Anlage vor Ort auf die abschließende Präsentation des Ergebnisses und damit des Zweckes eines Vorganges abzustellen, der sich größtenteils an einer anderen Stelle zugetragen habe.

Das für den Anlagenvertrag so wichtige kooperative Element stellt folglich einen weiteren Bezug des Vertragsverhältnisses zu dem Recht am Ort der Baustelle her.

VIII. Zusammenfassende Gesamtbetrachtung zum objektiven Statut des Industrieanlagenvertrages

Im Rahmen des Art. 28 EGBGB wird nach der engsten Verbindung des Vertragsverhältnisses mit einer Rechtsordnung gesucht. Die bisherigen Ausführungen haben gezeigt, dass als sachnächste Rechtsordnung in der Regel das Heimatrecht des Auftragnehmers und das Recht am Ort der Baustelle in Betracht kommen[1275].

Bei der Suche nach dem anwendbaren Recht kann man sich zunächst einmal an einem Vermutungstatbestand orientieren. Der Anlagenvertrag ist dem Vermutungstatbestand des Art. 28 II EGBGB zugänglich. Eine Suche ausschließlich auf der Grundlage des Art. 28 I EGBGB ist nicht erforderlich.

Art. 28 II EGBGB verweist auf das Recht des Auftragnehmers. Er erbringt die vertragscharakteristische Leistung; die Mitwirkungspflichten des Auftraggebers sind nicht in der Lage, der Leistung des Auftragnehmers ihre für die Charakteristik des Vertrages ausschlaggebende Wirkung zu nehmen. Da jedoch der individuelle Charakter eines Vertrages von jeder Nicht-Geldleistung und somit auch von jenen Mitwirkungspflichten zumindest *mit*geprägt wird, muss diesen im Rahmen des Art. 28 II EGBGB insoweit Rechnung getragen werden, als dass

---

[1275] Vgl. insoweit auch die unterschiedlichen Auffassungen in der Literatur und in der Rechtsprechung über die objektive Anknüpfung des Bau- und Anlagenvertrages – 6. Kapitel B - . Die Vorschläge beschränken sich im Wesentlichen auf diese beiden Rechtsordnungen.

man dem Tatbestand des Art. 28 II EGBGB eine nur abgeschwächte Vermutungswirkung attestiert. Auf diesem Wege vermeidet man eine Teilanknüpfung der Mitwirkungspflichten sowie ein Ausweichen auf die unbestimmte Formel der engsten Verbindung im Sinne des Art. 28 I EGBGB und damit einen Verzicht auf die Hilfestellung durch einen Vermutungstatbestand bei der Suche nach dem anwendbaren Recht[1276].

Welches Recht genau im Rahmen des Art. 28 II EGBGB als das sachnächste vermutet wird, hängt von der Struktur der Auftragnehmerseite ab. Grundsätzlich ist es das Recht am Ort der Hauptverwaltung des Auftragnehmers. Angesichts der technischen und logistischen Dimension eines Großanlagenprojektes kann auf das Baubüro am Ort der Baustelle nicht abgestellt werden[1277]. Das Gleiche gilt für sonstige Repräsentanzen[1278]. Sie sind nicht in der Lage, die Realisierung eines Großprojektes zu steuern.

Befindet sich auf der Auftragnehmerseite – wie in der Mehrzahl der Fälle – ein Konsortium, dann verweist Art. 28 II EGBGB auf das Recht am Unternehmenshauptsitz des Federführers, mithin regelmäßig nicht das Recht am Ort der Baustelle, da nur Unternehmen aus Industrieländern die Fähigkeit besitzen, die Leitung von Projekten in der Größenordnung einer industriellen Großanlage auszuüben. Der parallelen Leistungserbringung durch die einzelnen Konsorten und dem *relativ* bescheidenen Einfluss des Federführers auf die Steuerung der vertragscharakteristischen Leistung – als einer Besonderheit des Anlagenvertrages im Unterschied zum klassischen Bauvertrag kleineren oder mittleren Zuschnitts[1279] - kann man auch hier mit der Annahme einer abgeschwächten Vermutungswirkung begegnen[1280].

Das Recht am Ort der Baustelle wird jedoch dann vermutet, wenn sich ein Gemeinschaftsunternehmen zur Projektierung und Erstellung der Großanlage verpflichtet und einer der Partner aus dem Entwicklungsland stammt, in welchem die Baustelle errichtet wird. In einem solchen nicht seltenen Fall weist das Gemeinschaftsunternehmen regelmäßig eine Struktur auf, im Rahmen derer sich die Hauptverwaltung des Unternehmens im Entwicklungsland befindet. Primär aus volkswirtschaftlichen Gründen wird eine solche Struktur häufig von dem staatlichen Auftraggeber des Gastlandes ausdrücklich gefordert. In Kenntnis

[1276] Vgl. die Ausführungen im 6. Kapitel C II 2, 3.
[1277] Siehe hierzu die Ausführungen im 6. Kapitel C III 2 a.
[1278] Vgl. 6. Kapitel C III 2 b.
[1279] Zur Struktur des Anlagenkonsortiums und zum Unterschied zur Bau-ARGE vgl. die Ausführungen im 6. Kapitel C III 3 b (1) (a) sowie (b).
[1280] Vgl. 6. Kapitel C III 3 b (1) (g).

dieses Umstandes werden die Gemeinschaftsunternehmen entsprechend strukturiert[1281].

Für den Vermutungstatbestand des Art. 28 II EGBGB folgt aus dem Gesagten, dass dort das Recht am Hauptsitz der Auftragnehmerseite als das sachnächste vermutet wird, sich die Vermutung jedoch im Rahmen der Abwägung nach Art. 28 V EGBGB vielfach nicht als eine „Trutzburg präsentiert, welche nur kraft einer deutlichen Übermacht an Gegnern zu Fall gebracht werden kann". Weisen mehrere Indizien auf eine bestimmte andere Rechtsordnung hin, dann müssen diese in ihrer Gesamtheit zwar gewichtiger sein als der Bezug zur vermuteten Rechtsordnung, ihre Überlegenheit muss aber nicht erdrückend sein, um die gesetzliche Vermutung widerlegen zu können.

Zu einer solchen Überlegenheit vermögen die klassischen Indizien kaum etwas beizutragen. Wie dargelegt[1282], lässt sich in dem Umstand, dass es sich bei dem Auftraggeber – wie bei großen Infrastrukturprojekten häufig – um einen Staat handelt, allenfalls ein sehr schwaches Indiz zugunsten der Rechtsordnung des Staates sehen. Die Vertragswährung scheidet als unmittelbares Indiz aus[1283], und selbst die Indizwirkung einer nur einem der Vertragspartner „zugänglichen" und in dessen Gesellschaft und Werteordnung tief verwurzelten Referenzsprache ist bescheiden[1284].

Dagegen wird ein starker Bezug des Anlagenvertrages zur der Rechtsordnung am Ort der Baustelle durch denjenigen Teil der Gesamtrechtsbeziehung zwischen dem Auftraggeber und dem Auftragnehmer hergestellt, welcher von jener *zwingend* beherrscht wird.

Im Rahmen der Erstellung einer Anlage finden zahlreiche sachenrechtliche Vorgänge statt, über welche gemäß Art. 41 EGBGB die *lex rei sitae* befindet[1285]. Hinzu kommt, dass die Beteiligten sowohl den Bau als auch den Betrieb der Anlage an einer großen Anzahl von *lokalen* Vorschriften orientieren müssen, welche zwingend – überwiegend kraft einer Sonderanknüpfung - in die Beziehung und auch in den Vertrag „hineinregieren" und welche ein juristisches Milieu schaffen, in das der Vertrag eingebettet und an welches er angepasst wird[1286]. Zu

[1281] Vgl. 6. Kapitel C III 3 b (2).
[1282] Vgl. 6. Kapitel D I.
[1283] Vgl. 6. Kapitel D II.
[1284] Vgl. 6. Kapitel D III.
[1285] Zur Bedeutung des lex-rei-sitae-Grundsatzes für die objektive Anknüpfung des Anlagenvertrages vgl. die Ausführungen im 6. Kapitel D IV.
[1286] Vgl. 8. Kapitel und 6. Kapitel D IV.

nennen sind hier vor allem die Vorschriften des öffentlichen Bau- und Grundstücksrechts, zwingend geregelte technische Standards, zwingende Sicherheits- und Arbeitsschutzvorschriften und Umweltschutzgesetze.
Ferner ist die Lizenzabrede beim Anlagenvertrag anders als beim Bauvertrag von enormer Relevanz[1287]. Der im internationalen Immaterialgüterrecht herrschende Territorialitätsgrundsatz unterstellt Teile der Lizenzbeziehung und auch des Vertragsstatuts zwingend der Rechtsordnung des jeweiligen Schutzlandes (= *lex loci protectionis*)[1288]. Am bedeutsamsten ist regelmäßig die Herstellungslizenz, so dass durch den Territorialitätsgrundsatz eine Nähe des Anlagenvertrages insbesondere zum Ort der späteren Herstellung der Produkte, d.h. dem Ort der Baustelle, geschaffen wird[1289].

Werden wie im Falle des Industrieanlagenvertrages bedeutsame Teile der Beziehung von einer bestimmten einzelnen Rechtsordnung zwingend geregelt, dann muss man dieser den Status eines *starken Indizes* zugunsten der Anwendung derselben auf den gesamten Anlagenvertrag einräumen. Sie stellt ein Faktum dar, an welchem der Anlagenvertrag umfänglich auszurichten ist. Seine Nähe zu ihr ist offensichtlich.

Endlich konnte gezeigt werden, dass der Schwerpunkt sowohl der allgemeinen Vertragsaktivität[1290] als auch der des kooperativen Elements[1291] des Anlagenvertrages am Ort der Baustelle liegt. Dieser Umstand stellt einen weiteren Bezug des Anlagenvertrages zum Baustellenrecht dar.

Nach alledem kommt man in der nun anstehenden abschließenden Gesamtschau der Umstände unweigerlich zu dem Schluss, dass bei einem Vertrag über die Erstellung einer industriellen Großanlage gewichtige Gründe zugunsten der Anwendung der am Ort der Baustelle herrschenden Rechtsordnung sprechen.
Es handelt sich bei ihr um dasjenige Recht, welches unabhängig vom Vertragsstatut und somit zwingend – sei es kraft Sonderanknüpfung oder aber als lex rei sitae bzw. lex loci protectionis – bedeutende Teile der Gesamtrechtsbeziehung reglementiert und damit das juristische Milieu, in welches der Vertrag eingebettet wird, entscheidend gestaltet. Ferner gilt es an einem Ort, an dem ein beträchtlicher Teil der Vertragsabwicklung stattfindet und an dem sich der „Sitz" des kooperativen Elements des Langzeit- und Rahmenvertrages befindet. Bedenkt man nun, dass die in Art. 28 II EGBGB ausgesprochene Vermutung – es sei

1287 Vgl. 6. Kapitel D V 1.
1288 Vgl. 6. Kapitel D V 2 a (2) (d).
1289 Vgl. die Ausführungen im 6. Kapitel D V 2 a (4).
1290 Vgl. die Ausführungen im 6. Kapitel D VI.
1291 Vgl. die Ausführungen im 6. Kapitel D VII.

denn, auch dort wird auf das Recht des Baustellenlandes verwiesen - angesichts der zahlreichen Mitwirkungspflichten des Bestellers in der Regel schwach ist, dann erscheint die Anknüpfung an das Recht des Bauexportlandes „blaß und künstlich“[1292]. Es ist sachgerechter, stattdessen das Recht am Ort der Baustelle über die Rechte und Pflichten der an dem Industrieanlagenvertrag beteiligten Parteien entscheiden zu lassen. Für den Fall, dass sich ein Konsortium zur Erstellung der Anlage verpflichtet und die Vermutung daher nochmals geschwächt wird, gilt dies umso mehr.
Die Situation ändert sich auch nicht, wenn die Bedeutung der lex loci protectionis abnimmt. Bei einem „bloßen“ Bauvertrag größeren Zuschnitts und bei einem Vertrag über die Erstellung einer Anlage, in der ein nicht mehr patentgeschütztes Verfahren zur Anwendung kommt[1293], sind jene sonstigen Argumente noch zu gewichtig, als dass das Pendel wieder zugunsten des Rechts des Bauexportlandes ausschlagen könnte.

Dies kann es erst, wenn – wie bei den meisten Bauverträgen kleineren und mittleren Zuschnitts und somit in der überwiegenden Zahl der Bauverträge - obendrein weder die Vermutung des Art. 28 II EGBGB durch zahlreiche Mitwirkungspflichten des Bestellers oder durch eine dem Anlagenkonsortium strukturell zumindest ähnelnde Bau-Arbeitsgemeinschaft auf der Seite des Auftragnehmers[1294] geschwächt ist, noch der Kooperationscharakter stark genug ist, um einen bedeutsamen Bezug zur Baustelle herzustellen zu können. In dieser Situation spricht dann – vorbehaltlich besonderer Umstände - nur noch das lex-rei-sitae-Argument für die Anwendung des Rechts des Baustellenlandes, und es trifft auf eine Vermutungswirkung des Art. 28 II EGBGB, welche sich anders als in den zuvor genannten Konstellationen als eine „nur schwer einzunehmende Trutzburg“ präsentiert. Auf Bauverträge dieser Art findet das Recht des Auftragnehmers Anwendung.

1292 Vgl. *v. Bar,* IPR II, Rdnr. 489, welcher diese Formulierung wählt, um eine Situation zu beschreiben, in der es geboten ist, die Vermutung des Art. 28 II EGBGB aufzugeben. Ebenso unter Berufung auf eben jenen: BGH RIW 2004, S. 857 (861).

1293 Als Untersuchungsgegenstand liegt dieser Arbeit allerdings eine Chemiegroßanlage zugrunde – vgl. 1. Kapitel A - , bei welcher die Patente und Lizenzen stets eine große Rolle spielen (*Eggers* RIW 2000, S. 665 (667)).

1294 Im Rahmen der Ausführungen zu den Unterschieden zwischen der Bau-ARGE und dem Anlagenkonsortium wurde darauf hingewiesen, dass bei *Großprojekten* im Baugewerbe ebenfalls viele Teilleistungen durch die einzelnen Konsorten und nicht durch die Gemeinschaft der Konsorten erbracht werden. In diesen Fällen nimmt die Bau-ARGE Züge eines Anlagenkonsortiums an, für welches eine größtenteils parallele Leistungserbringung durch die einzelnen Konsorten und eine bescheidene körperschaftliche Identität kennzeichnend sind. Vgl. die Ausführungen im 6. Kapitel C III 3 b (1) (b).

7. Kapitel: Subjektives Vertragsstatut

A. Interessenlage der Parteien bei der Rechtswahl

Es kann davon ausgegangen werden, dass die Mehrzahl der Verträge über die Erstellung einer industriellen Großanlage eine Rechtswahlklausel enthält. Ist dies nicht der Fall, dann liegt die Ursache nur ausnahmsweise in der Nachlässigkeit der die Verträge entwerfenden Berater. Sie wird regelmäßig in dem Kalkül[1295] der Vertragspartner zu finden sein, das Verhandlungsergebnis oder sogar den Abschluss des Vertrages nicht an der häufig heiklen Frage des anwendbaren Rechts scheitern lassen zu wollen[1296]. Die Vertragsparteien vertrauen in einem solchen Fall auf die ausgewogene Spruchpraxis des (vereinbarten) staatlichen Gerichts bzw. des Schiedsgerichts[1297]. Es wird insofern auf die Ausführungen im Kapitel „Gang der Untersuchung" verwiesen[1298].

Haben die Parteien eine Rechtswahl vorgenommen, so erübrigt sich noch nicht zwangsläufig die Frage nach dem objektiven Vertragsstatut. Schließlich kann das von der erkennenden Institution angewandte Internationale Privatrecht Anforderungen an die Festlegung des auf den Vertrag anwendbaren Rechts durch die Parteien stellen[1299], denen die getätigte Rechtswahl nicht gerecht wird. Dasselbe gilt für jene Voraussetzungen, die das auf den Rechtswahl*vertrag* selbst anwendbare materielle Recht nennt.

Die vorhergehenden Ausführungen zum objektiven Vertragsstatut haben gezeigt, dass den Umständen des Einzelfalles eine besondere Bedeutung bei der Ermittlung der auf den Vertrag anwendbaren Rechtsordnung zukommt. Somit lässt sich vielfach nur vermuten, welches objektive Vertragsstatut von der je-

---

[1295] Einen sehr prägnanten Überblick über die Rechtswahl in Bauverträgen aus englischer Sicht liefert *Britton* ICLR (2002), 242 – 280. Ausführlich zur allgemeinen Interessenlage bei der Rechtswahl im internationalen Handel vgl. *Mankowski* RIW 2003, S. 2 f..

[1296] Aus der Praxis wird immer wieder berichtet, dass kaufmännische Verhandlungsführer - in Verkennung der juristischen Tragweite - der Rechtswahl keine entscheidende Bedeutung beimessen und sie als eine bloße juristische Spitzfindigkeit betrachten (vgl. hierzu *Kronke* in: FS Henrich, S. 385 (390)). Die Aufgabe der juristischen Berater besteht in einem solchen Fall darin, den Mandanten von der auch finanziellen Relevanz der Wahl im Konfliktfall zu überzeugen.

[1297] *Brand/Maskow* 4.29..

[1298] Siehe oben 5. Kapitel.

[1299] Zu denken ist in diesem Zusammenhang etwa an besondere Bezüge des Vertragsverhältnisses zur gewählten Rechtsordnung. Solche werden insbesondere von US-Bundesstaaten gefordert. Vgl. hierzu die rechtsvergleichenden Ausführungen in *Dicey/Morris* 32-063.

weils erkennenden Institution für maßgeblich erachtet wird, und den Vertragsparteien ist daher auch aus Gründen der Rechtssicherheit die Vornahme einer ausdrücklichen Rechtswahl zu empfehlen[1300]. Hinzu kommt, dass sich bei manchen Institutionen – wie etwa dem Schiedsgericht – auch nur schwer vorhersagen lässt, nach welchen Regeln diese über die auf den Vertrag anwendbare Rechtsordnung entscheiden werden[1301], und dass die Internationalen Privatrechte mancher Länder nicht kodifiziert oder zumindest nur sehr vage und unpräzise formuliert sind[1302].

Auch der Rechtswahlvertrag ist von einer klassischen Frontenstellung der Parteien geprägt. Jede Partei ist grundsätzlich daran interessiert, ihr eigenes Recht zur Grundlage der vertraglichen Beziehung zu erklären. Die Vereinbarung des Heimatrechts bringt den Vorteil mit sich, dass man mit dem auf den Vertrag anwendbaren Recht besser vertraut ist[1303] und man somit das Risiko eines Konflikts besser abschätzen kann. Dadurch wird der Begünstigte sogar in die Lage versetzt - wie *Reidiess* treffend formuliert[1304] – , „brisante Verhandlungspunkte aus der Diskussion herauszuhalten", da er deren Regelung im Konfliktfall kennt und sich auf diese einstellen kann, indem er versucht, das mit der Regelung einhergehende Risiko durch vorbeugende Maßnahmen und durch eine für ihn günstige Gestaltung der den Verhandlungspunkt nicht unmittelbar betreffenden Fragestellungen zu reduzieren.

Eine der klassischen Ängste der Entwicklungsländer besteht darin, von dem technologisch überlegenen und regelmäßig auch betriebswirtschaftlich und juristisch versierteren, aus einem Industrieland stammenden Vertragspartner betrogen oder zumindest unfair behandelt und bevormundet zu werden. Dies wirkt sich auf die Rechtswahl insoweit aus, als dass sich die Vertragspartei aus dem Entwicklungsland nicht selten vehement gegen die Vereinbarung der Rechtsordnung des Industrielandes wehrt. Stattdessen drängt sie auf die Wahl ihres eigenen Rechts, und der Auftragnehmer ist angesichts der Machtverhältnisse im Anlagengeschäft häufig gezwungen, eine solche Rechtswahl zu akzeptieren.

1300 *Brand/Maskow* 4.29..

1301 Dies hat auch eine Auswirkung auf den Indizcharakter einer Schiedsklausel, vgl. die Ausführungen unten im 7. Kapitel B III 3.

1302 UNCITRAL chap. XXVIII para. 4, 6.

1303 *Markowsky* S. 67.

1304 *Reidiess* S. 130.

Sie kann sich für den Auftragnehmer in zweierlei Hinsicht als problematisch erweisen.

Zum einen muss er bei einem Entwicklungsland, welches politisch instabil ist und in welchem legislative Willkür herrscht, befürchten, dass die jeweilige Rechtsordnung gravierenden Änderungen ausgesetzt sein wird. Der Auftragnehmer wird bei einem solchen Entwicklungsland den Versuch unternehmen, diese Gefahr durch die Vereinbarung von sog. Versteinerungs- bzw. Stabilisierungsklauseln einzudämmen[1305].

[1305] Auch wenn sich keine feststehende Terminologie herausgebildet hat, werden unter „Versteinerungsklauseln" solche Vereinbarungen zwischen *privaten* Unternehmen verstanden, welche das gewählte Recht nur in einer Fassung zur Anwendung kommen lassen wollen, in welcher dieses zu einem bestimmten Zeitpunkt – häufig der Zeitpunkt der Rechtswahl – existiert. Stünde man einer solchen Vereinbarung eine kollisionsrechtliche Wirkung zu, dann würde man den Vertrag über das Gesetz stellen. Es käme aufgrund dieses „Schachzuges" eine Rechtsordnung zur Anwendung, welche in dieser Fassung nirgendwo existiert. Die Parteien könnten so den Geltungsanspruch des nicht dispositiven staatlichen Rechts unterlaufen – vgl. hierzu u.a. Reithmann/Martiny-*Martiny* Rdnr. 81 -. Die Versteinerungsklausel kann daher nach zutreffender herrschenden Meinung nur den Charakter einer materiell-rechtlichen Verweisung haben (Erman/*Hohloch* Art. 27 Rdnr. 10; *v. Bar,* IPR II, Rdnr. 482; Staudinger-*von Hoffmann* Art. 27 Rdnr. 41; Müko-*Martiny* Art. 27 Rdnr. 26; Reithmann/Martiny-*Martiny* Rdnr. 81; a.A. vor allem *Sandrock* in: FS Riesenfeld, S. 211 (220 f.).
In Bezug auf sogenannte „Stabilisierungsklauseln", d.h. die Berufung einer Rechtsordnung in einer bestimmten Fassung im Rahmen eines Vertrages zwischen einem Privaten und einem ausländischen Staat, wird dagegen vielfach ein großzügigerer Standpunkt eingenommen (vgl. etwa Erman-*Hohloch* Art. 27 Rdnr. 10; *Kropholler* § 52 II 3d). Ist das Recht des betreffenden Staates Vertragsstatut, dann besteht in der Tat die Gefahr, dass dieser die Rechtsordnung zu seinen Gunsten ändert. Diese besondere Situation ändert jedoch nichts an der grundsätzlichen Unzulässigkeit von Klauseln, mit Hilfe derer ein Recht berufen wird, welches in dieser Fassung nicht mehr existiert und welches auch nach dem intertemporalen Recht der lex causae nicht zur Anwendung kommt. Die dargestellten rechtsdogmatischen Bedenken gegen die Versteinerungsklauseln greifen auch hier. Man sollte auf diesen besonderen Umstand stattdessen mit einer großzügigen Anwendung des ordre public im Sinne des Art. 6 EG reagieren (vgl. auch *v. Bar,* IPR II, Rdnr. 482, welcher die Berufung auf den ordre public für eine Möglichkeit hält, der Problematik Herr zu werden). Schließlich steht die Beeinträchtigung der Rechtsposition des Privaten durch legislative Maßnahmen des Staates als Vertragspartner in einem starken Widerspruch zu der dem deutschen Recht zugrunde liegenden Gerechtigkeitsvorstellung. Der Private ist der Willkür des Staates ausgesetzt. Allgemein zu Stabilisierungsklauseln vgl. u.a. *Merkt,* Investitionsschutz durch Stabilisierungsklauseln (1990); *Delaume* S. 44 f.; insbesondere für den asiatischen Raum *Sornarajah* S. 328 f. mit vielen Beispielen. Speziell für Indonesien vgl. *Rochmat* S. 77, welcher eine Klausel aus einem zwischen einer staatlichen indonesischen Ölgesellschaft und einem ausländischen Unternehmen geschlossenen Vertrag zitiert. Laut der Klausel sollen nicht nur bestimmte zukünftige, sondern auch gegenwärtige Vorschriften des gewählten indonesischen Rechts nicht gelten. Sie lautet: ..., this contract shall have the force of law, and any present or future laws, decrees, regulations or directives which may be partially or wholly inconsistent with the provisions of this contract shall,

Zum anderen stellt es sich für den Auftragnehmer häufig als sehr schwierig dar, das aktuelle Recht des Entwicklungslandes zu ermitteln. Zwar basieren die Rechtsordnungen der meisten Entwicklungsländer auf denen der ehemaligen Kolonialmächte, jedoch haben sie seit der Unabhängigkeit eine eigenständige Entwicklung genommen, und sie unterscheiden sich regelmäßig beträchtlich von dem gegenwärtigen Recht der ehemaligen Kolonialmacht bzw. dem Recht, welches zu dem Zeitpunkt in der Kolonie galt, als diese in die Unabhängigkeit entlassen wurde. Eine seriöse Ermittlung des Rechtszustandes scheitert in der Regel daran, dass Gerichtsentscheidungen in diesen Ländern - anders als in den meisten Industrieländern, in denen die Zugänglichkeit des Recht vielfach sogar verfassungsrechtlich garantiert ist - nur sporadisch veröffentlicht werden, das Recht rechtswissenschaftlich nicht erschlossen ist und es an Fachliteratur mangelt. Die einzige Informationsquelle sind häufig die Gesetzesblätter, welche insbesondere dann nur wenig Hilfe bieten, wenn der Gesetzestext lediglich in der jeweiligen Landessprache verfasst ist[1306]. Das Problem, den aktuellen Rechtszustand im Entwicklungsland zu eruieren, ist daher auch als schwerwiegender als die Gefahr einzustufen, durch die Vereinbarung des Heimatrechts des Auftraggebers materiell benachteiligt zu werden[1307]. Eine allgemeine Neigung der Rechte in Entwicklungsländern, den Auftraggeber im Rahmen eines Werk-, Bau- oder Anlagenvertrages zu bevorteilen, lässt sich nicht feststellen.

Angesichts der gegenläufigen Interessen der Parteien bei der Wahl der dem Vertrag zugrundeliegenden Rechtsordnung einigen sich diese nicht selten auf die Anwendbarkeit einer neutralen Rechtsordnung[1308], und zwar eines Rechts, welches als ausgewogen gilt, wissenschaftlich erschlossen, sprachlich zugänglich und dessen Auslegung daher vorhersehbar ist[1309]. Bei einem solchen Recht halten sich auch die Rechtsinformationskosten in Grenzen.

---

to the extent of such inconsistency, be of no effect with respect to the continued validity and effect of the provisions of this contract“. Aus den zuvor dargestellten Erwägungen kann eine solche Regelung keine umfassende kollisionsrechtliche Geltung haben; dies gilt auch für das gegenwärtige nicht dispositive Recht.

[1306] *Markowsky* S. 67, 68 nennt als Beispiel den Wirtschaftsverkehr mit arabischen und afrikanischen Staaten. Die Situation dürfte in Bezug auf Staaten wie Laos, Kambodscha, Thailand, Birma und Vietnam vergleichbar sein. Dagegen sind die Rechtssysteme der Staaten Malaysia, Singapur und Indonesien transparent und zugänglich. Auf die Problematik eines in einer „exotischen“ Sprache abgefassten Rechts hinweisend *Oschmann* in: FG Sandrock S. 25 (31). Vgl. auch im 6. Kapitel D II die Ausführungen zur Sprache als Indiz im Rahmen der Abwägung nach Art. 28 V EG.

[1307] *Brand/Maskow* 4.29.; *Wenner* in: FS Mantscheff, S. 205 (221).

[1308] Zur Motivation und zur Interessenlage bei der Wahl eines neutralen bzw. „besonders guten“ Rechts siehe *Mankowski* RIW 2003, S. 2 (4 f., 6 f.).

[1309] UNCITRAL chap. XVIII para. 11, 13; *Markowsky* S. 68.

Die Wahl fällt nicht selten auf das Recht der Schweiz, welches in deutscher, italienischer und französischer Sprache kodifiziert ist und allseits als ein Recht betrachtet wird, das – obwohl als nationales Recht konzipiert – den Bedürfnissen des internationalen Handels und insbesondere auch des internationalen Werkvertrages gerecht wird[1310].

Enthält der Vertrag eine Vereinbarung über einen ausschließlichen Gerichtsstand oder über eine Schiedsgerichtsvereinbarung, dann sollten die Parteien dafür Sorge tragen, dass die jeweils erkennende Institution die Wahl des bestimmten Rechts akzeptiert. Die Rechtswahl ist an den Voraussetzungen des von der Institution angewandten Rechtsanwendungsrecht zu orientieren. Da die zur Entscheidung berufene Instanz in der Regel mit der Rechtsordnung am besten vertraut ist, welche an ihrem Sitz gilt, sollten die Parteien auch eben diese zur Grundlage der vertraglichen Beziehung erklären. Ein Gleichlauf des gewählten Rechts mit dem Sitz der erkennenden Institution ist zu empfehlen[1311].

Es kommt auch vor, dass die Parteien nicht lediglich eine einzige Rechtsordnung berufen, sondern stattdessen die verschiedenen Aspekte der komplexen Beziehung unterschiedlichen Statuten unterstellen. Oder aber sie sehen nur für bestimmte Teile der Beziehung eine Rechtswahl vor; über den von der Wahl ausgenommenen Bereich lassen sie das objektive Statut entscheiden[1312]. Eine Teilrechtswahl mag in gewissen Bereichen sinnvoll sein, aber es muss auch hier der im Rahmen der Ausführungen über das objektive Vertragsstatut vielfach bemühte Grundsatz gelten, dass die gesamte Vertragsbeziehung möglichst einer einzigen Rechtsordnung unterstehen sollte, um Systembrüche zu vermeiden.

B. Die Rechtswahl im Industrieanlagenvertrag

Das Gesetz bekennt sich in den Artt. 27 f. EGBGB eindeutig zur kollisionsrechtlichen Parteiautonomie[1313], welche sich insoweit als „ein Pendant der Vertrags-

---

[1310] *Brand/Maskow* 4.29..

[1311] UNCITRAL chap. XVIII para. 11. Unterlassen die Parteien die Vereinbarung eines ausschließlichen Gerichtsstandes oder eines Schiedsgerichts, dann kommen – in Abhängigkeit vom jeweils zivilprozessualen Anknüpfungspunkt (Sitz, Belegenheit usw.) - grundsätzlich mehrere, in verschiedenen Staaten ansässige Institutionen bzw. Gerichte als Entscheidungsinstanz in Betracht. In einem solchen Fall sollten die Parteien sicherstellen, dass sämtliche potenzielle Instanzen die konkrete Rechtswahl tolerieren.

[1312] UNCITRAL chap. XVIII para. 14, 16.

[1313] Ausführlich zur Rechtfertigung der Parteiautonomie u.a. *v. Bar,* IPR II, Rdnr. 412 f.; Soergel-*von Hoffmann* Art. 27 Rdnr. 4 f.. Auch im vorreformatorischen Recht war die Rechtwahl von der Rechtsprechung anerkannt, vgl. z.B. BGHZ 52, 239 (241); BGHZ 73, 391 (393).

freiheit im materiellen Recht" verstehen lässt[1314]. Wie zuvor schon erwähnt, haben die Parteien nicht nur die Möglichkeit, eine Rechtswahl für den gesamten Vertrag vorzunehmen, sondern sie können auch verschiedene Bereiche des Vertrages unterschiedlichen Statuten unterstellen oder lediglich für einen bestimmten Regelungsbereich die Rechtsordnung festlegen und über den restlichen Vertrag das objektive Statut entscheiden lassen (vgl. Art. 27 I 2 EGBGB)[1315].

Vergleicht man die Internationalen Privatrechte verschiedener Länder weltweit, dann kann man unschwer feststellen, dass sich bei den meisten Gesetzgebern bzw. rechtsprechenden Gewalten die Erkenntnis durchgesetzt hat, die Parteien des Vertrages grundsätzlich darüber entscheiden zu lassen, welches Recht auf ihre vertragliche Verbindung Anwendung finden soll[1316]. Die kollisionsrechtliche Parteiautonomie ist somit ein nahezu weltweit anerkannter Grundsatz[1317].

Entscheidet sich eine Rechtsordnung zugunsten der kollisionsrechtlichen Parteiautonomie, dann trägt sie nicht nur den Interessen der Parteien Rechnung[1318], sondern sie leistet auch einen Beitrag zur Rechtssicherheit[1319]. Die Anknüpfungspunkte zur Ermittlung des objektiven Vertragsstatuts können niemals präzise genug sein – es sei denn, man erklärt wie einige Entwicklungsländer die lex fori für das jeweils maßgebliche Recht - , um eine verlässliche Orientierung der Parteien für das auf ihre Beziehung anwendbare Recht zu sein. Wie gezeigt werden konnte, gilt dies insbesondere für das objektive Statut eines Vertrages über die Erstellung einer industriellen Großanlage.
Jede Freiheit muss ihre Grenzen haben, um allgemeinverträglich zu sein. Auch wenn die Regelungen der Artt. 27 f. EGBGB sehr großzügig sind, gilt dies ebenso für die kollisionsrechtliche Parteiautonomie. So ist den Parteien unbenommen, einen reinen Binnensachverhalt einer ausländischen Rechtsordnung zu unterstellen, allerdings können sie mit Hilfe einer solchen Maßnahme nicht die zwingenden Rechtsnormen der nationalen Rechtsordnung ausschalten. Diese gelten bei einem Binnensachverhalt gemäß Art. 27 III EGBGB trotz abweichender Rechtswahl. Zu beachten sind ferner die Artt. 29, 30 EGBGB, welche auch bei einem Auslandssachverhalt verhindern, dass dem Verbraucher bzw. dem Arbeitnehmer durch die Rechtswahl die Wirkung gewisser zwingender Schutz-

---

[1314] Staudinger-*Magnus* Art. 27 Rdnr. 23.
[1315] *Kropholler* § 52 II 3b; *Lorenz* IPRax 1987, S. 269 (272); Staudinger-*Magnus* Art. 27 Rdnr. 95.
[1316] Müko-*Martiny* Art. 27 Rdnr. 1.
[1317] Staudinger-*Magnus* a.a.O.; *Mankowski* RIW 2003, S. 2 (2); siehe hierzu auch *v. Bar*, IPR II, Rdnr. 412.
[1318] Schließlich dient auch das Rechtsgebiet „Internationales Privatrecht" den Interessen der Parteien, und diese sind regelmäßig die besten Sachwalter ihrer Interessen.
[1319] Staudinger-*Magnus* Art. 27 Rdnr. 23; siehe auch *Kropholler* § 40 III.

vorschriften ihres Heimatrechts bzw. des Rechts des normalen Arbeitsorts vorenthalten werden.
Während die aus den Artt. 27 III, 29, 30 EGBGB resultierenden Einschränkungen der Rechtswahlfreiheit für den Anlagenvertrag - als Gegenstand dieser Arbeit – in der Regel nicht von Bedeutung sind[1320], kommt dem Art. 34 EGBGB, nach dem bestimmte Vorschriften des deutschen Rechts trotz eines ausländischen Vertragsstatuts zu beachten sind, eine besondere Relevanz zu[1321].

I. Die Eigenständigkeit des Rechtswahlvertrages

Der Zweck der Rechtswahl besteht darin, den Hauptvertrag einem bestimmten Recht zu unterstellen. Aus dieser Zwecksetzung ist allerdings nicht etwa auf eine Akzessorietät des Rechtswahlvertrages zum Hauptvertrag in dem Sinne zu schließen, dass seine Wirksamkeit von der des Hauptvertrages abhängt. Bei der Rechtswahl handelt es sich um einen eigenständigen Verweisungsvertrag. Für die Eigenständigkeit ist es ohne Belang, ob die Rechtswahl in einem Hauptvertrag eingebettet ist oder isoliert vorgenommen worden ist[1322]. Der Verweisungsvertrag entfaltet auch dann Wirkung, wenn er ein Recht benennt, welches den Hauptvertrag für unwirksam erklärt[1323].

Die Zulässigkeit und Wirksamkeit des Rechtswahlvertrages sind selbständig zu prüfen. Die Anforderungen sind teilweise unmittelbar dem EGBGB und teilweise dem verwiesenen nationalen Recht zu entnehmen.

Über die grundsätzliche Zulässigkeit der Rechtswahl befindet die lex fori und damit für deutsche Gerichte Art. 27 EGBGB[1324]. Dort ist in den Absätzen 1 und 2 geregelt, dass die Rechtswahl entweder ausdrücklich oder konkludent oder aber nachträglich erfolgen kann. Indem Art. 27 I 2 EGBGB für die Annahme einer konkludenten Rechtswahl verlangt, dass sie „sich mit hinreichender Sicherheit aus den Bestimmungen des Vertrages oder aus den Umständen des Falles ergeben" muss, erteilt sie der Relevanz des bloß vermuteten Willens eine

---

1320 Angesichts der Internationalität des Großanlagenvertrages muss in dieser Arbeit auch nicht erörtert werden, wann „noch" ein Binnensachverhalt im Sinne des Art. 27 III EGBGB vorliegt (vgl. u.a. *von Hoffmann/Thorn*, IPR, § 10 Rdnr. 29 f..) oder aber ob ein besonderes Interesse der Parteien an der Rechtswahl zu fordern ist (siehe hierzu OLG Frankfurt IPRax 1990, S. 236 (238 f.); Staudinger-*Magnus* Art. 27 Rdnr. 25; *Schurig* RabelsZ 54 (1990), S. 217 (222)).

1321 Vgl. dazu die Ausführungen unten im 8. Kapitel A.

1322 *V. Bar*, IPR II, Rdnr. 473; Müko-*Martiny* Art. 27 Rdnr. 5; Staudinger-*Magnus* Art. 27 Rdnr. 30.

1323 *Kropholler* § 52 II 2; *Kegel/Schurig* § 18 I 1 c; OLG München IPRax 1990, S. 320 (323).

1324 BGH WM 1987, S. 1713 (1715); Erman-*Hohloch* Art. 27 Rdnr. 1.

Absage[1325] und bestimmt zugleich vertragsautonom die Indizien, aus welchen auf eine stillschweigende Rechtswahl geschlossen werden darf[1326].

Vollends zum Anknüpfungs*gegenstand* wird die Rechtswahl in Abkehr von ihrer klassischen Rolle als Anknüpfungs*punkt*[1327] in Bezug auf die Frage ihres Zustandekommens. Darunter fallen Bereiche wie etwa[1328] das Angebot und die Annahme von Willenserklärungen[1329], die Folgen von Willensmängeln, der Zugang von Willenserklärungen und die Form.

Hinsichtlich der Form verweist Art. 27 IV EGBGB auf Art. 11 EGBGB. Es wird nicht der Hauptvertrag bzw. dessen Formwirksamkeit beliehen, sondern die Form des Rechtswahlvertrages wird selbständig beurteilt[1330]. Gemäß Art. 11 EGBGB muss das Rechtsgeschäft den Formvorschriften der lex causae oder aber des Vornahmeortes entsprechen. Der Rechtswahlvertrag ist bei Zugrundelegung deutschen Rechts grundsätzlich formfrei[1331].

Aus Art. 27 IV EGBGB folgt in Verbindung mit Art. 31 EGBGB ferner, dass zur Beurteilung der Frage, ob sich die Parteien auf eine Rechtsordnung geeinigt haben, dasjenige Recht zu befragen ist, welches „anzuwenden wäre, wenn der Vertrag oder die Bestimmung wirksam wäre" (Art. 31 I EGBGB)[1332].
Für den Spezialfall des Rechtswahlvertrages bedeutet dieser Verweis, dass der „Rechtsschein einer vertraglichen Vereinbarung über das anwendbare Recht"[1333] ausreicht, um das „anscheinend"[1334] gewählte Recht über die Wirksamkeit der Rechtswahl befinden zu lassen[1335].

1325 Vgl. statt vieler *v. Bar*, IPR II, Rdnr. 461.

1326 So die herrschende Meinung. Vgl. dazu Staudinger-*Magnus* Art. 27 Rdnr. 138 mit weiteren Nachweisen einschließlich der abweichenden Meinung.

1327 *V. Bar*, IPR II, Rdnr. 473.

1328 Zu denken ist noch an die Geschäftsfähigkeit bzw. die wirksame Vertretung der Vertragsparteien. Auch diese sind eigenständig anzuknüpfen (Artt. 7, 12 EG/ Vollmachtstatut – vgl. *Pfeiffer* NJW 1997, S. 1207 (1210); Staudinger-*Magnus* Art. 27 Rdnr. 31).

1329 Die Frage der Auslegung der Willenserklärung hinsichtlich einer konkludenten Rechtswahl ist dagegen – wie zuvor erwähnt - ausdrücklich der Regelung des EGBGB vorbehalten.

1330 BGH WM 1997, S. 713 (1715); Erman-*Hohloch* Art. 27 Rdnr. 29; *Kropholler* § 52 II 2; Müko-*Martiny* Art. 27 Rdnr. 105.

1331 Einschlägig ist insoweit Art. 27 EGBGB, welcher in der Funktion einer Sachvorschrift eine Form der Vereinbarung nicht verlangt. Vgl. Staudinger-*Magnus* Art. 27 Rdnr. 147 f..

1332 Kritisch zur Anwendung der Artt. 27 IV, 31 I EGBGB auch auf den Rechtswahlvertrag *Stoll* in: FS Heini, S. 429 (438 f.).

1333 *V. Bar*, IPR II, Rdnr. 473.

1334 Staudinger-*Magnus* Art. 27 Rdnr. 140.

1335 Neben den zuvor Genannten siehe noch Müko-*Martiny* Art. 27 Rdnr. 101; Soergel-*von Hoffmann* Art. 27 Rdnr. 101; auch hier kritisch *Stoll* a.a.O. S. 429 f..

Haben die Parteien eines Anlagenvertrages zumindest den äußeren Anschein einer Einigung über die Rechtswahl gesetzt – sei es durch ausdrückliche oder durch konkludente Willenserklärungen - , dann entscheidet das scheinbar gewählte Recht über die Wirksamkeit und die Anfechtbarkeit der Willenserklärungen.

Problematischer wird es, wenn die Parteien es versäumt haben, den Anschein einer Einigung zu setzen. In der allgemeinen Vertragspraxis sind in diesem Zusammenhang viele Konstellationen denkbar[1336]. Anders verhält es sich im Großanlagengeschäft. Angesichts der finanziellen und logistischen Dimension solcher Projekte ist der juristische Beratungs- und Verhandlungsaufwand in der Regel dermaßen aufwendig, dass ein wichtiger Aspekt wie die Rechtswahl in der Regel eine ausführliche Erörterung gefunden hat und sich die Parteien daher auch – zumindest nach außen hin - auf eine bestimmte Rechtsordnung geeinigt haben. Ist dies nicht der Fall, dann kann davon ausgegangen werden, dass die heikle Frage der Rechtswahl aus vertragstaktischen Gründen nicht angesprochen worden ist[1337].

Vorstellbar ist allenfalls noch, dass eine Partei in Form einer Art kaufmännischen Bestätigungsschreibens[1338] das Ergebnis der Verhandlungen zusammenfasst und dort einseitig entweder die Rechtswahl abändert oder aber erstmalig vornimmt. Es stellt sich hier die Frage, nach welchem Recht die rechtliche Konsequenzen des Schweigens der anderen Partei auf die einseitige Rechtswahlerklärung zu beurteilen sind.

Gemäß Art. 31 II EGBGB ist das Recht am gewöhnlichen Aufenthaltsort der Partei zusätzlich zu dem von Art. 31 I EGBGB berufenen Recht für die Behauptung der Partei zu berücksichtigen, „sie habe dem Vertrag nicht zugestimmt". Daraus folgt, dass auch bei einer bloß einseitigen Rechtswahlerklärung noch nicht auf das objektive (Haupt-) Vertragsstatut zurückgegriffen werden muss, sondern dass eine solche ausreicht, um einen relevanten Rechtsschein im beschriebenen Sinne zu begründen. Ob das Schweigen als eine Zustimmung zu der Rechtswahlerklärung zu bewerten ist, bestimmt sich somit nach dem einseitig gewählten Recht unter Berücksichtigung strengerer Anforderungen des Aufenthaltsrechts des Schweigenden[1339].

[1336] Ausführlich *v. Bar*, IPR II, Rdnr. 474.

[1337] Zur Motivation der Parteien in einem solchen Fall vgl. die Ausführungen oben im 7. Kapitel A.

[1338] Allgemein zu diesem im internationalen Handel vgl. *Kröll/Hennecke* RabelsZ 67 (2003), S. 448 f..

[1339] Staudinger-*Magnus* Art. 27 Rdnr. 140; Erman-*Hohloch* Art. 27 Rdnr. 28; Müko-*Martiny* Art. 27 Rdnr. 103; *v. Bar*, IPR II, Rdnr. 476.

II. Ausdrückliche Rechtswahl

Die meisten Verträge im industriellen Großanlagengeschäft sehen ausdrücklich vor, welches Recht auf sie Anwendung finden soll.

Die typischen Rechtswahlklauseln sind knapp gefaßt, und die Vorschläge der Mustervertragsbedingungen lauten daher auch sehr ähnlich.

In den FIDIC-Werken von 1999 heißt es zum Beispiel in Art. 1.4. übereinstimmend: „The Contract shall be governed by the law of the country (or other jurisdiction) stated in the Appendix to Tender. .... ."
Art. GC 5. ENNA schlägt die folgende Formulierung vor: „The Contract shall be interpreted under and governed by the laws of the country or state specified in Article 12 (Governing Law and Language) of the Agreement." Clause 24 EIC lautet: „The law which shall apply to the Contract and according to which the Contract shall be construed is as specified in the Appendix hereto."

Solche Klauseln erscheinen zwar auf den ersten Blick die Frage des anwendbaren Rechts prägnant und erschöpfend zu klären, jedoch erweisen sie sich in der Praxis dazu häufig nicht in der Lage, und es zeigt sich auch hier wieder, dass die Parteien einschließlich ihrer juristischen Berater der Frage des anwendbaren Rechts nicht das Maß an Beachtung schenken, welches sie erfordert. Der Erkenntnis der Notwendigkeit einer Rechtswahl folgt häufig eine eher stiefmütterliche Behandlung der Problematik. So beließ die Mehrzahl der vom Verfasser eingesehenen Rechtswahlklauseln es – wohl auch in Anlehnung an die Musterverträge – bei der bloßen Nennung des Rechts eines bestimmten Landes.

Eine Klausel dieses Inhalts ist vielfach nicht so präzise, wie sie scheinen mag. Sie erfordert nicht selten eine umfangreiche *Auslegung*, welche zwangsläufig zur Rechtsunsicherheit beiträgt und in manchen Fällen sogar zur Wirkungslosigkeit der Klausel führt, wenn sich die Unklarheit nicht beseitigen lässt.

Ein solcher Fall liegt zum Beispiel vor, wenn nur das Recht einer Staatengruppe und nicht das eines Einzelstaates genannt wird. Die Wahl US-amerikanischen Rechts etwa kann einem einzelnen Staat nicht zugeordnet werden, sofern nicht Indizien eindeutig auf das Recht eines bestimmten Bundesstaates hinweisen[1340].

[1340] Staudinger-*von Hoffmann* Art. 27 Rdnr. 52, der eine entsprechende Wahl zu Recht als „wirkungslos" bezeichnet. Genauso verhält es sich mit der von *Heller* – in: Rechtsfragen des internationalen Anlagenbaus, S. 177 (182) - zitierten Rechtswahlklausel: „Auf den Vertrag ist das Recht des Kantons von Genf oder saudiarabisches Recht oder beide anzuwenden." In der streitentscheidenden Frage sahen die Rechte unterschiedliche Lösungen vor.

Als ein weiteres Beispiel für eine unpräzise Rechtswahl kann die Klausel angeführt werden, auf die sich die Parteien anlässlich der Erstellung des „Euro"-Tunnels verständigt haben[1341].
Sie lautet: „The construction, validity and performance of the contract shall in all respects be governed by and interpreted in accordance with the principles common to both English law and French law, and in the absence of such common principles by such general principles of international trade law as have been applied by national and international tribunals. Subject in all cases, with respect to the works to be respectively performed in the French and in the English part of the site, to the respective French or English public policy (ordre public) provisions."

Die Klausel ist letztlich zu unbestimmt, um als eine ausdrückliche und eindeutige Festlegung eines bestimmten Regelungswerkes seitens der Parteien zu fungieren[1342]. Weder die gemeinsamen Prinzipien des englischen und des französischen Rechts noch die allgemeinen internationalen Rechtsgrundsätze[1343] lassen sich präzise bestimmen. Hinzu kommt, dass nur eine staatliche Rechtsordnung regelmäßig durchdacht und detailliert genug ist, um auf alle möglichen Rechtsproblematiken eine Antwort liefern zu können. Gemeinsame Prinzipien zweier Länder oder im internationalen Handel anerkannte Rechtsgrundsätze sind, sofern sie sich überhaupt bestimmen lassen, niemals umfassend genug, als dass sie sich als eine Ansammlung von Wertentscheidungen eignen würden, auf die man immer dann „zufriedenstellend" zurückgreifen kann, wenn die Problematik im Vertrag keine Regelung gefunden hat.
Vor dem Hintergrund der finanziellen Dimension des Projektes „Euro-Tunnel" kann eine hohe Professionalität und Sachkompetenz der juristischen Berater auf beiden Seiten des Vertrages unterstellt werden. Es muss daher vermutet werden, dass diese unpräzise und daher nur bedingt brauchbare Rechtswahl weniger das

---

1341 Sie wird wiedergegeben in der Entscheidung des House of Lords – Channel Tunnel Group Ltd. v. Balfour Beatty Construction Ltd., (1993) 2 W.L.R. 262, 271.

1342 Kritisch auch die mit der Entscheidung befassten Richter, vgl. House of Lords a.a.O. 268. Zu der Entscheidung siehe vor allem *Schlechtriem* in: FS von Craushaar, S. 157 f..

1343 Zumindest vor staatlichen Gerichten birgt die Wahl internationaler Rechtsgrundsätze noch eine weitere Gefahr. Diese sind regelmäßig keinen staatlichen Ursprungs, und die Parteien erhalten so die Möglichkeit, sich der staatlichen Regelungshoheit zu entziehen. Die den Parteien vom Internationalen Privatrecht gewährte Parteiautonomie darf nicht dazu missbraucht werden, sich der Kontrolle jeglichen Staates - als Rechtsetzungsorgan - zu entziehen. In der Rechtspraxis finden solche Klauseln jedoch häufig Anwendung. Zu der heftig geführten Debatte über die Zulässigkeit der Wahl internationaler Rechtsgrundsätze bzw. der „lex mercatoria", auf die hier nicht näher eingegangen werden soll, vgl. vor allem *v. Bar/Mankowski*, IPR I, Rdnr. 72 f.; *Spickhoff* RabelsZ 56 (1992), S. 116 (133 f.) sowie *von Breitenstein* in: FS Sandrock, S. 111 f..

Resultat von Nachlässigkeit seitens der Berater ist als vielmehr ein Kompromiss zwischen den Ansprüchen beider Seiten, ihr eigenes Recht zur Grundlage der Vereinbarung zu erklären. Das „Jahrhundert"-Projekt „Euro-Tunnel" wurde seit seinem Beginn von einem zum Teil chauvinistisch anmutenden Kompetenzgerangel begleitet.

Während die soeben dargestellten Beispiele unter dem Mangel leiden, überhaupt ein bestimmtes Recht eindeutig zu benennen, kann die Problematik auch darin liegen, dass der Rechtswahlklausel nicht zu entnehmen ist, ob von ihr nur die unmittelbare vertragliche Beziehung oder darüber hinaus noch jene Bereiche der Rechtsbeziehung zwischen dem Unternehmer und dem Besteller erfasst werden sollen, welche ebenfalls einer *vorherigen* Rechtswahl zugänglich sind. Zu denken ist hier zuvörderst an Ansprüche aus außervertraglichen Schuldverhältnissen, wie zum Beispiel die Geschäftsführung ohne Auftrag, die ungerechtfertigte Bereicherung und das Recht der unerlaubten Handlungen. Schließlich lässt sich die Möglichkeit, dass die Parteien mit der Rechtswahl ihre gesamte Rechtsbeziehung einer einzigen Rechtsordnung haben unterstellen wollen, nicht von der Hand weisen. Hinsichtlich der außervertraglichen Ansprüche steht der Gültigkeit einer entsprechend umfassenden Rechtswahl jedoch neuerdings – sofern das EGBGB zur Entscheidung berufen ist - die Regelung des Art. 42 EGBGB entgegen. Sie lässt nur eine Rechtswahl *nach* Eintritt des Ereignisses zu, durch welches das außervertragliche Schuldverhältnis entstanden ist[1344]. Entscheidet dagegen ein Rechtsanwendungsrecht, welches diesbezüglich eine vorherige Rechtswahl zulässt, dann tritt dieses Auslegungsproblem unweigerlich auf, wenn die Parteien es nicht ausdrücklich in ihrer Klausel ansprechen. Und das erfolgt nur in den wenigsten Fällen; die meisten Klauseln – wie dargestellt – beschränken sich auf die bloße Nennung einer bestimmten Rechtsordnung.

Mit der knappen Formulierung wird außerdem die Gelegenheit verpasst, Klarheit darüber zu schaffen, ob Muster(vertrags)bedingungen, welche innerhalb der Jurisdiktion der benannten Rechtsordnung regelmäßig – häufig nur durch einen schlichten Hinweis[1345] - vereinbart werden, auch Anwendung finden sollen. Im Bereich des deutschen Baurechts gilt dies zum Beispiel für die DIN-Normen und die Verdingungsordnung für Bauleistungen (= VOB)[1346].

[1344] Vgl. jedoch Staudinger-*von Hoffmann* Art. 42 Rdnr. 4 f., der trotz des eindeutigen Wortlauts eine vorherige Rechtswahl für zulässig hält.

[1345] Zu der Frage, unter welchen Voraussetzungen sich ein bloßer Hinweis mit dem AGB-Charakter der VOB vereinbaren lässt, vgl. VOB/B-Kommentar/*Nicklisch-Weick* Einl. Rdnr. 57 f..

[1346] Muster(vertrags)bedingungen können auch als Indiz zugunsten einer konkludenten Rechtswahl eine Rolle spielen. Vgl. dazu die Ausführungen unten im 7. Kapitel B III 2. An-

Die Ausführungen deuten die Komplexität einer Rechtswahl an, welche sich nur zum Teil im Klauseltext niederschlägt.
Die Aufgabe des juristischen Beraters besteht zum einen in der präzisen Benennung einer konkreten Rechtsordnung und in der genauen Konturierung des Umfanges[1347], den die Rechtswahl haben soll[1348].
Zum anderen muss der Berater aber auch den Vertragstext anpassen an die ergänzend oder zwingend zur Anwendung kommenden Normen des Vertragsstatuts. Das Gleiche gilt selbstverständlich auch für jene Vorschriften, die der kollisionsrechtlichen Parteiautonomie entzogen sind und welche bei einem abweichenden Vertragsstatut ebenfalls in das Rechtsverhältnis „hineinregieren". Auf solche Normen muss der Berater materiell-rechtlich reagieren[1349].

III. Konkludente Rechtswahl

Art. 27 I 2 EGBGB verlangt, dass die Rechtswahl „ ausdrücklich sein oder sich mit hinreichender Sicherheit aus den Bestimmungen des Vertrages oder aus den Umständen des Falles ergeben" muss. Im Zusammenhang mit der konkludenten Rechtswahl stellt sich somit stets die schwierige und vertragsautonom zu lösende Frage, ob *„mit hinreichender Sicherheit"* auf eine Rechtswahl der Parteien geschlossen werden kann. Würde man sich bei dem Versuch, der Formulierung „mit hinreichender Sicherheit" etwas mehr Konturen zu verleihen, auf die Auslegung des Adjektivs „hinreichend" beschränken, dann käme man unweigerlich zu dem Schluss, dass das Gesetz keine großen Anforderungen an die Annahme

---

ders als hier mangelt es dort an einer ausdrücklichen Wahl des Vertragsstatuts, dafür sind aber bestimmte Muster(vertrags)bedingungen für anwendbar erklärt worden.

[1347] *Heller* in: Rechtsfragen des internationalen Anlagenbaus, S. 177 (182), zitiert eine in dieser Hinsicht völlig missglückte Rechtswahlklausel, welche lautet: „Dieser Vertrag unterliegt dem österreichischen Zivil- und Handelsrecht." Auch wenn Art. 27 EGBGB eine Teilrechtswahl zulässt, sorgt eine solche Klausel für Irritation in Rechtsstreitigkeiten, welche sich nicht eindeutig dem Zivil- oder Handelsrecht zuordnen lassen. Schließlich ist es zweifelhaft, ob die Parteien mit dieser Formel wirklich eine nur beschränkte Rechtswahl haben vornehmen wollen oder ob die Klausel dahin gehend zu verstehen ist, dass die Parteien ihre gesamte Privatrechtsbeziehung dem österreichischen Recht haben unterstellen wollen und nur aufgrund juristischer Nachlässigkeit die Klausel in dieser Art und Weise formuliert haben.

[1348] In der Klausel müssen sich die Parteien allerdings nicht ausdrücklich darüber erklären, ob sie „nur" die Sachvorschriften der betreffenden Rechtsordnung oder auch deren Kollisionsrecht zur Anwendung kommen lassen wollen. Sofern man den Parteien nicht bereits das Recht abspricht, eine Rechtsordnung einschließlich deren Kollisionsrecht zu wählen – so z.B. *v. Bar,* IPR II, Rdnr. 424 -, müssen im Hinblick auf Art. 35 EG schon eindeutige Indizien die Annahme rechtfertigen, dass die Parteien „ausnahmsweise" auch das fremde Kollisionsrecht haben berufen wollen. Ebenso u.a. Staudinger-*Magnus* Art. 27 Rdnr. 26.

[1349] Zu denken ist hier zuvörderst an Normen im Sinne des Art. 34 EGBGB und solche der lex rei sitae und der lex loci protectionis. Vgl. die Ausführungen im 8. Kapitel.

einer konkludenten Rechtswahl stellt. Schließlich versteht man unter dem Adjektiv „nicht zuviel und nicht zu wenig“[1350], halt nur genug, um eine entsprechende Annahme zu rechtfertigen. Allerdings erscheint ein solches Verständnis angesichts der deutlichen Absage der Gutachter *Guiliano/Lagarde*[1351] an den hypothetischen Parteiwillen[1352], der umfänglichen „hilfsweise“ zur Verfügung stehenden Regelungen zum objektiven Vertragsstatut und nicht zuletzt der strengeren Formulierungen in den englischen und französischen Originalfassungen[1353] als nicht sachgerecht.
Man wird Umstände verlangen müssen, aufgrund derer der Rechtswahlwille der Parteien nicht nur wahrscheinlich ist, sondern sich unter Berücksichtigung der Tatsache, dass der Annahme einer jeden konkludenten Erklärung ein spekulatives Moment innewohnt[1354], nahezu aufdrängt[1355]. Die konkludente Rechtswahl ist als eine vollwertige und der ausdrücklichen Wahl gleichberechtigte Möglichkeit der Parteien zu betrachten, das auf ihre vertragliche Beziehung anwendbare Recht näher zu bestimmen, doch gebietet das Interesse an der Rechtssicherheit ein grundsätzlich defensives Umgehen mit ihr. Es ist davor zu warnen, bei dem kleinsten Hinweis „um jeden Preis“ eine Rechtswahl der Parteien anzunehmen.

Daraus folgt zunächst einmal, dass die Rechtswahl in ihrer Funktion als Einflussnahme der Parteien auf das anwendbare Recht ernst zu nehmen ist und daher die Umstände auf einen „rechtsanwendungsrechtlichen Rechtsfolgewil-

---

[1350] Soergel-*von Hoffmann* Art. 27 Rdnr. 40.

[1351] Vgl. BT-Drs. 10/503, S. 36 (49), wo es heißt: “Auf jeden Fall steht fest, daß der soeben erwähnte Satzteil den Richter in keiner Weise ermächtigt, eine Rechtswahl durch die Parteien zu unterstellen, sofern diese nicht die Absicht der Vornahme einer solchen Rechtswahl hatten“. Die Gutachter beziehen sich auf einen Satzteil des Europäischen Vertragsrechtsübereinkommens, der dem Art. 27 I Satz 2, 2. HS EGBGB entspricht.

[1352] Dass die bloße Ermittlung eines hypothetischen Parteiwillens nicht genügt, um eine Rechtswahl im Sinne des Art. 27 EGBGB annehmen zu können, entspricht der ganz herrschenden Meinung in der Rechtsprechung und in der Literatur. Vgl. statt vieler BGH RIW 2004, S. 857 (859) mit Nachweisen aus der Literatur.

[1353] Die englische Fassung lautet „reasonable certainty“, die französische „de manière certaine“. So auch die Einschätzung von *v. Hoffmann* a.a.O.. Unverständlich dagegen die Auffassung von *Steinle* ZVglRWiss 93 (1994), S. 301 (308), welcher die englische und französische Fassungen als „wesentlich klarere Formulierungen“ betrachtet. Dem kann nicht zugestimmt werden. Auch bei diesen Formulierungen handelt es sich um unbestimmte Rechtsbegriffe, welche einer aufwendigen Konkretisierung bedürfen.

[1354] Vgl. auch *v. Bar*, IPR II, Rdnr. 468.

[1355] Eine ähnliche Intensität verlangt der OGH in IPRax 1991, S. 123 (124), indem er formuliert, dass „die vorhandenen Indizien in „überwältigender“, jede andere Anknüpfung ausschließender Weise“ auf das jeweilige Recht als die von den Parteien „selbstverständlich“ zugrunde gelegte Rechtsordnung hinweisen müssen. (Hervorhebung im Original)

len"[1356] schließen lassen müssen. Somit kann es nicht ausreichen, wenn sich die Parteien über das anwendbare Recht gar nicht haben erklären und auf dieses keinen Einfluss haben nehmen wollen, sondern sich stattdessen keinerlei Gedanken über das anwendbare Recht gemacht haben oder sie nur eine Vorstellung hinsichtlich der Geltung eines bestimmten Rechts hatten in der Annahme, eine Rechtswahlmöglichkeit bestünde nicht, bzw. in (scheinbarer) Kenntnis des ihnen genehmen objektiven Vertragsstatuts. Im letzteren Fall müssen sie das objektive Statut konkludent *bestätigt* haben. Daher ist die Neigung der deutschen Rechtsprechung, eine Wahl deutschen Rechts bereits dann anzunehmen, wenn auf seiner Grundlage vor einem deutschen Gericht plädiert wurde, bedenklich[1357]. Ebenfalls Schwierigkeiten bereitet die Entscheidung des Bundesgerichtshof aus dem Jahre 1991[1358], wonach es zur Feststellung eines auf Abänderung des ursprünglichen Vertragsstatuts gerichteten Erklärungsbewusstseins genüge, dass die von der Erstinstanz „bejahte Vereinbarung deutschen Rechts im Berufungsrechtszug übereinstimmend und rügelos hingenommen" werde. Schließlich ist es in solchen Fällen nicht unwahrscheinlich, dass die Parteien über die Rechtsanwendungsfrage nicht reflektiert haben und das deutsche Recht nur aufgrund seines Status als lex fori „akzeptiert" haben[1359]. Aus diesem Grun-

[1356] *V. Bar*, IPR II, Rdnr. 468. Hilfreich ist hier auch eine Orientierung an der allgemeinen deutschen Rechtsgeschäftslehre. Dort werden für die Annahme einer stillschweigenden Willenserklärung Handlungen seitens des Erklärenden verlangt, welche mittelbar einen Schluss auf einen bestimmten Rechtsfolgewillen zulassen (vgl. etwa Palandt-*Heinrichs* Einf v § 116 Rdnr. 6; *Larenz/Wolf*, AT, § 24 Rdnr. 17). Der Erklärende muss also mit der Erklärung eine rechtliche Folge auslösen wollen; sein Ziel muss es sein, mit der Handlung etwas rechtlich Relevantes erklären zu wollen.

[1357] Vgl. etwa BGHZ 103, 84 (86); BGH WM 1999, S. 916 (917); BGH NJW 2003, S. 3620 (3620); BGH NJW 2004, S. 2523 (2524). Weitere Nachweise bei Palandt-*Heldrich* Art. 27 Rdnr. 7 sowie Erman-*Hohloch* Art. 27 Rdnr. 17. Letzterer stimmt der Auffassung der Rechtsprechung zwar grundsätzlich zu, er stellt jedoch klar, dass trotz gemeinsamer Behandlung des Sachverhalts nach deutschem Recht stets zu prüfen sei, ob die Anwendung deutschen Rechts den allgemeinen Anforderungen an die konkludente Rechtswahl entspreche.

[1358] BGH NJW 1991, S. 1292 (1293). Statt einer konkludenten Rechtswahl nimmt Staudinger-*Magnus* Art. 27 Rdnr. 73 in einer solchen Situation das Rechtsinstitut der Präklusion an. Vor der voreiligen Anwendung der Präklusion ist zu warnen, allerdings ist sie bei entsprechenden Voraussetzungen der Lösung des Bundesgerichtshofs vorzuziehen, da diese die Gefahr in sich birgt, zu einer Aufweichung der Anforderungen an die konkludente Rechtswahl beizutragen. Dieser Entwicklung ist energisch entgegenzutreten.

[1359] Anders verhält es sich selbstverständlich, wenn die Parteien vor einem deutschen Gericht auf der Grundlage derselben *ausländischen* Rechtsordnung plädieren. Hier lässt sich den Parteien unschwer eine Reflektion über das anwendbare Recht unterstellen und daher eine konkludente Wahl des ausländischen Statuts annehmen. So auch die wohl einhellige Meinung in Rechtsprechung und Literatur. Vgl. statt vieler BGH NJW-RR 1990, S. 248 (249) und Staudinger-*Magnus* Art. 27 Rdnr. 70.

de ist eine jüngere Entscheidung des Bundesgerichtshof[1360] insoweit zu begrüßen, als dass dort verlangt wird, dass es „zumindest für eine die ursprünglich getroffene Wahl abändernde Rechtswahl ... eines dahingehenden beiderseitigen Gestaltungswillens“ bedürfe. Dazu reiche die „übereinstimmend geäußerte irrige Auffassung, eine bestimmte Rechtsordnung sei maßgeblich“, nicht aus. Sodann begab sich das Gericht auf die erfolglose Suche nach Hinweisen auf einen solchen Willen.
Den vorhergehenden Ausführungen ist zu entnehmen, dass das Gericht in der beschriebenen Konstellation zu Recht die Notwendigkeit eines „*Gestaltungs*willens“ betont. Es bleibt jedoch eine Erklärung dafür schuldig[1361], warum es den „beiderseitigen Gestaltungswillen“ nicht auch für die Annahme einer erstmaligen konkludenten Rechtswahl im Prozess verlangt und es stattdessen ausreichen lässt, dass „die Vertragsparteien im Prozeß deutlich auf eine bestimmte Rechtsordnung Bezug nehmen oder diese ihren rechtlichen Ausführungen zu Grunde legen“[1362].

Die Umstände müssen den Schluss auf das Bewusstsein der Parteien nahe legen, mit der Vertragsgestaltung und den Handlungen *rechtsgestaltend* auf das anwendbare Recht Einfluss genommen zu haben. Es ist ein diesbezügliches Erklärungsbewusstsein der Parteien zu fordern[1363].

Im Wesentlichen haben die Parteien zwei Möglichkeiten, sich stillschweigend zu dem anwendbaren Recht zu erklären.

Zum einen können die Parteien durch die konkrete Gestaltung des Vertrages und der diesen begleitenden Umstände eine *faktische Nähe des Vertrages* zu einer bestimmten Rechtsordnung schaffen. Es ist dann stets zu klären, ob sich der Sinn dieser Umstände für einen Außenstehenden ausschließlich oder aber zumindest verstärkt vor dem Hintergrund der Anwendung eines bestimmten materiellen Rechts erschließt[1364] oder ein von dem materiellen Recht völlig losgelöstes Kalkül ebenso wahrscheinlich ist. Der Erklärungsgehalt und damit die In-

---

1360 BGH NJW-RR 2000, S. 1002 (1004). Siehe hierzu auch die Anmerkung von *Sandrock* JZ 2000, S. 1118 f..
1361 Auf diesen Widerspruch auch hinweisend *Sandrock* JZ 2000, S. 1118 (1120).
1362 BGH a.a.O..
1363 So ausdrücklich Erman-*Hohloch* Art. 27 Rdnr. 13; ähnlich *v. Bar*, IPR II, Rdnr. 468; grundsätzlich auch BGH NJW 1991, S. 1292 (1293); ablehnend Müko-*Martiny* Art. 27 Rdnr. 46; Soergel-*von Hoffmann* Art. 27 Rdnr. 42. Siehe in diesem Zusammenhang auch *Mansel* ZVglRWiss 86 (1987), S. 1 (12) sowie *Schack* NJW 1984, S. 2736 (2738), der darauf hinweist, dass „das Prozessverhalten der Parteien in der Regel nicht von dem Bewußtsein getragen (werde), damit die lex fori zu vereinbaren“.
1364 Ähnlich für das Indiz der Gerichtsstandsvereinbarung *v. Bar*, IPR II, Rdnr. 469.

dizwirkung des jeweiligen Umstandes nehmen in dem Maße ab, in dem die konkrete Gestaltung auch bei Anwendung eines dritten Rechts sinnvoll erscheint.

Zum anderen sind aber auch Handlungen, welche nicht im beschriebenen Sinne eine Nähe zu einer Rechtsordnung bewirken, in der Lage, kraft ihres *unmittelbaren* Erklärungswertes auf den Willen der Parteien hinzuweisen, eine bestimmte Rechtsordnung über ihre Beziehung entscheiden zu lassen. Bei diesen wird es sich regelmäßig um Erklärungen und Äußerungen handeln, welche in irgendeiner Form unmittelbar Bezug nehmen auf die Frage des anwendbaren Rechts. Einen solchen Erklärungswert besitzt zum Beispiel die im angelsächsischen Rechtskreis häufig verwandte Klausel „This agreement shall be construed under the laws of ...", die sog. „construction clause". Der Bezug zu einer bestimmten Rechtsordnung ist hier unmittelbarer Erklärungsgegenstand, und man wird in ihr mangels gegenteiliger Indizien den Willen der Parteien sehen können, den Vertrag in sämtlichen Facetten der benannten Rechtsordnung unterstellen zu wollen[1365].

Vergleicht man die insbesondere von der Literatur genannten oder zumindest diskutierten Indizien zugunsten der Annahme einer konkludenten Rechtswahl, dann fällt unweigerlich auf, dass sie zum großen Teil identisch sind mit den im

---

[1365] So auch LG München IPRax 1984, S. 318 (318); Palandt-*Heldrich* Art. 27 Rdnr. 6; dagegen für eine ausdrückliche Rechtswahl plädierend *Schröder* IPRax 1985, S. 131 f.; Müko-*Martiny* Art. 27 Rdnr. 57; OLG München IPRax 1989, S. 42 (44); differenzierend Staudinger-*Magnus* Art. 27 Rdnr. 76. Siehe in diesem Zusammenhang auch *Lorenz* IPRax 1989, S. 22 (24), der jene Entscheidung des OLG München begrüßt und darlegt, dass die Begriffe „interpretation" und „construction" zwar nicht synonym zu verstehen seien. Der Begriff „interpretation" beziehe sich auf das, was die Parteien tatsächlich haben ausdrücken wollen, der Begriff „construction" dagegen auf die Umsetzung des tatsächlichen Parteiwillens in konkrete Pflichten und Rechten der Parteien. Jedoch bestehe seit der „Vita Food"-Entscheidung des Judicial Commitee of the Privy Council kein Zweifel mehr darüber, dass mit der Formulierung „... shall be construed in accordance with English law" von den Parteien das englische Recht *ausdrücklich* für anwendbar erklärt werde. Das Gleiche gelte für das amerikanische Kollisionsrecht.

Letztendlich braucht die Frage nicht entschieden zu werden, ob eine entsprechende Klausel als eine stillschweigende oder aber sogar als eine ausdrückliche Rechtswahl zu betrachten ist. Da sie sich direkt nur auf die Auslegung des tatsächlichen Parteiwillens bezieht und damit lediglich auf einen Teil des vom Vertragsstatut umfassten Regelungsbereichs, wird man ihr wohl am ehesten gerecht, wenn man sie als eine Handlung auffasst, die kraft ihres *unmittelbaren* Erklärungswertes auf den *konkludent* geäußerten Willen der Parteien hinweist, auf das gesamte sie verbindende vertragliche Verhältnis die betreffende Rechtsordnung zur Anwendung kommen zu lassen.

Zusammenhang mit der Abwägung im Sinne des Art. 28 V EGBGB[1366] erörterten Momente.

Martiny[1367] folgert aus der „teilweisen" Identität der Anknüpfungspunkte, dass die Grenze zwischen diesen beiden Anknüpfungen „fließend" sei.
Anlässlich der Teilidentität stellen sich zwei Fragen: Wonach entscheidet sich, ob eines der Indizien für beide Anknüpfungen oder aber nur für eine der beiden relevant ist? Kann ein Indiz, welches im Einzelfall die Annahme einer bestimmten konkludenten Rechtswahl nicht hat rechtfertigen können, im Nachhinein noch zugunsten einer abweichenden Anknüpfung auf objektiver Ebene verwandt werden?

Im Rahmen der objektiven Anknüpfung wird unter dem neuen Recht ausschließlich anhand objektiver Kriterien[1368] ermittelt, ob eine ausreichende Nähe zu einer bestimmten Rechtsordnung vorliegt. Somit scheiden die zuvor erwähnten Handlungen, die „nur" kraft ihres unmittelbaren Erklärungswertes ein Indiz zugunsten einer Rechtswahl darstellen, als ein zugleich relevantes Kriterien für Art. 28 Absatz 1 und 5 EGBGB aus.

Hingegen sind diejenigen Umstände, welche eine faktische Nähe zu einer bestimmten Rechtsordnung schaffen, auch im Rahmen der objektiven Anknüpfung zu berücksichtigen. Anders als bei der konkludenten Rechtswahl wird dann nicht auf ihren *mittelbaren* Erklärungsgehalt abgestellt, sondern ausschließlich auf den von ihnen hervorgerufenen Zustand, nämlich die Nähe zu einer Rechtsordnung – wie ausgeprägt sie auch sein mag -.

Die Bewertung der Aussagekraft eines eine faktische Nähe zu einer Rechtsordnung schaffenden Umstandes für die Annahme einer konkludenten Rechtswahl muss zwar den Umständen des Einzelfalles überlassen bleiben, allerdings lassen sie sich bereits an dieser Stelle in zwei wesentliche Kategorien unterteilen.
Umstände wie die lex rei sitae und die lex loci protectionis, denen zumindest für den Anlagenvertrag im Rahmen der Abwägung gemäß Art. 28 V EGBGB eine immense Bedeutung attestiert werden konnte[1369], liegen mehr in der grundsätzli-

---

[1366] Vgl. nur statt vieler die ausführlichen Auflistungen in den beiden Großkommentaren Mükо-*Martiny* Art. 27 Rdnr. 48 f. bzw. Art. 28 Rdnr. 87 f. und Soergel-*von Hoffmann* Art. 27 Rdnr. 45 bzw. Art. 28 Rdnr. 102 f..

[1367] Reithmann/Martiny-*Martiny* Rdnr. 83; ebenso *Markowsky* S. 60; *Kropholler* § 52 III 5; *Looschelders* S. 243.

[1368] Bei diesen kann es sich selbstverständlich auch um die objektiven Interessen der Parteien handeln, jedoch nicht deren konkreter Wille.

[1369] Vgl. die Ausführungen im 6. Kapitel D IV („lex rei sitae") und im 6. Kapitel D V 2 a (2) sowie 3 („lex loci protectionis").

chen Natur des Rechtsverhältnisses, welches starke Bezüge zum Sachenrecht und zum Immaterialgüterrecht aufweist, begründet, und sie präsentieren sich nicht so sehr als Gegenstand einer umfangreichen Gestaltungsmöglichkeit und damit als ein flexibles Moment, bei dem man zugunsten einer konkludenten Rechtswahl annehmen kann, dass ein rechtsanwendungsrechtliches Kalkül zumindest mitursächlich für sie war. Ihr rechtsgestaltender und auf das anwendbare Recht einflussnehmender Charakter verblasst angesichts der bescheidenen Flexibilität der Parteien bei ihrer Gestaltung. So können die Parteien auf die lex rei sitae nur durch die Wahl des Errichtungsortes der Anlage Einfluss nehmen. Der Auftraggeber gibt den Standort regelmäßig vor, so dass der Auftragnehmer über diesen nicht im Sinne einer Einigung mitbestimmt. Und für den häufig lokalen Auftraggeber stellt die anwendbare lex rei sitae regelmäßig keinen Anlass dar, die Anlage im Heimatland errichten zu lassen. Es spielen dort vielmehr Gründe wie etwa Orts- und Sprachkenntnis und volkswirtschaftlicher Nutzen eine entscheidende Rolle.
Bei der lex loci protecitionis verhält es sich ähnlich. Der dort besonders relevante Herstellungsort, der identisch ist mit dem Standort der Anlage, bestimmt sich ebenfalls nur nach Gründen der genannten Art, und bei der Wahl der Vertriebsländer stehen betriebswirtschaftliche Motive im Vordergrund.
Dagegen sind die Gestaltungsmöglichkeiten der Parteien und damit auch der Raum für ein rechtsanwendungsrechtliches Kalkül bei den Umständen weitaus größer, deren konkrete Ausgestaltung nicht bereits durch die Natur des Rechtsverhältnisses indiziert wird und die nicht so sehr dem betriebswirtschaftlichen Diktat unterliegen. Zu denken ist hier insbesondere an Momente wie die Bezugnahme auf ein Recht oder Gerichtsstands- bzw. Schiedsgerichtsklauseln. Die den Parteien bei deren Gestaltung zur Verfügung stehende Flexibilität qualifiziert sie als ein bei der Ermittlung eines Willens besonders zu berücksichtigendes Element. Ob sie allerdings auch auf einen rechtsanwendungsrechtlichen Willen schließen lassen, wird noch an späterer Stelle zu klären sein[1370].

Der vorgenommenen Differenzierung ist auch indirekt die Antwort auf die zweite oben aufgeworfene Frage zu entnehmen, ob ein Moment, welches bei der Suche nach einer konkludenten Rechtswahl „versagt" hat, im Rahmen der Abwägung gemäß Art. 28 EGBGB noch eine (entscheidende) Rolle spielen kann. Während die lex rei sitae und die lex loci protectionis zum Beispiel nur äußerst schwache Indizien zugunsten der Annahme einer konkludenten Wahl des Rechts am Baustellenland sind und daher in der Regel auch keine solche zu begründen vermögen, sind sie im Rahmen von Art. 28 V EGBGB von enormer Bedeutung. Es ist auch denkbar, dass ein Moment eine faktische Nähe zu einer Rechtsordnung schafft, der diesbezügliche rechtsanwendungsrechtliche (mittelbare) Er-

[1370] Siehe die sich anschließenden Ausführungen – 7. Kapitel B III -.

klärungswert allerdings durch Handlungen der Parteien mit einem unmittelbaren Erklärungswert egalisiert wird und es daher die Annahme einer konkludenten Rechtswahl nicht zu rechtfertigen imstande ist. Dagegen kann es seine kollisionsrechtliche Signifikanz auf der Ebene des objektiven Vertragsstatuts voll entfalten, da es dort befreit ist von dem neutralisierenden Gegenpol eben jener anderen Handlung.

Auch im Rahmen einer wissenschaftlichen Arbeit ist es nicht möglich, sämtliche für eine konkludente Rechtswahl möglicherweise relevanten Umstände abstrakt zu umschreiben und sie auf ihre Eigenschaft als ein Indiz zugunsten einer Rechtswahl zu untersuchen. In jedem Einzelfall ist eine umfängliche und gründliche Untersuchung der jeweiligen Umstände nötig, um zu ermitteln, ob sich die Parteien konkludent über das auf die vertragliche Beziehung anwendbare Recht geäußert haben.

Die folgende Darstellung beschränkt sich auf Umstände, welche im internationalen Anlagengeschäft häufig anzutreffen sind, denen von den Parteien eine besondere Bedeutung für ihre vertragliche Beziehung beigemessen wird und in welchen zumindest von Teilen der Literatur und Rechtsprechung ein Indiz zugunsten der Annahme einer konkludenten Rechswahl gesehen wird.

1. Bezugnahme auf Vorschriften eines bestimmten Rechts

Nimmt der Vertrag Bezug auf bestimmte Vorschriften eines Staates, dann kann in diesem unter Umständen ein Indiz zugunsten der konkludenten Wahl dieses Rechtes gesehen werden. Im Unterschied zu einer „klassischen" umfänglichen Rechtswahl im Sinne des Art. 27 I EGBGB wird hier ein Bezug lediglich zu einem expliziten Teil der Rechtsordnung hergestellt.

Um die Frage beantworten zu können, ob in einer solch „beschränkten" Bezugnahme eine konkludente Rechtswahl zu sehen ist, muss die Motivation der Parteien für diese Bezugnahme ermittelt werden.

Die Parteien können auf verschiedene Weise einen solchen Bezug herstellen[1371]. Von besonderer Relevanz für das Bau- und Anlagenrecht ist die Konstellation, in der ein vertragliches Verhältnis mit einem anderen Vertrag verknüpft ist, welcher seinerseits eine – wenn auch nur konkludente - Rechtswahl enthält[1372].

[1371] Ein guter Überblick findet sich bei Staudinger-*Magnus* Art. 27 Rdnr. 75 f..

[1372] Diese Konstellation erinnert an die akzessorische Anknüpfung des Subunterunternehmervertrages - kraft Pauschalverweisung - an das Statut des mit einer Rechtswahl versehenen Hauptvertrages. Vgl. dazu die Ausführungen unten im 9. Kapitel D II.

In einem vom Bundesgerichtshof entschiedenen Fall[1373] verlangte die Klägerin von den beiden in Norwegen ansässigen Beklagten als Gesamtschuldner einen Vorschuss für Mängelbeseitigungskosten sowie Schadenersatz. Die N-GmbH hatte mit der Beklagten zu 1 einen Vertrag über die Errichtung eines Rohbaus in Deutschland, mit der Beklagten zu 2 einen Vertrag über die Bauplanung und Bauüberwachung dieses Rohbaus abgeschlossen. Anlass für die Vertragsabschlüsse war die Beauftragung der N-GmbH durch die Klägerin zur Errichtung dreier Reihenhäuser auf einem Grundstück in M.. Die N-GmbH hatte die vermeintlichen Ansprüche gegen die Beklagten an die Klägerin abgetreten. Der Bundesgerichtshof musste über die internationale Zuständigkeit der deutschen Gerichtsbarkeit hinsichtlich des gegen die Beklagte zu 2 geltend gemachten Anspruchs befinden.
Das vom Gericht für anwendbar erklärte Luganer Übereinkommen[1374] vom 1.3.1995 eröffnete im konkreten Fall den Rechtsweg zu den deutschen Gerichten gem. Art. 5 Nr. 1 nur, wenn die verletzte Vertragspflicht in Deutschland zu erfüllen gewesen wäre. Das für die Bestimmung des Erfüllungsortes maßgebliche Recht bestimmt sich nach dem Kollisionsrecht des angerufenen Gerichts. Während das Gericht - ohne nähere Anhaltspunkte - im Vertragsverhältnis mit der Beklagten zu 1 eine konkludente Wahl deutschen Rechts annahm, problematisierte es die Existenz einer Rechtswahl im Vertragsverhältnis mit der Beklagten zu 2. Das Berufungsgericht hatte eine solche zuvor verneint und norwegisches Recht zur Anwendung kommen lassen, nach welchem der Erfüllungsort am Wohnsitz des Schuldners in Norwegen lag. Folgerichtig hatte es die Klage für unzulässig erklärt. Nach Auffassung des Bundesgerichtshofes sei jedoch die konkludente Rechtswahl im Vertragsverhältnis mit der Beklagten zu 1 als ein „gewichtiges Indiz" zugunsten der Annahme zu verstehen, dass auch die Parteien des Architektenvertrages (= Vertrag mit der Beklagten zu 2) deutsches Recht über ihre Beziehung haben entscheiden lassen wollen. Schließlich bezögen sich die Leistungen beider vertraglichen Beziehungen auf dasselbe Bauvorhaben in Deutschland. Zudem sei die „Vereinbarung der deutschen technischen Regeln" als ein „weiteres maßgebliches Indiz für die Wahl deutschen Rechts" zu betrachten[1375]. Hinzu komme, dass auch der Abschlussort und die Währung auf die Anwendbarkeit deutschen Rechts hinweisen würden, auch wenn diesen Momente grundsätzlich nur eine „untergeordnete Bedeutung"[1376] zuzugestehen sei.

Der Entscheidung des Bundesgerichtshofs ist nicht zuzustimmen. In ihr zeigt sich, wie unkritisch vielfach Momenten ein rechtsanwendungsrechtlicher Erklä-

---

[1373] BGH NJW 2001, S. 1936 f. Vgl. eine ähnliche Konstellation in OLG Düsseldorf NJW 2001, S. 1103 f. (Deckungs- und Valutaverhältnis beim Vertrag zugunsten Dritter).
[1374] BGBl. II 1995, 211.
[1375] BGH NJW 2001, S. 1936 (1937).
[1376] BGH a.a.O..

rungsgehalt beigemessen wird. Indem das Gericht auf dieselbe Zwecksetzung der beiden Vertragsbeziehungen abstellt und in dieser ein „gewichtiges Indiz" zugunsten einer konkludenten Wahl deutschen Rechts auch im Architektenvertrag sieht, übersieht es, dass durch die gemeinsame Zwecksetzung zwar eine Nähe der beiden vertraglichen Beziehungen zueinander geschaffen wird, es sich bei dieser Zwecksetzung allerdings um kein flexibles Moment in dem Sinne handelt, dass aus ihm zwingend auf einen rechtsanwendungsrechtlichen und rechtsgestalterischen Willen der Parteien geschlossen werden kann. Die gemeinsame Zwecksetzung ergibt sich vielmehr aus der Natur des Fernzieles beider vertraglichen Beziehungen, nämlich der Errichtung dreier Reihenhäuser. Dass „die Leistungen auf Grund beider Verträge für dasselbe Bauvorhaben in Deutschland erbracht werden sollten"[1377], begründet lediglich einen Sachzusammenhang der beiden Verträge, welcher im Rahmen der objektiven Anknüpfung gemäß Art. 28 I, V EG zu beachten ist und unter Umständen eine akzessorische Anknüpfung des Architektenvertrages an den Bauvertrag zu begründen vermag.

Und auch dem zweiten vom Bundesgerichtshof genannten Moment – der Vereinbarung der deutschen technischen Regeln – ist der Status eines „maßgeblichen" Indizes zu verwehren. Die Bezugnahme auf bestimmte nationale Vorschriften kann nur in engen Ausnahmefällen als ein Hinweis auf eine konkludente Rechtswahl verstanden werden[1378]. So hat die Nennung bzw. Vereinbarung solcher Vorschriften, welche unabhängig vom Schuldstatut wie zum Beispiel fremde Import- bzw. Zollvorschriften[1379] oder auch die deutsche HOAI[1380] auf das Vertragsverhältnis einwirken, mehr einen klarstellenden als einen rechtsanwendungsrechtlichen Charakter[1381]. Aus der zwingenden Geltung dieser Vorschriften ist nicht auf den Willen[1382] der Parteien zu schließen, über die ihnen „oktroyierten" und sie in ihrer Privatautonomie beschränkenden Regelungen hinaus noch weitere Vorschriften der betreffenden Rechtsordnung zur Anwendung kommen zu lassen. Zumal die zwingenden Vorschriften häufig aus unterschiedlichen Rechtsordnungen stammen und sie sich in einem solchen

---

[1377] BGH a.a.O..

[1378] Tendenziell großzügiger die bereits angesprochene, immer wieder bestätigte Rechtsprechung; vgl. u.a. BGH NJW-RR 1999, S. 813 (813); BGH NJW-RR 2000, S. 1002 (1004); BAG NZA 2003, S. 339 (340); OLG Köln RIW 1993, S. 414 (415); AG Hamburg NJW-RR 2000, S. 352 (353).

[1379] Staudinger-*Magnus* Art. 27 Rdnr. 79.

[1380] Der BGH NJW 2003, S. 2020 (2021) qualifiziert sie als zwingendes Preisrecht des öffentlichen Rechts und räumt ihr daher „allenfalls... eine geringe indizielle Bedeutung" ein.

[1381] Vgl. hierzu auch *v. Bar,* IPR II, Rdnr. 471.

[1382] Dagegen können sie durchaus im Rahmen der Abwägung nach Art. 28 V EGBGB noch eine Rolle spielen.

schiedlichen Rechtsordnungen stammen und sie sich in einem solchen Fall ohnehin in ihrer Indizwirkung neutralisieren[1383].

Bei Vorschriften, welche vom Schuldrechtsstatut im Sinne des Art. 32 EGBGB erfasst werden und über deren Anwendbarkeit die Parteien somit entscheiden können, stellt sich unweigerlich die Frage, warum die Parteien die Mühe auf sich genommen haben, einzelne Vorschriften aufzuzählen, wenn sie deren Anwendbarkeit doch mit der weniger aufwendigen Wahl der betreffenden Rechtsordnung hätten sicherstellen können[1384]. Es ließe sich hier stets unschwer argumentieren, dass sie hinsichtlich der restlichen Vorschriften keine Wahl haben vornehmen wollen. Angesichts dieser Auslegungsmöglichkeit müssen die erwähnten Vorschriften eine besondere Qualität aufweisen, um zumindest den Status eines Indizes zugunsten der Annahme für sich in Anspruch nehmen zu können, dass die Parteien mit der Bezugnahme zum Ausdruck haben bringen wollen, auch die „restlichen" Vorschriften der jeweiligen Rechtsordnung über ihre vertraglichen Rechte und Pflichten entscheiden zu lassen. Auf einen solchen Willen lässt sich nur dann schließen, wenn die genannten Vorschriften tief in der Rechtsordnung verwurzelt sind und sich die Schlussfolgerung aufgrund der Gesamtumstände *aufdrängt*, dass die Parteien mit ihrer Bezugnahme auch die Anwendung der gesamten Rechtsordnung, in welcher die Vorschriften eingebettet sind, haben bewirken wollen[1385].

Der Bundesgerichtshof spricht in der zitierten Entscheidung von „deutschen technischen Vorschriften"[1386] und wird damit zuvörderst „DIN-Normen des deutschen Rechts" und „deutsche Baurechtsbestimmungen"[1387] gemeint haben[1388]. Diese Vorschriften sind von den Parteien anders als etwa solche des Bauordnungsrechts nicht bereits durch die Sonderanknüpfung des Art. 34

[1383] Siehe hierzu Müko-*Martiny* Art. 27 Rdnr. 60; Staudinger-*Magnus* a.a.O..

[1384] Auf diesen „Widerspruch" ausdrücklich hinweisend *Steinle* ZVglRWiss 92 (1994), S. 300 (312 f.).

[1385] Ähnlich Staudinger-*Magnus* Art. 27 Rdnr. 77, welcher verlangt, dass „ein Vertrag eindeutig auf einer bestimmten Rechtsordnung aufbaut oder ohne Rückgriff auf sie nicht verständlich ist".

[1386] BGH a.a.O..

[1387] BGH a.a.O. in der Darstellung der abweichenden Auffassung des Berufungsgerichts.

[1388] Bei den DIN-Normen handelt es sich um keine Rechtsnormen im eigentlichen Sinne, sondern vielmehr nur um „private technische Regelungen mit Empfehlungscharakter" (BGH BauR 1998, S. 872 (873)), d.h. sie legen nicht rechtsverbindlich die allgemein als gültig anerkannten Regeln fest. Doch geht von ihnen insofern eine diesbezügliche Vermutung aus, als dass der Geschädigte zu beweisen hat, dass der Bauunternehmer trotz Einhaltung der DIN-Normen anerkannte Regeln der Technik verletzt hat (vgl. u.a. OLG Hamm NJW-RR 1998, S. 668 (669) sowie *Werner/Pastor* Rdnr. 1461 f. zur Rechtsnatur der DIN-Normen).

EGBGB zu beachten[1389]; das Gericht führt zu Recht aus, dass die Parteien mit deren Vereinbarung den Inhalt der von dem Architekten geschuldeten Leistung konkretisieren[1390] und deren Geltung für den internationalen Sachverhalt nicht zwingend ist.
Die Vorschriften beziehen sich allerdings nur auf das technische Profil des Bauwerks, und sie bestimmen damit lediglich die konkrete Leistungsverpflichtung des Architekten näher. Angesichts ihres technischen Charakters mangelt es ihnen an einer tiefen Verwurzelung in der deutschen, sie flankierenden und ergänzenden Rechtsordnung. Ihre Vorgaben könnten größtenteils durch solche ausländischer Rechtsordnungen ersetzt werden; unüberbrückbare Systembrüche zwischen dem deutschen Vertragsrecht und den ausländischen technischen Normen wären nicht zu befürchten.

Es geht somit von der Vereinbarung der deutschen technischen Vorschriften kein nahezu unwiderstehlicher Sog in Richtung der gesamten deutschen Rechtsordnung[1391] aus, und es drängt sich daher auch nicht die Schlussfolgerung auf, dass die Parteien mit der Vereinbarung auch die „restliche" Rechtsordnung zur Anwendung haben bringen wollen. Es ist vielmehr ebenso möglich, dass sie sich ihrer nur bedient haben, um eine Orientierung für technische Details zu besitzen. Der Bundesgerichtshof attestierte der Bezugnahme auf bestimmte nationale Vorschriften zu Unrecht einen rechtsanwendungsrechtlichen Charakter.

Anders verhält es sich dagegen bei einer weiteren Entscheidung des Bundesgerichtshofs[1392], in welcher das Gericht den ausdrücklichen Hinweis auf eine deutsche Vorschrift als einen Umstand wertete, aufgrund dessen die Auslegung des Vertrages „dahin nahe(liege), dass die Parteien gem. Art. 27 I 2 EGBGB das Recht der Bundesrepublik gewählt haben"[1393]. Da die Anwendung deutschen Rechts nach Auffassung des Gerichts bereits aus den Art. 28 I, III EGBGB folgte, ging es dieser Frage allerdings nicht näher nach.
Es hatte sich in der Entscheidung damit zu beschäftigen, ob eine Vereinbarung im Rahmen eines Time-Sharing-Formularvertrages im Treuhand-Modell wirksam ist, nach der dem Erwerber ein *Dauerwohnrecht gemäß § 31 WEG* eingeräumt, ohne dass dieser jedoch als Rechtsinhaber im Grundbuch eingetragen werden soll. Dazu solle stattdessen ausreichen, dass der bereits eingetragene Treuhänder dem Erwerber die Rechtsposition lediglich vermittle. Nach Auffassung des Gerichts sei der Käufer „durch die mehrfache Betonung im Kaufver-

[1389] Reithmann/Martiny-*Thode* Rdnr. 1122.
[1390] BGH a.a.O..
[1391] Ähnlich für DIN-Vorschriften *Thode/Wenner* Rdnr. 91.
[1392] BGH NJW-RR 1996, S. 1034 f. (sog. „Century"-Entscheidung). Zur materiellrechtlichen Problematik vgl. bereits BGHZ 130, 150 f..
[1393] BGH a.a.O..

tragsformular und in den überreichten Unterlagen, ein Dauerwohnrecht gem. § 31 WEG zu erwerben, angesichts des Fehlens jeder dinglichen Absicherung in grober Weise irregeführt" worden. Die betreffende Vereinbarung sei daher nichtig, allerdings bewirke die partielle Unwirksamkeit des Gesamtvertrages nicht auch zugleich dessen (Gesamt-) Nichtigkeit.
Das Gericht bezieht zwar keine eindeutige Position, jedoch deutet es an, dass dem § 31 WEG zumindest in diesem Einzelfall eine Indizwirkung zugunsten der Annahme einer konkludenten Rechtswahl zuzugestehen ist. In dieser Einschätzung verdient das Gericht anders als bei der zuvor besprochenen Entscheidung Zustimmung. Schließlich steht das Dauerwohnrecht im Sinne des § 31 WEG, auf welches mehrfach ausdrücklich hingewiesen worden ist, im Mittelpunkt der vertraglichen Vereinbarung. Somit ist es im Gegensatz zu den beschriebenen „deutschen technischen Vorschriften" keine letztendlich austauschbare Konkretisierung eines eigenständigen Leistungsgegenstandes – dort der Bau dreier Reihenhäuser -, sondern der eigentliche Vertragsgegenstand selbst. Angesichts dieser Bedeutung der Vorschrift für das vertragliche Verhältnis, der Verwurzelung des *dinglichen* Rechts „Dauerwohnrecht" in der deutschen Rechtsordnung (= lex rei sitae) und des mehrfach ausdrücklichen Hinweises der Parteien auf dessen Geltung kann man zu Recht von dem Wunsche der Parteien und der diesem Wunsche entsprechenden konkludenten Erklärung ausgehen, dass zugleich auch der den Leistungs- bzw. Vertragsgegenstand „Dauerwohnrecht" ergänzende Vorschriftenkomplex Anwendung finden soll. Dass die Parteien keine dingliche Änderung anstrebten, sondern es bei der – insoweit nur vertraglichen – Vermittlung des Rechts an den Erwerber durch den bisher eingetragenen Treuhänder belassen wollten, entfernt die Vereinbarung zwar aus dem unmittelbaren sachenrechtlichen Vorschriftenkontext, allerdings büßt das Dauerwohnrecht im Sinne des § 31 WEG dadurch nicht seine Bedeutung für das Vertragsverhältnis ein. Trotz dieser vertraglichen Besonderheit liegt die Annahme nahe, dass die Parteien mit der Bezugnahme auf § 31 WEG zugleich auch die Anwendung der sonstigen deutschen Vorschriften haben sicherstellen wollen.

2. Mustervertragsbedingungen

Im Laufe der Arbeit wurde immer wieder auf die Bedeutung der Mustervertragsbedingungen im internationalen Großanlagengeschäft hingewiesen[1394]. Mit ihnen steht den Parteien eine im Wesentlichen ausgewogene Vertragsordnung zur Verfügung, auf deren Anwendung insbesonders Auftraggeber aus Entwicklungsländern regelmäßig bestehen, da sie sich vor den „Fallstricken" der Allgemeinen Geschäftsbedingungen des aus einem Industrieland stammenden Auftragnehmers fürchten. Zwar müssen Mustervertragsbedingungen stets den Um-

[1394] Vgl. dazu die Ausführungen im 3. Kapitel.

ständen des Einzelfalles angepasst werden und sie werden daher niemals in ihrer Originalfassung Bestandteil des Vertrages, allerdings bieten sie der unter Umständen juristisch weniger versierten Partei aus dem Entwicklungsland[1395] eine Grundorientierung und diese muss dann nur noch die einzelnen, die Originalfassung abändernden Klauseln auf ihre Vor- bzw. Nachteile hin untersuchen. Ein weiterer Grund für die häufige Verwendung zumindest der internationalen Klauselwerke besteht in der bereits beschriebenen Abneigung und Scheu der Vertragspartner gegenüber dem Heimatrecht des jeweils Anderen. Stattdessen einigen sich die Parteien auf das insoweit neutrale Regelungswerk einer international anerkannten Institution. Da auch diese Regelungswerke nicht sämtliche Konstellation bedenken können und daher zwangsläufig lückenhaft sind, ist den Parteien auch in einem solchen Fall dringend zu raten, das ergänzend anwendbare Gesetzesrecht zu bestimmen. Wurde das betreffende Klauselwerk von den Parteien aufgrund dessen Neutralität ausgewählt, dann werden sie sich bei der Wahl des ergänzend anwendbaren Rechts ebenfalls von dem Wunsche nach Neutralität leiten lassen und ein Recht benennen, von dem – wie zum Beispiel dem bereits erwähnten schweizerischen Recht – allseits angenommen wird, dass es die Rechte und Pflichten zwischen dem Auftraggeber und dem Auftragnehmer ausgewogen verteilt.

Die Verwendung von Mustervertragsbedingungen wirft die Frage auf, ob in ihr regelmäßig eine konkludente Rechtswahl der Parteien oder zumindest ein starker Hinweis auf eine solche gesehen werden kann.

Von der überwiegenden Literatur[1396] wird diese Frage durchweg bejaht. So ist etwa nach der Auffassung von *Magnus* die Vereinbarung der allgemeinen deutschen Spediteurbedingungen (ADSp) als eine konkludente Wahl deutschen Rechts zu verstehen, da in ihnen mehrfach auf die Vorschriften des Handelsgesetzbuches verwiesen werde[1397]. *Martiny* ist der Ansicht, dass der Gebrauch eines Formulars auf das Recht hinweise, „im Hinblick auf welches das Formular entworfen" worden sei[1398]. Es finden sich aber auch Stimmen, die der Verwendung von Klauselwerken in Bezug auf deren Indizwirkung zugunsten einer konkludenten Rechtswahl mit weitaus größerer Skepsis begegnen und daher in ihr

[1395] Es muss natürlich auch an dieser Stelle wieder konzediert werden, dass die Auftraggeber aus den Entwicklungsländern sich angesichts der Auftragsvolumina im internationalen Großanlagenbau häufig der Hilfe internationaler Großkanzleien bedienen und somit nicht selten eine „Waffengleichheit" zwischen den Parteien hinsichtlich ihrer juristischen Kenntnisse herrscht.

[1396] Vgl. neben den noch zu nennenden zum Beispiel Erman-*Hohloch* Art. 27 Rdnr. 16; *von Hoffmann/Thorn*, IPR, § 10 Rdnr. 34; wohl auch *Bunni* S. 23 und *v. Bar*, IPR II, Rdnr. 471.

[1397] Staudinger-*Magnus* Art. 27 Rdnr. 77.

[1398] Müko-*Martiny* Art. 27 Rdnr. 61.

nur ausnahmsweise den Ausdruck eines übereinstimmenden Rechtswahlwillens sehen[1399] oder aber stets zusätzliche Indizien fordern[1400].

Die Rechtsprechung vertritt auch hier einen sehr großzügigen Standpunkt und hält die Voraussetzungen einer konkludenten Rechtswahl regelmäßig für gegeben[1401].

In einem der wenigen Fällen, in denen der Bundesgerichtshof über eine Fragestellung aus dem internationalen Bauvertragsrecht zu befinden hatte, nahm er Stellung zu der Indizwirkung der von den Parteien vereinbarten Verdingungsordnung für Bauleistung Teil B (= VOB/B), der Verdingungsordnung für Leistungen - ausgenommen Bauleistungen – (= VOL) und der deutschen DIN-Vorschriften[1402].

Der Entscheidung lag der folgende Sachverhalt zugrunde: Die Klägerin, bei der es sich um eine Gesellschaft niederländischen Rechts mit Sitz in den Niederlanden handelt, verlangte von der Beklagten, deren Wohnsitz sich in der Bundesrepublik befindet, die Zahlung von Restwerklohn aus einem zwischen ihnen geschlossenen Generalunternehmervertrag über die Renovierung und Erweiterung eines in Deutschland gelegenen Hotel- und Gaststättengebäudes. Von den Parteien wurde u.a. die VOB/B vereinbart. Im Rahmen der Abnahme erstellten die Parteien ein Protokoll, in welchem sie unterschiedliche Mängel auflisteten, zu deren Beseitigung sich die Klägerin verpflichtete. Unter Hinweis auf die zahlreichen Mängel und die angebliche Weigerung der Klägerin, die Mängel tatsächlich zu beseitigen, machte die Beklagte eine Minderung geltend, und sie rechnete hilfsweise mit einem Anspruch auf Kostenerstattung für die Beseitigung der Mängel auf.
Bevor sich das Gericht mit der hier nicht näher darzustellenden materiellen Rechtslage[1403] beschäftigen konnte, hatte es zunächst von Amts wegen zu klären, welches Recht auf das Vertragsverhältnis der Parteien Anwendung findet. Nach seiner Auffassung biete der Vertrag „hinreichende Anhaltspunkte für eine

---

1399 *Steinle* ZVglRWiss 93 (1994), S. 300 (312).

1400 Wolf/Horn/Lindacher-*Lindacher* Anh. § 2 AGBG Rdnr. 24.

1401 Das OLG Schleswig NJW-RR 1988, S. 283 (284) sah zum Beispiel ebenfalls in der stillschweigenden Unterwerfung der Beklagten unter die ADSp den Willen der Parteien zur Anwendung deutschen Rechts. Weitere Beispiele aus der umfangreichen Judikatur: BGH AWD 1970, S. 31 (31); BGH IPRax 2001, S. 333 (333); OLG München RIW 1983, S. 957 (958); OLG Hamburg RIW 1986, S. 462 (463); OLG Hamburg TranspR 1990, S. 117 (118).

1402 BGH, Urt. v. 14.1.1999 - VII ZR 19/98 (OLG Rostock), abgedruckt u.a. in IPRax 2001, S. 333 f.; WM 1999, S. 1177 f.. Vgl. die Anmerkungen von *Wenner* BGH EwiR Art. 27 EGBGB 1/99, 353 und *Pulkowski* IPRax 2001, S. 306 f..

1403 Siehe dazu u.a. *Wenner* a.a.O..

stillschweigende Rechtswahl nach Art. 27 Abs. 1 Satz 2 EGBGB zugunsten des deutschen materiellen Rechts". Die Parteien hätten „die VOB/B, die VOL und die deutschen DIN-Vorschriften vereinbart und die besonderen Vereinbarungen des Vertrages an der VOB/B und den gesetzlichen Vorschriften des deutschen Werkvertragsrechts orientiert". Und „diese Umstände (seien) für eine stillschweigende Rechtswahl zugunsten des deutschen Rechts ausreichend"[1404].

Die *grundsätzliche* Nähe der für den nationalen Bauvertrag entworfenen VOB/B zum Bürgerlichen Gesetzbuch und damit zur primären deutschen Rechtsquelle für den Bauvertrag - als einen Spezialfall des Werkvertrages – ist evident. So ähneln einige der Vorschriften in ihrer Grundstruktur den gesetzlichen Pendants, oder aber die VOB/B nimmt sogar an manchen Stellen ausdrücklich Bezug auf Rechtsnormen des BGB (vgl. etwa § 9 Nr. 1a, § 11 Nr. 1 oder § 13 Nr. 6 VOB/B). Die VOB/B orientiert sich in vielfacher Hinsicht „an den vom BGB geprägten Begriffen und Denkformen"[1405]. Es ist jedoch keineswegs so, dass die VOB/B lediglich eine Konkretisierung der gesetzlichen Werkvertragsvorschriften, welche vom Gesetzgeber bewusst sehr abstrakt formuliert worden sind, um auf eine Fülle von erfolgsorientierten Leistungsversprechen anwendbar zu sein, für den Bauvertrag darstellen. Sie enthält für Teilbereiche eigenständige Lösungsansätze[1406], welche zu deutlich von dem gesetzlichen Pendant abweichen, als dass man sie als eine bloße Ausfüllung oder auch nur Anpassung der gesetzlichen Wertungsvorstellungen an die Besonderheiten des Bauvertrages betrachten könnte. *Nicklisch/Weick* erfassen die Eigenständigkeit der VOB/B zutreffend, indem sie formulieren, dass sich der Rechtsanwender mit der VOB/B einem Konstrukt gegenüber sieht, „das sowohl Elemente aus der Zeit vor dem BGB als auch dogmatische Grundlagen des geltenden Zivilrechts und eigenständige Lösungen zu einem Regelwerk eigener Art verbunden hat"[1407].

Die beschriebenen Eigenarten der VOB/B ändern nichts an dem Umstand, dass es sich bei ihr um ein Regelungswerk handelt, welches vielfach das BGB und damit die deutsche Rechtsordnung sowohl konzeptionell als auch konkret mittels Verweisungen beleiht und welche insbesondere ob ihrer Verweisungen die (ergänzende) Geltung der deutschen Rechtsordnung in den jeweiligen Bereichen mehr als „wünschenswert" erscheinen lässt. Die Anwendung einer fremden Rechtsordnung würde zu nur schwierig zu überbrückenden Systembrüchen führen. Die VOB/B ist zwar angesichts ihrer Eigenarten nicht in Gänze, jedoch zu einem beträchtlichen Teil in der deutschen Rechtsordnung verwurzelt. Im Ge-

---

[1404] BGH IPRax 2001, S. 333 (333).
[1405] *Nicklisch* IPRax 1987, S. 286 (288).
[1406] VOB/B-Kommentar/*Nicklisch-Weick* Einl. Rdnr. 37 weisen insbesondere auf die Eigenarten des Gewährleistungsrechts der VOB/B hin (vgl. § 13 VOB/B).
[1407] VOB/B-Kommentar/*Nicklisch-Weick* Einl. Rdnr. 38.

gensatz zu den letztlich beliebig austauschbaren DIN-Normen beschränkt sich ihr Regelungsbereich nicht auf die „bloße" Konkretisierung des technischen Profils; sie stellt eine komplexe „bereitliegende Vertragsordnung"[1408] dar, deren Verwurzelung in der deutschen Rechtsordnung nicht zuletzt auch angesichts ihrer Breite - im Gegensatz zu dem fragmentarischen Charakter der DIN-Normen – profund ist[1409].

Es wurde bereits im Zusammenhang mit der Bezugnahme auf bestimmte nationale Vorschriften darauf hingewiesen, dass diese tief in einer nationalen Rechtsordnung verwurzelt sein müssen, damit die Bezugnahme bzw. Benennung als ein *Indiz* zugunsten der Annahme einer konkludenten Rechtswahl bewertet werden kann. Die Stärke der Indizwirkung hängt ab von der Intensität der Verwurzelung. Da bei einer „bloßen" Bezugnahme auf entsprechende Vorschriften niemals auszuschließen ist, dass die Parteien nur eine Geltungsvorstellung hinsichtlich einer bestimmten Rechtsordnung hatten und sie sich gar nicht rechtsgestalterisch hinsichtlich des anwendbaren Rechts betätigen wollten, muss der Vereinbarung der VOB/B ebenso wie der anderer Mustervertragsbedingungen allerdings der Status eines sicheren, sich über anders lautende Indizien hinwegsetzenden Hinweises verwehrt werden.

Es kann jedoch festgestellt werden, dass von *sämtlichen* Mustervertragsbedingungen, die einer Rechtsordnung ähnlich nahe stehen wie die VOB/B der deutschen, grundsätzlich eine *sehr starke Indizwirkung* ausgeht, zumal man sich bei der Annahme einer konkludenten Rechtswahl nicht über den „Widerspruch" hinwegsetzen muss, dass die Parteien doch die weniger aufwendige Wahl einer bestimmten Rechtsordnung hätten vornehmen können, wenn sie deren Geltung hätten sicherstellen wollen. Schließlich ergibt sich die Anwendung der Mustervertragsbedingungen anders als die der einzelnen verwiesenen gesetzlichen Vorschriften nicht zwangsläufig bereits aus der Benennung der entsprechenden nationalen Rechtsordnung. Die Parteien müssen vielmehr ausdrücklich auf sie verweisen[1410], um ihre Anwendung sicherzustellen. Haben sie dies getan und

---

[1408] BGH NJW 1985, S. 2090 (2090). Die VOB/B erfasst trotz ihres relativ bescheidenen Umfanges von nur 18 Paragrafen nahezu alle typischerweise relevanten Aspekte eines Vertragsverhältnisses, so zum Beispiel die Art und den Umfang der Leistung (§ 1), die Vergütung (§ 2), die Verteilung der Gefahr (§ 7), die Kündigung durch eine der Parteien (§§ 8,9), die Haftung der Parteien (§ 10), die Abnahme (§ 12), die Zahlung (§ 16), Sicherheitsleistungen (§ 17) und die Beilegung von Streitigkeiten (§ 18).

[1409] Die VOB/B wird weithin als ein „billiger Interessenausgleich zwischen Auftragnehmer und Auftraggeber" betrachtet (BGH ZIP 2004, S. 511 (512)). Dieses Verständnis geht sogar so weit, daß die VOB/B grundsätzlich der Inhaltskontrolle entzogen ist, da durch die Inhaltskontrolle einzelner Regelungen der bezweckte Interessenausgleich gestört werden könnte (BGH a.a.O. mit weiteren Nachweisen).

[1410] Ausdrücklich für die VOB und die FIDIC-Werke *Goedel* RIW 1982, S. 81 (81) und *Mallmann* RIW 2000, S. 532 (533). Der Verweis kann auch stillschweigend erfolgen. So kann etwa „bei Vertragsbeziehungen zwischen deutschen und ausländischen Spediteuren" die

sind die Bedingungen eng mit einer bestimmten Rechtsordnung verbunden, dann lässt sich auch unschwer argumentieren, dass sie mit dem Verweis zugleich die Anwendung jener Rechtsordnung bewirken wollten.

Aus dem Gesagten folgt, dass in dem beschriebenen Fall der Bundesgerichtshof der Vereinbarung der VOB/B zu Recht eine rechtsanwendungsrechtliche Relevanz attestiert hat. Das Gleiche muss grundsätzlich auch für die VOL gelten. Es ist den Entscheidungsgründen nicht zu entnehmen, ob das Gericht auch diesmal die Vereinbarung der deutschen DIN-Vorschriften als ein „maßgebliches Indiz für die Wahl deutschen Rechts“[1411] betrachtet hat. Sollte dies der Fall sein[1412], dann geht dieser Hinweis aus den oben genannten Gründen fehl.

Der vom Bundesgerichtshof entschiedene Fall weist noch eine Besonderheit auf, welche sich neben die Vereinbarung der VOB/B als Hinweis auf den Rechtswahlwillen der Parteien gesellt, deutsches Recht über ihr vertragliches Verhältnis entscheiden zu lassen. Indem sie die „besonderen Vereinbarungen des Vertrages an ... den gesetzlichen Vorschriften des Werkvertragsvorschriften orientieren“, wird die Nähe des vertraglichen Verhältnisses zur deutschen Rechtsordnung fundamentiert und die Wahrscheinlichkeit, dass sich die Parteien – rechtsgestalterisch – zugunsten der Anwendung deutschen Rechts haben erklären wollen, erstarkt nun endgültig zu einer „hinreichenden Sicherheit“ im Sinne des Art. 27 I EGBGB. Dass die Parteien stattdessen „bloß“ von der Anwendung deutschen Rechts ausgingen, ist zwar weiterhin möglich, jedoch in Anbetracht des der Annahme einer konkludenten Rechtswahl stets innewohnenden spekulativen Elementes zu vernachlässigen.

Die tiefe Einbettung der verwiesenen Normen in der jeweiligen Rechtsordnung ist ein Postulat, welches für sämtliche Verweisungen und somit auch für den Fall gilt, dass die von einer Partei gestellten *Allgemeinen Geschäftsbedingungen* wirksam zum Inhalt des Vertrages ernannt worden sind. Um einer solchen Vereinbarung eine Indizwirkung beimessen zu können, muss man auch hier eine Nähe der Bedingungen zu einer bestimmten Rechtsordnung fordern[1413]. Der Umstand, dass sie *einseitig* gestellt werden, rechtfertigt keineswegs den Verzicht

---

Kenntnis des Vertragspartners des Spediteurs vorausgesetzt werden, „dass dieser ausschließlich nach den ADSp arbeitet“. Angesichts dieser vermuteten Kenntnis unterwirft sich der Vertragspartner stillschweigend der Geltung dieser besonderen Vertragsbedingungen (OLG Schleswig NJW-RR 1988, S. 283 (284)).

[1411] So in BGH NJW 2001, S. 1936 (1937).

[1412] Davon ist wohl eher nicht auszugehen, da im Tatbestand anders als in den Entscheidungsgründen nur die VOB/B ausdrücklich genannt ist und das Gericht daher wohl auch der Vereinbarung dieser Mustervertragsbedingungen die größte Bedeutung beigemessen hat.

[1413] Staudiner-*Magnus* Art. 27 Rdnr. 88 mit Nachweisen der abweichenden Meinung.

auf dieses Postulat und somit auch nicht auf die Annahme des gemeinsamen Willens beider Parteien, das Heimatrecht der sie stellenden Partei zur Anwendung kommen zu lassen[1414]. Vielmehr verleiht er der Vereinbarung der Allgemeinen Geschäftsbedingungen einen schon nahezu „oktroyierenden" Charakter[1415], und ob dieser Eigenschaft ist das Postulat nicht nur beizubehalten, sondern sogar insoweit zu verschärfen, als dass die Allgemeinen Geschäftsbedingungen eine besonders enge Beziehung zu der jeweiligen Rechtsordnung aufweisen müssen[1416].

Wendet man das bisher Gesagte auf die von der FIDIC erlassenen und im internationalen Bau- und Anlagengeschäft am häufigsten verwendeten Mustervertragsbedingungen an, dann liegt angesichts der nach wie vor existierenden Affinität dieser Werke zur englischen Rechtsordnung[1417] die Schlussfolgerung nahe, dass von deren Vereinbarung eine Indizwirkung zugunsten des Willens der Parteien ausgeht, englisches Recht über ihre vertragliche Beziehung entscheiden zu lassen.

Am Beispiel der FIDIC-Werke zeigt sich jedoch, wie wichtig es ist, der Vereinbarung von Mustervertragsbedingungen, welche mit einer nationalen Rechtsordnung mehr oder weniger eng verbunden sind, *nur* den Status eines Indizes und nicht bereits den einer stillschweigenden Rechtswahl einzuräumen. Es fällt dann leichter, Umstände zu berücksichtigen, welche trotz der attestierten Affinität den Willen der Parteien als nicht „hinreichend sicher" erscheinen lassen, das jeweilige Recht auch über ihre vertragliche Beziehung entscheiden zu lassen. Im Falle der FIDIC-Werke spricht die Internationalität der Organisation[1418] und ihr

---

1414 So auch Wolf/Horn/Lindacher-*Lindacher* Anh § 2 AGBGB Rdnr. 24; *Meyer/Sparenberg* RIW 1989, S. 347 (348).

1415 An dieser Stelle soll nicht verkannt werden, dass nationale Mustervertragsbedingungen – wie auch die VOB/B - der anderen, ausländischen Partei häufig ebenfalls aufgedrängt werden (vgl. hierzu auch *Steinle* ZVglRWiss 93 (1994), S. 300 (312)). Nur ist dort der Verfasser eine dritte, vermeintlich unabhängige Person/Institution, und der „oktroyierende" Charakter ist hier nicht zu evident. Die Annahme eines gemeinsamen Rechtswahlwillens fällt daher leichter, er ist jedoch auch dort bei der Bewertung der Indizien zu berücksichtigen.

1416 So reicht es nicht aus, dass die AGB „ersichtlich den Gestaltungsrahmen des deutschen AGB-Gesetzes ausschöpfen" (so aber *v. Bar,* IPR II, Rdnr. 471; ähnlich AG Hamburg NJW-RR 2000, S. 352 (352)). Eine solche Orientierung lässt lediglich auf den Willen des Verwenders schließen, deutsches Recht zur Anwendung kommen zu lassen.

1417 Vgl. die Ausführungen im 3. Kapitel.

1418 Reithmann/Martiny-*Martiny* Rdnr. 98 weist auf die Besonderheit der Konstellation hin, dass das verwendete Formular von internationalen Organisationen stammt. Vgl. in diesem Zusammenhang auch LG Hamburg MDR 1954, S. 422 f. über die kollisionsrechtliche Relevanz international gebräuchlicher Formulare im Seerecht.

Selbstverständnis als eine Quelle neutralen Rechts gegen die sichere Annahme des gemeinsamen Willens der Parteien, mit der Vereinbarung eines dieser Werke auch zugleich die ergänzende Anwendung der englischen Rechtsordnung zu erklären. Die Indizwirkung der Affinität wird durch diesen Umstand gehemmt. Das Gleiche muß für die Vereinbarung des von den Vereinten Nationen veröffentlichten UNIDO-Mustervertrages gelten. Dagegen sind Musterverträge wie die ICE- und die ENNA-Bedingungen von nationalen Verbänden publiziert worden, so dass angesichts der Verwurzelung dieser Werke in der jeweiligen Rechtsordnung aus ihrer Vereinbarung regelmäßig auch auf einen entsprechenden gemeinsamen Rechtswahlwillen der Parteien geschlossen werden kann. Dies gilt insbesondere für den ICE-Modellvertrag, dessen Nähe zur englischen Rechtsordnung evident ist.

3. Gerichtsstand- und Schiedsgerichtsklauseln

Die Mehrheit der internationalen Bau- und Anlagenverträge größeren Zuschnitts enthält eine Schiedsklausel und ist somit der staatlichen Gerichtsbarkeit im Wesentlichen entzogen[1419]. Der Grund liegt darin, dass ein Schiedsverfahren von den Parteien regelmäßig als die schnellere und kostengünstigere Alternative zu einem Verfahren vor einem staatlichen Gericht empfunden wird. Man fürchtet den Bürokratismus der staatlichen Gerichtsbarkeit, und man schätzt die Vertraulichkeit des Verfahrens einschließlich des abschließenden Schiedsspruches[1420]. Die Schiedsrichter werden von den Parteien berufen, und sie verfügen ob ihres sonstigen Tätigkeitsfeldes und ihres Erfahrungshintergrundes nicht selten über eine größere Sachnähe und Sachkompetenz als ihre staatlichen Kollegen. Darüber hinaus besteht für die Parteien die Möglichkeit, das Schiedsgericht durch die Benennung von aus unterschiedlichen Ländern stammenden Schiedsrichtern zu internationalisieren und damit die Wahrscheinlichkeit einer unparteiischen und ausgewogenen Entscheidung des Konflikts zumindest zu erhöhen[1421]. Endlich können sich die Parteien von den „Fesseln" der zum Teil nicht auf internationale Verträge zugeschnittenen nationalen Rechtsordnungen befreien, indem sie

---

[1419] *Brand/Maskow* 4.30.4.. In den FIDIC-Werken von 1999 lautet die entsprechende Klausel – Art. 20.6 - : „Unless settled amicably, any dispute in respect of which the DAB's decision (if any) has not become final und binding shall be finally settled by international arbitration. Unless otherwise agreed by both Parties: (a) the dispute shall be finally settled under the Rules of Arbitration of the International Chamber of Commerce, ..."

[1420] UNCITRAL chap. XXIX para. 22. Allgemein zur Internationalen Schiedsgerichtsbarkeit vgl. *Saenger* in: FS Sandrock, S. 807 f. sowie *Geimer*, IZPR, Rdnr. 3700 f., dort auch eine umfangreiche Auflistung der zahlreichen staatsvertraglichen Übereinkommen. Speziell zum internationalen Bauvertragsrecht *Heiermann* in: Rechtsfragen des internationalen Anlagenbaus, S. 23 f. und *Nicklisch* in: Vertragsgestaltung und Streiterledigung, S. 121 f.; zum nationalen Bauvertragsrecht siehe *Kullack/Royé* ZfBR 2001, S. 299 f. und *Quack* ZfBR 2003, S. 211 f.

[1421] *Brand/Maskow* 4.30.4..

die Schiedsrichter dazu ermächtigen, nach Billigkeit zu entscheiden („ex aequo et bono“)[1422].

In der Praxis sind jedoch neuerdings Stimmen zu vernehmen, denen zufolge die Schiedsverfahren im internationalen Bau- und Anlagengeschäft viele dieser Vorzüge inzwischen eingebüßt haben[1423].
Die Schiedsrichter und die juristischen Berater der Parteien seien vielfach übereifrig, und sie würden das Verfahren mit einer Gründlichkeit und Akribie betreiben, welche häufig in keinem angemessenen Verhältnis zum konkreten Anlass stünden. Der Vorteil des Schiedsverfahrens werde durch ein solches Vorgehen zumindest in Bezug auf die Zeit- und Kostenersparnis in Frage gestellt[1424].

Will man der Vereinbarung eines Gerichtsstands oder eines Schiedsgerichts den Status einer konkludenten Rechtswahl zugestehen, so ist auch hier zu fordern, dass sich die Parteien über das anwendbare Recht haben erklären wollen, d.h. sie müssen kraft konkludenter Erklärung auf das anwendbare Recht haben Einfluss nehmen wollen.

Wie die Ausführungen sogleich zeigen, lässt sich eine Regelmäßigkeit hinsichtlich der Indizwirkung einer Gerichtsstands- oder Schiedsgerichtsklausel nicht feststellen[1425]. Vielmehr hängt es hier - über das übliche Maß hinaus - von den

---

[1422] So etwa möglich gemäß § 1051 III ZPO. Zu der Problematik der Bestimmung des anwendbaren Rechts durch das Schiedsgericht vgl. u.a. *Böckstiegel* in: FS Beitzke, S. 443 f.; *Aden* RIW 1984, S. 934 f.; *Sandrock* RIW 1992, S. 785 f..

[1423] *Bunni* S. 415 f. mit Nachweisen.

[1424] Vgl. hierzu *Goedel* in: Vertragsgestaltung und Streiterledigung, S. 67 f., der diese Tendenz bestätigt und vertragliche Regelungen vorstellt, mit Hilfe derer Alternativen zur Schiedsgerichtsbarkeit geschaffen werden können. *Böckstiegel* in: FS Sandrock, S. 95 (109) spricht in diesem Zusammenhang von „The battle of documents“.

[1425] So aber die Rechtsprechung und die herrschende Lehre, nach denen die Vereinbarung entsprechender Klauseln regelmäßig zumindest als ein Indiz zugunsten der konkludenten Rechtswahl der lex fori zu betrachten ist.
Vgl. die Rechtsprechung für Gerichtstandsklauseln: RG JW 1906, S. 452 (452); BGH NJW 1961, S. 1061 (1062); BGH WM 1964, S. 1023 (1024); BGH RIW 2004, S. 857(860); OLG Hamburg RIW 1982, S. 205 (206); OLG Hamburg RIW 1986, S. 462 (463); OLG Bamberg RIW 1989, S. 221 (223); OLG Frankfurt RIW 1998, S. 477 (477). **Für Schiedsgerichtsvereinbarungen**: BGH WM 1964, S. 1023 (1024); BGH WM 1987, S. 1153 (1154); BGH RIW 2004, S. 857 (860); OLG Hamburg AWD 1958, S. 249 (250). Vgl. auch Schiedsgericht HK Hamburg NJW 1996, S. 3229 (3230); RIW 1999, S. 394 (395).
In der Lehre vgl. statt vieler für Gerichtsstandsklauseln: Erman-*Hohloch* Art. 27 Rdnr. 14; Müko-*Martiny* Art. 27 Rdnr. 48; *von Hoffmann/Thorn*, IPR, § 10 Rdnr. 35; *Kropholler* § 52 II 1; tendenziell großzügig *Kegel/Schurig* § 18 I 1 c; dagegen sehr zurückhaltend *v. Bar*, IPR II, Rdnr. 469. **Für Schiedsvereinbarungen**: Staudinger-*Magnus* Art. 27 Rdnr. 69; Reithmann/Martiny-*Martiny* Rdnr. 88 f.. Auch hier sehr reserviert *v. Bar*, IPR II, Rdnr. 472.

Umständen des Einzelfalles ab, ob man einer entsprechenden Klausel einen rechtsanwendungsrechtlichen Rechtsfolgewillen entnehmen kann oder nicht. Entscheidendes Gewicht kommt dabei der Frage zu, ob die Parteien sich sicher sein konnten, mit der Wahl des (Schieds-) Gerichts auch zugleich das anwendbare Recht bestimmt zu haben. Hierbei handelt es sich um eine Frage, bei der auch die juristische Vorkenntnis der Parteien zu berücksichtigen ist.

Haben die Parteien vor der Abfassung der Verträge eine qualifizierte juristische Beratung erhalten, oder wurden die Verträge von Juristen formuliert, dann ist von der Kenntnis auf beiden Seiten des Vertrages auszugehen, dass in den Rechtsordnungen der meisten Länder die Anwendung des materiellen Rechts der lex fori durch das staatliche Gericht keineswegs einen Automatismus darstellt, sondern dass zuvor das jeweilige Rechtsanwendungsrecht befragt werden muss. Sieht die Prozessordnung der lex fori dann auch noch vor, dass das anwendbare Recht von Amts wegen festgestellt werden muss[1426] und sich die Parteien daher nicht erst auf die mögliche Anwendung einer ausländischen Rechtsordnung berufen müssen, damit die Frage des anwendbaren Rechts erörtert wird, dann war es den Parteien *wissentlich* nicht möglich, mit der Wahl des Gerichtsstandes gleichzeitig auch das auf den Vertrag materielle Recht zu bestimmen; es sei denn, es gibt ausnahmsweise sichere Anzeichen dafür, dass die Parteien von der Entscheidung des Gerichts zugunsten eines bestimmten Rechts ausgegangen sind, weil sich der Sachverhalt einem Typus zuordnen lässt und es eine diesbezüglich feste Rechtsprechung des Gerichts gibt.

Die Annahme einer konkludenten Rechtswahl lässt sich somit *alleine* auf der Grundlage einer Gerichtsstandsklausel regelmäßig nicht rechtfertigen. Es müssen noch weitere Momente hinzutreten, die auf den Wunsch der Parteien hinweisen, mit der Klausel die lex fori für anwendbar haben erklären zu wollen. Hier können dann Umstände wie die Währung[1427], der Abschlussort oder die Sprache[1428], welche regelmäßig keine nennenswerte kollisionsrechtliche Signifikanz besitzen, ausschlaggebend sein. Es zeigt sich hier deutlich die Notwendigkeit einer kasuistischen Herangehensweise an die Frage der Indizwirkung der Gerichtsstandsklausel.

Aus dem Gesagten folgt nicht in einer Art Umkehrschluss, dass dann, wenn es den Parteien am juristischen Sachverstand mangelt, eine juristische Beratung nicht stattgefunden hat und sie bei der Fassung der Verträge in Unkenntnis der Existenz des Rechtsanwendungsrechts dem Irrtum unterlagen, dass das staatli-

---

[1426] Für den Umgang mit Auslandssachverhalten vor deutschen Gerichten folgt dies aus § 293 ZPO.

[1427] Vgl. hierzu auch die Ausführungen im 6. Kapitel D III.

[1428] Vgl. die Ausführungen im 6. Kapitel D II.

che Gericht stets sein Heimatrecht anwenden müsse, der Gerichtsstandsklausel ein Erklärungswert im Sinne einer Rechtswahl beigemessen werden kann. Schließlich wussten die Parteien in einem solchen Fall nichts von ihrer Parteiautonomie, und es lässt sich dann erst recht nicht annehmen, dass sie sich über die anwendbare Rechtsordnung haben äußern wollen und somit ein Recht wahrgenommen haben, dessen Existenz ihnen nicht bekannt war[1429].

Die Vereinbarung einer *Gerichtsstandsklausel* verfügt folglich nur in manchen Fällen über eine Indizwirkung, und diese ist regelmäßig nicht besonders stark. Als Indiz scheidet die Klausel vollends aus, wenn die Klausel unwirksam ist[1430], sie mehrere Gerichtsstände[1431] bzw. keinen ausschließlichen Gerichtsstand vorsieht oder in ihr nur ein gesetzlicher Gerichtsstand benannt wird[1432]. Das Gleiche gilt für die Vereinbarung, dass die Gerichte am Sitz des Beklagten zuständig sein sollen[1433].

Die zuvor dargelegten Grundsätze lassen sich auf die Indizwirkung einer *Schiedsgerichtsvereinbarung* übertragen.
Die Benennung eines bestimmten Schiedsgerichts kann als ein Indiz zugunsten der Wahl des am Sitz des Gerichts geltenden materiellen Rechts verstanden werden, wenn sich aufgrund der Satzung, der tatsächlichen Übung oder der Verfahrensordnung die Anwendung des inländischen Rechts sicher prognostizieren lässt[1434]. Während dies bei nationalen Schiedsgerichten nicht selten der Fall ist[1435] und dem Indiz daher sogar eine *starke* Wirkung zuerkannt werden muss, sieht Art. 17 S. 2 der Schiedsordnung der International Chamber of Commerce in Paris vor, dass das Schiedsgericht bei Fehlen einer Rechtswahl durch die Parteien dasjenige Sachrecht auswählen darf, welches es für angemessen hält. Ein Kollisionsrecht muss es nicht beachten. Die Entscheidung lässt sich somit nicht vorhersagen, und die Vereinbarung der Schiedsgerichtsbarkeit der ICC kann nicht als eine konkludente Rechtswahl seitens der Parteien verstanden werden[1436]. Ebenso verhält es sich, wenn die Schiedsgerichte nur wahlweise zuständig sein sollen oder das Schiedsgericht erst ad-hoc gebildet werden muss, ohne dass sein Sitz bereits von vornherein feststand[1437].

1429 Ähnlich *v. Bar,* IPR II, Rdnr. 469.
1430 Reithmann/Martiny-*Martiny* Rdnr. 86.
1431 Müko-*Martiny* Art. 27 Rdnr. 50.
1432 Staudinger-*Magnus* Art. 27 Rdnr. 66.
1433 Müko-*Martiny* Art. 27 Rdnr. 50.
1434 *Kropholler* § 52 II 1; Soergel-*von Hoffmann* Art. 27 Rdnr. 48; Müko-*Martiny* Art. 27 Rdnr. 51.
1435 Reithmann/Martiny-*Martiny* Rdnr. 88.
1436 Erman-*Hohloch* Art. 27 Rdnr. 15; Soergel-*von Hoffmann* Art. 27 Rdnr. 48.
1437 Staudinger-*Magnus* Art. 27 Rdnr. 69.

Für den internationalen Bau- und Anlagenvertrag bedeutet dies, dass eine von den Parteien vereinbarte Schieds- oder Gerichtsstandsklausel in der Regel nicht entscheidend weiterhilft bei der Suche nach einer konkludenten Rechtswahl.
Schließlich kann sich angesichts der Vielgestaltigkeit, in der Bau- und Anlagenverträge in der Rechtspraxis anzutreffen sind, eine „feste" kollisionsrechtliche Rechtsprechung, im Hinblick auf derer die Parteien den Gerichtsstand ausgesucht haben, nicht entwickeln, und eine Absicht der regelmäßig juristisch beratenen Parteien im Bau- und Anlagengeschäft, mit der Benennung des ausschließlichen Gerichtsstandes zugleich auch das anwendbare Recht festzulegen, lässt sich unter diesen Umständen nicht annehmen.
Ähnliches gilt für Schiedsgerichtsklauseln. Dort kommt jedoch noch erschwerend hinzu, dass die Parteien häufig das Schiedsgericht der ICC in Paris wählen[1438], und dessen Wahl scheidet aus den bereits genannten Gründen als Indiz aus.

[1438] Vgl. hierzu *Brand/Maskow* 4.30.4., welche berichten, dass mehr als ein Viertel der Verfahren vor dem Schiedsgericht in Paris aus dem internationalen Anlagenbau stammt.

8. Kapitel: Zwingende Bestimmungen

Das objektive Vertragsstatut ist ebenso wie das subjektive nicht grenzenlos. Dies gilt insbesondere für den internationalen Bau- und Anlagenvertrag, der ob seiner Komplexität, der Vielzahl von Beteiligten, des mit ihm regelmäßig einhergehenden Technologietransfers und nicht zuletzt seiner Grundstsücksbezogenheit zahlreiche Bezüge zu Rechtsordnungen aufweist, welche unabhängig vom Vertragsstatut Beachtung finden müssen und dessen Regelungen ergänzen oder sogar teilweise verdrängen.

Das Internationale Schuldvertragsrecht im Sinne der Artt. 27 f. EGBGB bekennt sich eindeutig zu dem Grundsatz der materiellen Harmonie[1439], und es lässt daher das Vertragsstatut über die meisten Teilfragen des Vertragsverhältnisses entscheiden. So sind etwa die Regelungen über den Vertragsschluss, dessen Anbahnung, die Auslegung, die Vertragsergänzung, die Leistungsbewirkung und die Leistungsstörung sowie die Folgen der Nichtigkeit des Vertrages allesamt dem Vertragsstatut zu entnehmen (vgl. Artt. 31, 32 EGBGB).

Die folgende Darstellung beschränkt sich auf das für das internationale Anlagengeschäft brisante Verhältnis der sog. zwingenden Bestimmungen zum Vertragsstatut. Auf die vertragsstatutbeschränkende Wirkung der für die Beziehung zwischen dem Auftragnehmer und dem Auftraggeber wichtigen Rechtsordnungen „lex rei sitae" und „lex loci protectionis" wurde bereits an anderer Stelle hingewiesen[1440].

Wird eine Anlage in einen ausländischen Staat geliefert und dort montiert, dann stellt sich zwangsläufig die Frage, welche Normen des Exportlandes bzw. des Baustellenlandes wie Einfluss nehmen auf das einem abweichenden Statut unterliegende Vertragsverhältnis.

A. Der Anwendungsbereich des Art. 34 EGBGB

Eine wichtige Bedeutung kommt bei dieser Fragestellung der Regelung des Art. 34 EGBGB[1441] zu, wonach „die Anwendung der Bestimmungen des deutschen

---

[1439] *Von Hoffmann/Thorn*, IPR, § 10 Rdnr. 84.

[1440] Für die „lex rei sitae" vgl. die Ausführungen im 6. Kapitel D IV, für die „lex loci protectionis" vgl. die Ausführungen im 6. Kapitel D V 2 a (2) (c) und (d).

[1441] Auch Art. 34 EG wurde im Grünbuch der Kommission der Europäischen Gemeinschaft erörtert – KOM (2002) 654 endgültig Kapitel 3.2.8. -. Dort wird die Frage aufgeworfen, ob die Bedeutung des Begriffs „zwingende Bestimmungen" bzw. „zwingende Vorschriften" in

Rechts, die ohne Rücksicht auf das auf den Vertrag anzuwendende Recht den Sachverhalt zwingend regeln", durch den die Vorschriften der Artt. 27 f. EGBGB beherbergenden Unterabschnitt nicht berührt werden[1442].
Art. 34 EGBGB äußert sich folglich nur zur Anwendung inländischen, sprich deutschen zwingenden Rechts, ohne den genauen Anwendungsbereich näher zu umschreiben. Einigkeit besteht insoweit, als dass unter den zwingenden Bestimmungen des deutschen Rechts nicht all jene zwingenden Vorschriften zu verstehen sind, die der Disposition der Beteiligten entzogen sind[1443]. Art. 34 EGBGB will vielmehr nur *international* zwingende Normen erfassen, mithin Normen, die den Sachverhalt ohne Rücksicht auf seinen Auslandsbezug oder das auf ihn anwendbare Recht zwingend regeln wollen[1444].

Zur Unterscheidung dieser Normengruppen ist auf das von ihnen geschützte Interesse abzustellen. Dient die Norm hauptsächlich ordnungs- und damit staats- und wirtschaftspolitischen Interessen, dann wird ihr der Charakter einer international zwingenden Norm attestiert. Steht dagegen der Interessenausgleich zwischen Privatrechtssubjekten im Vordergrund, dann ist die Vorschrift als eine Norm einzuordnen, die lediglich im nationalen Kontext nicht dispositiv ist[1445].
Es ist davor zu warnen, diese Unterscheidung anhand der Zugehörigkeit der jeweiligen Vorschrift zum Privatrecht bzw. zum öffentlichen Recht vorzunehmen.

Artikel 3, 5, 6 und 9 bzw. in Artikel 7 des Europäischen Schuldvertragsübereinkommens präzisiert werden sollte. Siehe hierzu *Freitag* in: Grünbuch (Leible), S. 167 f..

[1442] Hinzuweisen ist in diesem Zusammenhang noch auf die Regelungen der Artt. 11 Abs. 4, 27 Abs. 3, 29, 29a, 30 EGBGB, welche sich ebenfalls mit der Problematik zwingender Vorschriften befassen, jedoch ob ihres Anwendungsbereichs für den unmittelbaren Gegenstand dieser Arbeit unrelevant sind. Der Anlagenvertrag ist weder Verbraucher- noch Arbeitsvertrag, und der Arbeit liegt eine Konstellation zugrunde, in der der Anlagenbauer in einem anderen Land eine Anlage errichtet, so dass Art. 27 III EGBGB der Rechtswahl der Parteien keine Grenzen setzt. Allenfalls Art. 11 Abs. 4 EGBGB ist insoweit interessant, als dass er - in Anlehnung an die in Art. 28 Abs. 3 EGBGB zum Ausdruck kommende Wertung des Gesetzgebers – bei „Verträge(n), die ein dingliches Recht an einem Grundstück oder ein Recht zur Nutzung eines Grundstücks zum Gegenstand haben", die Anwendung der „zwingenden Formvorschriften des Staates, in dem das Grundstück belegen ist", anordnet, sofern diese Geltung beanspruchen ohne Rücksicht auf den Abschlussort und das Vertragsstatut.

[1443] Vgl. nur Staudinger-*Magnus* Art. 34 Rdnr. 10, 51 f.; *Radtke* ZVglRWiss 48 (1985), S. 325 (331); *von Hoffmann/Thorn*, IPR, § 10 Rdnr. 96.

[1444] Müko-*Martiny* Art. 34 Rdnr. 7; Reithmann/Martiny-*Freitag* Rdnr. 399.

[1445] BAG IPRax 1991, S. 407 (410 f.); BAG IPRax 1994, S. 123 (128); BAG IPRax 1996, S. 417 (419); *Rehbinder* JZ 1973, S. 151 (156 f.); *Mankowski* RIW 1993, S. 453 (460 f.); eher kritisch *v. Hoffmann* IPRax 1989, S. 261 (265 f.). Allgemein zu der Problematik der Eingriffsnormen im Wirtschaftskollisionsrecht vgl. u.a. *Basedow* RabelsZ 52 (1988), S. 8 f. sowie *Siehr* RabelsZ 52 (1988), S. 41 f.. Siehe in diesem Zusammenhang auch das Urteil des EuGH vom 9. November 2000 in der Sache Ingmar GB Ltd v. Eaton Leonard Technologies Inc., Rs. C-381/98.

Öffentlich-rechtliche Vorschriften können ebenso wie privatrechtliche Vorschriften sowohl der Steuerung des Wirtschafts- und Soziallebens als auch dem Ausgleich von Interessen im Privatrechtsverkehr dienen[1446]. Es bedarf im Einzelfall einer umfänglichen Analyse der Interessen und des Geltungswillens der jeweiligen Norm. Die Prüfung darf sich nicht auf die bloße Feststellung beschränken, dass die Norm Gemeininteressen dient[1447].

Endlich wird zu Recht auch für eine Sonderanknüpfung im Sinne des Art. 34 EGBGB gefordert, dass der Sachverhalt über eine „enge Verbindung" zu dem normsetzenden Staat verfügt. Für die Regelung des Art. 34 EGBGB bedeutet dies das Vorliegen eines ausreichenden Inlandsbezuges[1448]. Die Intensität dieses Bezuges entzieht sich einer allgemeinverbindlichen Definition, stattdessen variiert sie in Abhängigkeit von dem Zweck der konkreten Norm und der sonstigen Qualität des Bezuges[1449].

So muss man für den zumindest für Anlagenverträge so wichtigen Bereich der grundstücksbezogenen Vorschriften eine Belegenheit des Grundstücks im Inland verlangen[1450]. Vorschriften des öffentlichen Bau- und Grundstücksrechts, Bauzulassungsnormen sowie zwingend geregelte technische Standards und Sicherungsvorschriften dienen überwiegend öffentlich-rechtlichen Belangen. Es soll mit ihnen der inländische Grundstücksverkehr geschützt werden; mit Hilfe der zwingenden Sicherheitsvorschriften soll sichergestellt werden, dass Menschen und Sachgüter durch das Grundstück und dessen Bebauungen keinen Schaden erleiden. Die Notwendigkeit des Inlandsbezuges ist offensichtlich. Bei einem abweichenden Vertragsstatut muss diesen Vorschriften kraft einer Sonderanknüpfung im Sinne des Art. 34 EGBGB zur Geltung verholfen werden[1451].

Es soll noch auf eine zweite für den Anlagenvertrag eminent wichtige Gruppe von Vorschriften hingewiesen werden, welche kraft Art. 34 EGBGB stets zu

---

[1446] Reithmann/Martiny-*Freitag* Rdnr. 400; Müko-*Martiny* Art. 34 Rdnr. 13; *Mülber* ZHR 159 (1995), S. 1 (11).

[1447] *Sonnenberger* IPRax 2003, S. 104 (112).

[1448] *Kropholler* § 52 IX 1; Soergel-*von Hoffmann* Art. 34 Rdnr. 95; Palandt-*Heldrich* Art. 34 Rdnr. 3; *Schurig* RabelsZ 54 (1990), S. 217 (234); *Kohte* EuZW 1990, S. 150 (153); kritisch *Mankowski* RIW 1998, S. 287 (290); *Radtke* ZVglRWiss 84 (1985), S. 329 (331).

[1449] Reithmann/Martiny-*Freitag* Rdnr. 401, 402; siehe *denselben* – a.a.O. Rdnr. 141 f. - mit einer Auflistung möglicher Kriterien zur Bestimmung der erforderlichen Nähe.

[1450] Müko-*Martiny* Art. 34 Rdnr. 143, 144; Reithmann/Martiny-*Freitag* Rdnr. 401.

[1451] *Lorenz* RIW 1987, S. 569 (580); *Lurger* IPRax 2001, S. 52 (55); Staudinger-*Magnus* Art. 34 Rdnr. 86 f.; Reithmann/Martiny-*Thode* Rdnr. 1112; *Wenner* in: FS Mantscheff, S. 205 (214); *Markowsky* S. 225; Staudinger-*Magnus* Art. 34 Rdnr. 86.

berücksichtigen ist[1452]. Es ist dies jene Gruppe öffentlich-rechtlicher Normen, welche man als Außenhandelsrecht bezeichnet und welche die Ein- und Ausfuhr von Waren, Dienstleistungen und Kapital regelt.
Im Rahmen des Anlagenvertrages wird dem Besteller bzw. dem späteren Betreiber der Anlage in der Regel eine Technologie zugänglich gemacht. Bei Bestellern aus Entwicklungsländern stellt der Technologietransfer regelmäßig sogar den eigentlichen Anlass für den Abschluss des Vertrages dar; der Anlagenvertrag ist das klassische Mittel des Technologietransfers. Der Exportstaat hat aus vielfältigen Gründen ordnungspolitischer Natur ein Interesse daran, den Transfer der Technologie zu kontrollieren. Die Gründe reichen von volkswirtschaftlichen über gesundheitspolitische bis hin zu außenpolitischen Erwägungen.

Zur Kontrolle erlässt der Staat entweder allgemeine, für eine Vielzahl von Konstellationen und Import- und Exportstaaten geltende Vorschriften, oder aber er nimmt gezielt Einzelmaßnahmen mit dem Inhalt vor, den unter seiner Regelungshoheit stehenden Personen bestimmte Geschäfte mit bestimmten Staaten und dessen Bürgern zu verbieten (sog. Embargo).

Beide Maßnahmen, sowohl die allgemeine Vorschrift als auch das Embargo, können ihre Grundlage im staatsvertraglichen, im gemeinschaftsrechtlichen oder im nationalen Recht haben.

Die völkerrechtliche Zulässigkeit vieler staatsvertraglicher Maßnahmen ist in dem Übereinkommen über die Welthandelsorganisation (WTO) geregelt[1453]. Zahlreiche nationale Regelungen sind vom EU-Recht verdrängt oder aber zumindest ergänzt worden (vgl. Artt. 133, 301 EG). Viel wurde in den Bereichen

---

[1452] Zwar nicht unmittelbar für die vertragliche Beziehung zwischen dem Unternehmer und dem Besteller einer Anlage bedeutsam, auf welche sich die Darstellung in dieser Arbeit beschränkt, jedoch für den Gesamtkomplex Bauprojekt in all seinen Facetten unter Umständen relevant sind die Verordnung über die Honorare für Leistungen der Architekten und der Ingenieure vom 17.9. 1976, BGBl. 1976 I, 2805, 3616 in der Fassung vom 21.9.1995, BGBl. 1995 I, 1174 (HOAI) und die aufgrund von § 34c GewO erlassene Makler- und Bauträgerverordnung (MaBV). Erstere hat der Bundesgerichtshof unlängst in einer Entscheidung vom 27.2.2003 – VII ZR 169/02, BauR 2003, S. 748 (750) – als „zwingendes Preisrecht des öffentlichen Rechts, das unabhängig von einer Rechtswahl der Vertragsparteien gelte", bezeichnet, welches daher einer Sonderanknüpfung im Sinne des Art. 34 EGBGB unterliege. Das Gleiche gilt nach herrschender Meinung für die Makler- und Bauträgerverordnung, zumindest wenn die Baustelle im Inland liegt – vgl. zum Diskussionsstand Reithmann/Martiny-*Freitag* Rdnr. 426.

[1453] Vgl. das Übereinkommen vom 15.4.1994 zur Errichtung der Welthandelsorganisation, BGBl. 1994 II S. 1441; Gesetz vom 30.8.1994, BGBl. II S. 1347; in der Bundesrepublik in Kraft getreten am 1.1.1995, BGBl. II S. 456. Siehe Müko-*Martiny* Art. 34 Rdnr. 64 mit der Aufzählung einiger Spezialabkommen und weiteren Verweisen. Ebenso *Werner* RIW 1998, S. 179 f..

Zollrecht sowie Ein- und Ausfuhr von Produkten[1454] unternommen. Ferner bestehen zahlreiche Handelsembargen gegen einzelne Länder wie zum Beispiel[1455] Liberia[1456], Somalia[1457] oder Sudan[1458]. In dem brisanten Bereich Rüstungsgüter hat die EU eine Verordnung erlassen, aufgrund derer der Export von sog. „Dual-use"-Gütern in Nicht-Mitgliedsstaaten einer Genehmigungspflicht unterliegt[1459].

Innerhalb des deutschen Rechts nehmen das Außenwirtschaftsgesetz (AWG) vom 28.4.1961[1460] sowie die Außenwirtschaftsverordnung (AWV) vom 18.12.1986[1461] eine zentrale Stellung ein[1462]. Dort ausgesprochene Einfuhr- bzw. Ausfuhrbeschränkungen führen zur schwebenden Unwirksamkeit oder Nichtigkeit des Vertrages, welche sich auch gegen ein fremdes Vertragsstatut durchzusetzen vermag.

Es gibt im deutschen Recht zahlreiche Vorschriften und Gremien, die eine Ein- und Ausfuhrkontrolle vorsehen bzw. durchführen[1463]. Ob der jeweilige Anlagenvertrag unter eine solche Vorschrift fällt, lässt sich nicht abstrakt beurteilen. Es hängt von dem jeweiligen Inhalt des Vertrages ab, doch bietet der Anlagenvertrag als das klassische Mittel des nicht selten „brisanten" Technologietransfers wohl des Öfteren Anlass, die Vereinbarkeit mit Verbot- oder Kontrollvorschriften zu prüfen.

[1454] Vgl. nur VO Nr. 288/82 des Rates v. 5.2.1982 betreffend die gemeinsame Einfuhrregelung, ABl. EG 1982 Nr. L 35/1 oder aber die „Anti Dumping Verordnung" VO Nr. 2423/88 des Rates v. 11.7.1988 über den Schutz gegen gedumpte und subventionierte Einfuhren aus nicht zur europäischen Wirtschaftsgemeinschaft gehörenden Länderen, ABl. EG 1988 Nr. 172/1.

[1455] Im Internet kann auf die Datenbanken des Außen- und auch des Bundeswirtschaftsministeriums zugegriffen werden, um sich über die aktuell geltenden Embargo- und sonstigen Maßnahmen zu erkundigen. Auskunft erteilt auch die Internetpräsenz des Bundesamtes für Ausfuhrkontrolle –www.bafa.de.

[1456] VO (EG) Nr. 234/2004 des Rates vom 10.2.2004, ABl. EG 2004 Nr. L 40/1.

[1457] VO (EG) Nr. 147/2003 des Rates vom 27.1.2003, ABl. EG 2003 Nr. L 24/2.

[1458] VO (EG) Nr. 131/2004 des Rates vom 26.1.2004, ABl. EG 2004 Nr. L 21/1.

[1459] VO (EG) Nr. 1334/2000 des Rates vom 22.7.2000 Abl. EG 2000 Nr. L 159/1.

[1460] BGBl. 1961 I S. 481.

[1461] BGBl. 1986 I S. 2671.

[1462] Im Bereich des Technologietransfers ist stets auch an Vorschriften des Kartellrechts zu denken (vgl. vor allem §§ 17, 18, 130 II GWB). Schließlich gewähren insbesondere ausschließliche Lizenzen dem Inhaber eine Art „Monopolstellung", und es gehört zu den ureigensten Aufgaben des Kartellrechts, den Missbrauch von Monopolstellungen zu verhindern. Vgl. hierzu Reithmann/Martiny-*Hiestand* Rdnr. 1755 f..

[1463] Für einen Überblick eignen sich die Ausführungen von *Martiny* in Müko Art. 34 Rdnr. 125 f..

Spezialgesetzliche und häufig auch für Anlagenverträge relevante Regelungen existieren beispielsweise über die Ein- und Ausfuhr von Kernbrennstoffen (§§ 3 f. AtomG) und über den Betrieb gentechnischer Anlagen (§§ 8, 14 GenTG).

Den genannten Vorschriften ist gemein, dass sie bedeutsame ordnungspolitische Ziele verfolgen und daher unproblematisch auch bei einem abweichenden Vertragsstatut kraft einer Sonderanknüpfung zur Geltung kommen.

B. Ausländische Eingriffsnormen

Während sich das Einführungsgesetz in Art. 34 EGBGB zu der Geltung international zwingender Normen des *deutschen* Rechts äußert, schweigt es zu der Frage, inwieweit ausländische Eingriffsnormen zu berücksichtigen sind. Dagegen sah das Römische Übereinkommen über das auf vertragliche Schuldverhältnisse anzuwendende Recht[1464] in Art. 7 I vor, dass „den zwingenden Bestimmungen des Rechts eines anderen Staates, mit dem der Sachverhalt eine enge Verbindung aufweis(e), Wirkung verliehen werden (könne), soweit diese Bestimmungen nach dem Recht des letztgenannten Staates ohne Rücksicht darauf anzuwenden (seien), welchem Recht der Vertrag unterlieg(e). Bei der Entscheidung, ob diesen zwingenden Bestimmungen Wirkung zu verleihen (sei), (seien) ihre Natur und ihr Gegenstand sowie die Folgen zu berücksichtigen, die sich aus ihrer Anwendung oder ihrer Nichtanwendung ergeben würden".[1465] Diese Regelung fand allerdings im Gesetzgebungsverfahren keine Zustimmung, so dass sie nicht in das Einführungsgesetz zum Bürgerlichen Gesetzbuch korporiert worden ist und Art. 34 EGBGB nunmehr lediglich auf Art. 7 II des Übereinkommens beruht. Man befürchtete ob der relativ vagen Formulierung eine erhebliche Rechtsunsicherheit[1466].

Die Problematik der ausländischen Eingriffsnorm ist höchst umstritten, und sie stellt einen der klassischen Streitstände im Internationalen Privatrecht dar. *Freitag* weist jedoch zu Recht darauf hin, dass die Intensität, mit der dieser Meinungsstreit geführt wird, in keinem Verhältnis zu dessen praktischer Relevanz steht[1467]. Ob sich die Parteien an eine ausländische (Eingriffs-) Norm halten,

---

[1464] ABl. EG 1980 Nr. L 266 S. 1. Das Abkommen ist wiedergegeben in BT-Drucks. 10/503, S. 6 f..

[1465] Vgl. BT-Drucks. 10/503, S. 10.

[1466] Vgl. die ablehnende Stellungnahme BR BT-Drucks. 10/504, S. 100 f., siehe dort aber auch die zustimmende Gegenäußerung S. 106; kritisch zu dieser Entscheidung u.a. *von Westphalen* ZIP 1986, S. 1497 (1504); *Hentzen* RIW 1988, S. 508 (509); *MPI* RabelsZ 47 (1983), S. 595 (668 f.); vgl. in diesem Zusammenhang auch *v. Bar* in: FS Ferid, S. 13 (30).

[1467] Reithmann/Martiny-*Freitag* Rdnr. 470; ähnlich Staudinger-*Magnus* Art. 34 Rdnr. 110 f..

hängt vielmehr von deren faktischer Geltung ab. Ist der normsetzende Staat in der Lage, das in der Norm niedergelegte Verbot bzw. Gebot durchzusetzen, und kann er daher das Geschäft bei mangelnder Beachtung der Norm verhindern, dann werden die Parteien die Norm zwangsläufig befolgen. Im umgekehrten Fall werden sie die Normen in der Mehrzahl der Fälle ignorieren[1468]. Fremde Eingriffsnormen sind daher nur selten Gegenstand einer Rechtsstreitigkeit vor deutschen Gerichten[1469].

Als eine zu beachtende ausländische Eingriffsnorm kann grundsätzlich nur eine solche Vorschrift in Betracht kommen, welche einen unbedingten Geltungswillen unabhängig von dem jeweils anwendbaren Wirkungsstatut hat und welche überwiegend der Förderung wirtschaftspolitischer und sozialpolitischer Ziele dient. Über diesen international zwingenden Charakter der Vorschrift entscheidet der normsetzende Staat; nach dem deutschen Internationalen Privatrecht bestimmt sich dagegen, ob und inwieweit eine solche Norm Berücksichtigung findet[1470]. Die Problematik stellt sich sowohl bei Vorschriften, welche zu der Rechtsordnung gehören, aus der die lex causae stammt, als auch bei solchen einer dritten Rechtsordnung[1471].

In der Literatur hat sich die Lehre von der *Sonderanknüpfung* durchgesetzt. Danach sind ausländische Eingriffsnormen – solche des Wirkungsstatuts wie auch solche von Drittstaaten – in Form einer kollisionsrechtlichen Sonderanknüpfung zu beachten[1472], sofern sie zusätzlich zu ihrem international zwingenden Charakter gewisse Voraussetzungen erfüllen.
Diese sind innerhalb der Lehre umstritten. Ein Konsens besteht nur insoweit, als dass der Sachverhalt eine *enge Verbindung* zu der Eingriffsordnung aufweisen muss[1473]. Der genaue Inhalt dieser Verbindung ist ebenso streitig wie die Frage, ob darüber hinaus noch ein Wertegleichklang zwischen der Eingriffsnorm und der lex fori bestehen und welche Qualität dieser haben muss[1474]. Außerdem wird

---

[1468] Reithmann/Martiny-*Freitag* a.a.O..
[1469] So auch die Feststellung von *Martiny* ZEuP 2003, S. 591 (617).
[1470] Deutlich darauf hinweisend Staudinger-*Magnus* Art. 34 Rdnr. 113, 114.
[1471] Erman-*Hohloch* Art. 34 Rdnr. 18.
[1472] So die herrschende Meinung, vgl. statt vieler *Kropholler* § 52 X 3; *von Hoffmann/Thorn*, IPR, § 10 Rdnr. 97 f.; Müko-*Martiny* Art. 34 Rdnr. 47; Reithmann/Martiny-*Freitag* Rdnr. 480 f.; Erman-*Hohloch* Art. 34 Rdnr. 24; siehe bereits schon *Zweigert* RabelsZ 14 (1942), S. 283 (286 f.).
[1473] Vgl. etwa *Berger* ZVglRWiss 96 (1997), S. 316 (331); Erman-*Hohloch* Art. 34 Rdnr. 24; Müko-*Martiny* Art. 34 Rdnr. 32 f.; Staudinger-*Magnus* Art. 34 Rdnr. 115 f. mit zahlreichen Nachweisen.
[1474] Ein solcher Gleichklang wird u.a. gefordert von *Gamillscheg* RabelsZ 23 (1958), S. 819 (837); Erman-*Hohloch* Art. 34 Rdnr. 24; Staudinger-*Magnus* Art. 34 Rdnr. 144;

teilweise mit der Macht des normsetzenden Staates, die Norm durchsetzen zu können, noch ein faktisches Moment gefordert[1475].

In der Rechtsprechung werden ausländische Eingriffsnormen stattdessen erst auf der materiell-rechtlichen Ebene berücksichtigt. Da Eingriffsnormen häufig dem öffentlichen Recht entspringen, ist die Auseinandersetzung der Rechtsprechung mit dieser Problematik geprägt von dem Grundsatz, dass deutsche Gerichte ausländisches öffentliches Recht nicht anwenden dürfen[1476]. Eine unmittelbare Anwendung im Wege einer kollisionsrechtlichen Sonderanknüpfung ist mit diesem Grundsatz nicht vereinbar.

Um diesem Problem Herr zu werden, beschreitet die Rechtsprechung verschiedene Wege, und sie hat damit ein System geschaffen, welches einen flexiblen Umgang mit der Problematik ermöglicht.

Einer dieser Wege besteht darin, die ausländischen Eingriffsnormen in einer Weise zu berücksichtigen, die der mittelbaren Drittwirkung von Grundrechten auf Rechtsverhältnisse des Privatrechts ähnelt[1477]. Ebenso wie dort dienen hier die Generalklauseln §§ 138, 826 BGB als Einbruchsstellen. § 134 BGB scheidet aus, da von dieser Regelungen ausländische Vorschriften nicht erfasst werden[1478].
In BGHZ 34, 169 wurde einem US-amerikanischen Embargo mittels §138 BGB zur Geltung verholfen, indem es als eine Maßnahme bewertet wurde, welche im Interesse „des gesamten freiheitlichen Westens" liege[1479].
Auch Vereinbarungen über die Bezahlung von Bestechungs- und Schmiergeldern im Ausland, welche die dortige Rechtsordnung missbilligte, wurden an der Sittenwidrigkeit im Sinne des § 138 BGB gemessen und mit dem Argument für sittenwidrig empfunden, dass „die Verletzung ausländischer Rechtsnormen, die nach den in Deutschland herrschenden rechtlichen und sittlichen Anschauungen anzuerkennen (seien), ... gleichzeitig auch eine Verletzung allgemeingültiger sittlicher Grundsätze" enthalte[1480].

Reithmann/Martiny-*Freitag* Rdnr. 476 mit einer Aufzählung der sich teilweise nur marginal unterscheidenden Auffassungen zur Qualität des Gleichklanges.

[1475] So etwa *von Hoffmann/Thorn*, IPR, § 10 Rdnr. 99.

[1476] So immer noch die Grundsatzauffassung der Rechtsprechung, vgl. BGHZ 31, 367 (371).

[1477] *Pieroth/Schlink* Rdnr. 173 f..

[1478] BGHZ 59, 82 (85); BGHZ 69, 295 (296); BGHZ 128, 41 (53).

[1479] Ein Embargo kann unter bestimmten Voraussetzungen auch die Voraussetzungen eines Anspruches gem. § 826 BGB erfüllen, vgl. BGH NJW 1993, S. 194 (195).

[1480] BGHZ 94, 268 (271). Zur Behandlung eines Verstoßes gegen ein nigerianisches Verbot, Kulturgüter zu exportieren, vgl. BGHZ 59, 82 (85 f.)..

Die zuvor beschriebene Vorgehensweise stößt dann an ihre Grenze, wenn die in der Eingriffsnorm zum Ausdruck kommende Wertung vom Forum oder der internationalen Staatengemeinschaft nicht geteilt wird, die Norm jedoch als Ver- oder Gebot *faktisch* aufgrund der Einwirkungsmöglichkeit des normsetzenden Staates die vertragliche Beziehung beeinträchtigt. Der Bundesgerichtshof hat auf eine solche Konstellation mit der Annahme eines Leistungshindernisses im Sinne des Leistungsstörungsrechts reagiert[1481]. Oder aber er sah die Voraussetzungen zur Annahme eines Wegfalls der Geschäftsgrundlage für gegeben[1482]. Bedeutung misst die Rechtsprechung dabei dem Faktum bei, dass der rechtsetzende Staat die Möglichkeit hat, seine Eingriffsnormen durchzusetzen[1483]. Eine solche besteht unter anderem dann, wenn die in Streit stehenden Rechte oder Sachen im Eingriffsstaat belegen sind oder eine Handlung in eben diesem Staat zu vollziehen ist[1484].

Dieser zuletzt genannte Umstand wird von Teilen der Lehre - im Rahmen der sog. *Machttheorie* - sogar zum entscheidenden Kriterium ernannt. Für die Beachtung einer ausländischen Eingriffsnorm fordert sie deren Durchsetzbarkeit durch den normsetzenden Staat[1485]. Die Machttheorie geht dabei ebenso wie die früher herrschende sog. *Schuldstatuttheorie*[1486] von der Einheitsanknüpfung aus, d.h. mit der subjektiven oder objektiven Berufung eines Vertragsstatuts kommen auch sämtliche Eingriffsnormen dieses Rechts zur Anwendung. Die Machttheorie lässt sich daher als eine Spielart der Schuldstatuttheorie bezeichnen; sie ergänzt diese um das faktische Moment der Durchsetzbarkeit der Norm.
Ähnlich wie die Rechtsprechung in Bezug auf faktisch wirkende Leistungshindernisse behandelt die *Datumstheorie* ausländische Eingriffsnormen als Fakt oder Datum, welches im Rahmen der materiell-rechtlichen Vorschriften des Vertragsstatuts zu berücksichtigen ist[1487]. Die Vertreter dieser Theorie bleiben allerdings eine nähere Umschreibung derjenigen Normen, denen eine solche Wirkung zukommt, schuldig[1488], so dass auf die Datumstheorie zur Bewältigung

---

[1481] RGZ 91, 260 (262 f.); RGZ 93, 182 (184 f.); BGHZ 83, 197 (200 f.); BGHZ 128, 41 (53).
[1482] BGH NJW 1984, S. 1746 (1747).
[1483] BGHZ 128, 41 (52).
[1484] BGHZ 64, 183 (185 f.); BGHZ 128, 41 (52); in diese Argumentation von der Belegenheit der Sache oder des Rechts mischen sich Aspekte des Territorialitätsprinzips, zu diesem vgl. BGHZ 31, 367 (371).
[1485] Vgl. etwa *Schurig* RabelsZ 54 (1990), S. 217 (244) mit weiteren Nachweisen.
[1486] Palandt-*Heldrich* Art. 34 Rdnr. 6; *Mann* in: FS Wahl (1973), S. 139 (140 f.); *Stoll* in: FS Kegel (1987), S. 623 (628).
[1487] *Jayme* in: Gedächtnisschrift Ehrenzweig (1976), S. 35 (vor allem S. 45 f.); *Mülbert* IPRax 1986, S. 140 (141 f.).
[1488] So auch Staudinger-*Magnus* Art. 34 Rdnr. 134.

der Problematik „ausländische Eingriffsnorm" nicht zuverlässig zurückgegriffen werden kann[1489].

In einer Gesamtschau der dargestellten Konzepte lässt sich feststellen[1490], dass sich nur die Methode von der kollisionsrechtlichen Sonderanknüpfung als ein dogmatisches Ausgangskonzept eignet. Jedes dieser Konzepte liefert Kriterien, die im Rahmen einer Abwägung zu berücksichtigen sind, jedoch stellt ein jedes entweder zu einseitig auf lediglich einen einzigen Aspekt ab, oder es ist nicht präzise genug, um als eine Entscheidungsgrundlage zu dienen, anhand derer sich die Ergebnisse zuverlässig vorhersagen lassen.

Indem die Machttheorie auf die Macht des Erlassstaates, die Eingriffsnorm durchzusetzen, als das entscheidende Kriterium abstellt, vermengt sie zwei voneinander zu trennende Momente. Die Frage nach der Berücksichtigung von ausländischen Normen kann sich vor dem Forum eines Rechtsstaates, welches sich um eine sachgerechte und ausgeglichene Lösung bemüht, nicht darauf beschränken, ob eine ausländische Norm durchgesetzt werden kann oder nicht. Wie auch bei sonstigen Normen muss die dieser Norm zugrunde liegende Wertung zumindest mitentscheidend sein. Die Machttheorie schließt „unzulässig verkürzend aus dem tatsächlichen Sein auf das normative Sollen"[1491].
Hinzu kommt, dass es häufig schwierig ist, vorherzusagen, ob der Staat in der Lage und gewillt ist, die Beachtung der Norm zu erzwingen[1492]. Insbesondere die nur schwer abschätzbare Bereitschaft des Staates zur Durchsetzung der Norm darf jedoch bei dem „Macht-Argument" nicht vernachlässigt werden.

Der Schuldstatuttheorie muss man den Vorwurf machen, dass es nicht einzusehen ist, umfänglich den gesamten thematisch einschlägigen Normenkomplex der lex causae einschließlich der international zwingenden Normen zur Anwendung kommen zu lassen, obwohl das Vertragsverhältnis unter Umständen nur wenige Berührungspunkte zu der lex causae aufweist, während es – wie in der heutigen Welt der Globalisierung nicht unüblich – zu anderen Staaten einen weitaus signifikanteren Bezug im Sinne des Eingriffsrechts hat. Ferner bereitet es auch Probleme, in der Wahl eines Rechts durch die Parteien deren Wunsch zu sehen, auch solche Normen des Statuts für anwendbar zu erklären, die nicht ausschließlich deren Privatinteressen dienen[1493].

[1489] Ähnlich kritisch *Siehr* RabelsZ 52 (1988), S. 41 (80 f.).
[1490] Eine ausführliche Stellungnahme liefert *Martiny* in Müko Art. 34 Rdnr. 47 f..
[1491] Reithmann/Martiny-*Freitag* Rdnr. 471.
[1492] Staudinger-*Magnus* Art. 34 Rdnr. 133; Müko-*Martiny* Art. 34 Rdnr. 51.
[1493] Reithmann/Martiny-*Freitag* Rdnr. 472.

Die Vorgehensweise der Rechtsprechung kann für sich in Anspruch nehmen, ein System geschaffen zu haben, in welchem sämtliche für die Fragestellung der Behandlung ausländischer Eingriffsnormen relevanten Aspekte – wie zum Beispiel die schon vielfach erwähnte Normdurchsetzungsmacht des Erlassstaates, das Argument der Territorialität und die Überprüfung der in der Norm zum Ausdruck kommenden Wertvorstellung - Berücksichtigung finden können. Für diese Flexibilität bezahlt die Rechtsprechung allerdings den Preis der mangelnden Vorhersehbarkeit ihrer Entscheidungen; sie stützt diese vielfach nur auf „Allgemeinfloskeln" von Generalklauseln[1494]. Obendrein bereitet es bei einem ausländischen Vertragsstatut regelmäßig Schwierigkeiten, das ausländische Pendant zu jenen Generalklauseln zu bestimmen und anzuwenden. In den von der Rechtsprechung entschiedenen Fällen war überwiegend deutsches Recht zum Statut berufen[1495], so dass sich die Rechtsprechung – soweit ersichtlich - der Problematik der Suche nach den ausländischen Pendants noch nicht stellen musste. Es ist ohnehin zweifelhaft, ob die Anforderungen an entsprechende Generalklauseln einer allgemeinen Definition zugänglich ist.

Die Lösung der Problematik von der ausländischen Eingriffsnorm kann nicht in der ausschließlichen Anwendung eines der dargestellten Konzepte liegen. Eine dogmatisch zufriedenstellende Lösung bietet vielmehr nur eine Kombination von kollisionsrechtlichen und materiell-rechtlichen Elementen.

In einem ersten Schritt ist auf der *kollisionsrechtlichen* Ebene zu entscheiden, ob der ausländischen Norm kraft einer Sonderanknüpfung zur Anwendung verholfen werden kann. Dazu ist zunächst einmal erforderlich, dass sie über einen vom jeweiligen Vertragsstatut unabhängigen *Geltungswillen* verfügt und ihr der normsetzende Staat somit den Charakter einer international zwingenden Norm verliehen hat. Der Geltungswille ist nur dann aus Sicht des Forums gerechtfertigt, wenn der Sachverhalt eine irgendwie geartete *enge Verbindung* zu dem Eingriffsrecht vorzuweisen hat. Diese kann nicht abstrakt und allgemeingültig umschrieben werden, jedoch wird sie regelmäßig in einer räumlichen Beziehung des normsetzenden Staates zu dem Sachverhalt bzw. der in Rede stehenden Sache oder dem streitigen Recht zu finden sein.

Liegen diese Voraussetzungen vor, dann muss im Rahmen einer *abschließenden Bewertung* noch sichergestellt werden, dass kraft der Sonderanknüpfung keine Norm Anwendung findet, deren Zielsetzung und tatsächliche Rechtsfolge sich nicht mit den grundlegenden Wertungen des Forumstaates vereinbaren lassen. Als Maßstab sollte hier primär der *ordre public* im Sinne des Art. 6 EGBGB

[1494] So auch deutlich Staudinger-*Magnus* Art. 34 Rdnr. 139.
[1495] *Von Hoffmann/Thorn*, IPR, § 10 Rdnr. 100.

dienen; ob der Internationalität des Sachverhalts sollte davon Abstand genommen werden, dem Internationalen Privatrecht untypisch einen engen Abgleich mit dem deutschen materiellen Recht vorzunehmen. Im Rahmen der Problematik „ausländische Eingriffsnorm" können keine engeren Maßstäbe gelten als im sonstigen Internationalen Privatrecht[1496].

Genügt die Eingriffsnorm nicht diesen Ansprüchen, dann scheidet eine kollisionsrechtliche Sonderanknüpfung aus. Man verlässt den Bereich der wertenden Betrachtung, und man wendet sich stattdessen in einem zweiten Schritt der faktischen Geltung dieser Norm zu. Verfügt der normsetzende Staat über eine Einwirkungsmöglichkeit, mithin die Macht, die Norm durchzusetzen, dann ist diesem Umstand auf der Ebene des *materiellen* Rechts Rechnung zu tragen. Dieses ist in der Regel so flexibel, dass es auf die faktische Wirkung der Eingriffsnorm angemessen reagieren kann. Soweit deutsches Recht Vertragsstatut ist, kann die zuvor dargestellte deutsche Rechtsprechung als Orientierung dienen.

Es lässt sich somit zusammenfassen, dass eine ausländische Eingriffsnorm folglich nur dann Beachtung findet, wenn sie sich mit den grundlegenden deutschen Wertvorstellungen vereinbaren lässt oder aber im Einzelfall aufgrund der Machtposition des normsetzenden Staates ein Faktum darstellt, das man nicht ignorieren kann[1497].

Ebenso wie bei deutschen Vorschriften im Sinne des Art. 34 EGBGB ist auch bei ausländischen Eingriffsnormen in jedem Einzelfall eine ausführliche Prüfung im beschriebenen Sinne vorzunehmen, und es kann daher an dieser Stelle keine Auflistung derjenigen ausländischen Normen vorgenommen werden, welche im Rahmen des Anlagenvertrages entweder kollisions- oder materiellrechtlich zu berücksichtigen sind[1498].

[1496] Dieser Argumentation liegt das vom Bundesgerichtshof formulierte Verständnis des ordre public zugrunde, wonach der Vorbehalt des ordre public nur dann eingreift, wenn „das Ergebnis der Anwendung ausländischen Rechts ... im Einzelfall zu den Grundgedanken der deutschen Regelung und den in ihnen liegenden Gerechtigkeitsvorstellungen ... in einem so *schwerwiegenden Widerspruch* steht, daß seine Anwendung für untragbar angesehen werden muß" – Urteil vom 18.6.1970, abgedr. in BGHZ 54, 123 (130, 132, 140). (Hervorhebung durch Verfasser).

[1497] So auch Reithmann/Martiny-*Freitag* Rdnr. 48, der die Lösung der Problematik ebenfalls auf die kollisions- und materiell-rechtliche Ebene verteilt und von einem „Stufenverhältnis" spricht.

[1498] Wie im Rahmen des Art. 34 EG ist auch hier stets an ausländische Kartell-, Außenwirtschaftschafts- und Technologietransferrechte zu denken. Vgl. hierzu Reithmann/Martiny-*Hiestand* Rdnr. 1761 f..

Von einzelnen Staaten ausgesprochene, begründete Embargen sind regelmäßig bereits auf der kollisionsrechtlichen Ebene zu beachten; willkürlichen Konfiszierungen oder Hindernissen durch den Belegenheitsstaat oder solcher Staaten, die während der Zulieferung bzw. des allgemeinen Transports Zugriff auf die zur Errichtung und zum Betrieb der Anlage notwendigen Materialien haben, sind dagegen auf der materiell-rechtlichen Ebene im Rahmen des Leistungsstörungsrechts zu begegnen.

Haben die am Ort der Baustelle geltenden zwingenden grundstücksbezogenen Vorschriften eine siedlungs- bzw. agrarpolitische Funktion, oder dienen sie dem Schutz des allgemeinen Bodenverkehrs, dann finden sie mittels einer Sonderanknüpfung regelmäßig[1499] Anwendung[1500], es sei denn, sie haben einen außergewöhnlichen Inhalt und sie verstoßen gegen die grundlegenden Überzeugungen des Forumstaates. Im Falle der Bodenvorschriften wird der normsetzende Staat jedoch aufgrund der Belegenheit des Grundstücks in seinem Territorium auf deren Beachtung erfolgreich drängen können, so dass auf sie dann mit materiellrechtlichen Instrumenten reagiert werden muss[1501].

Endlich sei in diesem Zusammenhang noch auf eine weitere Normengruppe hingewiesen, welche zwar kein ausländisches Eingriffsrecht im zuvor beschriebenen Sinne darstellt, dennoch auf das Vertragsverhältnis einwirkt. Es handelt sich um Vorschriften, die an dem Ort, an dem die Erfüllung *tatsächlich*[1502] vorgenommen wird, gelten, und die die Art und Weise der Erfüllung und die vom Gläubiger im Falle mangelhafter Erfüllung vorzunehmenden Maßnahmen betreffen. Fallen die entsprechenden Vorschriften nicht bereits unter die Kategorie „Eingriffsrecht" und divergieren sie von den Regelungen des Vertragsstatus,

---

[1499] In den Mustervertragsbedingungen werden die lokalen Boden- und Grundstücksvorschriften häufig ausdrücklich zum Vertragsinhalt ernannt. Vgl. etwa Art. 5.4 FIDIC-Contractor, EPC, welcher in beiden Werken übereinstimmend lautet: „The design, the Contractor's Documents, the execution and the completed Works shall comply with the Country's technical standards, building, construction and environmental Laws, ..." In Art. 1.1.6.2 ist der Begriff „country" definiert: „"**Country**" means the country in which the Site (or most of its) is located, where the Permanent Works are to be executed." (Hervorhebung im Original).

[1500] *Wenner* in: FS Mantscheff, S. 205 (214); Reithmann/Martiny-*Thode* Rdnr. 488.

[1501] In der Regel sehen die Mustervertragsbedingungen ausdrücklich die Beachtung der am Ort der Baustelle geltenden technischen Bauvorschriften und des dortigen Umweltrechts vor. So heißt es etwa in Art. 5.4 EPC und FIDIC-Contractor übereinstimmend:„ The design, the Contractor's Documents, the execution and the completed Works shall comply with the Country's technical standards, building, construction and environmental Laws, Laws applicable to the product being produced from the Works, and other standards specified in the Employer's Requirements, applicable to the Works, or defined by the applicable law. ..."

[1502] So die einhellige Auffassung in Abgrenzung zum „bloß" rechtlichen Erfüllungsort, vgl. statt vieler *Kropholler* § 52 I 3; Müko-*Spellenberg* Art. 32 Rdnr. 137; *Lüderitz* Rdnr. 296; Staudinger-*Magnus* Art. 32 Rdnr. 82.

dann sind sie – sofern sie nicht in die Substanz der Vertragspflichten eingreifen[1503] - gemäß Art. 32 II EGBGB zu „berücksichtigen“. Es findet keine alternative Anknüpfung statt; „Berücksichtigung“ bedeutet hier nicht „Anwendung“[1504]. Es sind solche Vorschriften - seien sie gesetzlich kodifiziert oder „nur“ Handelsbräuche -, die sich trotz eines abweichenden Statuts nicht ignorieren lassen und aufgrund ihrer deutlichen Verschiedenheit von den Regelungen des Statuts die Leistungserbringung unmöglich machen oder sehr erschweren[1505]. Um ihre Berücksichtigung zu bewerkstelligen, muss häufig auf das Instrument der materiell-rechtlichen Angleichung zurückgegriffen werden.

Zu den Erfüllungsmodalitäten sind etwa Vorschriften über Feiertage oder Geschäftszeiten und Regelungen bzw. Gebräuche zu zählen, die sich mit der Hinterlegung und der Quittierung befassen. Hinsichtlich der Maßnahmen bei mangelhafter Erfüllung ist zuvörderst an Untersuchungs- und Rügeobliegenheiten zu denken[1506].

Die vorstehenden Ausführungen verdeutlichen gemeinsam mit denen über die kollisionsrechtlichen Auswirkungen des Informationsbedarfs[1507] und des lex-rei-sitae-Grundsatzes[1508], was bereits zu Beginn dieses Kapitels festgestellt worden ist. Das Statut des Anlagenvertrages ist nicht grenzenlos. Wegen ihrer Komplexität und der Vielzahl von Beteiligten kann die Gesamtrechtsbeziehung zwischen dem Auftraggeber und dem Auftragnehmer Bezüge zu vielen Rechtsordnungen aufweisen, deren nahezu jede „ihre Fänge nach der Beziehung auswirft“.

Nicht zuletzt wegen der Brisanz der mit der Erstellung einer jeden Anlage einhergehenden Technologietransfers fällt die Beziehung in den Anwendungsbereich zahlreicher Eingriffsnormen, welche in den Vertrag „hineinregieren“ und auf welche die Parteien durch eine gezielte Gestaltung des Vertragswerkes reagieren müssen.

Darüber hinaus ringt der Territorialitätsgrundsatz des Immaterialgüterrechts dem Vertragsstatut nicht unbeträchtliche Teile der Lizenzbeziehung – als Teil des Gesamtarrangements – ab. Sie unterliegen zwingend der lex loci protectionis.

1503 Staudinger-*Magnus* Art. 32 Rdnr. 81.
1504 Soergel-*von Hoffmann* Art. 32 Rdnr. 70.
1505 Müko-*Spellenberg* Art. 32 Rdnr. 137 f..
1506 Soergel-*von Hoffmann* Art. 32 Rdnr. 70; *v. Bar,* IPR II, Rdnr. 540.
1507 Vgl. 6. Kapitel D V, insbesondere 2 a (2), (3).
1508 Siehe 6. Kapitel D IV.

Eine ähnliche Wirkung hat die lex rei sitae. Im Rahmen der Erstellung einer Industrieanlage finden viele sachenrechtliche Vorgänge statt, die sich nach der lex rei sitae bestimmen und ebenfalls dem Vertragsstatut entzogen sind[1509]. Darunter fallen allerdings nicht der Anspruch des Bauunternehmers auf Bestellung einer Sicherungshypothek im Sinne des § 648 BGB und das Leistungsverweigerungsrecht des § 648 a BGB, wonach der Bauunternehmer dem Besteller zur Leistung der Sicherheit eine angemessene Frist mit der Erklärung stellen kann, dass er nach dem Ablauf der Frist seine Leistung verweigere[1510]. Im ersten Fall handelt es sich um eine *vertragliche* Verpflichtung, im letzten um eine *vertragliche* Obliegenheit[1511]. Anders als das gesetzliche Unternehmerpfandrecht im Sinne des § 647 BGB[1512] schaffen sie keine unmittelbare dingliche Rechtsänderung; sie verpflichten den Besteller lediglich zu einer solchen[1513] bzw. sie räumen dem Bauunternehmer ein Druckmittel gegenüber dem Besteller ein, Sicherheiten von diesem zu erhalten. Damit gehören sie dem Schuldvertrag an, und sie unterliegen dem Schuldstatut[1514]. Schwierigkeiten können sich allerdings ergeben, wenn das über die Sicherheiten zu entscheidende Recht die in den §§ 648, 648 a BGB vorgesehenen Sicherungsmittel nicht kennt. Man muss sich dann innerhalb des verwiesenen Rechts auf die Suche nach einem diesen Sicherungsmitteln funktional äquivalenten Recht begeben[1515].

[1509] Zur Qualifikation sachenrechtlicher Vorgänge vgl. die Ausführungen im 6. Kapitel V 2 a (2) (c).

[1510] Zu der Problematik, welche entsteht, wenn der Bauunternehmer bei internationalen Bauprojekten an der Finanzierung des Projektes beteiligt ist, jedoch deutsches Recht zur Anwendung kommt und ihm daher das Leistungsverweigerungsrecht des § 648 a BGB zusteht, vgl. *Yazdani* RIW 2001, S. 124 f.. Allgemein zu § 648 a BGB vgl. *Diehr* ZfBR 2004, S. 3 f. und *Werner/Pastor* Rdnr. 314 f.. Speziell zur Rolle der §§ 648, 648 a BGB im internationalen Bau- und Anlagengeschäft vgl. *Schramke/Yazdani* ICLR (2002), 438, 439.

[1511] Palandt-*Sprau* § 648 a Rdnr. 5 weist zu Recht darauf hin, dass § 648 a BGB keinen durchsetzbaren Anspruch auf Einräumung der Sicherheit gewährt, sondern nur eine Obliegenheit des Bestellers statuiert. Vgl. auch BGHZ 146, 24 (28).

[1512] Das Unternehmerpfandrecht spielt im Bau- und Anlagenrecht praktisch keine Rolle (so deutlich Ingenstau/Korbion-*Joussen* Anh 2 Rdnr. 127), und die kollisionsrechtliche Handhabe bedarf daher in dieser Arbeit keiner Erörterung (vgl. dazu ausführlich *Kartzke* ZfBR 1993, S. 205 (206)). Es findet nur auf *bewegliche* Sachen Anwendung. Mit Baubeginn büßt die Sache regelmäßig ihre Beweglichkeit ein, und das Pfandrecht geht unter. §§ 648, 648a BGB sollen diese Schutzlücke für den Spezialfall des Bauvertrages schließen. Zur Handhabe des Unternehmerpfandrechts im chinesischen Recht vgl. *Chan* ICLR (2004), 133 – 135.

[1513] Vgl. auch *Schröder* IPRax 1985, S. 145 f..

[1514] *Kartzke* ZfBR 1993, S. 205 (206); Reithmann/Martiny-*Thode* Rdnr. 1113 für die Sicherungshypothek im Sinne des § 648 BGB.

[1515] *Kartzke* ZfBR 1993, S. 205 (206).

9. Kapitel: Subunternehmer im Anlagengeschäft

A. Einführung

Es wurde bereits mehrfach betont, dass ein einzelnes Unternehmen nicht in der Lage ist, eine industrielle Großanlage ohne die Hinzuziehung Dritter zu projektieren und herzustellen. Es bedarf dazu stets der Bildung einer Anbieterkoalition, welche mit *Vetter* als ein „Charakteristikum des internationalen Industrieanlagengeschäfts" bezeichnet werden kann[1516].
Die Ausführungen im Rahmen des Art. 28 II EGBGB haben sich mit der Anbieterkoalition in der Variante des Konsortiums[1517] und in der des Gemeinschaftsunternehmens[1518] beschäftigt. Im Folgenden soll nun eine weitere Variante vorgestellt werden, und zwar die des Subunternehmers, bei der anders als bei jenen eine zweite Vertragsebene eröffnet wird. Es wird das materiell- sowie kollisionsrechtliche Verhältnis des Subunternehmervertrages zum Hauptvertrag beleuchtet und insbesondere der Frage nachgegangen, inwieweit dem Hauptvertrag materiell- bzw. kollisionsrechtliche Vorgaben für den Subunternehmervertrag zu entnehmen sind.

Im Gegensatz zum Konsortium übernimmt hier ein einzelnes Unternehmen alleinverantwortlich die Aufgabe der Projektierung und der Erstellung der Anlage. Es ist in keine Koalition unmittelbar auf der Ebene des Anlagenvertrages eingebunden. Stattdessen delegiert es zumindest Teile der von ihm gegenüber dem Besteller eingegangenen Verpflichtung auf andere Unternehmen, mit denen - den sog. Subunternehmern[1519] - es im eigenen Namen und auf eigene Rechnung Verträge abschließt. Zwischen dem Besteller der Anlage und den Subunternehmern besteht somit keine unmittelbare vertragliche Beziehung; es handelt sich beim Anlagenvertrag einerseits und beim Subunternehmervertrag andererseits um zwei verschiedene, grundsätzlich voneinander zu trennende Vertragsbeziehungen[1520]. Dagegen besteht in wirtschaftlicher Hinsicht ein enger Zusammen-

---

[1516] *Vetter* ZVglRWiss 87 (1988), S. 248 (248). Einen grafischen Überblick über die Koalitionsformen bietet *Siepert* in: Auftragsfinanzierung, S. 145 (149).
[1517] Vgl. 6. Kapitel C III 3 b (1).
[1518] Vgl. 6. Kapitel C III 3 b (2).
[1519] Es findet sich in der Literatur zum Teil auch der Begriff des „Nachunternehmers" (Vgl. z.B. *Ramming* BB 1994, S. 518 f.; *Schlünder* NJW 1995, S. 1057 f. und *Kraus* NJW 1997, S. 223 f.). In dieser Arbeit wird jedoch die Bezeichnung „Subunternehmer" als die wortnähere Übersetzung des international verbreiteten Begriffes „subcontractor" bevorzugt. Vgl. auch *Hautkappe* S. 41.
[1520] Vgl. statt vieler *Vetter* ZVglRWiss 87 (1988), S. 248 (249); *Schlünder* NJW 1995, S. 1057 (1057); *Ramming* BB 1994, S. 518 (518).

hang zwischen ihnen,[1521] so dass sich der Subunternehmervertrag als ein Vertrag verstehen lässt, der in „ein pyramidenförmiges Vertragsgeflecht eingebunden (ist), an dessen Spitze der Hauptvertrag mit dem Kunden steht"[1522].
Obwohl der Abschluss von Subunternehmerverträgen eine insbesondere auch im nationalen Baurecht etablierte Variante einer Anbieterkoalition darstellt, findet sich im deutschen Recht keine umfängliche Regelung des Subunternehmervertrages[1523]. Auch die FIDIC veröffentlichte erst 1994 in bisher unveränderter Form die „Conditions of Subcontract for Works of Civil Engineering Construction"[1524] (abgekürzt: FIDIC-SC).

Damit ein Unternehmen im industriellen Großanlagenbau die Rolle des *Generalunternehmers*[1525] übernehmen kann, muss es über eine hohe logistische Kom-

---

[1521] *Brand/Maskow* 7.2.2.; *Berger* JuS 1999, S. 1091 (1095).

[1522] So die häufig zitierte Umschreibung von *Nicklisch* NJW 1985, S. 2361 (2366). *Ramming* BB 1994, S. 518 (518) spricht in diesem Zusammenhang von einer „hierarchischen Organisation".

[1523] Das französische Recht verfügt dagegen über eine gesetzliche Regelung. Vgl. in diesem Zusammenhang auch *van Houtte* ICLR (1991) 301, 301, welcher darauf hinweist, dass in der Literatur den typischen Problemen vor allem des internationalen Subunternehmervertrages bisher noch nicht die ihnen gebührende Aufmerksamkeit geschenkt worden ist.

[1524] Wie auch die übrigen FIDIC-Werke zu beziehen über die Vertriebsorganisation der Institution selbst. Zur Adresse vgl. die Ausführungen im 3. Kapitel.

[1525] Vor allem in der Literatur und in der Vertragspraxis stößt man häufig auch auf den Begriff „Generalübernehmer". Weder für den Begriff des „Generalunternehmer(s)" noch für den des „Generalübernehmer(s)" existiert eine gesetzliche Definition. Ebenso mangelt es an einem einheitlichen Umgang mit denselben in Literatur und Praxis. Die Bezeichnung „Generalübernehmer" hat ihren Ursprung in der Baubranche. Dort wird sie meistens verwandt, um eine begriffliche Unterscheidung vorzunehmen zwischen einem Unternehmer, der sich auf Planungs- und Koordinierungsleistungen beschränkt, und einem Unternehmer, der zusätzlich noch einen Teil der Bauleistung erbringt (vgl. mit Nachweisen *Hautkappe* S. 45). Der erste wird als „Generalübernehmer", der zweite als „Generalunternehmer" bezeichnet. In der Baubranche findet sich für den auf Planungs- und Koordinierungsarbeiten beschränkten Unternehmer aber auch die Bezeichnung „projektierender" Generalunternehmer (vgl. die Ausführungen von *Nicklisch/Weick* in VOB/B-Kommentar Rdnr. 63); oder aber es wird gar nicht differenziert. Im Rahmen dieser Arbeit soll für jede dieser Konstellationen der Begriff „Generalunternehmer" verwandt werden; eine begriffliche Differenzierung ist zumindest aus juristischen Gründen für diese Arbeit nicht notwendig.
In diesem Zusammenhang sei allerdings darauf hingewiesen, dass ein „Generalübernehmer" im oben beschriebenen Sinne von der Rechtsprechung und der herrschenden Lehre – zumindest im nationalen Kontext - grundsätzlich für ungeeignet gehalten wird, Auftragnehmer öffentlicher Bauaufträge zu sein. Eine Ausnahme wird unter anderem dann zugelassen, wenn es sich bei ihm um einen Generalübernehmer mit konzernverbundenen Nachunternehmen handelt. Bei Aufträgen durch den deutschen Staat wird sich die Leistung des einzelnen (Gesamt-) Auftragnehmers daher regelmäßig nicht auf Planungs- und Überwachungsarbeiten beschränken. Zum Ganzen und auch zu dem in diesem Zusammenhang wichtigen Beschluss des KG

petenz und über ausgeprägte Spezialkenntnisse verfügen. Anders als im Rahmen eines Konsortiums trägt es gegenüber dem Besteller die alleinige Verantwortung für das Gelingen der Anlage, und es kann bezüglich der Vorfinanzierungslast nicht auf etwaige Konsortialpartner und deren besonderen Finanzierungsquellen zurückgreifen[1526].
Im industriellen Großanlagenbau - als Gegenstand dieser Arbeit - ist die Generalunternehmerschaft daher zwar nicht untypisch, jedoch die im Vergleich zum Konsortium eindeutig seltenere Variante einer Anbieterkoalition[1527], d.h. auf der Anbieterseite befindet sich als unmittelbarer Vertragspartner meistens ein Konsortium und nicht lediglich ein einzelnes Unternehmen. Dies bedeutet allerdings nicht, dass im Falle eines Konsortiums das Phänomen „Subunternehmervertrag" eine nur untergeordnete Rolle spielt. Auch bei Abschluss des Anlagenvertrages durch ein Konsortium bleibt die umfangreiche Einbeziehung Dritter durch das Mittel des Subunternehmervertrages unverzichtbar[1528].

Der Abschluss von Subunternehmerverträgen mit Unternehmen aus Entwicklungsländern leistet einen entscheidenden Beitrag zur Industrialisierung dieser Länder. Indem der im Rahmen des Anlagenvertrages verpflichtete, aus einer Industrienation stammende Hauptunternehmer Teile seiner Verpflichtung an Unternehmen aus Entwicklungsländern weitervergibt, werden dort Arbeitsplätze geschaffen, und es findet ein Technologietransfer statt[1529]. Der Hauptunternehmer weist den Subunternehmer in die Technik ein, und er ermöglicht ihm so, am internationalen Handel teilzunehmen. Da die Produktion im Entwicklungsland zumindest zu Beginn unter der technischen Kontrolle des Hauptunternehmers erfolgt, stellt der Abschluss solcher Subunternehmerverträge eine kontrollierte Heranführung der Subunternehmer an die internationale Wettbewerbsfähigkeit und damit für die Entwicklungsländer eine Hilfestellung zur Erreichung ihrer Selbständigkeit dar[1530].
Anders als eine staatlich geförderte Entwicklungshilfe hat sich das Vorgehen des aus einer Industrienation stammenden Hauptunternehmers an der Wirtschaftlichkeit bzw. Profitabilität zu orientieren, welche nur dann gewährleistet ist, wenn in den Entwicklungsländern die entsprechenden Voraussetzungen vorlie-

---

Berlin v. 22.8.2001 – NZBau 2002, S. 402 f. – vgl. die Ausführungen von *Fietz* in NZBau 2003, S. 426 f..

[1526] Um diese Last zu reduzieren, bemüht sich der Generalunternehmer regelmäßig um besondere Vergütungsregelungen mit dem Subunternehmer.

[1527] Ähnlich *Hopfenbeck* S. 62; *Hautkappe* S. 95; siehe *denselben* auch ausführlich zu den Vor- und Nachteilen der Generalübernehmerschaft S. 94, 95.

[1528] *Nicklisch* NJW 1985, S. 2361 (2362).

[1529] *Germidis* in: OECD-ISC, S. 10 (22 f.). Zum Technologietransfer vgl. die Ausführungen im 6. Kapitel D V.

[1530] Vgl. VDMA 2003, S. 10.

gen[1531]. Von entscheidender Bedeutung ist dabei, dass die Bürokratie nicht korrupt ist und deren Entscheidungen vorhersehbar sind. Es muss eine allgemeine Rechtssicherheit herrschen. Sehr wichtig ist auch eine zumindest solide Infrastruktur einschließlich eines ausgewogenen Bildungsniveaus. Schafft die Regierung eines Entwicklungslandes diese Voraussetzungen, und trägt sie darüber hinaus dafür Sorge, dass die heimischen Subunternehmer preiswert und zuverlässig produzieren, dann erweist sie der Volkswirtschaft ihres Landes einen großen Dienst. So ist es zum Beispiel Singapur und Taiwan gelungen, ihren Status als Entwicklungsland aufzugeben und ihn gegen den eines Schwellenlandes einzutauschen[1532].

B. Das Recht des Generalunternehmers zur Untervergabe

Mit der zuvor dargestellten *Notwendigkeit* eines jeden Generalunternehmers, sich der Hilfe Dritter zu bedienen, korreliert dessen grundsätzliches *Recht* zum Abschluss entsprechender Subunternehmerverträge. Dieses Recht geht aber regelmäßig nicht so weit, dass der Unternehmer über das Ausmaß der Untervergabe und die Person eines jeden Subunternehmers gänzlich frei entscheiden kann.
So spielen für den Besteller bei der Wahl eines bestimmten Generalunternehmers in der Regel nicht nur der Preis der Anlage, sondern auch dessen Erfahrung und Reputation eine entscheidende Rolle[1533]. Daher liegt es nicht im Interesse des Bestellers, wenn der Generalunternehmer Schlüsselbereiche der Projektierung und der Erstellung der Anlage an Dritte delegiert. Schließlich kann es einen entscheidenden Unterschied ausmachen, ob ein technisch anspruchsvolles Teil in den Werkstätten des erfahrenen Generalunternehmers oder aber etwa im Ausland durch weniger geschultes und schlechter ausgestattetes Personal eines Subunternehmers gefertigt wird. Gewährleistungs- und Schadenersatzansprüche des Bestellers sind nicht in der Lage, die Nachteile einer geringeren Qualität der Anlage oder sogar deren mangelnde Funktionstüchtigkeit aufzuwiegen[1534]. Legt der Besteller Wert auf die Leistungserbringung durch den Besteller selbst, dann wird er dem Unternehmer die Untervergabe vertraglich untersagen.
Die Interessenlage ist ähnlich bei jenen Teilleistungen, welche eine besondere Fertigkeit des Leistenden verlangen, hinsichtlich derer jedoch zwischen den Parteien von Anfang kein Zweifel darüber bestand, dass sie an Dritte untervergeben werden dürfen. Statt des Verbots einer Untervergabe lässt sich der Besteller hier

[1531] Vgl. hierzu *Michalet* in: OECD-ISC, S. 38 (60 f.).
[1532] Vgl. hierzu unter Zuhilfenahme von Statistiken *Susumu Watanabe* in: OECD-ISC, S. 210 (210 f.).
[1533] UNCITRAL chap. XI para. 8.
[1534] So deutlich *Joussen* § 3 Rdnr. 3.

regelmäßig Mitsprache-[1535] oder sogar Einspruchsrechte bei der Wahl des konkreten Subunternehmers einräumen[1536]. Oder aber er behält sich vor, den Subunternehmer selbst zu benennen[1537].

Dagegen erhält der Unternehmer in Bezug auf Serien- bzw. Standardteile grundsätzlich keinerlei Vorgaben durch den Besteller[1538]. Solche Teile verlangen keine individuelle Anfertigung und in der Regel keine besondere technische Qualifikation des Herstellers.
In der deutschen Dogmatik wird dieser Unterscheidung insoweit Rechnung getragen, als dass der bloße Zulieferer nicht als Erfüllungsgehilfe des Unternehmers im Sinne des § 278 BGB betrachtet wird[1539]. Dagegen hat der Unternehmer für das Verschulden eines Subunternehmers klassischer Prägung im vollen Umfang einzustehen[1540].

In Art. 4.4 Satz 2 EPC, FIDIC-Contractor, FIDIC-Employer[1541] wird eine dem § 278 BGB entsprechende umfängliche Haftung des Generalunternehmers für die Subunternehmer angeordnet. Dabei wird gem. Art. 1.1.2.8 jener Mustervertragsbedingungen unter einem Subunternehmer jede Person verstanden, welche als solche in dem Vertrag bezeichnet oder aber als Subunternehmer für Teile der Arbeiten eingesetzt wird. Es heißt in Art. 1.1.2.8:

[1535] Art. 4.4 Satz 3 EPC und FIDIC-Contractor trägt diesem Interesse des Bestellers insoweit Rechnung, als dass dem Unternehmer die vollständige Weitervergabe des Auftrages untersagt wird und er den Besteller über die Qualifikation des potentiellen Subunternehmers und über den genauen Termin dessen Engagements unterrichten muss. Art. 4.4 Satz 3 lautet: "The Contractor shall not subcontract the whole of the Works. ..., the Contractor shall give the Employer not less than 28 days' notice of: (a) the intended appointment of the Subcontractor, with detailed particulars which shall include his relevant experience, (b) the intended commencement of the Subcontractor's work, and (c) the intended commencement of the Subcontractor's work on the Site." Ähnlich lauten Art. 4.4 (c) FIDIC-Employer und Art. 4.5 (c) Orange Book.

[1536] UNCITRAL chap. XI para. 16 f..

[1537] Vgl. hierzu *Brand/Maskow* 7.2.1. und die Ausführungen unten zum „nominated subcontractor", 9. Kapitel C V.

[1538] *Joussen* § 3 Rdnr. 4; *Brand/Maskow* 7.2.1.; UNCITRAL chap. XI para. 1.

[1539] Palandt-*Heinrichs* § 278 Rdnr. 13; a.A. *Wolf* ZIP 1998, S. 1657 (1658 f.). Vgl. auch *von Westphalen* BB 1971, S. 1126 (1134 f.), der die den Generalunternehmer aufgrund von § 278 BGB treffende umfängliche Haftung durch die Anwendung des § 242 BGB korrigieren will. Siehe in diesem Zusammenhang auch OLG Karlsruhe NJW-RR 1997, S. 1240 (1240 f.).
Eine ähnliche Differenzierung findet auch im französischen Recht statt. Dort kommt der bloße Zulieferer nicht in den Genuss des Subunternehmergesetzes, vgl. die Ausführungen von *Perinet-Marquet* ICLR 9 (1991) 315, 317.

[1540] BGHZ 66, 42 (48); *Hautkappe* S. 52.

[1541] Die Vorschrift lautet: "The Contractor shall be responsible for the acts or defaults of any Subcontractor, his agents or employees, as if they were the acts or defaults of the Contractor."

"Subcontractor" means any person named in the Contract as a subcontractor, or any person appointed as a subcontractor, for a part of the Works; and the legal successors in title to each of these persons."
Es wird in Art. 1.1.2.8 keine deutliche Abgrenzung des Subunternehmers vom bloßen Zulieferer vorgenommen. Angesichts der besonderen Problematik eines Subunternehmers[1542] und der umfänglichen Einwirkungsmöglichkeiten des Bestellers auf die Wahl des Subunternehmers ist nicht davon auszugehen, dass jegliches dritte Unternehmen, dessen Hilfe sich der Unternehmer bei der Projektierung und Erstellung der Anlage bedient, als ein Subunternehmer im Sinne der genannten FIDIC-Mustervertragsbedingungen aufzufassen ist. Bei der erforderlichen Auslegung des Begriffes „subcontractor" und der Formulierung „for a part of the Works" wird man sich zuvörderst an dem Motiv des Bestellers für die im Vertrag vorgesehenen Einwirkungsmöglichkeiten orientieren müssen[1543]. Eine solche Auslegung führt regelmäßig dazu, dass Dritte, welche lediglich Standardausrüstungen liefern oder untergeordnete Beiträge leisten, die Voraussetzungen eines „subcontractor" im Sinne des Art. 1.1.2.8. zumindest insoweit nicht erfüllen, als dass dem Besteller auch für diese Unternehmen die erwähnten Einwirkungsmöglichkeiten zustehen.

C. Notwendigkeit einer umfänglichen Synchronisation beider Vertragsverhältnisse

I. Vorstellung der Problematik

Zwar erweist sich – wie gesehen - die Abgrenzung des Subunternehmers vom bloßen Zulieferer regelmäßig als schwierig[1544], jedoch liegt bei der Einschaltung von Subunternehmern die eigentliche Schwierigkeit darin, der Doppelfunktion[1545] des Subunternehmers innerhalb des „pyramidenförmigen Vertragsgeflechts" gerecht zu werden bzw. auf diese durch die Gestaltung der Vertragswerke angemessen zu reagieren[1546]. *Von Westphalen* ist sogar der Auffassung, dass es sich dabei um die „entscheidende kommerzielle und juristische Schwierigkeit des Anlagenvertrages – besonders bei der Erstellung einer schlüsselfertigen Anlage"[1547] handele.

[1542] UNCITRAL chap. XI para. 1.
[1543] *Brand/Maskow* 7.2.1..
[1544] UNCITRAL chap. XI para. 2.
[1545] *Brand/Maskow* 7.2.2..
[1546] Vgl. hierzu UNCITRAl chap. XI para. 4, wo auf die Notwendigkeit hingewiesen wird, diesem Aspekt bei der Vertragsgestaltung besonders viel Aufmerksamkeit zu schenken. Siehe auch *Schlünder* NJW 1995, S. 1057 f. und *Kraus* NJW 1997, S. 223 f., die sich mit der Fragestellung beschäftigen, ob sich die Vorschriften des BGB oder aber die der VOB/B besser als Grundlage eines Subunternehmervertrages eignen.
[1547] *Von Westphalen* BB 1971, S. 1126 (1128).

Der Generalunternehmer übernimmt in dem Vertragsgeflecht sowohl die Rolle des Auftragnehmers als auch die des Auftraggebers. Gegenüber dem Besteller der Anlage tritt er als Auftragnehmer, gegenüber dem Subunternehmer als Auftraggeber auf. Er befindet sich hier in einer Art „Zwischen- oder Zweifrontenstellung"[1548], und er hat daher ein besonderes Interesse, „seine Haftung gegenüber dem Besteller mit seinen Ansprüchen gegen die Subunternehmer zu synchronisieren"[1549]. Aufgrund seiner besonderen Stellung will er nicht nur den technischen, sondern auch den kaufmännischen und juristischen Gleichlauf der beiden vertraglichen Beziehungen mit dem wesentlichen Ziel der Risikodurchstellung[1550].

Er wird jedoch regelmäßig nicht in der Lage sein, sein komplettes Risiko auf den Subunternehmer abzuwälzen. Schließlich ist der Risikobezugspunkt des Bestellers die Gesamtanlage, der des Subunternehmers dagegen nur dessen Teilleistung[1551]. Es besteht zwischen dem Anlagenvertrag und dem Subunternehmervertrag grundsätzlich ein „Verantwortungs- und Risikogefälle"[1552]. Aus diesem Gefälle resultiert ein erhöhtes Risiko des Generalunternehmers, welches mit seiner Position als alleinigem Vertragspartner des Bestellers und mit der Gesamtverantwortung für das Gelingen der Anlage zwangsläufig einhergeht und sich nicht gänzlich auf Subunternehmer übertragen lässt.

Der Generalunternehmer beauftragt den Subunternehmer, damit dieser ihm bei der Projektierung und der Erstellung der Anlage hilft. Der Anlagenvertrag und der Subunternehmervertrag stimmen in ihrer Zwecksetzung überein; „alle Beteiligten erbringen ihre Leistung im Interesse des Gesamtprojekts"[1553], sie haben dasselbe „technisch-ökonomische (End-) Ziel"[1554]. Um dieses möglichst reibungslos und ohne große Koordinationsprobleme zu erreichen, ist ein gewisses Maß an Abstimmung beider Verträge unerlässlich[1555]. Eine völlig isolierte Betrachtung der grundsätzlich voneinander unabhängigen Vertragsbeziehungen verbietet sich[1556]. Dies gilt umso mehr, wenn das „technisch-ökonomische (End-) Ziel" in der Erstellung einer industriellen Großanlage besteht. Aufgrund

[1548] So die häufig zitierte Formulierung von *Weyers* AcP 182 (1982), S. 60 (71).
[1549] *Weyers* a.a.O..
[1550] *Vetter* in: Subunternehmer (Nicklisch), S. 77 (78).
[1551] *Von Westphalen* BB 1971, S. 1126 (1128, 1129).
[1552] *Brand/Maskow* 7.2.2..
[1553] *Berger* Jus 1999, S. 1091 (1095).
[1554] *Brand/Maskow* 7.2.2..
[1555] *Vetter* ZVglRWiss 87 (1988), S. 248 (249); *Brand/Maskow* 7.2.2..
[1556] *Vetter* in: Subunternehmer (Nicklisch), S. 77 (78).

des Langzeit- und Rahmencharakters[1557] des ein solches Großprojekt begleitenden Anlagenvertrages sind zum Beispiel ständige Anpassungen und Konkretisierungen der vertraglichen Pflichten vonnöten. Diese werden häufig zu einem beträchtlichen Teil von dem Besteller vorgenommen, dem entsprechende Befugnisse vertraglich eingeräumt werden und welcher dann faktisch in den Subunternehmervertrag „hineinregiert"[1558]. Ohne die grundsätzliche Möglichkeit des Generalunternehmers, die ihm gegenüber dem Subunternehmer zustehende Leistungsforderung seiner geänderten oder zumindest konkretisierten Leistungsverpflichtung gegenüber dem Besteller im Wesentlichen anzupassen, wäre für ihn die Beauftragung Dritter ein nahezu nicht kalkulierbares Risiko; er hätte ein gewaltiges „Nahtstellenrisiko" zu tragen.

Angesichts des engen sachlichen Zusammenhanges dieser beiden Vertragsbeziehungen ist das grundsätzliche Interesse des Generalunternehmers an einer Synchronisation anzuerkennen. Dem steht jedoch nicht selten der Wille des Subunternehmers entgegen, an den Risiken des Generalunternehmers nicht beteiligt zu werden. Hat der Subunternehmer eine starke Marktposition inne, dann wird er diese auch ausnutzen, um eine umfängliche Risikodurchstellung auf ihn zu verhindern[1559].

[1557] *Nicklisch* NJW 1985, S. 2361 (2362, 2363). Zur kollisionsrechtlichen Relevanz dieses Charakters für die objektive Anknüpfung des Hauptanlagenvertrages vgl. die Ausführungen im 6. Kapitel D VII.

[1558] VOB/B-Kommentar/*Nicklisch* Einl §§ 4-13 Rdnr. 94.

[1559] *Brand/Maskow* 7.2.2.. Dem Subunternehmer kommen jedoch regelmäßig auch die Vorschriften über die Zulässigkeit von Allgemeinen Geschäftsbedingungen zu Hilfe. Zwar wird zum Teil den Vorschriften des anlässlich eines Anlagengeschäftes geschlossenen Subunternehmervertrages der Charakter von Allgemeinen Geschäftsbedingungen unter Hinweis auf die Einzigartigkeit eines jeden Anlagenprojektes und damit auch des dieses begleitenden Vertragswerkes abgesprochen (*Nicklisch* NJW 1985, S. 2361 (2366); *Vetter* in: Subunternehmer (Nicklisch), S. 77 (82)). Entgegen dieser Auffassung handelt es sich jedoch sowohl bei den Vorschriften des Hauptvertrages als auch bei denen des Subunternehmervertrages im Regelfall um Allgemeine Geschäftsbedingungen (vgl. statt vieler *Schuhmann* ZfBR 1999, S. 246 (246, 247); *Ramming* BB 1994, S. 518 (519)). Schließlich dienen den meisten Anlagenverträgen als Grundlage Musterverträge, welche unstreitig als Allgemeine Geschäftsbedingungen eingestuft und welche nur den jeweiligen Besonderheiten angepasst werden. Damit die Klauseln dieser Musterverträge ihren Charakter als Allgemeine Geschäftsbedingung verlieren und stattdessen den einer Aushandelsvereinbarung im Sinne des § 305 I 3 BGB annehmen, muss in deren Kernbereich eingegriffen werden (vgl. hierzu insbesondere BGH WM 1995, S. 1455 (1456)). Eine solch substantielle Veränderung erfahren die Vorschriften eines konkreten Anlagenvertrages nur selten, zumal den Parteien heutzutage eine ganze Palette von verschiedenen Musterverträgen zur Verfügung steht, welche nahezu die ganze Bandbreite der verschiedenen Grundkonstellationen abdeckt. Dies gilt sowohl für den Subunternehmervertrag als auch für den Hauptanlagenvertrag selbst. Auch wenn die Vorschriften des Hauptvertrages individuell ausgehandelt und ohne Wiederverwendungsabsicht erstellt worden sind, führt ein späteres Durchstellen dieser Vorschriften in die Subunternehmerverträge dazu, dass sie nach-

Es ist jedoch keineswegs so, dass der Generalunternehmer stets, der Subunternehmer dagegen nie an einer Synchronisation interessiert ist. Die Interessen im Rahmen eines Großanlagenprojektes sind zu vielschichtig, als dass sich die Harmonisierungsproblematik auf diesen einen Interessengegensatz beschränken ließe. So gibt es durchaus Bereiche, in denen sich die Interessen der Beteiligten genau spiegelverkehrt darstellen. Zu denken ist etwa an die Fragestellung, ob eine im Subunternehmervertrag vorgesehene Vertragsstrafe abhängig sein soll vom Verfall einer entsprechenden Vertragsstrafe im Hauptvertrag[1560]. Während der Generalunternehmer einer diesbezüglichen Synchronisation in der Regel ablehnend gegenübersteht, wird der Subunternehmer eine solche befürworten.
Es kann auch vorkommen, dass keine der Parteien eine Synchronisation wünscht, da eine unterschiedliche Regelung gerade im Interesse beider Parteien liegt oder aber für lediglich eine der Parteien von besonderem Interesse ist und mit keinen Nachteilen für die andere Partei verbunden ist.
Das gilt zum Beispiel für den Fertigstellungstermin eines vom Subunternehmer zu erbringenden Werkes. Durch die Vereinbarung eines späteren Termins im (Haupt-) Anlagenvertrag werden sogenannte „Terminpolster"[1561] geschaffen, mit Hilfe derer sich verhindern lässt, dass jede Terminverzögerung im Subunternehmerverhältnis auch automatisch zu einer Verzögerung in dem Verhältnis zwischen dem Generalunternehmer und dem Besteller führt.

Es ist daher stets eine genaue Analyse der einzelnen Umstände erforderlich, um den gemeinsamen Willen der Beteiligten und damit das Maß der Synchronisation bzw. der Verknüpfung beider Vertragsverhältnisse zu ermitteln[1562].

Zur Verdeutlichung der Bedeutung und der Bandbreite der Harmonisierungsproblematik im Anlagengeschäft soll die folgende, nicht abschließende Auflistung von Aspekten[1563] dienen, hinsichtlich derer sich die Frage der Verzahnung des Hauptvertrages mit dem Subunternehmervertrag regelmäßig stellt:
Entfaltet der vor dem Hauptvertrag abgeschlossene Subunternehmervertrag Wirksamkeit, obwohl es zu keinem wirksamen Abschluss des Hauptvertrages gekommen ist? Findet eine isolierte Abnahme im Rahmen des Subunternehmervertrages statt, oder wird diese ersetzt durch die Abnahme der Gesamtanlage seitens des Bestellers? Enden die Gewährleistungsfristen aus den verschiedenen

---

träglich noch das Merkmal der Vielverwendungsabsicht erfüllen (so deutlich *Schuhmann* a.a.O. und *Ramming* a.a.O.).

1560 VOB/B-Kommentar/*Nicklisch* Einl §§ 4-13 Rdnr. 97.

1561 Siehe hierzu *Brand/Maskow* 7.2.2. mit weiteren Beispielen.

1562 *Wallace* 13-100.

1563 Vgl. hierzu ausführlich *Nicklisch* NJW 1985, S. 2361 (2367); *Vetter* in: Subunternehmer (Nicklisch), S. 77 (80 f.).

Vertragsverhältnissen zu demselben Zeitpunkt? Gelten die Preisanpassungsverpflichtungen des Generalunternehmers gegenüber dem Besteller auch für den Subunternehmer im Rahmen seines Verhältnisses zu dem Generalunternehmer? Korrelieren die Änderungsbefugnisse des Bestellers im Rahmen des Anlagenvertrages mit denen des Generalunternehmers gegenüber dem Subunternehmer? Kann der Generalunternehmer Schadenersatzansprüche des Bestellers aufgrund von Mängeln an der Gesamtanlage ohne weiteres an den Subunternehmer weiterleiten?[1564] Hat der Generalunternehmer im Falle einer Kündigung durch den Besteller dasselbe Recht gegenüber dem Subunternehmer? Darf der Auftragnehmer die Bezahlung des Subunternehmers mit dem Hinweis auf noch ausstehende Zahlungen durch den Besteller verweigern?

II. Klauseln zur Harmonisierung der Vertragsverhältnisse

Die Parteien sind sich in der Regel der Notwendigkeit bewusst, die beiden Vertragsverhältnisse zumindest in Teilbereichen aufeinander abzustimmen. Infolgedessen enthalten die meisten Subunternehmerverträge eine oder mehrere Klauseln, mit Hilfe derer auf das Vertragsverhältnis zwischen dem Generalunternehmer und dem Besteller Bezug genommen wird.

1. Pauschale Verweisungsklauseln

Häufig belassen die Parteien es bei pauschalen Verweisungsklauseln, d.h. es werden in dem Subunternehmervertrag nur „ausgewählte Eckpunkte"[1565] des Verhältnisses zwischen dem Subunternehmer und dem Generalunternehmer geregelt. Der Hauptvertrag wird durch den Verweis Teil des Subunternehmervertrages und ist diesem beigefügt[1566]. Der eigentliche Subunternehmervertrag verfügt dann in der Regel auch nur über einen bescheidenen Umfang.
Entsprechende Klauseln[1567] lauten nicht selten: „Im Übrigen finden die Bestimmungen des Hauptvertrages Anwendung"[1568] oder „Die Regelungen des Kundenvertrages gelten entsprechend"[1569].
Von der Wahl solch undifferenzierter Klauseln kann den Parteien allerdings nur abgeraten werden[1570]. Zwar können diese Klauseln für sich den „Charme der Einfachheit" in Anspruch nehmen, und sie werden von den Parteien daher insbe-

---

[1564] Siehe hierzu BGH NJW 1998, S. 1493 f..
[1565] *Brand/Maskow* 7.2.2..
[1566] *Vetter* RIW 1986, S. 81 (83).
[1567] Im englischen Sprachraum findet sich häufig die Klausel: "The contractor shall be deemed to have notice of all the provisions of the main contract".
[1568] *Nicklisch* NJW 1985, S. 2361 (2366).
[1569] *Vetter* RIW 1986, S. 81 (83).
[1570] So auch ausdrücklich *Ramming* BB 1994, S. 518 (518).

sondere dann gerne verwandt, wenn es an der erforderlichen Zeit für die Verfassung eines detaillierten Subunternehmervertrages fehlt. Sie sind jedoch grundsätzlich zu pauschal formuliert, als dass sie bei der Beantwortung von Einzelfragen eindeutige Rückschlüsse auf den Willen der Parteien zuließen. Sie sind als verlässlicher Orientierungspunkt für das Verhältnis beider Verträge nicht geeignet[1571].
So stellt sich zum Beispiel[1572] trotzt ihrer Verwendung weiterhin die Frage, ob die Abnahme der Subunternehmerleistung isoliert oder aber zeitgleich mit dem Gesamtwerk erfolgen soll[1573]. Ebenso ungeklärt bleibt die Frage, ob hinsichtlich der Vergütungspflicht einer von dem Besteller verlangten Änderung auf die Regelungen des Hauptanlagenvertrages oder auf die des Subunternehmervertrages abzustellen ist. Auch das Recht des Generalunternehmers, dem Subunternehmer so lange Zahlungen vorzuenthalten, bis er selbst Geld vom Besteller erhalten hat, ist angesichts der Pauschalität der Formulierung weiterhin klärungsbedürftig.

Mit der Verwendung pauschaler Verweisungen gelingt es den Parteien lediglich, ihren *grundsätzlichen* Willen zu einer Koordination des Hauptvertrages mit dem Subunternehmervertrag zum Ausdruck zu bringen. Ihre Aussagekraft beschränkt sich auf die „generelle Tendenz"[1574] zu einer Koordination; sie haben sich als eindeutiger Orientierungspunkt für die Zusammenarbeit beider Parteien nicht bewährt. Zur Ermittlung des Ausmaßes der durch sie ausgesprochenen Koordination müssen die Umstände des Einzelfalles genau analysiert werden[1575]. Entscheidungen von Gerichten oder Schiedsgerichten lassen sich nur schwer vorhersagen. Die Klauseln tragen zu einer Rechtsunsicherheit[1576] bei, derer sich die Parteien durch ihre Verwendung eigentlich entledigen wollten.
Sie wiegen die Parteien somit zu Unrecht in dem Glauben, eine umfassende und für sie günstige Regelung getroffen zu haben[1577].

2. Einzelverweisungen
Statt pauschaler Klauseln sollten die Parteien das Mittel der konkreten Einzelverweisung wählen, um die Verträge in dem von ihnen gewünschten Maße abzustimmen und Unklarheiten vorzubeugen[1578]. Durch diese Methodik werden die Parteien gezwungen, sich über die Koordination jedes einzelnen Aspektes

[1571] *Brand/Maskow* 7.2.2..
[1572] Weitere Beispiele bei *Vetter* RIW 1986, S. 81 (83).
[1573] VOB/B-Kommentar/*Nicklisch* Einl §§ 4-13 Rdnr. 96.
[1574] *Nicklisch* NJW 1985, S. 2361 (2366).
[1575] *Wallace* 13-100.
[1576] *Brand/Maskow* 7.2.2..
[1577] *Vetter* in: Subunternehmer (Nicklisch), S. 77 (80).
[1578] *Nicklisch* NJW 1985, S. 2361 (2366); *Vetter* RIW 1986, S. 81 (84).

Gedanken zu machen und die jeweils beste Lösung zu finden, welche – wie bereits erwähnt - nicht zwingend in der Vereinbarung eines Gleichlaufs liegt. Die Parteien haben hier auch die Gelegenheit, organisatorische Aspekte innerhalb ihrer Vertragsbeziehung und damit Aspekte jenseits des Leistungsprofils, welches sich unmittelbar an der Verpflichtung des Generalunternehmers gegenüber dem Besteller orientiert, zu regeln[1579].

Eine differenzierte Einzelverweisung ist insbesondere im grenzüberschreitenden Großanlagengeschäft zu empfehlen angesichts der dort typischen Komplexität der Vertragsbeziehungen[1580]. Allerdings sollten die Parteien es dabei nicht versäumen, zu jedem Aspekt, der einer Synchronisation grundsätzlich zugänglich ist, ausdrücklich Stellung zu nehmen, da die bloße Regelung einiger ausgewählter Aspekte zwangsläufig die Frage aufwirft, ob aus der fehlenden Stellungnahme zu den restlichen Aspekten auf den Willen der Parteien zu schließen ist, dass diese nicht synchronisiert werden sollen[1581]. Auch die häufig[1582] empfohlene zusätzliche Verwendung einer Generalklausel[1583] bietet nur wenig Hilfe[1584] bei der Beantwortung der Frage, ob den Einzelverweisungen ein enumerativer Charakter zukommt oder nicht[1585].

III. „Schlachthof-Fall" als Beispiel einer umfassenden Einzelfallanalyse

Bei der Abfassung der Vertragstexte bedarf es eines hohen Maßes an Sorgfalt seitens der Parteien, um der in dem Verhältnis des Subunternehmervertrages zum Hauptvertrag liegenden Problematik gerecht zu werden.

Angesichts der Komplexität der vertraglichen Beziehungen im Großanlagengeschäft wird es den Parteien allerdings auch bei größter Sorgfalt nur selten gelingen, das Verhältnis beider Verträge durch Einzelverweisungen in sämtlicher Hinsicht präzise zu formulieren. Rechtstatsächlich lässt es sich nicht vermeiden,

---

1579 Vgl. hierzu *Brand/Maskow* 7.2.2., welche als Beispiel die „operative Abstimmung zum Montageablauf" nennen.

1580 Statt vieler *Vetter* RIW 1986, S. 81 (84).

1581 Ausdrücklich darauf hinweisend *Nicklisch* NJW 1985, S. 2361 (2366).

1582 Vgl. *Brand/Maskow* 7.2.2. und *Vetter* RIW 1986, S. 81 (84) jeweils mit Beispielen.

1583 Die FIDIC-Unterauftragsbedingungen enthalten zum Beispiel in Art. 4.2. – trotz zahlreicher Einzelverweisungen an anderen Stellen - eine Generalklausel. Weitere Beispiele bei *Brand/Maskow* 7.2.2..

1584 Wohl anders *Brand/Maskow* 7.2.2..

1585 Nimmt der Subunternehmervertrag nur auf „Teile der Spezifikation" (*Nicklisch* a.a.O.) des Anlagenvertrages Bezug, dann ist dieser technischen Verweisung kein Hinweis auf eine von den Parteien gewünschte Synchronisation auch der kaufmännischen und juristischen Aspekte zu entnehmen. Solche Klauseln sind häufig in Subunternehmerverträgen anzutreffen, und sie stellen hinsichtlich ihres Inhaltes und Verweisungsumfanges grundsätzlich kein Problem dar. Vgl. hierzu auch *Wallace* 13-103; *Vetter* in: Subunternehmer (Nicklisch), S. 77 (79).

dass während der vertraglichen Abwicklung Meinungsverschiedenheiten zwischen den Parteien hinsichtlich einzelner Aspekte des Verhältnisses auftreten, welche im Subunternehmervertrag zumindest mit keiner eindeutigen Regelung bedacht worden sind.
In einem solchen Fall muss ebenso wie bei der Verwendung einer bloßen Pauschalverweisung oder gar bei gänzlichem Schweigen des Vertragstextes auf herkömmliche Methoden zurückgegriffen werden, um zu einer sachgerechten Lösung zu gelangen. Fehlt es an einer ausdrücklichen Regelung, dann muss mit Hilfe der klassischen Auslegungskriterien einschließlich der ergänzenden Vertragsauslegung[1586] der konkludent geäußerte Wille der Parteien oder der hypothetische gemeinsame Wille ermittelt werden. Sowohl hilfsweise als auch korrigierend stehen noch allgemeine Billigkeitserwägungen zur Verfügung. Gesetzliche Vorschriften sind selbstverständlich stets vorrangig zu beachten.

Eine umfassende Einzelanalyse wird auch von der Rechtsprechung vorgenommen bei der Suche nach einer sachgerechten Lösung[1587].
In dem bereits im Rahmen der Ausführungen über die Rechtsnatur des Industrieanlagenvertrages erwähnten[1588], viel besprochenen[1589] sog. „Schlachthoffall" hatte der Bundesgerichtshof[1590] über die Klage eines Subunternehmers auf die restliche Vergütung einer an die Beklagte geleisteten Materiallieferung zu entscheiden. Die Klägerin (= Subunternehmer) hatte sich im Jahre 1975 gegenüber der Beklagten vertraglich zur Lieferung und Montage einer Tierkörperverwertungsanlage für einen im Iran gelegenen Schlachthof verpflichtet. Während die Lieferung im Jahre 1977 ausgeführt wurde, unterblieb die Montage aufgrund der im Iran seit 1978 herrschenden Unruhen. Die Parteien hatten sich im Subunternehmervertrag auf einen Gesamtpreis für die Lieferung und die Montage geeinigt, wobei der Montageanteil eigenständig „beziffert" wurde. Ferner wurde vereinbart, dass von der Beklagten 10% des Gesamtauftragswertes bis zum Ablauf der dreizehnmonatigen Garantiefrist, welche mit dem Tag der Übergabe an den Bauherrn zu laufen beginnen sollte, einbehalten werden konnte. Während die Beklagte von ihrem iranischen Auftraggeber aufgrund eines Akkreditivs die gesamte Vergütung für die Anlagenteile erhielt, verweigerte sie der Klägerin – unter Hinweis auf die unterbliebene Montage - die Zahlung der restlichen DM 50000,- für die Materiallieferung.

[1586] VOB/B-Kommentar/*Nicklisch* Einl. §§ 4-13 Rdnr. 89.
[1587] Zum Beispiel BGH NJW 1981, S. 391 (392 f.).
[1588] Vgl. 4. Kap. B.
[1589] Siehe statt vieler *Vetter* RIW 1984, S. 170 f.; *von der Seipen* S. 250 f..
[1590] BGH, Urt. v. 11.3.1982 – VII ZR 357/80, abgedruckt in BGHZ 83, 197 = NJW 1982, S. 1458 f .= RIW 1982, S. 441 f. = BauR 1982, S. 273 f. = DB 1982, S. 1507 f. = WM 1982, S. 586 f. = ZfBR 1982, S. 114 f. = ZIP 1982, S. 704 f..

Der Bundesgerichtshof gab der Klage statt. Unter Anwendung der vor dem Inkrafttreten der Schuldrechtsreform vom 01.01.2002 geltenden Vorschriften des Bürgerlichen Gesetzbuches stellte das Gericht zunächst einmal fest, dass die auf die Montage der gelieferten Teile gerichtete Leistungsverpflichtung gem. § 275 BGB a.F. unmöglich geworden und die Klägerin daher von der *Montage*verpflichtung freigeworden sei. Das an sich nur vorübergehende Leistungshindernis des Krieges sei als eine dauernde Unmöglichkeit zu behandeln, da das Ende des Krieges unabsehbar sei und der Klägerin, deren Dispositionsfreiheit dadurch nachhaltig gestört werde, ein Festhalten an dem Vertrag nicht zuzumuten sei.
Die Konsequenz sei zwar, dass die Klägerin gemäß §§ 323 I 1. HS a.F., 644 I 1 BGB die Vergütungsgefahr zu tragen habe. Schließlich ergebe sich aus dem Zusammenspiel mit § 645 BGB, dass die Unausführbarkeit und damit die Unmöglichkeit der *weiteren* Werkleistung gleichzustellen sei mit dem zufälligen Untergang oder Zerstörung des bereits *teilweise* oder *ganz* erstellten Werkes. Allerdings führe die analoge[1591] Anwendung des in § 645 BGB verankerten Billigkeitsgedankens zu einem Anspruch der Klägerin auf die komplette Vergütung der bereits erbrachten Leistung in Form der *Material*lieferung. Die Beklagte sei nicht für die politische Situation am Montageort verantwortlich, sie stünde jedoch der sich aus den politischen Umständen ergebenden Gefahr näher als die Klägerin.
Die Anwendung des in § 645 I 1 BGB zum Ausdruck kommenden Billigkeitsgedanken rechtfertige sich zum einen dadurch, dass die Klägerin bei Vertragsabschluss mit den politischen Unruhen und der daraus resultierenden Unausführbarkeit der Montage nicht zu rechnen brauchte. Die Beklagte müsse als ein Unternehmen mit Geschäftsbeziehungen zu ausländischen Partnern eher mit „einem am Ort der Leistung auftretenden Leistungshindernis dieser Art" rechnen[1592].
Zum anderen aber habe die Beklagte den vollen Gegenwert für die von der Klägerin geleisteten Materiallieferung durch die Einlösung des Akkreditivs bereits erhalten. Indem die Beklagte den Abschluss des Subunternehmervertrages von der Eröffnung der Akkreditive durch ihren iranischen Auftraggeber abhängig gemacht habe und die Akkreditive dadurch mittelbar auch dem Interesse der Klägerin dienten, habe der Subunternehmervertrag eine Ausgestaltung erfahren, welche zu einer „Verschiebung des mit der Abwicklung des Geschäfts verbundenen Risikos auf die Beklagte"[1593] zumindest insoweit geführt habe, als dass

---

[1591] Eine unmittelbare Anwendung des § 645 BGB scheide nach Ansicht des Gerichts aus, weil die Verpflichtung zur Montage im Iran lediglich eine vertragliche und damit beidseitige Konkretisierung der allgemeinen Montageverpflichtung sei. Es handele sich daher bei dieser Konkretisierung um keine Anweisung im Sinne des § 645 BGB. Vgl. BGH NJW 1982, S. 1458 (1459).
[1592] BGH a.a.O..
[1593] BGH a.a.O.

diese „das Risiko auf ihren iranischen Auftraggeber abwälzen konnte"[1594], was ihr spätestens mit dem Erhalt des vollen Gegenwertes der gelieferten Anlagenteile gelungen sei.
Angesichts dieser besonderen Umstände sei die analoge Anwendung des § 645 BGB geboten, und es bedürfe weder einer Abnahme der Teilleistung noch des im Vertrag vorgesehenen Ablaufs der Gewährleistungsfrist.

Der „Schlachthoffall" führt einem die Komplexität und die Bandbreite des Problembereichs „Verhältnis des Subunternehmervertrags zum Hauptvertrag" vor Augen. Darüber hinaus lassen sich ihm verallgemeinerungsfähige Hinweise für die Lösung dieser Problematik entnehmen[1595].
Zunächst einmal liefert die Entscheidung mit dem Leistungsstörungsrecht ein typisches Beispiel für den rechtlichen Kontext, in welchem die Problematik des Verhältnisses beider Verträge eingebettet sein kann.
Ferner zeigt die Entscheidung, dass man bei der Suche nach einer sach- und interessengerechten Lösung nicht „schablonenhaft" vorgehen darf. Das Gericht löst sich von dem engen Korsett des Wortlauts der gesetzlichen Vorschriften und stützt seine Entscheidung auf den der Vorschrift des § 645 BGB zugrunde liegenden Rechtsgedanken. Diesen sieht es in dem allgemeinen Postulat der Billigkeit, welches sie auf die Fragestellung konkretisiert, welche der Parteien der Gefahr näher steht und damit das Risiko zu tragen hat.
Zur Beantwortung der Frage, ob die Klägerin als Subunternehmer das unmittelbar nur das vertragliche Verhältnis zwischen der Beklagten und deren iranischem Auftraggeber betreffende Ereignis gegen sich gelten lassen muss und die Beklagte somit ihr Verwendungsrisiko auf die Klägerin abwälzen kann, stellt sie primär auf den *besonderen* und wohl eher seltenen Umstand ab, dass der Hauptunternehmer die vollständige Bezahlung des Subunternehmers verweigert, obwohl er seinerseits bereits Geld für die Leistung des Subunternehmers erhalten hat. In einem solchen Fall wäre es offensichtlich unbillig, den Subunternehmer mit einem Umstand zu belasten, welcher sich für den Hauptunternehmer ledig-

---

[1594] BGH a.a.O.
[1595] Der „Schlachthoffall" eignet sich daher besonders zur Illustration der in dem Verhältnis beider Verträge liegenden Problematik. Die Kritik von *Vetter* – RIW 1984, S. 170 f. – an der Entscheidung bezieht sich daher auch weniger auf die vom Gericht angewandte Methodik als vielmehr auf die Annahme bestimmter Umstände und deren konkrete Bewertung. So seien dem Subunternehmer zum Zeitpunkt des Vertragsabschlusses die aus dem Ort der Anlagenerrichtung resultierenden Risiken ebenfalls bekannt gewesen, und er hätte somit auch Vorkehrungen treffen können (*Vetter* a.a.O. S. 174). Außerdem dürfe die Tatsache des Erhalts der Kundenzahlung erst dann bei der Bewertung des Subunternehmerverhältnisses berücksichtigt werden, wenn sichergestellt sei, dass dem iranischen Endkunden gegen den Generalunternehmer keine Rückzahlungsansprüche zustehen. Dies gehe jedoch aus den Entscheidungsgründen nicht hervor (*Vetter* a.a.O. S. 175).

lich hinsichtlich des Gesamtauftrages negativ auswirkt, nicht jedoch hinsichtlich der bloßen Materiallieferung als ausschließlichem Gegenstand der Restforderung.

Indem das Gericht eine Besonderheit der Fallkonstellation zum letztlich ausschlaggebenden Kriterium ernennt, stellt es die Notwendigkeit einer umfassenden Einzelfallanalyse unter Beweis.

Mindestens ebenso interessant wie das Bekenntnis zu einer solchen Notwendigkeit sind allerdings die Ausführungen des Gerichts zu der Vorhersehbarkeit der politischen Unruhen durch die Klägerin und zu der zwischen den Parteien vereinbarten Abhängigkeit des Vertragsabschlusses von der Gestellung von Sicherheiten durch den iranischen Auftraggeber. Das Gericht hebt hiermit den Umstand hervor, dass der Subunternehmer mit der Undurchführbarkeit der Montage nicht rechnen konnte und dass die Parteien durch die Bezugnahme auf die Gestellung von Sicherheiten eine zumindest konkludente Regelung des Problembereiches vorgenommen haben.
Bedenkt man nun, dass man bei der Frage der Risikoabwälzung nur selten auf besondere objektive Umstände wie jene bereits erfolgte Schadlosstellung des Hauptunternehmers durch dessen Auftraggeber zurückgreifen kann, dann liegt der eigentliche Wert der Entscheidung des Bundesgerichtshofes in seinen Ausführungen zur subjektiven Seite des Subunternehmers. Das Gericht lässt hier erkennen, dass der subjektiven Seite des Subunternehmers eine zentrale Bedeutung bei der Frage der Risikoabwälzung zukommt und es sich beim Subunternehmer um eine Partei handelt, die eines grundsätzlichen Schutzes bedarf.
Es lässt sich in diesen Ausführungen die verallgemeinerungsfähige Forderung des Gerichts sehen, dem Subunternehmer angesichts seiner grundsätzlichen Schutzbedürftigkeit eine Risikodurchstellung – vorbehaltlich einer gesetzlichen Regelung oder besonderer objektiver Umstände – nur dann zuzumuten, wenn er sich mit dieser einverstanden erklärt hat.
Indem das Gericht unter anderem darauf abstellt, dass die Klägerin bei Vertragsabschluss mit den politischen Unruhen nicht rechnen musste, deutet es indirekt an, dass ein Vertragsabschluss bei Offensichtlichkeit der Gefährdung unter Umständen zu einer anderen Bewertung der subjektiven Seite der Klägerin geführt hätte. Das Gericht stellt damit klar, dass der hypothetische Wille des Subunternehmers ermittelt werden muss, wenn die Parteien es versäumt haben, eine ausdrückliche oder eine konkludente Regelung zu treffen. Bei der Suche nach dem hypothetischen Willen sind gemäß §§ 133, 157 BGB neben individuellen Umständen auch die objektiven Kriterien Verkehrssitte und Treu und Glauben zu berücksichtigen[1596].

[1596] BGHZ 7, 231 (235); Palandt-*Heinrichs* § 157 Rdnr. 7; Müko-*Mayer-Maly/Busche* § 157 Rdnr. 38 f. mit weiteren Nachweisen einschließlich der abweichenden Auffassung.

IV. Der hypothetische Synchronisationswille

Im Einzelfall ist stets eine umfassende Analyse der Umstände vonnöten, um zu einer sachgerechten Verteilung des Risikos zu gelangen. Die relevanten Umstände lassen sich in zwei grundsätzliche Gruppen einteilen.

Eine der Gruppen ist gekennzeichnet durch jene Umstände, welche die Wertung unmittelbar und nicht bloß indirekt im Sinne eines Auslegungskriteriums zur Ermittlung des Willens der Parteien beeinflussen. Solche überwiegend *objektiven* Kriterien appellieren an das Gebot der Billigkeit[1597] und weisen auf ein bestimmtes Ergebnis hin, ohne dabei den Willen der Parteien und damit die Privatautonomie zu rekurrieren.
Dagegen beschreiten die Umstände der zweiten Gruppe letzteren Weg, indem sie als subjektives oder auch objektives Kriterium „lediglich" zur Ermittlung dessen dienen, was die Parteien über die Synchronisation im konkreten Fall ausdrücklich, konkludent oder hypothetisch geäußert haben.

Die Bandbreite der Umstände beider Gruppen ist zu groß, und die Abwägung der relevanten Umstände im Einzelfall ist zu komplex, als dass sie einer umfassenden, abstrakten Erörterung zugänglich wären. Es soll daher im Folgenden lediglich der Versuch unternommen werden, die wesentlichen Grundvoraussetzungen zu umschreiben, welche in der Regel gegeben sein müssen, um eine Tendenz in Richtung eines *hypothetischen* Willens der Parteien zugunsten einer (Teil-) Synchronisation beider Vertragsverhältnisse annehmen zu können, welche über die von einer Pauschalverweisung ausgehenden Tendenz hinausgeht[1598].

In der vorliegenden Konstellation weist die Suche nach dem gemeinsamen hypothetischen Parteiwillen beider Parteien insofern eine Besonderheit auf, als dass es ohne weiteres zulässig ist, bei der Suche primär auf den Willen des Subunternehmers abzustellen, da der Generalunternehmer der unmittelbar Begünstigte eines entsprechenden Willens des Subunternehmers zugunsten einer Risikodurchstellung ist und man daher wohl stets auf einen übereinstimmenden Willen des Generalunternehmers schließen kann. Umgekehrt gilt dies nicht.

Bei der Suche muss als Grundorientierung die bekannte Formel dienen, nach der zur Ermittlung des hypothetischen Parteiwillens darauf abzustellen ist, was die Parteien bei einer angemessenen Abwägung ihrer Interessen nach Treu und

---

[1597] Im zuvor besprochenen „Schlachthoffall" ist es die Bezahlung des Hauptunternehmers durch den Auftraggeber.
[1598] Vgl. die vorherigen Ausführungen im 9. Kapitel C II 1.

Glauben als redliche Vertragspartner vereinbart hätten, wenn sie den nicht geregelten Fall bedacht hätten[1599].
Bezogen auf den Gegenstand dieser Untersuchung bedeutet dies, dass sich der hypothetische Wille zugunsten einer (Teil -) Synchronisation - vorbehaltlich besonderer abweichender Umstände - annehmen lässt, wenn man angesichts der auch dem Subunternehmer zum Zeitpunkt des Vertragsabschlusses bekannten Umstände es als unredlich betrachten müsste, dass sich dieser auf die juristische Selbständigkeit beider Vertragsverhältnisse und damit auf die Irrelevanz der Ereignisse des Hauptvertrages beruft. Es handelt sich dabei um solche Umstände, hinsichtlich derer man einen deutlichen Einspruch bei Vertragsschluss seitens des Subunternehmers hätte erwarten können und bezüglich derer man infolgedessen bei unterbliebenem Einspruch davon ausgehen konnte, dass sich der Subunternehmer mit dem aus ihnen resultierenden Risiko identifiziert[1600].
Es ist jedoch auch hier wieder vor der voreiligen Annahme einer umfänglichen Identifikation mit sämtlichen Risiken des Hauptvertrages zu warnen; es sind die Umstände hinsichtlich jedes einzelnen Risikoaspektes individuell zu bewerten.

Um eine Identifikation des Subunternehmers mit einem unmittelbar nur den Hauptvertrag anhaftenden Risiko annehmen zu können, wird man zunächst einmal fordern müssen, dass sich der Subunternehmer der jeweiligen Gefahr überhaupt bewusst ist. *Nicklisch* stellt zu Recht fest, dass das „*objektiv* feststellbare Faktum, dass ein Subunternehmervertrag der Erfüllung eines Hauptvertrages dient und somit im Rahmen des Gesamtprojekts zu sehen ist, als solches noch keine Bedeutung für die Synchronisation beider Verträge"[1601] hat.
Wenn der Subunternehmer nicht weiß, dass seine Leistung der Erfüllung einer Verpflichtung des Generalunternehmers gegenüber einem Dritten dient und daher in ein vertragliches Netzwerk eingebunden ist, dann wird man ihm auch nicht vorwerfen können, dass er sich zum Zeitpunkt des Vertragsabschlusses gegen eine Durchstellung des entsprechenden Risikos nicht ausdrücklich gewehrt hat.
Erst die Kenntnis des Subunternehmers von dem Verwendungszweck seiner Leistung schafft einen für den hypothetischen Willen relevanten Bezug des Subunternehmervertrages zu der Risikosphäre des Hauptvertrages. Bei der Kenntnis der bloßen Zwecksetzung darf man es jedoch nicht belassen; zusätzlich muss der Subunternehmer noch Kenntnis bzw. fahrlässige Nichtkenntnis von dem konkreten Risiko gehabt haben. Es verwundert daher nicht, dass der Bundesgerichtshof

---

[1599] BGHZ 84, 1 (7); 90, 69 (77); BGH NJW 1994, S. 1008 (1011); OLG Düsseldorf NJW-RR 96, S. 1035 (1035); Palandt-*Heinrichs* § 157 Rdnr. 7.
[1600] Es liegt in der Natur der Methodik, dass der Übergang zu den Kriterien der Ermittlung des konkludenten Parteiwillens fließend ist.
[1601] VOB/B-Kommentar/*Nicklisch* Einl §§ 4 – 13 Rdnr. 89 (Hervorhebung durch den Verfasser).

im „Schlachthoffall" unter anderem darauf abstellte, dass der Subunternehmer bei Vertragsabschluss mit den politischen Unruhen im Iran nicht rechnen musste[1602].

Dient der Beitrag des Subunternehmers der Erstellung einer industriellen Großanlage, dann muss er insbesondere über die zeitlichen und logistischen Dimensionen des Projektes und damit über das besondere Konfliktpotential des Hauptvertrages informiert gewesen sein[1603].
Aber auch die Kenntnis des konkreten Risikos reicht in der Regel nicht aus, um eine Tendenz zugunsten einer Durchbrechung der juristischen Selbständigkeit beider Vertragsverhältnisse zu rechtfertigen. Aus der bloßen Kenntnis einer grundsätzlich fremden Risikosphäre lässt sich noch nicht auf eine Identifikation des „außenstehenden" Subunternehmers mit dieser schließen.
Als weitere Grundvoraussetzung wird man zusätzlich noch verlangen müssen, dass der Subunternehmer – bezüglich des dem jeweiligen Risikobereich entsprechenden Leistungsanteils - *umfangreich* in die Anlagenerstellung integriert und konsultiert wird[1604]. In einem solchen Fall wird die juristische Distanz des Subunternehmers zu dem vertraglichen Verhältnis zwischen dem Generalunternehmer und dem Besteller in faktischer Hinsicht reduziert, und der Subunternehmer rückt faktisch in die Nähe des unmittelbar aus dem Hauptvertrag verpflichteten Generalunternehmers.

Es lässt sich somit festhalten, dass die Kenntnis des Risikos und die umfangreiche Integration des Subunternehmers in die Anlagenerstellung gemeinsam ein *starkes Indiz* zugunsten eines Parteiwillens zur Koordination der Vertragsverhältnisse bilden, sofern die Parteien ihren *generellen* Willen bereits in Form einer Pauschalverweisung kundgetan haben. Mangelt es an einer Pauschalverweisung, oder aber ist der Subunternehmer lediglich informiert, ohne umfänglich in die Anlagenerstellung integriert zu sein, dann verliert das Indiz an Stärke. Es bietet jedoch immer noch genügend Anlass, einen Gleichlauf bzw. eine Durchstellung des Risikos verstärkt zu erwägen.

Eine starke Indizwirkung entbindet den Rechtsanwender nicht, den hypothetischen Willen des Subunternehmers hinsichtlich jedes einzelnen Risikoaspektes bzw. Umstandes des Hauptvertrages zu untersuchen. Vor einer Pauschalisierung dieser bloßen Tendenz kann nur gewarnt werden. Bei der Untersuchung des einzelnen Aspektes darf die für die Ermittlung des hypothetischen Willens relevante Redlichkeitsformel nicht überstrapaziert werden. Schließlich ist sich ein Subunternehmer der grundsätzlichen Unabhängigkeit seiner vertraglichen Be-

---

[1602] BGH NJW 1982, S. 1458 (1459).
[1603] *Nicklisch* NJW 1985, S. 2361 (2365).
[1604] Ähnlich auch *Nicklisch* a.a.O..

ziehung von dem Hauptvertrag bewusst, und man wird ihm nur in Ausnahmefällen unter Heranziehung der Billigkeitsgesichtspunkte Treu und Glauben den Willen unterstellen können, auf diese Unabhängigkeit ganz oder teilweise zu verzichten.

Als unredlich wird man die Berufung des Subunternehmers auf die Unabhängigkeit seiner vertraglichen Beziehung insbesondere hinsichtlich solcher Risiken bzw. Umstände des Hauptvertrages bezeichnen können, deren einheitliche bzw. abgestimmte Handhabe von besonderer Bedeutung für das *erfolgreiche organisatorische Zusammenspiel* beider Beziehungen ist. Es wird sich dabei vornehmlich um solche Bereiche handeln, denen auch im isolierten einzelvertraglichen Kontext nicht so sehr die Aufgabe der juristisch-kaufmännischen Positionierung der einzelnen Partei zukommt[1605], sondern welche auch dort schwerpunktmäßig der Koordination des Vertragsverhältnisses dienen.

Ist zum Beispiel ein Subunternehmer umfänglich in die sich über Jahre erstreckende Anlagenerstellung einbezogen, dann müsste man es als unredlich betrachten, wenn er sich gegen einen Gleichlauf der Abnahme- und Gewährleistungsvorschriften wehren würde. Das Gleiche muss regelmäßig auch für die Befugnis des Bestellers gelten, Konkretisierungen und Änderungen[1606] des Leistungsumfanges vorzunehmen. Bei einer starken Einbindung des Subunternehmers in die Anlagenerstellung wird man dessen hypothetisches Einverständnis mit dem Recht des Hauptunternehmers annehmen können, die Konkretisierungen und Änderungen[1607] auf das Subunternehmerverhältnis zu übertragen.

Abschließend bietet sich noch ein Vergleich der Stellung des Subunternehmers mit der des Konsorten in der im Anlagengeschäft typischen Variante eines Innenkonsortiums an.
Das Anlageninnenkonsortium zeichnet sich aus durch das einzelvertragliche Gepräge der einzelnen Konsortenbeiträge und durch eine umfängliche, von den Beteiligten gewünschte Koordination des Kundenvertrages mit den einzelvertraglichen Leistungsbeiträgen[1608]. Durch die bloß lockere körperschaftliche

---

[1605] Zu nennen ist hier etwa die Verpflichtung des Generalunternehmers, Bankgarantien in Form von Anzahlungs- oder Erfüllungsgarantien zu stellen

[1606] Nicht so eindeutig ist dagegen die Situation, wenn sich der Generalunternehmer gegenüber dem Besteller zu Leistungsänderungen ohne Mehrvergütung bereit erklärt. Der Verzicht auf Mehrvergütung betrifft nicht mehr den bloßen Bereich der Koordination, und ein hypothetisches Einverständnis des Subunternehmers kann nicht mehr ohne Weiteres auf der aus der gemeinsamen Zielsetzung resultierenden erhöhten Notwendigkeit einer Koordination begründet werden.

[1607] So auch *Nicklisch* NJW 1985, S. 2361 (2365).

[1608] Vgl. hierzu die Ausführungen oben im 6. Kapitel C III 3 b (1) (c) sowie (e) (bbb).

Struktur des Innenkonsortiums und insbesondere auch durch die Annahme einer eigenständigen, nachgeschalteten werkvertraglichen Beziehung der Konsorten zu dem Innenkonsortium ist eine „grundsätzliche" Vergleichbarkeit des Innenkonsorten mit dem Subunternehmer gegeben, und es lassen sich aus dieser im Einzelfall Rückschlüsse auf das Maß der Koordination des Hauptvertrages mit dem Subunternehmervertrag ziehen.

In der grundsätzlichen Vergleichbarkeit der beiden Konstruktionen lässt sich auf jeden Fall eine Bestätigung der oben formulierten Forderung nach einer Kenntnis des Risikos durch den Subunternehmer und nach einer umfangreichen Integration desselben in die Anlagenerstellung sehen. Anders als der durchschnittliche Subunternehmer verfügt der Innenkonsorte über ausführliche Informationen über das Projekt, und er ist in der Regel nicht unbeträchtlich in die Anlagenerstellung eingebunden.

Treten allerdings beide Konstruktionen kombiniert auf, d.h. ist auf Auftragnehmerseite dem unmittelbaren Vertragspartner ein Innenkonsortium nachgelagert und werden darüber hinaus noch Subunternehmer umfänglich in die Projektierung und Herstellung integriert, dann ist diese Formel nur mit großer Vorsicht anzuwenden. Schließlich drängt sich in einem solchen Fall die Frage auf, warum die Subunternehmer nicht auch dem Innenkonsortium beigetreten sind, wenn sie ohnehin an dem Risiko beteiligt sind.
Es muss sich die Absicht der Parteien, keinen Unterschied zwischen Innenkonsorten und bestimmten umfänglich integrierten Subunternehmern machen zu wollen, zweifelsfrei feststellen lassen. Dazu darf die Nichtbeteiligung des jeweiligen Subunternehmers am Innenkonsortium ihren Grund nur in Erwägungen jenseits der Risikodurchstellung haben. Als ein solcher Grund kommen etwa steuerrechtliche Aspekte oder der Wunsch der am Innenkonsortium Beteiligten nach einer Exklusivität ihres unter Umständen schon vielfach bewährten Zusammenschlusses in Betracht. Zu denken ist auch an die Situation, dass ein Subunternehmer erst nachträglich und damit nach Abschluss eines klassischen Subunternehmervertrages durch Erweiterung seines Leistungsanteiles in die Position eines „Kandidaten" für die Stellung eines Innenkonsorten aufrückt und die Beteiligten es aus bestimmten Erwägungen bei der bisherigen Konstruktion belassen.
Dagegen ist davor zu warnen, eine Gleichgültigkeit der Beteiligten hinsichtlich der genauen Konstruktion anzunehmen und auf diese den Rückschluss der Gleichbehandlung zu stützen. Man kann bei den im industriellen Großanlagengeschäft tätigen Unternehmen davon ausgehen, dass sie ihre Beteiligungsform

aus einem juristischen und kaufmännischen Kalkül heraus wählen und diese nahezu nie dem Zufall überlassen[1609].

V. Spezialfall des benannten Subunternehmers

Eine besondere Erwähnung verdient in diesem Zusammenhang das System des benannten Subunternehmers. Es wurde bereits dargelegt, dass dem Besteller aus Qualitätsgründen sehr daran gelegen ist, dass vom Generalunternehmer nur bewährte und erfahrene Subunternehmer zur Projektierung und Erstellung der Anlage herangezogen werden. Um dies zu erreichen, kann er zunächst einmal aufgrund der ihm eingeräumten Mitsprache- oder Einspruchsrechte mittelbar Einfluss auf die Wahl des konkreten Subunternehmers nehmen. Stattdessen oder ergänzend dazu kann er aber auch seine passive Haltung aufgeben und dem Generalunternehmer konkrete Vorgaben erteilen, indem er entweder einzelne Subunternehmer benennt oder aber zur Bedingung macht, dass der Generalunternehmer lediglich Subunternehmer auswählt, die der Besteller zuvor in einer Art Vorauswahl auf einer Liste zusammengestellt hat. Eine solch aktive Einflussnahme ist sehr verbreitet in den angelsächsischen Ländern[1610] und hat inzwischen auch in die meisten FIDIC-Werke Einzug gehalten[1611].

Vor allem bei der Benennung eines konkreten Subunternehmers spielen neben der Qualitätssicherung häufig noch weitere Aspekte eine wichtige Rolle.
Hat sich der Generalunternehmer mit dem Besteller auf einen Selbstkostenerstattungspreis zuzüglich einer Gewinnmarge als Preisberechnungsmethode geeinigt[1612], dann kann er durch die Benennung preisgünstigerer Subunternehmer Einfluss auf den Endpreis der Anlage nehmen[1613]. Handelt es sich bei dem Auftraggeber um die Regierung eines Landes, dann wird sie regelmäßig aus volkswirtschaftlichen Gründen die Einschaltung lokaler Subunternehmer zur Bedingung machen. Aus denselben Gründen wird die an dem Vertragsverhältnis nicht unmittelbar beteiligte Regierung des Baustellenlandes eine finanzielle Unterstützung oder sogar die Erlaubnis zum Bau der Anlage von der Hinzuziehung lokaler Unternehmer abhängig machen[1614]. Für den Fall, dass der Auftraggeber

---

1609 Großzügiger *Nicklisch* NJW 1985, S. 2361 (2363).

1610 *Wallace* 13-003, der auch darauf hinweist, dass eine Vorauswahl von Subunternehmern durch den Besteller, aus denen der Generalunternehmer frei wählen kann, insbesondere ein Phänomen des US-amerikanischen Bau-und Anlagengeschäfts ist.

1611 Vgl. Art. 4.5 EPC und FIDIC-Contractor sowie Art. 5 FIDIC-Employer.

1612 Zu den verschiedenen Preisberechnungsmethoden vgl. die Ausführungen oben im 2. Kap. II 2.

1613 UNCITRAL chap. XI para. 12.

1614 UNCITRAL chap. XI para. 11; *Hopfenbeck* S. 199.

Teil eines Konzerns ist, wird er regelmäßig bemüht sein, andere Konzernunternehmen durch den Abschluss von Subunternehmerverträgen in die Anlagenerstellung zu integrieren[1615].

Ebenso evident wie das besondere Interesse des Bestellers an einer Möglichkeit der Einflussnahme im beschriebenen Sinne ist der Nachteil einer solchen Vorgehensweise für den Generalunternehmer.
Schließlich ist es für ihn insbesondere im Rahmen eines Turnkey-Vertrages von entscheidender Bedeutung, auf Subunternehmer zurückgreifen zu können, deren Zuverlässigkeit und Kapazitäten er einschätzen kann und bei denen er hinsichtlich des Zusammenspiels und des Ineinandergreifens der Leistungskomponenten nicht nur mit keinen gravierenden Problemen zu rechnen braucht, sondern bei denen er sich unter Umständen sogar Erfahrungen und gegenseitige Kenntnis aus vorangegangenen Projekten zu Nutze machen kann.
Obendrein wird der Generalunternehmer durch die Vorgabe konkreter Subunternehmer und dem daraus resultierenden faktischen Kontrahierungszwang der Möglichkeit beraubt, gegenüber dem Subunternehmer eine nur relativ geringe Entlohnung durchzusetzen. Für den Fall, dass er mit dem Besteller einen Pauschalpreis für die Gesamtanlage vereinbart hat, wirkt sich dies negativ auf seinen Gewinn aus. Dem kann man damit begegnen, dass der von dem benannten Subunternehmer zu erbringende Leistungsanteil aus dem dem Pauschalpreis zugrunde liegenden Gesamtpaket herausgenommen wird und der Generalunternehmer vom Besteller hinsichtlich des konkreten Subunternehmeranteils den an diesen tatsächlich geleisteten Werklohn zuzüglich eines bestimmten Gewinns erhält. Es erfolgt eine isolierte Abrechnung der Subunternehmerleistung auf der Grundlage einer abweichenden Preisberechnungsmethode[1616].

Das für den Generalunternehmer gravierendste Problem im Zusammenhang mit dem Nominierungssystem liegt in seiner grundsätzlich umfänglichen Haftung für die Schlechtleistung und das Verschulden von Subunternehmern. Zwar könnte der Generalunternehmer versuchen, seine Haftung hinsichtlich der von dem Besteller benannten Subunternehmer auf eine bloße Anleitungs- und Überwachungsverantwortung zu beschränken[1617] oder sogar gänzlich auszuschließen, jedoch wird ihm dies angesichts seiner schwächeren Verhandlungsposition regelmäßig nicht gelingen[1618]. Schließlich stellt insbesondere der gänzliche Haftungsausschluss für den Besteller ein großes Risiko dar[1619]. Im Falle einer

---

[1615] *Hautkappe* S. 54.
[1616] So zum Beispiel Art. 19.2.2. ENAA.
[1617] *Brand/Maskow* 7.2.3.9..
[1618] *Rosener* in: MünchVhb (Bd. 2) VI. 1 Anm. 78 (b), (c); *Hautkappe* S. 62.
[1619] UNCITRAL chap. XI para. 27.

Schlechtleistung bzw. eines Verschuldens seitens des Subunternehmers kann er weder gegen den Generalunternehmer noch gegen den Subunternehmer, zu dem er nach den meisten Rechtsordnungen der Welt in keiner vertraglichen Beziehung steht, vertragliche Ansprüche geltend machen. Angesichts der Tragweite eines möglichen Fehlverhaltens seitens des Subunternehmers kann sich eine Regelung, nach der die Verantwortung des Generalunternehmers reduziert wird, als „desaströs"[1620] für den Besteller erweisen.

Aus diesem Grunde empfiehlt sich eine solche Regelung grundsätzlich nicht. Um dennoch einen angemessen Ausgleich zwischen den Interessen des Generalunternehmers und denen des Bestellers zu erreichen, wird stattdessen regelmäßig vorgeschlagen, dem Generalunternehmer ein Ablehnungsrecht hinsichtlich bestimmter, von dem Besteller benannter Subunternehmer einzuräumen[1621].

In dem UNCITRAL-Leifaden werden neben mangelnder Qualifikation und mangelnder Liquidität des Subunternehmers als mögliche Ablehnungsgründe noch genannt:

- Die Weigerung des benannten Subunternehmers, gegenüber dem Generalunternehmer dieselben Verpflichtungen einzugehen, die dieser gegenüber dem Besteller hat

- Die Weigerung des benannten Subunternehmers, sich zu verpflichten, den Generalunternehmer für sämtliche Verpflichtungen gegenüber dem Besteller oder einem Dritten zu entschädigen, die diesem aufgrund von Handlungen oder Unterlassungen seitens des Subunternehmers entstehen.

Einen solchen Interessenausgleich schaffen auch die FIDIC-Werke, indem sie die Haftung des Generalunternehmers für ein Verschulden des von dem Besteller benannten Subunternehmers nicht reduzieren, sondern ihm zum Ausgleich ein Einspruchsrecht gegen dessen Benennung zubilligen.

Sie sehen zunächst einmal übereinstimmend die folgende Regelung[1622] vor:
"The Contractor shall not be under any obligation to employ a nominated Subcontractor against whom the Contractor raises reasonable objection by notice to the Engineer as soon as practicable, with supporting particulars."

[1620] *Wallace* 13-010 spricht in diesem Zusammenhang von „potentially disastrous".
[1621] *Brand/Maskow* 7.2.1.; UNCITRAL chap. XI para. 24; *Wallace* 13-003 f..
[1622] Vgl. Art. 4.5 Satz 2 EPC und FIDIC-Contractor; Art. 5.2 Satz 1 FIDIC-Employer.

Der FIDIC-**Employer**-Vertrag fährt wie folgt fort:

"An objection shall be deemed reasonable if it arises from (among other things) any of the following matters, unless the Employer agrees to indemnify the Contractor against and from the consequences of the matter:
(a) there are reasons to believe that the Subcontractor does not have sufficient competence, resources or financial strength;
(b) the subcontract does not specify that the nominated Subcontractor shall indemnify the Contractor against and from any negligence or misuse of Goods by the nominated Subcontractor, his agents and employees;
(c) the subcontract does not specify that, for the subcontracted work (including design, if any), the nominated Subcontractor shall:
   (i) undertake to the Contractor such obligations and liabilities as will enable the Contractor to discharge his obligations and liabilities under the Contract, and
   (ii) indemnify the Contractor against and from all obligations and liabilities arising under or in connection with the Contract and from the consequences of any failure by the Subcontractor to perform these obligations or to fulfil these liabilities."

Eine ähnliche Regelung enthalten zum Beispiel auch die Mustervertragsbedingungen der Engineering Advancement Association of Japan in Art. 19.2.[1623].

Der Generalunternehmer ist somit nicht verpflichtet, mit der von dem Besteller benannten Person eine vertragliche Beziehung einzugehen, wenn diese nicht bereit ist, die dem Generalunternehmer aus der vertraglichen Beziehung zu dem Besteller erwachsenden Verpflichtungen – hinsichtlich ihres Leistungsanteils – „spiegelbildlich"[1624] zu übernehmen und den Generalunternehmer in Bezug auf

[1623] Vgl. in diesem Zusammenhang auch die Conditions of Subcontract – hrsg. von dem Singapore Institute of Architects (SIA), zu beziehen über www.sia.org- , welche zwar dem Generalauftragnehmer kein Einspruchsrecht im zuvor beschriebenen Sinne einräumen, den nominierten Subunternehmer allerdings – vorbehaltlich besonderer Regelungen - in Art. 4.1 verpflichten, seine Leistung an den Vorgaben aus dem Hauptvertrag auszurichten und alle nötigen Maßnahmen zu unternehmen, um zu verhindern, dass der Generalauftragnehmer seinen Verpflichtungen aus dem Hauptvertrag nicht nachkommen kann. Zudem wird in den Artikeln 4.2, 9.1 sowie 9.2 ausdrücklich die Pflicht des Subunternehmers statuiert, den Generalunternehmer für den Fall zu entschädigen, dass Ansprüche Dritter an diesen aufgrund einer Schlechtleistung seitens des Subunternehmers herangetragen werden.
Ausführlich zu den gesetzlichen Rahmenbedingungen des Einsatzes von Subunternehmern in Singapur vgl. *Tan/Chan* ICLR (2001), 93, 102.

[1624] So bezüglich einer ähnlichen Vorschrift aus einem älteren FIDIC-Vertragswerk: *Vetter* RIW 1986, S. 81 (85).

durch sie verursachte Schadenersatzansprüche zu entschädigen[1625]. Damit erfolgt letztendlich eine Durchstellung des dem Generalunternehmer aus dem Hauptvertrag erwachsenden Risikos auf den Subunternehmer.

Das System der benannten Subunternehmer erhält durch ein solches Ablehnungsrecht des Generalunternehmer den Charakter eines Konzepts, in welchem sich nicht nur die im Anlagenbau herrschenden Marktverhältnisse niederschlagen, sondern welches vor dem Hintergrund eben dieser Marktverhältnisse insgesamt auch einen fairen Ausgleich[1626] zwischen den Interessen der beteiligten Parteien darstellt.

Der Besteller hat im internationalen Industriegroßanlagenbau die stärkste Position inne, aufgrund derer er in der Lage ist, dem Generalauftragnehmer bestimmte Subunternehmer vorzuschreiben, ohne dass er im Gegenzug eine Reduzierung oder einen Ausschluss der Haftung des Generalunternehmers akzeptieren müsste. Eine umfängliche Verantwortung des Generalunternehmers für den benannten Subunternehmer würde jedoch für jenen ein unzumutbares Risiko darstellen, da er diesen nicht auf seine Bonität und Zuverlässigkeit hin ausgesucht hat. Der Subunternehmer wiederum profitiert von der Intervention seitens des Bestellers, da er durch diese Zugang zu einem Projekt erhält, an welchem er unter Umständen sonst nicht beteiligt worden wäre. Da er seine Beteiligung somit in der Regel nur der Intervention des Bestellers zu verdanken hat, erscheint es auch sachgerecht, dass der Generalunternehmer das aus seinem Engagement resultierende Risiko auf ihn abwälzen kann.

Das Ablehnungsrecht des Auftragnehmers ändert zwar nichts daran, dass es sich bei dem System des benannten Subunternehmers aus Sicht des Bestellers um eine geniale Methode[1627] handelt, welche diesem wirtschaftliche Entscheidungs- und Kontrollbefugnisse ohne rechtliche Bindungen beschert, jedoch sorgt es dafür, dass das System für den Generalunternehmer nicht mehr nur „rechtliche Verantwortung ohne wirtschaftliche Disposition"[1628] bedeutet.

Es ist nicht ersichtlich, warum nur der FIDIC-Employer-Vertrag eine Konkretisierung des Ablehnungsrechts im beschriebenen Sinne enthält und sowohl der FIDIC-EPC-Vertrag als auch der FIDIC-Contractor-Vertrag es bei der obigen allgemeinen Formulierung des Ablehnungsrechtes belassen. Angesichts des in den zitierten FIDIC-Werken identischen Wortlautes dieser allgemeinen Formulierung und der dargestellten Notwendigkeit einer entsprechenden Konkretisie-

---

[1625] Vgl. auch *Mallmann* S. 91.

[1626] Vgl. auch die Einschätzung von *Wallace* 13-010 f..

[1627] *Weick* S. 202.

[1628] So noch *Weick* a.a.O..

rung zur Schaffung eines fairen Interessenausgleichs kann allerdings davon ausgegangen werden, dass auch auf der Grundlage der beiden anderen FIDIC-Werken ein Einspruch im beschriebenen Sinne als relevant zu werten ist. Zumal beide Werke auf einen Anlagenvertrag in der Variante eines Turnkey-Vertrages zugeschnitten sind[1629], und das System des benannten Subunternehmers ohne eine entsprechende Ablehnungsmöglichkeit gerade für einen Generalunternehmer im Rahmen eines Turnkey-Vertrages eine besondere Belastung darstellt angesichts seiner Verantwortung für das Gesamtgelingen der Anlage.

Die Dominanz der FIDIC-Werke im internationalen Großanlagengeschäft mag einer der Gründe sein, warum Gespräche des Verfassers mit der Praxis ergeben haben, dass dem Generalunternehmer in den meisten Fällen ein Ablehnungsrecht im obigen Sinne eingeräumt wird.

Es wurde oben festgestellt, dass sich der gemeinsame Wille der Parteien zur Koordination der Vertragsverhältnisse zumindest im Sinne einer *verstärkten Tendenz* annehmen lässt, wenn der Subunternehmer bei Vertragsschluss über das jeweilige Risiko informiert ist und in einem angemessen Maße in die Anlagenerstellung integriert wird.

Im Falle eines nominierten Subunternehmers stellt sich die Situation anders dar. Ergeben die Ermittlungen, dass der benannte Subunternehmer bei Vertragsschluss seinen Status als nominierten Subunternehmer kannte und sich auch des qualifizierten Ablehnungsrechts des Generalunternehmers bewusst war, dann lässt sich statt einer bloß „verstärkten Tendenz" sogar eine Synchronisations*vermutung* annehmen, und zwar auch dann, wenn der Subunternehmer lediglich über das jeweilige Risiko informiert war. Auf das Maß der Integration kommt es nicht an. Zur Rechtfertigung der Vermutung wird man aber auch hier regelmäßig eine Pauschalverweisung verlangen müssen[1630].

Schließlich steht dem Generalunternehmer mit seinem Ablehnungsrecht gegenüber dem Subunternehmer ein Druckmittel zur Verfügung, und der Subunternehmer ist sich, auch wenn der Generalunternehmer dieses Druckmittel nicht ausdrücklich einsetzt, der Tatsache bewusst, dass der Generalunternehmer ohne die Vereinbarung der für ihn eminent wichtigen Risikodurchstellung und Entschädigungspflicht des Subunternehmers mit diesem nicht kontrahieren muss. Angesichts dieser für den Generalunternehmer günstigen Ausgangsposition

---

[1629] Vgl. die Ausführungen im 3. Kapitel.

[1630] Liegt eine solche nicht vor, dann hat dieser Mangel eine ähnliche Wirkung wie im Zusammenhang mit dem informierten und integrierten Subunternehmer. Die Konstellation ist dann nicht mehr in der Lage, eine Vermutung zu begründen. Man wird ihr aber eine Indizwirkung zubilligen müssen.

muss man es in der Regel als eklatant unredlich betrachten, wenn sich der Subunternehmer bei einer Streitigkeit auf die grundsätzliche Unabhängigkeit seiner vertraglichen Beziehung beruft.
Die bloße Kenntnis des jeweiligen Risikos reicht in einem solchen Fall aus, um in dem Vertragsschluss die Akzeptanz desselben durch den Subunternehmer zu *vermuten*. Dies gilt natürlich umso mehr, wenn der Subunternehmer darüber hinaus noch umfänglich in die Anlagenerstellung eingebunden ist.

D. Kollisionsrechtlicher Gleichlauf

In den bisherigen Ausführungen über das Verhältnis des Subunternehmervertrages zum Hauptvertrag hat ein Aspekt noch keine Erwähnung gefunden, welcher nicht nur aufgrund des Themas dieser Arbeit von besonderer Bedeutung ist. Es handelt sich dabei um den Gleichlauf der beiden Vertragsverhältnisse im Hinblick auf die auf den jeweiligen Vertrag anwendbare Rechtsordnung. Ein solcher erweist sich regelmäßig als äußerst förderlich und in gewisser Hinsicht sogar als unverzichtbar für eine möglichst konfliktarme Erstellung der industriellen Anlage - als dem gemeinsamen Endziel beider Vertragsverhältnisse -.
So können etwa verschiedene Vertragsstatute einen von den Parteien angestrebten materiell-rechtlichen (Teil-) Gleichlauf zumindest behindern, wenn sie unterschiedliche Ansprüche an die Gültigkeit von Rechtshandlungen und Rechtsinstituten stellen oder aber sich hinsichtlich der nicht dispositiven Vorschriften wesentlich unterscheiden. Gravierende Unterschiede in Bezug auf die ergänzend zur Anwendung kommenden Vorschriften sowie sich deutlich unterscheidende Auslegungskriterien[1631] können eine ähnliche Wirkung haben.
Aber auch wenn ein materiell-rechtlicher (Teil-) Gleichlauf weder von den Parteien gewünscht wird, noch aufgrund der objektiven Umstände indiziert ist, kann die Unterschiedlichkeit der Vertragsstatute zu Problemen führen. Die trotzdem bestehende Interdependenz der Verträge fordert auch hier eine grundsätzliche Kompatibilität, d.h. die Flexibilität der ein Vertragsverhältnis beherrschenden Rechtsordnung, zumindest auf das Wesen der Kernregelungen der anderen vertraglichen Beziehung mit eigenen Rechtsinstituten und Methodiken angemessen reagieren zu können.

Mangelt es an einer solchen Kompatibilität, dann findet der zur Entscheidung Berufene unter Umständen Systembrüche vor, die es ihm unmöglich machen, eine ausgewogene, an den vertraglichen Regelungen orientierte Lösung zu finden.

[1631] *Van Houtte* ICLR (1991) 301, 308.

Man kann somit feststellen, dass im Hinblick auf die auf die vertraglichen Verhältnisse anwendbaren Rechtsordnungen ein Gleichlauf zumindest insoweit unverzichtbar ist, als dass eine *grundsätzliche* Kompatibilität[1632] gewährleistet sein muss. In dieser Dringlichkeit unterscheidet sich das kollisionsrechtliche Harmonisierungsbedürfnis von dem materiell-rechtlichen.

I. Ausdrückliche Rechtswahl

Es verwundert daher nicht, dass die FIDIC-Unterauftragsbedingungen auch in dieser Hinsicht eine ausdrückliche Anlehnung an das Recht des Hauptvertrages empfehlen[1633]. Diese Empfehlung steht im Einklang mit der Handhabung in der Praxis. Im Industrieanlagengeschäft stimmt die im Subunternehmervertrag getroffene Rechtswahl häufig mit der des Hauptvertrags überein[1634], d.h. die Parteien entscheiden sich ausdrücklich zugunsten eines Gleichlaufs. Es hängt letztendlich von der Verhandlungsposition des Subunternehmers ab, ob er die Wahl seines Heimatrechtes durchzusetzen vermag oder aber das Recht des Hauptvertrages akzeptieren muss. Dabei ist natürlich für das Ausmaß seiner Widerwehr das jeweilige auf den Hauptvertrag anwendbare Recht ausschlaggebend. Handelt es sich bei diesem um ein neutrales und ausgewogenes Recht, von dessen grundsätzlicher Ausgeglichenheit der Subunternehmer überzeugt ist, dann wird er umso eher einer Anlehnung an das Recht des Hauptvertrages zustimmen. Schließlich stellt in einem solchen Fall die Übernahme des bloßen Rechts anders als die Durchstellung eines konkreten Risikos keine wirkliche Benachteiligung dar. Zwar ist der Subunternehmer mit dem ihm fremden Recht nicht so vertraut wie mit seinem Heimatrecht, jedoch steht diesem Nachteil das Interesse auch des Subunternehmers an einem Minimum von Systembrüchen zwischen den beiden Rechtsverhältnissen gegenüber. Und dafür bietet dieselbe Rechtsordnung die größte Gewähr.

An diesem grundsätzlichen[1635] Interesse des Subunternehmers an der Anwendung *derselben* Rechtsordnung, in welchem nicht etwa auch ein grundsätzliches

---

[1632] Es ist hiermit eine Kompatibilität gemeint, welche es zumindest zulässt, dass mit kollisionsrechtlichen Instituten - wie zum Beispiel der Anpassung - Abhilfe geschaffen werden kann. Allgemein zur Anpassung vgl. *von Hoffmann/Thorn*, IPR, § 6 Rdnr. 31 f..

[1633] Art. 3.2 FIDIC-Subcontract lautet: "Unless otherwise stated in Part II of the Conditions of Subcontract, the law of the country or state which applies to the Main Contract and according to which the Main Contract is construed shall also apply to the Subcontract and be the law according to which the Subcontract shall be construed."

[1634] *Vetter* ZVglRWiss 87 (1988), S. 247 (251).

[1635] Siehe in diesem Zusammenhang *Vetter* ZVglRWiss 87 (1988), 247 (251), der „von besonderen Konstellationen des betreffenden Industrieanlagenvorhabens" spricht, aufgrund derer die Parteien im Subunternehmervertrag bewusst eine Rechtswahl treffen, welche von der im Hauptvertrag abweicht. Er bleibt dabei jedoch Beispiele schuldig. *Markowsky* – S. 286 -

Interesse an dem Statut des Hauptvertrages gesehen werden darf, wird eine weitere Besonderheit der Fragestellung deutlich, ob ein Gleichlauf beider Vertragsbeziehungen auch hinsichtlich der anwendbaren Rechtsordnung von den Parteien gewünscht wird bzw. aufgrund objektiver Umstände sachgerecht erscheint.

Anders als bei den materiell-rechtlichen Fragen der Durchstellung von Risiken auf den Subunternehmer muss hier bei der Abwägung im Einzelfall bedacht werden, dass ein diesbezüglicher Gleichlauf der Statute unter Umständen auch im Interesse des Subunternehmers liegen kann[1636]. Diese Eigenart der Fragestellung gesellt sich neben die schon oben erwähnte Besonderheit, dass ein Gleichlauf im Sinne einer grundsätzlichen Kompatibilität beider Vertragsstatute nicht nur förderlich, sondern nahezu unverzichtbar ist.

II. Pauschalverweisung

Wenn die Parteien des Subunternehmervertrages sich nicht ausdrücklich über das auf den Vertrag anwendbare Recht geäußert haben, dann stellt sich auch in diesem Zusammenhang wieder die Frage, welche Bedeutung einer Pauschalverweisung bzw. Inkorporationsklausel beizumessen ist.

Oben wurde bereits festgestellt, dass in einer solchen Klausel lediglich der Wille der Parteien zu einer Koordination beider Verträge im Sinne einer *generellen* Tendenz zu sehen ist[1637]. Es bedarf stets einer umfassenden Analyse der einzelnen Umstände, um in der Klausel im Einzelfall - hinsichtlich eines bestimmten Aspektes – den Wunsch der Parteien nach einem Gleichlauf entdecken zu können.

Es ist *Vetter*[1638] im Endergebnis darin zuzustimmen, dass eine im Hauptvertrag vorgenommene ausdrückliche Rechtswahl in der Regel ausreicht, um der Pau-

greift diesen Hinweis von *Vetter* auf und nennt als Beispiel die Vereinbarung einer für Sub- und Hauptunternehmer gleichsam unbeliebten Rechtsordnung im Hauptvertrag. In einem solchen Fall seien beide Parteien daran interessiert, das fremde Recht nicht auch noch über den Subunternehmervertrag entscheiden zu lassen, sondern stattdessen ein ihnen vertrautes Recht zu vereinbaren.

1636 Vgl. aber auch *Wenner* in: FS Mantscheff, S. 205 (218), nach dem das Interesse des Subunternehmers an einem einheitlichen Vertragsstatut häufig überschätzt werde.

1637 *Nicklisch* NJW 1985, S. 2361 (2366); vgl. auch die Ausführungen oben im 9. Kapitel C II 1.

1638 *Vetter* ZVglRWiss 87 (1988), S. 247 (252); *ders.* in NJW 1987, S. 2124 (2125) unter Berufung auf die Entscheidung von BGH RIW/AWD 1967, S. 108 f., welche diese Auffassung wegen der unterschiedlichen Konstellation jedoch nur bedingt stützt. Siehe Soergel-*von Hoffmann* Art. 28 Rdnr. 207, welcher wohl ebenfalls eine Rechtswahl im Hauptvertrag fordert, wenn man ergänzend seine Ausführungen und Bezugnahmen in Art. 27 Rdnr. 46 liest. Ebenso *Markowsky* S. 287. Vgl. auch die Rechtsprechung zu der Bedeutung einer im Hauptschalverweisung im Subunternehmervertrag den Charakter einer Rechtswahl im Sinne einer Anlehnung an das auf den Hauptvertrag anwendbare Recht zu verleihen. Jedoch ist dieses Ergebnis nicht so „zweifelsfrei"[1639], wie er es offenbar annimmt[1640]. Schließlich leuchtet es einem auf den ersten Blick nicht ein, warum sich in diesem Fall die Einzelfallanalyse auf die Feststellung der bloßen Rechtswahl im Hauptvertrag reduzieren lässt.

Enthält der Subunternehmervertrag eine Klausel, mit der er auf die Vorschriften des Hauptvertrages verweist, dann nimmt er Bezug auf den Hauptvertrag als ein *umfassendes* Regelwerk. Um einen solchen Bezug auf das Regelwerk in seiner Gänze, d.h. einschließlich der Vorschriften des Vertragsstatuts, annehmen zu können, muss dem Subunternehmer zum Zeitpunkt des Vertragsschlusses das auf den Hauptvertrag anwendbare Recht bekannt gewesen sein. Dazu ist grundsätzlich erforderlich, dass in dem Hauptvertrag eine Rechtsordnung *ausdrücklich* benannt worden ist.
Fehlt es im Hauptvertrag an einer ausdrücklichen Rechtswahl, dann ist für den Subunternehmer das mittelbar auf seine vertragliche Beziehung anwendbare Recht nicht in dem gleichen Maße vorhersehbar. Schließlich wohnt sowohl der Bestimmung des objektiven als auch der des konkludent berufenen Vertragsstatuts ein großer Unsicherheitsfaktor inne. Dies gilt insbesondere für den Industrieanlagenvertrag, für den sich aufgrund seiner Vielfältigkeit eine ständige und auch verlässliche Rechtsprechung nur schwer entwickeln kann.
Das unter Umständen ungünstige Hauptvertragsstatut stellt in einem solchen Fall ein Risiko für den Subunternehmer dar, und es lässt sich vor diesem Hintergrund nur schwer annehmen, dass der Subunternehmer mit der Pauschalverweisung dieses Risiko hat eingehen wollen.

Kann man somit in der Pauschalverweisung regelmäßig nur dann eine Rechtswahl[1641] zugunsten des auf den Hauptvertrag anwendbaren Rechts sehen, wenn dieses zuvor ausdrücklich von den Parteien des Hauptvertrages benannt worden ist und es daher für den Subunternehmer bei Vertragsschluss keine unbekannte Komponente seiner vertraglichen Beziehung darstellte, dann ist es entgegen der

---

vertrag vorgenommenen Rechtswahl für den Subunternehmervertrag: OLG Hamm IPRspr. 1956/57 Nr. 27 S. 102 (102 f.); LG Hamburg IPRspr. 1973 Nr. 9, S. 24 (26); OLG Hamburg IPRspr. 1998 Nr. 34, S. 68 (68 f.). Diese Entscheidungen lassen sich angesichts ihrer abweichenden Sachverhalte nur mit Vorsicht zur Begründung der obigen Auffassung anführen.

1639 *Vetter* NJW 1987, S. 2124 (2125).

1640 Vgl. auch VOB/B-Kommentar-*Nicklisch* Einl §§ 4-13, der sich reservierter in Bezug auf die Wirkung einer Pauschalverweisung ausdrückt.

1641 Man wird hier wohl nur von einer „konkludenten" Rechtswahl sprechen können. So auch *Jayme* in: FS Pleyer, S. 371 (377). Anders *Vetter* ZVglRWiss 87 (1988), S. 247 (252), nach dem „die Rechtswahlklausel des Hauptvertrages *ausdrücklich* auch das Vertragsstatut des Subunternehmervertrages erfasst."

Auffassung von *Vetter*[1642] nicht unerheblich, ob der Subunternehmervertrag vor oder nach dem Hauptvertrag abgeschlossen worden ist. Im letzteren Fall war die auf den Hauptvertrag anwendbare Rechtsordnung für den Subunternehmer ebenso wenig vorhersehbar wie bei einer gänzlich unterbliebenen ausdrücklichen Rechtswahl, und die Annahme einer „blinden" Unterwerfung unter das Recht des Hauptvertrages seitens des Subunternehmers lässt sich hier aufgrund einer bloßen Pauschalverweisung ebenfalls nicht rechtfertigen.

III. Sonstige konkludente Rechtswahl

Neben der Pauschalverweisung sind im Einzelfall selbstverständlich noch weitere Umstände denkbar, welche in der Lage sind, die Annahme einer konkludenten Rechtswahl zu rechtfertigen, und zwar entweder ergänzend zur oben dargestellten Pauschalverweisung oder aber originär, eine selbständige Wahl begründend.

Es kann auch hier auf all jene klassischen Kriterien – wie zum Beispiel den Abschlussort oder den Sitz der Parteien - zurückgegriffen werden, denen allgemein eine Indizwirkung attestiert wird[1643].

Zugunsten des konkludent geäußerten Willens der Parteien, das Statut des Hauptvertrages auch über den Subunternehmervertrag entscheiden zu lassen, können vor allem die Verwendung identischer Schiedsklauseln oder die materiell-rechtliche Anlehnung des Subunternehmervertrages an den Hauptvertrag sprechen[1644].

Wird in beiden Verträgen auf dasselbe institutionelle Schiedsgericht verwiesen, dann deutet dies auf den gemeinsamen Willen der Parteien des Subunternehmervertrages hin, beide Rechtsbeziehung an demselben Maßstab, mithin an demselben Recht messen zu lassen[1645]. Man wird aber auch hier fordern müssen, dass sich das von dem Schiedsgericht potentiell anzuwendende Recht vorhersagen lässt[1646]. Die Annahme der Bereitschaft des Subunternehmers, *jedwedes*

1642 *Vetter* NJW 1987, S. 2124 (2125).

1643 Eine Aufzählung der typischerweise in Betracht kommenden Umstände findet sich u.a. bei Staudinger-*Magnus* Art. 27 Rdnr. 59 f..

1644 Vgl. hierzu u.a. *van Houtte* ICLR (1991), 301, 309.

1645 So auch *Vetter* ZVglRWiss 87 (1988), S. 248 (258).

1646 Vgl. die Ausführungen zum Indizcharakter einer Schiedsgerichtsklausel bei der Suche nach einer konkludenten Wahl des auf den Hauptanlagenvertrag anwendbaren Rechts, 7. Kapitel B III 3.

Recht über seine vertragliche Beziehung zum Hauptunternehmer bestimmen zu lassen, erscheint fernliegend.

Auf den Willen der Parteien zugunsten einer Anlehnung an die Rechtsordnung des Hauptvertrages kann ferner dann regelmäßig mit einer hinreichenden Sicherheit im Sinne des Art. 27 I 2 EGBGB geschlossen werden, wenn die Parteien zahlreiche *bedeutsame* Regelungen des Hauptvertrages in den Subunternehmervertrag integriert haben, indem sie entweder ausdrücklich auf jede einzelne dieser Klauseln verwiesen[1647] oder aber jede einzelne wörtlich in den Subunternehmervertrag übernommen haben[1648]. In einer solchen Situation kann man von dem Wunsche der Parteien nach einem umfänglichen materiell-rechtlichen Gleichlauf der beiden Vertragsbeziehungen ausgehen, welcher nur dann gewährleistet ist, wenn die jeweiligen Vorschriften nach derselben Rechtsordnung beurteilt werden. Die Annahme einer konkludenten Rechtswahl liegt in einem solchen Falle nahe.

IV. Objektive Anknüpfung des Subunternehmervertrages

Die objektive Anknüpfung des Subunternehmervertrages bestimmt sich ebenso wie die des Hauptanlagenvertrages nach den Vorschriften des Internationalen Schuldvertragsrechts.
Dies spricht gem. Art. 28 II EGBGB regelmäßig eine Vermutung zugunsten des Heimatrechts des Subunternehmers aus, da der Hauptunternehmer in Wahrnehmung seiner Doppelrolle dem Subunternehmer als Besteller gegenübertritt und somit der Subunternehmer die den Vertrag charakterisierende Leistung erbringt. Es kann insoweit auf die Ausführungen über die Anwendung des Vermutungstatbestandes auf den Hauptanlagenvertrag verwiesen werden, wobei darauf hinzuweisen ist, dass der Subunternehmervertrag in der Regel nur bedingt über jene Eigenschaften verfügt, die die Zuordnung des Anlagenvertrages zu dem Vermutungstatbestand des Art. 28 II EGBGB zumindest erschwert haben[1649]. So wird die durchschnittliche Subunternehmerleistung nicht durch ein Konsortium erbracht, und der Umfang der vom Hauptunternehmer zu erbringenden Mitwirkungspflichten ist regelmäßig deutlich geringer als der des (Haupt-) Bestellers im Rahmen seiner Beziehung zu eben jenem. Diese Umstände vermochten eine Zuordnung zu dem Vermutungstatbestand zwar nicht zu verhindern, jedoch dämpften sie die von dem Tatbestand ausgehende Vermutungswirkung. Die im Rahmen des Subunternehmervertrages ausgesprochene Vermutung unterliegt dagegen dieser Einschränkung grundsätzlich nicht, so dass eine starke Einbet-

---

[1647] *Vetter* ZVglRWiss 87 (1988), S. 249 (258).
[1648] Soergel-*von Hoffmann* Art. 28 Rdnr. 207.
[1649] Vgl. 6. Kap. C II, III.

tung des Subunternehmervertrages in die Rechtsordnung des Subunternehmers vermutet wird. Die eine abweichende Anknüpfung im Sinne des Art. 28 V EGBGB rechtfertigenden Gründe müssen daher gewichtig sein.

1. Die Lehre von der akzessorischen Anknüpfung

Eine Mindermeinung[1650] in der Literatur sieht einen solchen Grund in der engen Abhängigkeit des Subunternehmervertrages vom Hauptvertrag und schlägt daher eine akzessorische Anknüpfung des Subunternehmervertrages an das Statut des Hauptvertrages vor.

Jayme will durch eine entsprechende Anknüpfung "technische Schwierigkeiten" verhindern, die sich angesichts der "Verflochtenheit beider Verträge"[1651] bei unterschiedlichen Statuten ergeben. Um Systembrüche zu vermeiden, sollte man stets versuchen, ein komplexes Vertragswerk mit all seinen Nebenabreden lediglich einem einzigen Rechtssystem zu unterstellen. Bezogen auf den Subunternehmervertrag bedeute dies eine akzessorische Anknüpfung des Subunternehmervertrages an das Recht des Hauptvertrages[1652]. Im Rahmen seiner Ausführungen[1653] weist er unter anderem auf einen Spruch der Internationalen Handelskammer[1654] hin, und er nimmt zur Untermauerung seiner Auffassung Bezug auf die überwiegende französische Lehre[1655].

Von der Seipen schließt sich der Meinung von *Jayme* an und betont im Rahmen einer umfassenden „Interessensanalyse" ebenfalls das besondere Bedürfnis nach einer einheitlichen Anknüpfung beider Vertragsverhältnisse[1656].

1650 *Jayme* in: FS Pleyer, S. 371 (377); *ders.* in: Komplexer Langzeitvertrag (Nicklisch), S. 311 (313); *von der Seipen* S. 250 f..

1651 *Jayme* in: FS Pleyer, S. 371 (377).

1652 *Jayme* a.a.O..

1653 *Jayme* a.a.O. Fn. 34.

1654 Nr. 2119/1978 abgedruckt in Clunet 1979, 997 f.. Das Schiedsgericht entschied, dass auf einen Vertrag, den eine französische Werft mit einem englischen Turbinenhersteller geschlossen hatte, französisches Recht anzuwenden sei. Die Leistung des Turbinenherstellers diente der Erfüllung einer Verpflichtung der Werft aus einem Vertrag mit einem niederländischen Unternehmen über den Bau eines Schiffes, welcher eine ausdrückliche Wahl zugunsten des französischen Sachrechts enthielt. Durch die Vereinbarung, dass die Turbinen im französischen Dünkirchen einzubauen seien, und durch im Subunternehmervertrag enthaltene Klauseln hätten die Parteien den Willen geäußert, sich den Vorschriften des Hauptvertrages einschließlich der Rechtswahl zu unterwerfen.
Da das Schiedsgericht eine stillschweigende Rechtswahl im Subunternehmervertrag annimmt – so auch die Einschätzung von *Jayme* a.a.O. -, ist der Spruch jedoch ohne Relevanz für die Frage der objektiven Anknüpfung des Subunternehmervertrages. Siehe auch die kritische Anmerkung von *Markowsky* S. 288.

1655 So etwa *Lagarde* in: La sous-traitance (Gavalda), S. 186 (191) mit weiteren Nachweisen.

1656 *Von der Seipen* S. 266.

Angesichts des engen Vertragsgeflechts sei die aus der Verschiedenheit der Statute resultierende Gefahr von Widersprüchen besonders groß, und das Konsistenzinteresse habe daher einen besonderen Stellenwert. Da sich als Reaktion auf diese Gefahr keine angemessene Alternative zu der akzessorischen Anknüpfung anbiete[1657], das Konfliktpotential ob der Langfristigkeit der vertraglichen Beziehung allerdings sehr hoch sei[1658], überwiege eben dieses Interesse, und der Lehre von der akzessorischen Anknüpfung sei daher *regelmäßig* der Vorzug zu geben. Ferner spreche der „qualifizierte Sachzusammenhang durch das gemeinschaftliche Projekt"[1659] gegen eine Vertragsspaltung und damit für eine akzessorische Anknüpfung.
Außerdem erteilt er dem von den Befürwortern einer isolierten Anknüpfung des Subunternehmervertrages vorgetragenen Argument eine Absage, dass das auf den Hauptvertrag anwendbare „Referenz"-Recht nicht selten unterentwickelt sei und den Problemen moderner Anlagenverträge nur bedingt Rechnung tragen könne, da der Auftraggeber häufig aus einer Nicht-Industrienation stamme und sein Recht regelmäßig durchsetzen könne[1660]. Der Hinweis auf die Normqualität und damit auf die Unzulänglichkeit mancher Rechtsordnungen sei ein unzulässiges Argument im Internationalen Privatrecht. Schließlich beschränke sich dessen Aufgabe darauf, das „räumlich beste" Recht zu suchen. Sie erfasse keineswegs auch einen inhaltlichen Vergleich der in Frage kommenden Rechte[1661].
Endlich äußert er Zweifel an der generellen Schutzbedürftigkeit des Subunternehmers und schlägt eine Sonderanknüpfung für den Fall vor, dass der Subunternehmer erwiesenermaßen eines Schutzes bedarf und eine ihm nahestehende Rechtsordnung über bestimmte Schutzvorschriften verfügt[1662].

Auch er erwähnt die Rechtsprechung des Bundesgerichtshofs und versteht insbesondere die Entscheidung zum Schlachthof-Fall[1663] als eine zumindest indirekte Bestätigung der Lehre von der akzessorischen Anknüpfung. Er sieht in der Entscheidung das Bekenntnis des Bundesgerichtshofs zu einem „erhöhten Harmoniebedürfnis"[1664] der beiden Verträge in dem konkreten Fall. Da das Gericht den faktischen Gelderhalt durch das Akkreditiv zum entscheidenden Billigkeits-

---

1657 *Von der Seipen* S. 264, 265 mit Ausführungen über mögliche Alternativen im Sinne einer Anpassung oder der Anwendung der „ moral-data"-Theorie. Zur Relevanz der Theorie im Subunternehmervertrag vgl. auch *Vetter* ZVglRWiss 87 (1988), S. 249 (270 f.).
1658 *Von der Seipen* S. 266.
1659 *Von der Seipen* S. 266.
1660 *Vetter* NJW 1987, S. 2124 (2127); weitere Nachweise unten bei der Darstellung der herrschenden Meinung.
1661 *Von der Seipen* S. 259.
1662 *Ders.* S. 270, 271.
1663 BGH NJW 1982, S. 1458 f.. Diese Entscheidung wurde bereits ausführlich vorgestellt, vgl. 9. Kapitel C III.
1664 *Von der Seipen* S. 262.

kriterium ernannte, habe es „stillschweigend vorausgesetzt", dass der Generalunternehmer das Geld würde behalten dürfen. Dies setze jedoch wiederum voraus, dass das iranische Recht dem deutschen Recht zumindest analoge Regelungen enthalte[1665]. Die grundsätzliche Unabhängigkeit beider Vertragsbeziehungen könne nicht durchgehalten werden, das Bedürfnis nach einer einheitlichen Lösung sei groß[1666].

2. Herrschende Lehre

Von der herrschenden Lehre wird eine *generelle* Anlehnung an die Rechtsordnung des Hauptvertrages abgelehnt[1667].
Unter Betonung der rechtlichen Selbständigkeit beider Verträge und der mangelnden Parteiidentität wird vor einer „stereotypen"[1668] Anknüpfung an das Recht des Hauptvertrages gewarnt, da eine solche die kollisionsrechtlichen Interessen der Parteien von vornherein ausklammere[1669] und somit das Individualinteresse der Parteien vernachlässige[1670]. Beim Subunternehmervertrag sei die Interessenlage geprägt vom Interesse des Subunternehmers und nicht durch die „oft nicht überschaubare Interessenlage des Hauptunternehmers"[1671] und den häufig nur wenig transparenten Zusammenhang der Leistung des Subunternehmers mit dem Gesamtprojekt[1672]. Der Subunternehmer habe regelmäßig weder einen Einfluss noch einen Einblick in die Beziehung des Hauptunternehmers mit dem Auftraggeber[1673], so dass ihm das Recht des Hauptvertrages nicht zugemutet werden könne. Zumal es sich bei diesem nicht selten um das Recht des Auftraggebers handele, welches dieser bei den Vertragsverhandlungen habe durchsetzen könne[1674]. Die Anwendung dieses Rechts auf den Subunternehmervertrag sei grundsätzlich „misslich"[1675], da der Subunternehmervertrag zu diesem Recht regelmäßig keinerlei sonstigen Bezug aufweise und es sich häufig – bei Auftraggebern aus arabischen Ländern oder aus Entwicklungsländern - als nicht geeignet erweise, um im Falle eines multinationalen Großvorhabens einen ange-

---

[1665] *Von der Seipen* S. 262.
[1666] *Von der Seipen* S. 263.
[1667] Müko-*Martiny* Art. 28 Rdnr. 192; Erman-*Hohloch* Art. 28 Rdnr. 39; Sorgel-*von Hoffmann* Art. 28 Rdnr. 206; Palandt-*Heldrich* Art. 28 Rdnr. 15; *Vetter* NJW 1987, S. 2124 (2126 f.); *ders.* in ZVglRWiss 87 (1988), S. 248 (254 f.); *v. Bar*, IPR II, Rdnr. 504; Reithmann/Martiny-*Thode* Rdnr. 1109; *Schröder/Wenner* Rdnr. 410; *Wenner* in: FS Mantscheff, S. 205 (217 f.); *Markowsky* S. 294.
[1668] *Vetter* ZVglRWiss 87 (1988), S. 248 (254).
[1669] Soergel-*von Hoffmann* Art. 28 Rdnr. 206.
[1670] *Vetter* a.a.O..
[1671] Reithmann/Martiny-*Thode* Rdnr. 1109.
[1672] Müko-*Martiny* Art. 28 Rdnr. 192.
[1673] Soergel-*von Hoffmann* Art. 28 Rdnr. 206; Reithmann/Martiny-*Thode* Rdnr. 1109.
[1674] *Vetter* RIW 1987, S. 2124 (2127); *v. Bar*, IPR II, Rdnr. 504.
[1675] Reithmann/Martiny-*Thode* Rdnr. 1109.

messen Ausgleich der widerstreitenden Interessen zu schaffen. Ähnlich unbefriedigend sei die Situation, wenn auf den Hauptvertrag zwar das Recht des Auftragnehmers Anwendung fände, der Subunternehmer jedoch aus dem Baustellenland stamme. Die Anwendung des Rechts des Auftraggebers sei in einem solchen Fall für den Subunternehmer überraschend und letztlich nicht akzeptabel[1676].

Die Einbindung des Subunternehmervertrages in ein „pyramidenförmiges Vertragsgeflecht"[1677] rechtfertige noch keine automatische Akzessorietät. Dem Statut des Hauptvertrages komme „die Kraft eines überragenden, den Subunternehmervertrag mit absorbierenden Indizes nicht zu"[1678]. Das auf den Subunternehmervertrag anwendbare Recht sei vielmehr nach den allgemeinen Regeln des Internationalen Vertragsrechts zu bestimmen[1679].

3. Stellungnahme

Wie bereits zu Beginn des Kapitels über das Recht des Subunternehmervertrages angedeutet, handelt es sich bei der Frage der akzessorischen Anknüpfung des Subunternehmervertrages an das Statut des Hauptvertrages um eine kollisionsrechtliche Konkretisierung des allgemeinen Problemkreises „Verhältnis des Subunternehmervertrages zum Hauptvertrag".

Es bietet sich daher an, bei der Suche nach einer Lösung der kollisionsrechtlichen Fragestellung sich zunächst einmal die Erkenntnisse im Zusammenhang mit dem materiellen Recht in Erinnerung zu rufen und sie auf ihre Verwendbarkeit[1680] für den kollisionsrechtlichen Kontext hin zu untersuchen.

Für das materielle Recht konnte festgestellt werden, dass es im Einzelfall zwar stets einer umfassenden Analyse der konkreten subjektiven und objektiven Umstände bedarf, dass sich jedoch Fallgruppen bilden lassen, bei deren Vorliegen man entweder einen hypothetischen Willen der Parteien zugunsten eines materiell-rechtlichen (Teil-) Gleichlaufs vermuten kann oder aber zumindest die Annahme eines Indizes für einen solchen Willen gerechtfertigt ist.

Konkret bedeutet dies: Ist der Subunternehmer über das *jeweilige* Risiko informiert und obendrein umfänglich in die Anlagenerstellung integriert, so begründen diese Umstände ein starkes Indiz zugunsten des Gleichlaufs der überwiegend der Organisation der Vertragsverhältnisse – in Bezug auf das konkrete Risiko - dienenden Vorschriften[1681]. Kennt der nominierte Subunternehmer seinen

---

1676 *Markowsky* S. 294.

1677 *Nicklisch* NJW 1985, S. 2361 (2366).

1678 *V. Bar*, IPR II, Rdnr. 504.

1679 *Vetter* ZVglRWiss 87 (1988), S. 246 (260).

1680 *Vetter* NJW 1987, S. 2124 (2126) spricht von einer grundsätzlichen Vergleichbarkeit der materiell-rechtlichen und der kollisionsrechtlichen Fragestellung.

1681 Vgl. die Ausführungen oben im 9. Kapitel C IV.

Status und weiß er auch von dem Ablehnungsrecht des Generalunternehmers, dann lässt sich das Einverständnis des Subunternehmers mit der Durchstellung der Risiken auf ihn sogar *vermuten*[1682]. Mangelt es an einer Pauschalverweisung, oder ist der Subunternehmer lediglich mit dem Zweck seiner Teilleistung und dem Gesamtprojekt vertraut, ohne umfangreich in die Anlagenerstellung integriert zu sein, dann erfährt das Indiz eine Schwächung; es lässt sich dann aber immer noch als ein Anlass verstehen, einen materiell-rechtlichen (Teil-) Gleichlauf bzw. die Durchstellung des Risikos verstärkt zu erwägen.

Während sich das Postulat einer Einzelfallanalyse unproblematisch auf die kollisionsrechtliche Fragestellung übertragen lässt, bereitet die Übernahme der Vermutungstatbestände bzw. Indizien zugunsten eines *hypothetischen* Willens der Parteien Schwierigkeiten.

Seit der Kodifizierung des Internationalen Vertragsrechts ist der hypothetische Wille für die Rechtswahl unrelevant. Gemäß Art. 27 Abs. 1 Satz 2 EGBGB muss die Rechtswahl ausdrücklich sein oder sich mit hinreichender Sicherheit aus den Bestimmungen des Vertrages oder aus den Umständen des Falles ergeben. Das Erfordernis der „hinreichenden Sicherheit" schließt die Beachtung eines (subjektiven) hypothetischen Willens aus[1683]. Lässt sich weder ein ausdrücklicher noch ein konkludenter Wille entdecken, dann bestimmt sich das anwendbare Recht nach den Bestimmungen des Art. 28 EGBGB. Es wird das objektive Vertragsstatut ermittelt.

Damit scheiden die oben beschriebenen Fallgruppen als Vermutungstatbestand bzw. Indiz zugunsten eines *hypothetischen Rechtswahlwillens* der Parteien aus, den Subunternehmervertrag dem Statut des Hauptvertrages zu unterstellen.
Dies bedeutet jedoch nicht, dass ein Vergleich mit dem materiellen Recht gänzlich fruchtlos ist für die kollisionsrechtliche Diskussion. *Mittelbar* sind sie auch für das Kollisionsrecht von Relevanz, und zwar dort im Rahmen der objektiven Anknüpfung zur Ermittlung der objektiven Kollisionsinteressen der Parteien.

Zunächst einmal sei darauf hingewiesen, dass die Fallgruppen immer dann, wenn sie tatsächlich zur Annahme eines materiell-rechtlichen (Teil-) Gleich-

---

[1682] Vgl. die Ausführungen im 9. Kapitel C V.

[1683] Siehe auch den Bericht von *Giuliano/Lagarde* BTDrucks 10/503, S. 36 (49), in welchem sich die Verfasser über den Art. 27 I 2 EGBGB wie folgt äußern: „Auf jeden Fall steht fest, daß der soeben erwähnte Satzteil den Richter in keiner Weise ermächtigt, eine Rechtswahl durch die Parteien zu unterstellen, sofern diese nicht die bestimmte Absicht der Vornahme einer solchen Rechtswahl hatten. In diesem Falle finden auf den Vertrag die Bestimmungen von Artikel 4 des vorliegenden Übereinkommens Anwendung". Art. 4 des Übereinkommens ist identisch mit Art. 28 EGBGB.

laufes geführt haben, gleichzeitig eine objektive Nähe des Subunternehmervertrages zum Hauptvertrag einschließlich der auf diesen anwendbaren Rechtsordnung begründen. Schließlich bewirkt ein materiell-rechtlicher (Teil-) Gleichlauf eine inhaltliche Abstimmung der beiden Vertragsverhältnisse.
Die so ermittelte[1684] materiell-rechtliche Nähe ist grundsätzlich als ein objektives Indiz zugunsten einer akzessorischen Anknüpfung zu betrachten. Dessen Stärke hängt ab von der Intensität eben jener Nähe, welche wiederum proportional ist zum Umfang und zu der Bedeutung des materiell-rechtlichen Gleichlaufs[1685].
Dabei ist es selbstverständlich unerheblich, ob man aufgrund der oben beschriebenen Fallgruppen oder aufgrund sonstiger Umstände einen (Teil-) Gleichlauf bejaht hat. Bei den Fallgruppen handelt es sich jedoch um verallgemeinerungsfähige Ergebnisse einer abstrakten Abwägung, was die Erkenntnis, dass sie zusätzlich – wenn auch nur mittelbar – eine kollisionsrechtliche Relevanz besitzen, umso wertvoller macht.

Ist man aufgrund einer Abwägung zu dem Ergebnis gelangt, dass von dem materiell-rechtlichen (Teil -) Gleichlauf keine ausreichende, eine akzessorische Anknüpfung rechtfertigende Indizwirkung ausgeht, oder konnte sogar noch nicht einmal ein Gleichlauf festgestellt werden, dann ist der herrschenden Meinung darin zuzustimmen, dass bei einem Subunternehmer, der weder einen Einfluss noch einen Einblick in das hauptvertragliche Verhältnis hat, dessen Individualinteresse grundsätzlich der Vorrang einzuräumen ist und dass daher eine *generelle* Anknüpfung des Subunternehmervertrages an das Recht des Hauptvertrages abzulehnen ist.

Dabei sind dem mangelnden Einfluss und dem mangelnden Einblick eine besondere Beachtung zu schenken; sie sind als eine Art negative Tatbestandsvoraussetzung, von deren Vorliegen die Vertreter der herrschenden Meinung wohl

---

[1684] Der materiell-rechtliche (Teil-) Gleichlauf ist hier nicht mittels Einzelverweisungen oder wörtlicher Übernahme ganzer Textpassagen von den Parteien angeordnet worden, so dass die Annahme einer stillschweigenden Rechtswahl ausscheidet. Vgl. hierzu die Ausführungen zur konkludenten Rechtswahl, 9. Kapitel D III.

[1685] Eine entsprechende Abwägung kann auch zu dem Ergebnis einer *Teil*akzessorietät führen. Wenn der materiell-rechtliche Teilgleichlauf in seiner Gesamtheit nicht ausreicht, um hinsichtlich des gesamten Vertrages eine kollisionsrechtliche Indizwirkung zu begründen, dann gelingt ihm dies unter Umständen noch in Bezug auf einen einzelnen Regelungsaspekt des Vertrages. Dabei ist natürlich zu beachten, dass jede Teilanknüpfung und somit auch die Teilakzessorietät grundsätzlich der Harmonie innerhalb eines Vertrages schadet, so dass man sich dann in der „delikaten" Situation befindet, das Bedürfnis nach einer Harmonie zwischen den Verträgen gegen das Harmoniebedürfnis innerhalb des Subunternehmervertrages abwägen zu müssen.

regelmäßig ausgehen[1686], für die isolierte Anknüpfung des Subunternehmervertrages zu betrachten.
Schließlich stellt sich die Situation anders dar, wenn der Subunternehmer mit dem Gesamtprojekt vertraut und umfänglich in die Anlagenerstellung integriert ist. In einem solchen Fall gewinnt die Anlagenerstellung als gemeinsames Endziel an Bedeutung, und es rückt das Interesse beider Parteien an einer reibungslosen Zusammenarbeit in den Vordergrund. Hingegen verblasst das Individualinteresse, auf welches die herrschende Meinung ihren Grundsatz von der isolierten Anknüpfung des Subunternehmervertrages stützt. Die Ausführungen zu Beginn des Kapitels über den Subunternehmervertrag haben gezeigt, dass die grundsätzliche Kompatibilität der Rechtsordnungen von elementarer Bedeutung ist für die Verfolgung des gemeinsamen Endzieles und dass dieselbe Rechtsordnung die einzige Gewähr für eine solche Kompatibilität ist.
In einer solchen Konstellation entspricht es somit nicht nur dem kollisionsrechtlich unrelevanten (*subjektiven*) mutmaßlichen Willen der Parteien im Sinne der Redlichkeitsformel, sondern auch den *objektiven* kollisionsrechtlichen Interessen der Parteien, beide Vertragsverhältnisse einer einheitlichen Rechtsordnung zu unterstellen.
Die umfangreiche Einbindung des Subunternehmers ist folglich als ein starkes *objektives* Indiz zugunsten einer akzessorischen Anknüpfung des Subunternehmervertrages an das Recht des Hauptvertrages zu werten.

Die insoweit wichtige Unterscheidung zwischen den objektiven kollisionsrechtlichen und den subjektiven mutmaßlichen Interessen der Parteien führt dazu[1687], dass die Konstellation des benannten Subunternehmers, welcher im materiellen Recht eine Vermutungswirkung attestiert worden ist[1688], kollisionsrechtlich insignifikant ist. Denn diese Vermutung beruht ausschließlich auf dem (subjektiven) hypothetischen Willen des Subunternehmers, welchen man angesichts der sonst drohenden Ablehnung durch den Generalunternehmer regelmäßig un-

---

[1686] Anders hingegen die Einschätzung von *von der Seipen* S. 260, nach der „dem Subunternehmer grundsätzlich die Einbindung in einen größeren wirtschaftlichen Zusammenhang bewusst" ist und dem „die maßgeblichen, für die Anknüpfung bestimmenden Faktoren bekannt" sind. In diesem abweichenden Verständnis von dem regelmäßigen Maß der Kenntnis und der Einbindung des Subunternehmers in das Gesamtprojekt mag einer der Gründe liegen, warum *von der Seipen* im Regelfall eine der herrschenden Meinung entgegengesetzte – sprich akzessorische - Anknüpfung vorschlägt. Im Rahmen dieser Untersuchung wird dagegen kein Regelfall benannt, sondern zwischen den einzelnen Konstellationen differenziert.

[1687] Bei der Unterscheidung dieser beiden Interessen ist es hilfreich, sich an den Kriterien in Bezug auf die Abgrenzung des objektiven Interesses des Geschäftsherrn von dessen mutmaßlichem Willen im Rahmen des Rechtsinstituts der Geschäftsführung ohne Auftrag (§§ 677 f. BGB) zu orientieren. Näheres siehe bei Palandt-*Sprau* § 683 Rdnr. 4 f..

[1688] Vgl. 9. Kapitel C V.

terstellen kann. Dagegen lässt sich ein objektives Interesse des Subunternehmers an der Anwendung einer fremden Rechtsordnung nicht bejahen.

Mit der Beachtung der objektiven kollisionsrechtlichen Interessen gerät man auch nicht in Konflikt mit der schon angesprochenen mangelnden Relevanz dessen, was man im alten Recht unter dem „hypothetischen Parteiwillen" verstand und dem im neuen Recht der Charakter eines ausschlaggebenden Momentes abgesprochen wird[1689].

Der vom Bundesgerichtshof geprägte Begriff des „hypothetischen Parteiwillens" diente im alten Recht als ein objektiver Anknüpfungspunkt und kam dann zur Anwendung, wenn eine Rechtswahl seitens der Parteien nicht hatte festgestellt werden können[1690]. Anders als der „hypothetische Parteiwille" im materiellrechtlichen Kontext, welcher den hier gemachten Ausführungen zur materiellrechtlichen Synchronisation des Subunternehmer- und des Hauptvertrages zugrunde liegt, stellt dieser nicht auf die subjektiven Vorstellungen der Beteiligten ab. Bei ihm handelt es sich „in Wirklichkeit nicht um die Ermittlung hypothetischer *subjektiver* Vorstellungen der Parteien, sondern um eine vernünftige Interessenabwägung auf rein *objektiver* Grundlage"[1691].

Es wäre jedoch falsch, aufgrund der Nähe zum „hypothetischen Parteiwillen" kollisionsrechtlicher Prägung auf die Unzulässigkeit der zuvor dargestellten kollisionsrechtlichen Indizwirkung der „umfangreichen Integration" zu schließen. Schließlich kann an der grundsätzlichen Relevanz der objektiven Parteiinteressen auch im Rahmen der objektiven Anknüpfung nach neuem Recht kein Zweifel bestehen[1692]; das Internationale Privatrecht dient ebenso wie die anderen Teilgebiete der Gesamtrechtsordnung dem angemessen Ausgleich der Interessen der von der jeweiligen Situation betroffenen Personen. Dies ist auch im kodifizierten Recht der Fall. Geändert hat sich lediglich das Anknüpfungskonzept. Während man im alten Recht den Anknüpfungspunkt „hypothetischer Parteiwille" zum Anlass nahm, sofort in eine „Gesamtschau aller Fallumstände" zur Ermittlung des Schwerpunktes des Vertragsverhältnisses einzusteigen, und sich die

---

[1689] Soergel-*von Hoffmann* Art. 27 Rdnr. 41 f.; Müko-*Martiny* Art. 27 Rdnr. 47. Vgl. in diesem Zusammenhang auch BGH RIW 2004, S. 857 (859), wonach die „bloße Ermittlung eines hypothetischen Parteiwillens" für die Annahme einer konkludenten Rechtswahl im Sinne des Art. 27 EG nicht ausreiche.

[1690] Ausführlich *v. Bar,* IPR II, Rdnr. 462.

[1691] BGHZ 7, 231 (235), Urteil v. 30.9.1952 – I ZR 31/52 (Hervorhebungen durch Verfasser). Zu diesem Verständnis bekannte sich der Bundesgerichtshof in ständiger Rechtsprechung, so unter anderem auch in BGHZ 57, 72 (76), indem er formulierte: „Es handelt sich vielmehr darum, die Interessen der Beteiligten auf objektiver Grundlage abzuwägen und zu ermitteln, ob der Schwerpunkt des Vertragsverhältnisses objektiv auf *eine* bestimmte Rechtsordnung für das ganze Vertragsverhältnis hinweist."
(Urteil vom 22.9.1971 – VIII ZR 259/62)

[1692] Müko-*Martiny* Art. 28 Rdnr. 12.

Ergebnisse häufig nur schwer vorhersehen ließen[1693], steht das kodifizierte Recht mit seinen Vermutungstatbeständen für mehr Rechtssicherheit. Eine Gesamtabwägung ist zwar in Art. 28 V EGBGB auch vorgesehen, allerdings vermag sie nur in wenigen Fällen eine abweichende Anknüpfung zu begründen.
Die Zielsetzung beider Anknüpfungsmethoden ist identisch[1694], die Wege und Prioritäten jedoch verschieden. Häufig führen sie auch zu demselben Ergebnis.

Daher ist es auch ohne weiteres möglich, die „umfängliche Integration" des Subunternehmers als ein Indiz sowohl zugunsten eines materiell-rechtlichen „hypothetischen Parteiwillens" als auch als zugunsten einer abweichenden und damit akzessorischen Anknüpfung des Subunternehmervertrages an das Recht des Hauptvertrages zu betrachten[1695].

Zusammenfassend lässt sich somit sagen, dass es bei der Frage, ob der Subunternehmervertrag akzessorisch an das Recht des Hauptvertrages anzuknüpfen ist, zunächst einmal gilt, das Maß des tatsächlichen materiell-rechtlichen Gleichlaufs zu ergründen. Sind von dem Gleichlauf die wesentlichen Regelungspunkte – wie etwa die Abnahme, die Gewährleistungs-, die Kündigungs- und Schadenersatzregelungen sowie die Force-Majeur-Vorschriften – erfasst, dann geht von dem faktischen Gleichlauf eine Indizwirkung zugunsten des *gesamten* Rechts des Hauptvertrages einschließlich der auf diesen anwendbaren Rechtsordnung aus. Die Stärke des Indizes variiert in Abhängigkeit von dem konkreten Umfang des materiell-rechtlichen Gleichlaufs.
Konnte eine diesbezügliche Indizwirkung nicht festgestellt werden, dann scheidet eine akzessorische Anknüpfung – vorbehaltlich besonderer Umstände – aus, sofern der Subunternehmer nicht ausnahmsweise umfänglich in die Anlagenerstellung integriert ist. Es fehlt dann an Umständen, welche die grundsätzliche Eigenständigkeit des Subunternehmerverhältnisses relativieren bzw. die aus der Eigenständigkeit resultierende Distanz des Subunternehmers zum Hauptvertrag verringern. Der Schutz des Subunternehmers vor dem Recht des ihm „fremden"

[1693] Staudinger-*Magnus* Art. 28 Rdnr. 11.

[1694] Vgl. hierzu auch *v. Bar,* IPR II, Rdnr. 462, welcher darauf hinweist, dass die Anknüpfung an den hypothetischen Parteiwillen „in groben Zügen" der Anknüpfung an das Recht des Staates ähnelt, „mit dem (der Vertrag) die engsten Verbindungen aufweist" (Art. 28 I EG).

[1695] Die Existenz einer Pauschalverweisung auf den Hauptvertrag kann dabei jedoch unterschiedliche Wirkungen haben. Während sie im materiell-rechtlichen Kontext lediglich zu einer Verstärkung der Indizwirkung führt, kann sie auf der Ebene des Kollisionsrechts sogar die Annahme einer konkludenten Rechtswahl rechtfertigen, sofern die Parteien im Hauptvertrag eine ausdrückliche Rechtswahl vorgenommen haben und der Subunternehmervertrag erst nach dem Hauptvertrag abgeschlossen worden ist (vgl. die Ausführungen oben im 9. Kapitel C II und D II).

Rechtsverhältnisses genießt in einem solchen Fall Vorrang vor dem Bedürfnis nach einer Verhinderung von Systembrüchen.

Dies trifft für die Mehrzahl der an der Erstellung einer industriellen Großanlage beteiligten Subunternehmer zu, da die meisten nur in einem bescheidenen Maße in die Anlagenerstellung eingebunden sind. Die Leistungen dieser Unternehmer erschöpft sich in der Verrichtung kleinerer Aufgaben, mit der regelmäßig keine umfängliche Integration korreliert. Jedoch gerade im Anlagengeschäft gibt es in der Regel auch eine gewisse Anzahl von Subunternehmern, die – bezogen auf ihren Leistungsanteil – nicht nur detaillierte Kenntnis vom Gesamtprojekt haben, sondern welche auch in die Planung des Projekts und in den aufwendigen Prozess der Entscheidungsfindung anlässlich der zahlreichen Konkretisierungen und Änderungen des Leistungsprofils im Verlaufe der sich häufig über Jahre erstreckenden Anlagenerstellung eingebunden sind. Dieser besonderen Qualität eines Subunternehmers lässt sich auf kollisionsrechtlicher Ebene am besten mit einer akzessorischen Anknüpfung des Subunternehmervertrages an das Statut des Hauptvertrages Rechnung tragen.

Die hier vorgeschlagene Lösung spricht sich weder für noch gegen eine generelle akzessorische Anknüpfung aus.

Für den klassischen Typus eines Subunternehmers wird eine akzessorische Anknüpfung grundsätzlich abgelehnt, doch werden Konstellationen in Abweichung von diesem Typus oder in dessen Ergänzung genannt, aufgrund derer eine solche Anknüpfung als sachgerecht erscheint[1696].
Auch wenn es sich bei den Kriterien wie zum Beispiel der „umfänglichen Integration" um relativ unbestimmte Begriffe handelt, so gelingt es mit der vorgenommenen Differenzierung doch, Tendenzen und Orientierungspunkte für die Suche nach einer sachgerechten Lösung vorzugeben.

Eine akzessorische Anknüpfung des Subunternehmervertrages in diesem Sinne entgeht damit auch einem weiteren Vorwurf, den *Markowsky* - als Vertreter der herrschenden Lehre - gegen die *Theorie* von der akzessorischen Anknüpfung erhebt. Er hält es für eine „weitere Schwäche"[1697] der Theorie, dass sich nicht abgrenzen lasse, welcher der von dem Hauptunternehmer eingeschalteten Unternehmer als Subunternehmer im Sinne einer akzessorischen Anknüpfung an-

[1696] Die herrschende Meinung spricht sich zwar auch nur gegen eine „stereotype" (*Vetter* ZVglRWiss 87 (1988), S. 248 (254)) bzw. „generelle" (Soergel-*von Hoffmann* Art. 28 Rdnr. 206) akzessorische Anknüpfung aus, jedoch versäumt sie es, verallgemeinerungsfähige Indizien zugunsten der Annahme einer Ausnahmesituation näher zu skizzieren.
[1697] *Markowsky* S. 294.

zusehen sei und welcher nicht. Er schildert im Anschluss den von ihm als „Beispiel" bezeichneten Fall:
Ein russischer Auftraggeber schließt mit einem deutschen Generalunternehmer einen Vertrag über die Errichtung von Wohnungen, Kliniken, einer Schule und mehreren Kindergärten in Russland. Auf den Vertrag findet aufgrund ausdrücklicher Rechtswahl russisches Recht Anwendung. Die erforderlichen Fahrstühle für die Gebäude bezieht der Generalunternehmer von einem schweizerischen Unternehmen.
Ausgehend von dieser Grundkonstellation konkretisiert *Markowsky* dann das Engagement des Subunternehmers in drei verschiedenen Varianten. In der ersten Variante liefert der Subunternehmer die Fahrstühle lediglich nach Deutschland zum Generalunternehmer, ohne über den späteren Verwendungsort informiert zu sein. Diesen kennt er in der zweiten Variante, während er in der dritten zusätzlich noch die Montage der Fahrstühle in Russland selbst übernimmt.
In einer sich jeweils anschließenden Abwägung kommt *Markowsky* dann zu dem letztlich zutreffenden Ergebnis, dass in allen drei Fällen eine akzessorische Anknüpfung nicht interessengerecht sei.
In der ersten Variante hält er eine akzessorische Anknüpfung für „unbillig", da der Subunternehmer mangels Kenntnis des Verwendungsorts keinen Bezug zu dem an diesem Ort geltenden Recht habe. Aber auch bei Kenntnis des Verwendungsorts – so in der zweiten Variante – müsse der Subunternehmer nicht mit der Anwendung russischen Rechts rechnen, da sein unmittelbarer Vertragspartner Deutscher sei. Anderenfalls würde man einem „exportorientierten" Subunternehmer zumuten, dass jedes seiner Exportgeschäfte bzw. der dieses Geschäft begleitende Vertrag dem für ihn nicht absehbaren Recht des Hauptvertrages unterstünde. Im Falle der Montage der Fahrstühle in Russland (= dritte Variante) durch den Subunternehmer selbst bestehe zwar ein unmittelbarer Bezugspunkt zu dem russischen Recht, allerdings habe der Subunternehmer keinen Einfluss auf den Umstand, dass er die Fahrstühle nicht im Lande des Auftraggebers, sondern in einem dritten Land zu montieren habe. Dieser Umstand sei daher bloß „zufälliger Natur", und er könne eine Näherbeziehung im Sinne des Art. 28 V EGBGB nicht begründen.

Es ist nicht ganz ersichtlich, wieso dieses Beispiel gemeinsam mit der Stellungnahme den gegen die Lehre von der akzessorischen Anknüpfung erhobenen Vorwurf der mangelnden Abgrenzbarkeit belegen soll[1698]. Schließlich begründet *Markowsky* jeweils nur die Richtigkeit einer isolierten Anknüpfung, ohne jedoch auf die Methodik der Lehre von der akzessorischen Anknüpfung und damit auf

[1698] Der Vorwurf von ihm als einem Vertreter der herrschenden Lehre ist ohnehin fragwürdig, da auch die herrschende Lehre – darauf wurde bereits hingewiesen - Beispiele für eine Ausnahme von der isolierten Anknüpfung schuldig bleibt und somit ebenfalls keine klaren Hinweise für eine differenzierte Anknüpfung liefert.

die von ihm behauptete Schwäche der mangelnden Abgrenzbarkeit näher einzugehen.
Das Beispiel einschließlich der Argumentation von *Markowsky* eignet sich allerdings als Illustration, dass dem hier vorgeschlagenen Lösungsweg trotz seines Status als einer bloß abstrakten Formel bereits differenzierte Vorgaben zu entnehmen sind.
Indem unter anderem als Voraussetzung für eine akzessorische Anknüpfung verlangt wird, dass der Subunternehmer Kenntnis von dem Gesamtprojekt hat und umfänglich in die Anlagenerstellung integriert ist, muss eine akzessorische Anknüpfung in den ersten beiden Varianten auch auf der Grundlage dieses Lösungsweges verneint werden. Die von *Markowsky* vorgetragene Einzelfallbegründung, dass die bloße Kenntnis des „Schicksals" der Fahrstühle nicht ausreiche, um eine akzessorische Anknüpfung zu begründen, ist bereits in Form des Erfordernisses der "umfänglichen Integration" in die abstrakte Lösungsformel eingeflossen.
Ähnlich verhält es sich mit der dritten Variante. *Markowsky* hebt hervor, dass der Subunternehmer keinen Einfluss auf den Umstand der Montage der Fahrstühle in einem Drittland gehabt habe. Damit stellt er im Einzelfall auf den mangelnden Einfluss des Subunternehmers auf das hauptvertragliche Verhältnis ab. Auch dieser Aspekt wird bereits von der Voraussetzung der „umfänglichen" Integration erfasst. Im Regelfall verfügt der in diesem Maße integrierte Subunternehmer über relevante Mitgestaltungsmöglichkeiten.

Zum Schluss bleibt noch zu erwähnen, dass die Rechtsprechung zu der Problematik, ob der Subunternehmervertrag akzessorisch an das Statut des Hauptvertrages anzuknüpfen ist, bisher noch nicht Stellung bezogen hat[1699].
Es ist den Entscheidungsgründen der „Schlachthof-Entscheidung"[1700] keinerlei Äußerung zu dem auf den Subunternehmervertrag anwendbaren Recht zu entnehmen. Angesichts der „Argumentationslinie"[1701] und der Tatsache, dass es sich bei beiden Parteien des Subunternehmervertrages um deutsche Unternehmen handelte, liegt sogar die Vermutung nahe, dass das Gericht den Vertrag noch nicht einmal als einen Vertrag mit Auslandsbezug im Sinne des Internationalen Privatrechts eingestuft hat[1702]. Das Gericht hat die Frage der Risikozuordnung ausschließlich im nationalen Vorschriftenkontext erörtert.

[1699] So deutlich *Schröder/Wenner* Rdnr. 410 und *Markowsky* S. 294. Auch in BGH RIW 1999, S. 456 f. unterbleibt eine Stellungnahme des Gerichts.
[1700] BGH NJW 1982, S. 1458 f..
[1701] Vgl. *Markowsky* S. 291.
[1702] So auch *Markowsky* a.a.O. mit weiteren Ausführungen zu der Relevanz der Entscheidung für die hier diskutierte kollisionsrechtliche Fragestellung.

Hingewiesen werden soll in diesem Zusammenhang noch auf eine Entscheidung des Bundesgerichtshofs aus dem Jahre 1969[1703], welche in Beiträgen über die Problematik der akzessorischen Anknüpfung des Subunternehmervertrages immer wieder angeführt wird[1704], der jedoch ebenfalls keine Stellungnahme seitens der mit dem Sachverhalt befassten Gerichte zu entnehmen ist[1705].
In dieser Entscheidung war die norwegische Klägerin von der deutschen Beklagten, welche für ein norwegisches Staatsunternehmen N. eine Anlage zur Gewinnung flüssigen Ammoniaks in Norwegen errichtete, als Subunternehmerin beauftragt worden, zwei Kugelbehälter zur Speicherung von flüssigem Ammoniak zu montieren und von den Schweißnähten Röntgenaufnahmen anzufertigen. Aufgrund von Stromschwankungen auf der Baustelle misslangen einige dieser Aufnahmen, und sie mussten daraufhin von der Klägerin wiederholt werden. Die Klägerin verlangte von der Beklagten den Ersatz der Mehraufwendungen.
Aus den Entscheidungsgründen geht hervor, dass das Berufungsgericht norwegisches Recht für auf den Subunternehmervertrag anwendbar hielt, da es in einem Auftragsschreiben geheißen habe, „daß Bestandteile des Vertrags „alle einschlägigen norwegischen Bestimmungen" seien"[1706]. Aber auch bei Fehlen dieser Vereinbarung wäre nach Auffassung des Berufungsgerichts norwegisches Recht zur Anwendung gekommen. Schließlich „sprächen ... alle vorhandenen Bezugspunkte für die Anwendung norwegischen Rechts. Sämtliche Werkleistungen seien von einer norwegischen Firma in Norwegen erbracht worden. Mit zu berücksichtigen sei auch, daß die Beklagte in ihrem Vertrag mit der N. die Geltung norwegischen Rechts vereinbart habe".[1707]
Der Bundesgerichtshof hob die Entscheidung des Berufungsgerichts auf, weil es trotz der Feststellung, dass norwegisches Recht über den Vertrag zu entscheiden habe, dieses nicht ermittelt habe. Außerdem bemängelte der Bundesgerichtshof die fehlende Berücksichtigung des vereinbarten deutschen Gerichtsstandes bei der Suche nach dem Vertragsstatut. Das Berufungsgericht habe vielmehr abzuwägen, „ob diesem für die Anwendung deutschen Rechts sprechenden Anzeichen oder den von ihm für die Geltung norwegischen Rechts angeführten Umständen mehr Gewicht beizulegen" sei[1708].

Lediglich der Hinweis des Berufungsgerichts, dass auch die Vereinbarung norwegischen Rechts im Hauptvertrag „zu berücksichtigen" sei, könnte als ein An-

---

[1703] VII ZR 119/67, Hamm, abgedr. in u.a. WM 1969, S. 1140 f..
[1704] *Jayme* bezog sich in einem Festschriftsbeitrag auf diese Entscheidung – FS Pleyer, S. 371 (377) Fn. 34 -, und dieser Bezug wurde von *von der Seipen* S. 252 f. aufgegriffen. *Markowsky* geht ebenfalls auf diese Entscheidung ein, vgl. S. 292 f..
[1705] Ebenso *Markowsky* a.a.O..
[1706] BGH WM 1969, S. 1140 (1140) – Hervorhebung im Original -.
[1707] BGH a.a.O..
[1708] BGH WM 1969, S. 1140 (1141).

zeichen eines Bekenntnisses des Gerichts zu einer akzessorischen Anknüpfung des Subunternehmervertrages an das Statut des Hauptvertrages aufgefasst werden.
Der Hinweis sollte jedoch nicht in diesem Sinne verstanden, er sollte schlichtweg nicht „überbewertet" werden.
Das Gericht wählte mit „zu berücksichtigen" eine eher zurückhaltende Formulierung, welche den Schluss nicht zulässt, dass das Gericht dem Zweck des Vertrages, der Erfüllung der Verpflichtung der Beklagten aus einem anderen Vertragsverhältnis zu dienen, eine entscheidende kollisionsrechtliche Bedeutung hat beimessen wollen. Vor dem Hintergrund, dass die Parteien nach Auffassung des Berufungsgerichts ohnehin eine Rechtswahl getroffen hatten und somit die sich anschließenden Ausführungen zur objektiven Anknüpfung nicht entscheidungserheblich waren, liegt vielmehr die Vermutung nahe, dass das Gericht die Zwecksetzung lediglich als eines von vielen letztlich allein nicht ausschlaggebenden Kriterien verstanden wissen wollte[1709].

E. Zusammenfassung

Das Bedürfnis nach einer umfassenden Koordination der beiden Vertragsverhältnisse ist sowohl in materiell-rechtlicher als auch in kollisionsrechtlicher Hinsicht groß. Die *grundsätzliche* Kompatibilität der auf die Vertragsverhältnisse anwendbaren Rechtsordnungen ist sogar unverzichtbar.

Wird innerhalb des Subunternehmervertrages pauschal auf den Hauptvertrag verwiesen, dann statuiert diese Verweisung lediglich die „generelle Tendenz" der Vertragsparteien zu einer Koordination der Vertragsverhältnisse. Die Parteien sollten stattdessen mit Hilfe von Einzelverweisungen für jeden Teilaspekt das genaue Maß der Koordination und der Risikodurchstellung festlegen. Die Formulierung dieser Klauseln muss sorgfältig gewählt werden, um jede diesbezügliche Unsicherheit zu beseitigen[1710].

Es bedarf stets einer genauen Einzelfallanalyse, um zu ermitteln, ob eine Koordination der Vertragsverhältnisse und unter Umständen sogar eine Durchstellung des Risikos auf den Subunternehmer von den Parteien gewollt ist. Fehlt es an einem ausdrücklich oder konkludent geäußerten Willen der Parteien, dann ist auf den hypothetischen Parteiwillen im Sinne der Redlichkeitsformel[1711] zurückzugreifen. Liegt eine Pauschalverweisung vor, dann sind vorbehaltlich besonderer Umstände die Kenntnis des Subunternehmers vom jeweiligen Risiko und

---

[1709] Ähnlich *Markowsky* S. 293.
[1710] Vgl. die Ausführungen im 9. Kapitel C II 1, 2.
[1711] Vgl. die Ausführungen im 9. Kapitel C IV.

dessen umfangreiche Integration in die Anlagenerstellung als ein *starkes Indiz* zugunsten des Parteiwillens zu betrachten, den Subunternehmer – i.d.R. kraft materiell-rechtlichen Teilgleichlaufs - am betreffenden Risiko zumindest teilhaben zu lassen. Dies gilt insbesondere für Vorschriften, die mehr der Koordination des Vertragsverhältnisses als der juristisch-kaufmännischen Positionierung der einzelnen Partei dienen. Das Indiz verliert an Stärke, wenn es an einer Pauschalverweisung mangelt[1712].

Der nominierte Subunternehmer stellt insofern eine Ausnahme dar, als dass dort das Indiz zu einer Synchronisations*vermutung* erstarkt, wenn der Subunternehmer über seinen besonderen Status informiert ist und das Recht des Generalunternehmers kennt, ihn für den Fall abzulehnen, dass er nicht bereit ist, die dem Generalunternehmer aus dem Hauptvertrag erwachsenden Verpflichtungen „spiegelbildlich" zu übernehmen. Das Maß der Integration ist unerheblich[1713].

Auf der Ebene des *Kollisionsrechts* kommt der Pauschalverweisung eine größere Aussagekraft zu. Sofern der Hauptvertrag vor dem Subunternehmervertrag geschlossen wird und eine Rechtswahlklausel enthält, stellt die Pauschalverweisung eine stillschweigende Wahl der Parteien des Subunternehmervertrages dar, das Statut des Hauptvertrages auch über den Subunternehmervertrag entscheiden zu lassen[1714].

Die umfängliche Integration des Subunternehmers in die Anlagenerstellung ist auch kollisionsrechtlich signifikant. Im Falle ihres Vorliegens entspricht es den objektiven kollisionsrechtlichen Interessen der Parteien, dass beide Vertragsverhältnisse von derselben Rechtsordnung beherrscht werden. Sie ist als ein starkes objektives Indiz zugunsten der akzessorischen Anknüpfung des Subunternehmervertrages an das Statut des Hauptvertrages zu verstehen. Anders als im materiellen Recht genießt der nominierte Subunternehmer auf kollisionsrechtlicher Ebene keinen Sonderstatus[1715].

Im Anlagengeschäft mangelt es bei der Mehrzahl der beteiligten Subunternehmer an den Voraussetzungen einer akzessorische Anknüpfung. Sie sind nicht ausreichend in die Anlagenerstellung integriert, um das „grundsätzliche" Interesse eines jeden Subunternehmers an einer isolierten Anknüpfung des Subunternehmervertrages verblassen lassen zu können. Dies bedeutet jedoch im Umkehrschluss nicht, dass eine akzessorische Anknüpfung des Subunternehmerver-

---

[1712] Vgl. die Ausführungen im 9. Kapitel C IV.
[1713] Vgl. die Ausführungen im 9. Kapitel C V.
[1714] Vgl. die Ausführungen im 9. Kapitel D II.
[1715] Vgl. die Ausführungen im 9. Kapitel D IV, dort vor allem 3.

trages an das Statut des Hauptvertrages nur in sehr wenigen Fällen in Betracht kommt. Die Dimension sowie die Komplexität einer industriellen Großanlage erfordern die Einschaltung zahlreicher Subunternehmer auch für zentrale Aufgabenstellungen, zu deren Bewerkstelligung eine enge Zusammenarbeit aller Beteiligten nötig ist. Der Charakter des Anlagenvertrages als bloßer Rahmenvertrag trägt zur Intensität dieser Zusammenarbeit bei; Konkretisierungen und Änderungen des Leistungsprofils verlangen eine ständige Kommunikation der Beteiligten.

Daher ist im industriellen Großanlagengeschäft regelmäßig eine nicht unbeträchtliche Zahl von Subunternehmern anzutreffen, deren Ausmaß an Integration in die Projektierung und die Realisierung der Anlage eine akzessorische Anknüpfung sachgerecht erscheinen lässt.

10. Kapitel: Kurzzusammenfassung[1716]

1. Diese Untersuchung beschäftigt sich mit (ausgewählten) kollisionsrechtlichen Problemen des Industrieanlagenvertrages. Als Orientierung dienen überwiegend die Strukturen eines Vertrages, den die Parteien anlässlich der Projektierung und der Erstellung einer Chemiegroßanlage in einem Entwicklungsland schließen und bei welchem der einzelne Auftragnehmer bzw. ein Konsortium sich sowohl zur Projektierung als auch zur Realisierung der Anlage verpflichtet und die globale Verantwortung für das Gesamtgelingen der Anlage übernimmt (Turnkey-Vertrag).

2. Bei einem derartigen Industrieanlagenvertrag handelt es sich um einen stark werkvertraglich geprägten Typenkombinationsvertrag mit mehrfachtypischer Leistung und anderstypischer Gegenleistung[1717].

3. Der Auftragnehmer bzw. das Konsortium erbringt die vertragscharakteristische Leistung im Sinne des Art. 28 II EGBGB. Die zahlreichen Mitwirkungspflichten des Bestellers führen zu einer Schwächung der von Art. 28 II EGBGB ausgehenden Vermutungswirkung[1718]. Weder das Baubüro noch sonstige Repräsentanzen des Auftragnehmers stellen eine „andere Niederlassung" im Sinne des Art. 28 II S. 2 EGBGB dar[1719]. Schließen sich mehrere Unternehmen zu einem Anlagenkonsortium zusammen, dann ist im Rahmen des Art. 28 II EGBGB auf den Unternehmenssitz des Federführers abzustellen[1720]. Auf die parallele Leistungserbringung durch die einzelnen Konsorten und den „relativ" bescheidenen Einfluss des Federführers auf die Steuerung der vertragscharakteristischen Leistung – als Charakteristika des Anlagenkonsortiums[1721] – ist beim Anlagenaußenkonsortium ebenfalls mit der Annahme einer geschwächten Vermutungswirkung des Art. 28 II EGBGB zu reagieren.

[1716] Es erfolgt hier lediglich eine „schlagwortartige" Zusammenfassung. An entsprechender Stelle wird auf die detaillierten Ausführungen im vorhergehenden Text sowie auf die jeweilige Zusammenfassung hingewiesen.

[1717] Vgl. die Ausführungen im 4. Kapitel B.

[1718] Vgl. die Ausführungen im 6. Kapitel C II 3 b.

[1719] Vgl. die Ausführungen im 6. Kapitel C III 2.

[1720] Vgl. die Ausführungen im 6. Kapitel C III 3 b (1) (f). Allgemein zur Struktur und kollisionsrechtlichen Bedeutung des Anlagenkonsortiums vgl. die ausführliche Zusammenfassung im 6. Kapitel C III 3 b (1) (g).

[1721] Vgl. die Ausführungen im 6. Kapitel C III 3 b (1) (a).

Über das Statut des Anlagenaußenkonsortiums befindet das Internationale Gesellschaftsrecht[1722], über das des Anlageninnenkonsortiums das Internationale Vertragsrecht[1723]. In beiden Fällen ist der Unternehmenssitz des Federführers der regelmäßige Anknüpfungspunkt[1724].

Indem Art. 28 II EGBGB das Recht des Auftragnehmers als das sachnächste vermutet, verweist es in der Regel auf die Rechtsordnung eines Industriestaates, da grundsätzlich nur Unternehmen aus Industrienationen in der Lage sind, die Projektierung und die Realisierung einer Großanlage zu steuern. Befindet sich allerdings auf der Auftragnehmerseite ein Gemeinschaftsunternehmen, welches aus Partnern aus einem Entwicklungsland und aus einem Industrieland besteht, dann liegt nicht selten eine Konstellation vor, in der sich die Hauptverwaltung des Gemeinschaftsunternehmens in dem Entwicklungsland - als dem Ort der Baustelle - befindet und daher gemäß Art. 28 II EGBGB das Recht des Baustellen- und damit des Entwicklungslandes vermutet wird[1725].

Im Rahmen der Gesamtabwägung nach Art. 28 V EGBGB[1726] sind sämtliche Umstände zu berücksichtigen, welche auf eine von der Vermutung abweichende Rechtsordnung hinweisen und entweder einzeln oder gemeinsam in der Lage sind, die - in der Mehrzahl der Fälle - durch die Mitwirkungspflichten des Bestellers und das Konsortium auf der Auftragnehmerseite geschwächte Vermutungswirkung des Art. 28 II EGBGB zu widerlegen. Vor allem aus dogmatischen Gründen vermögen dies die „Vertragssprache"[1727], die „Vertragswährung"[1728] wie auch der Umstand, dass es sich bei dem Besteller um einen Staat oder eine staatliche Organisation handelt[1729], nicht. Dagegen sind die lex rei sitae[1730] und die lex loci protectionis[1731] der bedeutsamsten Lizenz (= Verfahrens- bzw. Herstellungslizenz) identisch mit der Rechtsordnung am Ort der Baustelle. Sie regeln zwingend beträchtliche Teile der Gesamtrechtsbeziehung zwischen dem Auftragnehmer und dem Auftragnehmer, und sie beschränken das Vertragsstatut. Dadurch wird ein juristisches Milieu geschaffen, welches dem Vertragsjuristen Vorgaben erteilt und an welches dieser den Vertrag anpassen muss.

1722 Vgl. die Ausführungen im 6. Kapitel C III 3 b (1) (e) (aa) (aaa).
1723 Vgl. die Ausführungen im 6. Kapitel C III 3 b (1) (e) (aa) (bbb).
1724 Vgl. die Ausführungen im 6. Kapitel C III 3 b (1) (e) (bb).
1725 Vgl. das „Zwischenergebnis: Vermutete Rechtsordnung gemäß Art. 28 II EG" im 6. Kapitel C IV.
1726 Eine ausführliche zusammenfassende und auch abschließende Gesamtabwägung zum objektiven Vertragsstatut findet sich im 6. Kapitel D VIII.
1727 Vgl. die Ausführungen im 6. Kapitel D II.
1728 Vgl. die Ausführungen im 6. Kapitel D III.
1729 Vgl. die Ausführungen im 6. Kapitel D I.
1730 Vgl. die Ausführungen im 6. Kapitel D IV.
1731 Vgl. die Ausführungen im 6. Kapitel D V 2 a (3)(a).

Der Vertrag ist in dieser Rechtsordnung eingebettet und weist dadurch einen starken Bezug zu dieser auf.
Eine Stärkung erhält der Bezug durch die Tatsache, dass ein nicht unbeträchtlicher Teil der Vertragsaktivität am Ort der Baustelle stattfindet[1732]. Der aufwendige Zusammenbau der in den heimischen Werkstätten der einzelnen Konsorten gefertigten Maschinen erfolgt ebenso wie die umfangreiche Schulung des Personals unmittelbar auf der Baustelle bzw. anhand der fertig gestellten Anlage. Die Erstellung und der Betrieb einer industriellen Großanlage erfordern zahlreiche, zum Teil hochkomplexe Gebäudeeinrichtungen vor Ort, und die Mitwirkungspflichten des Bestellers beziehen sich in der Regel unmittelbar auf die Baustelle, so dass er sie auch dort erbringt. Das Ausmaß der vor Ort zu verrichtenden Aufgaben wird belegt durch die technische und personelle Ausstattung des Baubüros.

Zugunsten der Rechtsordnung am Ort der Baustelle sprechen endlich noch die starke gesellschaftsrechtliche Prägung der Lizenzabrede[1733] sowie das (sonstige) kooperative Element des Anlagenvertrages[1734]. Zur kollisionsrechtlichen Gewichtung empfiehlt es sich, diese beiden Facetten der Beziehung zu abstrahieren und sodann nach dem Ort zu suchen, an dem der Gesellschafts- bzw. Kooperationszweck überwiegend verfolgt wird. In beiden Fällen ist dies der Ort der Baustelle. Im ersten Fall folgt dies aus der besonderen Relevanz der Herstellungs- und Verfahrenslizenz sowie aus dem zeitlichen Bezugspunkt der Umstände, welche die Prägung des Lizenzverhältnisses als Schicksalsgemeinschaft ausmachen. Dieser ist weniger der Zeitraum der Projektierung und der Erstellung der Anlage als vielmehr der des Betriebes.
Der Schwerpunkt bzw. das Aktivitätszentrum jenes vor allem aus seiner Eigenschaft als Langzeit- und Rahmenvertrag resultierenden (sonstigen) kooperativen Elementes des Industrieanlagenvertrages ergibt sich aus der eindeutigen lokalen Zuordbarkeit der Anlage, deren Erstellung den gemeinsamen Zweck der Kooperation darstellt.

Der Vertrag über die Projektierung und die Erstellung einer industriellen Großanlage weist folglich regelmäßig eine Struktur auf, aufgrund derer die Anwendung des Rechts des Baustellenlandes sachgerecht ist. Spielt der Technologietransfer *ausnahmsweise* eine weniger gewichtige Rolle, als dies in der Regel der Fall ist – etwa weil in der Industrieanlage ein Verfahren zur Anwendung kommt, für welches kein Patentschutz mehr besteht - , dann sind auch jene sonstigen zu-

[1732] Vgl. die Ausführungen im 6. Kapitel D VI.
[1733] Zu dieser besonderen Qualität der anlässlich der Erstellung einer industriellen Großanlage getroffen Lizenzabrede im Vergleich zum Bauvertrag oder einfachen Maschinenkauf vgl. vor allem die Ausführungen im 6. Kapitel D V 2 a (3) (b) sowie im 6. Kapitel D VII.
[1734] Vgl. die Ausführungen im 6. Kapitel D VI.

vor genannten Gründe in der Lage, die Anwendung der im Baustellenland geltenden Rechtsordnung zu rechtfertigen. Dies gilt auch für Bauverträge größeren Zuschnitts, deren Struktur in einem solchen Fall der des Industrieanlagenvertrages ähnelt[1735].
Über eine deutlich andere Struktur verfügen dagegen Bauverträge kleineren Ausmaßes. Bei ihnen mangelt es nicht nur an einem Technologietransfer, sondern darüber hinaus zeichnen sie sich weder durch umfangreiche Mitwirkungspflichten des Bestellers noch durch einen sonstigen stark ausgeprägten Kooperationscharakter aus. Hinzu kommt, dass sich bei diesen Verträgen nicht wie in der Mehrzahl der Industrieanlagenverträge ein Konsortium auf der Seite des Auftragnehmers befindet, welches ob seiner relativ bescheidenen „körperschaftsähnlichen" Struktur zu einer Schwächung der Vermutungswirkung des Art. 28 II EGBGB führt. Stattdessen werden dort Arbeitsgemeinschaften (Bau-ARGE)[1736] gegründet, im Rahmen derer die Bauunternehmer die Bauleistung mit gemeinsamen Sachmitteln und gemeinsamem Personal erbringen und welche über eine größere „körperschaftsähnliche" Dichte verfügen als das Anlagenkonsortium. Vorbehaltlich besonderer Umstände spricht bei Bauverträgen kleineren Zuschnitts lediglich das „lex-rei-sitae"-Argument zugunsten des Baustellenlandes. Dies alleine ist allerdings nicht imstande, sich über die Vermutungswirkung des Art. 28 II EGBGB hinwegzusetzen. Auf den Bauvertrag kleineren und wohl auch häufigeren Zuschnitts findet daher regelmäßig das Recht des Auftragnehmers Anwendung.

4. Die bloße Nennung der Rechtsordnung eines Staates eignet sich vielfach nicht als eine präzise Rechtswahl. Insbesondere bei föderalen Staatsformen bleiben Zweifel hinsichtlich des letztlich anwendbaren Rechts. Verweise auf unbestimmte gemeinsame bzw. internationale Rechtsprinzipien sollten ebenfalls vermieden werden[1737]. Zur Annahme einer konkludenten Rechtswahl im Sinne des Art. 27 I 1, 2. HS EGBGB bedarf es der hinreichenden Sicherheit, dass die Parteien tatsächlich über das anwendbare Recht reflektiert haben und rechtsgestaltend auf dieses haben Einfluss nehmen wollen[1738]. Die Bezugnahme auf bestimmte nationale Vorschriften oder Mustervertragsbedingungen kann nur dann als ein Hinweis auf eine konkludente Rechtswahl verstanden werden, wenn die

---

[1735] Der wesentlichste Unterschied zwischen einem Industrieanlagenvertrag und einem Bauvertrag großen Zuschnitts liegt in dem Technologietransfer (gewerbliche Schutzrechte, Know-how und allgemein zugängliches ingenieurtechnisches und betriebswirtschaftliches Wissen), welcher der spätere Betrieb der Anlage und der Vertrieb der dort hergestellten Produkte erfordern. Zur kollisionsrechtlichen Auswirkung dieses Wissenstransfers vgl. die Ausführungen im 6. Kapitel D V, dort vor allem die Zusammenfassung unter 3.

[1736] Zur Struktur der Arbeitsgemeinschaft im Baugewerbe vgl. die Ausführungen im 6. Kapitel C III 3 b (1) (b).

[1737] Vgl. die Ausführungen zur ausdrücklichen Rechtswahl im 7. Kapitel B II.

[1738] Vgl. die Ausführungen im 7. Kapitel B III.

Vorschriften bzw. die Bedingungen tief in der jeweiligen nationalen Rechtsordnung verwurzelt sind[1739]. Die DIN-Normen konkretisieren wie auch die meisten technischen Normen lediglich das technische Leistungsprofil; sie sind gegen ausländische technische Normen austauschbar, ohne dass unüberbrückbare Systembrüche zwischen diesen und dem deutschen Statut zu befürchten sind. Die Vereinbarung von DIN-Normen ist daher kein Indiz zugunsten der Annahme einer konkludenten Wahl deutschen Rechts durch die Parteien. Dagegen ist die Vereinbarung der VOB/B als ein solches zu bewerten. Deren Einbettung in der deutschen Rechtsordnung ist profund, und anders etwa die FIDIC-Werke werden sie von keiner internationalen Organisation herausgegeben.
Einer Schieds- bzw. Gerichtsstandsklausel kommt nur dann eine signifikante Indizwirkung zu, wenn die Parteien mit der Wahl des (Schieds -) Gerichts wissentlich sicherstellen können, dass ein bestimmtes Recht zur Anwendung kommt[1740]. Dies ist jedoch nur selten der Fall, da die meisten Gerichte nicht per se die lex fori, sondern stattdessen das vom jeweiligen Kollisionsrecht berufene Recht anwenden. Und da in der Regel angesichts der Vielgestaltigkeit, in der Bau- und Anlagenverträge in der Rechtspraxis vorkommen, eine „feste" kollisionsrechtliche Rechtsprechung, im Hinblick auf derer die Parteien das Gericht ausgesucht haben, nicht existiert, kann ein rechtsanwendungsrechtliches Kalkül der Parteien bei der Wahl des Gerichtsstandes bzw. des Schiedsgerichts nicht mit hinreichender Sicherheit angenommen werden. Im Falle einer Schiedsgerichtsklausel kommt erschwerend hinzu, dass die Verfahrensordnungen vieler internationaler Schiedsgerichte - wie zum Beispiel der International Chamber of Commerce in Paris – die Schiedsrichter ermächtigen, unmittelbar das Recht anzuwenden, welches sie für angemessen halten. Die vorherige Befragung eines Kollisionsrechts ist nicht erforderlich. Unter diesen Voraussetzungen ist die Festlegung des anwendbaren Rechts mit Hilfe der Benennung eines konkreten Schiedsgerichts sogar nahezu unmöglich.

5. Unabhängig vom Vertragsstatut finden gemäß Art. 34 EGBGB jene deutschen Normen Anwendung, welche den Sachverhalt ohne Rücksicht auf seinen Auslandsbezug oder das auf ihn anwendbare Recht zwingend regeln wollen[1741]. Dazu müssen die Vorschriften überwiegend ordnungs- und staatspolitischen Interessen dienen, und der Sachverhalt muss einen „ausreichenden" Inlandsbezug aufweisen. Bei Bau- und Anlagenverträgen kommen kraft dieser Sonderanknüpfung vor allem – sofern sich die Baustelle in Deutschland befindet – grundstücksbezogene Vorschriften aus dem Bauordnungsrecht und zwingend geregelte technische Standards und Sicherungsvorschriften zur Anwendung. Ob der vielfachen Brisanz des mit der Erstellung der Anlage einhergehenden Technolo-

---

[1739] Vgl. die Ausführungen im 7. Kapitel B III 1 sowie 2.
[1740] Vgl. die Ausführungen im 7. Kapitel B III 3.
[1741] Vgl. die Ausführungen im 8. Kapitel A.

gietransfers ist auch stets an Regelungen des Außenwirtschaftsgesetzes sowie der Außenwirtschaftsverordnung zu denken.
Obgleich Art. 34 EGBGB nicht für ausländische Eingriffsnormen gilt, finden auch diese unter bestimmten Voraussetzungen trotz eines abweichenden Vertragsstatuts Berücksichtigung[1742], und zwar entweder mittels einer Sonderanknüpfung, wenn sich die in Rede stehende Norm mit den grundlegenden deutschen Wertevorstellungen vereinbaren lässt, oder aber im Rahmen geeigneter Rechtsinstitute des materiellen Rechts (= Vertragsstatut) für den Fall, dass der normerlassende Staat eine Machtposition inne hat, aufgrund derer er die Beachtung der Norm durchzusetzen vermag und sich die Norm daher als ein Faktum präsentiert, welches man trotz ihres bedenklichen Inhaltes nicht ignorieren kann. Zur ersten Gruppe gehören in der Regel ausgewogene Vorschriften des öffentlichen Bau- und Grundstücksrechts, allgemeine Sicherheitsvorschriften und Regelungen zur Bekämpfung von Wirtschaftskriminalität und zur Kontrolle des Technologietransfers. „Willkürliche" Konfiszierungen oder sonstige Behinderungen ermöglichende Normen sind dagegen der zweiten Gruppe zuzuordnen.

6. Die in einem Subunternehmervertrag[1743] enthaltene Pauschalverweisung auf die Vorschriften des Hauptvertrages statuiert lediglich die „generelle Tendenz" der Vertragsparteien zu einer Koordination der Vertragsverhältnisse. Die Verweisung ist jedoch – sofern sich die Parteien nicht ausdrücklich oder konkludent ausdrücklich geäußert haben - gemeinsam mit der Kenntnis des Subunternehmers vom jeweiligen Risiko und dessen umfänglicher Integration in die Anlagenerstellung als ein starkes Indiz zugunsten des Willens der Parteien zu betrachten, den Subunternehmer an jenem unmittelbar nur dem Hauptanlagenvertrag anhaftenden Risiko zu beteiligen. Der diesbezügliche Parteiwille wird mit Hilfe der Redlichkeitsformel[1744] ermittelt; die Risikobeteiligung erfolgt überwiegend kraft materiell-rechtlichen Teilgleichlaufs der beiden vertraglichen Beziehungen.
Wird der Subunternehmervertrag *nach* dem Hauptvertrag geschlossen, und sieht dieser eine ausdrückliche Rechtswahl vor, dann ist in der Pauschalverweisung der konkludent geäußerte Wille der Parteien des Subunternehmervertrages zu sehen, das im Hauptvertrag benannte Recht auch auf den Subunternehmervertrag Anwendung finden zu lassen.
Die umfängliche Integration des Subunternehmers stellt ferner - vorbehaltlich besonderer Umstände - einen starken Hinweis auf die akzessorische Anknüp-

---

1742 Vgl. die Ausführungen im 8. Kapitel B.
1743 Vgl. die Ausführungen im 9. Kapitel. Eine ausführlichere Zusammenfassung des Verhältnisses des Subunternehmervertrages zum Hauptvertrag einschließlich der kollisionsrechtlichen Fragestellung befindet sich im 9. Kapitel E.
1744 Vgl. die Ausführungen im 9. Kapitel C IV.

fung des objektiven Statuts des Subunternehmervertrages an das Recht des Hauptvertrages dar[1745].

[1745] Vgl. die Ausführungen im 9. Kapitel D IV 3.

Literaturverzeichnis

- Aden, Menno — Die Anwendung materiellen Rechts durch den Schiedsrichter; RIW 1984, S. 934 - 938

- Ahrens, Hans-Jürgen — Wer haftet statt der zusammengebrochenen Abschreibungsgesellschaft? – Zur Sachwalterhaftung im Kollisionsrecht (zu OLG Frankfurt/Main, 1.7.1985 – 1 U 134/84); IPRax 1986, S. 355 - 361

- Bar, Christian von — Territorialität des Warenzeichens und Erschöpfung des Verbreitungsrechts im Gemeinsamen Markt; Frankfurt/M. 1977 (zit.: *v. Bar*, Territorialität)

- ders. — Verkehrspflichten; Köln u.a. 1980 (zit.: *v. Bar*, Verkehrspflichten)

- ders. — Internationales Wettbewerbsbeschränkungensrecht zwischen Sach- und Kollisionsrecht, in: Festschrift für Murad Ferid; hrsg. von Andreas Heldrich und Hans Jürgen Sonnenberger; Frankfurt/M. 1988; S. 13 – 37 (zit.: *v. Bar* in: FS Ferid)

- ders. — Entwicklungen und Entwicklungstendenzen im Recht der Verkehrs(sicherungs)pflichten; JuS 1988, S. 169 - 174

- ders. — Kollisionsrechtliches zum Schuldbeitritt und zum Schuldnerwechsel; IPRax 1991, S. 197 – 201

- ders. — Internationales Privatrecht, Band II, Besondere Lehren; München 1991 (zit.: *v. Bar*, IPR II)

- Bar, Christian von/ Peter Mankowski — Internationales Privatrecht, Band I, Allgemeine Lehren München 2003 (zit.: *v. Bar/Mankowski*, IPR I)

- Bar, Ludwig von — Theorie und Praxis des internationalen Privatrechts, Bd. I; 2. A.; Hannover 1989 (zit.: *Ludwig v. Bar*)

- Basedow, Jürgen — Die Neuregelung des Internationalen Privat- und Prozeßrechts; NJW 1985, S. 2971 - 2979

- ders. — Wirtschaftskollisionsrecht – Theoretischer Versuch über die ordnungspolitischen Normen des Forumstaates; RabelsZ 52 (1988), S. 8 - 40

- Baudenbacher, Carl/ Dirk Buschle — Niederlassungsfreiheit für EWR-Gesellschaften nach Überseering; IPRax 2004, S. 26 - 31

- Bauer, Miklós — Technologie-Transfer-Verträge – Struktur und typische Probleme, in: Der komplexe Langzeitvertrag, Heidelberger Kolloquium Technik und Recht 1986; hrsg. von Fritz Nicklisch; Heidelberg 1987; S. 207 - 223 (zit.: *Bauer* in: Langzeitvertrag (Nicklisch))

- Bechtel, Wolfram — Umzug von Kapitalgesellschaften unter der Sitztheorie; Frankfurt/M. u.a. 1999 (zit.: *Bechtel*)

- ders. — Parteifähigkeit trotz Verlegung des Gesellschaftssitzes nach Deutschland – Kommentar zu u.a. BGH, NZG 2000, 1025; NZG 2001, S. 21 - 23

- Behrens, Peter — Das Internationale Gesellschaftsrecht nach dem Überseering-Urteil des EuGH und den Schlussanträgen zu Inspire Art; IPRax 2003, S. 193 – 206

- ders. — Gemeinschaftsrechtliche Grenzen der Anwendung inländischen Gesellschaftsrechts auf Auslandsgesellschaften nach *Inspire Art;* IPRax 2004, S. 20 - 26

- Beier, Friedrich-Karl — Das auf internationale Markenlizenzverträge anwendbare Recht; GRUR Int. 1981, S. 299 - 308

- Ben Abderrahmane, Dahmane — Die Praxis zwischen Staaten und ausländischen Unternehmen am Beispiel Algeriens; RIW 1993, S. 821 - 825

- Benchikh, M. — Relations between Transnational Corporations and the Developing Countries, in: UNIDO, Industry 2000 – New Perspectives, International Industrial Enterprise Co-operation Vol. 2; Wien 1979; S. 147 – 173

- Benecke, Martina — Auf dem Weg zu „Rom II“ – Der Vorschlag für eine Verordnung zur Angleichung des IPR der außervertraglichen Schuldverhältnisse; RIW 2003, S. 830 - 837

- Benkard, Georg — Patentgesetz, Gebrauchsmustergesetz, Kommentar; begr. von Georg Benkard; bearbeitet von Karl Bruchhausen, Rüdiger Rogge, Eike Ullmann; 10. A., München 2006 (zit.: Benkard-*Bearbeiter*)

- Berg, Günter — Rechtsstatut und Vertragsbedingungen bei Verträgen über grenzüberschreitende Bauleistungen zwischen Partnern aus der BRD und DDR; BauR 1988, S. 652 - 659

- Berger, Klaus Peter — Devisenrecht in der internationalen Wirtschaftsschiedsgerichtsbarkeit; ZVglRWiss 96 (1997), S. 316 – 346

- ders. — Der praktische Fall – Internationales Privatrecht: Eine Düngemittelanlage in China; JuS 1999, S. 1091 - 1097

- ders. — Neuverhandlungs-, Revisions- und Sprechklauseln im internationalen Wirtschaftsvertragsrecht; RIW 2004, S. 1 - 14

- Bernd, Günter — Das Marketing von Großanlagen (Strategieprobleme des Systems); Berlin 1979 (zit.: *Günter*)

- Bernstorff, Christoph Graf v. — Vertragsgestaltung im Auslandsgeschäft – Ein Praxishandbuch mit Vertragsmustern; 5. A.; Frankfurt/M. 2002 (zit.: *Graf von Bernstorff*)

- Bick, Otto — Die Gelegenheitsgesellschaft, Recht und Besteuerung; 2. A.; Wiesbaden 1968 (zit.: *Bick*)

- Binder, Heinz — Zur Auflockerung des Deliktsstatuts; RabelsZ 20 (1955), S. 401 - 499

- Böckstiegel, Karl-Heinz — Der Staat als Vertragspartner ausländischer Privatunternehmer; Frankfurt/M. 1971 (zit.: *Böckstiegel*, Staat als Vertragspartner)

- ders. Das anwendbare Recht bei öffentlich-rechtlich geprägten Staatsaufträgen; RIW/AWD 1973, S. 117 – 121

- ders. Die Bestimmung des anwendbaren Rechts in der Praxis internationaler Schiedsgerichtsverfahren, in: Festschrift für Günther Beitzke zum 70. Geburtstag; hrsg. von Otto Sandrock; Berlin u.a. 1979; S. 443 – 458 (zit.: *Böckstiegel* in: FS Beitzke)

- ders. Zur Vertragsgestaltung und Schiedsgerichtsbarkeit bei Infrastrukturprojekten, in: Festschrift für Otto Sandrock zum 70. Geburtstag; hrsg. von u.a. Klaus Peter Berger; Heidelberg 2000; S. 95 - 110 (zit.: *Böckstiegel* in: FS Sandrock)

- Böhme, Werner Die Besteuerung des Know-how; München u.a. 1967 (zit.: *Böhme*)

- Boen, Peter L FIDIC's conditions of contract for the next century; ICLR (1999), 5 - 26

- Borges, Georg Die Sitztheorie in der Centros-Ära: Vermeintliche Probleme und unvermeidliche Änderungen; RIW 2000, S. 167 - 178

- Brabant, A. Le contrat international de construction; Brüssel 1981 (zit.: *Brabant*)

- Breitenstein, Detlev von Rechtsordnung und Lex Mercatoria – Zur vergeblichen Suche nach einem anationalen Recht für die internationale Arbitrage, in: Festschrift für Otto Sandrock zum 70. Geburtstag; hrsg. u.a. von Klaus Peter Berger; Heidelberg 2000; S. 111 – 135 (zit.: *von Breitenstein* in: FS Sandrock)

- Britton, Philip Choice of law in construction contracts: The view from England; ICLR (2002), 242 - 280

- Brand, Gerhard/ Maskow, D. Der internationale Anlagenvertrag; Berlin 1989 (zit.: *Brand/Maskow*)

- Bülow, Peter — Der Grundsatz der Subsidiarität im Kreditsicherungsverhältnis; ZIP 1999, S. 985 - 988

- Bunni, Nael G. — The FIDIC Form of Contract – The Fourth Edition of the Red Book; 2nd ed.; Oxford 1997 (zit.: *Bunni*)

- Busse, Daniel — Die geplante Kodifikation des Internationalen Bereicherungsrechts in Deutschland; RIW 1999, S. 16 - 21

- ders. — Internationales Bereicherungsrecht zwischen EGBGB-Reform und „Rom II"; RIW 2003, S. 406 - 410

- Busse, Rudolf — Patentgesetz unter Berücksichtigung des Europäischen Patentübereinkommens, des Gemeinschaftspatentübereinkommens und des Patentzusammenarbeitsvertrags; begründet von Rudolf Busse, fortgeführt und bearbeitet von Alfred Keukenschrijver, Klaus Schwendy, Thomas Baumgärtner; 6. A.; Berlin u.a. 2003 (zit. *Busse,* PatentG)

- Cadez, Juan — Versicherungskonzepte in regulierten Versicherungsmärkten bei BOT–Infrastrukturprojek-ten; NZBau 2003, S. 10 - 16

- Caemmerer, Ernst von — Bereicherung und unerlaubte Handlung, in: Festschrift für Ernst Rabel, Bd. 1, Rechtsvergleichung und internationales Privatrecht; hrsg. von u.a. Hans Dölle, Max Rheinstein, Konrad Zweigert; Tübingen 1954; S. 333 – 401 (zit.: *von Caemmerer* in: FS Rabel I)

- Chan, Philip — Resolving construction disputes in Singapore – Litigation, arbitration and ADR; ICLR (1998), 259 - 275

- ders. — PSSCOC for D & B (2001 Edition) – Singapore's first design and build standard form; ICLR (2002), 22 - 52

- Chan, Rico — Interpretation of the Supreme People's Court on "contractor's lien"; ICLR (2004), 133 - 135

- Czerwenka, Beate — Rechtsanwendungsprobleme im internationalen Kaufrecht; Berlin 1988 (zit.: *Czerwenka*)

- Degner, Egbert P. | Kollisionsrechtliche Anknüpfung der Geschäftsführung ohne Auftrag, des Bereicherungsrechts und der culpa in contrahendo; RIW 1983, S. 825 - 831

- Deißner, Susanne | Jenaer Expertentagung „Das Grünbuch zum internationalen Vertragsrecht; IPRAx 2004, S. 163 - 166

- Delaume, Georges | Law and practice of transnational contracts; New York, London, Rom 1988 (zit.: *Delaume*)

- Dennys, Nicholas | Contractor's liability for fitness for purpose – an ebbing tide?, in: Construction Law, Themes And Practice (Essays in Honour of I.N. Duncan Wallace Q.C.); hrsg. von Anthony Thornton and William Godwin; London 1998; S. 204 – 216 (zit.: *Dennys* in: Construction Law)

- Detzer, Klaus | Kooperationen mit dem Ausland; RIW 1979, S. 802 - 809

- Deutsch, Erwin | Die Warenzeichenlizenz im Kollisionsrecht, in: Die Warenzeichenlizenz. Rechtsvergleichende Untersuchungen über die gemeinschaftliche Benutzung von Warenzeichen. Eugen Ulmer zum 60. Geburtstag; gewidmet von Schülern und Assistenten; hrsg. von Friedrich-Karl Beier, Erwin Deutsch, Wolfgang Fikentscher; München usw. 1963; S. 463 - 478 (zit.: *Deutsch*, Warenzeichenlizenz)

- ders. | Besprechung von Paul Heinrich Neuhaus: Die Grundbegriffe des internationalen Privatrechts; AcP 165 (1965), S. 182-187

- Dicey/Morris | Dicey And Morris On The Conflict Of Laws, under the general editorship of Lawrence Collins; 13th ed., London 2000, 3rd supplement 2003 (zit.: *Dicey/Morris*)

- Diehr, Uwe | Sicherheit gemäß § 648a BGB zugunsten des Gesellschafters gegen seine Bau-ARGE – Die Auflösung einer Kollision von Gesellschafter- und Werkunternehmerinteressen; ZfBR 2004, S. 3 - 8

- Drobnig, Ulrich — Kritische Bemerkungen zum Vorentwurf eines EWG-Übereinkommens über die Anerkennung von Gesellschaften; ZHR 129 (1967), S. 93 - 120

- ders. — Originärer Erwerb und Übertragung von Immaterialgüterrechten im Kollisionsrecht; RabelsZ 40 (1976), S. 195 - 208

- ders. — Gemeinschaftsrecht und internationales Gesellschaftsrecht – „Daily Mail" und ihre Folgen, in: Europäisches Gemeinschaftsrecht und Internationales Privatrecht; Tagung des Instituts für Internationales Privatrecht und Rechtsvergleichung des Fachbereichs Rechtswissenschaften der Universität Osnabrück am 6. und 7. April 1990 in Osnabrück; hrsg. v. Christian v. Bar; Köln u.a. 1991; S. 185 - 206
(zit.: *Drobnig* in: Europäisches Gemeinschaftsrecht (v.Bar))

- Dünnweber, Inge — Vertrag zur Erstellung einer schlüsselfertigen Industrieanlage im internationalen Wirtschaftsverkehr; Berlin u.a. 1984 (zit.: *Dünnweber*)

- Dunné, Jan M. van — Adaption by Renegotiation Contractual and Judicial Revision of Contracts in Cases of Hardship, in: Der komplexe Langzeitvertrag – Strukturen und Internationale Schiedsgerichtsbarkeit -, Heidelberger Kolloquium Technologie und Recht 1986; hrsg. von Fritz Nicklisch; Heidelberg 1987; S. 413 – 441
(zit.: *van Dunné* in: Langzeitvertrag (Nicklisch))

- Ebenroth, Carsten Thomas — Überlegungen zur Ausgestaltung transnationaler Investitionsverträge, in: Festschrift für Ernst C. Stiefel; hrsg. von u.a. Marcus Lutter; München 1987; S. 147 – 162 zit.: *Ebenroth* in: FS Stiefel)

- ders. — Das Vertragsrecht der internationalen Konsortialkredite und der Projektfinanzierungen; JZ 1986, S. 731 – 736

- ders. — Das Verhältnis zwischen joint venture-Vertrag, Gesellschaftssatzung und Investitionsvertrag; JZ 1987, S. 265 - 271

- ders. Neuere Entwicklungen im deutschen internationalen Gesellschaftsrecht – Teil 1; JZ 1988, S. 18 - 30

- Ebke, Werner F. Die „ausländische Kapitalgesellschaft & Co. KG“ und das europäische Gemeinschaftsrecht – Besprechung der Entscheidung BayObLGZ 1986, 61 -; ZGR 1987, S. 245 - 279

- ders. Gesellschaften aus Delaware auf dem Vormarsch: Der BGH macht es möglich; RIW 2004, S. 740 - 744

- ECE-Veröffentlichung Guide on drawing up contracts for large industrial works; United Nations Publication; New York 1973; deutsche Übersetzung durch VDMA, Sonderveröffentlichung Nr. 4/73
(zit.: ECE-Large Industrial Works)

- ECE-Veröffentlichung Guide on Drawing up International Contracts on Industrial Co-operation; United Nations Publication; New York 1976
(zit.: ECE-Industrial Co-operation)

- ECE-Veröffentlichung Guide for drawing up international contracts on consulting engineering, including some related aspects of technical assistance; United Nations Publication; New York 1983
(zit.: ECE-Consulting Engineering)

- ECE-Veröffentlichung Foreign investment and trade linkages in developing countries; United Nations Publication; New York 1993
(zit.: ECE-Developing Countries)

- Eggers, Frauke Verfahrenslizenzen für internationale Anlagenprojekte; RIW 2000, S. 665-674

- Ehinger, Kristian Vertragsrahmen des industriellen internationalen Equity Joint Ventures, in: Der komplexe Langzeitvertrag, Heidelberger Kolloquium Technik und Recht 1986; hrsg. von Fritz Nicklisch; Heidelberg 1987; S. 187 – 198 (zit.: *Ehinger* in: Langzeitvertrag (Nicklisch))

- Eidenmüller, Horst — Wettbewerb der Gesellschaftsrechte in Europa; ZIP 2002, S. 2233 - 2245

- Eichler, Gottfried — Der Werkvertrag im Internationalen Privatrecht; Basel 1961 (zit.: *Eichler*)

- Eike, Ullmann — Kooperation der Vertragspartner bei technischen Projekten; in: Komplexe Langzeitverträge für neue Technologien und neue Projekte, Heidelberger Kolloquium – Technologie und Recht 2001; hrsg. von Fritz Nicklisch; München 2002 (zit.: *Eike* in: Komplexe Langzeitverträge für neue Technologien und neue Projekte)

- Erman — Kommentar zum Bürgerlichen Gesetzbuch einschl. EGBGB und Nebengesetzen; Bd. 1 und Bd. 2; hrsg. von Harm Peter Westermann; 11. A.; Köln 2004 (zit.: Erman-*Bearbeiter*)

- Eshete, Mandefro — Lizenz- und Technologietransferverträge in Äthiopien, Kenia und Tansania: vergleichende Darstellung mit dem deutschen und europäischen Recht; GRUR Int. 2000, S. 975 – 989

- Esser, Josef/ Hans-Leo Weyers — Schuldrecht Band II – Besonderer Teil; 7. A.; Heidelberg 1991 (zit.: *Esser/Weyers*)

- Fallenböck, Markus — Zur kollisionsrechtlichen Anknüpfung von Immaterialgüterrechtsverträgen nach dem Europäischen Vertragsrechtsübereinkommen (EVÜ); ZfRV 1999, S. 98 - 102

- Fehr, Kai S. — Rechtsverhältnisse innerhalb Euler-Hermes-gedeckter Exportfinanzierung (Bestellerkredit); RIW 2004, S. 440 - 444

- Ferid, Murad — Zur Behandlung von Anteilen an Personalgesellschaften beim zwischenstaatlichen Erbgang, in: Festschrift für Alfred Hueck; hrsg. von Rolf Dieter, Hans Carl Nipperdey, Eugen Ulmer; München 1959; S. 343-374 (zit.: *Ferid* in: FS Hueck)

- Ferrari, Franco — International Sale of Goods – Applicability and Applications of the United Nations Convention on Contracts for the International Sale of Goods; Brüssel 1999 (zit.: *Ferrari*)

- Fietz, Eike H. — Die Auftragsvergabe an Generalübernehmer – ein Tabu?; NZBau 2003, S. 426 - 430

- Fikentscher, Wolfgang — The typology of international licensing agreements, in: The Transnational Law of International Commercial Transactions, Studies In Transnational Economic Law; ed. by Norbert Horn and Clive Schmitthoff; Deventer 1982; S. 211 – 222 (zit.: *Fikentscher* in: Transnational Law)

- Fischer, Dietrich — Die Gründung von Joint Ventures in Entwicklungsländern – Dargestellt am Beispiel Indiens; ZVglRWiss 86 (1987), S. 314 - 337

- Fischer, Ernst — Zahlungsverpflichtung für Lizenzgebühren in Know-how-Verträgen, wenn der Vertragsgegenstand offenkundig geworden ist; GRUR Int. 1985, S. 638 - 640

- Fischer, Gerfried — Die Neuregelung des Kollisionsrechts der ungerechtfertigten Bereicherung und der Geschäftsführung ohne Auftrag im IPR-Reformgesetz von 1999; IPRax 1999, S. 1 - 17

- Fischer, P. — Die akzessorische Anknüpfung des Deliktsstatuts; Berlin 1989 (zit.: *Fischer*)

- Flocke, Hans-Joachim — Risiken beim Internationalen Anlagenvertrag – Hinweise zu ihrer Bewertung sowie Möglichkeiten der Risikobeschränkung durch Vertragsgestaltung; Heidelberg 1986 (zit.: *Flocke*)

- Folsom, Ralph H./ Michael Wallace Gordon/ John A. Spanogle — International business transactions; 7th ed.; St. Paul, MN (USA) 2004 (zit.: *Folsom/Gordon/Spanogle*)

- Forkel, Hans — Zur Übertragung geheimer Kenntnisse, in: Festschrift für Ludwig Schnorr von Carolsfeld; hrsg. von Heinrich Hubmann und Heinz Hübner; Köln 1972; S. 105- 123 (zit.: *Forkel* in: FS Schnorr v. Carolsfeld)

- ders. — Zur dinglichen Wirkung einfacher Lizenzen; NJW 1983; S. 1764 - 1768

- ders. — Besprechung des Buches Patent- und Know-how-Lizenzvertrag. Ein Handbuch: von Günter Henn, 2. A., Heidelberg 1989; in: NJW 1990, S. 2805- 2806

- Forsthoff, Ulrich — Rechts- und Parteifähigkeit ausländischer Gesellschaften mit Verwaltungssitz in Deutschland? – Die Sitztheorie vor dem EuGH; DB 2000, S. 1109 – 1114

- ders. — Abschied von der Sitztheorie – Anmerkung zu den Schlussanträgen des GA Dámaso Ruiz-Jarabo Colomer in der Rs. Überseering; BB 2002, S. 318 – 321

- ders. — Internationales Gesellschaftsrecht im Umbruch; DB 2003, S. 979 - 981

- Freitag, Robert — Einfach und international zwingende Normen, in: Das Grünbuch zum Internationalen Vertragsrecht – Beiträge zur Fortentwicklung des Europäischen Kollisionsrechts der vertraglichen Schuldverhältnisse; hrsg. von Stefan Leible; München 2004; S. 167 – 192 (zit.: *Freitag* in: Grünbuch (Leible))

- Frikell, Eckhard — Bauvertragsklauseln und AGB-Gesetz, Hinweise und Beispiele zur Überprüfung von Bauverträgen; 2. A.; Köln 1980 (zit.: *Frikell*)

- Fuchs, Heiko — Der Schürmann-Beschluss: Der Anfang vom Ende der Kooperationspflichten der Bauvertragsparteien?; NZBau 2004, S. 65 - 72

- Gamillscheg, Franz — Gedanken zu einem System des internationalen Arbeitsrechts; RabelsZ 23 (1958), S. 819 - 850

- ders. Rechtswahl, Schwerpunkt und mutmaßlicher Parteiwille im internationalen Vertragsrecht; AcP 157 (1958/59), S. 303 - 341

- ders. Besprechung zu: Kegel, Gerhard; Das internationale Privatrecht im Einführungsgesetz zum BGB, Erläuterungen zu Art. 7 – 31 BGB (Sonderdruck aus Soergel-Siebert, Bürgerliches Gesetzbuch mit Einführungsgesetz und Nebengesetzen, Kommentar, 9. A. Bd. V (1961) S. 503 – 989; RabelsZ 27 (1962/63), S. 585 – 594

- Geimer, Reinhold Abschied von der Sitztheorie; BB 2002, S. 318 – 321

- ders. Internationales Gesellschaftsrecht im Umbruch; DB 2003, S. 979 – 981

- ders. Internationales Zivilprozessrecht; 5. A.; Köln 2005 (zit.: *Geimer*, IZPR)

- Gelder, Alfons van Der Anspruch nach § 649 Satz 2 BGB bei Verlustgeschäften und seine Geltendmachung im Prozeß; NJW 1975, S. 189 - 192

- Gierke, Otto von Deutsches Privatrecht, Bd. I: Allgemeiner Teil und Personenrecht; Leipzig 1895 (zit.: *Gierke*)

- Goedel, Joachim E. FIDIC-Bauvertragsbestimmungen im internationalen Baurecht; RIW 1982, S. 81 - 88

- ders. Vertragliche Regelungen zur Streitbeilegung in internationalen Bau- und Anlagenbauverträgen, in: Vertragsgestaltung und Streiterledigung in der Bauindustrie und im Anlagenbau (II); hrsg. von Karl Heinz Böckstiegel; Köln u.a. 1985; S. 67 – 84 (zit.: *Goedel* in: Vertragsgestaltung und Streiterledigung)

- ders. Vertragsgestaltung bei BOT-Projekten; BB 1991 (Beilage 20), S. 19 - 24

- Göthel, Stephan R. Joint Ventures im Internationalen Privatrecht, Ein Vergleich der Rechte Deutschlands und der USA; Heidelberg 1999 (zit.: *Göthel*, JointVentures)

- ders. Internationales Privatrecht des Joint Ventures; RIW 1999, S. 566 - 576

- Germidis, Dimitri International sub-contracting and industrialisation of the third world: problems and perspective, in: International Subcontracting - A New Form of Investment; hrsg. von Dimitri Germidis; Development Centre Of The Organisation For Economic Co-Operation And Development; Paris 1980; S. 10-36 (zit.: *Germidis* in: OECD-ISC)

- Goudsmit, JJ The EIC (European International Contractors) Turnkey Contract (Conditions for design and construct projects); ICLR (1995), 23 - 39

- Grafers, Hans/ Axel Schlich Export; Würzburg 2002 (zit.: *Grafers/Schlich*)

- Grasmann, Günther System des internationalen Gesellschaftsrechts; Herne 1970 (zit.: *Grasmann*)

- Graue, Eugen Dietrich Der Liefervertrag mit Montageverpflichtung; AcP 163 (1964), S. 401 - 427

- Großfeld, Bernhard Die Anerkennung der Rechtsfähigkeit juristischer Personen; RabelsZ 31 (1967), S. 1 - 50

- ders. Zur Geschichte der Anerkennungsproblematik bei Aktiengesellschaften; RabelsZ 38 (1974), S. 344 – 371

- Grünbuch s. Kommission der Europäischen Gemeinschaften

- Graziano, Thomas Kadner Gemeineuropäisches Internationales Privatrecht - Harmonisierung des IPR durch Wissenschaft und Lehre (am Beispiel der außervertraglichen Haftung für Schäden); Tübingen 2002 (zit.: *Graziano*)

- Grüb, Anton — Die Arbeitsgemeinschaft im Baugewerbe; München 1958 (zit.: *Grüb*)

- Grundmann, Stefan — Europäisches Schuldvertragsrecht; NJW 2000, S. 14 – 23

- Guiliano, Mario/ Paul Lagarde — Bericht über das Übereinkommen über das auf Schuldverhältnisse anzuwendende Recht; BDrs. 10/503, S. 36 - 79 (zit.: *Guiliano/Lagarde*)

- Hausmann, Reiner — Möglichkeiten und Grenzen der Rechtswahl in internationalen Urheberrechtsverträgen, in: Beiträge zum Film- und Medienrecht, Festschrift für Wolf Schwarz zum 70. Geburtstag; hrsg. von Manfred Rehbinder; Baden-Baden 1988; S. 47- 73
(zit.: *Hausmann* in: FS Wolf Schwarz)

- Hautkappe, Bernhard — Unternehmereinsatzformen im Industrieanlagenbau; Heidelberg 1985 (zit.: *Hautkappe*)

- Heiermann, Wolfgang — Die Schiedsgerichtsvereinbarung im nationalen und internationalen Bauvertrag, in: Rechtsfragen des nationalen und internationalen Industrieanlagenbaus; hrsg. von Josef Aicher und Karl Korinek; Wien 1991; S. 23 - 33
(zit.: *Heiermann* in: Rechtsfragen des internationalen Anlagenbaus)

- Hein, Jan von — Rechtswahlfreiheit im Internationalen Deliktsrecht; RabelsZ 64 (2000), S. 595 - 613

- Heini, Anton — Die Anknüpfungsgrundsätze in den Deliktsnormen eines zukünftigen schweizerischen IPR-Gesetzes, in: Festschrift für F.A. Mann; hrsg. von u.a. Werner Flume; München 1977; S. 193 – 205
(zit.: *Heini* in: FS Mann)

- Heller, Kurt — Rechtswahl und Schiedsklauseln im internationalen Industrieanlagenbau, in: Rechtsfragen des nationalen und internationalen Industrieanlagenbaus; hrsg. von Josef Aicher und Karl Korinek; Wien 1991; S. 177 –

191 (zit.: *Heller* in: Rechtsfragen des internationalen Anlagenbaus)

- Henssler, Martin — Anmerkung zu BGH JZ 1993, S. 153; JZ 1993, S. 155 - 158

- Hentzen, Matthias K. — Zur Anwendung fremden Eingriffsrechts seit der IPR-Reform; RIW 1988, S. 508 - 511

- Herten, Heinz-Josef — Internationales Projektmanagement – Gestaltung der grenzüberschreitenden Projektkooperation im Großanlagenbau sowie in der Luft- und Raumfahrtindustrie; Aachen 1987 (zit.: *Herten*)

- Herzfeld, Edgar — Typical areas of conflicts of interest in Joint Ventures, in: Der komplexe Langzeitvertrag, Heidelberger Kolloquium Technik und Recht 1986; hrsg. von Fritz Nicklisch; Heidelberg 1987S; S. 199 – 206 (zit.: *Herzfeld* in: Langzeitvertrag (Nicklisch))

- Hesse, Hans Gerd — Die kartellrechtliche Behandlung von Verträgen über nicht geheimes technisches Know-how; GRUR Int. 1985, S. 661 - 668

- Heß, Burkhard — Die „Europäisierung" des internationalen Zivilprozessrechts durch den Amsterdamer Vertrag – Chancen und Gefahren; NJW 2000, S. 23 - 32

- Hiestand, Martin — Die Anknüpfung internationaler Lizenzverträge; Frankfurt/M u.a. 1993 (zit.: *Hiestand*)

- Hilpert, Norbert — Ökonomisch-technologische Grundlagen der Investitionsplanung industrieller Großanlagen; Frankfurt/M. 1988 (zit.: *Hilpert*)

- Hök, Götz-Sebastian — Neues zum Internationalen Privatrecht des Bauvertrages; ZfBR 2000, S. 7 – 9

- ders. — Internationales Baurecht; Düsseldorf 2001 (zit.: *Hök*, Internationales Baurecht)

- ders. Internationales Vergaberecht der Weltbank für Bau und Anlagenbau auf der Grundlage von FIDIC und ENNA-Musterverträgen; ZfBR 2004, S. 731 - 735

- ders. Zur Sprachregelung in den FIDIC-Werken; ZfBR 2005, S. 332 – 343

- ders. Handbuch des Internationalen und ausländischen Baurechts; Heidelberg 2005 (zit.: *Hök*, Handbuch)

- Hoeniger, H. Die gemischten Verträge in ihren Grundformen (1910) (zit.: *Hoeniger*)

- Hoffmann, Bernd von Verträge über gewerbliche Schutzrechte im internationalen Privatrecht; RabelsZ 40 (1976), S. 208 - 218

- ders. Staatsunternehmen im internationalen Privatrecht; BerGesVR 25 (1984), S. 35 - 74

- ders. Inländische Sachnormen mit zwingendem internationalem Anwendungsbereich; IPRax 1989, S. 261 - 271

- Hoffmann, Bernd von/ Thorn Carsten Internationales Privatrecht; 8.A. ; München u.a. 2005 (zit.: *v. Hoffmann/Thorn*, IPR)

- Hofmann, Jochen Das Anknüpfungsmoment der Gründungstheorie; ZVglRWiss 101 (2002), S. 283 - 308

- Hoffmann, Markus/ Peter Adler Lizenzvertragsgestaltung, Muster, Neuwied 2002 (zit.: *Hoffmann/Adler* „Lizenzevertragsgestaltung")

- Honsell, Heinrich Kommentar zum UN-Kaufrecht – Übereinkommen der Vereinten Nationen über Verträge über den Internationalen Warenkauf (CISG); bearbeitet von u.a. M. Karollus, U. Magnus; Heidelberg 1997 (zit.: Honsell/UN-Kaufrecht-*Bearbeiter*)

- Hopfenbeck, Waldemar Planung und Errichtung von kompletten Industrieanlagen in Entwicklungsländern; München 1974 (zit.: *Hopfenbeck*)

- Hoppe, Jürgen F. — Lizenz- und Know-how-Verträge im internationalen Privatrecht; Frankfurt/M. u.a. 1994(zit.: *Hoppe*)

- Horn, Norbert — Rechtsfragen internationaler Unternehmenszusammenschlüsse, in: Corporations, Capital Markets and Business in the Law – Libor Amicorum Richard M. Buxbaum; hrsg. von Theodor Baums, Klaus J. Hopt, Norbert Horn; London u.a. 2000; S. 313 – 337 (zit.: *Horn* in: FS Buxbaum)

- Hoshi, Hiromi — ENAA Model Form of Contract for Power Plant Construction; ICLR (1997), 61 - 70

- Houtte, Hans van — International Subcontracting; ICLR (1991), 301 - 314

- Huber, Lucius — Das Joint-Venture im internationalen Privatrecht; Basel u.a. 1992

- Huber, Peter — Internationales Deliktsrecht und Einheitskaufrecht; IPRax 1996, S. 91 - 95

- Huber, Peter/ Ivo Bach — Die Rom II-VO – Kommissionsentwurf und aktuelle Entwicklungen; IPRAX 2005, S. 73 - 84

- Hübner, Ulrich — Der Direktanspruch gegen den Kraftfahrzeughaftpflichtversicherer im Internationalen Privatrecht; VersR 1977, S. 1069 - 1076

- Hüffer, Uwe — Leistungsstörungen durch Gläubigerhandeln – Eine rechtsvergleichende Untersuchung der Mitwirkung des Gläubigers bei der Vertragserfüllung unter besonderer Berücksichtigung der gegenseitigen Verträge; Berlin 1976 (zit.: *Hüffer*)

- Huse, Joseph A. — Understanding and Negotiating Turnkey and EPC Contracts; London 2002 (zit.: *Huse*)

- Huse, Joseph A./ J. Kay Hole — FIDIC design-build, turnkey and EPC contracts; ICLR (1999), 27 - 38

- Ingenstau, Heinz/ Horst Korbion — VOB Teile A und B – Kommentar; hrsg. von Horst Locher und Klaus Vygen; 15. A.; München 2004 (zit.: Ingenstau/Korbion-*Bearbeiter*)

- Jaeschke, Lothar — Umstrukturierung der Ingenieur-Unternehmen des im deutschen Industrieanlagenbaus zwecks Sicherung der internationalen Wettbewerbsfähigkeit; DB 1982, S. 2093 - 2096

-Jabenburg, Walter/ Reichelt, A. — Die Entwicklung des privaten Bauvertragsrechts seit 2000: VOB/B; NJW 2003, S. 102 - 116

- Jansen, Christian — The case for the European *lex constructionis*; ICLR (2000), 593 - 610

- Jayme, Erik — Ausländische Rechtsregeln und Tatbestand inländischer Sachnormen – Betrachtungen zu Ehrenzweigs Datum-Theorie, in: Gedächtnisschrift für Albert A. Ehrenzweig; hrsg. von Erik Jayme und Gerhard Kegel; Heidelberg 1976; S. 35 – 49 (zit.: *Jayme* in: Gedächtnisschrift Ehrenzweig)

- ders. — Der Subunternehmervertrag im deutsch-französichen Rechtsverkehr – Heidelberg-Montpellier-Seminar 1985; IPRax 1985, S. 372 - 374

- ders. — Subunternehmervertrag und Europäisches Gerichtsstands- und Vollstreckungsübereinkommen (EuGVÜ), in: Festschrift für Klemens Pleyer zum 65. Geburtstag; hrsg. u.a. von Paul Hofmann; Köln 1986; S. 371 – 382 (zit.: *Jayme* in: FS Pleyer)

- ders. — Kollisionsrechtliche Techniken für Langzeitverträge mit Auslandsberührung, in: Der komplexe Langzeitvertrag, Heidelberger Kolloquium Technologie und Recht 1986; hrsg. von Fritz Nicklisch; Heidelberg 1987; S. 311 - 318 (zit.: *Jayme* in: Komplexer Langzeitvertrag (Nicklisch))

- ders. — Prozessuale Hindernisse für Timesharing-Anbieter in Auslandsfällen; IPRax 1996, S. 87 - 88

- Jayme, Erik/ Christian Kohler — Europäisches Kollisionsrecht 1998; Kulturelle Unterschiede und Parallelaktionen; IPRax 1998, S. 417 - 424

- dies. — Europäisches Kollisionsrecht: Zur Wiederkehr des Internationalen Privatrechts; IPRax 2002, S. 461 - 471

- dies. — Europäisches Kollisionsrecht 2003: Der Verfassungskonvent und das Internationale Privat- und Verfahrensrecht; IPRax 2003, S. 485 - 495

- dies. — Europäisches Kollisionsrecht 2004: Territoriale Erweiterung und methodische Rückgriffe; IPRax 2004, S. 481 - 493

- Jaynes, Gordon — Turnkey Contracts: Japan´s Model Forms; ICLR (1993), 251 - 287

- Jones, Douglas — The dispute resolution process in Asia; ICLR (1999), 359 - 419

- Joussen, Peter — Der Industrie-Anlagenvertrag; 3.A.; Heidelberg 2001 (zit.: *Joussen*)

- Juenger, Friedrich K. — Parteiautonomie und objektive Anknüpfung im EG-Übereinkommen zum Internationalen Vertragsrecht; RabelsZ 46 (1982), S. 57 - 83

- Kaligan, Thomas — Das internationale Gesellschaftsrecht der Bundesrepublik Deutschland; DB 1985, S. 1499 - 1456

- Kallmeyer, Harald — Grenzüberschreitende Verschmelzungen und Spaltungen?; ZIP 1996, S. 535 - 537

- Karollus, Martin — Der Anwendungsbereich des UN-Kaufrechts im Überblick; JuS 1993, S. 378 - 382

- Kartzke, Ulrich — Unternehmerpfandrecht des Bauunternehmers nach § 647 BGB an beweglichen Sachen des Bestellers; ZfBR 1993, S. 205 - 208

- ders. — Internationaler Erfüllungsortgerichtsstand bei Bau- und Architektenverträgen; ZfBR 1994, S. 1 - 4

- Katzenberger, Paul	Wechsel der Anknüpfungspunkte im deutschen und internationalen Urheberrecht; GRUR Int. 1973, S. 274 - 280
- Katzenmeier, Christian	Produkthaftung und Gewährleistung des Herstellers teilmangelhafter Sachen; NJW 1997, S. 486 - 493
- Kaye, Peter	The New Private International Law of Contract of the European Community; Dartmouth 1993 (zit.: *Kaye*)
- Kegel, Gerhard	Die Bankgeschäfte im deutschen internationalen Privatrecht, in: Gedächtnisschrift für Rudolf Schmidt; hrsg. von Erwin Seidl; Berlin 1966; S. 215 – 242 (zit.: *Kegel* in: Gedächtnisschrift Schmidt)
- Kegel, Gerhard/ Klaus Schurig	Internationales Privatrecht; 9. A.; München 2004 (zit.: *Kegel/Schurig*)
- Kehlenbach, Frank	Die neuen FIDIC-Musterbauverträge; ZfBR 1999, 291-297
- Keldungs, Karl-Heinz	Die Rechtsprechung der Oberlandesgerichte zum privaten Baurecht 2003; ZfBR 2004, S. 523 - 528
- Kesselring, Roland	Verkehrssicherungspflichten am Bau, Baurechtliche Schriften Bd. 57; Düsseldorf 2002 (zit.: *Kesselring*)
- Kiefer, Regine	Internationale Kooperation gemeinnütziger Stiftungen, GBR – Rechtswahlvereinbarungen – Gesellschaftsstatut; NZG 2000, S. 352 - 355
- Kieninger, Eva-Maria	Internationale Zuständigkeit bei der Verletzung ausländischer Immaterialgüterrechte: Common Law auf dem Prüfstand des EuGVÜ; GRUR Int. 1988, S. 280 - 290
- Kindler, Peter	Auf dem Weg zur Europäischen Briefkastengesellschaft?; NJW 2003, S. 1073 – 1079
- ders.	„Anerkennung" der Scheinauslandsgesellschaft und Niederlassungsfreiheit; IPRax 2003, S. 41 - 44

- Kirchgässer, Werner — Die rechtliche und wirtschaftliche Bedeutung des Anlagenvertrages; Zfbf 33 (10/1981), S. 936 - 946

- Kleine, Nikola — Urheberrechtsverträge im internationalen Privatrecht; Frankfurt/M. 1986 (zit.: *Kleine*)

- Klemm, Hans Werner — Die Grundlagen des deutschen Investitionsgüterexports und Möglichkeiten der Mitarbeit deutscher beratender Ingenieursfirmen; Berlin 1959 (zit.: *Klemm*)

- Klimt, Mark — Construction Contracts in Europe, in: Construction Law, Themes and Practice (Essays in Honour of I.N. Duncan Wallace Q.C.); hrsg. von Anthony Thornton und William Godwin; London 1998; S. 324 – 342 (zit.: *Klimt* in: Construction Law)

- Knap, Karel — Der Lizenzvertrag als ein besonderer Vertragstypus; GRUR Int. 1973, S. 225 - 229

- Knobbe-Keuk, Brigitte — Umzug von Gesellschaften in Europa; ZHR 154 (1990), S. 325 - 356

- Knoppe, Helmut — Die Besteuerung der Lizenz- und Know-how-Verträge; 2. A.; Köln 1972 (zit.: *Knoppe*)

- Koch, Robert — Zur Neuregelung des Internationalen Deliktsrechts: Beschränkung des Günstigkeitsprinzips und Einführung der vertragsakzessorischen Bestimmung des Deliktsstatuts?; VersR 1999, S. 1453 - 1460

- Kohte, Wolfhard — Verbraucherschutz im Licht des europäischen Wirtschaftsrechts; EuZW 1990, S. 150 - 156

- Kollmer, Norbert — Die neue Baustellenverordnung; NJW 1998, S. 2634 - 2637

- Kommission der EG — Grünbuch über die Umwandlung des Übereinkommens von Rom aus dem Jahr 1980 über das auf vertragliche Schuldverhältnisse anzuwendende Recht in ein Gemeinschaftsinstrument sowie über seine Aktualisierung; KOM (2002) 654 endg. vom 14.01.2003 (zit.: Grünbuch Nr.)

- Koppensteiner, Hans Georg — Internationale Unternehmen im deutschen Gesellschaftsrecht; Frankfurt/M. 1971 (zit.: *Koppensteiner*)

- Kornblum, Udo — Rechtsfragen der Bau-ARGE; ZfBR 1992, S. 9- 15

- Koziol, Helmut — Die „Principles of European Tort Law“ der „European Group on Tort Law“; ZEuP 2004, S. 234 - 259

- Kraßer, Rudolf — Der Schutz des Know-how nach deutschem Recht; GRUR 1970, S. 587 - 597

- ders. — Verpflichtung und Verfügung im Immaterialgüterrecht; GRUR Int. 1973, S. 230 – 238

- ders. — Patentrecht – Ein Lehr- und Handbuch zum deutschen Patent- und Gebrauchsmusterrecht, Europäischen und Internationalen Patentrecht -; begr. von Wolfgang Bernhardt; 5. A.; München 2004
(zit.: *Kraßer*, Patentrecht)

- Kraus, Steffen — Gestaltung von Nachunternehmerverträgen; NJW 1997, S. 223 - 226

- Kreuzer, Karl — Know-how-Verträge im deutschen internationalen Privatrecht, in: Festschrift für Ernst von Caemmerer zum 70. Geburtstag; hrsg. von u.a. Hans Claudius Ficker, Karl F. Kreuzer, Peter Schlechtriem; Tübingen 1978; S. 705 - 735
(zit.: *Kreuzer* in: FA von Caemmerer)

- Kröll, Stefan/ Rudolf Hennecke — Kaufmännisches Bestätigungsschreiben beim internatnationalen Warenkauf; RabelsZ 67 (2003), S. 448 - 493

- Kronke, Herbert — Der „commercial approach“ in der Rechtsangleichung und das internationale Privat- und Verfahrensrecht, in: Festschrift für Dieter Henrich; hrsg. von Peter Gottwald, Erik Jayme und Dieter Schwab; Bielefeld 2000; S. 385 – 392 (zit.: *Kronke* in: FS Henrich)

- Kroos, Hein — Projektierung im Maschinenbau; Frankfurt/M. 1972 (zit.: *Kroos*)

- Kropholler, Jan — Internationales Privatrecht einschließlich der Grundbegriffe des Internationalen Zivilverfahrensrechts; 5. A.; Tübingen 2004 (zit.: *Kropholler*)

- Krumm, Hein — Anlagenverträge im Osthandel – Probleme beim Abschluß von Anlagenverträgen mit Partnern aus den Staatshandelsländern des RGW; Heidelberg 1987 (zit.: *Krumm*)

- Kühnel, Wolfgang — Das französische Subunternehmergesetz; RIW/AWD 1977, S. 610 - 613

- ders. — Ausbildungsleistungen in Exportverträgen des deutschen Großanlagenbaus; RIW/AWD 1981, S. 533 – 535

- ders. — Vollwartungsverträge; BB 1985, S. 1227 - 1232

- Kürschner, Wolfgang — Zur Bedeutung des Erfüllungsortes bei Streitigkeiten aus Bauverträgen für die internationale Zuständigkeit und das nach IPR anzuwendende materielle Recht; ZfBR 1986, S. 259 - 262

- Lagarde, Paul — La sous-traitance en droit international privé, in : La sous-traitance de marchés de traveaux et de services; hrsg. von Gavalda H.; Paris 1978 ; S. 186 – 204 (zit.: *Lagarde* in : La sous-traitance (Gavalda))

- Lando, Ole — Conflict-of-Law for Arbitrators, in: Festschrift für Konrad Zweigert; hrsg. von Herbert Bernstein, Ulrich Drobnig, Hein Kötz; Tübingen 1981; S. 157 – 178 (zit.: *Lando* in: FS Zweigert)

- Langefeld-Wirth, Klaus — Rechtsfragen des internationalen Gemeinschaftsunternehmens – Joint Ventures; RIW 1990, S. 1 - 6

- Lappe, Michael — Risikoverteilung bei Turnkey-Projekten des Internationalen Industrieanlagenbaus – zugleich ein Beitrag zur Typologie des Industrieanlagenvertrages, Bochum 1987 (zit.: *Lappe*)

- Larenz, Karl — Lehrbuch des Schuldrechts, Zweiter Band, Besonderer Teil; 12. A.; München 1981 (zit.: *Larenz*, SchuldR BT)

- ders. — Methodenlehre der Rechtswissenschaft; 6. A.; Berlin u.a. 1991 (zit.: *Larenz*, Methodenlehre)

- Larenz/ Canaris — Lehrbuch des Schuldrechts, Zweiter Band, Besonderer Teil, 2. Halbband; 13. A.; München 1994 (zit.: *Larenz/Canaris*, SchuldR BT)

- Lehmann, Matthias — Fällt die Sitztheorie jetzt auch international? – Zur Vereinbarkeit der kollisionsrechtlichen Anknüpfung an den Gesellschaftssitz mit dem GATS -; RIW 2004, S. 816 - 823

-Leible, Stefan/ J. Hoffmann — Vom „Nullum" zur Personengesellschaft; DB 2002, S. 2203 - 2207

- dies. — „Überseering" und das (vermeintliche) Ende der Sitztheorie; RIW 2002, S. 925 - 936

- Lenzen, Elmar — Ansprüche gegen den Besteller, dem Mitwirkungspflichten unmöglich werden; BauR 1997, S. 210 – 215

- Leonhard, Marc — Internationaler Industrieanlagenvertrag: Konfliktvermeidung und Konflikterledigung; BB 1999 (Beilage 9), S. 13 - 17

- Lewis, Dean — Dispute resolution in the new Hong Kong international airport core programme projects; ICLR (1993), 76 – 87

- ders. — Dispute resolution in the new Hong Kong international airport core programme projects; ICLR (1995), 131 - 136

- Lichtenstein, Erich — Der Lizenzvertrag im engeren Sinne; NJW 1965, S.1839 - 1844

- Lindacher, Walter F. — Grundfälle zur Haftung bei Personengesellschaften; JuS 1981, S. 818 - 823

- Lionnet, Klaus — Liefer- und Leistungskonsortien – Rechtliche Zuordnung und Risiken, in: Bau- und Anlagenverträge, Risiken, Haftung, Streitbeilegung, Heidelberger Kolloquium Technologie und Recht 1983; hrsg. von Fritz Nicklisch; Heidelberg 1984; S. 121 – 133 (zit.: *Lionnet* in: Bau-und Anlagenverträge (Nicklisch)

- Looschelders, Dirk — Die Beurteilung von Straßenverkehrsunfällen mit Auslandsberührung nach dem neuen internationalen Deliktsrecht; VersR 1999, S. 1316 - 1324

- ders. — Internationales Privatrecht – Art. 3 – 46 EGBGB; Berlin u.a. 2004 (zit.: *Looschelders*)

- Lorenz, Egon — Die Rechtswahlfreiheit im internationalen Schuldvertragsrecht – Grundsatz und Grenzen; RIW 1987, S. 569 - 584

- ders. — Die Auslegung schlüssiger und ausdrücklicher Rechtswahlerklärungen im internationalen Schuldvertragsrecht; RIW 1992, S. 697 - 706

- Lorenz, Werner — Vom alten zum neuen internationalen Schuldvertragsrecht; IPRax 1987, S. 269 - 276

- ders. — Internationaler Filmverleih: Forum Selection, Choice of Law, Unconscionability (Anmerkung zu OLG München, 25.2.1988 – 29 U 2759/86); IPRax 1989, S. 22 - 25

- ders. — Verträge über im Ausland zu erbringende Bauleistungen: Vertragsstatut bei fehlender Rechtswahl (zu OGH, 7.9.1994 – 3 Ob 549/94); IPRax 1995, S. 329 - 332

- Lotmar, Philipp — Der Arbeitsvertrag nach dem Privatrecht des Deutschen Reiches, Bd. I; Berlin u.a. 1902 (zit.: *Lotmar*)

- Lotz, Burkhard — Der Begriff „schlüsselfertig" im Anlagenbau; BB 1996, S. 544 - 549

- ders. Der Konsortialvertrag des Anlagenbaus im In- und Ausland; ZfBR 1996, S. 233 - 240

- Lüdecke, Wolfgang/ Ernst Fischer Lizenzverträge; Weinheim 1957 (zit.: *Lüdecke/Fischer*)

- Lüderitz, Alexander Internationales Privatrecht; 2. A.; Neuwied u.a. 1992 (zit.: *Lüderitz*)

- Lurger, Brigitta Rechtswahlklauseln in Mietverträgen nach österreichischem und deutschem IPR; IPRax 2001, S. 52 - 56

- Lutz, Helmuth Lizenzierung von Computerprogrammen; GRUR 1976, S. 331 - 337

- ders. Technologie-, Patent- und Know-how-Lizenz-Verträge; RIW 1996, S. 269 - 272

- Mallmann, Roman A. Neue FIDIC-Standardbedingungen für Bau- und Anlagenverträge; RIW 2000, S. 532 - 540

- ders. Bau- und Anlagenverträge nach dem FIDIC-Standard; München 2002 (zit.: *Mallmann*)

- Malotki, Anja Die unberechtigte Mangelbeseitigungsaufforderung: Ansprüche des Unternehmers auf Vergütung, Schadens- oder Aufwendungsersatz; BauR 1998, S. 682 - 692

- Mankowski, Peter Strukturfragen des Internationalen Verbrauchervertragsrechts; RIW 1993, S. 453 – 463

- ders. Strukturfragen des Internationalen Verbrauchervertragsrechts – zugleich Anmerkung zu BGH, 19.3.1997 – VIII ZR 316/96, RIW 1997, S. 875 ff.; RIW 1998, S. 287 - 291

- ders. Überlegungen zur sach- und interessengerechten Rechtswahl für Verträge des internationalen Wirtschaftsverkehrs; RIW 2003, S. 2 - 15

- ders. Das Grünbuch zur Rom I-Verordnung; ZEuP 2003, S. 483 – 489

- ders. Entwicklungen im Internationalen Privat- und Prozessrecht 2003/2004 (Teil 1); RIW 2004, S. 481 – 497

- ders. Entwicklungen im Internationalen Privat- und Prozessrecht 2003/2004 (Teil 2); RIW 2004, S. 587 - 602

- Mann, Frederick Alexander Zum Problem der Staatsangehörigkeit der juristischen Person, in: Festschrift für Martin Wolff; hrsg. von u.a. Ernst von Caemmerer; Tübingen 1952; S. 271 – 286 (zit.: *Mann* in: FS Wolff)

- ders. Eingriffsgesetze und internationales Privatrecht, in: Festschrift für Eduard Wahl; hrsg. von Klaus Müller und Hermann Soell; Heidelberg 1973; S. 139 – 160 (zit.: *Mann* in: FS Wahl)

- Mansel, Heinz Peter Kollisions- und zuständigkeitsrechtlicher Gleichlauf der vertraglichen und deliktischen Haftung; ZVglRWiss 86 (1987), S. 1 - 24

- Markowsky, Peter Der Bauvertrag im internationalen Rechtsverkehr; Frankfurt/M. u.a. 1995 (zit.: *Markowsky*)

- Martinek, Michael Moderne Vertragstypen; Bd. II – Franchising, Know-How-Verträge, Management- und Consultingverträge; München 1992 (zit.: *Martinek* (Bd. II))

- ders. Moderne Vertragstypen; Bd. III – Computerverträge, Kreditkartenverträge sowie sonstige moderne Vertragstypen; München 1993 (zit.: *Martinek* (Bd. III))

- Martiny, Dieter Europäisches Internationales Vertragsrecht – Ausbau und Konsolidierung; ZEuP 1999, S. 247 - 270

- ders. Europäisches Internationales Vertragsrecht vor der Reform; ZEuP 2003, S. 590 - 618

- ders. | Objektive Vertragsanknüpfung und Form, in: Das Grünbuch zum Internationalen Vertragsrecht – Beiträge zur Fortentwicklung des Europäischen Kollisionsrechts der vertraglichen Schuldverhältnisse; hrsg. von Stefan Leible; München 2004; S. 109 - 132 (zit.: *Martiny* in: Grünbuch (Leible))

- Max-Planck-Institut | Kodifikation des deutschen Internationalen Privatrechts – Stellungnahme des Max-Planck-Instituts für ausländisches und internationales Privatrecht zum Regierungsentwurf 1983; RabelsZ 47 (1983), S. 595 – 690 (zit.: MPI)

- Meier, Walter H. | Die einfache Gesellschaft im internationalen Privatrecht; Zürich 1980 (zit.: *Meier*)

- Merkt, Hanno | Investitionsschutz durch Stabilisierungsklauseln; Heidelberg 1990 (zit.: *Merkt*)

- ders. | Die Gründungstheorie gewinnt an Einfluss; RIW 2003, S. 458 - 460

- Meurer, Wolfgang | Kooperationspflichten der Bauvertragsparteien – Konsequenzen für die Baupraxis; MDR 2001, S. 848 – 855

- Meyer-Sparenberg, Wolfgang | Rechtswahlvereinbarungen in Allgemeinen-Geschäftsbedingungen; RIW 1989, S. 347 - 351

- Michaelis de Vasconcellos, H. | Garantieklauseln und Risikoverteilung im internationalen Anlagenvertrag; Heidelberg 1988 (zit.: *Michaelis de Vasconcellos*, Garantieklauseln)

- ders. | Das besondere Vertragsrecht des Anlagenbaus: Auf dem Weg zu einer internationalen Rechtsvereinheitlichung?; RIW 1997, S. 455 - 464

- ders. | Garantien in der Praxis des Anlagenvertrages und das neue Schuldrecht: Ein unauflöslicher oder nur ein scheinbarer Konflikt?; NZBau 2003, S. 121 - 126

- Michalet, Charles | International Sub-contracting, in: International Subcontracting – A New Form Of Investment; hrsg.

von Dimitri Germidis; Development Centre Of The Organisation For Economic Co-Operation And Development; Paris 1980; S. 38-70
(zit.: *Michalet* in: OECD-ISC)

- Milz, Klaus — Die betriebswirtschaftliche Bedeutung von Konsortien; Berlin 1970 (zit.: *Milz*)

- Moecke, Hans Jürgen — Vertragsgestaltung bei anlagebegleitenden Lizenzverträgen; RIW 1983, S. 488 - 494

- Müko — Münchener Kommentar zum Bürgerlichen Gesetzbuch:

Bd. 1: Einleitung und Allgemeiner Teil (§§ 1 – 240, AGB-Gesetz); 4. A.; München 2001
(zit.: Müko-*Bearbeiter*)

Bd. 2 a: Schuldrecht Allgemeiner Teil (§§ 241 – 432); 4. A.; München 2003
(zit.: Müko-*Bearbeiter*)

Bd. 3: Schuldrecht Besonderer Teil, 1. Halbband (§§ 433 – 651 k); 2. A.; München 1988
(zit.: Müko (2.A.)-*Bearbeiter*)

Bd. 3: Schuldrecht Besonderer Teil I (§§ 433 – 610, CISG); 4. A.; München 2004
(zit.: Müko-*Bearbeiter*)

Bd. 4: Schuldrecht Besonderer Teil II (§§ 611 – 704) 4. A.; München 2005
(zit.: Müko-*Bearbeiter*)

Bd. 5: Schuldrecht Besonderer Teil III (§§ 705 – 853) 3. A.; München 1997
(zit.: Müko (3.A.)-*Bearbeiter*)

Bd. 5: Schuldrecht Besonderer Teil III (§§ 705 – 853) 4. A.; München 2004
(zit.: Müko-*Bearbeiter*)

Bd. 10: EGBGB (Art. 1 –46); 3. A.; München 1996
(zit.: Müko-*Bearbeiter* (3. A.) Art.)

Bd. 10: EGBGB (Art. 1 – 46); 4. A.; München 2006
(zit.: Müko-*Bearbeiter* Art.)

Bd. 11: Internationales Handels – und Gesellschaftsrecht; 4. A.; München 2006
(zit.: Müko-*Bearbeiter* IntGesR bzw. Müko-*Bearbeiter* IntImmGR-Bearbeiter)

- Mülbert, Peter O. — Ausländische Eingriffsnormen als Datum; IPRax 1986, S. 140 - 142

- ders. — Privatrecht, die EG-Grundfreiheiten und der Binnenmarkt; ZHR 159 (1995), S. 2 - 33

- Müller-Foell, Christoph — Die Mitwirkung des Bestellers beim Werkvertrag Berlin 1982 (zit.: *Müller-Foell*)

- MünchHdb GesellR — Münchener Handbuch des Gesellschaftsrechts, Band 1; hrsg. von Bodo Riegger/Lutz Weipert; München 1995 (zit.: MünchHdb GesellR (Bd.1) - *Bearbeiter*)

- Mummenhoff, Winfried — Ausnahmen von der lex loci delicti im internationalen Privatrecht; NJW 1975, S. 476 - 481

- Murphy, Harold — „Pay when paid" clauses in construction subcontracts: Conditions precedent or terms of payment; ICLR (1989), 196 – 209

- Neuenfeld, Klaus — Die Rechtsprechung der Jahre 2002 und 2003 zum Architekten – und Ingenieurvertragsrecht – Teil 2; NZBau 2005, S. 15 - 22

- Neuhaus, Paul — Die Grundbegriffe des internationalen Privatrechts; Tübingen 1976 (zit.: *Neuhaus*, Grundbegriffe)

- ders. — Freiheit und Gleichheit im internationalen Immaterialgüterrecht; RabelsZ 40 (1976), S. 191 - 195

- Neumeyer, Karl H. Betrachtungen zum internationalen Konzernrecht; ZVglRWiss 83 (1984), S. 129 - 177

- Nicklisch, Fritz Mitwirkungspflichten des Bestellers bei Werkvertrag, insbesondere beim Bau- und Industrieanlagenvertrag; BB 1979, S. 533 - 544

- ders. Rechtsfragen des Subunternehmervertrages bei Bau- und Anlagenprojekten im In- und Auslandsgeschäft; NJW 1985, S. 2361 - 2370

- ders. Internationale Zuständigkeit bei vereinbarten Standardvertragsbedingungen (V0B/B); IPRax 1987, S. 286 – 289

- ders. Besonderheiten bei Streitigkeiten in Langzeitprojekten des Bau- und Anlagengeschäfts – Erfahrungen als Schiedsrichter - , in: Vertragsgestaltung und Streiterledigung in der Bauindustrie und im Anlagenbau (II); hrsg. von Karl-Heinz Böckstiegel; Köln u.a. 1995; S. 121- 128 (zit.: *Nicklisch* in: Vertragsgestaltung und Streiterledigung)

- ders. BOT-Projekte: Vertragsstrukturen, Risikoverteilung und Streitbeilegung; BB 1998, S. 2 - 9

- Nicklisch, Fritz/ Günter Weick Verdingungsordnung für Bauleistungen, Teil B; bearb. von Fritz Nicklisch und Günter Weick; 3. A.; München 2001 (zit.: VOB/B-Kommentar/*Bearbeiter*)

- Nimmer, Melville B. Who is the Copyright Owner When Laws Conflict?; GRUR Int. 1973, S. 302 - 306

- Nirk, Rudolf Die Einordnung der Gewährleistungsansprüche und Leistungsstörungen bei Verträgen über Patente in das Bürgerliche Gesetzbuch; GRUR 1970, S. 329 - 340

- Noack, Ulrich Moderne Kommunikationsformen vor den Toren des Unternehmensrechts; ZGR 1998, S. 592 - 616

- Oman, Charles New forms of international investment in developing countries; Paris 1984 (zit.: *Oman*)

- Oschmann, Friedrich — Faktische Grenzen der Rechtswahl, in: JUSTO JURE; Festschrift für Otto Sandrock; hrsg. von u.a. Andreas Behr; Heidelberg 1985; S. 25 – 36 (zit.: *Oschmann* in: FS Sandrock)

- Ott, Andreas — Die Auswirkung der Schuldrechtsreform auf Bauträgerverträge und andere aktuelle Fragen des Bauträgerrechts; NZBau 2003, S. 233- 242

- o.V. — Anlagenbau, Friedlicher Feldzug; in: Wirtschaftswoche Nr. 47 vom 19.11.1982, S. 72

- o.V. — KWU erhält Großauftrag aus China; Frankfurter Allgemeine Zeitung vom 18. November 1998, S. 22

- o.V. — Medien und Werbetreibenden droht eine Klageflut; in: Frankfurter Allgemeine Zeitung vom 18.7.2003, S. 11

- Overrath, Hans-Peter — Stimmverträge im internationalen Privatrecht; ZGR 1974, S. 86 - 103

- Oxford Business Dictionary — A Dictionary of Business, 3rd ed, Oxford 2003

- Paefgen, Walter G. — Gezeitenwechsel im Gesellschaftskollisionsrecht Anmerkung zu EuGH, Urteil vom 5.11.2002 – Rs. C – 208/00; WM 2003, S. 561 - 570

- Paetzolt, Fritz — Joint Ventures in Entwicklungsländern; Köln 1986 (zit.: *Paetzolt*)

- Pagenberg, Jochen/ Bernhard Geissler — Lizenzverträge; Patente, Gebrauchsmuster, Know-how, Computer Software; Kommentierte Vertragsmuster nach deutschem und europäischem Recht; 5. A.; Köln u.a. 2003 (zit.: *Pagenberg/Geissler* „Lizenzverträge")

- Palandt — Kommentar zum Bürgerlichen Gesetzbuch und Nebengesetzen; bearb. u.a. von Peter Bassenge; 65. A.; München 2005 (zit.: Palandt-*Bearbeiter*)

- Paul, Willy — Der industrielle Lohnfertigungsvertrag über geschützte Gegenstände; NJW 1963, S. 2249 - 2256

- Pause, Hans-Egon — Auswirkungen der Schuldrechtsmodernisierung auf den Bauträgervertrag; NZBau 2002, S. 648 - 655

- Pedrazzini, Mario M. — Versuch einer Nominalisierung des Lizenzvertrages, in: Innominatverträge; Festgabe zum 60. Geburtstag von Walter R. Schluep; hrsg. von Peter Forstmoser, Pierre Tercier, Rogger Zäch; Zürich 1988; S. 413 - 422 (zit.: *Pedrazzini* in: Festgabe Schluep)

- Perinet-Marquet, H. — Subcontracting in French Law ; ICLR (1991), 313 - 330

- Perlmann, M.S. — Contract Interpretation – Pay when paid clauses; ICLR (1990), 138 - 140

- Pfaff, Dieter — Der Know how-Vertrag im bürgerlichen Recht; BB 1974, S. 565 - 570

- ders. — Internationale Lizenzverträge im europäischen Internationalen Privatrecht; RIW/AWD 1974, S. 241 - 254

- ders. — Technologietransfer und „das" Wesen der „Lizenzverträge"; RIW/AWD 1982, S. 381 - 386

- ders. — Das internationale Privatrecht des Ausstattungsschutzes, in: Handbuch des Ausstattungsrechts, Festgabe für Friedrich-Karl Beier zum 60. Geburtstag; hrsg. von Gerhard Schricker und Dieter Stauder; Weinheim 1986; S. 1109 - 1165 (zit.: *Pfaff* in: FG Beier)

- ders. — Lizenzverträge – Formularkommentar – (hrsg. von Dieter Pfaff); bearbeitet u.a. von Dieter Pfaff, Christian Osterrieth; 2. A., München 2004 (zit.: *Pfaff* „Lizenzverträge")

- Pfeiffer, Thomas — Die Entwicklung des Internationalen Vertrags-, Schuld- und Sachenrechts in den Jahren 1995/96; NJW 1997, S. 1207 - 1216

- ders. Die Entwicklung des Internationalen Vertrags-, Schuld- und Sachenrechts 1997 – 1999; NJW 1999, S. 3674 - 3687

- Pfister, Bernhardt Das technische Geheimnis „know how“ als Vermögensrecht; München 1974 (zit.: *Pfister*)

- Pieroth, Bodo/ Bernhard Schlink Grundrechte Staatsrecht II; 20. A.; Heidelberg 2004 (zit.: *Pieroth/Schlink*)

- Piltz, Burghard Internationales Kaufrecht – Das UN-Kaufrecht (Wiener Übereinkommen von 1980) in praxisorientierter Darstellung; München 1993 (zit.: *Piltz*, UN-Kaufrecht)

- ders. Neue Entwicklungen im UN-Kaufrecht; NJW 2003, S. 2056 - 2063

- Poetsch-Heffter, Alf Global- und Detailpauschalvertrag in Rechtsprechung und Literatur; ZfBR 2005, S. 324 – 331

- Powell, John L. Subcontracting in the United Kingdom; ICLR (1991), 331 - 343

- Powell-Smith, Vincent An ASEAN region standard form of construction contract; ICLR (1992), 384 - 393

- ders. Direct payments to nominated subcontractors and the insolvency laws; ICLR (1993), 240 - 242

- Pulkowski, Florian Internationale Zuständigkeit und anwendbares Recht bei Streitigkeiten aus grenzüberschreitenden Bauverträgen (zu BGH, 25.2.1999 – VII ZR 408/97, unten S. 331, Nr. 28a, und BGH, 14.1.1999 – VII ZR 19/98, unten S. 333, Nr. 28b); IPRax 2001, S. 306 - 310

- Quack, Friedrich Warum sich in Bausachen die Schiedsgerichtsabrede empfiehlt und nach welchen Gesichtspunkten Schiedsgerichtsordnungen zu beurteilen sind – Ein Beitrag auch zu den Vorzügen der SGOBau der Deutschen Gesellschaft für Baurecht und des Deutschen Beton- und Bautechnikvereins -; ZfBR 2003, S. 211- 212

- Rabel, Ernst — Das Problem der Qualifikation; RabelsZ 5 (1931), S. 241 - 288

- Radtke, Rolf C. — Schuldstatut und Eingriffsrecht – Systematische Grundlagen der Berücksichtigung von zwingendem Recht nach deutschem IPR und dem EG-Schuldvertragsübereinkommen; ZVglRWiss 84 (1985), S. 325 - 357

- Rammeloo, Stephan — Die Auslegung von Art. 4 Abs. 2 und Abs. 5 EVÜ: Eine niederländische Perspektive; IPRax 1994, S. 243 - 248

- Ramming, Klaus — Überlegungen zur Ausgestaltung von Nachunternehmerverträgen; BB 1994, S. 518 - 529

- Rauscher, Thomas — Internationales Privatrecht – Mit internationalem und europäischem Verfahrensrecht; 2. A.; Heidelberg 2002 (zit.: *Rauscher*)

- Rehbinder, Eckard — Zur Politisierung des Internationalen Privatrechts; JZ 1973, S. 151 - 178

- Reichard, Dieter — Verträge mit saudi-arabischen Auftraggebern; RIW 1989, S. 696 - 698

- Reidiess, Bernd — Die Regelung der Rechtsfolgen bei Leistungsstörungen in einem Vertrag zur Erstellung einer schlüsselfertigen industriellen Großanlage im Ausland; Darmstadt 1985 (zit.: *Reidiess*)

- Reithmann, Christoph/ Dieter Martiny — Internationales Vertragsrecht – Das internationale Privatrecht der Schuldverträge; 6. A.; Köln 2004 (zit.: Reithmann/Martiny-*Bearbeiter*)

- Riedl, Richard — Einige Fragen der Risikozurechnung bei Bauverträgen im Verhältnis Auftraggeber-Auftragnehmer sowie bei verschiedenen Unternehmereinsatzformen, in: Festschrift für Wolfgang Heiermann; hrsg. von Jürgen Doerry und Hans-Georg Watzke; Wiesbaden/Berlin 1995; S. 269 – 279 (zit.: *Riedl* in: FS Heiermann)

- Rochmat, Rudioro — Contractual Arrangements in Oil and Gas Mining Enterprises in Indonesia; Rockville/USA u.a. 1981 (zit.: *Rochmat*)

- Rosener, Wolfgang — Internationales Industrieanlagengeschäft, in: Münchener Vertragshandbuch, Bd. 2, Wirtschaftsrecht I; hrsg. von Rolf A. Schütze und Lutz Weipert; 5. A.; München 2004; S. 739 – 839 (Kapitel VI) (zit.: *Rosener* in: MünchVhb (Bd.2))

- ders. — Internationales Industrieanlagengeschäft, in: Münchener Vertragshandbuch, Bd. 4, Wirtschaftsrecht III; hrsg. von Rolf A. Schütze und Lutz Weipert; 5. A.; München 2002; S. 563 – 712 (Kapitel VI) (zit.: *Rosener* in: MünchVhb (Bd.4))

- Roth, Wulf-Henning — Der Einfluß des Europäischen Gemeinschaftsrechts auf das internationale Privatrecht; RabelsZ 55 (1991), S. 623 - 673

- ders. — Internationales Gesellschaftsrecht nach *Überseering;* IPRax 2003, S. 117 - 127

- Rothoeft, Dietrich/ Mathias Rohe — Grund und Tendenzen der Tatortregel im internationalen Deliktskollisionsrecht; NJW 1993, S. 974 - 976

- Sack, Rolf — Das internationale Wettbewerbs- und Immaterialgüterrecht nach der EGBGB-Novelle; WRP 2000, S. 269 - 289

- Saenger, Ingo — Wirksamkeit internationaler Gerichtsstandsvereinbarungen; in: Festschrift für Otto Sandrock zum 70. Geburtstag; hrsg. von u.a. Klaus Peter Berger; Heidelberg 2000; S. 807 - 832 (zit.: *Saenger* in: FS Sandrock)

- Sandrock, Otto — Die Konkretisierung der Überlagerungstheorie in einigen zentralen Einzelfragen – Ein Beitrag zum internationalen Gesellschaftsrecht, in: Festschrift für Günther Beitzke zum 70. Geburtstag; hrsg. von Otto Sandrock; Berlin u.a. 1979; S. 669 – 696 (zit.: *Sandrock* in: FS Beitzke)

- ders. „Versteinerungsklauseln“ in Rechtswahlvereinbarungen für internationale Handelsverträge, in: Festschrift für Stefan Riesenfeld zum 75. Geburtstag; hrsg. von Erik Jayme, Gerhard Kegel und Marcus Lutter; Heidelberg 1983; S. 211 – 236 (zit.: *Sandrock* in: FS Riesenfeld)

- ders. Das Kollisionsrecht des unlauteren Wettbewerbs zwischen dem internationalen Immaterialgüterrecht und dem internationalen Kartellrecht; GRUT Int. 1985, S. 507 - 522

- ders. Die Bedeutung des Gesetzes zur Neuregelung des Internationalen Privatrechts für die Unternehmenspraxis; RIW 1986, S. 841 - 855

- ders. Welches Kollisionsrecht hat ein Internationales Schiedsgericht anzuwenden?; RIW 1992, S. 785 - 795

- ders. Anmerkung zu BGH, Urteil v. 19.1.2000 – VIII ZR 275/98 (OLG Frankfurt am Main); JZ 2000, S. 1118 - 1120

- Sarie-Eldin, Hani Consortia Agreements in the International Construction Industry; London u.a. 1996 (zit.: *Sarie-Eldin*)

- Sauer, Stefan Joint Ventures und Lizenzverfahren in Indien; RIW 1995, S. 993 - 998

- Savigny, Friedrich Carl v. System des heutigen Römischen Rechts, Bd. 8; Berlin 1849 (zit.: *Savigny*)

- Schack, Haimo Zur Anknüpfung des Urheberrechts im internationalen Privatrecht; Berlin 1979 (zit.: *Schack*, Urheberrecht)

- ders. Rechtswahl im Prozeß?; NJW 1984, S. 2736 - 2740

- ders. Urheberrechtsverletzung im internationalen Privatrecht aus der Sicht des Kollisionsrechts; GRUR Int. 1985, S. 523 - 525

- ders.	Besprechung der Vorschläge und Gutachten zur Reform des deutschen internationalen Sachen- und Immaterialgüterrechts; JZ 1992, S. 195 - 196
- ders.	Kollorierung von Spielfilmen: Das Persönlichkeitsrecht des Filmregisseurs im IPR; IPRax 1993, S. 46 - 51
- ders.	Zum auf grenzüberschreitende Sendevorgänge anwendbaren Urheberrecht (zu OLG Saarbrücken, 28.6.2000 – 1 U 872/99); IPRax 2003, S. 141 - 142
- Schanze, Erich	Investitionsverträge im internationalen Wirtschaftsrecht; Frankfurt/M. 1986 (zit.: *Schanze*)
- Schaub, Rudolf P.	Der Engineeringvertrag – Rechtsnatur und Haftung; Zürich 1979 (zit.: *Schaub*)
- Schlechtriem, Peter	Das Wiener Kaufrechtsübereinkommen von 1980 (Convention on the International Sale of Goods); IPRax 1990, S. 277 - 283
- ders.	Einheitliches UN-Kaufrecht; JZ 1988, S. 1037 - 1048
- ders.	Außervertragliche Haftung für Bearbeitungsschäden und weiterfressende Mängel bei Bauwerken; ZfBR 1992, S. 95 - 107
- ders.	Internationales Bereicherungsrecht - Ein Beitrag zur Anknüpfung von Bereicherungsansprüchen im deutschen internationalen Privatrecht; IPRax 1995, S. 65 – 71
- ders.	UNIDROIT-Principles (Einheitliche Prinzipien für Verträge) und Werkvertragsrecht, in: Festschrift für Götz von Craushaar; hrsg. von Klaus Vygen und Peter Böggering; Düsseldorf 1997; S. 157 – 167
- ders.	Schuldrecht Besonderer Teil; 6. A.; Tübingen 2003 (zit.: *Schlechtriem*, Schuldrecht BT)
- Schlechtriem, Peter/ Paul Neufang	Haftung des Subunternehmers gegenüber dem Bauherrn nach französischem Recht; ZfBR 1987, S. 55 -99

- Schlotke, Helmut — Mitwirkungspflichten bei Langzeitverträgen, in: Der komplexe Langzeitvertrag, Heidelberger Kolloquium Technologie und Recht 1986; hrsg. von Fritz Nicklisch; Heidelberg 1987; S. 377 – 390 (zit.: *Schlotke* in: Langzeitvertrag (Nicklisch))

- Schlünder, Bertold — Gestaltung von Nachunternehmerverträgen in der Praxis; NJW 1995, S. 1057 - 1061

- Schlüter, Andreas — Management- und Consulting-Verträge – Die Vertragstechnik des internationalen Transfers von Betriebsführungs- und Beratungsleistungen; Berlin u.a. 1987 (zit.: *Schlüter*)

- Schmidt, Karsten — Zur „Außenhaftung der Innengesellschaft" – LG Konstanz NJW 1987, 2521 -; JuS 1988, S. 444 – 447

- ders. — Gesellschaftsrecht; 4. A.; Köln 2002 (zit.: *Schmidt*, Gesellschaftsrecht)

- Schmidt-Diemitz, Rolf — Geistiges Eigentum und entwicklungspolitischer Wissenstranfer; GRUR Int. 1988, S. 287 - 299

- Schneider, Michael E. — Die Abnahme in der Praxis der internationalen Bau- und Anlagenverträge; ZfBR 1984, S. 101 - 110

- Schnitzer, Adolf F. — Die funktionelle Anknüpfung im internationalen Vertragsrecht, in: Festgabe für Wilhelm Schönenberger zum 70. Geburtstag, überreicht von der rechts-, wirtschafts- und sozialwissenschaftlichen Fakultät der Universität Freiburg Schweiz; Freiburg/Schweiz 1968; S. 387 – 404 (zit.: *Schnitzer* in: FG Schoenenberger)

- Schramke, H.–Jürgen — Neue Formen des Streitmanagements im Bau- und Anlagenbau; NZBau 2002, S. 409 - 413

- Schramke, H.-Jürgen/ Bijan Yazdani — International projects under German law – traps for developers and investors; ICLR (2002), 438 - 445

- Schröder, Jochen — Auslegung und Rechtswahl; IPRax 1985, S. 131 - 132

- ders.	Zur Anziehungskraft der Grundstücksbelegenheit im internationalen Privat- und Verfahrensrecht; IPRax 1985, S. 145 – 147
- ders.	Vom Sinn der Verweisung im internationalen Schuldvertragsrecht; IPRax 1987, S. 90 - 92
- Schröder, Jochen/ Christian Wenner	Internationales Vertragsrecht – Das Kollisionsrecht der transnationalen Wirtschaftsverträge; 2. A.; Köln 1998 (zit.: *Schröder/Wenner*)
- Schroeter, Ulrich G.	Die Anwendbarkeit des UN-Kaufrechts auf grenzüberschreitende Versteigerungen und Internet-Auktionen; ZEuP 2004, S. 20 - 35
- Schroth, Hans-Jürgen	Der Einfluss von Financiers auf Projektverträge aus der Sicht der Banken, in: Netzwerke komplexer Langzeitverträge, Heidelberger Kolloquium Technolo-gie und Recht 1999; hrsg. von Fritz Nicklisch; München 2000; S. 81 - 88 (zit.: *Schroth* in: Netzwerke komplexer Langzeitverträge)
- Schücking, Christoph	Das Internationale Privatrecht der Banken-Konsortien; WM 1996, S. 281 - 289
- Schütze, Rolf A.	Rechtsfragen der geschäftlichen Tätigkeit in Vietnam; RIW 1994, S. 650 - 656
- Schuhmann, Ralph	Die AGB-rechtliche Beurteilung von Anlagenverträgen; ZfBR 1999, S. 246 - 251
- ders.	Kooperationspflichten des Anlagenvertrages: Rechtliche Substanz und praktische Konsequenzen; BauR 2003, S. 162 – 170
- Schulte, Rainer	Patentgesetz mit Europäischem Patentübereinkommen, Kommentar auf der Grundlage der deutschen und europäischen Rechtsprechung; 7. A.; Köln, Berlin, Bonn, München 2005 (zit.: *Schulte*, PatentG)

- Schultz-Süchting, Rolf — Patent- und Know-how-Lizenzvertragsrecht,in: Münch. Vertragshandbuch, Bd. 3, Wirtschaftsrecht II; hrsg. von Rolf A. Schütze und Lutz Weipert; 5. A., München 2004; S. 491 – 567 (Kapitel IV) (zit.: *Schultz-Süchting* in: MünchVhb (Bd.3))

- Schulz, Martin/ Peter Sester — Höchstrichterliche Harmonisierung der Kollisionsregel im europäischen Gesellschaftsrecht: Durchbruch der Gründungstheorie nach „Überseering"; EWS 2002, S. 545 - 552

- Schurig, Klaus — Zwingendes Recht, „Eingriffsnormen" und neues IPR; RabelsZ 54 (1990), S. 217 - 250

- Schwander, Ivo — Die Behandlung der Innominatverträge im internationalen Privatrecht, in: Festgabe zum 60. Geburtstag von Walter R. Schluep; hrsg. von Peter Forstmoser, Pierre Tercier und Roger Zäch; Zürich 1988; S. 501 - 513 (zit.: *Schwander* in: FG Schluep)

- Schwarze, Torsten — Auswirkungen der bauvertraglichen Kooperationsverpflichtung; BauR 2004, S. 895 - 904

- Seetzen, Uwe — Zur Entwicklung des internationalen Deliktsrechts; VersR 1970, S. 1 - 15

- Seipen, Christoph von der — Akzessorische Anknüpfung und engste Verbindung im Kollisionsrecht der komplexen Vertragsverhältnisse; Heidelberg 1989 (zit.: *von der Seipen*)

- Shan, Xiaoguang — Technologietransferverträge im neuen chinesischen Vertragsgesetz; GRUR Int. 2000, S. 506 - 512

- Siehr, Kurt — Das Urheberrecht in neueren IPR-Kodifikationen; UFITA 108 (1988), S. 9 - 25

- ders. — Ausländische Eingriffsnormen im inländischen Wirtschaftskollisionsrecht; RabelsZ 52 (1988), S. 41 - 103

- ders. — Internationales Privatrecht – Deutsches und europäisches Kollisionsrecht für Studium und Praxis; Heidelberg 2001 (zit.: *Siehr*, IPR)

- Siems, Mathias M.	Die Harmonisierung des Internationalen Deliktsrechts und die „Einheit der Rechtsordnung"; RIW 2004, S. 662 - 667
- Siepert, Hans-Martin	Multinationale Anbietergemeinschaften in der Export finanzierung, aus: Auftragsfinanzierung im industriellen Anlagengeschäft; hrsg. von Klaus Backhaus und Hans-Martin Siepert; Stuttgart 1987; S. 145 - 161 (zit.: *Siepert* in: Auftragsfinanzierung)
- Singer, Stefan	Ausschließliche Patentlizenz- und Know-how-Verträge nach deutschem, amerikanischem und europäischem Recht; Frankfurt/M. u.a. 1997 (zit.: *Singer*)
- Smith, Robert J	Risk identification and allocation: Saving money by improving contracts and contracting practices; ICLR (1995), 40 - 71
- Soergel	Kommentar zum Bürgerlichen Gesetzbuch mit Einführungsgesetz und Nebengesetzen:
	Bd. 3: Schuldrecht III (§§ 516 – 704); 11. A.; Stuttgart u.a. 1980 (zit.: Soergel (11.A.)-*Bearbeiter*)
	Bd. 10: Einführungsgesetz; 12 A.; Stuttgart 1996 (zit.: Soergel-*Bearbeiter* Art.)
- Sonnenberger, Hans-Jürgen	Eingriffsrecht- Das trojanische Pferd im IPR oder notwendige Ergänzung?; IPRax 2003, S. 104 - 116
- Sornarajah, M.	The international law of investment; Cambridge 1994 (zit.: *Sornarajah*)
- Spickhoff, Andreas	Internationales Handelsrecht vor Schiedsgerichten und staatlichen Gerichten; RabelsZ 56 (1992), S. 116 - 141
- ders.	Die Restkodifikation des Internationalen Privatrechts: Außervertragliches Schuld- und Sachenrecht; NJW 1999, S. 2209 - 2215

- ders. | Die Tatortregel im neuen Deliktskollisionsrecht; IPRax 2000, S. 1 - 8

- Staudinger | J. von Staudingers Kommentar zum Bürgerlichen Gesetzbuch mit Einführungsgesetz und Nebengesetzen:

Erstes Buch, Allgemeiner Teil (§§ 164 – 240); 13. A., 2. Neubearbeitung; Berlin 2004
(zit.: Staudinger-*Bearbeiter*)

Zweites Buch, Recht der Schuldverhältnisse (§§ 328 – 359); 13. A., 2. Neubearbeitung; Berlin 2004
(zit.: Staudinger-*Bearbeiter*)

Zweites Buch, Recht der Schuldverhältnisse (§§ 581 – 606); 13. A., Neuberabeitung; Berlin 2005
(zit.: Staudinger-*Bearbeiter*)

Einl. zu Art. 27 ff. EGBGB; Art. 27 – 33 EGBGB; Anhang zu Art. 33 EGBGB: u.a. Internationales Factoring; 13. A.; Berlin 2002
(zit.: Staudinger-*Bearbeiter* Art.)

Art. 38 – 42 EGBGB; 13. A., 1. Neubearbeitung; Berlin 2001
(zit.: Staudinger-*Bearbeiter* Art.)

Wiener UN-Kaufrecht (CISG); 13. A., 2. Neubearbeitung; Berlin 2005
(zit.: Staudinger/UN-Kaufrecht-*Bearbeiter*)

Internationales Gesellschaftsrecht; 13. A., 2. Neubearbeitung; Berlin 1998
(zit.: Staudinger/IntGesR-*Bearbeiter*)

- Staudinger, Ansgar | Das Gesetz zum Internationalen Privatrecht für außervertragliche Schuldverhältnisse und für Sachen vom 21.5.1999; DB 1999, S. 1589 - 1594

- Steck, R. | Formen und Auswirkungen betrieblicher Kooperation; Berlin 1967 (zit.: *Steck*)

- Steding, Rolf — Das Gesellschaftsrecht der EU zwischen Erwartung und Enttäuschung; NZG 2000, S. 915 - 918

- Stein, Michael/ Konstantin Berrer — Praxis des Exportgeschäfts; Landsberg am Lech 1981 1981 (zit.: *Stein/Berrer*)

- Steinle, Edgar — Konkludente Rechtswahl und objektive Anknüpfung nach altem und neuem deutschen Internationalen Vertragsrecht; ZVglRWiss 93 (1994), S. 300 - 322

- Stoll, Hans — Rechtskollisionen bei Schuldnermehrheit, in: FS für Wolfram Müller-Freienfels; hrsg. von Albrecht Dieckmann; Baden-Baden 1986; S. 631 – 660 (zit.: *Stoll* in: FS Müller-Freienfels)

- ders. — Rechtliche Inhaltskontrolle bei internationalen Handelsgeschäften, in: Festschrift für Gerhard Kegel; hrsg. von Hans-Joachim Musielak und Klaus Schurig; Stuttgart 1987; S. 623 – 662 (zit.: *Stoll* in: FS Kegel (1987))

- Stoll, Hans — Das Statut der Rechtswahlvereinbarung – eine irreführende Konstruktion, in: Rechtskollisionen – Festschrift für Anton Heini zum 65. Geburtstag; hrsg. von Isaak Meier und Kurt Siehr; Zürich 1995; S. 429 – 444 (zit.: *Stoll* in: FS Heini)

- Stoll, Jutta — Vereinbarungen zwischen Staat und ausländischem Investor; Berlin u.a. 1982 (zit.: *Stoll*, Vereinbarungen)

- Stumpf, Herbert — Ungeklärte Probleme bei Know-How- und Patentlizenzverträgen; BB 1970, S. 195 – 197

- ders. — Der Know-how-Vertrag; 3. A.; Heidelberg 1977 (zit.: *Stumpf*, Know-how-Vertrag)

- Stumpf, Herbert/ Michael Groß — Der Lizenzvertrag; begr. von Herbert Stumpf; bearb. v. Michael Groß; 7. A.; Heidelberg 1998 (zit.: *Stumpf/Groß*, Lizenzvertrag)

- Sweet, Justin — Standard Construction Contracts: Some Advice to Construction Lawyers; ICLR (1991), 8 - 23

- Swoboda, Hans — Risiken bei Auslandsbauverträgen aus ökonomisch-technischer Sicht, in: Bau- und Anlagenverträge – Risiken, Haftung, Streitbeilegung -, Heidelberger Kolloquium Technologie und Recht 1983; hrsg. von Fritz Nicklisch; Heidelberg 1984; S. 21 – 39 (zit.: *Swoboda* in: Bau- und Anlagenverträge (Nicklisch))

- Tan, Willie/ Philip Chan — Construction employment relations and subcontracting in Singapore; ICLR (2001), 93- 112

- Tausky, Robert — Die Rechtsnatur der Verträge über die Planung von Bauwerken; Zürich 1991 (zit.: *Tausky*)

- Terlau, Matthias — Das Internationale Privatrecht der Gesellschaft bürgerlichen Rechts; Berlin 1989 (zit.: *Terlau*)

- Thode, Reinhold — Die Bedeutung des neuen internationalen Schuldvertragsrechts für grenzüberschreitende Bauverträge; ZfBR 1989, S. 43 - 48

- ders. — Nachträge wegen gestörten Bauablaufs im VOB/B-Vertrag – Eine kritische Bestandsaufnahme; ZfBR 2004, S. 214 - 225

- Thode, Reinhold/ Christian Wenner — Internat. Architekten- und Bauvertragsrecht; 2. Aufl.; Köln 2002 (zit.: *Thode/Wenner*)

- Tiling, Johann — Vertragsgestaltung im Industrieanlagenexport; RIW 1986, S. 91 - 93

- Trappe, Johannes — Streiterledigung im China-Geschäft, Schlichtung, Schiedsgericht, Gericht; RIW 1989, S. 107 - 112

- Troller, Alois — Das internationale Privat- und Zivilprozeßrecht im gewerblichen Rechtsschutz und Urheberrecht; Basel 1952 (zit: *Troller*)

- Ulmer, Eugen — Die Immaterialgüterrechte im internationalen Privatrecht, Rechtsvergleichende Untersuchung mit Vorschlägen für die Vereinheitlichung in der Europäischen

Wirtschaftsgemeinschaft; Köln 1975 (zit.: *Ulmer*, Immaterialgüterrechte)

- ders. Gewerbliche Schutzrechte und Urheberrechte im internationalen Privatrecht; RabelsZ 41 (1977), S. 479 - 514

- ders. Schutzinstrumente gegen die Gefahren aus der Geschäftstätigkeit inländischer Zweigniederlassungen von Kapitalgesellschaften mit fiktivem Auslandssitz; JZ 1999, S. 662 - 665

- United Nations Features and issues in turnkey contracts in developing countries: A technical paper; hrsg. von United Nations Centre on Transnational Corporations; New York 1983 (zit.: UN-Turnkey)

- UNCITRAL Legal guide on drawing up international contracts for the construction of industrial works; prepared by the United Nations Commission on International Trade Law; New York 1988 (zit.: UNCITRAL)

- van der Velde Zur steuerlichen Behandlung der Erfahrungshingabe (Know how); DB 1961, S. 716 - 720

- VDMA Jährlicher Lagebericht der Arbeitsgemeinschaft Großanlagenbau; Bezugsquelle: VDMA, Lyoner Straße 18, 60528 Frankfurt a.M. (zit.: VDMA Jahrgang)

- Vetter, Eberhard Gefahrtragung beim grenzüberschreitenden Industrieanlagenvertrag; RIW 1984, S. 170 – 176

- ders. Subunternehmerverträge im internationalen Industrieanlagengeschäft; RIW 1986, S. 81 - 91

- ders. Aspekte der Risikodurchstellung zwischen Hauptvertrag und Subunternehmervertrag im internationalen Anlagengeschäft, in: Der Subunternehmer bei Bau- und Anlagenverträgen im In- und Auslandsgeschäft, Heidelberger Kolloquium Technologie und Recht 1985; hrsg. von Fritz Nicklisch; Heidelberg 1986; S. 77 - 91 (zit.: *Vetter* in: Subunternehmer (Nicklisch))

- ders. Kollisionsrechtliche Fragen bei grenzüberschreitenden Subunternehmerverträgen im Industrieanlagenbau; ZVglRWiss 87 (1988), S. 248 - 276

- Violette, Martina Gründung eines Joint Venture – Unternehmens in der Volksrepublik China; RIW 1996, S. 117 - 123

- Vischer, Frank Das Deliktsrecht des schweizerischen IPR-Gesetzes unter besonderer Berücksichtigung der Regelung der Produktehaftpflicht, in: Festschrift für Rudolf Moser; hrsg. von Ivo Schwander; Zürich 1987; S. 119 – 142 (zit.: *Vischer* in: FS Moser)

- Völp, Fromut Weitergeltung der Lizenz bei Veräußerung des Schutzrechts; GRUR 1983, S. 45 - 51

- VOB/B-Kommentar Verdingungsordnung für Bauleistungen, Teil B, Kommentar; bearb. von Fritz Nicklisch und Günter Weick; 3. A.; München 2001 (zit.: VOB/B-Kommentar/*Bearbeiter*)

- Wade, Christoph FIDIC's standard forms of contract-principles and scope of the four new books; ICLR (2000), 5 – 23

- Wächtershausen, Friedrich Das Gesellschaftsrecht des internationalen Joint Ventures; Frankfurt/M. 1992 (zit.: *Wächtershausen*)

- Wälde, Thomas W. Methods and mechanism for industrial enterprise co-operation, in: UNIDO, Industry 2000 – New Perspectives, International Industrial Enterprise Co-operation Vol. 2; Wien 1979; S. 1 – 146 (zit.: *Wälde* in: Industry 2000)

- Wagner, Rolf Der Regierungsentwurf eines Gesetzes zum Internationalen Privatrecht für außervertragliche Schuldverhältnisse und Sachen; IPRax 1998, S. 429 - 438

- Walde, Hermann Das Auslandsgeschäft mit Industrieanlagen; München 1967 (zit.: *Walde*)

- Wallace, Duncan Contracts for industrial plant projects; ICLR (1984), 323 - 355

- ders. Hudson's Building and Engineering Contracts, including the Duties and Liabilties of Architects, Engineers and Surveyors; 11th ed., 1st Supplement 2003; London 1995 (zit.: *Wallace*)

- Walter, Christoph von Die Konkurrenz vertraglicher und deliktischer Schadensersatznormen im deutschen, ausländischen und internationalen Privatrecht; München 1977 (zit.: *Walter)*

- Watanabe, Susumu International sub-contracting and regional economic integration of the Asean countries: The role multinationals, in: International Subcontracting – A NEW Form OF Investment; hrsg. von Dimitri Germidis, Develoment Centre Of The Organisation For Economic Co-operation And Development; Paris 1980; S. 210 - 227 (zit.: *Watanabe* in: OECD-ISC)

- Weick, Günter Vereinbarte Standardbedingungen im deutschen und englischen Bauvertragsrecht; München 1977 (zit.: *Weick*)

- Weimar, Robert/ Klaus Grote Vertragsgestaltung internationaler Transfers von Managementleistungen; RIW 1998, S. 267 - 274

- Weitnauer, Wolfgang Der Vertragsschwerpunkt – Eine rechtsvergleichende Darstellung des amerikanischen und deutschen internationalen Vertragsrechts sowie des EG-Übereinkommens über das auf vertragliche Schuldverhältnisse anwendbare Recht vom 19.6.1980; Frankfurt/M. 1981 (zit.: *Weitnauer*)

- Weller, Marc-Philippe Das Internationale Gesellschaftsrecht in der neuesten GH-Rechtsprechung; IPRax 2003, S. 324 - 328

- Wenner, Christian Internationale Architektenverträge, insbesondere das Verhältnis Schuldstatut – HOAI; BauR 1993, S. 257 - 270

- ders. Die HOAI im internationalen Rechtsverkehr; RIW 1998, S. 173 - 179

- ders. Kurzkommentar zu BGH, Urt. v. 14.1.1999 – VII ZR 19/98 (OLG Rostock); BGH EWiR 1/99, S. 353 - 354

- ders. Die objektive Anknüpfung grenzüberschreitender Verträge im deutschen Internationalen Anlagen- und Bauvertragsrecht, in: Technik und Recht, Festschrift für Jack Mantscheff; hrsg. von Inge Jagenburg; München 2000; S. 205 – 221 (zit.: *Wenner* in: FS Mantscheff)

- Werner, Walter — Die neuen internationalen Grundlagen der Exportkontrolle; RIW 1998, S. 179 - 186

- Werner, Ulrich/ Walter Pastor — Der Bauprozess – Prozessuale und materielle Probleme des zivilen Bauprozesses; 11. A.; Düsseldorf 2005 (zit.: *Werner/Pastor*)

- Westphalen, Friedrich Graf v. — Rechtsprobleme des Anlagenvertrages; BB 1971 S. 1126 - 1135

- ders. Die Neufassung der HERMES-Bedingungen; ZIP 1986, S. 1497 - 1510

- Westring, Gösta — Construction and Management Contracts, in: The transnational law of international commercial transactions; hrsg. von Norbert Horn und Clive M. Schmitthoff; Deventer u.a. 1982; S. 175 – 190 (zit.: *Westring* in: Transnational Law)

- ders. Turnkey heavy plant contracts from the owner´s point of view; ICLR (1990), 234 - 249

- Weyers, Hans-Leo — Typendifferenzierung im Werkvertragsrecht; AcP 182 (1982), S. 60 - 79

- Wiegand, Christian — Das anwendbare materielle Recht bei internationalen Bauverträgen – Zur internationalprivatrechtlichen Anknüpfung von Bauexportverträgen, in: Vertragsgestaltung und Streiterledigung in der Bauindustrie und im Anlagenbau; hrsg. von Karl-Heinz Böckstiegel; Köln 1984; S. 59 – 88 (zit.: *Wiegand* in: Vertragsgestaltung und Streiterledigung (Böckstiegel))

- ders. „Adjudication“ – beschleunigte außergerichtliche Streiterledigungsverfahren im englischen Baurecht und im internationalen FIDIC-Standardvertragsrecht; RIW 2000, S. 197 - 202

- Wildemann, H. Kostenprognosen bei Großprojekten; Stuttgart 1982 (zit.: *Wildemann*)

- Wiwen-Nilsson, Tore The 1996 Edition for the ENAA Model Form – International Contract for Power Plant Construction – A brief review; ICLR (1997), 273 - 288

- Wolf, Martin Die Haftung des Lieferanten für Lieferantenschulden; ZIP 1998, S. 1657 - 1663

- Wolff, Martin Das Internationale Privatrecht Deutschlands, 3. A.; Berlin usw. 1954 (zit.: *Wolff*, IPR)

- Wolf, Manfred/ Norbert Horn/ Walter Lindacher AGB-Gesetz, Gesetz zur Regelung des Rechts der Allgemeinen Geschäftsbedingungen; 4.A.; München 1999 (zit.: Wolf/Horn/Lindacher-*Bearbeiter*)

- Wortmann, Beda Durchgriffshaftung im Joint-Venture; Frankfurt/M. 1995

- Yazdani, Bijan Das Internationale Bauprojekt und der Sicherheitsanspruch des Auftragnehmers nach deutschem Recht; RIW 2001, S. 124 - 128

- Zeiger, Sonja Der Management Vertrag als internationales Kooperationsinstrument; Konstanz 1984 (zit.: *Zeiger*)

- Zimmer, Daniel Von Debraco bis Daimler Chrysler: Alte und neue Schwierigkeiten bei der internationalgesellschaftsrechtlichen Sitzbestimmung, in: Corporations, Capital Markets and Business in Law – Libor Amicorum Richard M. Buxbaum; hrsg. von Theodor Baums, Klaus J. Hopt, Norbert Horn; London u.a. 2000; S. 654 – 667 (zit.: *Zimmer* in: FS Buxbaum)

- ders. Internationales Gesellschaftsrecht und Niederlassungsfreiheit: Das Rätsel vor der Lösung; BB 2000, S. 1361 – 1366

- ders. Ein Internationales Gesellschaftsrecht für Europa; RabelsZ 67 (2003), S. 298 -317

- Zöller Zivilprozessordnung mit Gerichtsverfassungsgesetz und den Einführungsgesetzen, mit Internationalem Zivilprozessrecht, EG-Verordnungen, Kostenanmerkungen; begründet von Richard Zöller; bearbeitet u.a. von Reinhold Geimer; 25. A.; Köln 2005
(zit.: Zöller-*Bearbeiter*)

- Zweigert, Konrad Nichterfüllung auf Grund ausländischer Leistungsverbote; RabelsZ 14 (1942), S. 283 - 307

- Zweigert, Konrad/ Bernd von Hoffmann Zur internationalen Joint-Venture, in: Festschrift für Martin Luther; hrsg. von Ottoarndt Glossner und Walter Reimers; München 1976; S. 203 – 212
(zit.: *Zweigert/von Hoffmann* in: FS Luther)

FSC
www.fsc.org
MIX
Papier | Fördert gute Waldnutzung
FSC® C083411

Kolibri 360 GmbH
Ferdinand-Jühlke-Straße 7
99095 Erfurt, Deutschland
produktsicherheit@kolibri360.de

Druck:
CPI Druckdienstleistungen GmbH
im Auftrag der
Kolibri 360 GmbH
Ferdinand-Jühlke-Str. 7
99095 Erfurt